W0190270

Marc-Roberts-Team

LEXIKON DES SATANISMUS UND DES HEXENWESENS

Marc-Roberts-Team

Lexikon des Satanismus und des Hexenwesens

V. F. SAMMLER

Umschlaggestaltung: Digitalstudio Werner Rypka, Graz, Thomas Hofer
Umschlagfotos: Vorderseite: Archiv des Verlages, Rückseite: Archiv Marc-Roberts-Team
Bildnachweis: Archiv Marc-Roberts-Team sowie Archiv des Verlages

Bibliografische Information Der Deutschen Bibliothek
Die Deutsche Bibliothek verzeichnet diese Publikation in der Deutschen Nationalbibliografie; detaillierte bibliografische Daten sind im Internet über http://dnb.ddb.de abrufbar.

Hinweis: Dieses Buch wurde auf chlorfrei gebleichtem Papier gedruckt. Die zum Schutz vor Verschmutzung verwendete Einschweißfolie ist aus Polyethylen chlor- und schwefelfrei hergestellt. Diese umweltfreundliche Folie verhält sich grundwasserneutral, ist voll recyclingfähig und verbrennt in Müllverbrennungsanlagen völlig ungiftig.

ISBN 3-85365-205-0
Alle Rechte der Verbreitung, auch durch Film, Funk und Fernsehen, fotomechanische Wiedergabe, Tonträger jeder Art, auszugsweisen Nachdruck oder Einspeicherung und Rückgewinnung in Datenverarbeitungsanlagen aller Art, sind vorbehalten.
© Copyright by Verlag für Sammler, Graz 2004
Printed in Austria
Layout: Ecotext-Verlag, Mag. G. Schneeweiß-Arnoldstein, Wien
Gesamtherstellung: Druckerei Theiss GmbH, A-9431 St. Stefan

Inhalt

Vorwort

Das Lexikon gibt in rund 900 Artikeln eine umfassende Übersicht über Satanismus, Dämonologie und Hexenwesen: Alle drei Gebiete bilden nicht nur eine thematische Einheit, sondern gehen auf gemeinsame Quellen zurück und haben sich gegenseitig bis in die Neuzeit hinein beeinflußt. Die Ideen, Begriffe, Personen und wichtigen Ereignisse, die für ihre Entstehung und Entwicklung von Bedeutung sind, werden in dem hier vorgelegten Lexikon zusammengefaßt.

Die Vorstellung von einem oder mehreren widergöttlichen Prinzipien (Satanismus), von Göttern oder halbgöttlichen Wesen, die in deren Dienst stehen (Dämonologie), sowie von Menschen, die diese beiden Mächte verehren (Teufelsbündner und Hexen), finden sich in den Religionssystemen vieler Hochkulturen wie z. B. der altorientalischen Völker, der Griechen, Römer, Inder, Chinesen und der altamerikanischen Völker. Diese Göttergestalten der außerchristlichen Religionen, die nach den Forschungsergebnissen der Religionswissenschaft einen mit Satan und seinen Dämonen vergleichbaren Rang haben, wurden in das Lexikon eingearbeitet. Dieses Lexikon versteht sich als Nachschlagewerk für alle Dämonennamen, die in den bekannten, gedruckten Zauberbüchern vorkommen. Es eignet sich aber nicht nur als Nachschlagewerk für Interessierte, sondern auch als eine erste Einführung. Zu diesem Zweck empfehlen wir – mit den entsprechenden Querverweisen –, die Lektüre der Einträge Satan, Satanismus, Teufel, Dämon, Hexe und Hexenprozesse. Für weiterführende Studien ist eine Auswahlbibliographie mit ca. 500 Titeln beigefügt, die im ersten Teil grundlegende Nachschlagewerke und im zweiten Teil wichtige Bücher, Abhandlungen und Zeitschriftenaufsätze enthält.

Weißenfels/Saale, 2004

Zur Systematik der Einträge

Folgende Übersicht, die nach den Vor- und Zunamen derjenigen Personen, deren Schreibweise differieren kann, gegliedert ist, soll dem Leser die Suche erleichtern. Wir hoffen, mit dieser Hilfestellung die Transparenz des Lexikons erhöhen zu können.

Vor- und Zuname	Lexikoneintrag unter
Abbé Julien (Julien Houssay)	Julien, Abbé
Abraham von Worms	Abraham von Worms
Adam Tanner	Tanner, Adam
Agobard (Erzbischof von Lyon)	Agobard
Albertus Magnus	Albertus Magnus
Alexander Sanders	Sanders, Alexander
Alonso Salazar de Frias	Salazar de Frias, Alonzo
Alphonso de Spina	Spina, Alphonso
Alexandre de Cagliostro	Cagliostro, Alexandre de
Aleister Crowley	Crowley, Aleister
Andrea Alciati	Alciati, Andrea
Andrew Jackson Davis	Davis, Andrew Jackson
Anna Ecklund	Ecklund, Anna
Anna-Katherina Emmerich	Emmerich, Anna-Katherina
Anneliese Michel	Michel, Anneliese
Apuleius von Madaura	Apuleius von Madaura
Augustin Calmet	Calmet, Augustin
Augustin Lerchheimer	Lerchheimer, Augustin
Aurelius Augustinus	Augustin
Balthasar Bekker	Bekker, Balthasar
Barbara Buvet	Buvet, Barbara
Bartolomeo de Spina	Spina, Bartolomeo de
Benedict Carpzov	Carpzov, Benedict
Benjamin Erhard	Erhard, Benjamin
Bernardo Gui	Gui, Bernardo
Caesarius von Heisterbach	Caesarius von Heisterbach
Carlo Ginzburg	Ginzburg, Carlo
Charles Baudelaire	Baudelaire, Charles
Charles Manson	Manson, Charles
Christian Thomasius	Thomasius, Christian
Cornelius Loos	Loos, Cornelius
Dante Alighieri	Dante Alighieri
Dr. Bataille (Dr. Hacks)	Bataille, Dr.
Dr. John Dee	Dee, Dr. John
Eliphas Lévi	Lévi, Eliphas
Elisabeth Báthory	Báthory, Elisabeth
Euagrios Ponticus	Euagrios Ponticus
Francis Barrett	Barrett, Francis
Francis King	King, Francis
Francisco Súarez	Súarez, Francisco
Friedrich Spee von Langenfeld	Spee von Langenfeld, Friedrich
Gerald Brousseau Gardner	Gardner, Gerald Brousseau
Giacomo Leopardi	Leopardi, Giacomo
Giambattista della Porta	Della Porta, Giambattista
Giovanni Pico della Mirandola	Pico della Mirandola, Giovanni
Gilles des Raiz (Rais)	Gilles des Raiz (Rais)
Giosue Carducci	Carducci, Giosue
Girolamo Cardano	Cardano, Girolamo
Gottliebin Dietus	Dietus, Gottliebin
Francesco Maria Guazzo	Guazzo, Francesco Maria
Heinrich Cornelius Agrippa von Nettesheim	Agrippa von Nettesheim, Heinrich Cornelius
Helen Duncan	Duncan, Helen
Helene Blavatsky	Blavatsky, Helene
Henry Bouget	Bouget, Henry
Henry James Prince	Prince, Henry James
Hildegard von Bingen	Hildegard von Bingen
hl. Antonius	Antonius
Jacobus de Theramo	Theramo, Jacobus de
Jacques Cazotte	Cazotte, Jacques
Jakob Grimm	Grimm, Jakob
Jamblichos	Jamblichos
Jean Bodin	Bodin, Jean
Jean Bricaud	Bricaud, Jean
Jean-Martin Charcot	Charcot, Jean-Martin
Jeanne d'Arc	Jeanne d'Arc
Jeanne des Anges (Madame de Becher)	Anges, Jeanne des
Jeanne Fery	Fery, Jeanne
Johann Ewich	Ewich, Johann
Johann Geiler von Kaysersberg	Geiler von Kaysersberg, Johann
Johann Georg Gödelmann	Gödelmann, Johann Georg
Johann Jacob Görres	Görres, Johann Jakob
Johann Kruse	Kruse, Johann

Vor- und Zuname	Lexikoneintrag unter
Johann Wierus (Weyer)	Wierus (Weyer), Johann
Johannes Cassianus	Cassianus, Johannes
Johannes Gerson	Gerson, Johannes
Johannes Hartlieb	Hartlieb, Johannes
Johannes Nider	Nider, Johannes
Johannes Praetorius	Praetorius, Johannes
Johannes Trithemius	Trithemius, Johannes
Johannes von Salisbury	Johannes von Salisbury
John Milton	Milton, John
Joris-Karl Huysmans	Huysmans, Joris-Karl
Josef Dvorak	Dvorak, Josef
Joseph Antoine Boullan	Boullan, Joseph Antoine
Joseph Glanvill	Glanvill, Joseph
Joséphin Péladan	Péladan, Joséphin
Jules Bois	Bois, Jules
Jules Michelet	Michelet, Jules
Jules Stanislas Doinel	Doinel, Jules Stanislas
Julien Houssay	Julio, L'Abbé
Karl Maria Wiligut	Wiligut, Karl Maria
Konrad von Marburg	Konrad von Marburg
Louis Gaufridi	Gaufridi, Louis
Lucas Gauricus	Gauricus, Lucas
Ludovici Maria Sinistrari	Sinistrari, Ludovici Maria
Magdelaine Bavent	Bavent, Magdelaine
Margret Alice Murray	Murray, Margret Alice
Maria Schweidler	Schweidler, Maria
Marie-Catherine Cadière	Cadière, Marie-Catherine
Martin Delrio	Delrio, Martin
Martin Luther	Luther, Martin
Marquis de Sade	Sade, Marquis de
Matthew Gregory Lewis	Lewis, Matthew Gregory
Michael A. Aquino	Aquino, Michael A.
Michael D. Eschner	Eschner, Michael D.
Michael Konstantinos Psellos	Psellos, Konstantinos

Vor- und Zuname	Lexikoneintrag unter
Nicolas Aubin	Aubin, Nicolas
Nicolaus Eymericus	Eymericus, Nicolaus
Nikolas Jacquier	Jacquier, Nikolas
Nikolas Remy	Remy, Nikolas
Origenes (Origines)	Origenes
Papus (Gerard Encausse)	Papus
Paul Laymann	Laymann, Paul
Paulus Grilandus	Grilandus, Paulus
Peter (Petrus) Binsfeld	Binsfeld, Peter (Petrus)
Petronius Arbiter	Petronius Arbiter
Petrus de Abano	Abano, Petrus de
Pierre de Lancre	Lancre, Pierre de
Plotin	Plotin
Porphyrius	Porphyrius
Proclus (Proklos)	Proclus
Raymond Buckland	Buckland, Raymond
Reginald Scot	Scot, Reginald
Richard Bovet	Bovet, Richard
Samuel de Cassinis	Cassinis, Samuel de
Samuel Liddell McGregor Mathers	Mathers, Samuel Liddell McGregor
Sartorius (Marcus Wehrli)	Sartorius
Sebastian Michaelis	Michaelis, Sebastian
Stanislas de Guaita	Guaita, Stanislas de
Sybil Leek	Leek, Sybil
Thomas von Aquin	Thomas von Aquin
Ulla von Bernus	Bernus, Ulla von
Ulrich Molitor	Molitor, Ulrich
Ulrich Tengler	Tengler, Ulrich
Urbain Grandier	Grandier, Urbain
Walter L. Scott	Scott, Walter L.
William Blake	Blake, William

A

ABADDON

Hebr.: Untergang, Abgrund, Verderben. Bez. im AT (Hiob 26,6; 28,22) für das Totenreich. Als Person bez. A. sowohl den Engel des Abgrundes als auch den Herrscher des Totenreiches. Im NT wird mit A. (griech. apollion oder appolyon) der Fürst der Furien und König der Heuschrekken bezeichnet (Offb. 9,7–11). In den späteren Zaubertexten steht dieser Name an Stelle des Teufels.

ABANO, PETRUS DE

1250 oder 1257 bis 1316; geb. in Padua; beruflich als Arzt in Paris tätig. Als er von Kollegen wegen Verbreitung von Irrlehren angezeigt wurde, floh er nach Padua. Die ► Inquisition aber leitete gegen ihn ein Verfahren ein, weil er sein Wissen von sieben Geistern erworben haben soll, die er in einer Flasche aufbewahren würde. Sein plötzlicher Tod verhinderte zwar das Verfahren, die Inquisition bestand aber darauf, daß sein Leichnam ausgegraben und verbrannt werden sollte. Nach Einwänden seiner Freunde begnügte sich die Inquisition damit, daß nur sein Bild öffentlich verbrannt wurde. A. ist vermutlich Autor des Zauberbuches *Heptameron seu elementa magica*, das zuerst 1559 als Anhang zum 4. Buch der *Philosophia Occulta* des ► Agrippa von Nettesheim publiziert worden war. Der erste Teil enthält eine Sammlung von mag. Kreisen und Beschwörungsformeln zum Zitieren der Geister. Im zweiten Teil, der mehr zur ► Weißen Magie gehört, wird gezeigt, wie man z. B. Schätze heben, Schlösser öffnen oder die Liebe einer Frau gewinnen kann. Heute neigt man dazu, nur den ersten Teil als Werk von A. anzusehen.

ABRACADABRA

Ein Zauberwort aus der nachchristlichen Antike, das vermutlich eine Umstellung des gnost. Namens ► Abraxas oder Abrasax ist (gesprochen: Abrasadabra). Dieses Wort soll (so der Arzt Serenus Sammonicus; 3. Jhdt. n. Chr.) so untereinander geschrieben werden, daß in jeder Zeile ein Buchstabe fehlt. Das auf diese Weise entstehende ► Amulett wurde bis ins 19. Jhdt. zur Behandlung von Fieber benutzt. Gelegentlich wird dieses Wort auch als Verbalhornung des hebr. Wortes abra-kad-bara: Verringere dich, Krankheit, gedeutet. ► Hokuspokus

ABRAHAM VON WORMS

oder Abraham der Jude (1362?–1460); vermutlich Autor eines hebräischen Zauberbuches aus dem Jahre 1387. 1458 erschien dieses in deutscher Sprache unter dem Titel *Die ägyptischen großen Offenbarungen oder des Juden Abraham von Worms Buch der wahren Praktik in der göttlichen uralten Magie und in erstaunlichen Dingen, wie sie durch die heilige Kabbala und durch Elohym mitgeteilt wurde.* Nachdrucke gab es im 19. Jhdt. und später. Im 1. Teil berichtet A., wie er in der Wüste Ägyptens auf den berühmten Ma-

Abraham von Worms beschrieb Methoden, mittels derer Kontakt mit Dämonen aufgenommen werden kann. Im Bild das Titelbild einer englischen Ausgabe, die McGregor Mathers 1898 herausgab.

gier Abramelin („Vater des Sandes") trifft. Der 2. Teil beschreibt das Wissen, das A. von Abramelin vermittelt bekommen hat und das er jetzt seinem Sohn Lamesch mitteilt. Hauptinhalt dieser Lehren sind die Methoden, mit denen man mit den Dämonen in Kontakt treten und ihre Dienste in Anspruch nehmen kann. Unter diesen Dämonen nimmt der ► Schutzengel eines Menschen einen wichtigen Platz ein, weil er ihm göttliches Wissen offenbart und lehrt, wie man über andere Dämonen gebietet kann. Der 3. Teil besteht aus einer Sammlung magischer Quadrate und Namen von Dämonen, die für die Kontaktaufnahmen und mag. Operationen wichtig sind. Dieses ► Zauberbuch, das 1898 MacGregor Mathers ins Englische übersetzt hat, erfreute sich im ► O. T. O. großer Wertschätzung. Aleister ► Crowley versuchte in der algerischen Wüste mit Hilfe der darin genannten Rituale mit seinem Schutzengel Kontakt aufzunehmen, scheiterte aber an den eigenen Angstzuständen.

Abraxas: In der Gnosis der Herr der Welt.

ABRAXAS

In der griechisch-orientalischen ► Gnosis der Herr der Welt oder Jahresgott. Der Namen hat den Zahlenwert von 365. Er regiert den letzten der 365 ► Äonen, hinter dem das Reich Gottes beginnt.

ABUNDÁNTIA

Röm. Göttin. Verkörperung des Überflusses (lat. abundántia). Im frz. Volksglauben lebte sie als Dame Habonde (Abundia) fort. Von ihr wurde angenommen, daß sie nachts die Häuser der Menschen besucht und ihnen Wohlstand bringt.

ABWEHRZAUBER

Eine seit der Frühzeit der Menschheit praktizierte Form der Dämonenabwehr, die sich bestimmter Mittel wie z. B. ► Amulette und Blut bediente, mit denen der Zorn überirdischer Mächte besänftigt werden sollte. Verwendung fanden auch Wasser, das in Form der Waschung zur rituellen Reinigung benutzt würde, und Gerätschaften, wie besonders die Glocke im Christentum, durch die böse Geister vertrieben würden. Nach der christl. Lehre verliert ein besiegter Dämon die Macht, Menschen zu verführen, und wird in den Abgrund (► Abbadon) gestoßen. Wenn dazu ein Mensch nicht in der Lage ist, wird der ► Exorzismus angewandt.

ADONAI

Hebr.: mein Herr; im AT Name Gottes; die hebr. Bez. für Gott, JHWH (Tetragrammaton), sowie seine Kurzform JH, die in der jüdischen Tradition als unaussprechlich gelten, wird ersatzweise nur Adonai gelesen. Die Vokale des Wortes Adonai werden zur Vokalisierung des Tetragrammatons benutzt. Hieraus entstand dann durch ein Mißverständnis der christl. Hebraisten die Bez. „Jehova". In der Dämonologie bezeichnet A. den Namen eines Engels. Die Satanisten des 19. Jhdt.s stellten A. als Prinzip der Materie und des Todes ► Luzifer gegenüber, der aus ihrer Sicht die Weisheit und das Leben symbolisierte.

ÄNEIS

Siehe ► Unterweltfahrten, Antike.

ÄON

Griech.: Zeit, lat. aeon. In der ► Gnosis Bez. für die Geistwesen, die aus dem göttlichen Prinzip entstanden sind. Sie beherrschen die einzelnen Himmelssphären, deren Zahl zwischen 365 (► Basilides) und 30 schwankt. Der oberste Ä. ist ► Abraxas.

AGARES

Ein Dämon; ursprgl. ein Engel der Ordnung (► Mächte, ► Engelsturz). Er erscheint als alter Mann, der auf einem Krokodil reitet und einen

Habicht in der Hand hält. Seine Dienste: Herrschaft im Osten, holt Entlaufene zurück, entzieht Ämter und Ränge und verursacht Erdbeben.

AGATHÓS DAIMON

Griech.: guter Geist; im Glauben der Griechen stellte man sich ihn manchmal als geflügelte Schlange vor. Die Ägypter verehrten ihn als Gott Schai. In der Spätantike übernahm er die Funktion eines ► Schutzengels.

AGLA

Für ► Exorzismen benutzte kabbal. Zauberformel in Form eines Akronyms; gebildet aus hebr. athah gibor leolam adonai: „Gott, du bist mächtig und ewig."

„Agla": Kabbalistische Zauberformel, die bei Exorzismen angewandt wurde.

AGOBARD

769–840; Erzbischof von Lyon, der als einer „der aufgeklärtesten Köpfe seiner Zeit" bezeichnet wurde. In seiner Schrift *Gegen die dumme Meinung des Volkes von dem Hagel und Donner* bedauert er, daß die frz. Gesellschaft an Dämonen glaube, die Getreide stehlen oder Schiffe zu fabelhaften Inseln entführen sollen, um sie dort zu verkaufen. A. trat überdies als früher Kritiker des Hexenglaubens auf.

AGRIPPA VON NETTESHEIM, HEINRICH CORNELIUS

Eigentlich Heinrich Cornelisi; 1486–1535; Arzt und Gelehrter, der auf fast allen Gebieten der damaligen Wissenschaft tätig war: A. gehörte zu den schillerndsten Figuren seiner Zeit und war einer der Väter der abendländischen Geheimwissenschaft. Sein abenteuerliches Leben führte ihn an alle Universitäten Europas, wo er auch Bekanntschaft mit den vielfältigen Spielarten der okkulten Wissenschaften (► Okkultismus) machte. A., der als Universalgelehrter das gesamte damalige Wissen über Magie, Astrologie, Medizin u. Naturphilosophie in sich vereinte, versuchte mit Hilfe der ► Kabbala und des ► Neuplatonismus, ein mag. System zu entwerfen, das mit den Lehren des Christentums vereinbar ist. Deshalb trägt sein wichtigstes Werk auch den Titel *De occulta philosophia sive de magia* (1510; 1533 gedruckt), das auch in dtsch. Übers. unter dem Titel *Über die geheime Philosophie* in verschiedenen Ausgaben erschien. Das 4. Buch, das nach dem Tod A. veröffentlicht wurde, stammt sicherlich nicht von ihm, weil es eine Zusammenfassung der ersten drei Bücher darstellt. ► Wierus, der Schüler A., hat ebenfalls die Verfasserschaft As. bestritten. Die Stellung Gottes als Herr der Welt bleibt zwar unangefochten, aber er bedient sich auch der Hilfe von ► Dämonen, um seinen Willen durchzusetzen und seine Pläne zu verwirklichen. Das Weltall, das stufenförmig aus der Erde, dem Himmel, dem Reich des Geistes und der Geister aufgebaut ist, wird von einer Weltseele (anima mundi) durchdrungen. Der Mensch ist als Mikrokosmos ein Abbild des Makrokosmos, der von Gott und dem Weltall dargestellt wird. In diesem Weltbild spielen Astrologie und ► Magie eine wichtige Rolle, weil sie dem Menschen ermöglichen, in das Reich des Geistes

Agrippa von Nettesheim gilt als einer der Väter der abendländischen Geheimwissenschaft.

einzudringen und Gott zu ergründen. Da sich A. während seines Aufenthaltes in Metz für einen Mann einsetzte, der der Hexerei angeklagt war, zog er sich den Haß der Inquisitoren (► Inquisition) zu. Sie erreichten sogar, daß er bei Kaiser Karl V. (1519–1556) in Ungnade fiel und nach Grenoble ins Exil gehen mußte. Die Grausamkeit und die Bestechlichkeit der Inquisitoren griff er in seinem Werk *Über die Eitelkeiten der Wissenschaften* an. Man verdächtigte A. auch, er habe in seinem Hund einen dämonischen Helfer. ► Bodin hat im Anhang zu seinem Werk *De la Demonomanie des Sorciers* zu dieser Frage Stellung genommen.

AHRIMAN

oder Angra Manju; pers.: böser Geist. In der iran. Mythologie „der König der Finsternis", der böse Grundsatz, der Ahura Mazda (Prinzip

Logo des nach Ahriman benannten Verlages in Freiburg.

des Guten) gegenübersteht und mit diesem stets im Kampf liegt. A. schafft alles Böse und dem Menschen Feindliche, so z. B. den Winter, die Hitze, Stürme, Krankheiten, Sünden etc. Um sich herum hat er eine Schar von bösen Geistern (Daevas) versammelt: Zemana, der böse Geist des Winters; Azis, der den Menschen das Leben und das Feuer zu rauben sucht; Daeva Bushjankta, der zur Trägheit verführt, und Buiti, der Dämon der Lüge. Ihr Wohnort ist der kalte Norden und der Westen, wo die Sonne untergeht. Nach einer 9.000jährigen Herrschaft über die Welt muß A. die Macht an Ahura-Mazda abgeben, mit dem eine Zeit des Friedens und ohne Not anbricht. Bevor diese Herrschaft beginnt, muß der Mensch alle bösen Taten unterlassen, um die Macht von A. zu vermindern. Man hat in der Gestalt des jüd. ► Satans eine Nachbildung von A. erblickt. Nach der Rückkehr aus der „babylonischen Gefangenschaft" der Juden (586–538 v. Chr.) drangen sehr viele nichtjüdische, vor allem pers. Vorstellungen in die jüd. Religion ein. Satan, ursprgl. nur ein Werkzeug Gottes, entwickelte sich in der Folge zu einer Negativgestalt und zum Gegner Gottes. ► Geist

AINI

Ein Dämon (► Pseudomonarchia daemonum) in der Gestalt eines schönen Mannes. Er hat drei Köpfe (Schlange, Mensch, Katze), reitet auf einem Pferd und trägt eine Fackel, mit der er alles zerstört. Wer ihn etwas fragt, erhält auf seine Frage eine richtige Antwort.

AIWASS

oder Aiwaz. Angeblich der Name eines höheren Wesens, das ► Crowley das Buch *Liber Al vel Legis* diktiert haben soll. Als er 1904 im Kairoer Boulak Museum eine Totentafel mit einer Darstellung des Horus in der Gestalt des Ra-Hoor-Khuit und des Priesters Ankh-f-khonsu entdeckte, übermittelte ihm A. als Abgesandter des Gottes Ra-Hoor-Khuit innerhalb von drei Tagen den Text, den man als die Bibel seiner Lehre bezeichnen könnte. Crowley verfaßte zu dem nur aus drei Kapiteln bestehenden Text zwei längere Kommentare, gestand aber ein, einige Teile auch nicht verstanden zu haben.

AKATHRIEL

Im AT wird A. auch Gott selbst bezeichnet; Name eines der Engel aus der unmittelbaren Umgebung Gottes, der zusammen mit ► Metatron und ► Sandalphon die Gebete der Menschen in Empfang nimmt und daraus Kronen flicht, um sie auf das Haupt Gottes zu setzen.

AL-ARAF

Name des islam. ► Fegefeuers, das zwischen der Hölle und dem Paradies liegt. An diesem Ort müssen sich für alle Zeiten die verstorbenen Kinder, die Wahnsinnigen und Menschen, die weder gut noch schlecht waren, aufhalten. Im Gegensatz zu den Höllenbewohnern leiden sie nicht unter Qualen; es ist ihnen allerdings verwehrt, Allah anzuschauen. Dieser Ort steht unter der Aufsicht einer jungen Frau.

ALBERTUS MAGNUS

Ca. 1200 (1193?, 1207?) bis 1280; aus ritterbürtiger Familie; einer der größten Theologen, Philosophen und Naturforscher des Mittelalters. A. gehörte dem Dominikanerorden an.

Sein bewegtes Leben führte ihn nach Paris, um den Doktorgrad zu erwerben und Magister in der theologischen Fakultät zu werden. Einen Ruf an die Pariser Sorbonne, der ihm später angetragen wurde, lehnte er aus Altergründen ab. A. war einige Jahre Lehrer von ► Thomas von Aquin.

Sein Hauptanliegen war es, die Philosophie des Aristoteles, wie sie von den arab. Kommentatoren ausgelegt worden war, mit der christl. Lehre zu verbinden. Neben biblischen Texten verfaßte er zahlreiche philos., naturg. und astrol. Werke, von denen nicht mit Sicherheit feststeht, ob A. ihr alleiniger Autor ist. So soll er auch das im späten Mittelalter sehr verbreitete *Buch der Geheimnisse* verfaßt haben, das insbesondere die natürliche Magie behandelt.

Grundsätzlich kennt er in seinen naturw. Schriften die Möglichkeiten der natürlichen Magie an, während in seinen theologischen Schriften eine zurückhaltende Einstellung gegenüber der Dämonologie erkennbar wird. Nach seinem Tod entstanden Sagen, die ihn zum Magier, Alchemisten und Propheten stilisierten. So soll er einen künstlichen Menschen (Golem) gebaut haben, den er auf Bitten des ► Thomas von Aquin wieder zerstörte.

Sicherlich nicht von A. stammen die Bücher *De Secretis Mulierum* (Über die Geheimnisse der Frauen), worin die Schwangerschaft und astrale Einflüße auf Mutter und Kind behandelt werden, sowie die Zauberbücher *Petit* und *Grand Albert*, die in den nachfolgenden Jhdt.en in Frankreich entstanden sind.

ALBIGENSER

Ursprgl. Bewohner der Albigeois; eine Abart der für die Kirche als sehr gefährlich geltenden Katharer, die in den Albigenserkriegen (1209–1229) sowie durch die Inquisition ausgerottet wurde. ► Katharer.

ALCHEMIE

Mittellat. alchimia; abgeleitet wahrscheinlich vom griech. chemeia: Lehre vom Feuchten. Der Alchemist ist bestrebt, eine Läuterung und Veredelung des Menschen und der Natur zu erreichen. Im Prinzip unterscheidet er weniger zwischen organischer und anorganischer Natur; er vermutet aber, daß die Metalle ein Geheimnis in sich bergen, so daß unedle Metalle sich zu edlen wandeln können. Eine direkte Umwandlung ist laut alchemistischer Lehre nicht möglich: dafür braucht der Alchemist ein Extrakt in Pulverform, einen „Stein der Weisen". Das Goldmachen ist aber nicht das beherrschende Thema in der A., sondern das Finden eines universellen Heilmittels. ► Cagliostro, ► Hexenküche.

ALCIATI, ANDREA

1492–1550; berühmter ital. Jurist, der in Mailand tätig war und sich entschieden gegen die Vorstellung des ► Hexenfluges und ► Hexentanzes wandte. A. stützte sich auf seine eigene Erfahrung mit der Inquisition in Oberitalien. Die Inquisitoren waren hier so verhaßt, daß die Bauern zu den Waffen griffen.

Sein Werk *Parerga juris* enthält auch ein Gutachten (1515) für einen Inquisitor. Darin versucht A. mit Witz und Ironie, den Hexenflug in Übereinstimmung mit dem ► Canon Episcopi als bloße Einbildung zu widerlegen. Er verwies darauf, daß die Ehemänner der geständigen Hexen mit aller Entschiedenheit behaupteten, daß ihre Ehefrauen das Haus nicht verlassen hätten. Da die Versammlungsplätze der Frauen weit von den Wohnstätten entfernt lagen und als häufiger Termin für die Hexensabbate die Nacht vom Donnerstag auf den Freitag genannt wurde, beobachtete man niemals eine Frau beim Flug durch die Luft. Diese Bedenken räumten die Hexenrichter dadurch aus, in dem sie behaupteten, der Teufel würde einen Scheinleib aus Stroh in das Ehebett legen.

ALLOCEN

Ein Dämon (► Pseudomonarchia daemonum); er erscheint als berittener Soldat. In seinem Löwengesicht funkeln feurige Augen. Er hat besondere Kenntnisse auf dem Gebiet der Astronomie.

ALMADEL DES SOLOMON

Arab.: Offenbarung; Name eines Zauberbuches, das den vierten Teil des ► Lemegetons bildet. Man bezeichnet es auch als den echten Schlüssel Salomos (► Clavicula Salomonis). Es enthält die Namen der Engel der Kardinalpunkte, d. h. der vier Hauptrichtungen des Kompasses und der vier Jahreszeiten sowie der ► Intelligenzen, die die Herrschaft über die vier Altitudines (lat. altitudo: Höhe, Größe, Tiefe) haben. Dazu kommen Anweisungen, in welchem Monat und zu welcher Tageszeit diese Geister angerufen werden, und Abbildungen von Figuren, die bei der Anrufung dieser Geister benutzt werden:

- Altitudo: Alimiel, Barachiel, Gabriel, Helison, Lebes. Sie tragen Kronen aus Rosen, halten eine Fahne in der Hand und sprechen mit leiser Stimme.
- Altitudo: Aphiriza, Armon, Genon, Geron, Gereimon. Kleine Kinder mit einem roten Gesicht, bekränzt und bekleidet mit Seidengewändern.
- Altitudo: Eliphaniasai, Elomina, Gedobonai, Gelomiros, Taranava. Kleine, grün bekleidete Kinder.
- Altitudo: Barachiel, Capitiel, Deliel, Gebiel, Gediel. Kleine, schwarz gekleidete Männer.

ALP

oder Nachtmähre, Nachtgespenst, Nachtgeist; von nordisch alfr. Er quält die Menschen durch Drücken im Schlafe; ein Unhold, der sich in Gestalt einer Katze, eines Bären oder eines anderen Tieres auf schlafende Menschen legt, sie am Atemholen hindert und auf diese Weise furchtbar ängstigt. Im Volksglauben heißen sie Schrottlein oder Drud. Diese Namen sollten nicht mit der Bez. Drude (Hexe) oder Wichtel verwechselt werden. Die Bez. A. entspricht dem nordischen Alf und der aus England nach Deutschland übertragenen Bez. Elf. Aller Wahrscheinlichkeit nach ist der im Schlafe quälende A. ein letzter Überrest des bei allen altgerman. und kelt. Völkern verbreitet gewesenen Glaubens an ► Elben (Elfen).

ALPDRÜCKEN

Andere Bez. für Alptraum und ► Alp. Ein Angstzustand während des Schlafes, der, personifiziert als Dämon, auch Mahr oder Nachtmahr genannt wird. Das Altertum kennt den männlichen Schlafdämon ► Incubus und sein weibliches Gegenstück, den ► Succubus. Im Okkultismus und bei der Entstehung des Hexenglaubens spielen diese Schlafdämone eine wichtige Rolle. ► Drude

ALRAUN

Die A. (botan. Bez.: *Mandragora officinarum*) ist die berühmteste aller ► Zauberpflanzen. Dieses in den Mittelmeerländern wild vorkommende

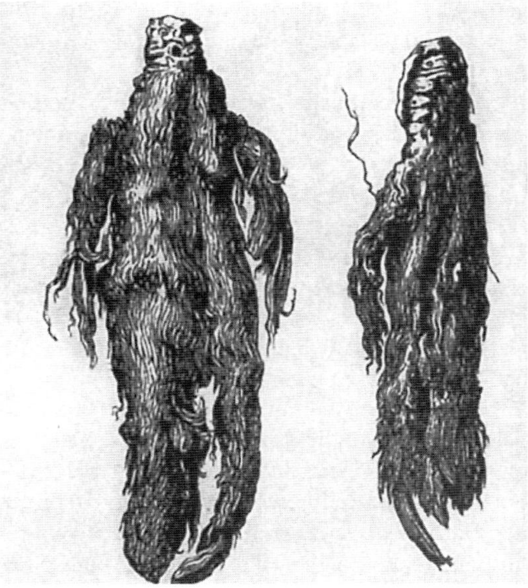

Die Etymologie der Bezeichnung „Alraune" gibt immer noch Rätsel auf. Im Bild: Eine Alraun-Wurzel, die Kaiser Rudolf II. darstellen soll.

Nachtschattengewächs hat eine rübenförmige Wurzel und eine Blattrosette, über die mehrere große Blüten emporragen. Mit etwas Phantasie läßt sich in der Wurzel eine menschliche Gestalt erkennen. Deshalb bez. sie der griech. Philosoph Pythagoras von Samos (um 570–um 480 v. Chr.) als „menschenähnlich" (griech. anthropómorphos). Die dtsche. Bez. Alraun, aber auch die griech. und lat. geben Rätsel auf. Mandragora soll von griech. mándra: Stall, sowie ageíro: ich sammle, abgeleitet sein, weil der Pflanze im Volksglauben zugeschrieben worden war, sie vermöge Vieh in den Stall zu locken. Besonders begehrt war die A. an Hinrichtungsstätten. Man glaubte, sie sei aus dem Samen der

Gehenkten entstanden (daher auch die hier und da zu lesende Bez. „Galgenmännlein"). Denn es war bekannt, daß durch das Erhängen im Körper Reaktionen wie Darmentleerung und Samenabgang ausgelöst werden. Die Herkunft der dtsch. Bez. Alraun ist auch heute noch ungelöst. Man glaubt, in dem Namen das gotische Wort rana: Geheimnis zu erkennen, das auch in den Wörtern Rune bzw. raunen vorkommt und mit diesen verwandt ist. Das früheste Dokument für die Verwendung des Alrauns zu mag. Zwecken ist ein ugaritischer Keilschrifttext aus dem 14. bzw. 15. Jhdt. v. Chr., in dem die Vorbereitungen auf ein Liebes- oder Fruchtbarkeitsritual geschildert werden. Bei den Ägyptern und Hebräern galt sie, da auch als Aphrodisiacum verwendet, als Liebes- und Fruchtbarkeitssymbol.

AMAIMON

oder Maymon bzw. Maimon; Name eines Dämons (► Pseudomonarchia daemonum), dessen Herrschaftsgebiet der Osten ist. Bei Shakespeare kommt er in den *Lustigen Weibern von Windsor* (II, 2) vor.

AMDUSCIAS

Ein Dämon (► Pseudomonarchia daemonum), der zunächst als Einhorn auftritt und dann eine menschliche Gestalt annimmt. Er erzeugt Töne mit Musikinstrumenten, die unsichtbar bleiben.

AMMUT

Siehe ► Totenbuch der Ägypter.

AMULETT

Abgel. von arab. hamalet: Anhängsel; ein Gegenstand, der meistens aus Pflanzen oder Tierteilen

Amuletten werden geheime Kräfte zugeschrieben, die Dämonen vertreiben sollen.

besteht. Das A. ist ein Mittel des ► Abwehrzaubers, weil man glaubte, die in dem Gegenstand vorhandenen geheimen Kräfte könnten Dämonen abwehren. Weil das A. durch häufige Anwendung seine mag. Kraft nicht verbraucht, kann es längere Zeit benutzt werden. Nach dem Volksglauben schützt das A. mehr die Seele als den Körper eines Menschen.

AMUN

Dtsch.: Der Verborgene. War ursprgl. ein ägypt. Lokalgott in Theben. In der Dämonologie (► Pseudomonarchia daemonum) wird unter der Bez. A. ein Dämon mit einer Wolfsgestalt und einem Schlangenkopf angeführt. Er speit Feuer. Wenn er Menschengestalt annimmt, hat er furchtbare Hundezähne. Zu seinen Fähigkeiten gehören die Kenntnis der Vergangenheit und Zukunft. Außerdem versöhnt er Feinde miteinander.

AMY

Ein Dämon (► Pseudomonarchia daemonum), der zuerst als Flamme, dann als Mensch erscheint. Er lehrt die Astrologie, die Sieben Freien Künste, wie z. B. Grammatik, Logik, Rhetorik, Mathematik und Musik, und zeigt verborgene Schätze.

ANALOGIEZAUBER

Ein Zauber, der mit Hilfe von Gegenständen hervorgebracht wird, die eine ähnliche Gestalt wie diejenigen Personen, Tiere oder Sachen haben, gegen die sich der Zauber richtet. So soll z. B. ein zerstochenes Bild des Menschen diesem Schaden zufügen. ► Sympathiemagie

ANCIENT BROTHERHOOD OF SATAN

Eine neosatanistische Gruppe, die von dem Musiker, Regisseur und Makler „Demon Egan" gegründet wurde und nur wenige Jahre aktiv war. Egan gehört aber weiter zu den Exponenten der amerik. Satanismus-Szene.

Seine Lehren knüpfen an diejenigen der ► Fraternitas Saturni an. Folglich ist das Gesetz von Thelema „Tue, was du willst, ist das ganze

Gesetz!" die Devise dieses Ordens. Egan sieht in diesem Gesetz vor allem die Aufforderung, sich in dieser Welt durchzusetzen und das Leben zu genießen.

ANDRAS

Ist ein Dämon (► Pseudomonarchia daemonum) mit einer Engelsgestalt. Er hat einen Rabenkopf und reitet auf einem Wolf. In der Hand trägt er ein scharfes Schwert. Er stiftet zum Streit an.

ANDREALPHUS

Dämon (► Pseudomonarchia daemonum), der zuerst als Pfau erscheint, dann aber eine menschliche Gestalt annimmt. Er lehrt Geometrie und kann Menschen in Vögel verwandeln.

ANDROMALUS

Ein Dämon (► Pseudomonarchia daemonum); er hat eine menschliche Gestalt und trägt eine Schlange in der Hand. A. bringt gestohlenes Gut zurück und führt zu verborgenen Schätzen.

ANFIEL

Hebr.: Zweig Gottes; Name eines Engels, der die Schlüssel zu den himmlischen Hallen hat und die göttlichen Siegel bewacht. Von Gott erhielt er den Auftrag, ► Metatron mit 60 Hieben zu bestrafen.

Außerdem wurde ► Henoch von ihm in den Himmel getragen. Von den Elementen ist ihm das Wasser zugeordnet.

ANGES, JEANNE DES

1602–1665; richtiger Name: Madame de Becher. Hauptperson der Besessenheitsepidemien in Loudun. Verfasserin einer Autobiographie, die sie 1642 im Auftrag der Generaloberin der Ursulinerinnen anfertigte. Diese Autobiographie beginnt mit dem Anfang der Besessenheitsepidemie im Jahre 1633 und reicht bis ins Jahr 1642 hinein.

Das Manuskript wurde im Jahre 1884 von den Schülern Charcots, nämlich Gilles la Tourette und Gabriel Legue, in der Stadtbibliothek von Tours entdeckt und in der *Bibliothèque Diabolique* veröffentlicht. ► Grandier, ► Aubin

ANGRIFF, MAGISCHER

Er wird in der ► Schwarzen Magie praktiziert, um einem anderen Menschen Schaden zuzufügen. Dies kann bis hin zum magischen Töten gehen, was aber keineswegs als ein Angriff auf den physischen Körper mißverstanden werden darf. Der Schwarzmagier will das eigentliche Wesen eines Menschen, sprich: den Astralleib, vernichten bzw. töten. Bekannt ist die Auseinandersetzung zwischen ► Guaita und ► Boullan, der zum mag. Tod verurteilt wurde. Auch

Magischer Angriff: Ein afrikanischer Magier fügt einem Opfer Schaden zu, indem er dessen Weg mit Gegenständen verzaubert.

in der Kahunamagie, die von den Priestern und Magiern der Polynesier praktiziert wird, soll es magische A. geben. Um einem Menschen Schaden zuzufügen oder ihn zu töten, muß man sich von ihm zunächst persönliche Gegenstände (Akas) beschaffen. Auf die Bitte des Magiers hin ergreift dann ein Dämon von dem Körper seines Opfers Besitz und zerstört seine Energien. Bei den afrikanischen Völkern ist der Glaube weit verbreitet, daß es eine geheimnisvolle Kraft (in Zentralafrika „Nyama" genannt) gebe, die jedem Lebewesen eigen sei und nach seinem Tod weiterbestehe. Diese Kraft kann als Träger von Haß, Rache, aber auch Gerechtigkeit von einer willensstarken Persönlichkeit ausgesandt werden, um einem anderen Menschen Unglück, Krankheit oder Tod zu bringen. Vor dieser geheimnisvollen Macht kann man sich nur durch Sühneopfer, Reinigung und entsprechende Praktiken schützen. Meistens wird diese ► Schwarze Magie von den Medizinmännern vollzogen, die über das Wissen verfügen, wie sie sich vor dem Geist eines auf diese Weise geschädigten oder getöteten Menschen schützen können.

Für Schadenszauber, der mit Hilfe von bösen Geistern ausgeübt wird, ist ein Fetisch, d. h. ein Gegenstand, den das Opfer berührt hat, erforderlich. Meistens benutzt man hierfür Nagelabschnitte, Haare oder Exkremente, die mit mag. Kräutern vermischt werden und zu kleinen Figuren geformt werden. Der Medizinmann beschwört dieses Zauberbild mit Sprüchen und durch Handauflegen.

Wenn er Teile dieses Zauberbildes beschädigt, erleidet das Opfer die gleichen Verletzungen. Diese Form der Magie lebt auch in dem aus Afrika stammenden ► Voodoo-Kult weiter. Wie sich Menschen in der modernen westlichen Welt vor magischen A. schützen können, beschreibt z. B. Dion Fortune (1891–1946), eine Angehörige des ► Golden Dawn-Ordens in ihrem Buch *Psychic Self Defence*.

ANRUFUNG

Lat.: invocatio; in der rituellen Magie Bez. für das Herbeirufen eines hohen Engels oder Gottes. In der Regel bedient sich die abendländische Magie hebr. Gottesnamen wie Jahwe oder Adonai. Von den Engeln werden diejenigen Namen benutzt, die mit den vier Elementen in Verbindung stehen: Luft = Raphael, Feuer = Michael, Wasser = Gabriel, Erde = Uriel. Derartige Anrufungen werden in einem mag. Kreis vorgenommen. ► Evokation

ANTICHRIST

Bez., die aus dem NT (1. Joh. 2,18 ff.; 4,1–6; 2. Joh. 7) stammt. Als A. werden in der Regel die Anhänger einer ketzerischen Lehre bezeichnet, nach der Jesus nicht der Christus gewesen sei. Der A. wird als „Mensch der Sünde" gekennzeichnet; sein Erscheinen kündigt die Wiederkunft (Parousie) Christi zum Weltgericht an. Der A., der satanische Kräfte hat und damit als widergöttliche Kraft verstanden werden kann, verführt und bedrückt die Menschen, ehe er selbst durch Christus vernichtet wird. Die unklaren Vorstellungen über die Person und die Erscheinungsweise des As. haben immer wieder

Der Antichrist versucht sich mit der Unterstützung von drei Teufeln einen Zugang zum Himmel zu erzwingen. Rechts predigen Elias und Henoch für den wahren Glauben, links versucht ein Priester, die Menschen zum Abfall von Gott zu bewegen.

dazu geführt, ihn mit bestimmten geschichtlichen Gestalten zu identifizieren.

In der Antike sind in diesem Zusammenhang z. B. das Imperium Romanum oder der röm. Kaiser Nero zu nennen. Die Tendenz, die Gestalt des A. mit realen Persönlichkeiten zu identifizieren, hat sich im Laufe der Jahrhunderte verstärkt.

So wurde in der Zeit der Reformation auch der Papst als A. bezeichnet, in der Gegenwart u. a. Stalin und Hitler.

Der Mönchstheologe Joachim von Fiore (um 1135 bis um 1202) behauptete, es stünde das Kommen zweier A.en bevor: eines verborgenen, der in der Kirche sein Unwesen treibe und die Gläubigen einer harten Prüfung unterwerfe, und eines zweiten, der im wesentlichen den traditionellen Vorstellungen entsprach.

ANTONIUS DER GROSSE

250–356 n. Chr.; in Kome (Ägypten; heute Keman) geborener Heiliger, Asket und Begründer des christl. Mönchtums. Da er die ► Versuchungen des Teufels und seiner Dämonen erfolgreich abwehrte, wurde er im Christentum zum Urbild des Kampfes der Menschen mit den dämonischen Mächten.

Seine Biographie, die sein Schüler Athanasius zunächst auf Griechisch verfaßte, wurde 388 von ► Euagrius in das Lateinische übersetzt und danach in zahlreiche orientalische Sprachen. Mit 30 Jahren zog sich A. in die Wüste zurück, um dort als Einsiedler zu leben. Um 305 versammelte er Schüler um sich, die sich in seiner Nähe

Der hl. Antonius, Begründer des Mönchtums, wurde zum Urbild des Kampfes des Menschen mit dem Teufel und seinen Dämonen.

Hütten bauten. In zahlreichen Episoden seiner Biographie wird beschrieben, wie der hl. A. vom Teufel versucht wurde.

Scharenweise befanden sich Dämonen im Luftraum, wie sein Biograph berichtete, die A. in allen nur denkbaren Gestalten angriffen und heimsuchten. A. vertrieb sie meistens durch das Kreuzzeichen. Auch seine Schüler wurden auf diese Weise heimgesucht. Die späteren Dämonologen hoben besonders die sexuellen Versuchungen hervor, um die Existenz von verführerischen und wollüstigen Dämonen zu beweisen. ► Teufelsbuhlschaft, ► Succubus, ► Incubus

APOKALYPSE

Griech. apokálypsis: Enthüllung, Offenbarung. Bez. für bibl. und apokryphe (außerbiblische) Schriften, die sich mit der Endzeit der Welt beschäftigen. Von den bibl. Schriften gehört das Danielbuch (165 v. Chr.) zu dieser Literatur. Die jüd. A., die die Namen von berühmten bibl. Gestalten wie Moses, Esra, Daniel, Baruch etc. tragen, geben ihren Offenbarungen die Form von Träumen und Visionen. Von den christl. A. gehört die Offenbarung des Johannes zu den kanonischen Schriften des NT. Der Autor ist mit Sicherheit nicht mit dem Johannes der Apostelgeschichte identisch. Über die Abfassungszeit gibt es nur Vermutungen. Da sie Hinweise auf die Regierungszeit Domitians enthält, dürfte die Abfassungszeit etwa 96. n. Chr. sein. Sie enthält aber auch ältere Teile, die wohl vor 70 n. Chr. verfaßt wurden. Im 13. Kap. werden zwei Ungeheuer beschrieben, die zum Symbol des ► Antichristen wurden. Aus der Zeit 100–160 n. Chr. stammt die Petrus-A. Petrus und den anderen elf Jüngern werden von Jesus der Himmel und die Hölle gezeigt. Eingehend wird beschrieben, wie die Sünder in der Hölle von furchtbaren Engeln gepeinigt werden. Auf die Frage, weshalb diese Menschen überhaupt geboren wurden, erhält Petrus als Antwort, daß der Mensch zwischen Paradies und Hölle wählen könne.

APOKATASTASIS PANTON

Siehe ► Origenes.

APOKRYPHEN

Von griech. apókryphos: verborgen. Bez. für jüdische und christliche Schriften, die nicht zum biblischen Kanon gezählt werden. Nach Luther ist ihre Lektüre zu empfehlen; er zählt sie aber nicht zu den hl. Schriften, da sie nicht das Wort Gottes wiedergeben würden.

APOLLION

Siehe ► Abaddon.

APULEIUS VON MADAURA

125 bis ca. 180 n. Chr. Röm. Rechtsanwalt und Schriftsteller. Er war Platoniker und Sophist. Seine Werke *Metamorphosen* (11 Bücher), *Apologia*, *Florida*, *De deo Socratis*, *De Platone et eius dogmate* sind eine wahre Fundgrube für antike Magie, Zauberei, Dämonologie, Astrologie etc. Von großem Interesse ist sein Roman *Metamorphosen*, der die Einweihung des Autors in die Mysterien der Isis schildert (► Isismysterien). Isis war ursprgl. eine ägypt. Göttin, die von den Griechen der Demeter gleichgesetzt wurde und später als diejenige Grundsubstanz der Welt galt, die allen Einzelerscheinungen zugrunde liegt. So sagt Isis in den *Metamorphosen*: „Ich bin die Allmutter Natur, Herrscherin aller Elemente, Erstgeburt der Jahrhunderte, höchste der Gottheiten“ (Met. 11,5). Wegen der Vielschichtigkeit der Met. gibt es in ihnen auch für den modernen Esoteriker noch viel zu entdecken. Zahlreiche Episoden handeln von zauberkundigen Frauen, die als Eulen durch die Luft fliegen und Männer mit Hilfe der Magie an sich fesseln. Möglicherweise sind auch andere antike Romane, besonders die griech., derartige Mysterientexte. So z. B. der griech. Roman *Daphnis und Chloe* von Longus. A. selbst wurde wegen Hexerei angeklagt, weil er eine ältere reiche Frau durch Magie an sich gebunden haben soll. In einer Verteidigungsrede (*De Magia*) weist er die Vorwürfe zurück.

AQUINO, MICHAEL A.

Siehe ► Temple of Seth.

ARADIA

Aradia or the Gospel of the Witches (1899) lautet der Titel eines Buches des engl. Ethnologen Charles Godfrey Leland (1824–1903). Er berichtet, er habe 1886 die Bekanntschaft einer Hexe mit dem Namen A. in Italien gemacht, die im Besitz eines alten Dokumentes über die Hexenreligion war. A., deren Name eine verstümmelte Form von ► Herodias ist, behauptete, die Tochter der ► Diana und ihres Bruders ► Luzifer zu sein. Sie sei auf die Erde geschickt worden, um die Menschen die Zauberei zu lehren; besonders aber, um sie in den Kult der Diana einzuweihen. Nachdem sie diesen Auftrag erfüllt hat, lehrt sie ihre Hexen-Schülerinnen, wie sie mit Diana in Kontakt treten können.

ARALU

Siehe ► Sumerisch-babylonische Hölle.

ARBATEL

ein Zauberbuch (Basel 1575), dessen vollständiger Titel *Arbatel de magia seu pneumatica veterum* lautet. Es wird gewöhnlich als das 4. Buch der *Philosophia occulta* des Agrippa von Nettesheim abgedruckt. A. bedeutet die Vierzahl Jahu; eine Bez., die auf die Abk. des Gottesnamen JHWH (Tetragrammaton) verweist. Dem Inhalt nach gehört dieses Zauberbuch zur ► Weißen Magie. Die Wirksamkeit aller Zeichen und Namen hängt davon ab, ob Gott seine Zustimmung gibt. Von diesem Werk ist die ► Theosophia Pneumatica abhängig. Von den ► Zauberbüchern, die Salomon zugeschrieben werden, unterscheidet es sich durch sein christl. Gedankengut. Es enthält die Beschreibung des Rituals der sog. olympischen Dämonen, denen die Herrschaft über die Welt zugeteilt ist. Das gesamte Universum ist in 196 Bezirke eingeteilt:

Olympischer Dämon	Anzahl der Bezirke	Planet
Aratron	49	Saturn
Bethor	42	Jupiter
Phaleg	35	Mars
Och	28	Sonne
Hagith	21	Venus
Ophiel	14	Merkur
Phul	7	Mond

Die Herrschaft der olympischen Dämonen wechselt alle 490 Jahre.

ARCANA ARCANORUM

Lat.: Geheimnisse der Geheimnisse; beliebte Bez. von Zauberbüchern und geheimen Manuskripten von Orden und Okkultgruppen. Derartige „Geheimbücher“ haben eine lange Tradition. Im späten Mittelalter war das *Buch der Geheimnisse*, als dessen Autor ► Albertus Magnus galt, sehr verbreitet. Es handelt sich um ein populärwissenschaftliches Buch, in dem unter dem Deckmantel der Magie Medizinisches, Astrologisches und Erkenntnisse über die geheimen Kräfte der Edelsteine behandelt werden. Vorbild dieser Werke sind die *Secreta Secretorum* (Geheimnisse der Geheimnisse) des Pseudo-Aristoteles. Angeblich soll Aristoteles (384–322 v. Chr.) dieses Werk für seinen Schüler Alexander (356–322 v. Chr.) verfaßt haben; tatsächlich aber handelt es sich um ein arabisches Werk aus dem frühen Mittelalter, das erst später in das Lateinische übersetzt wurde.

Wie die späteren Werke dieser Art ist es eine Zusammenstellung aus Magie, Astrologie etc. Da es sich um geheimes Wissen handelt, enthält es viele Rätsel und unverständliche Formulierungen. Die vergleichbaren Werke aus der Gegenwart suggerieren häufig, interne Ordenschriften zu sein. So wurden Auszüge unter dem Titel A. publiziert, die „schwärzeste" Blut- und Sexualmagie einschließlich grausamer Menschenopfer beschreiben. Der fragmentarische Charakter dieser Veröffentlichungen erlaubt jedoch keine Überprüfung. Es könnte sich hier, wie bei der Schrift des ► Frater Cornelis, möglicherweise um eine Zusammenstellung schwer zugänglicher Riten, besonders von ausländischen satanistischen Sekten handeln. ► Blutritual, ► Blutmesse

ÁRCHON

Griech.: Herrscher, Fürst, Befehlshaber. In der ► Gnosis ist A. einer der Herrscher der 7 Himmel. Die ► Kabbala kennt den „großen A.", der den Namen Shamshiel trägt. Die Ophiten (► Gnosis) verehrten als A.: Jaldabaoth, Jao, Sabaoth, Adonaois, Astranphaioos, Ailoaios und Oraios. Andere gnost. Sekten bezeichnen sie mit: Saklas, Seth, David, Eloiein, Katspiel, Erathaol Domiel. In den ► Zauperpapyri finden sich die Namen: Uriel, Michael, Raphael, Gabriel und Shamuil.

ARIEL

Hebr.: Löwe oder Feuerherd Gottes. Einer der 72 Engel (Genien) der jüdischen ► Kabbala. A. wird angerufen wird, um Offenbarungen zu erhalten und um Gott für das zu danken, was er den Menschen schickt. A. ist bei Jes. 29,1.2.7 auch Synonym für Jerusalem. Beim Propheten Hesekiel ist Ariel überdies der Name für den Altar im Tempel zu Jerusalem (Hes. 43,15.16). A. fand Aufnahme in Shakespeares *Sturm* und Goethes *Faust*.

ARS PAULINA

Name eines Zauberbuches. ► Lemegeton

ARTEMIS

ist eine ursprgl. vorgriech. Fruchtbarkeits- und Vegetationsgöttin (lat. ► Diana), die Tochter des Zeus und der Leto. Sie ist ähnlich ihrem Zwillingsbruder Apollon eine Gottheit der ländlichen Fruchtbarkeit, sowohl der Feldfrüchte

Der Artemiskult reicht bis in die Frühzeit der Menschheit zurück, wo Artemis als Herrin der Vegetation verehrt wurde.

und des Waldes als auch des Viehs, das auf den Bergen weidet. Insbesondere ist sie die Schutzpatronin des Wildes. Sie ist darüber hinaus eine Jägerin, die mit ihren Pfeilen auch das schnellste Tier erlegen kann. Wald und Berge sind ihr Lieblingsaufenthalt. Sie ist mit einem Gefolge von Nymphen umgeben, mit denen sie tanzt. Deshalb tanzten ihr zu Ehren Mädchenchöre an vielen Orten im antiken Griechenland. Möglicherweise ist auch die german. Vorstellung von der ► Wilden Jagd der Jagdgöttin A. und ihrem Nymphenschwarm verwandt. Als Mondgöttin (► Mond) obliegt ihr das weibliche Geschlechtsleben. Wie Hera und Eileithyia ist sie eine Geburts- und Ehegöttin; sie selbst aber bleibt ewig unvermählt, jungfräulich wie Athene. Der taurischen A. wurde jeder Segler, der schiffbrüchig geworden war, geopfert. Die Opfer wurden von jungfräulichen A.priesterinnnen getötet. Der Ursprung des A.kultes dürfte bis in die Frühzeit der Menschheit zurückreichen, wo man die Große Mutter (► Erdmutter) als Herrin der Vegetation, die von fettleibigen Frauenstatuen dargestellt wurde, verehrte. Der Kult der A. in Ephesos, wo sie als vielbrüstige Göttin dargestellt wurde, hielt sich noch bis in die Zeit des Christentums. Nicht ohne Grund wurde in Ephesos 431 auf einem Konzil Maria zur Mutter Gottes erklärt. Sie übernahm die Funktion der A. und Diana in der antiken Welt, weil im Volk offenbar das Bedürfnis nach einer weiblichen, helfenden Gottheit weitverbreitet war. ► Hekate

ASMODAY

Ein Dämon (► Pseudomonarchia daemonum); er hat den Kopf eines Ochsen, Menschen und Widders, einen Schlangenschwanz und Gänsefüße. Zu diesem schrecklichen Äußeren kommt noch hinzu, daß er Feuer speit und auf einem Drachen reitet. In der Hand trägt er eine Lanze und ein Fähnlein. Nur wenn man ihn ohne Kopfbedeckung anruft, sagt er die Wahrheit. Er lehrt die Wissenschaften und deckt Schätze auf. Erwähnung findet er auch in der nicht zum hebr. Kanon gehörigen apokryphen Schrift Tobias (3,8). ► Apokryphen.

ASMODEUS

oder Aschmedai; die Abl. ist unsicher (hebr. hasmed: Zerstörung). A. ist der Namen eines hebr. ► Dämons, der wahrscheinlich mit dem altiran. Dämon Aeshma Devi verwandt sein dürfte. Dieser Dämon steht unmittelbar unter ► Ahriman, dem altiran. Gott des Bösen. Nach der rabbinischen Tradition ist A. Oberhaupt der rächenden Dämonen und gilt als Gefährte der ► Lilith. Er soll auch an der Trunkenheit Noahs schuld gewesen sein. In der mag. Dämonologie ist er die ► Intelligenz des ► Mondes und wird oft sogar mit dem Satan gleichgesetzt. *Im Traktat über die Bekenntnisse der Zauberer und Hexen* (1589 erschienen) des Jesuitenbischofs und Dämonologen ► Peter Binsfeld (um 1540–1603) gilt er als einer der sieben Hauptteufel, dem die Unkeuschheit, eine der sieben Todsünden, zugeordnet ist.

Asmodeus: In der rabbinischen Tradition das Oberhaupt der rächenden Dämonen (19. Jhd.).

Astaroth: einer der sieben Höllenfürsten (Abb. aus dem 19. Jhd.).

ASTAROTH

Mehrzahl von ► Astarte; Bez. eines abgefallenen Engels (► Engelsturz); einer der sieben Höllenfürsten, der ursprgl. zur Ordnung der ► Thron-Engel gehörte. Andere Quellen machen ihn zu einem ► Seraph (► Seraphim).

In den bildlichen Darstellungen erscheint er als ein wohlgestalteter Engel, der auf einem Drachen reitet und eine Schlange in der Hand hält. Mit seinem stinkenden Atem vertreibt er jeden, der in seine Nähe kommt. Er kennt die

Vergangenheit und Zukunft und offenbart Geheimnisse.

ASTRALMAGIE

Eine Form der Magie, die versucht, sich die geheimen Kräfte der Gestirne nutzbar zu machen. Sie beruht auf dem Glauben, daß die Gestirne nur Werkzeuge dämonischer Mächte seien. Ausführliche Anweisungen, wie astralmag. Rituale vollzogen werden, enthält die arab. Schrift ► Picatrix, die 1240 von Alfons X. dem Weisen (1221–1284) ins Lat. übersetzt worden ist. Nicht nur durch mag. Operationen, indem man beispielsweise den Namen einer Person zu einer bestimmten Sternstunde auf ein Stück Leinwand schreibt, sondern auch durch Gebete kann man die Macht der Gestirne nutzen.

ASURAS

Siehe ► Indische Dämonen.

ATEL

Ein Dämon (► Pseudomonarchia daemonorum), aber auch Engel, dessen Element die Luft ist. Er regiert am Sonntag und sein Herrschaftsgebiet ist der Osten.

AUBIN, NICOLAS

Lebte gegen Ende des 17. Jhdt.s; frz. Schriftsteller, von dem nur bekannt ist, daß er in Loudun geboren wurde, nach Aufhebung des Ediktes von Nantes im Jahre 1680 Frankreich verlassen mußte und dann in Amsterdam lebte. Er verfaßte ein wichtiges Werk, nämlich die *L'Histoire des diables de Loudun* (1693) über die Fälle von ► Besessenheit in dem Kloster von Loudun. Eine dtsche. Übers. findet sich in Christian Thomasius' *Kurzen Lehrsätzen von dem Laster der Zauberei* (1704), S. 273–544. ► Anges, ► Grandier

AUFHOCKER

Dtsch. Übers. von ► Ephialtes; ein kleiner Druckgeist oder ► Alp, der sich auf Wanderer und Tiere setzt, bis sie zu einer unerträglichen Last werden. Der Glaube an diesen Dämon war bis ins 19. Jhdt. hinein besonders in Schlesien lebendig.

AUGUSTINUS

352–430 n. Chr.; afrikan. Bischof und einflußreicher Kirchenlehrer, der in seinen Hauptschriften *De civitate Dei* (413–427, Der Gottesstaat), *De divinatione daemonum* (406; Über die Weissagung der Dämonen) und *De doctrina Christiana* (396; Über den christlichen Glauben) die Grundlage für die mittelalt. Vorstellungen über Dämonen, Engel, Hölle und Hexenglauben legte (► Hexe, ► Hexenflug, ► Teufelspakt, ► Teufelsbuhlschaft, ► Hölle). Geprägt wurde sein Denken durch die Auseinandersetzung mit dem ► Manichäismus und die Übernahme von Gedankengut des ► Neuplatonismus. Seine entschiedene Ablehnung des Manichäismus führte ihn zu der Bestimmung des Bösen als Abwesenheit des Guten. Demnach ist der ► Satan kein widergöttliches Prinzip, sondern verdankt seine Existenz Gott. Nur mit Gottes Erlaubnis ist es dem Satan möglich, seine Untaten zu vollbringen. Die Lehren der Neuplatoniker von den Dämonen wurden von A. christianisiert. Die Dämonen sind aus der Sicht von A. reale Wesen, die er mit den gefallenen Engeln gleichsetzte. Die Beschreibung ihrer Gestalt und Fähigkeiten übernimmt er aus neuplatonischen Quellen (► Plotin, ► Porphyrius, ► Jamblichos). Wie die menschliche Sprache als Zeichensystem Kommunikation ermöglicht, gibt es bestimmte magische Mittel, Zeichen, Gebärden etc., durch die

Der Kirchenlehrer Augustin schuf die Grundlagen für die mittelalterlichen Vorstellungen über Dämonen, Engel, Hölle und Hexen (Abb. aus dem 15. Jhd.).

man mit den Dämonen Kontakt aufnehmen und sich mit ihnen wie durch einen Pakt verbünden kann (► Teufelspakt).

Diese Lehre wurde von ► Thomas von Aquin weiter ausgebaut und bildete dann die Grundlage des Hexenglaubens. A. geht auch auf die Tierverwandlung ein, die auf einer Verwirrung der Sinne beruht. Der Teufel gibt einem Menschen ein, daß er in ein Tier verwandelt worden sei. Auch die anderen Menschen erliegen dieser teuflischen Sinnestäuschung. Die Fabelwesen und die Mißgeburten werden von ihm als göttliche Vorzeichen gedeutet. Da diese Gestalten nicht mit der Vernunft erklärt werden können, muß Gott ihr Urheber sein. Somit sind sie ein Prodigium (Vorzeichen) Gottes. Gleichzeitig können sie auch als Beweis für die Existenz Gottes herangezogen werden.

AVICI

Siehe ► Buddhistische Hölle.

AZAEL

Abl. unsicher; möglicherweise von hebr. azazel: den Gott stärkt. Name eines Dämons, der im AT (Lev. 16) beim ► Sündenbockritual erwähnt wird. Wahrscheinlich ist A. ein alter Gott, der aus der Zeit des Polytheismus stammt, als die Juden neben Jahwe noch andere Götter wie ► Sedim, ► Se'irim und ► Lilith verehrten. Falsch ist es, in dem Dämon A. einen Vorfahren ► Satans sehen zu wollen. Bei dem Sündenbockritual ist er kein Gegner Jahwes, sondern unterscheidet sich von ihm nur durch seine Unreinheit. Im hebr. ► Henochbuch ist er ein Engel, der sich gegen Gott erhebt. Als Strafe wurde er in der Wüste auf einen Stein gekettet, wo er das Jüngste Gericht erwarten muß. Oft wird er mit Semyaza gleichgesetzt. ► Azazel

Azazel: Er symbolisiert die Verführung zum Bösen (Abb. aus dem 19. Jhd.).

AZAZEL

oder Asasel; hebr.: den Gott stärkt; einer der Anführer der aufrührerischen Engel (► Engelsturz) im apokryphen hebr. Henochbuch. Wenn er erscheint, reitet er auf einer Schlange. A. ist das Symbol der Verführung zum Bösen.

AZRAEL

Hebr.: dem Gott hilft. Ein Engel, der im Christentum und im Islam die Rolle eines Todesboten hat. ► Islamische Engel, ► Todesengel

B

BAAL

Kanaanäischer Wetter- und Fruchtbarkeitsgott; dtsch.: Herr; ein Sturmgott, der in der kanaanäischen Mythologie die oberste Gottheit bezeichnet. Jede Stadt und Landschaft hatte ihren eigenen Schutzgott B., zu dem der Name der Stadt hinzugefügt wurde. Mit dem Namen B. konnte jede Gottheit angerufen werden. In der Bibel hat B. dieselbe Bedeutung wie „falscher Gott". Seine Gemahlin ist Ba'alat („Herrin"), die als Göttin der zeugenden Naturkraft im Alten Orient unter verschiedenen Namen verehrt wurde. Zu nennen sind hier Anath, seine eigene Schwester, mit der er Inzucht betrieb; Anath in Ägypten und Ugarit, Ascherah in Samaria, Astarte in Phönizien und ► Ishtar in Mesopotamien. Sie gehören zu dem Kreis der sterbenden und wiederauferstehenden Gottheiten, die durch ihren jährlichen Tod und Wiedergeburt den Auf- und Niedergang der Vegetation verkörpern.

In der Dämonologie bezeichnet B. den Namen eines Dämons, dessen Wohnstätte der Osten ist. Er gibt den Menschen Weisheit und die Fähigkeit, sich unsichtbar zu machen. Wenn er eine körperliche Gestalt annimmt, so hat er den Kopf eines Menschen oder einer Katze oder aber die Köpfe von beiden zusammen. Seine Stimme ist rauh.

BABA JAGA

Auch als Jezi-Baba bekannt. Name einer furchterregenden Hexe bei den ostslawischen Völkern, die in einem unermeßlich großen Wald lebt und sich von Menschenfleisch ernährt. Ihr Haus ist mit einem Zaun umgeben, auf dessen Pfählen Menschenschädel gesteckt sind. Vermutlich verbirgt sich hinter der B. die Muttergottheit aus der älteren Geschichte der Menschheit (► Erdmutter), die nach der Einführung des Christentums bei den Slawen dämonisiert wurde. Vergleichbar mit der B. ist die german. ► Holla (Holda). Den Flug der Baba Jaga auf dem Mörser hat der russische Komponist Modest Mussorgsky in seinem bekannten Klavierkonzert *Bilder einer Ausstellung* Ausdruck verliehen. Als Vorlage hierfür dienten ihm Arbeiten des Malers Viktor Hartmann (1834–1873).

BACHANIEL

Ein Dämon (► Pseudomonarchia daemonum), dessen Herrschaftsgebiet der Westen ist. Er herrscht am Montag.

BACIEL

oder Bachiel; ein Dämon (► Pseudomonarchia daemonum), der mit dem Tierkreiszeichen der Fische verbunden ist. Er regiert den Planeten Saturn. Sein Herrschaftsgebiet ist der Osten.

BACON, ROGER

1214–1292; engl. Philosoph und Naturforscher. Da ihn seine Forschungen zu Unrecht in den Ruf eines Magier und Zauberers brachten, verbüßte er von 1277 bis an sein Lebensende eine Kerkerhaft. In seiner Schrift *De mirabili potestate artis et naturae* (Paris 1542) vertritt er eine kritische Einstellung gegenüber der Magie und widerlegt die Ansicht, daß Menschen sich Dämonen dienstbar machen könnten. Die Kräfte der Menschen könnten sich nicht mit denen der Dämonen messen. Böse Dämonen erschienen nur mit Zustimmung Gottes.

BAEL

Eine andere Namensform von ► Baal; ein dreiköpfiger Dämon (► Pseudomonarchia daemonum), der im Osten regiert.

BALAM

Ein Dämon (► Pseudomonarchia daemonum) mit drei Köpfen (Ochse, Mensch, Widder); er hat einen Schlangenschwanz, feurige Augen und reitet auf einem Bären. In seiner Hand hält er einen Habicht. Er kennt die Vergangenheit und Gegenwart und kann Menschen unsichtbar machen. Nach ► Wierus der gewaltige und schauerliche König der Hölle. In ► LaVeys *Satanischer Bibel* (Infernal Names) wird B. als hebräischer Teufel der Habgier und Gefräßigkeit bezeichnet. In der *Goetia* erscheint er als dreiköpfiger König der unhimmlischen Engel, der den Menschen unsichtbar macht. ► Lemegeton

BALIDET

Ein Dämon (► Pseudomonarchia daemonum); er ist ein Diener von ► Mammon. Sein Element ist die Luft, sein Herrschaftsgebiet ist der Westen. Er regiert am Samstag.

BAPHOMET

Name eines teuflischen Wesens, das mehrere Köpfe hat. Symbol der Satanisten. Stammt ursprgl. aus der Symbolik des Tempelordens. Die Verehrung Bs. wurde den Templern in den Prozessen gegen sie vorgeworfen. B. wird u. a. als Abk. gedeutet, die man aus den rückwärts gelesenen ersten Buchstaben des Satzes tem o h p ab (lat.: templum omnium hominum pacis abbas: Der Tempel aller Menschen ist der Vater des Friedens) erhält.

BARBATOS

Ein Dämon (► Pseudomonarchia daemonum), der vorher ein Engel war (► Engelsturz) und zur Ordnung der ► Mächte gehörte. Er erscheint, wenn die Sonne im Schützen steht. Seine Fähigkeiten sind: Kenntnis aller Wissenschaften und das Wissen von verborgenen Schätzen. Außerdem kennt er die Vergangenheit und die Zukunft.

BARBELO-GNOSTIKER

Gnost. Sekte, die von dem Kirchenvater Epiphanios (ca. 315–403), Bischof von Konstantia, beschrieben wurde. Aus dem Urzustand Finsternis, Abgrund, Wasser und Geist haben sich der Kosmos, Götter, Engel, Dämonen und Geister entwickelt, in dessen achtem Himmel die Göttin Barbelo thront und die Herrschaft ausübt. Der Sohn dieser Weltgöttin mit dem Namen Sabaoth oder Ialdaboath brachte die Welt hervor (► Demiurg), indem er seiner Mutter die göttlichen Kräfte raubte und sie in die Welt zerstreute. Bei den sexualmagischen Riten wurde den Anhängern dieser Sekte das Sperma entzogen und der Göttin geopfert, damit möglichst keine Nachkommen gezeugt wurden. Auf diese Weise sollte das Reich des Weltschöpfers möglich klein gehalten werden.

BARRETT, FRANCIS

Um 1800; Autor des berühmten Buches *The Magus or Celestial Intelligencer being a Complete*

Francis Barretts (Bild) Abhandlung über den Okkultismus hatte im 19. Jhdt. den Status eines Handbuches für Magier.

System of Occult Philosophy, das als Handbuch der Magie bei den Magiern des 19. Jhdt.s ungemein geschätzt wurde. Von den mittelalt. Dämonologen weicht B. gelegentlich ab, weil er den Dämonen einen anderen Rang und eine andere Funktion zuteilt. Über das Leben Bs. ist sonst nichts bekannt. ► Asmodeus.

BASILIDIANER

Gnost. Sekte, gegründet von Basilides (150 n. Chr.), einem Schüler des Glaucias, der noch den Apostel Petrus gekannt hatte. Über die Lehre der B. machen die christl. Quellen unterschiedliche Angaben. Entweder hat ein ► Demiurg, den man sich als riesige Gestalt vorstellte, die Welt nach Gottes Plan erschaffen oder Engel, deren Oberhaupt der alttestamentarische Gott ist, brachten sie hervor. Die B. lehren, daß jedes Unglück die Strafe für eine Sünde ist. Folglich gibt es kein unschuldiges Leiden. Die ► Gnosis.

Die ungarische Adlige Elisabeth Báthory (ganz rechts) ging als „Blutgräfin" in die Geschichte ein. Ihr werden zahllose grausame Verbrechen zur Last gelegt.

BATAILLE, DR.

Pseud. für Dr. Karl (Charles) Hacks, einen Rheinländer, der als Schiffsarzt in frz. Diensten stand.

Er war ein Mitarbeiter Taxils (► Freimaurerei und Satanismus) bei der Bekämpfung der Freimaurerei. 1892–1894 erschien sein zweibändiges Hauptwerk *Le Diable au 19e Siècle* (Der Teufel im 19. Jhdt.), in dem er behauptete, daß die Freimaurerei in ihrem Kern eine satanische Sekte von Teufelsanbetern sei; ihre Mitglieder sollen sich als Luziferaner oder Palladisten bezeichnet haben.

BATHIN

Ein Dämon (► Pseudomonarchia daemonum); er erscheint als starker Mann mit einem Schlangenschwanz, der auf einem blassen Pferd reitet. Fähigkeiten: Er kennt die geheimen Kräfte der Pflanzen und Steine und kann blitzschnell einen Menschen zu jedem Punkt der Erde transportieren.

BÁTHORY, ELISABETH (ERZSÉBET)

1560–1614; ungarische Adlige, entstammt einer der ältesten Familien ihres Landes. Aufgrund ihrer zahllosen, meistens mit großer Grausamkeit vollzogenen Verbrechen, ging sie als die „Blutgräfin" in die Geschichte ein. Mit 15 Jahren ging sie eine Ehe mit dem Grafen Nádasdy ein, der wie sie zum ungarischen Hochadel gehörte. Aus dieser Ehe gingen fünf Kinder hervor. Als ihr Mann 1604 starb, zog sie sich auf die Burg Csejthje in der Westslowakei zurück. Mit Hilfe ihrer Zofen und Diener lockte sie junge Mädchen aus der näheren Umgebung und später aus allen Landesteilen Ungarns auf ihre Burg, indem sie den Eltern versprach, ihren Töchtern eine adlige Erziehung zu geben und sie gut zu verheiraten. Diese Mädchen wurden auf sadistische Weise ermordet, damit sich die Gräfin B. in ihrem Blut baden konnte. Sie glaubte auf diese Weise ihre verwelkende Schönheit wiedererlangen zu können. Die örtlichen Behörden wurden auf ihr Treiben aufmerksam, als die Beschwerden der Eltern über ihre verschwundenen Töchter immer zahlreicher wurden. Bei einer überraschenden Hausdurchsuchung durch einen ungarischen Oberrichter fand man über 50 Mädchenleichen, die in den unterirdischen Gängen der Burg und den Nebengebäuden vergraben worden waren. 1611 wurde sie zu einer lebenslänglichen Haftstrafe in ihrer Burg verurteilt. Ihre Mithelfer wurden hingerichtet. Die Zahl der ermordeten Mädchen schwankt zwischen 80 und 600. Letztere Zahl stammt aus ihrem verschwundenen Tagebuch.

BAUDELAIRE, CHARLES

1821–1867; frz. Dichter der Schwarzen Romantik, der engen Kontakt zu satanischen Kreisen pflegte. So z. B. zu dem Club der Haschischins, der sich Mitte der 40er Jahre in Paris etabliert hatte. Die Litaneien des Satans in *Les Fleurs du Mal* (1857) sind ein Zeugnis seiner intimen Kenntnis des ► Satanismus. Für ihn ist der Satan eine Realität, der wie Gott jederzeit seine Rechte gegenüber dem Menschen geltend machen kann. In einer Art Urwahl kann sich der Mensch für Gott oder Satan entscheiden. Wenn er den Satan wählt, erkennt er auch das Gute an, denn das Böse verdankt seine Existenz dem Guten, gegen das es gerichtet ist. Der Satanismus ist eine negative Verherrlichung Gottes. Der Satan steht für ihn über Gott, weil er trotz seines Sturzes nicht seinen Stolz verloren hat. Er ist deshalb für alle Menschen, die in der christl. Gesellschaft Schaden erlitten haben, eine Quelle der Tröstung.

BAVENT, MAGDELAINE

1607–1647; frz. Nonne, welche die Hauptfigur einer ► Besessenheitsepidemie in dem Kloster von Louvier (Normandie) war. Zwischen den Nonnen und den Beichtvätern kam es zu sexuellen Ausschweifungen. Die Priester waren offensichtlich späte Nachfolger der Adamiten (eine gnost. Sekte, die den Gottesdienst nackt feierte; ► Sexualmagie). Die Vorgänge wurden erst 1642 nach dem Tod eines Beichtvaters bekannt. In den nun folgenden Verhören gestanden 14 Nonnen, unter Besessenheitssymptomen zu leiden, weil sie hofften, auf diese Weise einer Bestrafung zu entgehen. Sie warfen ihren Beichtvätern vor, ► Schwarze Messen zelebriert zu haben. Die Nonne B. gestand, eine Hexe zu sein. Sie wurde zu Kerkerhaft in einem Kloster verurteilt, während der letzte Beichtvater Thomas Boulle öffentlich verbrannt wurde. Dieser Fall erregte großes Aufsehen. Von den 34 zeitgenössischen Schriften über diesen Fall fand die Autobiographie der B. (1652), die sie angeblich einem inhaftierten Priester in Rouen diktiert hatte, besonderes Interesse. Dtsche. Übers.: *Bekenntnisse der Hexe Magdelaine Bavent* (Berlin 1980).

BEALPHARES

Ein Dämon (► Pseudomonarchia daemonum), manchmal auch als Engel bezeichnet, hat als Wohnort die feurige Region und gilt dort als einer der Anführer der Dämonen.

BEELZEBUB

oder Beelzebul; in der mittelalt. Dämonologie Bez. für den Herrscher der Dämonen, der als Fliege mit schrecklichem Aussehen dargestellt wird. Im rabbinischen Hebr. bedeutet Beelzebul: „Herr des Misthaufens". Eine Erklärung

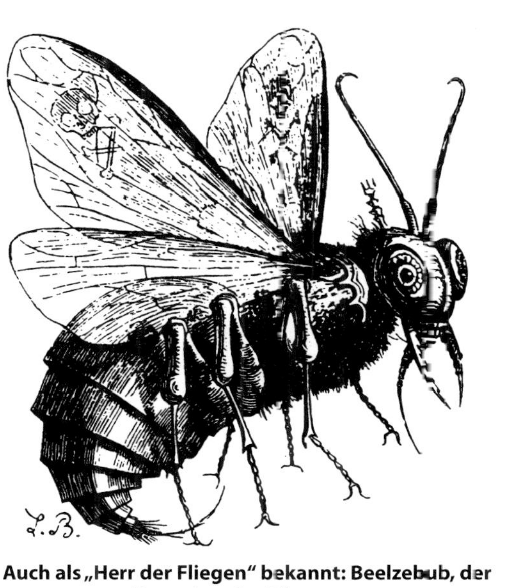

Auch als „Herr der Fliegen" bekannt: Beelzebub, der Herrscher der Dämonen.

findet diese Bez. durch den zweiten Wortbestandteil hebr. zabal: düngen. Dieses Wort verwendeten die Rabbiner zur Kennzeichnung des Götzendienstes. Im NT (Mk. 3,22) wurde diese Namensform in Beelzebub modifiziert und mit einer negativen Bedeutung versehen: „Die Schriftgelehrten aber, die von Jerusalem herabgekommen waren, sprachen: Er hat den B. und durch den obersten Teufel treibt er die Teufel aus." Diese Modifikation des Namens und seiner Bedeutung geschah in Anlehnung an 2. Kön. 1, wo ein Baal-Sebub als Stadtgottheit im palästinensischen Ekron erwähnt wird. Dieser Name bedeutet: „Herr der Fliegen". Diese beiden Namensformen von B. miteinander zu verbinden, um Jesu zu schmähen, war durch die fast gleiche Bedeutung sehr leicht möglich. Der B. als Fliegendämon hat auch in der altiran. Dämonologie ein Vorbild. Der Dämon Nasu, dargestellt als Fliege, wohnt in Leichen und symbolisiert Unreinheit.

BEFANA

oder Befania; abgel. von dem Fest Epiphanie am 6. Januar. B. ist eine ital. Fee und Dämonin, deren Name mit dem der ► Perchta zusammenhängt. Sie ist besonders in der Adventzeit aktiv.

BEHEMOTH

Von hebr. behema: Tier. In Hiob 40,15 ein Tier, das dem Nilpferd oder Wasserbüffel ähnelt. In der jüd. Apokalyptik erscheint B. als Tier der Endzeit. Später hat es die Bedeutung von ► Satan angenommen. Da der ägypt. Gott ► Seth als Symboltier das Nilpferd hatte, wird der Ursprung dieses Untiers nach Ägypten verlegt werden müssen. Diese Verbindung wird auch als Beweis dafür angesehen, daß die Juden die Gestalt des Satans nach dem Vorbild des ägypt. Gottes Seth gestaltet haben. B. ist wahrscheinlich mit Baphomet, dem Dämon des ► Templerordens, verwandt. ► Baphomet

BEHEXEN

Bez. für die Ausübung des ► Schadenszaubers der Hexen, die durch den ► Teufelpakt über die mag. Mittel verfügen, einem Menschen oder Tier Schaden zu zufügen. Das B. unterscheidet sich von den anderen Formen der Machtausübung der Dämonen, weil ein lebender Mensch durch seinen bösen Willen und Handlungen, die in mag. Absicht ausgeübt werden, einen anderen Menschen oder ein Tier schädigt. Die Formen des Bs. sind neben dem ► bösen Blick das Verrufen (Verwünschen oder Verfluchen). Durch das Aussprechen von Zauberformeln oder auch durch geistliche Lieder oder Bibelverse, deren Sinn ins Negative gewendet wird, werden Menschen oder Tiere verflucht. Ein beliebtes Verwünschungsmittel ist z. B. das Totbeten. Hier

Balthasar Bekker: Scharfer Kritiker des Teufels- und Dämomenglaubens (Abb. aus dem 17. Jhd.).

wird eine Totenmesse für einen noch Lebenden bestellt. Da diese Verwünschungen im Geheimen ausgesprochen werden, wurde diese Form des Schadenszaubers in den ► Hexenprozessen selten thematisiert. ► Besprechen, ► Dämonen

BEKKER, BALTHASAR

1634–1698; holländ. Geistlicher. Autor des 1691 erschienenen Buches *De Betoverde Weereld* (1693:

Die verzauberte Welt). B. unterzieht den christl. Teufels- und Dämonenglauben einer scharfen Kritik. Die Bibel lehrt nur sehr wenig über den ► Satan und die ► Dämonen. Der Satan ist keine Gegenmacht, die Gott gegenübersteht und ein eigenes Reich auf Erden besitzt. Eine derartige Vorstellung würde die Macht Gottes beschränken. Für B. ist der Satan nichts anderes als ein Geist, der zur Strafe in den Abgrund (► Abbadon) hinabgestoßen wurde. Er ist unfähig, eine körperliche Gestalt anzunehmen, in einer derartigen Gestalt zu erscheinen oder auf die Körperwelt einzuwirken. Genauso ohnmächtig wie er sind auch seine Gehilfen, die Dämonen. Folglich kann es auch nicht, wie die Hexenverfolger behaupten, einen ► Teufelspakt und den darauf beruhenden ► Schadenszauber geben. In der Bibel nämlich werden die Zauberer nicht als Teufelsverbündete, sondern als Betrüger angesehen. Um seine Thesen zu beweisen, setzt er sich kritisch mit den Lehren der wichtigen Autoritäten auf dem Gebiet der Dämonologie von ► Thomas von Aquin bis ► Delrio auseinander. Er weist ihnen nach, daß sie sich nicht auf die Bibel berufen könnten. Das Werk von B., das in alle europäischen Sprachen übersetzt wurde und eine große Verbreitung fand, rief eine Flut von Streitschriften hervor. Seine Kritik an der traditionellen Lehre vom Teufel wurde von der Kirche als Leugnung des Glaubens an Gott abgelehnt. Deshalb wurde er 1692 seines Amtes enthoben. Die späteren Kritiker des Hexenglaubens, wie z. B. ► Thomasius, beriefen sich auf die Lehren von B.

BELETH

Ein Dämon (► Pseudomonarchia daemonum); er reitet auf einem blassen Pferd. Bei seinem ersten Erscheinen wirkt er schrecklich. Man muß ihn in einem Kreis bannen (► Magischer Kreis), freundlich empfangen und Opfer darbringen. Zu seinen Fähigkeiten gehört es, Liebe zu wecken.

BELIAL

oder Beliar; hebr.: der Heillose, Nichtswürdige. Name eines der Führer der gefallenen Engel (► Engelsturz) und Bez. für den ► Satan im NT und in den Apokryphen, die von der babyl. Göttin Belili, die wohl der Unterwelt zugehörig ist, übernommen wurde. In den Qumrantexten

Belial kehrt in die Hölle zurück (Abb. aus dem 15. Jhdt.).

(2. Jhdt. v. Chr.) findet sich B. als Name eines Anführers der bösen Engel. Er kämpft gegen den Erzengel ► Michael um die Herrschaft über die Menschen, die in die Söhne des Lichts (die Anhänger der Qumrangemeinde) und die Söhne der Finsternis geschieden sind. B. unterstehen nicht nur die bösen Engel, sondern alle Dämonen und Geister. In der 1382 von ► Jacobus de Theramo verfaßten Schrift *Das Buch Belial* wird er so beschrieben: Da sich B. gut in juristischen Fragen auskennt, wurde er von den Teufeln zum offiziellen Vertreter ernannt, der von Gott verlangen soll, daß er die Taten Christi untersucht. Denn Christus habe sich in die Belange des Satans eingemischt. In erster Instanz wurde die Beschwerde Bs. abgewiesen. In der zweiten Instanz kam es zu einem Vergleich, in welchem festgelegt wurde, daß der Teufel bis zum Jüngsten Tag die Macht über die Gottlosen behalten darf. In der ► Pseudomonarchia daemonum ist B. der Stellvertreter ► Luzifers, der in einem Feuerwagen sitzt. Er hat eine schöne Gestalt, spricht freundlich zu den Menschen und verteilt Posten, Ehrenstellen und Vorteile, vorausgesetzt, man bringt ihm ein Opfer. ► Apokryphen

BELOMANTIE

Griech.: Pfeilwahrsagung; ein Pfeil wird in eine bestimmte Richtung geschossen. Aus der größeren bzw. geringeren Entfernung und aus der Art des Niederfallens wird die Zukunft gedeutet.

BELPHEGOR

Abgel. von assyr. Baal-Peor: Herr Baal; ursprgl. ein Gott der Moabiter. In der jüd. und mittelalt.

Dämonologie einer der führenden Dämonen, der aus der Hölle zur Erde gesandt wurde, um herauszufinden, ob es auf der Erde eine glück-

Wird häufig mit dem griechischen Gott Priapus gleichgesetzt: der Dämon Belphegor (Abb. aus dem 19. Jhd.).

liche Ehe gebe. B. kam zum Ergebnis, daß sich für diese Vermutung keine Beweise finden ließen. Wenn er angerufen wird, erscheint er als junge Frau. Gelegentlich wird er auch mit dem griech. Gott Priapus gleichgesetzt, der durch ein erigiertes Glied dargestellt wird. B. wird vom Dämonologen Peter ► Binsfeld (um 1540–1603) als einer der sieben Hauptteufel angesehen; er ordnet ihm die Trägheit, eine der sieben Todsünden, zu. ► Baal

BENANDANTI

Träger eines Fruchtbarkeitskultes in der ital. Provinz Friaul zwischen 1550–1650. Dieser Kult wurde von dem Historiker Carlo Ginzburg anhand von Akten der ► Inquisition rekonstruiert (*Die Benandanti*, dtsche. Übers. 1982). Die B. verfielen viermal im Jahr in eine Art Lethargie und begaben sich dann im Traum in ferne Gegenden, um mit Fenchelzweigen bewaffnet gegen Streghe (Hexen) und Stregoni (Hexer) zu kämpfen. Dieses Reich, in das sie sich in Tiergestalt oder rittlings auf Tieren begeben, ist von den Toten und Geistern bevölkert, die ruhelos umherirren. Wahrscheinlich war der ursprgl. Auftrag der Benandanti zwischen den Lebenden und Toten zu vermitteln. Bei diesen Kämpfen geht es um die Fruchtbarkeit der Äcker. Derartige schamanistische Vorstellungen, bei denen sich Angehörige eines Stammes in einen tranceartigen Zustand versetzen, um dann eine Reise in das Totenreich anzutreten, finden sich bei zahlreichen eurasischen Völkern. Von der Inquisition wurden sie mit ihren Gegnern, den Hexen, auf eine Stufe gestellt. Es wurde ihnen unterstellt, sie würden am Hexensabbat teilnehmen. Die Entdeckung dieses Fruchtbarkeitskultes, der während der Zeit der Hexenverfolgungen existierte, bestätigte die Annahme, daß das Hexenwesen Elemente einer Erd- bzw. Vegetationsreligion enthielt. ► Hexen, ► Erdmutter, ► Sabbat

BERITH

Ein Dämon (► Pseudomonarchia daemonum); er erscheint als Soldat mit einer roten Rüstung, trägt eine goldene Krone und reitet auf einem roten Pferd. Alle ihm gestellten Fragen beantwortet er wahrheitsgemäß. Sonst gilt er als ein Lügner, dem man nicht vertrauen darf.

BERNSTEINHEXE

Siehe ► Maria Schweidler.

BERNUS, ULLA VON

1913–1998; Tochter des Alexander von Bernus, der ein Freund des bekannten Anthroposophen Rudolf Steiner war. Sie gilt als die bekannteste Schwarzmagierin (► Satanshexe) Deutschlands. Nach ihren eigenen Aussagen hat sie sich im Alter von 17 Jahren für die ► Schwarze Magie entschieden. Ihre Schulung verdanke sie, so U. v. B., einem sog. Grünkappen-Lama, dem sie in London begegnet sein will. Dieser Angehörige einer sonst nicht bekannten tibetischen Sekte habe sie vor allem in die Technik des Todesrituals eingeführt. 1982 mußte sie in einem Mordprozeß als Zeugin aussagen, weil eine Frau und ihr Geliebter vor Gericht behaupteten, U. v. B. sei von ihnen beauftragt worden, durch ein Todesritual den Ehemann zu töten. Als dies aber zu lange dauerte, haben sie ihr Opfer ertränkt. Beide Täter erhielten je neun Jahre Gefängnis. 1984 erklärte sie im Fernsehen: „Ich töte, wenn Satan es befiehlt." Sie behauptete, über 20 Menschen durch Anwendung des Todesrituals getötet zu haben. Für die erfolgreiche Durchführung eines derartigen Rituals ist sehr wichtig, daß man den richtigen Ort und Zeitpunkt auswählt. Der Magier müsse sich, so die Bernus, nach Norden wenden, weil nach ihrer Ansicht der Tod aus dem Norden käme. Geeignet ist die Zeit kurz vor Mitternacht, vorausgesetzt der Planet Saturn regiert. Der Magier schwenkt eine Wachspuppe sowie das Foto des Todeskandidaten, die beide auf ein Schwert gespießt sind, über einer Flamme hin und her. Dabei werden die Elementargeister und der Todesgott Osrael samt seinem Helfer Zazael herbeigerufen. Vor eventuellen Angriffen dieser Dämonen schützt sich der Magier durch einen ► magischen Kreis und durch Schwefelräucherungen. Dieses Ritual muß mehrfach wiederholt werden, bis es seine Wirkung entfalten kann.

Am Ende ihres Lebens soll U. v. B. dem Satanismus abgeschworen haben und zum christl Glauben übergetreten sein.

BERUFEN

Siehe ► Besprechen.

BESAGEN

Bez. für die Nennung von Komplizen und Mitbeteiligten an der Hexerei im Geständnis der Hexen. ► Urgicht

BESCHWÖRUNG

Eine Form des ► Besprechens, mit dessen Hilfe nach einem strengen ► Ritual Dämonen sowohl angerufen (lat.: invocatio) als auch herbeigerufen (lat.: evocatio) werden können. Wenn der Magier mit in dem ► magischen Kreis steht, bannt er den Dämon durch eine ► Beschwörungsformel, die aus einer Kette ähnlicher Wörter wie „Ich fordere dich auf, beschwöre dich, befehle dir und banne dich!" besteht. Diese Befehlsform kann auch durch Gebete oder Teilen davon, Psalmversen oder Bruchstücken aus der christl. Litanei umkleidet sein. Oft schreibt das Ritual vor, daß diese Beschwörungsformel mehrfach, meistens dreimal, wiederholt wird. Neben der Aufforderung, zu erscheinen, kann die Befehlsformel auch dem Geist vorschreiben, wie er erscheinen soll. Von dem Magier wird verlangt, daß er sich schon einige Tage vorher auf das Ritual vorbereitet. Dazu gehören sexuelle Enthaltsamkeit, gründliche körperliche Reinigung und saubere Kleidung. Sicherlich dürfte in vielen Fällen schon die Suggestivwirkung der feierlichen Rituale die Teilnehmer von der positiven Wirkung überzeugt haben. Ein derartiges Ergebnis war auch deshalb leicht zu erreichen, weil der Zweck der B. oft im seelischen Bereich (z. B. Liebeszauber) lag und keine materiell sichtbare Wirkung angestrebt wurde. ► Magie, ► Merseburger Zaubersprüche, ► Ritual, ► Dämon

BESCHWÖRUNGSFORMELN

Um eine Beschwörung erfolgreich durchzuführen, muß der Magier die im Ritual vorgeschriebenen Texte und stereotypen Redewendungen benutzen. Die B. weisen einen gleichförmigen Aufbau auf, der schon bei altorient. B. benutzt wurde. Zuerst werden die zu beschwörenden Dämonen genannt, dann wird ihre Machtsphäre angegeben und ihre Wirkung geschildert. Hierauf folgt der Wunsch oder Befehl, daß sie einen Auftrag ausführen oder vor einem Schaden schützen sollen (► Abwehrzauber). Damit diese B. für einen Außenstehenden und Nichteingeweihten unverständlich sind, werden Wörter aus fremden Sprachen, deren äußere Form noch verändert wird (Verballhornung) oder Kunstsprachen eingeflochten. Die Griechen benutzen in ihren Zauberbüchern ägypt. Wörter. Im mittelalt. und neuzeitlichen Okkultismus entlehnte man derartige Wörter aus dem Hebräischen, die aber zusätzlich noch verändert wurden. Eine reine Kunstsprache ist die sog. henochische Sprache, die ► John Dee für seine Beschwörungen erfand. Wiederentdeckt wurde diese Zaubersprache durch Aleister ► Crowley.

BESESSENHEIT

Bez. für psychische Veränderungen eines Menschen, die in der modernen Medizin heute als „Neurose" oder „Psychose" zusammengefaßt werden. Früher wurden diese Krankheitssymptome als Dämonomanie oder Dämonopathie bezeichnet. Die klinischen Symptome wurden so beschrieben: Schlaflosigkeit, große Angst vor Gott, Irrereden, visuelle Halluzinationen und Erregung im Unterleib. Von dieser pathologischen B. muß die dämonische B. unterschieden werden, die von einem oder mehreren Dämonen verursacht wird. Nach Ansicht der mittelalt. Dämonologen, die auch heute noch Grundlage des in der kath. Kirche praktizierten ► Exorzismus ist, können Dämonen unmittelbar Macht über einen Menschen ausüben. Es werden drei Formen der B. unterschieden:

Das Phänomen der Besessenheit wird heute als „Neurose" oder „Psychose" diagnostiziert. Im Bild: Jesus heilt einen Besessenen (11. Jhd.).

- Circumsessio (Umsessenheit): Die Dämonen belagern einen Menschen, ohne in seinen Körper einzudringen, um ihm Schaden zuzufügen.
- Obsessio: Der Dämon ergreift Besitz von dem Menschen, indem er in seinem Körper wohnt.
- Possessio: Der Mensch ist ein völlig willenloses Objekt der Dämonen und hat jegliche Freiheit verloren.

Die B. kann aufgrund von Zeichen am Menschen festgestellt werden. Zu diesen Merkmalen gehören die sensorischen und physiologischen Zeichen: unerklärliches Kribbeln auf der Haut, Hitzegefühl, Fieber, Erbrechen. Weiter die paranormalen Zeichen, sprich: Die Fähigkeit, eine unbekannte Sprache zu sprechen und zu verstehen, Entferntes und Verborgenes zu offenbaren, was normalerweise aufgrund des

Besessenheit äußert sich als unerklärliches Kribbeln auf der Haut, Hitzegefühl, Fieber und Erbrechen (Abb. aus dem 19. Jhd.).

Alters einer Person unmöglich ist, oder die Unfähigkeit, zum Gottesdienst zu gehen, obwohl der Wunsch dazu da ist. Man weiß heute, daß diese psychischen Verhaltensänderungen durch Suggestion auf andere Menschen übertragbar sind und zu einer regelrechten Epidemie führen können (► Besessenheitsepidemien). Der ► Spiritismus erklärt diese Erscheinung dadurch, daß sich erdgebundene Geister oder Elementargeister dem Körpers eines Menschen bemächtigen und darin ihr Unwesen treiben. In Religionen wie z. B. dem ► Voodookult in Haiti spielt die B. eine zentrale Rolle. Alle Handlungen dieser Religion sind darauf abgerichtet, die B. zu lenken. Die Loas, gute oder böse Geister, dringen in einen Menschen ein und vertreiben seinen großen Schutzengel, den Gros-bon-ange. Die Folge ist, daß dieser Mensch, der nur noch zu einer Hülle für den Loa geworden ist, in Trance verfällt. Der Besessene wird nun gleichsam von dem Loa wie ein Pferd geritten. Wenn der Besessene aus der Trance erwacht, weiß er nicht mehr, was er getan oder erlebt hat. Der japan. Volksglaube kennt die B. durch Dämonen in Fuchsgestalt (jap.: kitsune-tsuki), die sich von der in der Bibel und von den mittelalt. Dämonologen beschriebenen B. nur dadurch unterscheidet, daß von ihr fast ausschließlich Frauen befallen werden. Nachdem der Fuchs in den menschlichen Körper eingedrungen ist, lebt er ein eigenes Leben, unabhängig von dem Ich des Menschen. Hierdurch entsteht ein Doppelbewußtsein, das sich in einer Art nervösen Zerrüttung äußert. Die besessene Person hört alles, was der Dämon zu ihm sagt. Wenn der Dämon nach einiger Zeit freiwillig austritt oder von einem „Fuchsaustreiber“ vertrieben werden konnte, bleibt bei einem derartigen Menschen eine Depression zurück. Er kann sich an nichts von dem erinnern, was während der B. vorgefallen ist.

BESESSENHEITSEPIDEMIEN

Durch Auto- und Fremdsuggestion übertragene ► Besessenheit, die dann eine ungeheure Anzahl von Menschen in rascher Folge oder gleichzeitig ergriff. Derartige B. gab es namentlich in Nonnenklöstern und geistlichen Mädchenschulen. Sie äußerten sich in verschiedener Art und Weise: In manchen Klöstern zeigten eine größere Zahl von Nonnen typische Erscheinungen von Besessenheit. Im Jahre 1566 wurden im Waisenhaus zu Amsterdam 70 Kinder befallen. Das wiederholte sich in anderen Mädchen- und Knabenschulen. Die bekannteste Epidemie fand im Kloster Unterzell bei Würzburg statt. Sie wurde durch die Subpriorin Maria Renata Sängerin hervorgerufen. Noch 1869 wurden in Illfurth in der Nähe von Solothurn (Schweiz) zahlreiche Knaben befallen. Ihnen erschienen Frauengestalten und Wesen mit Entenschnäbeln und Krallenhänden. Diesen Erscheinungen konnten die Knaben zwar Federn herausreißen, beim Verbrennen zeigten sie aber keine Asche. Bei ihren Anfällen erwähnten sie unbekannte Personen und sprachen fremde Sprachen. ► Anges, ► Bavent, ► Buvee, ► Grandier

BESPRECHEN

Eine Form der Magie, die durch die Anwendung von Zauberworten oder mag. Formeln einem Menschen oder Tier bei einer Krankheit etc. helfen will. Man unterscheidet die Gebete, die sich in der Form von Bitten an Gott oder Heilige wenden, die Segensprüche oder Wünsche, die zu Kranken gesprochen werden, sowie die Beschwörungen (► Exorzismus), die sich in Befehlsform an die Krankheit selbst oder den Verursacher wenden. Die Wirkung des B. kann verstärkt werden, indem man dreimal das Gebet wiederholt oder den mag. Charakter durch ► Sympathiezauber noch verstärkt. Wenn man ein Augenleiden bespricht, kann man die Wirkung der mag. Worte noch erhöhen, indem man dem Kranken ein Geierauge, das in eine Wolfshaut gehüllt ist, umhängt.

Bei Anfällen von Besessenheit kommt es vor, daß unbekannte Personen erwähnt und fremde Sprachen gesprochen werden.

BHUTAS

Im Hinduismus Dämonen (die Seelen Verstorbener), die die verschiedensten Gestalten annehmen können. Sie bringen überdies Krankheit und Unheil über die Menschen. Herr dieser Dämonen ist Shiva. ► Indische Dämonen

BIFRONS

Ein Dämon (► Pseudomonarchia daemonum) mit einer monströsen Figur, der aber auch eine menschliche Gestalt annehmen kann. Zu seinen Gebieten zählen die Astrologie und Geometrie. Überdies kennt er die geheimen Kräfte der Pflanzen und Steine. Auf Friedhöfen vertauscht er die Leichen und zündet über den Gräbern Lichter an.

BILDZAUBER

Eine Form der ► Sympathiemagie, die einem Menschen Schaden zufügt, indem man sein Bild verletzt. So wurden z. B. Wachspuppen (► Zauberpuppen), denen man eine gewisse Ähnlichkeit mit der zu verletzenden Person gab, zum Schmelzen gebracht. Dadurch erkrankte das Urbild schwer und siechte dahin. Man kann auch

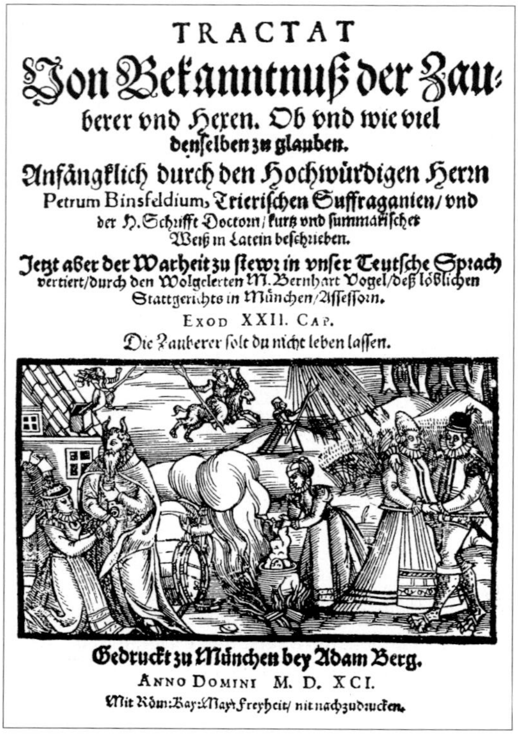
TRACTAT
Von Bekanntnuß der Zauberer vnd Hexen. Ob vnd wie viel denselben zu glauben.
Anfängklich durch den Hochwürdigen Herrn Petrum Binsfeldium, Trierischen Suffraganien/ vnd der H. Schrifft Doctorn/ kurtz vnd summarischer Weiß in Latein beschrieben.
Jetzt aber der Warheit zu stewr in vnser Teutsche Sprach vertiert/durch den Wolgelerten M. Bernhart Vogel/deß löblichen Stattgerichts in München/Assessorn.
EXOD XXII. CAP.
Die Zauberer solt du nicht leben lassen.
Gedruckt zu München bey Adam Berg.
ANNO DOMINI M. D. XCI.
Mit Röm:Kay:May: Freyheit/ nit nachzudrucken.

Der Trierer Weihbischof Peter Binsfeld schuf durch seine Ratschläge mit die Voraussetzungen für die großen Hexenverfolgungswellen.
Im Bild: Titelblatt der deutschen Übersetzung von Binsfelds „Tractatus" (1591).

den Namen der Person, auf die die Wirkung übertragen werden soll, auf deren Bild schreiben. Auf diese Weise wird eine symbolische Verbindung zwischen dem Dämon und der Person hergestellt.

BILSENKRAUT

Das B., eine unter der botan. Bez. *Hyoscyamus niger* in die Familie der Nachtschattengewächse eingereihte Pflanze mit äußerst giftigen Eigenschaften, wird im Volksmund auch „Schlafkraut", „Zigeunerkraut", „Prophetenkraut", „Tollkraut" oder auch „Teufelswurz" genannt. Kraut und Samen enthalten ein stark narkotisches Alkaloid (Hyoscyamin), das als milderndes, schmerz- und krampfstillendes Mittel in der modernen Pharmazie Verwendung findet. Das Kraut muß vor der völligen Entwicklung der Blüten eingesammelt werden; es riecht sehr stark, ist unangenehm und fast betäubend und enthält außer dem genannten Alkaloid eine eigentümliche Säure und einen nach Canthariden riechenden Bestandteil sowie fettes Öl, das hauptsächlich in den Samen aufgespeichert ist. In der Magie galt das B. als Wettermittel, wenn es unter Berücksichtigung besonderer Verhaltensmaßregeln gepflückt worden ist. Das B. scheint mit der beim delphischen Orakel im Gebrauch befindlichen *Herba Apollinares* identisch zu sein. Im Mittelalter wurde es auch dem Bier zugesetzt. Es wird seines narkotischen Alkaloids wegen auch unter den Bestandteilen der ► Hexensalben und Räucherpulver angeführt. ► Hexenkräuter

BINSFELD, PETER (PETRUS)

1545–1598; Theologe und Trierer Weihbischof, dessen Schrift *Tractatus de confessionibus maleficorum et sagarum* (Traktat vom Bekenntnis der Zauberer und Hexen) 1598 erschien. Diese Schrift, die sich nicht nur eng an den ► Hexenhammer anlehnt, sondern darüber hinaus versucht, dessen Aussagen für weniger gebildete Richter verständlich zu machen, war unter den Hexenverfolgern sehr verbreitet, wie die zahlreichen Auflagen beweisen. B. betont vor allem den Wert der Denunziation (Besagen) von vermeintlichen Komplizen, zu der Angeklagte unter der Folter veranlaßt werden sollten. Einen großen Wert mißt er den Indizien bei, zu denen auch die häufige Teilnahme an der Kommunion gehört, weil Hexen auf diese Weise einen Ausgleich für ihre zahlreichen Kontakte zum Teufel suchten. B. gehörte zwischen 1586–96 zu den Urhebern einer großen Hexenverfolgungswelle im Kurfürstentum Trier und war an dem Prozeß gegen ► Cornelius Loos beteiligt, der zu den frühen Gegnern der Hexenprozesse gehörte.

BLACK-METAL-GRUPPEN

Siehe ► Teufel (Musik) und ► Rock-Musik.

BLACK ORDER

Name eines satanistischen Ordens mit Sitz in Neuseeland und Ablegern in europ. Städten. Dieser german. orientierte Orden betont seine Gegnerschaft zur christl. Religion, die für den Niedergang der westlichen Welt verantwortlich gemacht wird. Satan, der Gegenspieler des christl. Gottes, wird auch mit den „bösen" Göttern der nord. und ind. Mythologie (z. B. ► Loki, ► Kali) in Beziehung gesetzt. Die betont antichristl. Lehren des B. enthalten auch antisemitisches und rechtsradikales Gedankengut.

BLAKE, WILLIAM

1757–1827; engl. Künstler, Dichter und Mystiker. Schon von Kindheit an glaubte er, mit Geistern in Verbindung zu stehen, die ihm unter anderem neue Drucktechniken zeigten. Seine Schriften und Bilder sind als Mythen, Sagen, Märchen und Symbole aufzufassen. B. verdankt viele seiner Ideen der ► Kabbala, der ► Gnosis, dem schwedischen Theologen Emmanuel Swedenborg (1688–1772) und dem dtsch. Mystiker Jakob Böhme (1575–1624). Swedenborg vertrat die Meinung, daß Gott das Urbild aller Geistwesen sei, zu dem auch der Mensch gehöre. Die Engel, die Geistwesen und der Mensch bildeten den Homo maximus, den Urmenschen, der den Leib des Absoluten oder Gottes bildet. Bei B. heißt dieser Urmensch „Albion". Im Laufe der Zeit spaltet er sich in die vier Zoas: Tharmas (Sinnlichkeit), Urizen (Vernunft), Luvah (Liebe–Haß) und Urthona (Imagination). Diese Zoas können als Götter oder Dämonen gedeutet werden. B., für den das Kreative der Inbegriff des Guten und das Böse die Zerstörung der Kreativität ist, glaubte, in Gott Züge des Bösen entdecken zu können. Er nennt ihn Urizen (Sichbegrenzung), weil er eine jede Kreativität erstickende Vernunft verkörpern soll. Sein Gegner ist Orc (eine Umstellung aus lat. cor: Herz, Seele, Geist), ein Abkömmling der Urthona, die die Imagination repräsentiert. Orc, der Energie, Rebellion und Kreativität darstellt, stellt sich Urizen entgegen und führt mit ihm einen Kampf, der in einem Chaos endet. Werke: *The Marriage of Heaven and Hell* (Die Vermählung von Himmel und Hölle) und *The Book of Urizen*.

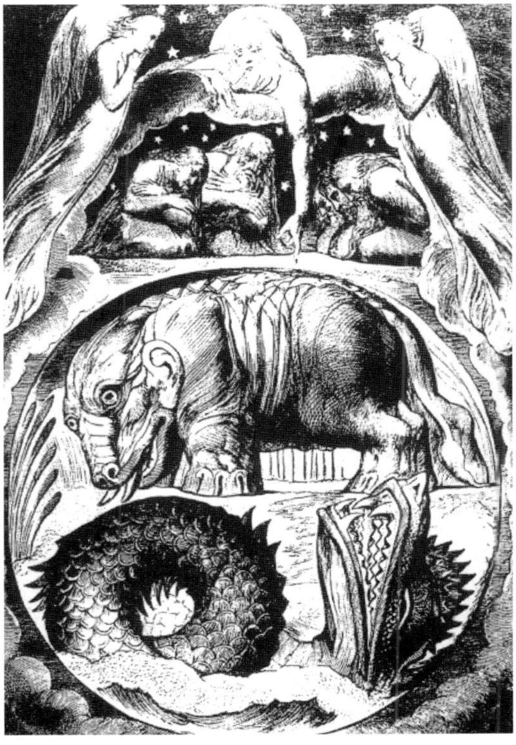

William Blake: Er glaubte schon in seiner Kindheit, mit Geistern in Verbindung zu stehen. Im Bild: Abbildung aus dem Buch „Job", die Behemoth und Leviathan zeigt.

BLAVATSKY, HELENE

1831–1891; Begründerin der modernen Theosophie, die sich zum Ziel setzte, gleichsam als eine „Metareligion" den geheimen Kern aller Religionen darzustellen. In ihrem 1888 erschienenen Hauptwerk *The Secret Doctrine* (Die Geheimlehre) weist sie ► Luzifer eine besondere Rolle im göttlichen Schöpfungsplan zu. Der von Gott herbeigeführte ► Engelsturz wird von ihr auf die Weigerung der Engel zurückgeführt, sich freiwillig mit der Materie zu vermischen, damit sie erleuchtet werden. Das Herabsteigen von Luzifer in die Materie war nach dem Schöpfungsplan Gottes notwendig, weil die Elementargeister, die die Materie beherrschen, nicht in der Lage waren, den Menschen als den wichtigsten Teil der Materie zu erleuchten. Luzifer ist deshalb kein Gegenspieler Gottes, sondern repräsentiert die Vernunft in der Welt, die es dem Menschen ermöglicht, Gott zu erkennen. Nur wenn man diese Vernunft mißbraucht, kann ihr Vertreter Luzifer zum Feind des Göttlichen werden.

BLOCKSBERG

Name der Versammlungsstätte von Hexen und Dämonen. Die früheste Erwähnung des Namens findet sich im *Münchener Nachtsegen* (Ende des 14. Jhdt.s), wo der „Brochisberg" oder „Brockesberg" erwähnt wird.

Seit dem 17. Jhdt. wird der Brocken im Harz mit dem B. gleichgesetzt. Den Name B. gibt es

Prätorius: Hexensabbat auf dem Blocksberg (Abb. aus dem Jahr 1669).

auch in der Oberpfalz, Schleswig-Holstein, Hinterpommern, Ost- und Westpreußen und in Ungarn. ► Brockengespenst

BLUTMESSE

Bez. für eine satanistische Zeremonie, die den Höhepunkt der ► Schwarzen und ► Roten Messen bildet. Nach bestimmten Ritualen, die von Gruppe zu Gruppe variieren können, werden Tiere getötet und deren Blut, meistens vermischt mit menschlichen Gebeinen und Sperma, von den Teilnehmern getrunken. ► Crowley gibt im *Liber Al vel legis und Magick* Anweisungen, wie derartige B. durchgeführt werden müssen. Lebende Wesen sind nach seiner Meinung eine Vorratskammer der Energie, die bei deren Tod freigesetzt wird.

Bei der Wahl der Opfer gibt es eine Rangordnung, und Crowley läßt keinen Zweifel daran, daß das menschliche Opfer das beste ist. Ein Ersatz hierfür kann die Nutzung des eigenen Blutes sein. Voraussetzung für das Gelingen der B. ist, daß das Opfertier völlig gesund ist. ► Blutritual, ► Ritualmord, ► Kannibalismus, ► Rote Messe

BLUTRITUAL

Hierzu gehört das Bluttrinken, das als ein Teil der Anthropophagie (Menschenfresserei) praktiziert wurde und bei Primitiven und Frühkulturen verbreitet gewesen war. Hinter diesem Ritual steht die Vorstellung, daß sich im Blut die Lebenskraft eines Menschen findet. Deshalb wurde den Gottheiten als Ersatz für Menschenopfer Blut dargebracht.

Ein Rest dieser uralten Vorstellung findet sich im christl. Abendmahl, in dem der Wein in das Blut Christi verwandelt wird. Wenn zwei Menschen ihr Blut vermischten und anschließend tranken, wurde nach dem mittelalt. Volksglauben die Blutsbrüderschaft, der sog. „Rasengang", begründet, der eine besonders enge Bindung zwischen zwei Menschen herstellte. Diese Bindung war rechtlich der Brüderschaft durch Geburt gleichgestellt. Die Bez. „Rasengang" leitet sich aus dem Brauch bei diesem Ritual ab, aus der Erde ein Stück Rasen herauszuschneiden, mit Blut zu vermischen und diese Mischung anschließend zu trinken. Auf diese Weise wurde die Verbindung mit der ► Erdmutter, von der alles Leben kommt, hergestellt.

Eines der am frühesten bezeugten B. findet sich in Homers *Odyssee* (11. Gesang, V. 90–96). Die Zauberin ► Circe gräbt am Rand des Hades ein Loch, schlachtet Schafe und läßt das Blut hineinfließen. Als die toten Seelen das Blut getrunken hatten, wurden sie mit Lebenskraft erfüllt und sagten Odysseus die Zukunft voraus. Bei einigen Gruppen der russischen Sekten der Chlysten und Skopzen war das B. noch bis ins 19. Jhdt. hinein üblich.

Dem Abendmahlbrot wurde das Blut von Neugeborenen beigemischt. In bestimmten Freimaurerorden (Hochgradsystemen) gehörte das Bluttrinken noch bis 1932 zum Ritual, so bei der Aufnahme in den XI. Grad, den Hocherleuchteten auserwählten Vertrauten im System der Großen Landesloge der Freimaurer von Deutschland.

Auf dieser Stufe wird das höchste Wissen vermittelt. Dem Neuaufgenommenen wurde Blut aus dem Daumen entnommen und in eine Flasche gegossen, in der sich das Blut aller Angehörigen dieser Stufe der Freimaurerei befand. Sodann wurde aus dieser Flasche Blut entnommen, mit Wein vermischt und von allen Anwesenden getrunken (Blutsbrüderschaft).

BOCK VON MENDES

In der altägypt. Stadt Detet im Nildelta, die die Griechen Mendes nannten, wurde ein heiliger Ziegenbock (Banebdedet: Bock, Herr von Dedet) verehrt. Er war ein Fruchtbarkeitsgott, den die Frauen anriefen, wenn sie sich ein Kind wünschten. Die älteste Beschreibung dieses Kultes lieferte der griech. Geschichtsschreiber Herodot (5. Jhdt. v. Chr.), der diese Tiergottheit mit dem griech. Gott ► Pan gleichsetzte. Vermutlich gehen beide Gottheiten auf einen im Mittelmeerraum verehrten bocksgestaltigen Gott zurück.

BODIN, JEAN

1529–1596; frz. Staatstheoretiker, Kronanwalt, Mitglied des Parlaments zu Paris, Prof. an der Universität Toulouse und – trotz seiner Affinität zur Aufklärung – engagierter Hexenrichter. B. verfaßte 1580 das weit verbreitete Handbuch (11. Aufl.) über das Hexenwesen, das den Titel *De la démonomanie des sorciers* trägt (die dtsch. Übers. von dem Satyriker Johann Fischart: *Vom ausgelassenen wütigen Teufelheer der unsinnigen Hexen und Hexenmeister, Unholden Teufelsbeschwörer etc.*, Straßburg 1591; letzte Ausg. Hamburg 1698) Dieses vierteilige Werk enthält in den ersten drei Teilen eine Zusammenfassung des Teufels-, ► Hexen- und Zauberglaubens seiner Zeit. Im letzten Teil, der das Inquisitionsverfahren zum Thema hat, versucht B. die unterschiedlichen Rechtsregeln und die Prozeßpraxis der frz. Richter zu vereinheitlichen. B. kommt nach Prüfung der bibl. und antiken Zeugnisse zu dem Ergebnis, daß an der Existenz der Hexen nicht gezweifelt werden dürfe. Seiner Meinung nach gibt es in Frankreich Tausende von Hexen, von denen nur ein kleiner Teil angeklagt wird. Von ihm stammt auch die erste gesetzliche Definition der Hexe: Jemand, der Gottes Gebote kennt, aber kraft eines Paktes mit dem Teufel gewisse Taten zu vollbringen sucht. Da es in einem gewöhnlichen Rechtsverfahren nicht möglich sei, die Hexen zu überführen, müsse die ► Tortur angewandt werden, die den Beschuldigten einen Vorgeschmack auf die Höllenqualen geben soll Von der Folter sollten weder Kinder noch Krüppel ausgenommen werden. Die Richter werden von ihm aufgefordert, aus eigenem Antrieb gegen die Hexen vorzugehen und nicht erst auf eine Aufforderung durch den königlichen Generalstaatsanwalt zu warten. Das Werk von B. enthält auch einen Abschnitt über die Tierverwandlung (► Werwolf) von Menschen. Der Teufel besitze seiner Ansicht nach die Macht, einen Menschen in ein Tier zu verwandeln. Nur den Verstand des verwandelten Menschen könne er nicht verändern. Ausführlich geht B. auf die

Der berühmte französische Staatstheoretiker Jean Bodin (Bild) hatte keinen Zweifel an der Existenz von Hexen.

Thesen von ► Wierus ein, dem er vorwirft, in seinem Buch offen Zaubersprüche und anderes „teuflisches Material“ zu zitieren und ein Werkzeug des Teufels zu sein. ► Hexen, ► Hexenprozeß, ► Inquisition, ► Satan, ► Teufel

BÖSER BLICK

oder Augenbiß: Schon den Römern und Germanen war bekannt, daß es Menschen gibt, die durch den bösen B. anderen Menschen, besonders Kindern, und Tieren Schaden zufügen können. Menschen, die unter einem ungünstigen Sternzeichen geboren sind, haben einen bösen B. Besonders gefährlich sind alte Frauen, die einen scharfen und gehässigen Blick haben. Die Wirkung dieser Zauberkraft wird noch gesteigert, wenn derartige Menschen in das Auge eines kleinen Kindes oder Viehs sehen. Da die

Zauberkraft in dem Blick selbst liegt, kann die Schädigung auch unwillkürlich, gegen den Willen eines derartigen Menschen ausgeübt werden. Mittel gegen den B. ist die Hexenflasche, die aus einem Topf oder Kessel besteht. Sie wird mit Urin, Blut, Fingernägeln oder Haaren des Opfers angefüllt und um Mitternacht auf einem Herdfeuer erhitzt. Oder man zerkratzte die Stirn des Augenbeißers oberhalb der Brauen, um mit dem herausfließenden Blut den Fluch aufheben zu können. Andere Abwehrmittel sind dreimaliges Anspucken oder das Zeigen einer obszönen Fingergeste: Mittel- und Ringfinger wurden über den Daumen in die Handfläche ab-

Die apotropäische Fingerstellung (Bild) galt als Abwehrmittel gegen den „bösen Blick".

geknickt, so daß kleiner Finger und Zeigefinger in die Richtung des Augenbeißers zeigten (apotropäische Fingerstellung). Er darf diese Geste aber nicht merken. Deshalb versteckt man bei diesem Abwehrzauber die Hand in der Tasche. ► Behexen

BOGOMILEN

Eine Sekte, die im 12. Jhdt. in dem bulgarischen Teil Thraziens an den ► Manichäismus anknüpfte. Ihr Name leitet sich von dem Priester Bogomil („Gottlieb") ab, der um 930 lebte. Trotz schwerer Verfolgungen hielten sich die B. bis ins 13. Jhdt. und verbreiteten ihre Lehre bis nach Oberitalien und Südfrankreich (► Katharer). Sie lehrten, daß die Welt von Satan, dem erstgeborenen Sohn Gottes, erschaffen worden sei. Christus sei der jüngere Bruder Satans. Als er versuchte, die Engel gegen Gott aufzuhetzen, wurde er verstoßen und schuf die Welt. Nach dieser Lehre wohnen in allen Menschen Dämonen, die verehrt werden müssen, damit sie keinen Schaden anstiften. Die Dämonen seien nämlich die Ursache aller schlechten Handlungen der Menschen. Nur wenn ein Mensch ein B. wird, meiden die Dämonen seinen Körper und der vom Sohn Gottes gezeugte Heilige Geist kann seinen Platz einnehmen. Ziel des menschlichen Lebens ist die Befreiung von der schlechten Materie. Dies sei nur möglich, so die Vorstellung der B., wenn man auf sexuelle Beziehungen und fleischliche Nahrung verzichtet. Selbst nach dem Tod blieben sie noch im Körper und warteten auf die Auferstehung. Die B. glaubten, nicht wie die übrigen Menschen sterben zu müssen, sondern in einen tiefen Schlummer zu fallen.

BOGUET, HENRY

1550–1619; frz. Rechtsgelehrter, Richter der Provinz Burgund und Präsident des Gerichtes von Saint Claude. In seinem 1602 erschienen Buch *Discours exécrable des Sorciers* faßte er seine Erfahrungen bei den Hexenprozessen in Burgund zusammen. An Einfluß kann sich diese Untersuchung über das Hexenwesen mit dem ► Hexenhammer messen. B. erklärt in der Einleitung, er habe über hundert Angehörige der „Hexensekte" gesehen. 40 Hexen wurden von ihm persönlich verhört, die auch alle hingerichtet wurden. In diesen Verhören war er zu der Überzeugung gekommen, daß der Hexenglauben keine Wahnvorstellung sei, sondern auf Tatsachen beruhe. B. geht auch auf die Tierverwandlung (► Werwolf) der Hexen ein. Nach seiner Ansicht werden die Hexen vom Teufel in einen tiefen Schlaf versetzt, damit er in der Gestalt eines Werwolfes Untaten begehen kann. Selbst die Wunden, die ihm bei der Verfolgung zugefügt werden, gingen Bs. Ansicht nach auf die Hexen über. Währenddessen träumten die Hexen, daß sie umherirren und die Taten des Teufels begingen. B. verfügte oder genehmigte die Hinrichtung von über 600 Hexen. Das

Buch hat einen Anhang, in dem in 70 Artikeln genau beschrieben wird, wie ein Hexenrichter vorzugehen hat. Da dieses Werk nicht in Latein, sondern in Französisch verfaßt ist, war es durch zahlreiche Auflagen sehr verbreitet und hatte bei den frz. Gerichten den Rang eines offiziellen Handbuches für Hexenprozesse.

BOIS, JULES

1868–1943; frz. Journalist und Schriftsteller. Autor einer Schrift gegen den ► Satanismus und die ► Schwarze Magie: *Le Satanisme et la Magie* (1895). Als er sich Huysmans anschloß und aus seiner Abneigung gegen den Kreis um ► Stanislas de Guaita keinen Hehl machte, kam es zu einem Duell mit ► Papus, das aber nicht tödlich endete.

BOTIS

Ein Dämon (► Pseudomonarchia daemonum); er hat die Gestalt einer Schlange, aber er kann auch als Mensch mit großen Zähnen erscheinen, der ein scharfes Schwert mit sich führt. Zu seinen Fähigkeiten gehört die Kenntnis der Vergangenheit und Zukunft. Außerdem versöhnt er miteinander verfeindete Menschen.

BOULLAN, JOSEPH ANTOINE

1824–1893; katholischer Priester, dem Huysmans in seinem Roman *La bas* (Ganz unten) ein literarisches Denkmal setzte. Zunächst bemühte sich B., die Wunderheilung von La Salette, die 1846 stattfand, einem breiten Publikum bekanntzumachen. Dabei lernte er eine Nonne namens Adele Chevalier kennen, mit der er eine Sekte gründete. Mittelpunkt des Rituals war zwar noch die katholische Messe, die aber starke sexualmagische Züge aufwies (B. verkehrte nackt mit der Nonne auf dem Altar). Diese ► Schwarzen Messen erfreuten sich in den gehobenen Kreisen von Paris einer gewissen Beliebtheit. Es kann sogar als gesichert gelten, daß er ein uneheliches Kind der Nonne bei einer dieser Messen opferte. Als dies bekannt wurde, wurde er zeitweilig im Officium Sanctum in Rom inhaftiert. Nach seiner Freilassung setzte er seine satanischen Praktiken fort, die er geschickt durch einen pseudoreligiösen Anstrich zu tarnen verstand. In Lyon gelang es ihm, Anhänger des gerade verstorbenen ► Vintras um sich zu scharen. Zu seinen Anhängern gehörte auch Oswald Wirth (1860–1943), der gleichzeitig Sekretär von ► Stanislas de Guaita war. Wegen der sexualmagischen Praktiken wurde Boullan von Guaita vor einem Ehrengericht der Eingeweihten in Paris angeklagt und zum mag. Tod verurteilt (1887). Bis zum natürlichen Tod (1893) entbrannte ein heftiger Kampf zwischen diesen beiden Magiern, der mit Beschwörungen und Schwarzen Messen geführt wurde. B. wurde von seiner Freundin Julie Thibault, die über paranormale Fähigkeiten verfügt haben soll, von den Schritten Guaitas gegen ihn unterrichtet. So soll Guaita ein Porträt in einen Sarg gelegt haben, um B. durch ► Sympathiemagie zu töten. Als Beweis für die Richtigkeit der Mitteilungen seiner Freundin zeigte B. Beulen, die sich auf seinen Körper gebildet haben sollen. Um sich vor den Angriffen seines Rivalen zu schützen, bediente sich B. eines zweiten hellsichtigen Mädchens. Den Anhängern Guaitas wurde sogar unterstellt, sie hätten versucht, diese Frau zu vergiften, damit sie B. nicht länger vor mag. Angriffe warnen könne. Guaita verfügte angeblich über die Fähigkeit, Gift so zu zerstreuen, daß es über eine räumliche Entfernung hinweg noch wirksam war. Das Mädchen rächte sich, indem sie einen magischen Gegenangriff unternahm. Guaita soll tatsächlich krank im Bett gelegen und wie ein aufgeblasener Ballon ausgesehen haben. Der Krieg zwischen diesen beiden Magiern erreichte Anfang 1893 seinen Höhepunkt. B. erwachte eines Morgens durch das Geschrei eines schwarzen Vogels, was von seinen Anhängern als Signal für einen neuen Angriff Guaitas gedeutet wurde. B. verlor das Bewußtsein, und es hatte den Anschein, als würde er ersticken. Er wachte zwar wieder auf und erholte sich, aber am nächsten Tag verstarb er. Seine Freunde waren fest überzeugt, er sei durch Hexerei gestorben.

BOVET, RICHARD

Ca. 1641–ca. 1720; engl. Adliger und Autor, der ► Glanvill bewunderte. Sein Buch *Pandæmonium* enthält im ersten Teil eine Darstellung des Hexenglaubens und im zweiten Teil 15 Gespenstergeschichten.

Im ersten Teil seines Werkes übernimmt er die Meinungen ► Glanvills zu diesem Thema. Die Geständnisse der Hexen seien das Ergebnis ihrer Melancholie oder der Folter, der sie ausgesetzt waren. ► Hexen, ► Gespenst

BRICAUD, JEAN

1881–1934; Expriester und Experte für Okkultismus. Unter dem Namen Johannes II. leitete er die Eglise Catholique Gnostique. Er verfaßte ein Werk über die ► Schwarzen Messen mit dem Titel *La Messe Noir, ancienne et moderne* (1924).

BROCKENGESPENST

Bis in 19. Jhdt. hauste nach dem Volksglauben auf dem Brocken, dem Versammlungsort der Hexen, ein Gespenst. Es war über Jhdt.e hinweg eines der berühmtesten Geister in Deutschland. Das Rätsel löste 1818 der Wissenschaftler Gustav Jordan. Er wies nach, daß es sich um eine optische Täuschung handeln müsse, weil der Schatten der Beobachter von der aufgehenden bzw. untergehenden Sonne um einige hundert Meter vergrößert wurde. ► Hexen, ► Gespenst

BUCH, DAS SCHWARZE

Bez. für Namensverzeichnisse der Hexen, die in engl. Hexenprozessen erwähnt werden. Der oberste Dämon eines jeden Bezirkes wahre diese Namenverzeichnisse mit großer Sorgfalt auf. Ein Verlust hätte den Tod aller Hexen zur Folge.

BUCH DER JUBILÄEN

Eine sog. intertestamentare Schrift, die von den Essenern in Qumran stammt. Abfassungszeit ist wahrscheinlich das 2. Jhdt. v. Chr. Darin wird berichtet, daß Gott die Engel am ersten Tag erschaffen habe. Es enthält auch die Erzählung vom ► Engelsturz. Das Ende des Satans und des Bösen werde, so dieses Buch, nach 49 Jubiläen erfolgen.

BUCH DER SCHATTEN

Engl.: *Book of Shadow;* Bez. für ein ► Zauberbuch, das die geheimen Rituale der Hexen enthält. Derartige Zauberbücher werden auch als „Satansbibeln" bezeichnet und sind erst aus dem 19. und 20. Jhdt. bekannt. 1899 veröffentlichte Leland unter dem Titel *Aradia oder die Bibel der Hexen* das geheime Wissen und Praktiken einer Hexe aus der Toskana. Ein geheim gehaltenes, privates Buch wird auch im ► Wicca-Kult benutzt, das aus Zaubersprüchen, Sagen und Ritualvorschriften besteht. Der Begründer des Wiccakultes, ► Gardner, veröffentlichte in der Novelle *High Magic Aid*, die 1949 unter einem Pseudonym erschien, die wichtigsten Rituale dieses Buches, die er 1939 bei seiner Einweihung in einen Hexenkult kennenlernte. Später ergänzte er dieses Buch mit Auszügen aus den Werken von ► Crowley und ► Valiente. Auch andere Hexengruppen, wie z. B. die von ► Sanders, benutzten Auszüge aus diesem Buch.

BUCH DER WEISHEIT

Dieses apokryphe Buch gehört zur Literaturgattung der Weisheitsbücher, die in Form von Sprüchen oder Dichtungen die Lebens- oder Bildungsweisheit entfalten. Darunter verstand man Erfahrungen im zwischenmenschlichen Bereich, die sogar Lehrgegenstand an der Beamtenschule des Jerusalemer Königshofes waren. Diese Lehren drangen bald in das Volk, wo sie sich großer Beliebtheit erfreuten. Das Buch wurde wohl um 50 v. Chr. auf Griechisch in der ägyptischen Diaspora von einem griechisch sprechenden hellenistischen Juden verfaßt. Es fand im hebr. Kanon keine Aufnahme, wohl aber in der Septuaginta.

Die Autorschaft von Salomo (Weis. 7,1–9,19) ist literarische Fiktion. Der unbekannte Autor vertritt die Auffassung, daß der Satan aus Neid die Menschen zum Abfall von Gott verführt habe. Man vermutet, daß diese Vorstellung aus der griech. Götterwelt entlehnt wurde, wo der „Neid unter den Göttern" (Weis. 2,24) Ursache zahlreicher Kämpfe ist. Wahrscheinlich ist dieses neue Motiv aus der altiran. Religion übernommen worden (► Schlange).

Nach dem Tod werde, so die Vorstellung, sofort über das weitere Schicksal der Seele entschieden. Es gebe keinen Zwischenzustand bis zum ► Jüngsten Gericht.

BUCKLAND, RAYMOND

Geb. 1934; amerik. Hexer und Buchautor, der in der Tradition von ► Gardner in den 60er Jahren einen ► Coven in Long Island (USA) gründete. B. bezeichnet sich als Führer von 18 amerik. Covens. Ab 1973 reformierte er den Wiccakult

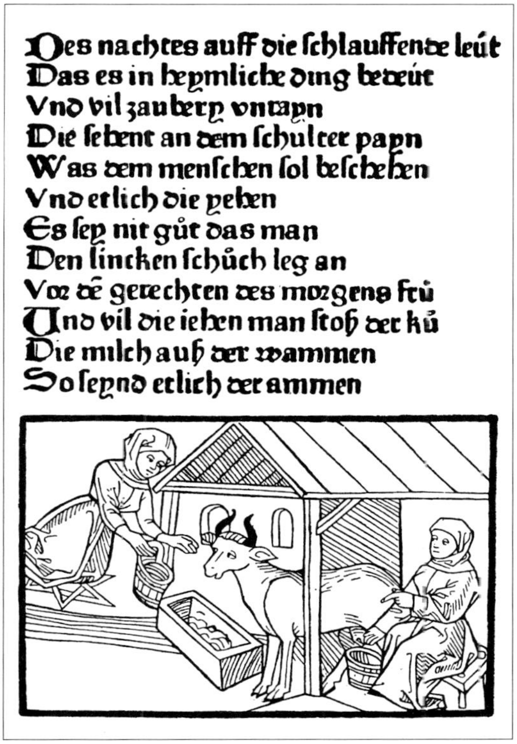

Des nachtes auff die schlauffende leút
Das es in heymliche ding bedeút
Vnd vil zauberey vntayn
Die sehent an dem schulter payn
Was dem menschen sol beschehen
Vnd etlich die yehen
Es sey nit gůt das man
Den lincken schůch leg an
Vor dē gerechten des morgens frů
Vnd vil die iehen man stoß der ků
Die milch auß der wammen
So seynd etlich der ammen

Durch Einwirkung der Butterhexe soll Milch blaue oder rote Farbe angenommen haben. Im Bild: Milchzauber durch eine Hexe (15. Jhd.).

und schuf den Seax-Wicca, indem er Elemente der alten angelsächsischen Religion einführte und das dreistufige Rangsystem des Wiccakultes abschaffte, das in einigen Coven die Ursache für Rivalitäten und Streit war.

Der Hohepriester bzw. die Hohepriesterin jedes Coven mußte jährlich gewählt werden. Die Grundlage dieser neuen Lehre faßte er in dem Buch *The Tree: Complete Book of Saxon Witchcraft* (1974) zusammen.

In Virginia gründete er ein Seax-Wicca-Seminar, an dessen Fernkursen weltweit über 1.000 Studenten teilnahmen.

Seine wichtigsten Schriften sind: *Witchcraft from the Inside* (1971), *The Anatomy of the Occult* (1977), *Buckland's Complete Book of Witchcraft* (1986), *Practical Candleburning* (1970).

BURCHARD V. WORMS

Siehe ► Canon Episcopi.

BUER

Ein Dämon (► Pseudomonarchia daemonum); er erscheint, wenn die Sonne im Schützen steht. Seine Gebiete sind die Philosophie und Logik. Auch kann er Krankheiten heilen.

BUNE

Ein Dämon (► Pseudomonarchia daemonum); er hat die Gestalt eines dreiköpfigen Drachens (Hund, Greif, Mensch). Auffällig ist seine schöne Stimme. Seine Fähigkeiten: Er kann Tote auf dem Friedhof in ein anderes Grab tragen und Reichtümer verschaffen.

BUTTERHEXE

Nach Meinung der mittelalt. Dämonologen behexten sie die Kühe, so daß die Milch eine rote oder blaue Farbe annahm oder die Kühe überhaupt keine Milch mehr gaben. Die B. können K. sogar aus der Ferne melken. Um die B. wirksam zu bekämpfen, muß man sie erkennen. So setzte man beispielsweise den Rahm auf Feuer, um darin das Bild der Hexe zu erkennen. Wenn die Milch überkocht und ins Feuer gerät, so die Vorstellung, verbrennt die Hexe.

BUVÉE, BARBARA

Mitte des 17. Jhdt.s Äbtissin des Ursulinerinnenklosters von Auxonne, wo zwischen 1658–1663 eine Besessenheitsepidemie ausbrach. Einige Nonnen beschuldigten die Äbtissin, mit ihnen lesbische Beziehungen gehabt zu haben. Untersuchungen durch Ärzte entlarvten die Aussagen der Nonnen als Lügen. Über diesen Fall von Besessenheit erschien 1895 eine Studie von Garnier und Bourneville in der Bibliotheque Diabolique, die von dem berühmten Psychiater Charcot herausgegeben wurde. ► Besessenheit

C

CADIÈRE, MARIE-CATHERINE

1709–?; im Jahre 1731 fand in Aix-en-Provence ein Prozeß zwischen dem Jesuiten Jean Baptiste Girard und seinem Beichtkind Marie-Catherine Cadière statt, die er verführt haben soll.

Dieser Fall wurde in ganz Europa bekannt und war der Höhepunkt einer Serie von Prozessen gegen Patres, denen man sexuellen Mißbrauch und Behexung von Nonnen bzw. Mädchen vorwarf. Berühmte Vorbilder sind Gaufridi, Grandier und der Fall Bavent.

Da zwölf Richter Girard wegen Verführung und Hexerei zum Tode durch Verbrennen verurteilten, die anderen zwölf Richter die Cadière aber wegen Meineid erhängen lassen wollten, wurde das Urteil aufgehoben.

Bei Caesarius von Heisterbach finden sich von den Elementen des späteren Hexenglaubens nur die Teufelsbuhlschaft und der Teufelspakt. Im Bild: Eine Hexe macht dem Satan ihre Aufwartung.

Dieser Fall ist der Hintergrund des berühmten erotischen Romans Thérèse philosophe (Die philosophische Thérèse, 1748), der aus der Feder von d'Argens bzw. Montigny stammen soll.

CAESARIUS VON HEISTERBACH

1180–1240; Prior im Kloster Heisterbach bei Bonn. Auf Befehl seines Abtes faßte er 1219–1223 alle Erzählungen, die er beim Unterricht seiner Schüler benutzte, in einem Werk mit dem Titel *Dialogus miraculorum* (Gespräche über wunderbare Geschehnisse) zusammen.

In 750, überwiegend kürzeren Erzählungen, belehrt ein Mönch in Dialogform einen Novizen über die Grundlagen des christl. Glaubens.

Das in zwölf Abteilungen (lat.: distinctiones) gegliederte Werk vermittelt wie kaum ein zweites Werk des Mittelalters ein anschauliches Bild vom Denken und Leben der Zeit. Wichtig ist insbesondere die 5. Abteilung (Über die Dämonen), die 56 Teufelsgeschichten enthält. Aber auch in den anderen Geschichten treten sehr häufig der Teufel und seine Dämonen auf.

Auch eine zweite Sammlung (Libri VIII miraculorum, 1225/26), von der nur zwei Bücher mit 87 Erzählungen überliefert sind, enthält viele Geschichten über den Teufel und die Dämonen. Der Teufel, der in vielen Gestalten, wie z. B. als Mensch oder Tier (Kröte, Hund, Affe oder Katze) erscheinen kann, hat es besonders auf die Frauen abgesehen, mit denen er Geschlechtsverkehr auszuüben trachtet.

Das Bild, das C. vom Teufel zeichnet, entspricht eher dem Volksglauben seiner Zeit als dem der Theologen. Von den Elementen des späteren Hexenglaubens finden sich bei ihm nur die ► Teufelsbuhlschaft und der zeitweise ► Teufelspakt.

Der Teufel bemächtigt sich meistens eines Menschen, indem er in seinen Körper eindringt. Durch das Kreuzzeichen, die Verwendung von Weihwasser und Gebete kann man ihn wieder vertreiben.

CAGLIOSTRO, COMTE ALEXANDRE DE

Eigentlich Guiseppe Balsamo; 1743–1795; faszinierte jahrelang die Gesellschaft als Freimaurer, Heilkünstler und Magier, war aber nur ein Apothekergehilfe aus Palermo und ein Scharlatan. Mit seinem eigenen Freimaurersystem, für das er sich ein beeindruckendes Ritual ausgedacht hatte, zog er seine Zeitgenossen in seinen Bann. 1789 wurde er in Rom wegen ► Freimaurerei, Häresie und Zauberei verhaftet. Urspr gl. zum Tode verurteilt, wurde die Todesstrafe in lebenslängliche Haft umgewandelt. Er starb 1795 im päpstlichen Gefängnis San Leone bei Urbino. Sein Leben und seine Gaukeleien haben viele Autoren, Drehbuchautoren und Filmregisseure inspiriert. ► Alchemie

CAIM

Ein Dämon (► Pseudomonarchia daemonum); zuerst erscheint er als Drossel, dann nimmt er die Gestalt eines Mannes mit einem Schwert an. Er lehrt die Kenntnis der Vogelsprache und beantwortet alle Fragen, die man ihm stellt, wahrheitsgemäß.

CALMET, AUGUSTIN

1672–1757; frz. Benediktinermönch, Autor von theolog. Veröffentlichungen, von denen die bekannteste die Abhandlung *Traite sur les Apparitions des Esprits et sur les Vampires* (1746) ist. Als 1732 ein spektakulärer Fall von Vampirismus (► Vampire) in Ungarn bekannt wurde, beschäftigte sich in wenigen Jahren die gebildete Welt Europas mit diesem Problem. Besonders interessierten sich kirchliche Kreise für den Vampirismus, weil durch dieses Phänomen wichtige Grundsätze der christl. Lehre in Frage gestellt wurden. Denn das Weiterleben, die Unverweslichkeit des Vampirkörpers und die Fähigkeit des Vampirs, auf Geheiß des Satans das Grab verlassen zu können, stellten eine Verhöhnung des christl. Glaubens dar. Nach der christl. Lehre wird die Seele nach dem Tod ohne Aufschub entweder dem Paradies, der Hölle oder dem Fegefeuer übergeben. Die Unverweslichkeit gilt als Merkmal eines Heiligen. In der ersten Auflage hielt C. die Existenz von Vampiren noch für möglich. Der Vampirglauben verstoße nicht gegen christl. Glaubensgrundsätze, so C., weil Gott den Menschen strafen wolle, indem er ihm böse Geister schicke. Als 1749 Papst Benedikt XIV. endlich in einer Schrift zum Problem des Vampirismus Stellung nahm, machte er die Phantasie der an ► Vampirismus erkrankten Menschen für diese Vorstellungen verantwortlich. Deshalb veränderte C. in der zweiten Auflage von 1749 (dtsch. Übers. 1751) seinen Standpunkt, indem er alle Berichte über Vampire in Ungarn, Mähren und Polen als „Blendwerk“ bezeichnete.

CANDLEBURNING MAGIC

Engl.: Kerzenleuchter-Magie; eine Form der Kerzenmagie, die heute im angelsächsischen Bereich sehr verbreitet ist, weil diese okkulte Praktik sehr leicht ausführbar ist. Wichtig ist die Farbe der Kerze, die sich nach dem Tierkreiszeichen richtet:

Tierkreiszeichen	*Kerzenfarbe*	*Planet*
Widder	Rot	Mars
Stier	Grün	Venus
Zwilling	Gelb	Merkur
Krebs	Blau	Mond
Löwe	Orange	Sonne
Jungfrau	Braun	Merkur
Waage	Blau	Venus
Skorpion	Grau	Pluto
Schütze	Dunkelrot	Jupiter
Steinbock	Schwarz	Saturn
Wassermann	alle Farben	Uranus
Fische	Grün	Neptun

In die Kerze wird ein magisches Zeichen oder Kreuz geritzt. Zusätzlich wird Öl darauf geträufelt. Wenn die Kerze angezündet ist, wird der Wunsch bzw. die Beschwörung laut ausgesprochen. Zusätzlich kann man Psalme (Psalmenzauber) verwenden. Richtet sich die Beschwörung an den Satan, so wird eine schwarze Kerze in der Gestalt des Satans benutzt.

CANON EPISCOPI

Eine Rechtssammlung (lat.: canon), die ihren Namen nach dem Anfang des Hauptteils (lat. episcopi: Die Bischöfe) hat. Diese Sammlung soll im Jahre 314 auf dem Konzil von Ankyra (Ankara) erlassen worden sein. Schriftlich überliefert ist sie aber erst in den Kapitularien Karl des

Kahlen (872) und in der Rechtssammlung des Abtes Regino von Prüm (899), aus der sie Burchhard von Worms (965–1025) in das 10. Buch seines *Decretums* aufnahm. Burchhard von Worms hat den C. ausführlich in dem 19. Buch seiner Sammlung kommentiert, das in der Form eines Beichtbuches ausführlich den C. kommentiert. 1140 übernahm der Bologneser Mönch Gratian den C. in seine Rechtssammlung, die als Vorstufe des Gesetzbuches der kath. Kirche, des *Canon iuris canonici*, gilt. Auf den C. wird in der Hexenliteratur von Gegnern und Befürwortern häufig Bezug genommen, weil der nächtliche Hexenflug darin von Frauen als Erfindung des Teufels bezeichnet wird: „Auch das darf nicht außer acht bleiben, daß einige lasterhafte Frauen sich rückwärts zum Satan wenden und verführt durch seine Täuschungen und Vorspieglungen glauben und bekennen, wie sie in der Nacht mit der ► Diana, der Göttin der Heiden, oder der Herodias im Gefolge einer unzähligen Menge anderer Frauen auf gewissen Tieren reiten und in der Stille der Mitternacht weitausgedehnte Landstriche durchziehen. Dabei gehorchen sie vollständig dem Befehl ihrer Herrin und werden in bestimmten Nächten zu ihrem Dienst aufgerufen." Die späteren Dämonologen haben diese Stelle so interpretiert, daß zwar der Glaube an die Diana und Herodias irrig sei, aber der Teufel dennoch die Macht habe, die Menschen durch die Lüfte zu tragen.

CARDANO, GIROLAMO

1501–1576; ital. Arzt, Astrologe und Mathematiker, dessen Interessensgebiete so vielfältig waren, daß er sich sowohl in der Wissenschaft als auch in den Geheimwissenschaften seiner Zeit auskannte. Im Hinblick auf die Geheimwissenschaften nahm er eine zwiespältige Haltung ein, da er sie zeitweilig als trügerische Künste ablehnte. In seinen Werken finden sich zahlreiche Anekdoten über die Beziehungen der Menschen zu den Dämonen. Zwar stellte er die Grundlagen der ► Inquisition nicht in Frage, aber er wandte sich entschieden dagegen, daß Lügen und Gerede für eine Anklage herangezogen werden. Die in diesen Prozessen angeklagten Menschen litten häufig unter Schwachsinn und anderen Krankheiten. Er schloß die Möglichkeit nicht aus, daß die von den Hexen benutzen Salben (► Hexensalben) eine psychoaktive Wirkung hatten. Die ► Teufelsbuhlschaft versuchte er dadurch zu erklären, daß die Dämonen für ihren Geschlechtsverkehr Leichen benutzen, die sie für diesen Zweck wieder zum Leben erweckten. Nur unter dieser Voraussetzung seien die Berichte der Hexen verständlich, die erzählten, daß sie bei dem Sexualverkehr mit dem Dämon das Gefühl von Kälte spürten. C. besaß ohne Zweifel paranormale Fähigkeiten (► Paranormologie). In seinen Werken werden Visionen und Astralreisen beschrieben: So z. B. in dem Traumbuch *De somniis* (1585). Originell ist seine *Metoposcopia* (1658), in der er am Beispiel von 800 Fällen das Schicksal aus den Stirnfalten deutet. Aussehen und Stellung der Falten verrieten nach der Meinung von C. den Einfluß der Planeten.

CARDUCCI, GIOSUÈ

1835–1907; ital. Dichter, der mit dem Nobelpreis ausgezeichnet wurde. In seiner Hymne „A Satana" wird der Satan als der Messias begrüßt, der Symbol der Macht und der Vernunft sei. Satan habe über Gott triumphiert, der aus der Sicht von C. für Unterdrückung und Unvernunft stehen soll. Diese Hymne spielt in der ital. ► Freimaurerei ein wichtige Rolle.

CAROLINA

ist der Name der Reichshalsgerichtsordnung Karls V. (1519–1556) aus dem Jahre 1532. Das Strafrecht im Mittelalter basierte lange nur auf unvollkommenen Aufzeichnungen, die nur örtliche Geltung hatten, bzw. in den Reichsgesetzen, in den Rechtsspiegeln, den Stadtrechten oder auf bloß mündlicher Überlieferung. Im 15. Jhdt. fanden die auf dem kanonischen und römischen Recht aufbauenden Schriften der italienischen Juristen in die Rechtsprechung des Deutschen Reiches Eingang und bewirkten, daß nach den Grundsätzen dieser neuen Jurisprudenz eine Reihe von Halsgerichtsordnungen erlassen wurden. Bedeutend wurde namentlich die durch Johann Freiherr zu Schwarzenberg verfaßte *Bamberger Halsgerichtsordnung* aus dem Jahr 1507, die der Brandenburgischen aus dem Jahre 1516 und der peinlichen Gerichtsordnung als Vorbild diente, die auf Anregung des Kammergerichts nach vielen Verhandlungen schließlich auf dem Augsburger Reichstage von 1532 verkündet wurde. Die *Carolina* oder *Constitutio criminalis Caro-*

lina, wie sie später genannt wurde, besteht aus 219 Artikeln. Als Straftat der Hexerei, die nur als ein gewöhnliches Verbrechen und nicht als eine besondere Straftat (lat.: crimen exceptum) angesehen wurde, galt ausschließlich der tatsächlich verübte und nachgewiesene Schadenszauber, der mit dem Tod bestraft wurde. Auf versuchte Schädigung standen geringere Strafen. Voraussetzung für eine Bestrafung waren das Geständnis des bzw. der Angeklagten oder zwei Tatzeugen. Das Geständnis konnte durch die ► Folter erzwungen werden. Dieses Geständnis mußte der Angeklagte vor dem Richter wiederholen. ► Hexenprozesse

CARPZOV, BENEDICT

1595–1666; Prof. für Rechtswissenschaft, Beisitzer am Schöppenstuhl, einem der höchsten protestantischen Spruchkollegien. C., Autor des Werkes *Practica nova Imperialis Saxonica rerum criminalium* (1635), war eine bekannte Autorität auf dem Gebiet des Kriminalrechtes. Das Hexenwesen wird von ihm in einem besonderen Abschnitt (I, 48–50) behandelt. Das Delikt der Hexerei ist für ihn ein Sonderverbrechen (lat.: crimen exceptum), bei dem bereits der Verdacht ausreicht, um die Folter anzuwenden. Bei der Darstellung und Beurteilung des Hexenglaubens folgt er, obgleich überzeugter Protestant, auch kath. Autoritäten wie z. B. ► Bodin, ► Delrio, ► Remy und den Autoren des ► Hexenhammers. Eine weitere Quelle für ihn ist die umfangreiche Spruchpraxis des Leipziger Schöppenstuhls von 1582–1622. Im 50. Kapitel seines Werkes druckt er 36 Gutachten des Leipziger Schöppenstuhls ab, die in Hexenprozessen angefertigt worden waren. Mit einer Ausnahme empfehlen alle die Todesstrafe. Deshalb wurde sein Werk *Practica criminalis* von den Gegnern der Hexenverfolgung auch als „protestantischer Hexenhammer" bezeichnet.

CARROL, PETE

Siehe ► Illuminates of Thanateros.

CASPIEL

Ein Dämon (► Pseudomonarchia daemonum); sein Herrschaftsgebiet ist der Süden. Unter seinem Kommando stehen 200 Herzöge und 400

Wenn es um Hexerei ging, reichte Carpzov der bloße Verdacht aus, um die Folter anzuwenden.

Unterführer. Er kennt alle Geheimnisse im Süden.

CASSIANUS, JOHANNES

Johannes von Massilia (Marseille), 360 bis 430 oder 435 n. Chr.; Mönch, kirchlicher Schriftsteller und Lehrmeister der abendländischen Mönchsregeln. Sein Werk *Collationes Cassiani* ist eine wichtige Quelle des mittelalt. Teufels- und Dämonenglaubens. Darin erörtert der ägypt. Abt Serenus die Macht der Dämonen. Sie könnten zwar in den Körper eines Menschen eindringen und den Zustand der ► Besessenheit hervorrufen, aber die Seele selbst sei vor ihren Angriffen geschützt. Die Dämonen unterschieden sich nach ihren Funktionen. Sähe ein Mensch einen Dämon in körperlicher Gestalt, dann würde ihn bereits der Anblick seines häßlichen Äußeren töten.

CASSIEL

Andere Namensform: Kafziel; der Engel (► Barrett) der Einsamkeit und der Tränen, der zu den ► Mächten gehört. Er ist dem Saturn zugeordnet und regiert am Samstag.

CASSINIS, SAMUEL DE

15./16. Jhdt.; Theologe, Philosoph und Franziskaner in Mailand; griff in seiner 1505 erschienenen Schrift *De lamiis, quas strigas vocant* (Über die Lamien, welche sie Strigen nennen) die Vorstellung vom Hexenflug an. Da der menschliche Körper zum Fliegen völlig ungeeignet sei, müsse Gott die Naturgesetze aufheben. Somit sei der Hexenflug ein Wunder. Aber ein derartiges Wunder könne nur stattfinden, wenn es einem bestimmten Zweck diene, wie es z. B. bei der Entführung Christi durch den Satan der Fall gewesen sei. Gott erlaube es niemals, daß die Naturgesetze aufgehoben werden, damit sich die Hexen mit dem Satan auf dem Hexensabbat treffen könnten, um schwerste Sünden zu begehen. Wenn deshalb Frauen als Hexen angeklagt würden, denen man den Luftflug zum Sabbat vorwerfe, sei dies eine schwere Sünde, bei der sich die Ankläger der Ketzerei schuldig machten. ► Lamien, ► Strigen

CAZOTTE, JACQUES

1720–1792; frz. Romancier, der die Frz. Revolution vorhersagte und damit bekannt wurde. Im Jahre 1788 sagte er überdies bei einer festlichen Tafel nicht nur die kommende Revolution voraus, sondern auch den genauen Tod einiger Teilnehmer der Tafel. Sein Hauptwerk hatte den Titel *Le Diable amoureux* (1772; zahlreiche Übers.: Der verliebte Teufel).

CERUNNUS

Siehe ► Gehörnter Gott.

CHALDÄER

Auch Magier oder Mathematici genannt; der ursprgl. Name der Einwohner von Chaldäa, dem südlichen Landesteil von Mesopotamien, wurde zur Bez. der babyl. Priester und Schriftgelehrte benutzt. Nachkommen dieser C. sind wahrscheinlich die Khaliti, die größte Volksgruppe der ► Yeziden, die in Ostanatolien wohnen. Sie waren den Zauberpriestern übergeordnet, welche eine Art niedere Magie mit Hilfe der Beschwörungsformeln und mag. Mittel wie Amulette etc. betrieben.

Die C. dagegen, die in der Astronomie und Astrologie geübt waren, sagten aus dem Lauf der Sterne die Zukunft voraus. Im 7. Jhdt. traten in Persien die Magier, ein Priester-Clan, in Erscheinung, der seinen Namen von dem Stamm der Magier ableitete. Sie waren zunächst Gegner der altpers. Religion des Zarathustra (Zoroaster), weil sie wie die C. Astrologie und Wahrsagekunst betrieben, die der pers. Religion ursprgl. fremd war. Durch ihre engen Kontakte mit dem pers. Königshof wuchs ihr Einfluß immer mehr, so daß sie bald an der Spitze des gesamten Religionswesens standen.

Wenn ein Perser opfern wollte, benötigte er einen Magier, der ein Lied von der Geburt der Götter vortrug. Besonders kümmerten sich die Magier um die öffentlichen Opfer. Die beiden Bez. C. und M., die beide als ehrenvoll galten, vermischten sich im Laufe der Zeit und wurden nebeneinander gebraucht.

In der röm. Kaiserzeit änderte sich jedoch das Ansehen der C. und M., weil man sie als umherziehende Gaukler betrachtete, die sich ihren Lebensunterhalt durch das Stellen von Horoskopen und Wahrsagen verdienten. Da sie jedoch die Zukunft durch die Berechnung der Gestirne zu erkunden suchten, wurden sie auch „Mathematici" genannt.

Der röm. Kaiser Tiberius (42 v. Chr bis 37 n. Chr.) versuchte sie vergeblich aus Italien zu vertreiben.

CHAMBRE ARDENTE

Frz.: Die brennende Kammer; Tagungsort einer Sonderkommission der Pariser Polizei, der u. a. Kommissar Nicolas de la Reynie angehörte. Er entfachte einen Skandal, in den führende Persönlichkeiten der damaligen Gesellschaft verwickelt waren. Die Straftaten reichten vom bestellten Giftmord über Abtreibungen bis hin zur Praktizierung von ► Schwarzen Messen. Die Ermittlungen richteten sich gegen 442 Personen, davon wurden 367 verhaftet und in den anschließenden Verfahren 36 Personen hingerichtet. 1682 mußte dieser Untersuchungsausschuß seine Arbeit unterbrechen. Die Unterlagen wurden auf Anordnung des Königs vernichtet. Wenn überhaupt zuverlässige Einzelheiten darüber bekannt wurden, dann beruhten sie auf den Aufzeichnungen des Pariser Polizeikommissars und Akten des Archivs der Bastille (Bde. IV bis VIII). Hauptakteurinnen dieser Affäre sind die Wahrsagerin La Voisin, die auch als Kurpfuscherin und Hebamme tätig war. Seit 1667 wurde sie von Madame Montespan, der Geliebten des frz. Königs Ludwig XIV., regelmäßig aufgesucht, weil diese fürchtete, die Gunst des Königs an eine Nebenbuhlerin zu verlieren. La Voisin engagierte einige Priester, die an abgelegenen Plätzen Schwarze Messen für Madame Montespan zelebrieren mußten, damit der Teufel ihr helfe. Dabei sollen auch neugeborene Kinder getötet worden sein. 1680 wurde La Voisin öffentlich in Paris hingerichtet. Trotz schwerer Foltern lehnte sie es ab, ein Geständnis abzulegen. Madame Montespan wurde, obwohl ihre Beteiligung an den Greueltaten erwiesen war, nicht vom Hof verjagt, sondern zog sich in ein Kloster in Bourbon zurück, wo sie der frz. König regelmäßig besuchte.

CHAMUEL

Andere Namensform Haniel: der Gott sucht. Name einer der Erzengel in der jüdischen ► Kabbala, der den ► Herrschaften angehört. Er herrscht über den Planeten Venus. Zusammen mit dem Erzengel ► Gabriel verlieh er Jesus im Garten Gethsemane wieder Mut, indem er ihm die Wiederauferstehung verhieß.

Im biblischen Bericht (Lk. 22,43) wird zwar der Engel erwähnt, nicht aber dessen Name genannt.

CHAOSMAGIE

Siehe ► Illuminates of Thanateros.

CHARAKTERE

Bez. für magische Symbole in ► Zauberbüchern, auf Talismanen und ► Amuletten, die nur magisch und geheimnisvoll wirken sollen, nicht aber etwas mitteilen oder aussagen. Manchmal handelt es sich nur um verstümmelte Schriftzeichen oder abgeschliffene ► Sigillen. ► Amulett, ► Talisman, ► Zauberbücher

CHARCOT, JEAN MARTIN

1825–1889; frz. Psychiater und Hypnotiseur, der wesentliche Beiträge zur Erkenntnis der Nervenkrankheiten lieferte. So beschäftigte er sich intensiv mit den Krankheitssymptomen der Hysterie, die er auch als erster als Nervenerkrankung erkannte.

Man hielt diese Krankheit lange für ein Leiden, das nur Frauen befällt und auf die Erkrankung der Gebärmutter zurückzuführen sei. In diesem Zusammenhang untersuchte C. auch das Phänomen der Besessenheit bzw. die Besessenheitsepidemien. Unersetzlich ist heute noch seine Bildersammlung *Les Demoniaques dans l'Art* zu diesem Thema (1887, auch in dtsch. Die Besessenen in der Kunst, 1988).

Sein berühmtester Schüler war Sigmund Freud. ► Teufelsneurose

CHÁRON

griech.-röm. Myth.: Name des Fährmanns in der Unterwelt (► Hades, ► Orcus). Er nimmt die Seelen, die ihm Hermes (Merkur) bringt, in Empfang und setzt sie über den Unterweltsfluß Styx oder Acheron, wofür man ihm einen Obolus bezahlen muß. Dieses Geldstück wurde den Toten unter die Zunge gelegt. Der etrusk. Cháron (Charun) unterscheidet sich in wesentlichen Punkten von dem griech. C. Seine halbtierische, furchterregende Gestalt und der Hammer, den er bei sich trägt, weisen ihn als einen Todesgott aus, der die Toten in das Unterweltreich führt. Dort regiert das Paar Aita und Pherispnei (Hades und Persephone).

Die etrusk. Wandmalerei in den Gräbern zeigt ihn, wie er vor den Toren der Unterwelt sitzt, Paare trennt oder sich mitten auf dem Schlachtfeld unter den Kämpfenden aufhält. Er ist meistens in Begleitung anderer Dämonen wie dem Mischwesen Tuchulcha, das das Aussehen eines Raubvogels hat. ► Mania

CHERUBIM

Hebr. cherub: Fülle der Weisheit; Engel im AT (Gen. 3,24); Sie bewachen mit einem feurigen Schwert den östlichen Eingang zum Paradies. Wahrscheinlich haben die Juden dieses überirdische Wesen von den Assyrern übernommen, die ein Mischwesen – halb Mensch, halb Tier – un-

Die Cherubim nehmen in der neunstufigen Engelshierarchie den zweiten Platz ein.

ter dem Namen Karibu (assyr. Wurzel karibu: segnen) kannten. Es hatte bei ihnen eine Wächterfunktion.

Nach dem Bericht der Bibel (Psal. 18,11) soll Jahwe auf einem derartigen engelhaften Wesen reiten und sein Thron von den C. getragen werden (Hes. 1,5 f.; 9,3).

In der späteren ► Engelshierarchie nehmen die C., Symbol des Wissens, den zweiten Platz in der neunstufigen Engelshierarchie ein. Ihre Führer sind Gabriel, Cherubiel, Ophaniel, Raphael, Uriel, Zophiel und Satan vor seinem Fall. Durch ihre unmittelbare Gottesnähe kennen sie sein Wesen und geben ihr Wissen gleichsam als Sprachrohr Gottes an die unter ihnen stehenden Engel weiter.

In der Offenbarung des Johannes (Offb. 4,6 ff.) umstehen sie, hier als „Gestalten“ oder „Lebewesen“ bez., den Thron Gottes.

CHOMIEL

Ein Dämon (► Pseudomonarchia daemonum); Gehilfe von Demoriel, der im Norden regiert.

CHURCH OF THE FINAL JUDGEMENT

Siehe ► Process Church of the Final Judgement.

CHURCH OF SATAN

Name einer der bekanntesten satanischen Organisationen in den USA mit Niederlassungen in Europa (besonders Holland) und Australien. Die Zahl der Mitglieder wird auf 5.000 bis 20.000 geschätzt. Sie wurde in der Walpurgisnacht des Jahres 1966 in San Franzisko von dem Musiker, Tierbändiger, Fotografen, Schauspieler, Okkultismusexperten und Schriftsteller Howard Lav(ey) (1930–1997) gegründet, der sich den Künstlernamen Anton Szandor LaVey zugelegt hatte.

Als Grund für diese Kirchengründung führt er die schrecklichen Erfahrungen an, die er während seiner Tätigkeit als Kriminalfotograph bei der Polizei in San Franzisko machen mußte. Er habe soviel Gräßliches gesehen, daß er nicht mehr an die Existenz eines guten Gottes glauben könne. Seine Lehre stellte er in drei Schriften dar: Einmal in der *Satanic Bible* (1969), die man mit dem Buch *Liber Al vel Legis* von ► Crowley verglich. Zum anderen in *Compleat Witch* (1970) und *The Satanic Rituals* (1972). Die Grundlage seiner Lehre bilden die 9 Erklärungen (9 Statements), die auf dem Gesetz von Thelema (► Crowley) beruhen:

Der Satan repräsentiert:

- Zügellosigkeit anstatt Enthaltsamkeit.
- tatkräftige Existenz anstatt spiritueller Wunschträume.
- unbefleckte Weisheit anstatt heuchlerischer Selbsttäuschung.
- Freundlichkeit zu jenen, die sie verdienen, anstatt Liebe, die an Undankbare verschwendet wird.
- Rache, anstatt die andere Wange hinzuhalten.
- den Menschen als ein anderes Tier, das manchmal besser, manchmal schlechter ist als diejenigen Wesen, die auf allen Vieren gehen, weil er aufgrund der göttlichen spirituellen und geistigen Entwicklung das lasterhafteste von allen Tieren geworden ist.
- die sogenannten Sünden, da sie alle zu physischer, geistiger und gefühlsmäßiger Befriedigung führen.

Satan sei, so die Behauptung LaVeys, der beste Freund der Kirche gewesen. Er verschaffte ihr in all den Jahren Beschäftigung. Alle sieben Todsünden der christl. Kirche (sie wurden von Papst Gregor den Großen [590–604] definiert), sprich: Gier, Eitelkeit, Zorn, Neid, Gefräßigkeit, Wollust und Faulheit, werden als erstrebenswert angesehen. Die einzige Sünde der christl. Lehre, die LaVey ebenfalls haßt, ist die Lüge. Für das Zusammenleben mit den anderen Menschen hat er 11 Regeln aufgestellt:

- Gebe niemals ungefragt einen Rat.
- Rede erst, wenn du sicher bist, daß man dir zuhört.
- Wenn du in ein fremdes Besitztum gehst, achte den Besitzer; andernfalls gehe nicht hinein.
- Wenn dich jemand auf deinem Besitztum stört, dann jage ihn weg.
- Lege dich mit niemandem ins Bett, wenn du dazu nicht aufgefordert wirst.
- Kümmere dich nicht um Dinge, die dich nichts angehen. Es sei denn, du wirst darum gebeten.
- Anerkenne die Macht der Magie, wenn du sie erfolgreich für deine Ziele eingesetzt hast. Andernfalls verlierst du alles, was du mit ihrer Hilfe erreicht hast.
- Kümmere dich nicht um Dinge, die dich nicht berühren.
- Verletze nie kleine Kinder.
- Töte nie ein Tier, wenn du von ihm nicht angegriffen wirst oder sein Fleisch essen willst.
- Greife niemand in der Öffentlichkeit an. Falls man dich angreift, fordere den Täter auf, dies zu unterlassen. Gehorcht er nicht, dann vernichte ihn.

Der Satan ist für L. eine dunkle, geheimnisvolle Kraft, die auf alles in der Welt Einfluß nimmt. Der Religion und Wissenschaft ist es nicht möglich, das Wesen dieser bösen Macht zu erklären. Man kann nur ganz allgemein ihre Wirkung charakterisieren. Sie ist nämlich für den Fortschritt der Menschheit verantwortlich, weil sich alle großen Entdeckungen und Erfindungen gegen die bestehenden Meinungen und besonders gegen die religiösen Vorurteile durchsetzen mußten. Der Satan ist der Geist des Protests und verkörpert alle Irrlehren der Menschheit. Die Rituale der C. entsprechen den überlieferten Formen der ► Schwarzen Messen. Bei der Satansmesse muß eine nackte Frau auf dem Altar liegen, die die ► Erdmutter darstellt. Man glaubt, daß durch den Sexualakt Energie für mag. Kulthandlungen freigesetzt wird (► Sexualmagie). Die Organisation der C. basiert auf einer festverankerten Rangordnung innerhalb der Mitglieder: 1. Grad: Ihm gehören die häufigsten Anhänger an. Sie tragen um den Hals ein rotes Baphomet, das auf eine Scheibe

Howard LaVey (1930–1997): Er begründete seinen Weg in den Satanismus u. a. damit, soviel Gräßliches gesehen zu haben, daß er nicht mehr an Gott glauben könne.

gemalt ist. 2. Grad: bezeichnet den Status eines Hexers oder einer Hexe. Voraussetzung hierfür ist die Ablegung einer Prüfung. 3. Grad: bezeichnet die Priesterschaft von Mendes. Dieser Rang trägt seinen Namen nach einer Stadt in Ägypten, wo eine dem griech. Gott ► Pan vergleichbare Bocksgestalt verehrt wurde. 4. Grad: bezeichnet den Magister caverni (Bischof), den Magister templi (Erzbischof) und der Magister magis (Kardinal). 5. Grad: bezeichnet den Magister satanis (satanischer Meister). Diesen Grad hatte nur L. inne. Die Niederlassungen in anderen Städten wurden „Grotten“ genannt und standen unter der Leitung eines „Bischofs“. Einer „Grotte“ konnte jeder beitreten, wenn er eine einmalige Zahlung von 100 US-Dollar an die C. leistete. Prominentes Mitglied war die Schauspielerin Jayne Mansfield, die sich in ihrem Tagebuch zu ihrer Mitgliedschaft bekannte. Sie kam 1967 mit ihrem Geliebten Sam Brody bei einem Autounfall ums Leben. Angeblich soll L. Brody verflucht haben und die Schauspielerin vor den Folgen einer anhaltenden Beziehung gewarnt haben. L. wirkte im übrigen in dem Film *Rosemary's Baby* mit, den der poln. Regisseur Roman Polanski 1967 drehte. Dieser Film beruht auf einem gleichnamigen Roman von Ira Levin (geb. 1929). Darin wird geschildert, wie eine eher biedere Hausfrau vom Teufel in Besitz genommen und geschwängert wird. Die Geburt des Kindes wird mit der Geburt Christi parallelisiert. Nach dem Tod Ls. leitete seine Lebensgefährtin Blanche Barton die C. Sie gebar ihm

LaVey spielte in Roman Polanskis Film „Rosemary's Baby" nicht nur die Rolle des Teufels, sondern soll auch als Berater Polanskis tätig gewesen sein.

1993 einen Sohn mit dem Namen Satan Xerxes Carnacki. Aus seiner ersten Ehe mit Carole Lansing entstammt die Tochter Karla Maritza, aus der zweiten mit Diane Hegarty Zeena Galtea. Seine beiden Töchter waren ebenfalls in dem Orden tätig. Karla ging in den 70er Jahren nach Holland und gründete dort die erste europ. Niederlassung der C. Sie war eine zeitlang Sprecherin des Ordens, zerstritt sich dann mit ihrem Vater und gründete mit ihrem Partner Nikolaus Schreck in Wien den „Werwolf-Orden", der von altgerman. Gedankengut geprägt ist. Diese Gruppe erwartete für das Jahr 2000 das Weltende. Von der C. spalteten sich zahlreiche Gruppen ab, die ähnliche satanistische Organisationen gründeten. Die wichtigsten Abspaltungen: ► Church of Satanic Brotherhood (1973), ► Ordo Templi Satanas (1974) und ► Temple of Seth (1975).

CHURCH OF SATANIC LIBERATION

Eine Gruppe, die der Amerikaner Douglas Vatentine 1986 gründete. Obwohl der Ordensgründer nie Mitglied der ► Church of Satan war, bringt er den Lehren LaVeys viele Sympathien entgegen und versucht sie mit Hilfe der Lehren und Praktiken des ► Wiccakultes weiter zu entwickeln. Satan ist ein selbständiges Wesen, eine Naturgottheit, der nur den Namen mit dem christl.-jüd. Satan gemeinsam hat. Zeitweise war dieser Orden neben der ► Church of Satan die mitgliederstärkste satanistische Gruppe in den USA.

CIMERIES

Ein Dämon (► Pseudomonarchia daemonum), der als Soldat auf einem schwarzen Pferd erscheint. Unter seinem Kommando stehen die Geister in Afrika. Zu seinen Fähigkeiten gehört die Aufdeckung von Schätzen.

CIRCE

Name einer griech. Zauberin, die in der *Odyssee* (8. Jhdt. v. Chr.) erwähnt wird. Um Odysseus für sich allein zu haben, verwandelt sie seine Gefährten in Schweine. Vor ihrer zauberischen Macht schützt sich Odysseus durch ein magisches Kraut, das ihm der Gott Hermes gegeben hatte. Während seines Aufenthaltes bei C. lernt Odysseus die magischen Fertigkeiten dieser Zauberin kennen. Sie beschwört die Toten und ruft die Seelen der Abgeschiedenen zu einem Trog mit Schafsblut herbei (► Negromantie). Nachdem sie von dem Blut getrunken haben, müssen sie ihr die Zukunft weissagen. Das C.-Motiv, das dem mittelalt. Europa in der Fassung des röm. Dichters Ovid bekannt wurde, wurde

Odysseus schützte sich vor der zauberischen Macht der Circe durch ein magisches Kraut.

teils als Tatsachenbericht, teils als erfundene Geschichte gedeutet. Der Theologe Isidor von Sevilla (560–636 n. Chr.) stellte sie neben die biblischen Erzählungen, während der frühmittelalt. Schriftsteller und Erzbischof von Mainz, Hrabanus Maurus (780–856), ihr jede Glaubwürdigkeit absprach, weil nur Gott die Macht habe, einem Wesen eine andere als seine natürliche Gestalt zu geben. Andere Gelehrten entzogen sich einer Stellungnahme, indem sie feststellten, die Verwandlungen in Schweine müßten reine Sinnestäuschungen gewesen sein.

CIRCLE OF LILITH

Eine esoterische Gruppe, die den ► Wiccakult und den ► Satanismus mit dem Mythos von ► Lilith zu verbinden sucht, um die Philosophie einer dunklen Urmutter (► Erdmutter) zu schaffen. Grundlage ihrer Lehre ist eine antichristliche Einstellung, die den durch die Herrschaft des Christentums angeblich unterdrückten weiblichen Aspekt des Ichs befreien und zur Entfaltung bringen will. Mann und Frau sind in dieser Gruppe absolut gleichgestellt.

CLAVICULA SALOMONIS

Der Schlüssel Salomos; Name eines berühmten ► Zauberbuches, das sowohl König Salomo als auch dem ► Testamentum Salomonis zugeschrieben wurde. Von diesem Zauberbuch sind mehrere Ausgaben in verschiedenen Sprachen überliefert. Die Existenz einer griech. Ausgabe aus dem 11. oder 12. Jhdt. spricht dafür, daß dem C. wahrscheinlich ein hebr. Urtext zugrunde liegt.

Vor den zahlreichen Ausgaben des 18. Jhdt.s gibt es noch eine lat. aus dem 16. Jhdt. Sie enthält eine Sammlung von Dämonennamen, Ri-

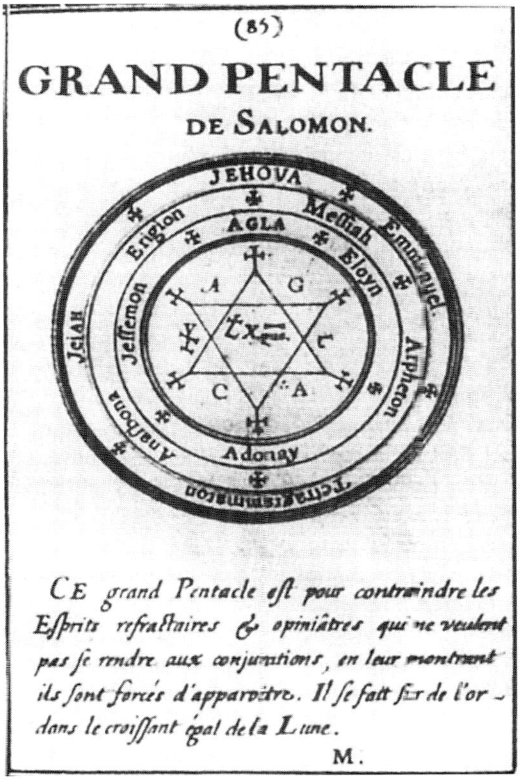
(85)

GRAND PENTACLE

DE SALOMON.

CE grand Pentacle eſt pour contraindre les Eſprits refractaires & opiniâtres qui ne veulent pas ſe rendre aux conjurations, en leur montrant ils ſont forcés d'apparoître. Il ſe fait ſur de l'or dans le croiſſant égal de la Lune.

M.

1559 von der Heiligen Inquisition als gefährliche Schrift verboten: das Zauberbuch „Der Schlüssel Salomos". Im Bild: Abbildung einer französischen Ausgabe aus dem 18. Jhd.

tualen und Beschwörungen, besonders aus der ► Schwarzen Magie.

Die C. sind 1559 von der Inquisition als gefährliche Schrift verboten worden. ► Theosophia pneumatica

CLEMENTINEN

Siehe ► Linker Weg.

COCHEMARES ODER ALBGEISTER

Mit den Mahren verwandt. Sie machen die Menschen zu Sklaven der Lust. ► Alpdrücken

COMMUNITAS SATURNI

Eine esoterische Gemeinschaft, die 1993 von ihrem Großmeister Immanuel (Johannes Maikowski) gegründet wurde. Sie steht in der Nachfolge und Tradition der ► Fraternitas Saturni. Der Name Communitas wurde gewählt, weil man im Gegensatz zur Fraternitas Saturni auch weibliche Mitglieder aufnimmt.

Diese Gruppe will den „Weg des Saturns" gehen, der dem einzelnen Menschen als Teufel oder als Gott (Luzifer) erscheinen kann – je nachdem, wie sich der Mensch weiterentwickelt und die Erfahrungen aus seinem früheren Leben verarbeitet hat.

CORNELIS, FRATER

Pseudonym von Heiner Fabian, der eine wichtige Schrift des ► Ordo Saturni unter dem Titel *Blutmessen und Satanismus* veröffentlicht hat. Unter Benutzung von engl. und frz. Materialien, aber auch unveröffentlichten Manuskripten beschreibt er Rituale satanistischer Gemeinschaften. C. berichtet von einer frz. Satanistengemeinde, die sich „Porteurs du Feu" (Feuerträger), „Söhne des Feuers", „Söhne Luzifers" und „Das schwarze Licht" nennen. Diese Gruppen feiern bei Paris auf Friedhöfen und abgelegenen Waldgebieten ihre Riten. Neben ► Schwarzen Messen mit allen nur denkbaren sexuellen Ausschweifungen und Perversionen werden auch ► Rote Messen praktiziert, denen die sexuelle Komponente fehlt und die reine ► Blutmessen sind.

CORPUS HERMETICUM

Eine Sammlung von myst., okkult., astrolog. und alchem. Schriften in griech. Sprache aus dem 2. und 3. Jhdt. n. Chr., die im 15. Jhdt. wiederentdeckt wurden. Die wichtigste führt den Titel *Poimandres*. In Form eines Dialoges offenbart der ägypt. Gott Thot (griech. hermes trismegistos: der dreimalgrößte Hermes) okkulte Weisheiten. Frühchristl. Apologeten wie Laktanz (gest. nach 317) betrachteten den C. als Zeugnis christl. Wahrheiten. Marsilio Ficino (1433–1499), der Begründer der Platonischen Akademie in Florenz, übersetzte den C. in das Lateinische und kommentierte ihn. Es gelang ihm, den C. mit dem AT und NT in Einklang zu bringen, indem er die Lehren der ► Kabbala zur Hilfe nahm. Dieses System von Zeichen und Buchstaben versuchte den geheimen Sinn der Welt zu ergründen.

COVEN

Nach Auffassung der Ägyptologin und Anthropologin Margaret Murray (1862–1963) ein regionaler Zusammenschluß von zwölf Hexen unter Leitung einer Hexe oder eines Hexenmeisters. Ein sicherer Nachweis ist bisher allerdings noch nicht gelungen.

CROWLEY, ALEISTER

1875–1947; Dichter, Sektengründer und Magier. C. gilt als der „Marquis des Sade des 20. Jhdt.s" und Begründer des modernen ► Satanismus. Seine am häufigsten gebrauchten Pseudonyme sind: Meister Therion, To Mega Therion, Frater Perdurabo, Gerard Aumont. Er stammte aus einer sehr begüterten und religiösen Familie in Plymouth. Im Jahre 1898 schloß er sich dem Orden ► Golden Dawn an, der unter der Leitung S. L. ► MacGregor Mathers stand.

Während eines Aufenthaltes in Kairo (1904) empfing er die Offenbarung von Aiwaz, dem Abgesandten des ägypt. Gottes Ra-Hoor-Khuit, die sein ganzes weiteres Leben bestimmen sollte. In der Aphorismensammlung *Liber Al vel legis* (Das Buch der Gesetze) sind diese Offenbarungen zusammengefaßt: Die Menschheitsgeschichte ist in Äonen von je 2.000 Jahren eingeteilt, denen der Reihe nach bis in die Gegenwart die ägypt. Götter Isis, Osiris und Horus zugeordnet werden. Mit Horus beginnt das neue Zeitalter. Bestimmende Kräfte im Kosmos sind Nuit, abgeleitet von dem ägypt. Himmelsgott Nut, der das Symbol des unendlichen Raumes ist. Hadit, der ägypt. ► Seth, stellt den Willen dar. Durch die Vereinigung dieser beiden Mächte entsteht eine dritte Kraft, Ra-Hoor-Kuit, mit dem die Schöpfung beginnt.

C. ist das Tier 666, der ► Antichrist der Offenbarung. Die alten Religionen und die herrschende Moral sind beseitigt. Von nun an gilt: Jeder Mann und jede Frau sind ein Stern. Die

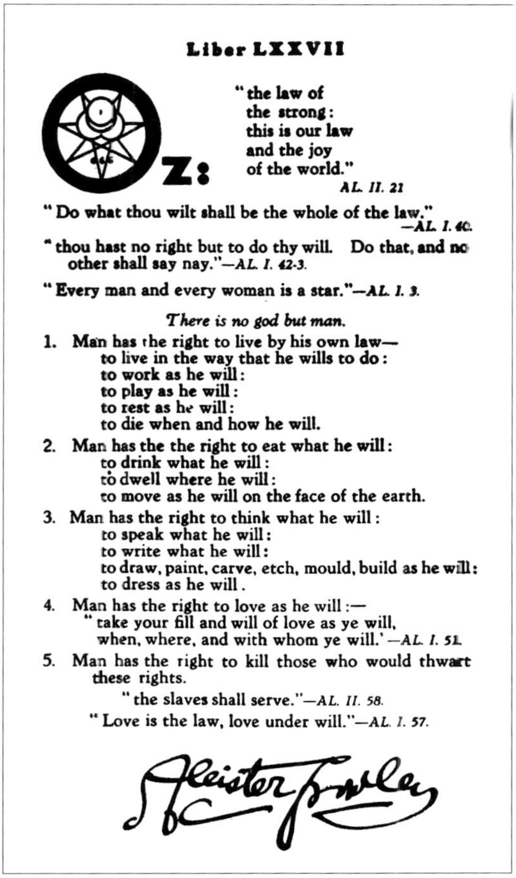

Liber LXXVII

OZ: "the law of the strong: this is our law and the joy of the world." *AL. II. 21*

"Do what thou wilt shall be the whole of the law." —*AL. I. 40.*

"thou hast no right but to do thy will. Do that, and no other shall say nay."—*AL. I. 42-3.*

"Every man and every woman is a star."—*AL. I. 3.*

There is no god but man.

1. Man has the right to live by his own law—
   to live in the way that he wills to do:
   to work as he will:
   to play as he will:
   to rest as he will:
   to die when and how he will.
2. Man has the the right to eat what he will:
   to drink what he will:
   to dwell where he will:
   to move as he will on the face of the earth.
3. Man has the right to think what he will:
   to speak what he will:
   to write what he will:
   to draw, paint, carve, etch, mould, build as he will:
   to dress as he will.
4. Man has the right to love as he will:—
   "take your fill and will of love as ye will, when, where, and with whom ye will.' —*AL. I. 51.*
5. Man has the right to kill those who would thwart these rights.
   "the slaves shall serve."—*AL. II. 58.*
   "Love is the law, love under will."—*AL. I. 57.*

Aleister Crowley

Crowleys Gesetz von Thelema auf einer Postkarte aus dem Jahre 1943.

Befolgung des eigenen Willens ist das oberste Gesetz: „Do what thou wilt shall be the whole of the Law" (dtsch.: Tue, was du willst, ist das ganze Gesetz! – Gesetz von Thelema).

Dies bedeutet, daß jeder Mensch eine einzigartige Wesenheit darstellt, die sich auf eine ihr angemessene Art und Weise entfalten soll. Der Buddhismus, das Christentum und der Islam, die als Religionen von Sklavengöttern bezeichnet werden, stehen weit unter der neuen Religion („Crowleyanity"). Dieses neue Zeitalter, das mit dem „Wassermannzeitalter" der Astrologen

Begründer des modernen Satanismus: Aleister Crowley.

identisch ist, heißt das „Equinox der Götter". Nach heftigen Auseinandersetzungen mit MacGregor Mathers gründet C. 1905 seinen eigenen Orden, den „Astrum Argenteum" (Der Silberne Stern). 1912 wird er der Leiter der engl. Sektion des O. T. Os., den er aber nur als eine Gruppe seines Ordens A. A. ansah. Er vereinigt in dieser Sekte die Lehren und Methoden des ► Golden Dawn Ordens mit der ► Sexualmagie des Tantrismus, einer magisch-ritualistischen Richtung im Hinduismus und Buddhismus und der Yogalehre. Diese drei Bestandteile kann man als die Grundlage seiner magisch-okkulten Weltanschauung ansehen, die er als „Magick" (Magie) bezeichnete. Dieses Wort bezeichnet die Vereinigung der beiden kosmischen Kräfte Nuit und Hadit zu Ra-Hoor-Kuit. Das „k" am Wortende von „Magick" entspricht dem hebr. chet, das vollausgeschrieben den Zahlenwert 418 hat. Diesen Zahlenwert hat auch die mystische Formel ► Abrakadabra (auch abrahadabra), die die Schöpfung bezeichnet.

1920 gründete Crowley (Bild) in Cefalu in Sizilien mit Anhängern die Abtei Thelema, wo er das Gesetz von Thelema verkündete.

Der O. T. O. geriet bald unter den Einfluß von C. 1913 verfaßte er für die Gnostisch-Katholische Kirche, eine Unterorganisation des O. T. Os., das Meßbuch. 1920 gründete er in Cefalu in Sizilien mit Anhängern die Abtei Thelema, wo er das Gesetz von Thelema, die neue Religion des kommenden Zeitalters, die auf dem Buch des Gesetzes basiert, verkündete. Dieses Gesetz von Thelema ist die vierte Komponente seiner „Magick"-Idee. Sexualmagie und Experimente mit Drogen waren seine dortige Haupttätigkeit. Hier verfaßte er das berühmte Zauberbuch *Liber Samech*, das auf einem griech.-ägypt. Zaubertext basiert. Dieses magische Buch enthält das Ritual, wie „das Tier 666" von seinem Schutzengel das Wissen erlangt und wie es den Beischlaf mit ihm vollziehen muß. Auf Anordnung Mussolinis mußten er und seine Anhänger 1923 Sizilien verlassen.

1934 verklagte er eine Bildhauerin in einem spektakulären Prozeß wegen ihrer Behauptung, er betreibe ► Schwarze Magie. Er verlor nicht nur den Prozeß, sondern auch sein ganzes Vermögen. Unterstützt von seinen Anhängern verbrachte er den Rest seines Lebens in Hastings, wo er 1944 zusammen mit Frieda Harns einen Tarotkartensatz in Anlehnung an die Symbolik (besonders der Farben) des ► Golden Dawn-Ordens schuf. Zwar hatte der Golden Dawn schon vorher versucht, das ► Tarot weiterzuentwickeln, aber die internen Querelen verhinderten diese Arbeiten. C. benutzte die Arbeiten von ► Eliphas Levi, der das Tarot mit den 10 Sephiroth der ► Kabbala in Verbindung gebracht hatte. Diese zehn Sephiroth, die den 10 Grundzahlen und den 10 Graden des ► O. T. Os. entsprechen, können durch 22 Pfade verbunden werden. Diese Pfade entsprechen den 22 großen Arkana des Tarots. C. warf Levi aber vor, er habe absichtlich eine falsche Zuordnung der Pfade und Arkana vorgenommen, weil er sein geheimes Wissen der Öffentlichkeit nicht habe preisgeben wollen.
► Fraternitas Saturni, ► Henochische Sprache, ► Magie, Schwarze, ► Pansophische Gesellschaft

CURRENT OF SETH

Eine okkulte Gruppe, die davon ausgeht, daß die Menschheit am Beginn eines neuen Zeitalters stehe. Der ägypt. Gott ► Seth, den sie als Gott der Finsternis, des Bösen und des Chaos verehren, soll seine Energien auf die Gruppenmitglieder übertragen und mit ihren Lebensenergien verbinden. Das Verhältnis zu Seth wird als Pakt (► Teufelspakt) verstanden.

D

DÄMONEN

Wahrscheinlich von griech. daimón: Geist der Abgeschiedenen; Schicksal der Menschen in gutem und bösem Sinn. Abgel. Bez. für einen Halbgott, Totengeist, guten oder bösen ► Geist. Die Vorstellungen von derartigen Mittelwesen zwischen Gott und Menschen finden sich sowohl in den einfachen Religionen der Naturvölker als auch in den sich entwickelnden Religionssystemen der hochzivilisierten Völker. Im Gegensatz zu den Göttern fehlt den D. die Individualität. Sie treten in Horden auf, aus denen ein Anführer hervorragen kann. Der Glauben an D. entstand in einer Zeit, als man sich Naturdinge und menschliche Körper beseelt vorstellte. Es war nur ein kleiner Schritt, um dann auch an die Existenz von Naturgeistern zu glauben, die von Menschen Besitz ergreiffen. Es handelt sich meistens um böse Geister, die Krankheiten und andere Übel verursachen sollen. Zu D. (► Totengeister) konnten auch die Seelen von Verstorbenen werden, wenn sie nicht nach den religiösen Gebräuchen beerdigt worden waren. Ein Glaube an D. konnte auch entstehen, wenn ein siegreiches Volk die Götter eines unterlegenen Volkes degradierte und sie zu bösen D. machte. Meistens wurden diesen Gottheiten alle negativen Eigenschaften beigelegt, von denen man die Götter der eigenen Religion freihalten wollte (► Teufel in der Psychoanalyse). Sehr gut läßt sich dieser Zusammenhang beobachten, als das Christentum die heidnischen Religionen in Europa überlagerte und die antiken, german., kelt. u. a. Götter zu dämonischen Wesen herabsanken. Eine umfangreiche Einteilung der D. lieferte der Psychologe und Völkerkundler Wilhelm Wundt (1832–1920). Er unterschied folgende Spukdämonen:

- Gespenster;
- Naturdämonen: Haus-, Erd-, Luft- und Wassergeister, Einöd- und Bergdämonen;
- Krankheits- und Wahnsinnsdämonen;
- Vegetationsdämonen;
- Schutzdämonen von Orten, Ständen und Berufen;

Im Laufe der Zeit änderten sich die Vorstellungen über das Aussehen der Dämonen: Häufig erscheinen sie als Mischwesen aus Mensch und Tier. Die Abbildungen zeigen Dämonenabbildungen aus mittelalterlichen Zauberbüchern und eine Abbildung (re.) aus einem Zauberbuch aus dem Jahre 1320.

• Himmelsdämonen: Wind-, Wetter-, Wolken-, Gewitter-, Feld- und Walddämonen.

Die Gestalt der D. stellte man sich in der Frühzeit vorwiegend als Tier vor, dann später als Mischwesen, die halb Mensch, halb Tier waren. Trotz der weltweiten Verbreitung des D.glaubens finden sich in einigen Kulturen mehr Belege für diese Mittelwesen zwischen den Göttern und den Menschen, als in anderen (► babyl. D; ► ind. D.). Die frühesten Belege für D.glauben in Europa und die ersten Ansätze zu einer Beschäftigung (Dämonologie) mit diesen Zwischenwesen stammen aus Griechenland. Die Griechen verstanden unter einem D. einen Gott (griech. theós), dem aber ein Namen fehlte. Seine Persönlichkeit wurde durch die von ihm ausgehende Kraft ersetzt. Der Philosoph Thales von Milet (6. Jhdt. v. Chr.) sprach von einer Welt, die von D. erfüllt sei. Plato (4. Jhdt. v. Chr.) hält die D. für Dolmetscher zwischen

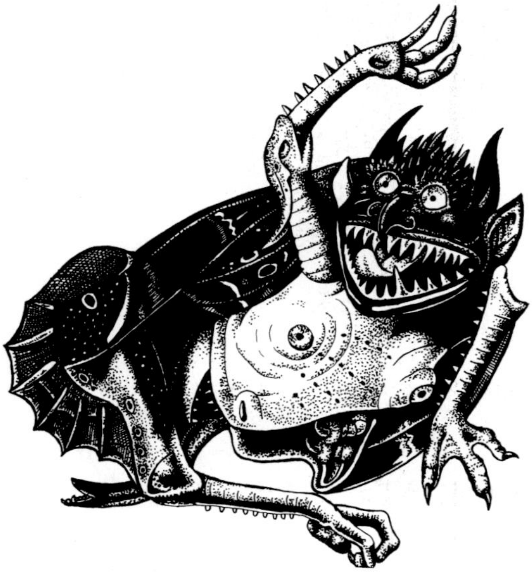

Dämonen: Von alters her werden sie als Verursacher von Krankheiten und anderen Übeln angesehen.

den Menschen und Göttern. Seine Nachfolger teilen diese Zwischenwesen in die unsichtbaren ätherischen Dämonen und Luftdämonen sowie die sichtbaren Wasser- und Dunstdämonen ein. Von den Göttern unterscheiden sie sich dadurch, daß sie zu Schmerz- und Lustempfindungen fähig sind. Aber es gibt auch böse D., die man sich als Totengeister oder böse Menschenseelen vorstellte. Als Wohnort der D. wird der Bereich unterhalb des Mondes bis hin zur Erde angesehen. Ihre besonderen Aufgaben bestehen in Botendiensten, Weissagungen und der Überwachung der Gottesdienste. Eine umfangreiche Dämonologie entwickelten die Neuplatoniker (► Plotin, ► Jamblichos, ► Proklus), die das Wesen und die Stellung der D. durch Rangordnungen strukturierten. Sie sind zwar körperlose, fast göttliche Wesen, aber sie können auch, um auf der Erde zu erscheinen, zeitweise einen Leib annehmen. Selbst eine eigene Sprache wird ihnen zugesprochen. In der Spätantike vermischte sich der D.glauben mit den Vorstellungen von den bibl. ► Engeln und Planetengeistern (► Intelligenzen). Für die christl. Theologen sind die Dämonen mit den antiken Göttern und den gefallenen Engel identisch (► Engelsturz). Das Bild, das man sich von ihnen machte, läßt sich so zusammenfassen: Da sie einen Körper haben, bedürfen sie der Nahrung, die sie sich aus dem Qualm der heidnischen Opfer einsaugen. Da ihr Körper erheblich dünner ist als der menschliche, dringen sie leicht in ihn ein. Ihre Bewegung ist von unglaublicher Schnelligkeit, so daß sie leicht zukünftige Dinge erkennen können. Als Anführer dieser D.schar gilt ► Satan (► Teufel). Bevorzugtes Ziel für ihre Angriffe sind die Christen und ihre Kirche (► Besessenheit). Der mittelalt. D.glauben, ca. vom 13. Jhdt. an mit den dämonologischen Vorstellungen der ► Kabbala bereichert, erreichte seine größte Entfaltung während Hexenverfolgungen (► Hexe). Die Hexenverfolger – sprich: ► Bodin, ► Binsfeld, ► Remy, ► Delrio, ► Guazzo, ► De Lancre, ► Sinistrari – beschrieben in ihren Werken ausführlich die Funktionen und die Wirksamkeit der D. und erstellten umfangreiche Hierarchien der ► Dämonen (► Dämonenhierarchie). Wichtige Quellen zur Kenntnis der mittelalt. D. sind auch die zahlreichen ► Zauberbücher (► Clavicula Salomonis, ► Lemegeton, ► Almadel, ► 6. und 7. Buch Moses, die meistens auf Übersetzungen von jüd. und arab. Werken beruhen (► Arab. Dämonen).

DÄMONEN, ALTIRANISCHE

Die altiran. D. werden als Drucks oder Druj (abgel. von druj: betrügen) bezeichnet. Später wird auch der Götternahme „deva" in dieser Bedeutung gebraucht. Ihr Wesen wird schon durch ihren Namen beschrieben, denn sie betrügen die Menschen, indem sie das Böse für das Gute ausgeben. Im engeren Sinn versteht man unter

Druj einen weiblichen Dämon, der Kontakte zu sündigen und unreinen Männern unterhält.
Wie in der bibl.-christl. Dämonologie ► Satan die Dämonen lenkt, so hat in der altiran. Dämonenwelt ► Ahriman dieses Amt inne. Für jedes Unglück, Krankheit, Laster und Übel in der Welt ist ein bestimmter Dämon verantwortlich. Da diese Dämonen über 9.999 Krankheiten verursacht haben, besteht die wirkungsvollste Medizin darin, durch Beschwörungen die Dämonen zu vertreiben. Im Volksglauben fürchtet man besonders die Yatus, die Zauberer, die durch alle denkbaren Verwandlungen die Menschen zu täuschen und zu hintergehen verstehen. Gefürchtet sind auch die bösen Feen, eine Hexenart (► Pairikas).

Die sog. Jainis, eine besondere Gruppe von bösen Dämonen, die man mit den europ. ► Feen vergleichen kann, sind nur darauf aus, den Priestern den Göttertrunk zu entwenden. Die Schar der Dämonen wird immer größer, weil alle Sünder nach ihrem Tod zu teuflischen Gespenstern werden. Auch Gläubige können zu bösen Dämonen werden, weil Ahriman sofort nach ihrem Tod einen Druj schickt, um seinen Körper als Beute in sein Reich zu holen. Nur wenn der Tote ein frommer Mensch war, haben die Dämonen keine Macht über ihn.

DÄMONEN, ARABISCHE

Die Dämonologie des Islam beruht auf einer Dreiteilung der Geisterwesen. Neben den ► Engeln gibt es die Satane ► Schaitan und ► Iblis sowie die ► Dschinn, die als gute Dämonen gelten, wenn sie sich für Allah entschieden haben, andernfalls als böse. Die Dschinn, Schaitan und Iblis stammen schon aus vorislam. Zeit. Die islam. Dämonenwelt ist hierarchisch aufgebaut:

1. MALAIKA QURBIYA: Die Thronengel Gottes.

2. MALAIKA FALAKIYA: Engel der Planetensphäre.

3. AL ARWAH AR RUHANIYA: Himmlische Götter; Mischwesen aus Menschen und Göttern.

4. DSCHINN (gute und böse).

5. BÖSER DSCHINN (andere Bez. für ► Schaitan).

A. ► Iblis, der oberster Dschinn.

B., die sieben Fürsten der Dschin, die eine Rangordnung bilden: 1. Maimun, 2. Al-Abyad, 3. Samhuril, 4. Barqan, 5. Al-Ahmar, 6. Murra und 7. Madhab.
Zu der untersten Klasse gehören die Dämonen der Unterwelt (Ahl al-ard): ► Marada und ► Afarit (Einzahl: Ifrit).
Zu den Dschinn gehören noch die Schutzengel (► Quarin), die ebenfalls in gute und böse eingeteilt werden, und die große Gruppe der ► Ghul.

Der dämonologische Kosmos des Islam kennt neben Engeln Satane sowie die Dschinn. Im Bild ein Dämon, wie ihn sich der Volksglaube vorstellte

DÄMONEN, BABYLONISCHE

Die Babylonier sind das altorient. Volk, dessen Dämonologie aufgrund der zahlreichen Schriftquellen am besten bekannt ist. Ihre Dämonologie stellt aber schon den Abschluß einer Entwicklung dar, die bei den Sumerern begonnen hat. Die Welt der Dämonen wird eingeteilt in gute und böse Geister. Die Dämonen sind personifizierte Naturgewalten, die das Leben der Menschen bedrohen. Bei den Sumerern war Ushum-Gal, der böse Geist, der selbst die Schutzgötter der Orte (Anunnaki) in die Flucht schlägt. Um diese bösen Geister abzuwehren, entstand eine umfangreiche Beschwörungsliteratur, welche die im Volksglauben verbreiteten Vorstellungen zusammenfaßte. Später haben die babylon. Priester diesen Dämonenglauben systematisiert und in die offizielle Religion eingeordnet. Die Dämonen, zu denen auch die Totengeister gehören, werden als dienstbare Geister den Unterweltsgöttern zugeordnet (► Ereshikal, ► Aralu). Der Thron des Totengottes Nergal ist von 15 Dämonen umgeben. Die Erfindung der schwarzmagischen Beschwörungen, die zum Nachteil eines Menschen eingesetzt werden, wird den unterdrückten Völkern wie den Elamitern und Sutäern zugeschrieben.

Der ► Abwehrzauber, der den größten Teil der überlieferten Beschwörungen ausmacht, richtet sich besonders gegen Dämonen, die Krankheiten verursachen. Eine besondere Priesterklasse, die hierarchisch aufgebaut war, führte diese komplizierten Beschwörungsriten gegen die Krankheitsdämonen aus. Die sieben Krankheitsdämonen, die zum festen Gefolge des Totengottes Nergal und seiner Gemahlin Ereschikal gehören, sind:

Dämonenname	*Der angegriffene Körperteil*
• Attaku	Kopf
• Namtaru	Kehle
• Uttuku	Hals
• Alu	Brust
• Etimmu	Leibesmitte
• Gallu	Hand
• Ilu	Fuß

Ihr Aufenthaltsort sind wüste, unheimliche und öde Gegenden, von wo sie hervorstürmen und ihr Unheil über die Menschen bringen. Außerhalb dieser Gruppe der sieben bösen Dämonen gibt es noch andere gefährliche Dämonen, die als Mischwesen – halb Mensch, halb Tier – auftreten. Die Dämonin Lamastu, eine wegen ihrer Bosheit verstoßene Göttin, hat die Aufgabe, zu verhindern, daß sich die Menschen nach der Sintflut zu stark vermehren. Sie nimmt die Kleinkinder von ihren Müttern weg und tötet sie. Als Pestdämon war der tiergestaltige Pazuzu gefürchtet, der aber auch zur Abwehr der Lamastu eingesetzt werden konnte. Man stellte ihn auf Amuletten dar, um das Böse durch das Böse zu vertreiben. Dies Vorstellung ist auch aus der Bibel bekannt, wo Jesus von den Pharisäern unterstellt wird, er wolle den Teufel mit dem ► Beelzebub austreiben. Der gefährlichste aller Dämonen war der Drache Labbu, der nicht nur die Menschen in den Städten bedrohte, sondern auch den Mondgott angriff. Große Furcht bereiteten überdies die ruhelosen Totengeister. Wer sich den Zorn der Götter zugezogen hat, gerät in ihre Hände. Sie saugen als ► Vampire das Blut ihrer Opfer aus, erschrecken sie durch Spuk oder verursachen furchtbare Alpträume. Selbst die Götter sind vor ihnen nicht sicher. Die Beschwörungsriten gegen diese Dämonen wurden in Kompendien gesammelt, die den Namen Surpu (Brand) und Maqlu (Verbrennung) trugen. Diese Namen deuten schon an, daß das Feuer eines der wichtigsten Mittel war, um diese Dämonen zu vertreiben. Man stellte neben

In der Vorstellungswelt der Babylonier waren Dämonen personifizierte Naturgewalten, die das Leben der Menschen bedrohen. Im Bild der babylonische Pestdämon Pazuzu.

den Kranken ein Kohlenbecken, in dem der Beschwörungspriester symbolische Gegenstände wie Kräuter, Früchte, Felle von Tieren etc. verbrannte. Diese Handlungen wurden durch das Murmeln geheimnisvoller Formel begleitet. Neben dieser Verbrennungszeremonie gab es noch die Reinigung durch Wasser und Öl. Beispiele für die weitreichende Einwirkung des babylon. Dämonenglaubens auf die jüd. Religion sind die biblische Gestalten ► Lilith, ► Schedim, ► Belial.

Beschwörungsriten gegen die Dämonen wurden von den Babyloniern in Kompendien gesammelt. Im Bild ein Krankheitsdämon.

DÄMONEN, BUDDHISTISCHE

Siehe ► Mara und ► Buddhistische Hölle.

DÄMONEN, CHINESISCHE

Die altchinesische Weltanschauung, der Taoismus, kennt zwei Hauptgruppen von Dämonen, deren Wesen von den beiden kosmischen Kräften Yang (das Männliche, Gute, Helle, der Himmel) und Ying (das Weibliche, Böse, Dunkle, die Erde) bestimmt wird: Die Shen (gute D.), die ursprgl. nur die himmlischen Geister umfaßten, und Kuei (böse D.), womit besonders die Seelen derjenigen Toten bezeichnet werden, die kein richtiges Begräbnis erhalten haben. Zu diesen Toten gehören Ertrunkene und Hingerichtete oder die, denen von ihren Angehörigen keine Ahnenopfer dargebracht worden sind. Nach taoistischer Auffassung hat der Mensch eine immaterielle Seele (hun), die nach dem Tod zum Himmel emporsteigt. Sie wird von den Angehörigen beim Ahnenkult verehrt. Im toten Körper bleibt die irdische Seele (po) zurück, die sich in einen Totengeist verwandeln kann. Derartige Geister erscheinen als Menschen und sind so gekleidet wie im früheren Leben, wenn sie wiederkehren. Oft fehlt ihnen das Kinn und sie haben eine abschreckende und grauenhafte Gestalt.

Die volkstümliche Dämonologie kennt noch eine Vielzahl böser Dämonen. Man stellte sie sich als körperlose Wesen vor, die ruhelos, ohne festen Aufenthalt umherirren und die Fähigkeit haben, jede Gestalt anzunehmen. Gefährlich werden sie den Menschen dadurch, daß sie Krankheiten, böse Träume oder Spuk hervorrufen. Sie vereiteln auch die Pläne der Menschen. Ihre Aufenthaltsorte sind Berge, Wälder und Grabstätten, wo sie besonders nachts aktiv sind, weil die kosmische Kraft Ying ihre Macht mit dem Aufgang der Sonne verliert. Die Dämonen gelten als furchtsam und dumm. Das Hauptmittel ihrer Vertreibung ist der Lärm. Die Kuei, die unter der Herrschaft eines Königs (Kuei-wang) stehen, werden unterteilt in:

- YIU GUANG (acht Koboldbrüder), die den europ. ► Irrlichtern ähneln.
- WANG LI (Echogeister): Sie ahmen menschliche Stimmen nach und erschrecken Reisende.
- WANG XIANG: Sie ernähren sich von Leichen.
- YÜ KUANG: Kopflose Dämonen.
- SHAN JING: Bergdämonen.
- WIE TUO: Sumpfdämonen.
- BA: Ein weiblicher Dämon, der Dürre verursacht.
- WEN SHEN: Seuchendämonen.
- LI: Die Seelen der früh Verstorbenen.
- TIERDÄMONEN: Zwischen Menschen und Tieren besteht kein grundsätzlicher Unterschied. Da beide Wesen mit Seelen sind, war im chinesischen Volk der Glaube an Tierdämonen sehr verbreitet. Jedes Tier konnte die Eigenschaften von Gespenstern haben. Vor allem gilt der Fuchs als ein Gespenstertier. Füchse können sich in Menschen und umgekehrt Menschen in Füchse verwandeln. Der Fuchsdämon tritt besonders gern in der Gestalt eines schönen Mädchens auf. Auch Tiere, die ein hohes Lebensalter erreichen, stehen im Ruf, Dämonen zu sein.

Man glaubte, daß man mit diesen Dämonen in Kontakt treten könnte, wenn man an der Spitze eines Stockes, der die V-förmige Gestalt einer Wünschelrute hat, noch einen zweiten Stock so befestigt, daß er nach unten zeigt. Nachdem der Magier dieses Gerät über ein mit Sand gefülltes Gefäß gehalten hat, überträgt er die in dem Sand eingezeichneten Zeichen auf Papier und deutet sie als Botschaft des Dämons. In der europ. Magie wird ein derartiges Gerät als ► Planchette bezeichnet.

Die Abwehr dieser bösen Dämonen unterliegt zunächst dem Kaiser, der als Herr aller Götter auch die Macht über die Dämonen hat. In seiner Vertretung üben die Staatsbeamten und besonders die taoistischen Priester (tao-shih) durch Zauberformeln (chou), Amuletten (fu) etc. die Geisterabwehr aus.

Der Geisterbeschwörer ruft hierzu das himmlische Heer der guten Dämonen (san-shi-liu-

Wesen, die ruhelos umherirren: So stellten sich die Chinesen die Dämonen vor. Im Bild: ein Bergdämon.

t'ein-chiang) herbei, die unter dem Kommando von 36 Generalen stehen. Wenn der taoistische Priester erfolglos ist, wird ein Lokalbeamter zur Hilfe gerufen. Die bösen Dämonen werden zu einer Messe geladen, bei der ihnen Opfergaben in Feuer und Rauch dargebracht werden. Wenn

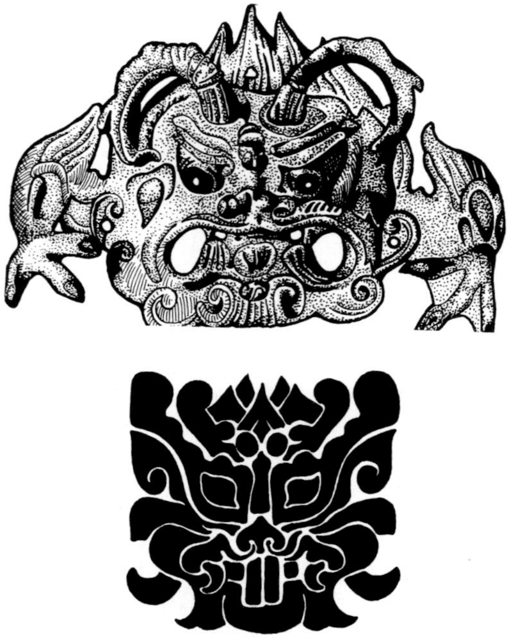

Der chinesische Kaiser hatte als Herr aller Götter auch die Macht über die Dämonen. Im Bild: Abbildungen chinesischer Dämonen.

dies nichts nützt, muß der Kaiser ein Zaubergebet zur Dämonenabwehr schicken.

DÄMONEN, INDISCHE (HINDUISTISCHE)

In den altind. Mythen, Literatur- und Kunstwerken und im Volksglauben gibt es eine Vielzahl von Geistwesen, die das Böse und die Schattenwelt symbolisieren. Wie die altorient. Dämonen werden sie oft in Tiergestalt oder als Mischwesen von gräßlichem Aussehen dargestellt. Die wichtigsten Dämonengruppen bzw. dämonische Einzelwesen sind:

- ASURAS (lat. erus: Herr) sind übernatürliche Kräfte. Sie können einen Körper (tanu) annehmen, der aber so fein ist, daß sie leicht in einen menschlichen Körper oder in ein Haus eindringen können. Sie verkörpern alle Mächte der Natur und besonders Krankheiten, denen der Mensch hilflos ausgesetzt ist. Die „Tätigkeitsgötter“ leiten die spätere Mythologie von dem Stammvater aller Geschöpfe, Priyapati ab. Er brachte neben den Göttern (Devas) auch diese dämonischen Wesen hervor. Da sie die Lüge, die Falschheit und das Böse lieben, wurden sie von den Devas verstoßen. Der berühmteste A. ist Jalamdhara, dem es sogar einmal gelang, die Götter eine zeitlang aus dem Himmel zu vertreiben.

• BHUTA: Gespensterhafte Wesen, die Seelen von Verstorbenen, die gelegentlich die Gestalt von Riesen, Pferden etc. annehmen können. Ihre Anführer sind Kalkuti und Aparajita. Um sie in Schranken zu halten, werden sie von dem Schutzgeist Bhutadamara bewacht und notfalls vertrieben. ► Bhutas

• DAITYA: Name einer Untergruppe der Asuara. Sie stammen von der Göttin Aditi ab. Als sie gegen die Götter rebellierten, wurden sie von dem Gott Indra überwunden.

• DAKINI: Dämonische Wesen von Luftgestalt, die gegenüber Menschen als tanzende, nackte Frauen auftreten. Sie gelten als Helferin der Göttin Kali. Nach dem ind. Volksglauben sollen sie Menschen verschlingen.

• PUTANA: Eine dämonische Hexe, die kleine Kinder tötet.

• PRETA: Totengeister, die man sich als Gerippe oder spindeldürre Wesen vorstellte. Zu P. werden Menschen, die nicht bestattet wurden. Ihre Wohnorte sind Einöde und Friedhöfe.

• PISAKAS: Dämonen von fürchterlichem Aussehen. Sie leben vom Fleisch der Leichen und trinken deren Blut.

• RAKSHASA: Besonders bösartige Dämonen, die eine menschähnliche Gestalt haben. Als Wohnort wählen sie sich Friedhöfe, wo sie sich auch vom Fleisch der Verstorbenen ernähren.

Die hinduistischen Yaksha-Dämonen lieben es, Menschen bei der Meditation zu stören.

Ihre bevorzugten Opfer sind schwangere Frauen.

• YAKSHA: ursprgl. Schutz- und Fruchtbarkeitsgötter. Nicht alle Y. sind gefährliche Dämonen. Sie lieben es besonders, die Menschen bei der Meditation zu stören.

• YATUDHANA: ASURAS, die die Opferhandlung stören.

Aus den Göttern, denen ein grausamer, zerstörerischer und böser Charakter zugeschrieben wird, ragt die Göttin Kali hervor.

Seit dem 19. Jhdt. ist sie unter den europäischen und amerik. Satanisten bevorzugteste Göttin, wenn sie ihre Lehre mit ind. Gedankengut bereichern. Kali, deren Name „die Schwarze“ bedeutet, stellt die weibliche Seite des Gottes Shiva dar.

Neben diesem ausgesprochen weiblichen Charakter, der Züge der uralten Glaubensvor-

Gilt als grausam und zerstörerisch: die indische Göttin Kali, deren Name „die Schwarze“ bedeutet.

stellung von der ► Erdmutter in sich vereinigt, gilt sie als ein sehr negatives und grausames Wesen. Diesen Aspekt der Göttin Kali bringt ihr Beiname „Durga“ (die schwer Zugängliche) oder Mahakali („die große Schwarze“) zum Ausdruck. Sie wird dargestellt mit einem schwarzen Körper, dessen blutrote Augen hervorstechen. Sie hat vier Arme und ihre Zunge ist gierig herausgestreckt. An ihrem Hauptfest in Kalkutta werden Tausende von Tiere geschlachtet, die die Menschenopfer der früheren Zeit ersetzen.

Der indische Volksglauben kennt eine Vielzahl von Geistwesen, die das Böse und die Schattenwelt symbolisieren.

DÄMONEN, JAPANISCHE

In der Kosmologie des Shintoismus, die bis zur Vorherrschaft (ab 500 n. Chr.) des Buddhismus in Japan bestimmend gewesen war, geht die Welt aus einem Chaos hervor, in dem die bösen Geister die vorherrschende Macht waren. Nachdem diese kosmische Unordnung beseitigt war, blieben noch einige böse Götter bzw. Dämonen übrig:

- SUSANOO: Gott des Orkans, der gegen die Sonne kämpft.
- KAPPA: Flußgeister.
- IKA TSCHUCHI: Vulkan- und Donnergötter, die Krankheiten verursachen.
- KAGUTSUCHI: Ein böser Geist, der das Feuer symbolisiert.

DÄMONEN, JÜDISCHE

Sie spielen im 17. und 18. Jhdt. noch eine sehr wichtige Rolle, wie ihr Einfluß in der Zauberliteratur zeigt. Die Quellen sind das AT und der Talmud, der die überlieferten Regeln der gesetzlichen Praxis der Juden umfaßt und aus den Teilen Gemara (jurist. Abhandlungen), Mischna (Sammlungen des exegetischen Gesetzesschrifttums, die in der Mischna nicht aufgenommenen wurden), Lehrsätze und Kommentare (Midrashim) besteht. Vier Arten von bösen Dämonen stellen den Menschen nach: ► Mazzikin, ► Schedim, ► Se'erim und die ► Ruchoth. Die Zahl der bösen Dämonen ist unendlich groß. Jeder Mensch hat 1.000 Dämonen zur Rechten und 10.000 zur Linken. Eingeteilt in Ordnungen, die von Anführer befehligt werden, halten sie sich in dem Luftraum unterhalb des Mondes auf. Die wichtigsten Dämonen sind:

- AZAZEL, der Widersacher Jahwes.
- ACHIMAN, Scheschar und Thalmai, die Söhne von Schamchusai und Lilith.
- ASCHMEDAI, ein erotischer Dämon.
- BEDARGON, eine Spinne mit 50 Köpfen und 65 Augen.
- IGGERETH, ein weiblicher Dämon.
- ISTAHAR, die Frau Schamchusais.
- LILITH, die Frau Adams.
- MACHALAT oder MASCHKITH, eine Dämonin.
- NAAMA, eine Dämonin.
- OG, der Planetengeist der Sonne, der häufig in Zauberbüchern genannt wird.
- SAMMAEL.
- SCHAMCHUSAI, ein Engel, der sich bei der Erschaffung der ersten Menschen gegen Gott aufgelehnt hat.
- SIHON, Sohn Schamchusais und Istahars.
- THULALKAIN, Sohn und Geistwesen des biblischen Kam.
- USAIL, ein aufrührerischer Engel.

► Engel (Übersicht), ► Pseudomonarchia daemonum

DÄMONEN, TIBETISCHE

Der Lamaismus, die tibetische Form des Buddhismus, kennt eine große Zahl von Dämonen, die meistens aus der Urreligion der Tibeter, der sog. Bon-Religion stammen. Diese Religion, die noch lange im Volksglauben weiterlebte, scheint im wesentlichen aus einem Kult bestanden zu haben, mit dem die Dämonen und Geister günstig gestimmt werden bzw. wenigstens ihr Zorn gemindert werden sollte. Berufsmäßig ausgeübt wurde dieser Kult von Zauberern, Dämonenbeschwörern und Zukunftsdeutern. Auch in der von den Tibetern übernommenen Form des Buddhismus (Tantrismus) nehmen die Magie und das Beschwörungswesen einen großen Raum ein. In der Bo-Religion wird die Entstehung der Dämonen auf das schwarze Licht zurückgeführt, das zusammen mit dem weißen Licht vor der Erschaffung des Kosmos existierte. Aus deren Vereinigung entstanden dann Wärme, Kälte, Raum und Bewegung. Diese Erscheinungen verschmolzen zu einem gigantischen Ei, aus dem das schwarze Licht die Krankheiten und die Dämonen erzeugte. Die tibetische Dämonologie kennt auch die Möglichkeit, Dämonen (Tulpu) durch Gedankenkonzentration zu erschaffen. ► Egregoren, ► tibetische Hölle, ► Totenbuch der Tibeter

DÄMONENGESTALT

Da Dämonen Geistwesen sind, haben sie keinen Körper. Es gibt jedoch auch die Vorstellung, daß sie einen etwas feineren Leib als die Menschen hätten. Häufig schreibt man ihnen einen luftartigen Körper zu, der es ihnen ermöglicht, überall einzudringen und sie so schnell macht, daß sie zukünftige Ereignisse früher wahrnehmen können.

Wenn ihnen eine leibartige Beschaffenheit zugestanden wird, dann wird der Dampf des Weihrauchs als ihre Nahrungsquelle angegeben.

DÄMONENHIERARCHIE

Aus christl.-gnost. Quellen, dem Talmud und der Kabbala wurden im 17. und 18. Jhdt. in der Zauberliteratur eine Art Rangliste höllischer Dämonen geschaffen. Bei den Beschwörungen mußte der Magier Rang bzw. Funktion eines Dämons kennen, wenn er erfolgreich sein wollte. Die am häufigsten in den mittelalt. Quellen und in der okkultist. Literatur erwähnten Rangordnungen sind:

Die Rangordnung der Dämonen

1. Lucifer	Der König
2. Belial	Vizekönig
3. Satan	Gubernatores (Herrscher)
4. Belzebub	
5. Astaroth	
6. Pluto	

1. Aziel	Großfürsten
2. Mephistophiles	
3. Marbuel	
4. Ariel	
5. Aniguel	
6. Anifel	
7. Barfaee	

1. Abbadon	Großräte oder höllische Räte
2. Chamus	
3. Milea	
4. Lapasis	
5. Merapis	

1. Milpeza	Geh. Reichs-Secretarius

1. Chinicham	Spiritus Familiares (Hausgeister)
2. Pimpam	
3. Masa	
4. Lissa	
5. Dromdrom	
6. Losnha	
7. Palasa	
8. Naufa	
9. Lima	
10. Pora	
11. Saya	
12. Wunsolay	

Die bekanntesen Einteilungen nach Funktionen:

Alphonso de Spina: *Fortalitium fidei*, 1459

1. Fata: Schicksaldämonen, 2. ► Poltergeist, 3. ► Incubi und ► Succubi, 4. ► Wildes Heer, 5. ► Familiares (► Imp), 6. ► Alp, 7. Dämonen, die aus dem Samen entstanden sind. Sie verursachen Träume. 8. Dämonen in der Gestalt von Männern und Frauen. 9. Dämonen, die nur Geistliche belästigen, 10. Dämonen, die alte Frauen betrügen.

Agrippa von Nettesheim: *De occulta Philosophia*, 1510

1. Pseudothei: Falsche Götter, Regent: Beelzebub
2. Spiritus medaciorum: Lügengeister, Regent: Python
3. Vasa iniquitatis: Gefäße der Ungerechtigkeit, Regent: Belial
4. Ultores scelorum: Rächer der Verbrechen
5. Praestigiatores: Zauberer, Regent: Sathan

6. Aeriae potestates: Gewalten der Luft, Regent: Merizim
7. Furiae: Furien, Regent: Abbadon
8. Criminatores: Ankläger, Regent: Astaroth
9. Tentatores maligeni: Versucher, Regent: Mammon

Binsfeld: *De confessionibus maleficorum et sagarum*, 1589
1. Luzifer: Stolz
2. Mammon: Geiz
3. Asmodeus: Wollust
4. Satan: Ärger
5. Beelzebub: Schlemmerei
6. Leviathan: Neid
7. Belphegor: Faulheit

Pater Michaelis: *Admirable History*, 1612

I. Hierarchie: 1. Beelzebub, 2. Leviathan, 3. Asmodeus, 4. Balberith: Urheber von Mord, Streitsucht und Gotteslästerung; 5. ► Astaroth, 6. Verrine: verursacht Unduldsamkeit; 7. Gressil: Unreinheit, 8. Sonneillon: Haß.

II. Hierarchie: 9. Carraeu: Hartherzigkeit, 10. Carnivean: Obszönität, 11. Oeillet: überredet zum Bruch des Armutsgelübdes; 12. Rosier: Liebesleidenschaft, 13. Verrier: überredet zum Bruch des Gehorsamsgelübdes.

III. Hierarchie: 14. Belias: Arroganz, 15. Olivier: verleitet zur Grausamkeit, 16. Iuvart: ein gefallener Engel.

Guazzo: *Compendium Maleficarum*, 1608

1. Feuerdämonen: Oberer Luftbereich; sie nehmen keinen Kontakt mit den Menschen auf.

2. Luftdämonen: Luftbereich über der Erde; sie können sich einen Körper aus Luft formen, erzeugen Unwetter und sind für Zerstörungen auf der Erde verantwortlich.

3. Erddämonen: Gefallene Engel (► Engelsturz); Naturdämonen, welche die Erde bewohnen.

4. Wasserdämonen: Sie nehmen gern eine Frauengestalt an, verursachen Unwetter u. a. m.

5. Bergdämonen: Sie belästigen Bergleute, verursachen Erdbeben u. a. m.

6. Dämonen, die das Licht meiden: Sie greifen Menschen nachts an und töten sie; diese Dämonen können von den Hexen nicht angerufen werden.

7. Pseudomonarchia daemonum (vgl. ► Engel der Kabbala in Engel-Übersicht).

DÄMONOLOGIE

Bez. in der Religionswissenschaft für die Lehre von den ► Dämonen oder Zwischenwesen, die unterhalb der Götter angesiedelt werden. Die christl. Theologie versteht darunter die Lehre von den bösen Geistern.

Siehe Abbildungen auf den beiden Folgeseiten.

DÄMONOLOGIE, KABBALISTISCHE

Die Kabbalisten erfüllen alle Räume der Schöpfung, die aus dem göttlichen Prinzip (► Kabbala) entstanden sind, mit guten und bösen Geistern, teilen sie in bestimmte Ordnungen ein, unterscheiden diese durch besondere Namen und weisen ihnen bestimmte Ämter zu. Die gesamte Schöpfung setzt sich aus vier Welten zusammen. In der ersten Welt (Azilah), die der Gottheit am nächsten steht und am vollkommensten ist, gibt es keine Wesen. In der nächsten Welt (Beriah) wohnen die der Gottheit am nächsten stehenden reinen Geister, die auch als die „ewig Lebenden" (Chajoth) bezeichnet werden. In der dritten Welt (Jezirah) versetzen die Kabbalisten Geister, die verschieden an Gestalt und Rang sind und deren Aufgabe es ist, die Elemente zu regieren. Die vom Urwesen am weitesten entfernte vierte Welt (Assiah) ist außer mit tierischen und menschlichen Wesen mit zahllosen materiellen Geistern bevölkert, die stets zu den höheren Geistern hinaufstreben oder diese zu sich herabziehen suchen. Die untere Welt ist daher besonders stark mit Dämonen besetzt. ► Engel der Kabbala (Übersicht Engel), ► Pseudomonarchia daemonum, ► Schemhamphorasch

DÄMONOMANIE

oder Dämonopathie: Andere Bez. für ► Besessenheit.

DAIMONION

Abgel. von griech. daimónion: Bez. für göttliches Wesen, göttliche Fügung oder Gewissen (innere Stimme). Der Philosoph Sokrates (496–399 v. Chr.) gestaltete sein Leben nach seiner inneren Stimme. Diese sokratische D. wurde ausführlich

Sigel	Geräte aus	Räucherwerk	Parfüm	Edelstein	Farbe	Tonklang
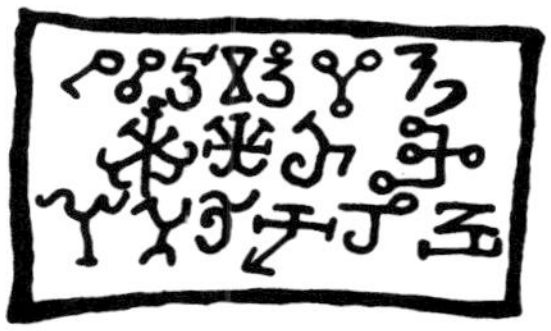	Gold	Schwefel, rotes Sandelholz	Safran, Moschus, Rosmarin	Diamant, Rubin, Chrysolith	weiß, orange, gold	d
	Silber	Aloe, Haschisch, Hanf, weißes Sandelholz	Ambra	Perlen, Smaragd, Opal, Mondstein, Aquamarin	silber, weiß, hellgrün	f h
	Eisen	Vitriol, Arsenik, Schwefel, Pfeffer	Kampfer, Aloe	Rubin, Jaspis, Amethyst	rot, indigo	c
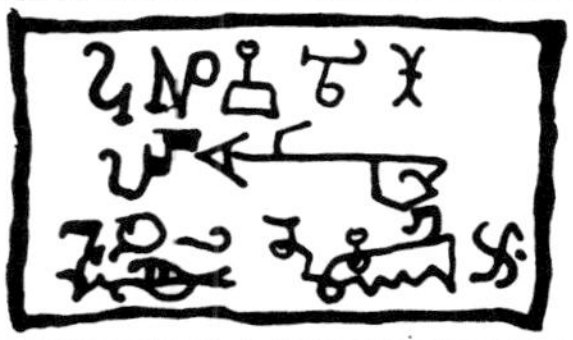	Quecksilber resp. Silber	Mastix, Quecksilber, Schwefel	Thymian, Fenchel	Topas, Karneol, Achat	hellgelb, hellgrau	e
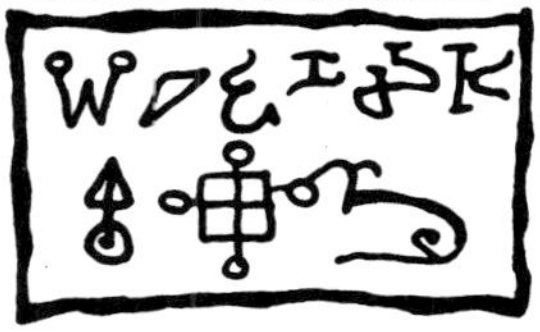	Zinn	Safran, Lavendel, Minze	Anis, graue Ambra	dunkelblauer Saphir, Amethyst, Türkis	purpur, dunkelblau	g
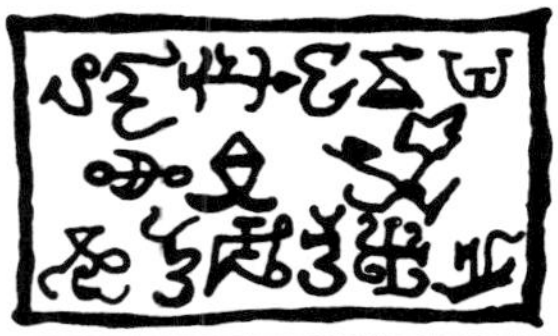	Kupfer	Waldmeister, Myrte, Kamille	Baldrian	Jaspis, Korallen, hellblauer Saphir, Lapislazuli	hellblau, rosa, hellgrün	a
	Blei	Haschisch, Schwefel, Kümmel	Mandragora	Onyx, schwarze Perlen	schwarz, dunkelgrau	f

Dämonologische Tabelle I:
Tabelle mit gebräuchlichen Dämonennamen, -siegeln und einigen Pentakeln

Tag	Planet	Engel	Sigel	Dämon	Zeichen
Sonntag	☉	Michael		Alger	
Montag	☽	Gabriel	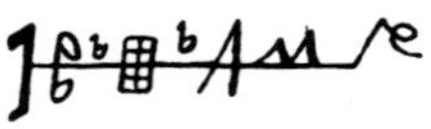	Sathan	
Dienstag	♂	Samael	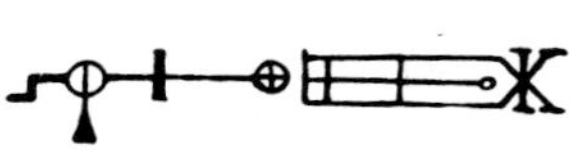	Nambroth	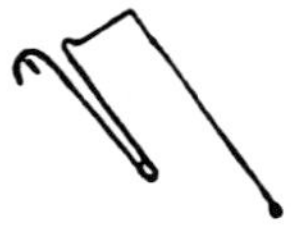
Mittwoch	☿	Raphael	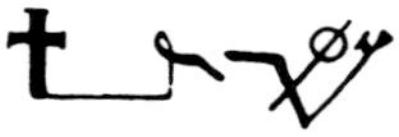	Astaroth	
Donnerstag	♃	Sachiel	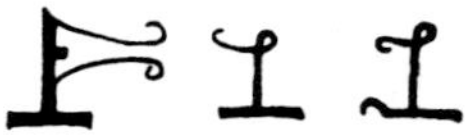	Acham	
Freitag	♀	Anael	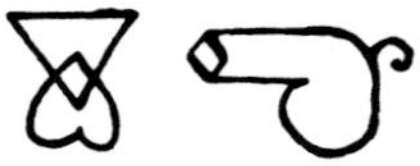	Lilith	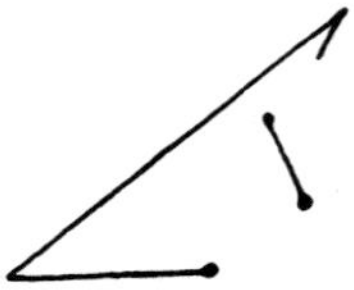
Sonnabend	♄	Cassiel	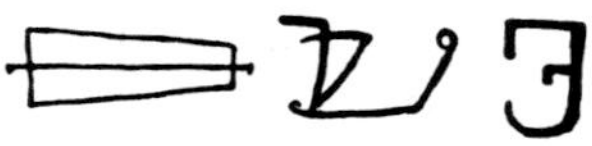	Nabam	

Dämonologische Tabelle II

von dem Schriftsteller Plutarch (45–120 n. Chr.) beschrieben. Bei den späteren Philosophen wird dem D. die Aufgabe zugeschrieben, über das dem Menschen vorbestimmte Schicksal zu wachen. ► Schutzengel

DANTALION

Ein Dämon (► Pseudomonarchia daemonum), der mit den Gesicht eines Mannes und einer Frau erscheint.

In der rechten Hand trägt er ein Buch. Seine Fähigkeiten: Er lehrt alle Künste und Wissenschaften, offenbart die geheimen Pläne der Menschen und kann sie nach seinem Willen verändern.

DANTE ALIGHIERI

1265–1321; ital. Dichter aus Florenz, der den größten Teil seines Lebens im Exil verbrachte. D. ist Autor des berühmten Werkes *Divina Commedia* (Die Göttliche Komödie), das eine Wanderfahrt durch ► Hölle, ► Fegefeuer und Paradies schildert.

Diese in dem Jenseitsglauben der Christen wichtigen Aufenthaltsorte der Seelen haben in seinem Weltkonzept einen festen Platz. In der Mitte des kugelförmigen Weltalls befindet sich die Erde. An ihrer Oberfläche ist eine Stelle, wo ein Weg zur Hölle führt. Antipodisch zu ihr, sprich: an der gegenüberliegenden Seite der Kugel liegt das Paradies. In einen Berg auf dieser Seite verlegt D. das Fegefeuer. Die Beschreibung der Hölle (Inferno), die er mit dem röm. Dichter Vergil durchwandert, hat nachhaltig das Bild der Christenheit geprägt. Nachdem sie den Eingang passiert haben, müssen sie neun Bereiche einschließlich eines Vorraumes durchwandern, um zum Satan im Mittelpunkt der Hölle zu kommen:

- OBERER HÖLLENBEREICH

Vorraum: Aufenthaltsort der Menschen, die weder gut noch schlecht gehandelt haben; abgetrennt durch den Fluß Acheron. Fährmann ist ► Cháron.

1. Kreis: Ungetaufte, 2. Kreis: Lüstlinge, 3. Kreis: Schlemmer, 4. Kreis: Verschwender und Gierige, 5. Kreis: Zornige.

Herrscher sind der Totenrichter Minos, Kerberos (► Hades) und Pluto.

- UNTERER HÖLLENBEREICH

Die Stadt des Dis (Reich des Satans), abgetrennt durch den Fluß Styx.

6. Kreis: Die vom Glauben Abgefallenen, abgetrennt durch den Blutstrom Phlegeton.

7. Kreis: Gewaltätige und Gotteslästerer; Herrscher sind Minotaurus, die Kentauren und Harpien; abgetrennt durch einen tiefen Graben.

8. Kreis: Betrüger aller Art, auch Wahrsager etc. Herrscher sind Geryon, Malcoda und andere Dämonen. Abgetrennt durch einen hohen Wall aus riesigen Monstern, deren Körper im Eis eingefroren sind.

9. Kreis: Ein dunkler Ort aus gefrorenem Eis, wo sich die Verräter aufhalten. Im Zentrum ist Satan mit drei verschiedenfarbigen Gesichtern (Cozyt), von denen das rote Gesicht Judas zerfleischt, das schwarze den Cäsarmörder Brutus und das gelbe den Cassius, der an der Ermordung Cäsars beteiligt war. Satan fungiert hier als Gegenstück zur göttlichen Trinität.

Die von D. erwähnten Dämonen werden schon durch ihren bilderhaften Namen charakterisiert: Alichino: Verführer; Barbariccia: heimtückischer Bösewicht; Cagnazzo: Fallensteller; Calcabrina: Spötter; Ciriatto: Hauer; Draghignazzo: grausamer Drache; Farfarello: Klatschmaul; Grafficane: Hundegestalt; Malacoda: Teufelsschwanz; Malebranche: Teufelsklaue; Rubicante: der vor Wut Errötete; Scarmiglione: Verderber.

Nach einer Legende sollte dieses Werk erst 600 Jahre nach seiner Abfassungszeit (1300–1321) entschlüsselt werden. So glaubten in der Mitte des vorigen Jhds. Aroux und Rossetti als erste, den geheimen Sinn dieses Werkes erkannt zu haben. 1925 entdeckte Guénon verborgene Beziehungen zum Templerorden. In unserer Zeit hat Arthur Schult in einem umfangreichen Werk die *Göttliche Komödie* als Zeugnis des Templerordens interpretiert.

Es besteht heute kein Zweifel mehr, daß in diesem Werk das Christentum, die Katharerbewegung, Pythagorismus und der Islam eine Einheit eingegangen sind. Nach neuesten Forschungen finden sich Anklänge an Ibn Al' Arabi (1165–1240), einem arab.-span. Mystiker, der eine Art Pantheismus lehrte.

DAVIS, ANDREW JACKSON

Siehe ► Spiritismus.

DECARABIA

Ein Dämon (► Pseudomonarchia daemonum); erscheint zuerst als ein Stern in einem ► Pentakel, dann als Mensch. Er kennt die geheimen Kräfte der Pflanzen und Steine, kann Vögel herbeilocken und sie zu Vertrauten eines Menschen machen.

DEE, DR. JOHN

1527–1608; bedeutender engl. Mathematiker, Astrologe und Magier, der sich der Gunst Elisabeths I. und des dtsch. Kaisers Rudolf II. erfreute. Für die Esoterik sind von seinen zahlreichen

Der englische Mathematiker, Astrologe und Magier John Dee inspirierte u. a. die Rosenkreuzerbewegung.

Schriften (teilweise unveröffentlicht) von Bedeutung: *Monas Hieroglyphica* (1564), worin das Wesen der Schöpfung als Einheit von Kreis, Linie und Punkt bestimmt wird. Hier verbindet Dee ► Kabbala, Alchemie und Mathematik miteinander. Dieses Werk übte einen großen Einfluß auf die Rosenkreuzerbewegung aus. Von gleicher Bedeutsamkeit, besonders für die mag. Sekten am Ende des 19. Jhdt.s, ist sein spirituelles Tagebuch *A true and faithful relation of what passed for many years between Dr. John Dee and some spirits* (1659). D. beschreibt hierin seine spiritistischen Sitzungen mit seinem Medium E. Kelley (► Kristallsehen, ► Henochische Sprache). Diese Aufzeichnungen wurden von Mitgliedern des ► Golden Dawn Orden intensiv studiert und mit anderen Elementen der Magie, besonders der östlichen, zu einem umfangreichen System verbunden. Die von D. durchgeführten Beschwörungen wurden in diesem Jhdt. von ► Crowley wiederholt. ► Henochische Sprache

DEFIXIONEN

Abgel. von lat. defixio: Festheftung. Eine Form der antiken Magie, die darin besteht, einen anderen Menschen dem eigenen Willen zu unterwerfen, d. h. ihn an sich zu binden und ihn handlungsunfähig zu machen. Daß diese Form des Schadenzaubers sehr verbreitet war, bezeugen zahllose Tabulae defixionum (Verfluchungstafeln) aus Blei, die bei Ausgrabungen gefunden wurden. In Ägypten wurden für diese Form der Magie auch Papyri benutzt. Gemäß ihres Inhaltes teilt man diese Verfluchungstäfelchen in folgende Prozeßflüche ein:

- Ein Gegner soll vor Gericht sprachlos werden.
- Liebeszauber.
- Wettkampfzauber.

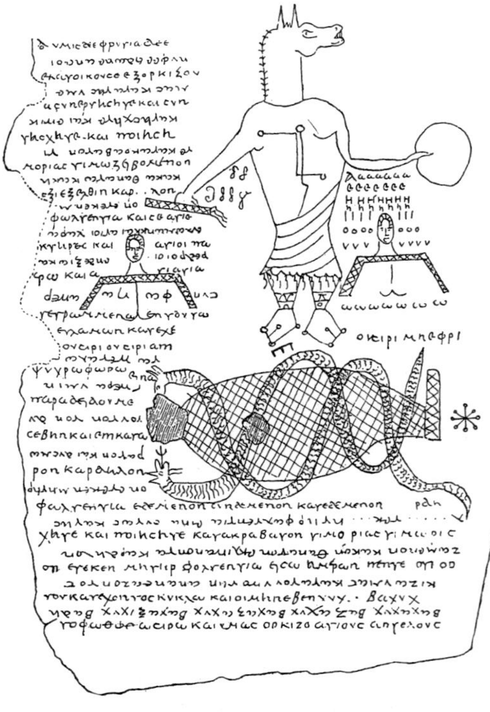

Defixion: Eine Form der antiken Magie, mit der ein anderer Menschen dem eigenen Willen unterworfen werden kann. Im Bild: Teilabbildung einer römischen Defixionstafel.

- Verfluchung von Dieben und Verleumdern.
- Verfluchung von Konkurrenten im Geschäftsleben.

Diese Täfelchen wurden in Gräbern versteckt, weil man glaubte, daß die Toten sie als Boten in die Unterwelt mitnehmen. Bevorzugt wurden Tote, die jung oder infolge eines Verbrechens gestorben waren.

DELLA PORTA, GIAMBATTISTA

1538–1615; Arzt und Alchemist in Neapel. Bekannt ist sein Werk *Magia naturalis* (1558), die eine Sammlung von Wundern und Merkwürdigkeiten ist; er beschreibt darin die Camera obscura, die psychoaktive Wirkung von ► Hexensalben, die er persönlich bei einer alten Hexe studieren konnte. Die Salbe ist eine Paste aus Kinderfett, Eisenhut, Pappelblättern, Fledermausblut, Teufelskirsche und Öl. Nachdem sich die Hexen mit dieser Salbe eingerieben haben, stellten sich bei ihnen erotische Erlebnisse und Phantasien ein. Deshalb ist D. auch der Ansicht, daß der ► Hexensabbat nur das Produkt einer Sinnesverwirrung ist. Im Prinzip ist das Buch eine Verbindung von ► Magie und Naturw. (natürliche Magie), die als ein Vorläufer der Physik bezeichnet werden kann. In seinem Buch *Phytognomica* (1583) hat D. eine Signaturlehre entwickelt, die von Paracelsus übernommen wurde. Unter Signaturen versteht man mag. Verbindungen zwischen ähnlichen Dingen bzw. Lebewesen. Diese Übereinstimmungen in der belebten und unbelebten Natur kann man in der Magie (► Sympathiemagie) und in der Medizin nutzen.

DELRIO, MARTIN

1551–1608; jesuit. Universalgelehrter. Sein Werk *Disquisitionum Magicae* (ca. 1599) ist eines der umfangreichsten Werke über das Hexenwesen.

Dessen große Verbreitung (bis 1755 über 25 Aufl.) zeigt, daß es neben dem ► Hexenhammer eines der meistbenutzten Standardwerke der Hexenverfolger war. Sein Erfolg beruht u. a. darauf, daß D. mit großer Akribie argumentiert und bei Aufbau und Darstellung wissenschaftlichen Ansprüchen zu entsprechen versucht. Es besteht aus sechs Teilen:

- Das Wesen und die Arten der ► Magie.
- ► Schwarze Magie.
- Die Verbrechen der Hexen und Zauberer.
- Über die Formen der Prophezeiung und des Wahrsagens.
- Anweisungen für Richter.
- Wie man die Verbrechen der Hexen verhindern kann.

Nur in unwesentlichen Punkten weicht D. vom ► Hexenhammer ab. Das Anwachsen des Hexenglaubens schreibt er der Ausbreitung des Protestantismus zu.

Für D. steht fest, daß der ► Hexensabbat und die dort vollzogenen Handlungen Realität besitzen. Es ist ein Irrtum zu glauben, daß ► Hexenflug und -sabbat nur teuflische Vorspiegelungen seien. Grundlage der den Hexen zur Last gelegten Verbrechen ist der ► Teufelspakt, die feierliche Abschwörung des Christentums. Alle Formen der Magie und die dabei benutzten Gegenstände sind wirkungslos und haben nur die Funktion, den Kontakt mit dem Satan herzustellen.

Deshalb ist es unumgänglich, außer dem von den Hexen praktizierten Schadenszauber auch den Teufelspakt, der allein schon als Anklagepunkt ausreicht, als Straftat anzusehen und zu verfolgen. Wenngleich er die Wasserprobe (► Hexenprobe) ablehnt und die ► Tortur seiner Ansicht nach nur eine Stunde lang dauern und nur dreimal angewandt werden sollte, behauptet er, daß Richter, die eine Hexe nicht verurteilten oder sich einem Todesurteil widersetzten, eine Todsünde begingen.

DEMETER

Griech. Göttin, lat. Ceres: wahrscheinlich eine Vegetationsgöttin aus Kleinasien, deren Kult über Kreta nach Griechenland kam. D., die Tochter des Kronos und der Rhea, ist die Mutter Erde (► Erdmutter) und die Göttin der Saat. Sie heißt auch D. Chthonia. Ährenbüschel und Mohn sind der Schmuck ihres blonden Haares. Sie segnet das Ackerfeld von der Aussaat bis zur Ernte. Und da der Ackerbau ursprgl. die Grundlage der menschlichen Ordnung und Gesellschaft war, so ist die D. zugleich Thesmophoros, d. h. die Begründerin und Schutzgöttin der heiligen Satzungen, auf denen die menschliche Gesellschaft beruht, vor allem die Ehe und die Kinderpflege. Die Wirksamkeit aller chthonischen (erdgebundenen) Gottheiten ist aber nur teilweise eine segensreiche; denn sie sind auch geheimnisvolle Mächte, von denen man Verderben und Tod fürchten muß. Daher ist die D. auch eine Erinnye, sprich: eine Grollende, und sie steht durch ihre Tochter Kore in enger Beziehung zur Unterwelt und zum Totenreich. Als ► Hades ihre Tochter entführte, gelang es ihr durch eine List, den Aufenthaltsort zu erfahren. Sie einigte sich mit Hades, indem sie einwilligte, daß Kore als Königin der Unterwelt (Namenswechsel: Kore wird zu Persephone) drei Monate im Jahr bei Hades bleibt, während sie die restliche Zeit bei ihrer Mutter ist. Dieses Motiv der Entführung und Rückkehr ihrer Tochter symbolisiert den Ablauf der Vegetation, deren Quelle die Erde ist. Hintergrund dieses Mythos ist die Unterweltsfahrt der babyl. Göttin ► Ischtar, die ihren Liebhaber Tammuz zurückholen will. ► Hexentanz

DEMIURG

Griech. Bildner: Bez. für Gott als Bildner des Weltalls bzw. die Weltseele. Bei den Gnostikern der vom höchsten Gott unterschiedene Bildner der Sinnenwelt, der weder Vollkommenes will noch die Materie beherrscht. ► Gnosis

DIABOLUS

Griech. diabállein: verhaßt machen, entzweihen. Diese Bez. ging in viele europäische Sprachen ein: ahd. tiufal (nhd. Teufel), engl. devil, frz. diable, ital. diavolo. Im NT Bez. für den ► Satan, dem immer der Artikel beigefügt wird, wenn der Fürst der Dämonen gemeint ist (Mt. 12,26; Lk. 8,12; Joh. 13,27). Diese Bez. hat ihren Ursprung darin, weil Satan die Menschen bei Gott verleumdet und verklagt (Offb. 12,10) und die Menschen gegeneinander aufhetzt und bei ihnen die Lust, andere zu verleumden, weckt. Von den mittelalt. Theologen wurde D. auch als eine Zusammensetzung aus duo (zwei) und bolus (Biß) erklärt.

Wenn nämlich der Satan den Menschen verschlingt, geschieht dies in zwei Bissen: Zuerst frißt er seine Seele, dann seinen Körper auf.

DIABOLUS IN MUSICA

Siehe ► Teufel (Musik).

DIANA

Röm. Gottheit, wahrscheinlich von lat. dius: göttlich; röm. Variante der griech. ► Hekate und ► Artemis. Sie war die Verkörperung der Fruchtbarkeit, Göttin des Totenreiches und der Zauberinnen sowie Mondgöttin, hauptsächlich aber Patronin der Jagd.

Schon sehr früh haben die Römer durch Vermittlung der Etrusker die griech. Artemis kennengelernt und mit ihrer einheimischen Waldgöttin ► Diana verschmolzen.

Sehr alte Kultstätten der D. befanden sich am Berg Tifata bei Capua, im heiligen Hain von Aricia am Nemisee und auf dem Aventin in Rom, wo am 13. August das Stiftungsfest des Tempels gefeiert wurde. Auch wenn sie hauptsächlich eine Frauengöttin ist: Dessenungeachtet wurden viele Weihinschriften von Männern im Heiligtum in Tifata gefunden.

Jenseits der Alpen vermischte sich der D.kult mit den kelt. Naturgöttern und besonders den Göttinnen der Tiere. Die Namen dieser Göttinnen haben sich erhalten; über ihre Funktion und ihren Kult ist sonst aber sehr wenig bekannt. Daß der Kult der Göttin D. auch nach Einführung des Christentums noch lange weiter ausgeübt wurde, dafür gibt es viele Zeugnisse.

So beschwerte sich 942 der Bischof von Capua über das ausgelassene Treiben am Berg Tifata. Im 5. Jhdt. soll es bei Trier noch ein Standbild der D. gegeben haben, an dem die Bevölkerung Opfer darbrachte. In den mittelalt. Bußbüchern (► Canon Episcopi) ist D. die Göttin der Zauberinnen, Anführerin der ► Wilden Jagd und später der Hexen.

Die römische Göttin Diana: Sie wurde hauptsächlich von Frauen verehrt. Im Bild: Abbildung der vielbrüstigen Diana von Ephesus (Kleinasien).

DIANUS

Bez. für den ► gehörnten Gott im ► Wiccakult.

DIBBUK

Hebr.: anhaften; Bez. für einen bösen Geist, der von einem Körper Besitz ergriffen hat. Bis ins 17. Jhdt. war die Bez. ibbur für diese Geister üblich. Schon in der Bibel (1. Sam.) wird beschrieben, wie ein derartiger Geist von Saul Besitz ergreift. Durch das Harfenspiel Davids wird er wieder von dem D. befreit. In der jüdischen Mystik existiert die Vorstellung, daß eine Seele in einen schon bewohnten Körper eindringen und ein Dibbuk entstehen kann. Ein derartiger Mensch gilt dann als besessen. Deshalb drängen sie in die Körper von noch lebenden sündigen Menschen ein. Die D. sah man auch als Seelen von Menschen an, die nicht nach den feststehenden Riten beerdigt worden waren. Die Austreibung (► Exorzismus) dieser Geister obliegt den Wunderrabbis.

DITTUS, GOTTLIEBIN

Geb. 1815 in Möttlingen (Baden-Württemberg); im Jahre 1842 zeigten sich bei ihr alle Symptome einer ► Besessenheit. Sie wurde von ihrem Seelsorger Johann Christoph Blumenhardt betreut und durch Gebete und Fasten geheilt. In einem Bericht an seine Vorgesetzten beschrieb er ausführlich ihre Krankheitssymptome. Sie habe Eisen- und Glasstücke erbrochen, und fingerlange Gegenstände seien aus ihren Ohren getreten, vermerkt B. Aus ihren Augen seien Stecknadeln und aus ihrem Mund Heuschrecken gekommen. Ihr ganzer Körper sei mit Blut bedeckt gewesen. Während ihrer Anfälle gestand D. ihrem Seelsorger, daß sie zwei Kinder ermordet und in einem Acker verscharrt habe. Außerdem hätte sie sich mit dem Satan verbunden und sei deshalb der Zauberei mächtig. Obwohl Bs. Exorzismen erfolgreich waren, sollen immer mehr Dämonen erschienen sein. Schließlich hätte deren Zahl 14 betragen, die versuchten, auch in den Körper des Pfarrers einzudringen. Diese Besessenheit fand ein überraschendes Ende, weil der Satan nicht aus der D., sondern aus ihrer Schwester Katharina ausgefahren sein soll, die niemals Anzeichen von Besessenheit gezeigt hatte. Doch plötzlich gebärdete sie sich wie eine Rasende, so B., und es hatte den Anschein, als ob der Dämon aus ihr schrie. Er habe sich zu erkennen gegeben und gesagt, er sei nicht der Geist eines Verstorbenen, sondern ein vornehmer Satansengel. Die Austreibungsversuche waren letztlich erfolgreich. In einer Nacht schrie Katharina so laut, daß das ganze Dorf erschreckte; danach zeigten die beiden Schwestern keine Symptome von Besessenheit mehr. Nach ihrer Heilung heiratete D. und bekam drei Kinder. Vgl. hierzu J. Chr. Blumenhardt: *Krankheits- und Heilungsgeschichte der Gottliebin Dittus*, o. J., Neudruck, Stuttgart 1955

DOINEL, JULES STANISLAS

Gest. 1902; frz. Paläontologe, der nach der Entdeckung eines Urkunde der ► Katharer in der Bibliothek von Orleans die „Église Gnostique Universelle“ gründete. Während der ► Taxil-Affäre (► Freimaurer und Satanismus) trennte er sich von seiner eigenen Kirche und wurde ein entschiedener Gegner der Freimaurer (► Papus). In seiner Schrift *Lucifer démasqué* bezeichnete er den Gründer des freimaurerischen Martinistenordens, Claude de Saint-Martin (1743–1803), als einen vom „Satan Besessenen“ und seine Schüler als „Stützen der Hölle“.

DRACHE

ist eine myth. Figur, die in Märchen und Sagen aller Länder vorkommt. In der westl. Kultur gilt der D. eher als böse, er gebietet über Blitz und Donner und schnaubt Feuer. Mal lebt er im Wasser, mal an Land. In den östl. Kulturen ist er eher glückbringend und befand sich in einem engen Verhältnis zu den Königen; hat sogar deren Schätze bewacht. In China war er das Sinnbild kaiserlicher Würde und Macht. Auch das Aussehen des D. variiert sehr stark. Er kann einen Schlangenleib haben, Hörner, das Geweih eines Hirsches, eine gespaltene Zunge, die Hinterbeine eines Adlers, die Füße eines Tigers usw.

In der Spätantike sind der D.kopf und der D.schwanz Kreuzungspunkte der Mondbahn mit der Ekliptik. Der D.kopf gilt als glückbringend, der D.schwanz als unglückbringend.

DRACHE, DER WAHRHAFT FEURIGE

Name eines ► Zauberbuches, das eine Übers. eines gleichartigen frz. Buches mit dem Titel *Le grand Grimoire ou l'art de commander aux esprits celestes, aeriens, terestres, infernaux…* (Paris 1845) ist. Dieses frz. Zauberbuch erschien auch als *Le veritable Dragon rouge* (dtsch. Übers.: *Der wahrhaft feurige Drachen*). Es ist in den modernen Ausgaben des ► 6. und 7. Buch Moses enthalten. Da das frz. Original eine Spottschrift auf den Aberglauben ist, dürfte es zur Zeit der Französischen Revolution oder danach erschienen sein. In der dtsch. Übers. fehlen spöttische Bemerkungen über den Teufelsglauben.

DREIZAHL

Da die D. als heilige Zahl gilt, müssen in der Magie Rituale und Zaubersprüche drei- bzw. neunmal wiederholt werden, um ihre volle Wirksamkeit zu entfalten. Die D. symbolisiert die Vollendung und Einheit der Welt: oben, Mitte und unten bzw. Anfang, Mitte und Ende oder Vergangenheit, Gegenwart und Zukunft. Götter und anderen myth. Figuren erscheinen oft in Dreiergruppen. Entweder handelt es sich um drei gleichwertige Götter wie z. B. in der ägypt. Myth. Osiris, Isis, Horus; oder um eine Hauptgottheit, die von zwei Nebengöttern flankiert wird – wie z. B. in der röm. Myth., wo Jupiter zusammen mit Neptun und Pluto erscheint. Zu diesen Dreiergruppen gehören auch Götter, deren Körperteile verdreifacht sind, wie es z. B. bei der dreiköpfigen ► Hekate der Fall ist. Auch die Welt der Engel ist in Dreiergruppen aufgebaut. ► Engelhierarchie.

DREIZEHN

Der Symbolwert der Zahl Dreizehn ist in den verschiedenen Kulturkreisen nicht einheitlich. Auf keinem Fall ist sie nur eine Unglückszahl. Zwar verbanden die Babylonier diese Zahl mit dem Unterweltsgott Nergal, aber sie war, wie bei allen orientalischen Völkern, auch eine Glückszahl und kündigte neue Aktivitäten an. Die Juden betrachteten sie als heilige Zahl. Im AT werden 13 Städte erwähnt, die das Geschlecht des Aaron erhält. 13 Jahre baute Salomon am Palast. 13 Ellen lang war das Tempeltor. Mit 13 Jahren wird ein jüdischer Junge religiös mündig. Der Ursprung der Dreizehn als Unglückszahl ist möglicherweise darin zu suchen, daß Jesus mit 12 Jüngern das Abendmahl feierte, von denen einer, nämlich Judas Iskarioth, ein Verräter war. Oder darin, daß eine dieser 13 Personen, nämlich Jesu, den Tod fand. Auch in der german. Myth. gibt es eine Götterversammlung, zu der sich der Verräter ► Loki eingeschlichen hat.

DRUD

altnord. Thrudr: Mar bzw. Nachtmahr. Nach Einführung des Christentums vermischte sich dieser Name mit dem der ► Hexe, ► Unholdin und Alp, die Schlafende bedrückt. In der Nacht schleichen sie sich in Schlafräume ein, setzen sich auf die Brust der schlafenden Menschen und verursachen das ► Alpdrücken. Ein Abwehrmittel ist der ► Drudenfuß.

DRUDENFUSS

oder Pentagramma, Pentalpha, Alpkreuz, Drudenkreuz, Salus Pythagorae: ein aus zwei verschränkten gleichseitigen Dreiecken gebildeter fünfeckiger oder sechseckiger Stern. In der „Schwarzen Magie“ soll das umgedrehte Pentagramm den Sieg der Materie über den Geist darstellen. Deshalb wird hier auch kein Mensch hineingestellt, sondern der Kopf eines Ziegenbocks. Dies wurde oft als Symbol für den Teufel gedeutet. Der D. galt im Mittelalter als Abwehrmittel gegen das Eindringen böser Geister. Eigentlich sind D. Vogelfüße (Gänsefüße), die das geisterhafte Wesen des zu Verscheuchenden bezeichnen sollen; gewöhnlich werden vier lange Zehen angegeben: drei nach vorn, eine nach hinten. Frauen, welche plattfüßig sind, gerieten in den Verdacht, daß sie ► Druden seien.

DRUIDEN

Irisch: hochweise Männer; Bez. der kelt. Priesterkaste, die in Britannien, Gallien und Irland besonders verehrt wurde. Sie unterstanden einem Oberhaupt, dem Erzdruiden, im Gälischen als Coibhi oder Coibhi Druidh bezeichnet, der der Würdigste des Ordens war und von ihnen selbst, nach der Mehrheit der Stimmen, gewählt wurde. Dieser Coihbi war die höchste Instanz. Auch im Äußeren unterschieden sich die D. von anderen Ständen. Ihr Oberkleid, genannt Bracan, waren ein sechsfarbiger Talar, der bis an die Fersen reichte. Ihr Haupthaar war kurz, den Bart aber ließen sie lang wachsen. In der Hand trugen sie gewöhnlich einen weißen Stab: Dieser gekrümmte Zauberstab wurde Slatan drui eachel genannt. ► Keltische Hölle

DSCHINN

Von arab. Wurzel gnn: verbergen, verdecken: Bez. für eine große Gruppe von Geistern, die schon in vorislam. Zeit bekannt war. Nach der Vorstellung der vorislam. Araber haben sie die gleichen Eigenschaften wie die Menschen und sind nach Geschlechtern organisiert. Sie sind moralisch indifferent und überall zuhause. Gelegentlich nehmen sie Tiergestalt an (► Schlangen). Besonders begabte Menschen, Dichter

Der Koran lehrt, daß Gott die Dschinn noch vor den Menschen erschaffen habe.

oder Seher haben nach dem arab. Volksglauben einen D. in sich. Mit dem Siegeszug des Islam wurden die D. noch durch die zu Dämonen erniedrigten Götter erweitert. Der Koran lehrt, daß Gott die D. noch vor den Menschen aus einem Gemisch aus Feuer erschaffen habe. In der arab. Überlieferung wird auch die Meinung vertreten, daß die D. ursprgl. Wächter des Paradieses (al-ganna) gewesen seien, wovon ihr Name abgeleitet sei. Die Vorstellung, daß sie Söhne und Töchter Gottes sind, wird als Irrglauben verurteilt. Wie die Menschen, so können sich auch die D. für und gegen Gott entscheiden. Die guten D. sind die gläubigen, die den Koran anhören; die bösen aber sind die ungläubigen, welche den Menschen verführen. Zusammen mit dem ► Iblis, der ihr oberster Anführer ist, sind sie die Feinde des Propheten. Dem Menschen gleich können die D. selig oder verdammt werden. Die Sure LXXII des Korans, die den Titel „Dschinn" führt, bestätigt die Bekehrung der D. Der Wohnort der D. befindet sich entweder auf der Erde, meistens in der Wüste und an einsamen Orten, auch unter der Erde, oder aber in der himmlischen Sphäre. Die D. können sich untereinander fortpflanzen, sie sind auch fähig, als ► Succubi oder ► Incubi mit Menschen sexuelle Kontakte aufzunehmen. Wenn die D. eine Gestalt annehmen, dann bevorzugen sie, so lehrt Mohammed, drei Formen: Schlange, Wind und Mensch. Die Menschengestalt der D. hat meistens ein mönströses Aussehen, weil es den D. nicht möglich ist, einen Menschen nachzubilden. Der Mensch steht nämlich an der Spitze der Hierarchie der Schöpfung (► arab. Dämonologie). Mittels ► Schwarzer Magie ist es dem Menschen möglich, mit den D. Kontakt aufzunehmen.

DUNCAN, HELEN

1897–1956; engl. Geisterbeschwörerin, die als die letzte verurteilte Hexe in die Geschichte eingegangen ist. Sie hielt ihre Geisterbeschwörungen während des Zweiten Weltkrieges im Kriegshafen Portsmouth ab. 1941 nahm sie auf ihren spiritistischen Sitzungen Kontakt mit dem Geist eines gefallen Matrosen auf. Er diente auf einem Kriegsschiff, dessen Verlust die Marineleitung der Öffentlichkeit verschwiegen hatte. Der britische Geheimdienst vermutete, D. habe diese Information von einer undichten Stelle der Marineleitung erhalten. 1944 wurde sie verhaftet, weil man befürchtete, sie könnte die Bevölkerung beunruhigen. Grundlage der Anklage und Verurteilung war ein altes Gesetz, nämlich der *Witchcraft Act* (1735), der betrügerische Zauberei und Geisterbeschwörung unter Strafe stellte. D. erhielt neun Monate Gefängnis. 1951 wurde dieses Gesetz aufgehoben.

DVORAK, JOSEF

Geb. 1934; kath. Theologe, Schüler des bekannten kath. Theologen Karl Rahner, Journalist und Publizist (Wiener Forum). D. ist Mitbegründer des sog. Wiener Aktionismus, einer neuen Kunstrichtung, die die Tiefenpsychologie einzubeziehen versucht. Bekannt wurde diese Kunstrichtung besonders durch Hermann Nitsch, der bei seinen „Happenings“ auch Blut und Eingeweide benutzt. In der Öffentlichkeit sind sie voreilig als ► Satanskult und ► Schwarze Messen abqualifiziert worden. D. hat als Ergebnis seiner jahrelangen theoretischen und praktischen Beschäftigung mit dem Satanismus, zu denen auch öffentliche Aufführungen von „Schwarzen Ritualen“ im Fernsehen (so z. B. 1987) gehörten, 1989 eine umfassende Studie mit dem Titel *Satanismus. Geschichte und Gegenwart* veröffentlicht. In dieser Arbeit beleuchtet er alle wesentlichen religiösen, historischen, psychologischen, literarischen und esoterischen Implikationen der Gestalt Satans. Die Kritik merkte an, daß D. eine Definition des Begriffes Satanismus schuldig geblieben sei.

E

ECKLUND, ANNA

1882–?; E., die in Marathon (Wisconsin, USA) lebte, gehört zu einem der am besten dokumentierten Fälle von ► Besessenheit aus der Neuzeit. 1896 traten bei ihr zum erstenmal Anzeichen von Besessenheit auf: So z. B. gesteigerter Haß gegen religiöse Gegenstände und der Widerwille, eine Kirche zu betreten. Für diese Besessenheit machte man ihre Tante Mina, eine angebliche Hexe, verantwortlich, die ihren Speisen Zauberkräuter hinzugefügt haben soll. 1912 führte der Kapuzinerpater Theophilus Riesinger bei ihr erfolgreich einen ► Exorzismus durch. 1928 erlebte sie einen Rückfall, weil ihr Vater sie verfluchte. Um sie zu heilen, wurde von demselben Pater zusammen mit Pater Steiger in Earling (Iowa) in einem Franziskanerinnenkloster ein zweiter Exorzismus unternommen, der sich aber sehr schwierig gestaltete, weil bei E. ungewöhnliche Besessenheitssymptome auftraten. Sie verweigerte die Nahrungsaufnahme und soll sich wie ein indischer Fakir über das Bett erhoben haben. Ihre Schreie sollen so stark gewesen sein, daß es vor dem Kloster zu einem Menschenauflauf kam und ihr Fall in der Öffentlichkeit bekannt wurde. Ihr Zustand verschlimmerte sich so sehr, daß in ihrer Umgebung mit ihrem baldigen Tod gerechnet wurde. Auffällig bei diesem sichtbaren körperlichen Siechtum war, daß sie Sprachen kannte, die sie nie gelernt hatte und sich an Dinge aus ihrer frühesten Kindheit erinnerte. E. gab an, sie würde von einem Schwarm von Teufeln bedrängt und verfolgt. Namentlich nannte sie ► Beelzebub, Judas Ischariot sowie den Geist ihres Vaters Jakob und ihrer Tante Mina. Der Pater erteilte den Dämonen immer wieder den Befehl, aus ihrem Körper auszufahren. Der Exorzismus endete damit, daß sich E. in ihrem Bett hin und her warf und plötzlich die Namen von vier Dämonen im Raum zu hören waren, auf die der Ruf „In die Hölle!" folgte. Als die Rufe schwächer wurden, soll sich E. lächelnd erhoben und „Dank sei dir, Jesus!" gesagt haben. Sie war offenbar von ihrer Besessenheit geheilt worden.

EGREGOREN

Gedankenfiguren: Unkörperliche Wesen, die von den Gedanken erzeugt werden, existieren nach Ansicht der Spiritisten und besonders der Theosophen (► Blavatsky) in den beiden Sphären um den menschlichen Körper herum, die als „Astralkörper" und „Mentalkörper" bezeichnet werden. Durch die Vibrationen, die von den Gedanken verursacht werden, entstehen in diesen feinstofflichen Körpern Bewegung und Formen. Derartige Formen können von hellsichtigen Menschen (Medien) wahrgenommen werden. Hinter dem Phänomen der E. kann sich aber auch eine körperliche oder psychische Verdoppelung einer Person (Bilokation) verbergen. Derselbe Mensch erscheint an einem anderen Ort ein zweites Mal. Andere Erklärungen sehen in den E. künstliche Elementarwesen (► Elementargeister) oder Archetypen, sprich: menschliche Urerfahrungen aus dem Unbewußten unserer Seele, die eine Gestalt angenommen haben. Die E. haben eine dichte Form und dunkle Farbe, wenn diese Gedanken von starken Gefühlen wie z. B. Haß überlagert werden. Sie sind durchsichtiger und heller, wenn derartige Gefühle in den Hintergrund treten. E. haben die Eigenschaft, sich zu verselbständigen und den betreffenden Menschen, der sie erzeugt hat, zu gefährden. Deshalb können sie auch zu einem ► magischen Angriff benutzt werden, wenn sie bei dem Adressaten die gleichen Schwingungen erzeugen können. Tritt diese Wirkung aber nicht ein, dann setzt sich der Verursacher derartiger E. der Gefahr aus, von ihnen selbst angegriffen zu werden. Auch eine Gruppe von Menschen kann durch Gedankenkonzentration derartige E. erzeugen.

In der tibet. Magie sind die E. als Tulpu bekannt. Eine ausführliche Beschreibung dieser tibet. E. gibt die frz. Schriftstellerin Alexandra David-Neel (1868–1969), die lange in Tibet lebte und dort die tibet. Religion und Magie erforschte. Sie selbst erzeugte mit Hilfe mag. Rituale einen Tulpu, der außer Kontrolle geriet. Zuerst hatte der Tulpu die Gestalt eines lustigen und freundlichen Mönches, der sich David-Neel gegenüber wie ein Gast verhielt. Plötzlich verwandelte er sich in einen bösartigen Menschen, so daß sie beschloß, ihn durch Rituale wieder zu vernichten. Trotz intensiver Bemühungen dauerte es sechs Monate, bis dieser Tulpu wieder verschwand.

Eine besonders interessante Ausgestaltung der Lehre der E. stammt von Valentin Tomberg (1900–1973), einem führenden Anthroposophen in der Nachfolge Rudolf ► Steiners, der schließlich zum Katholizismus konvertierte. Analog der tibetanischen Tulpus und der Schriften von Eliphas ► Levi zweifelt er nicht daran, daß es die geistige und insbesondere die kollektive geistige Kraft der Menschen vermögen, Götzen – Dämonen – zu erzeugen. Im Unterschied zu den okkultistischen Lehren des 19. und 20. Jhdt.s, ist er jedoch der Überzeugung, daß man keine guten „künstlichen Dämonen" bzw. „positiven Egregoren" erzeugen könne. Vielmehr würden alle großen „Glaubens"-Gemeinschaften, die katholische Kirche also ebenso wie der Kommunismus oder der Nationalsozialismus, über „Egregoren" verfügen, die sich in erster Linie von den negativen geistigen Energien solcher Bewegungen nährten. Im Unterschied zu den natürlichen Dämonen, den Wesenheiten der „Hierarchie zur Linken", haben diese Egregoren keine Existenz aus sich heraus, sondern leben nur von den Glaubensvorstellungen der sie hervorbringenden Menschen – über die sie gleichwohl eine Art von Macht entfalten können. So wie es in der modernen Tiefenpsychologie genügt, einen Komplex von Zwangsvorstellungen in das Licht des Bewußtseins zu rücken, um ihn zu zerstören, so kann auch der Egregor mit dem Licht des Bewußtseins, der Erkenntnis und des Glaubens zerstört werden.

Die Lehre von den „Egregoren" kann über den tibetanischen Lamaismus hinaus aufschlußreich für etliche andere Religionen, vom chinesischen Taoismus bis zu den aztekischen Göttern, sein und auch einen Schlüssel zum Verständnis politischer Phänomene bilden, wo bestimmte Ideologien „epidemieartig" ganze Völker in ihren Bann ziehen. ► Fraternitas Saturni

EKELTRAINING

Das Trinken von Urin, das Essen von Kot etc. sind Teil einer Umkonditionierung des Menschen, wie sie in neosatanistischen Sekten wie z. B. der ► Thelema-Society praktiziert werden soll. Durch dieses Training sollen natürliche Hemmschwellen beseitigt, bisherige Moralvorstellungen und Lebensgewohnheiten abgelegt und Distanz zum eigenen Körper geschaffen werden. Als Lohn soll ein völlig neuer Bewußtseinszustand eintreten.

ELBEN (FEEN)

Nach der Vorstellung der alten Germanen sind die „Alben" eine Gattung mythologischer Wesen wie auch Riesen, Wanen, Asen u. a. Snorri Sturluson unterscheidet in seiner *Edda* zwischen Lichtalben, die schöner als die Sonne sind, Dunkelalben, mit denen sich durchaus dämonische Vorstellungen verbinden, sowie Schwarzalben, die er mit den Zwergen gleichsetzt. Dementsprechend unterschiedlich ist auch die sonstige europäische Überlieferung im Hinblick auf die Elben (der Name „Elfe" hat im Deutschen erst durch die Rezeption englischer Schriftsteller zu Ende des 18., Anfang des 19. Jhdt.s Einzug gehalten). Bei den Kelten verschwimmt der Unterschied zwischen Elfen und Feen. Unter letzteren werden sowohl Wesen verstanden, die mehr oder minder dämonischen Elementargeistern entsprechen, als auch Feen im engeren Sinn, also menschenähnliche Wesen, die wie die „Side" unter Hügeln leben und positive wie negative Eigenschaften in sich vereinen. Viele keltische Heldengestalten sind aus einer Vereinigung von Feen und Menschen entstanden, wie sich auch die antiken Nymphen und Dryaden etc. mit den Menschen verbinden konnten. Die Möglichkeit einer sexuellen Verbindung zwischen Menschen und Geistwesen ist schon in der Bibel angelegt, wo sich nach Gen. 6,1 ff. „die Söhne Gottes" (also die Engel) mit Menschenfrauen vermischt haben, was z. B. nach dem apokryphen hebr. Henoch-Buch eine Ursache für den Engelsturz gewesen sein soll und worin manchmal auch der Ursprung der Elben gesehen wurde. Henoch berichtet, daß die Lüsternheit die Engel zu Fall gebracht habe (► Engelsturz, ► Henochbuch).

In der deutschen Literatur des Mittelalters sind die Elben ebenfalls ambivalente Wesen, doch zeigen sie hier schon deutlich dämonische Züge. Nach Albrecht von Halberstadt sind sie gestürzte Engel, die an der Erdoberfläche haften geblieben sind, und in der *Praxis criminalis* von

Benedict ► Carpzov soll der Teufel mit den Hexen die Elben zeugen. Begriffe wie „Albtraum" und „Albdrücken" spiegeln die dämonische Seite der Elben wider, die in der deutschen Volksüberlieferung zunehmend als Schadensgeister, die dem Vieh das Blut aussaugen, Kinder stehlen bzw. austauschen, Quellen versiegen lassen, Krankheiten über Mensch und Vieh bringen etc. wahrgenommen werden.

Andererseits gehen die im deutschen Volksglauben zahlreichen häuslichen Hilfsgeister wie Heinzelmännchen, Wichtelmännchen und Kobolde ebenso auf elbische Vorstellungen zurück. Der Begriff „Kobold" bedeutet auf Hochdeutsch im übrigen nichts anderes als „Hauswalter" – nur eben einen Hauswalter, der für Streiche und Schabernack ebenso wie für Hilfe und gute Taten verantwortlich ist.

Aus der geschilderten Vielfalt elbischer Vorstellungen, die gute wie böse und ebenso ‚neutrale" zum Guten wie zum Bösen hin offene Geister umfaßte und deren Abgrenzung zu den Elementargeistern und Dämonen nie deutlich war, speiste sich auch die Vorstellung von Elben als Dienst- und Hilfsgeistern von Hexen. ► Familiar

Elben oder Feen: In der Literatur des Mittelalters tragen die Elben deutlich dämonische Züge.

ELEMENTARGEISTER

Wie in den meisten Religionen der Welt waren auch im europäischen Altertum Natur- bzw. Elementargeister bekannt. Nach Proklus können diese Wesen von halbkörperlicher Struktur in gewissem Maße als Seelen der Elemente, der Minerale und Pflanzen angesehen werden. In der mittelalt. Magie wurden sie als böse Geister den Erzengeln und Engeln der Elemente gegenübergestellt:

Element	*Dämon*	*Erzengel*	*Engel*
Feuer	Salamander	Michael	Seraph
Luft	Sylphen	Raphael	Cheruph
Wasser	Undinen	Gabriel	Tharsis
Erde	Gnomen	Uriel	Ariel

Diese antike Denktradition, die den Nymphen, Dryaden (Baumgeistern u. a.) eine Mitwirkung an der kontinuierlichen Erschaffung des Universums zuschrieb, konnte vom Christentum in dieser Form nicht übernommen werden. Der antike Begriff des „Daimon" – ursprünglich durchaus ambivalent – wandelte sich zum ausschließlich negativ besetzten „Dämon".

Während in der Antike diese Naturgeister wie die Natur selbst zum Guten als auch zum Bösen wirken konnten, wurden sie im christlichen Mittelalter zunehmend negativ beurteilt. Der berühmte Abt von Sponheim, Johannes Trithemius (Tritheim), sah in den Luft- und Erdgeistern in erster Linie Diener der Hexen, denen sie bei ihren Zauberwerken beistehen und die auch sonst in erster Linie darauf aus sind, Schaden anzurichten. Feuer- und Wassergeister spricht Tritheim zwar frei von der Mitwirkung am schwarzmagischen Tun, die letzteren aber sind verantwortlich für Meeresstürme und Schiffsunglücke, während die Erdgeister Erdbeben verursachen können.

Ähnlich sah es ► Agrippa von Nettesheim, der vor allem die Luftgeister als Helfer der Hexen bezeichnet. Dabei greift er eine von Theologen des Mittelalters öfter diskutierte rationale Erklärung für Werwölfe (► Werwolf) oder die Fähigkeit der Menschen, sich in verschiedene Tiere zu verwandeln, auf.

Eine echte Verwandlung von Menschen in Tiere sei demnach unmöglich, die Luftgeister würden aber durch Spiegelungen entsprechende Trugbilder hervorrufen. Besonders gefährlich ist nach Agrippa eine bestimmte unterirdische Form von Erdgeistern, die die Schätze der Erde hüten und für Bergleute eine echte Bedrohung darstellen. Sie geben sich manchmal als Geister Verstorbener aus, um die Menschen zu täuschen.

Insgesamt freundlicher ist die Sichtweise von ► Paracelsus, der den Elementargeistern ein eigenes Buch gewidmet hat. Seiner Ansicht nach haben diese Geister mit den Menschen zwar die Vernunft gemein, jedoch keine Seele.

In der okkulten Tradition werden zahlreiche Rituale überliefert, mittels derer sich der Magier einzelne Elementarwesen dienstbar machen kann. Anders als im Teufelspakt, bei dem der Zauberer dem Teufel Versprechungen leisten muß, um dessen Hilfe zu erlangen, wird hier der Elementargeist mittels einer magischen Operation zur Dienstbarkeit gezwungen; sein Verhältnis zum Magier ist dementsprechend oft haßerfüllt. Rudolf ► Steiner greift in seiner Lehre die antiken Traditionen wieder auf und sieht in den Elementargeistern die „Seele der Elemente", verantwortlich für das Wachsen und Gedeihen der Pflanzen, für die Fruchtbarkeit der Erde, die lebenspendende Kraft des Wassers u. a. Dieser Gesichtspunkt ist auch in der heutigen Esoterik und im Wicca-Kult maßgebend.

Vorstellungen dieser Art hatten sich im übrigen in der ländlichen Bevölkerung trotz der Christianisierung bis in unsere Zeit gehalten: Die zahlreichen Wald- und Wassergeister, Moosfräulein, wilden Männer, saligen Fräulein, Kornmuhmen, Nixen und Wassermänner der deutschen Sagen sind nichts anderes als Widerspiegelungen dieses Glaubens an Elementargeister.

Das bis ins 20. Jhdt. geübte Brauchtum zu Erntedank, aber auch bei Beginn der Säarbeit und der Ernte, diente häufig dazu, diese Naturgeister günstig zu stimmen, wie sich auch Bräuche in der Art hielten, bei Dürreperioden Opfergaben in bestimmte Seen zu werfen etc.

ELIGOR

Ein Dämon (► Pseudomonarchia daemonum); er erscheint als Ritter mit Lanze, Zepter und Fähnlein. Seine Fähigkeiten: Er offenbart verborgene Dinge, verursacht Kriege und weckt Liebesgefühle.

ELIJAH

Hebr.: mein Gott ist Jahwe; Name eines kämpferischen Engels, der den ► Mächten angehört. Als er gegen den ► Todesengel kämpfte, hätte er diesen besiegt und vernichtet, wäre nicht Gott eingeschritten, weil er ihn noch für seine Dienste benötigte. E. ist auch der Name eines Patriarchen, der in den Engel ► Sandalphon verwandelt wurde.

EMMERICH, ANNA KATHARINA

1774–1824; eine Nonne, die im Kloster Agnetbergen bei Dülmen lebte. Ihre Visionen machte der Dichter und Romantiker Clemens Brentano (1778–1842) in seinem Buch *Das bittere Leiden unseren Herrn Jesus Christus* (1833) bekannt, der sich von 1818 bis 1832 an ihrem Krankenbett aufhielt. Von 1812 bis 1824 zeigten sich an jedem Freitag bei ihr die Wundmale Jesu. Sie hatte auch die Vision, daß der Teufel 50 oder 60 Jahre vor dem Jahre 2000 auf der Erde wüten würde. Der Psychoanalytiker und Mitbegründer des Züricher C.-G.-Jung-Institutes, Gebhard Frei (gest. 1967), sah in seiner Schrift *Das Wirken der Finsternis* einen Beweis für diese Vision in der Entdeckung des Planeten Pluto (1930), der die Unterweltmächte und die nachfolgende nationalsozialistische Schreckensherrschaft symbolisieren soll.

EMPUSEN

Sing.: Empusa; Namen von weiblichen Dämonen in der griech. Myth., die bald als Einzelwesen in der Gesellschaft von ► Hekate, bald als Hekate selbst oder deren Tochter auftreten. Man stellte sie sich mit Eselsfüßen oder feurig vor, die auch die Gestalt von Ochsen, Maultieren, einer schönen Frau oder eines Hundes annehmen konnten. Sie sind gefürchtet, weil sie junge Männer im Schlaf überfallen und ihnen das Blut entziehen.

ENCHIRIDION PAPAE LEONIS III.

Handbuch des Papstes Leos des Dritten: Name eines ► Zauberbuches, das 1523 in Rom erschienen ist. In der Einleitung wird behauptet, daß kein Kaiser erfolgreicher als Karl der Große gewesen sei. Seine Erfolge verdanke er diesem Zauberbuch, das ihm der Papst anläßlich seiner Krönung (800) gegeben haben soll. Wenn er die Gebete dieses Buches täglich spräche, dann sei er vor allen Feinden geschützt und stünde bis zu seinem Lebensende unter göttlichem Schutz. Es wurde die Vermutung geäußert, daß das E. von Giovanni de' Medici, dem späteren Papst Leo X., verfaßt wurde, der seit 1513 Papst war. Von kirchlicher Seite wurde das E. als Machwerk, das die ► Schwarze Magie lehre, verdammt. Das E. enthält neben Stellen aus dem Evangelium des Johannes Psalmen und zahlreiche Gebete gegen alle möglichen Gebrechen. Die Engelnamen sind den Schriften des ► Pseudo-Dionysius entnommen. Eine dtsch. Übers. erschien als *Colomanusbüchlein* (► Geistliches Schild).

ENGEL

Abgel. von griech. ángelos: Bote, Abgesandter, Nachricht, guter oder böser Engel; im NT Glaubens- oder Sendbote. Bez. im Christentum und Islam (► islamische Engel) für ein körperloses Wesen, das u. a. als Bote Gottes tätig ist. Auch die altiran. Religion kennt die Gestalt des Engels, wie sie auch durch die Bibel bezeugt wird, die im Danielbuch einen Engel der Perser und Meder erwähnt. Von dem ► Dämon unterscheidet sich dieses Wesen durch seine guten Eigenschaften. Schon in frühchristl. Zeit setzte eine Entwicklung ein, die die Vorstellungen vom bibl. Engel mit dem antiken Glauben an ► Dämonen und der Lehre von den Planetengeistern (► Intelligenzen) verband. Im 13. Jhdt. ist diese Entwicklung abgeschlossen, wie das Beispiel des ► Thomas von Aquin zeigt, der für E. die Bez. „Intelligentia" benutzt. Im AT werden die E. als „ha elohim" (Einzelwesen der göttlichen Sphäre) bezeichnet. Wahrscheinlich waren sie einmal eigenständige göttliche Wesen, die von dem jüd. Eingottglauben zu einer himmlischen Schar Jahwes abgewandelt wurden. Sie sind das „Heer des Himmels" (hebr. seba hasamaim), wie sie oft bezeichnet werden. Auch einzelne E. werden genannt, wie ► Michael (Dan. 10,13), ► Gabriel (Dan. 8,16; Lk. 1,26) und ► Raphael (Tob. 12,15). Da sie unkörperlich sind, können nur jene sie sehen und hören, für die die Botschaften Gottes bestimmt sind (Dan. 10,7). Auch im NT haben die E. als Geschöpfe Gottes (Kol. 1,16) einen festen Platz in der Lehre Jesu. Jesus und seine Jünger gerieten hierdurch in Opposition zu den Sadduzäern, die die Existenz der E. leugneten (Apg. 23,8). Bekannte Beispiele für Auftritte von E. im NT sind: Der Engel Gabriel verkündet die Geburt Jesu, dem später selbst Heerscharen von Engeln in der Wüste dienen. Petrus wird von E. aus dem Gefängnis befreit (Apg. 12,7), und Paulus wird auf der Fahrt nach Rom von einem E. getröstet (Apg. 27,23). Die wichtigsten Aussagen der christl. E.lehre (Angelologie), die ein Lieblingsthema der frühchristlichen Kirchenlehre waren, sind: Die E. sind reine Geistwesen, unveränderlich und unvergänglich und den Gesetzen des Raumes nicht unterworfen. Gott hat sie aus dem Nichts erschaffen. Damit wird die in der Frühzeit des Christentums verbreitete Lehre zurückgewiesen, die die E. als Geschöpfe aus der Substanz Gottes interpretierte. Zwischen der Natur der E. und Gott bestünde, so die Gegner dieser Auffassung, ein grundlegender Unterschied, weil der Schöpfer nichts mit seinen Kreaturen gemeinsam habe. Sie seien nur dessen Bild oder Abglanz. Sie hätten auch keinen ätherischen oder feinstofflichen, lichtartigen Körper, wie das Konzil von Nicäa 787 festlegte. Diese Lehre wurde später aufgegeben. ► Thomas von Aquin und die Mehrzahl der christl. Theologen vertraten die Meinung, daß die E. nicht wie der erste Mensch aus einem Stoff erschaffen worden seien, weil dies ihrer Geistnatur widerspreche. Sie seien aber nicht überall gegenwärtig, sondern immer nur an bestimmten Orten. Ihr Aufenthaltsort sei der Luftraum zwischen Gott und der Erde. Sie hätten einen freien Willen, könnten lieben und hassen. Wegen ihrer übermenschlichen Verstandeskräfte könnten sie sich nicht irren. Aber ihre Erkenntnis habe Grenzen. Denn sie vermögen nicht die Geheimnisse Gottes und die Gedanken der Menschen zu erkennen. Außerdem sei es ihnen nicht möglich, von zukünftigen Dingen ein

Den Abfall eines Teiles der Engel von Gott erklären zu müssen, hat christlichen Theologen seit jeher Probleme bereitet. Im Bild: eine Abbildung, die einen Engelsturz darstellen soll (15. Jhdt.).

Wissen zu haben. Da ihnen die Herrschaft über die sichtbare Ordnung übertragen sei, würden den E. unterschiedliche Aufgaben übertragen. Nach ► Origenes habe ► Raphael die Aufsicht über die Kranken, ► Gabriel über die Kriege, ► Michael über das Gebet. Die christl. Gemeinden stünden unter der Aufsicht bestimmter E. Wie bei den Menschen gäbe es auch bei den E. eine Rangordnung. Schon der Kirchenlehrer Ambrosius (4. Jhdt.) unterschied mehrere Chöre oder Rangordnungen der E. (► Engelhierarchie). Ein großes Problem für die christl. Theologen bestand darin, den Abfall eines Teiles der Engel von Gott zu erklären (► Engelsturz). Als Gründe für Abfall und Bestrafung werden die Engelsünde (malitia angelica), nämlich Neid und Hochmut angeführt, die den Anführer der E., ► Luzifer, veranlaßt hätten, sich Gott zu widersetzen. In der jüd. Überlieferung und im Koran wird ein konkreter Anlaß genannt. Als nämlich Gott den ersten Menschen erschaffen hatte, verlangte er von den E., daß sie ihm ihre Verehrung erwiesen. Ein Teil von ihnen habe dies abgelehnt. Für die anderen bösen E., außer für Satan, wird in der Bibel (Gen. 6,2 ff.) als Grund für ihren Sturz der sexuelle Verkehr mit den Töchtern der Menschen angedeutet.

Nach Ansicht vieler frühchristl. Kirchenlehrer wurden die E. wegen „ihrer Fleischeslust" aus dem Himmel verbannt. Das ► Henochbuch kennt eine andere Version, die ► Milton dichterisch verarbeitete. Am zweiten Tag der Schöpfung sei es unter den E. zu einem Kampf gekommen, weil ein Teil von ihnen den Versuch Satans unterstützte, den Platz Gottes einzunehmen. Diese rebellischen E. unter Führung ► Luzifers wurden von ► Michael besiegt und in die Hölle verbannt.

Aber dieses Schicksal traf nicht alle bösen E. Einige blieben auf der Erde, um den Menschen zum Bösen zu verleiten.

ENGEL DES ANGESICHTS ODER DER GEGENWART

Bez. für eine Gruppe von Engeln, die ihren Dienst im Angesicht Gottes verrichten. Dazu gehören: ► Akatriel, Astanphaeus, ► Jehoel, ► Phanuel, ► Michael, ► Metatron, Suriel, Sandalphon, Saraqael, ► Uriel, Yefefiah.

ENGEL DER BESTRAFUNG

Siehe ► Todesengel.

ENGEL DER ZERSTÖRUNG

Siehe ► Todesengel.

ENGEL, IHRE ZAHL

In der Bibel wird ihre Zahl mit „zehntausend mal Zehntausend" (Dan. 7,10) und „vieltausendmal tausend" (Offb. 9,16) angegeben. Mittelalterl. Theologen wie ► Albertus Magnus kamen auf eine Zahl von vier Billionen E. Jede der neun Stufen der ► Engelhierarchie besteht aus 66.666 Legionen, von denen jede 6.666 E. zählt. Man legte die Zahl auch mit 301,655.722 fest, von denen 133,306.668 zu den gefallenen E. gehören. ► Engelsturz, ► Teufel (Zahl)

ENGEL, ISLAMISCHE

Der Islam kennt drei Hauptgruppen von Geistwesen: Die Engel, die von Natur aus erlöst sind, die Satane (► Iblis, ► Schaitan), die von Natur aus Verdammten, und die ► Dschinn, eine große Gruppe von Mittelwesen zwischen Engeln und Menschen. Da sie sich wie die Menschen für und gegen Allah entscheiden können, gibt es gute und böse Dschinn. Der Glaube an die E. macht einen wesentlichen Bestandteil des islamischen Bekenntnisses aus, auf das im Koran oft verwiesen wird. Die vier wichtigsten Erzengel, die aus Licht erschaffen wurden, heißen Malaika: Gabriel, Michael, Israfil und Izrail. Von Gabriel, dem Boten Gottes, ist die Offenbarung Mohammed übermittelt worden. Im Koran wird von Gabriel gesagt: „Seine Füße stehen auf der Erde, während sein Kopf im Himmel ist, seine Flügel dehnen sich vom Aufgang bis zum Untergang der Sonne, seine Zähne schimmern wie der Morgen, seine Haare sind korallenfarbig, seine Füße morgenrot und seine Flügel grün" (Suren II, 97 und LXV, 4). Der zweite Erzengel ist Michael, dessen Flügel nur Gott kennt. Er besorgt die Nahrung der Menschen auf Erden. Nach deren Tode überwacht er die Gerichtswaage, auf welcher die Werke der Menschen gewogen werden. Der dritte ist der mit vier Flügeln ausgestattete Israfil, von denen der eine nach Osten, der andere nach Westen, der dritte gegen die Erde gerichtet ist und der vierte ihm das Gesicht bedeckt, damit er vom Anblick Gottes nicht geblendet wird. Als vierter Erzengel liest Israil von der Tafel des Schicksals die Namen der Menschen ab, deren Seelen er in Empfang zu nehmen hat. Außer diesen vier Erzengeln kennt der Islam noch vier Träger des Himmels, deren Gestalt sich aus der eines Stiers, Löwen, Vogels und Menschen zusammensetzt, sowie vier Schutzengel, von denen zwei am Tag und zwei nachts die bösen und guten Handlungen der Menschen aufzeichnen. Einer von ihnen steht an der rechten Seite des Menschen, der andere an der linken. Der Koran nennt sie die beiden Schreiber oder Hüter. Die Moslems kennen auch zwei Folterengel, Nekir und Monkir, die den Menschen im Grabe nach seinem Glauben und seinen Handlungen ausfragen. Vergleichbar mit dem christl. ► Engelsturz ist das Schicksal der beiden E. Harut und Marut, der Himmelswächter.

Nachdem sie die Erlaubnis erhalten hatten, in menschlicher Gestalt auf Erden zu wandeln verrieten sie das Paßwort der schönen Lautenspielerin Anahia. Deshalb wurden sie zur Strafe im Brunnen von Babel bis an den Jüngsten Tag an den Füßen aufgehängt und müssen dort den Menschen die Zauberei lehren.

ENGEL, OLYMPISCHE

Siehe ► Arbatel.

ENGEL (ÜBERSICHT)

Die Zuordnung der einzelnen E. fällt in den Quellen unterschiedlich aus. Die folgenden Tabellen finden sich in den Zauberbüchern sehr häufig.

ENGELALPHABET

Dieses Alphabet soll den eigentlichen Engel-Dämonennamen verschlüsseln:

A:	Agiel	N:	Nebak
B:	Belah	O:	Odonel
C:	Chemor	P:	Pamiel
D:	Din	Q:	Quedbaschemod
E:	Elim	R:	Relah
F:	Fabas	S:	Schethalim
G:	Graphiel	T:	Tariel
H:	Hecadoth	V:	Vabam
I:	Iah	W:	Wasboga
K:	Kne	X:	Xoblah
L:	Labed	Y:	Yshiel
M:	Mehod	Z:	Zelah

ENGEL DER SIEBEN HIMMEL

1. Himmel:	Gabriel
2. Himmel:	Zachariel, Raphael
3. Himmel:	Anahel, Jabniel, Dalquiel
4. Himmel:	Michael
5. Himmel:	Sandalphon, Sammael
6. Himmel:	Zachiel, Sabath
7. Himmel:	Cassiel

ENGEL DER HIMMELSRICHTUNGEN

Süden:	Amaymon oder Corson
Norden:	Egyn oder Zinimar

Westen:	Paymon oder Gaap
Osten:	Uricus oder Amaymon

ENGEL DER JAHRESZEITEN

Frühling:	Spugliguel, Amatiel, Caracasa
Sommer:	Tubiel, Gargatel, Gaviel, Tariel
Herbst:	Torquaret, Tarquam, Guabarel
Winter:	Attarib, Amabael, Cetarari

ENGEL DER MONATE

Januar:	Gabriel
Februar:	Barchiel
März:	Machidiel
April:	Asmodel
Mai:	Ambriel
Juni:	Muriel
Juli:	Verchiel
August:	Hamaliel
September:	Uriel
Oktober:	Barbiel
November:	Adnachiel
Dezember:	Hanael

ENGEL DER WOCHENTAGE

Tag	*Erzengel*	*Engel*	*Böser Engel*
Montag:	Gabriel	Gabriel	Sathan
Dienstag:	Khamael	Zamael	Nambroth
Mittwoch:	Michael	Raphael	Astaroth
Donnerstag:	Tzaphiel	Sachiel	Acham
Freitag:	Haniel	Anael	Lilith
Samstag:	Tzaphiel	Cassiel	Naham
Sonntag:	Raphael	Michael	Alger

ENGEL DER STUNDEN

Siehe Übersicht auf der Folgeseite mit der Zuteilung der einzelnen Engel auf Stunden und Wochentage.

PLANETENHERRSCHER (Jüdische Dämonologie)

Planet	*Engel*	*Böse Dämonen*
Sonne:	Nachiel	Sarath
Mond:	Hasmoda	Scharthathan
Saturn:	Agiel	Zarel
Jupiter:	Jophiel	Hismael
Mars:	Graphiel	Barzabel
Venus:	Hagiel	Kedemel
Merkur:	Tiriel	Taphthartarath

Andere Schemata ändern die hebr. Namenform ab:

Planet	*Dämon*	*Abgeänderter Name*
Sonne:	Shemesh	Zemen
Mond:	Lebanah	Zeveac
Saturn:	Shabhathai	Solday
Jupiter:	Tzedek	Zedex
Mars:	Madim	Madime
Venus:	Nogah	Hogos
Merkur:	Chochab	Cocao

Nach mittelalterlichen Zauberbüchern:
Oberster Planetenherrscher: Rahatiel

Sonne:	Raphael, Michael
Mond:	Gabriel
Saturn:	Kafziel, Zaphkiel, Orifiel
Jupiter:	Zadkiel, Zachariel
Mars:	Camael
Venus:	Aniel, Anael
Merkur:	Michael, Raphael

HERRSCHER DER TIERKREISZEICHEN

Widder:	Malchidiel
Stier:	Asmodel
Zwillinge:	Ambriel
Krebs:	Muriel
Löwe:	Verschiel
Jungfrau:	Hamaliel
Waage:	Uriel
Skorpion:	Barbiel
Schütze:	Aduachiel
Steinbock:	Hanael
Wassermann:	Gambiel
Fische:	Barchiel

ENGEL DER 28 MONDHÄUSER

Der Mond, der der einzige Trabant ist, der die Erde umkreist, benötigt für den Umlauf 28 Tage. Diese 28 Stationen, die beim Tierkreiszeichen Widder beginnen und bei dem der Fische enden, werden als Häuser bezeichnet. Jedes dieser Häuser wird von einem Engel regiert.

	Engel	*Tierkreiszeichen*
1	Geniel	Widder
2	Enediel	Widder
3	Amixiel	Widder
4	Azariel	Stier
5	Cabiel	Stier
6	Dirachiel	Zwillinge

7	Scheliel	Zwillinge
8	Amnediel	Krebs
9	Barbiel	Löwe
10	Ardisiel	Löwe
11	Reciel	Löwe
12	Abdizuel	Löwe
13	Jazeriel	Jungfrau
14	Ergediel	Jungfrau
15	Ataliel	Waage
16	Azeruel	Skorpion
17	Adriel	Skorpion
18	Egibiel	Skorpion
19	Amutiel	Skorpion
20	Kiriel	Schütze
21	Bethnael	Steinbock
22	Geliel	Steinbock
23	Requiel	Steinbock
24	Abrinael	Wassermann
25	Uziel	Wassermann
26	Tagriel	Fische
27	Aheniel	Fische
28	Amnixiel	Fische

DIE GEFALLENEN ENGEL

Abbadona, Adramelec, Agares, Amizira, Amy, Ananel, Anmael, Arakiel, Ariel, Arioch, Armaros Armen, Arakiba, Asbeel, Asmodeus, Astaroth, Atarculph, Auza, Azaradel, Azza, Azzael, Balam, Baraqel, Barbiel, Beelzebub, Belial, Balberith, Belphegor, Caim, Dagon, Danjal, Forcas, Ezekeel, Gaap, Gadreel, Gressil, Hakael, Ielahiah, Iuvart, Jetrel, Lauviah, Mammon, Marchosias, Mephistopheles, Meresin, Moloch, Mulciber, Murmur, Nelchael, Paimon, Ramiel, Rimmon, Sammael, Sariel, Satan, Sealiah, Shamshiel, Thammuz, Tumael, Turael, Turel, Usiel, Yomael. ► Engelsturz

ENGEL DER KABBALA

Die 72 Engel des Gottesnamens (hebr. Schemhamphorasch):

Vehuiah, Jeliel, Sitael, Elemiah, Mahasiah, Lelahel, Achaiah, Cahethel, Aziel, Aladiah, Lauiah,

Engel der Stunden

Stunde	*Mo.*	*Di.*	*Mi.*	*Do.*	*Fr.*	*Sa.*	*So.*
1	Gabriel	Samael	Raphael	Sachiel	Anael	Cassiel	Michael
2	Cassiel	Michael	Gabriel	Samael	Raphael	Sachiel	Anael
3	Sachiel	Anael	Cassiel	Michael	Gabriel	Samael	Raphael
4	Samael	Raphael	Sachiel	Anael	Cassiel	Michael	Gabriel
5	Michael	Gabriel	Samael	Raphael	Sachiel	Anael	Cassiel
6	Anael	Cassiel	Michael	Gabriel	Samael	Raphael	Sachiel
7	Raphael	Sachiel	Anael	Cassiel	Michael	Gabriel	Samael
8	Gabriel	Samael	Raphael	Sachiel	Anael	Cassiel	Michael
9	Cassiel	Michael	Gabriel	Samael	Raphael	Sachiel	Anael
10	Sachiel	Anael	Cassiel	Michael	Gabriel	Samael	Raphael
11	Samael	Raphael	Sachael	Anael	Cassiel	Michael	Gabriel
12	Michael	Gabriel	Samael	Raphael	Sachiel	Anael	Cassiel
13	Anael	Cassiel	Michael	Gabriel	Samael	Raphael	Sachael
14	Raphael	Sachiel	Anael	Cassiel	Michael	Gabriel	Samiel
15	Gabrel	Samael	Raphael	Sachiel	Anael	Cassiel	Michael
16	Cassiel	Michael	Gabriel	Samael	Raphael	Sachiel	Anael
17	Sachiel	Anael	Cassiel	Michael	Gabriel	Samael	Raphael
18	Samael	Raphael	Sachiel	Anael	Cassiel	Michael	Gabriel
19	Michael	Gabriel	Samael	Raphael	Sachiel	Anael	Cassiel
20	Anael	Cassiel	Michael	Gabriel	Samael	Raphael	Sachiel
21	Raphael	Sachiel	Anael	Cassiel	Michael	Gabriel	Samael
22	Gabriel	Samael	Raphael	Sachiel	Anael	Cassiel	Michael
23	Cassiel	Michael	Gabriel	Samael	Raphael	Sachiel	Anael
24	Sachiel	Anael	Cassiel	Michael	Gabriel	Samael	Raphael

Hahaiah, Jezalel, Mebahel, Hariel, Hakamiah, Leuiah, Kaliel, Leumah, Pahaliah, Nelchael, Jeiaiel, Melahel, Hahiuiah, Nithhaiah, Haaiah, Jerathel, Seehiah, Reiiel, Omael, Lecabel, Vasariah, Jehuiah, Lehahiah, Chauakiah, Manadel, Aniel, Haamiah, Rehael, Jeiazel, Hahahel, Michael, Veualiah, Ielahiah, Sealiah, Ariel, Asaliah, Mihael, Vehuel, Daniel, Hahasiah, Imamiah, Nanael, Nithael, Mebahiah, Poiel, Nemamiah, Jeialel, Harahel, Mizrael, Umabel, Jahhel, Ananuel, Mehiel, Damabiah, Manakel, Eiael, Habuiah, Rorbel, Jabamiah, Haiaiel, Mumiah.

DIE 72 DÄMONEN: PSEUDOMONARCHIA DAEMONUM

Baal, Agares, Vassago, Gamygyn, Marbas, Valefor, Amon, Barbatos, Paimon, Buer, Gusion, Sytry, Beleth, Lerajie, Eligor, Separ, Botis, Bathin, Saleos, Purson, Morax, Ipos, Aini, Naberius, Glasyalabolos, Bune, Ronobe, Berith, Astaroth, Forneus, Foras, Asmoay, Gaap, Furfur, Marchosias, Solas, Phoenix, Halpas, Malpas, Raum, Focalor, Sabanack, Vepar, Shax, Vine, Bifrons, Vual, Hagenti, Procel, Furcas, Balam, Allogen, Caim, Murmur, Orobas, Gomory, Ose, Amy, Orias, Vapula, Zagan, Valac, Andras, Flauros, Andrealphus, Cimeries, Amduscias, Belial, Decarabia, Seere, Dantalian, Andomalius.

Einer der 72 Dämonen der Pseudomonarchia daemonum: Orobas.

DIE ENGEL DER ZEHN SEPHIROTH

• DIE HEILIGEN SEPHIROTH

	Erzengel	*Engel*
1.	Metathron	Chajjoth
2.	Raziel	Ophanim
3.	Tzaphqiel	Erelim
4.	Tzaqiel	Chaschmalim
5.	Khamael	Seraphim
6.	Mikhael	Schin'annim/Melachim
7.	Haniel	Tarschischim/Elohim
8.	Raphael	B'ne Elohim
9.	Gabriel	Ischschim/Cherubim
10.	Metatron	Cherubim/Ischim

• DIE BÖSEN SEPHIROTH

Gemäß der kabbalistischen Tradition nach ► MacGregor Mathers:

1.	Thaumiel	Satan/Moloch
2.	Chaigidiel	Beelzebub
3.	Sathariel	Luzifuge
4.	Gamchicoth	Aschtharoth
5.	Golab	Asmodeus
6.	Togarini	Belphegor
7.	Harab Serab	Baal
8.	Sammael	Adrammelech
9.	Gamaliel	Lilith
10.	Lilith	Naama

ENGEL DER SIEBEN HALLEN ODER PALÄSTE (Hechaloth)

In der ► Kabbala werden unter Hechaloth die Sieben Paläste oder Hallen verstanden, die auf dem Weg zur Thronwelt Gottes durchschritten werden müssen. Die Engel lassen nur denjenigen passieren, der das entsprechende Paßwort und Siegel kennt.

• Halle: Suria, Tutrechial, Turusiai, Zortek, Mufgar, Ashrulyai, Sabriel, Zahabriel, Tandal, Shokad, Huzia, Deheboryn, Adririon, Khabiel, Tashriel, Nahuriel, Jekusiel, Tufiel, Dahariel, Maskiel, Shoel, Sheviel.

• Halle: Tagriel, Maspiel, Sahriel, Arfiel, Shahariel, Sakriel, Ragiel, Schibiel.

• Halle: Sheburiel, Retsutsiel, Shalmial, Savlial, Harhazial, Hadrial, Bezrial.

• Halle: Pachdial, Gvurtial, Kzuial, Shchinial, Arvial, Kfial, Anfial.

• Halle: Techial, Uzial, Gmial, Gamrial, Sefrial, Garfial, Grial, Drial, Paltrial.

● Halle: Rumial, Katmial, Gehegial, Arsabrsbial, Egrumial, Parzial, Machkial, Tufrial.
● Halle: Zeburial, Tutrbebial.

ENGELGESANG

Der griech. Philosoph Pythagoras (6. Jhdt. v. Chr.) glaubte, daß die Planeten durch ihre Bewegung eine Art Musik erzeugen würden. Durch die unterschiedlichen Abstände der Planeten vom Zentrum des Alls entstünde eine „Sphärenmusik“, die man als harmonisch bezeichnen könne, weil sie nach den Gesetzen der Tonleiter aufgebaut sei. Als man in der Spätantike die Planetengeister (► Intelligenzen) mit den Engeln gleichsetzte, wurde diese Sphärenharmonie auch E. genannt. In der jüd. Engelslehre gibt eine besondere Gruppe von singenden E., die Sarim (abgel. von hebr. sar: Prinz): Akatrie, Anafie, Azbuga, Barakiel, Camael, Chayyiel, Gabriel, Galgaliel, Haniel, Iofiel, Irin, Jehoel, Metatron, Michael, Phanuel, Quaddisin, Radueriel, Rapgael, Raziel, Rikbiel, Sopheriel, Soqwd Hozi, Sandalphon, Shemuil, Suriel, Tzadkiel, Uriel, Yefefiah, Zagzagiel.

ENGELHIERARCHIE

oder himmlische Hierarchie. Wie bei den Dämonen gibt es auch bei den E. eine Ordnung (Chöre), welche die in der Bibel genannten E. Seraphim und Cherubim (AT) und die Geistwesen des NTs, Throne (hebr. ophanim; griech. thrónos), Herrschaft (kyriótes; lat dominationes), Mächte (griech. dynameis; lat. virtutes), Gewalten (griech. exusíai; lat. potestates) und Fürstentümer (griech. archái; lat. principatus) in Klassen zusammenfaßt. Schon in den ältesten Quellen finden sich unterschiedliche Anordnungen:

● hl. Ambrosius (340–397): Seraphim, Cherubim, Herrschaften, Throne, Fürstentümer, Gewalten, Mächte, Erzengel, Engel.
● hl. Hieronymus (340–420): Seraphim, Cherubim, Gewalten, Herrschaften, Throne, Erzengel, Engel.
● Gregor der Große (590–604): Seraphim, Cherubim, Throne, Herrschaften, Fürstentümer, Gewalten, Mächte, Erzengel, Engel.
● Pseudo-Dionysius (5.–6. Jhdt.): Seraphim, Cherubim, Throne, Herrschaften, Mächte, Gewalten.
● Isidor von Sevilla (600–636): Seraphim, Cherubim, Gewalten, Fürstentümer, Mächte, Herrschaften, Throne, Erzengel, Engel.
● Johannes von Damascenus (700–750): Seraphim, Cherubim, Thronen, Herrschaften, Gewalten, Mächte, Fürstentümer, Erzengel, Engel.
● ► Dante (1265–1321): Seraphim, Cherubim, Throne, Herrschaften, Mächte, Gewalten, Erzengel, Fürstentümer, Engel.
● ► Barrett (19. Jhdt.): Seraphim, Cherubim, Throne, Herrschaften, Gewalten, Mächte, Fürstentümer, Erzengel, Engel, Unschuldige, Märtyrer, Bekenner.
● Zohar (► Kabbala): Malachim, Erelim, Seraphim, Hayyoth, Ophanim, Hamshalim, Elim, Elohim, Bene Elohim, Ishim.

In diesen neun Engelchören oder Klassen gibt es folgende Herrscher:

● Seraphim: Michael, Seraphiel, Jehoel, Uriel, Kemuel, Metatron, Nathanel und Satan (vor seinem Sturz).
● Cherubim: Gabriel, Cherubiel, Ophaniel, Raphiel, Uriel, Zophiel und Satan (vor seinem Sturz).
● Throne: Orifiel, Zaphkiel, Zabkiel, Jophiel, Raziel.
● Herrschaften: Zadkiel, Hashmal, Zacharael, Muriel.
● Mächte: Uzziel, Gabriel, Michael, Peliel, Barbiel, Sabriel, Haniel, Hamaliel, Tarshish.
● Gewalten: Camael, Gabriel, Verchiel und Satan (vor seinem Sturz).
● Fürstentümer: Nisroc, Haniel, Requel, Cerviel, Amael.
● Erzengel: Metaron, Raphael, Michael, Gabriel, Barbiel, Jehudiel, Barachiel und Satan (vor seinem Sturz).
● Engel: Phaleg, Adnachiel, Gabriel, Chayyliel.

ENGELSTURZ

Im AT (Gen. 6,1 ff.) wird berichtet, daß sich die E. oder Söhne Gottes in die Töchter der Menschen verliebt hätten und auf die Erde herabgestiegen wären, um sich mit ihnen zu vereinigen. Die von ► Azael und ► Semjaza angeführten E. wurden von Gott für dieses Vergehen bestraft und aus dem Himmel verbannt. Da die E. Geistwesen waren, schrieb man ihnen die Fähigkeit zu, die körperliche Gestalt eines Menschen annehmen zu können. Es existierte auch die Vorstellung, daß sie nach einem siebentägigen Aufenthalt auf der Erde einen Körper erhalten haben, weshalb sie Gott verurteilte, in dieser Form weiterzuleben. Auch wird in der jüdischen Literatur die Ansicht vertreten, daß sie nicht sofort in Dämonen verwandelt wurden, sondern erst ihre mit den Menschen gezeugten Kinder dieses Schicksal erdulden mußten. Oder man teilte die E. von Anfang an in zwei getrennte Gruppen: Diejenigen E., die der Versuchung erlagen, unterstanden den keuschen E., die man sich als beschnitten vorstellte. Der Kirchenlehrer Laktanz (gest. nach 317) vertrat die Ansicht, daß die E. ursprgl. die Aufgabe gehabt hätten, die Frauen vor dem Teufel zu schützen. Doch wurden diese Schutzengel von den Frauen verführt und zu Anhängern Satans gemacht. Die von ihnen gezeugten Kinder wurden zu Dämonen. Bei den ► Katharern war der Glaube verbreitet, daß die abgefallenen E. vom Satan verführt wurden, indem er ihnen die Menschentöchter als besonders reizvoll beschrieb. Als ihm dies mißlang, bohrte er ein Loch in die Mauer des Himmels und setze eine Frau unmittelbar davor. Von Wollust gepackt, eilten die E. durch dieses Loch aus dem Himmel. Da Gott fürchtete, eine große Zahl seiner Diener zu verlieren, verstopfte er dieses Loch und schloß die auf die Erde herabgestiegenen E. für immer aus dem Himmel aus. Im äthiop. ► Henochbuch wird berichtet, daß 200 E. auf die Erde herabstiegen und dort Kinder zeugten. Die Namen der Anführer dieser 200 E. sind:

- Anführer: Semyaza.
- Unterführer: Arakiba, Rameel, Kochabiel, Tamiel, Danel, Ezekeel, Barakijal, Asael, Armaros, Batarel, Anael, Sakiel, Samsapeel, Satarel, Turel, Jomjael, Sarasel. Mit diesen E. werden auch die ► Wächter oder Grigori gleichgesetzt. ► Engel (Übersicht)

ENTFÜHRUNG CHRISTI

Im NT (Mt. 4 und Lk. 4) wird beschrieben, wie Jesus in der Wüste fastete und schrecklich unter Hunger litt. Der Teufel brachte den Fastenden auf den Gipfel eines Berges und zu den Zinnen des Tempels von Jerusalem. Dann verlangte er von ihm, er solle ihn verehren bzw. sich von den Zinnen herabstürzen, um zu beweisen, daß er der Sohn Gottes sei, der von dem Engel seines Vaters vor Unheil beschützt werden würde. Als Jesus dies ablehnte, wurde er vom Teufel nicht mehr belästigt. Diese Stelle wurde von den Kommentatoren unter dem Gesichtspunkt erörtert, ob Dämonen einen Menschen durch die Luft befördern könnten. Die E. Christi wurde oft mit einer apokryphen Legende verglichen, nach der Habakuk, von einem Engel am Schopf dorthin gebracht, dem Daniel ein selbstgekochtes Essen in die Löwengrube nach Babylon brachte (Vom Bel zu Babel, 32 ff.). Die älteren Kommentatoren haben die E. Christi so erklärt, daß Satan einen Körper angenommen und Christus auf dem Rücken getragen habe. Mehrheitlich wird aber die Ansicht vertreten, daß Christus durch die Luft entführt worden sei. Auf diese Auslegung bezogen sich die Dämonologen, als sie den Hexen unterstellten, durch einen Flug durch die Luft zum Sabbat zu gelangen.

ENTRÜCKUNG

Lat. rapere: fortreißen, rauben, entführen. Bez. für den Austritt der Seele aus dem schlafenden Körper. Nach ► Augustinus nimmt die entrückte Seele zwar einen Scheinleib an, aber er schloß die Möglichkeit nicht aus, daß die Dämonen auch den ganzen Menschen mit seinem Körper und seiner Seele entrücken könnten. Diese Vorstellung verband sich mit dem im Volk weitverbreiteten Glauben an den Luftflug von Hexen. ► Hexenflug, ► Strigen

ERDMUTTER

In der indo- bzw. vorindogermanischen Zeit war der Kult einer Gottheit Erde, die durch den Baum symbolisiert wurde, weit verbreitet. Die Erde galt als Verleiherin magischer Kräfte. Diese Gottheit wurde im griech.-röm. Kulturkreis durch die Göttinnen ► Hekate und ► Diana repräsentiert, die auch die Göttinnen der Geister und Gespenster und der Zauberei waren. Bei den Germanen war das Gegenstück der Nerthus- bzw. Baum- und Waldkult. In seiner frühesten Schicht war dieser ein Vegetationskult, der ausschließlich von Frauen ausgeübt wurde. Nach dem Aussterben dieses Kultes sanken die Frauen zu Zauberinnen herab. Der 1. Mai ist noch ein Relikt aus dieser Zeit (der Fruchtbarkeitszauber war an diesem Tag besonders wirksam). Die Feste in der ► Walpurgisnacht wurden dann zum

Sabbat der ► Hexen umgedeutet. ► Benandanti, ► Hexensabbat

ERESCHKIGAL

Siehe ► Sumerisch-babyl. Hölle.

ERHARD, BENJAMIN

18. Jhdt., Philosoph und Schüler des deutschen Philosophen Immanuel Kant. ► Teufel, in der neuzeitlichen Philosophie

ERINNYEN

oder Eumeniden; lat. furiae. In der griech. Myth. Bez. für Tisiphone, Alekto und Megaira, die in der Unterwelt wohnen. Sie sind älter als Zeus und entstanden, als bei der Entmannung von Uranos Blutstropfen zu Boden fielen. Sie besitzen verzerrte Gesichtszüge und schlangenbedeckte Häupter.

Diese rächenden und zürnenden Göttinnen haben die Aufgabe, die Frevler zu verfolgen und zu ewiger Strafe in die Unterwelt zu schleppen. Deshalb halten sie sich in der Umgebung von ► Hades und Persephone auf. Als Dienerinnen der Dike, d. h. der Göttin der Gerechtigkeit, wachen sie über die Heilighaltung der Blutsbande und die Aufrechterhaltung der sittlichen und natürlichen Gesetze.

Aber nur der Sünder hat sie zu fürchten, während die gerechten Menschen sie als Wohlwollende (griech. Eumeniden) bezeichnen, welche ihnen Segen spenden. Die röm. Furien sind Wächterinnen in der Unterwelt, die Verbrecher quälen, bisweilen aber flößen sie lebenden Menschen Mordgedanken ein.

ERLÖSUNG DES TEUFELS

Siehe ► Origenes.

ERRORES GAZARIORUM

Dtsch. Übers.: *Die Irrtümer der Ketzer:* Name einer anonymen Abhandlung, die in Savoyen um 1430 verfaßt wurde. Die Erkenntnisse und Verfahrensgrundsätze der in Savoyen gegen die Ketzer (► Waldenser) geführten Verfahren werden auf das neue Delikt der Hexerei übertragen, das als ein noch größeres Verbrechen als die Ketzerei angesehen wird. Deshalb ist diese Abhandlung wichtig für die Erforschung der Anfänge der ► Hexenprozesse.

Ursprünglich einem Vegetationskult entspringend, wurde die Walpurgisnacht mehr und mehr zum Hexensabbat umgedeutet.

ERRORES HAERETICORUM WALDENSIUM

Dtsch. Übers.: *Die Irrtümer der abtrünnigen Waldenser* In dieser, gegen Ende des 14. Jhdts. erschienenen Abhandlung wird neben den Irrtümern der ► Waldenser noch eine zweite Sekte beschrieben. Sie hat folgendes Merkmale: Verehrung Luzifers, der aus dem Himmel zu Unrecht vertrieben wurde, Ablehnung der Sakramente, Opferung von Kindern und sexuelle Orgien, die an geheimen Orten mit dem Namen „Buskeller" stattfanden.

Man vermutet, daß das Wort „ Buskeller" (im Schweizerdeutsch: voller Keller) in boshafter

Weise dieser Sekte ein Aufnahmeritual unterstellt, bei dem neue Mitglieder aus einer Flasche angeblich das Blut von Kindern haben trinken müssen.

Wahrscheinlich handelte es sich bei dieser Sekte um Hexen, die nach Ansicht der Inquisitoren in der westlichen Schweiz im geheimen existierten und von denen angenommen wurde, daß sie die Ketzer im Hinblick auf das Ausmaß bestimmter Verbrechen noch übertrafen.

ERZENGEL

Griech. archiángelos: herrschender Engel; Bez. für eine besondere Gruppe von E., die Vermittlerdienste zwischen Gott und den Menschen verrichten. Die genaue Kenntnis der Funktion der E. ist für die ► Magie von Wichtigkeit. Es gibt die E. der vier Elemente und Sektoren des mag. Kreises:

Michael	Feuer	Süden
Raphael	Luft	Osten
Gabriel	Wasser	Westen
Auriel oder Uriel	Erde	Norden

Jeder dieser E. hat in der Vorstellungswelt des Okkultismus mächtige Diener.

Djin	König der Salamander (von griech. salambe: Feuerstelle)
Paralada	König der Sylphen (von griech. silphe: Schmetterling)
Ghob	König der Gnomen (von griech. gnome: Wissen). Der König der Gnome ist Ghob.
Nikisa	König der Undinen (lat. unda: Welle). Die Undinen oder auch Nymphen leben im Wasser. Ihr König ist Nikisa.

Von dieser Rangordnung der E. gibt es zahlreiche Abweichungen, weil diesen genannten E. ein anderer Rang zugesprochen wird und noch drei weitere E. hinzugefügt werden.

- Äthiopisches ► Henochbuch:
  Uriel, Raphiel, Raguel, Michael, Zerachiel, Gabriel, Remiel.
- Hebräisches ► Henochbuch:
  Mikael, Gabriel, Shatqiel, Baradiel, Shachaquiel, Baraqiel, Sidriel.
- Testament des Salomon:
  Mikael, Gabriel, Uriel, Sabrael, Arael, Iaoth, Adonel.
- ► Gnosis: Michael, Gabriel, Raphael, Uriel, Barachiel, Seatiel, Jehudiel.
- Gregor der Große (590–604):
  Michael, Gabriel, Rapahael, Uriel, Simiel, Orfiiel, Zachariel.
- Pseudo-Dionysius (5. oder 6. Jhdt.):
  Michael, Gabriel, Raphael, Uriel, Chamuel, Jophiel, Zadkiel.

Jeder E. regiert einen Wochentag:

Montag:	Tzaphiel
Dienstag:	Haniel
Mittwoch:	Tzaphiel
Donnerstag:	Gabriel
Freitag:	Khamael
Samstag:	Michael
Sonntag:	Raphael

ESBAT

Bez. für kleine, häufig stattfindende und unregelmäßige Zusammenkünfte der Hexen, während der ► Sabbat nur zu bestimmten Zeiten gefeiert wurde. Der E. wird im ► Wiccakult nach folgendem Ritual praktiziert: Die Hohepriesterin stellt sich in die Mitte eines Kreises. Danach werden Gebete aus dem Schwarzen Buch (► Book of Shadows) verlesen. Den Abschluß bilden rhythmische Tänze und ein Mahl von Kuchen und Wein.

ESCHNER, MICHAEL D.

Siehe ► Thelema Society.

EUAGRIUS, PONTICUS

346–399/400 n. Chr.; griech. Asket und Anhänger des ► Origenes. E. zog sich aus Konstantinopel zurück und lebte als Einsiedler in den Nitria-Bergen. Seine Lehren wurden 553 auf dem 5. ökumenischen Konzil von Konstantinopel verdammt, weil sie in vielen Punkten von ► Origenes abhängig waren. In seinem Buch *Tractatus practicus* vertrat er die Meinung, daß der Luftraum von unzähligen Dämonen bevölkert sei. Sie seien so klein, daß sie in den menschlichen Körper eindringen könnten. Ihr Ziel sei die Verwirrung des Geistes, die sie durch Trugbilder und

Ängste herbeizuführen trachten. E. stellte einen Katalog von acht Todsünden und bösen Leidenschaften zusammen: Völlerei, Wollust, Habgier, Traurigkeit, Zorn, geistige Faulheit, Ruhmsucht und Stolz – entsprechend gibt es es acht Gruppen von Dämonen. Ein besonderes Angriffsziel dieser Dämonen seien Mönche, so E. A.

EULE

Siehe ► Strigen.

EVOKATION

Lat.: Herausrufung; in der ► Magie ein Teil der ► Beschwörung. Die Anrufung der Geister muß unter genauer Einhaltung der Beschwörungsformel, des Rituals, des Zeitpunktes und unter Beachtung des seelischen und körperlichen Zustandes (eine Reinigung wurde als notwendig erachtet) eines Magiers erfolgen.

EWICH, JOHANN

1525–1588; Arzt in Bremen, Freund von ► Wierus. In seinem Buch *De sagarum natura* (1584: Bedenken von Hexen) unterzieht er die ► Hexenprozesse einer Kritik. Eine Verurteilung der Hexen wegen ► Schadenszaubers sollte seines Erachtens nur möglich sein, wenn zwischen dem Schaden und der Zauberhandlung ein kausaler Zusammenhang bestünde. Verantwortlich für den Glauben, daß die Hexen Schadenszauber praktizieren könnten, sei oft auch die Unkenntnis der Ärzte, welche nicht in der Lage seien, die Ursache einer bestimmten Krankheit zu erkennen. Die Folter dürfe nur als ein zusätzliches Mittel angewandt werden, wenn die Schuld im Prinzip schon feststünde. Verantwortlich für die Ausweitung der Hexenprozesse sei auch das finanzielle Interesse der Richter, die es auf das Vermögen der Verurteilten abgesehen hätten. Den Verurteilten sollte die Möglichkeit zur Berufung an die Obergerichte gegeben werden. Dies sollte geschehen, indem die Frist zwischen dem Geständnis einer Hexe, dem Urteil und der Hinrichtung verlängert wird.

EXORCIST, THE

Dtsch. Titel: *Der Exorzist.* Titel eines Romans von William Peter Blatty, der 1971 erschien. Er schildert einen Fall von dämonischer Besessenheit und eines Exorzismus nach dem *Rituale Romanum.* Angeblich soll er auf einer wahren Begebenheit beruhen. 1973 wurde dieser Roman verfilmt. ► Exorzismus

EXORZISMUS

Griech. exorkízein: vertreiben, verbannen. Bez. für eine Form des Abwehrzaubers, die darin besteht, Dämonen, die in den Körper eines Menschen eingedrungen sind, zu vertreiben. Zahlreiche E. finden sich in den mesopotamischen Texten wie den Sammlungen des Maqlu und des Surpu. Durch diese Rituale werden Krankheiten geheilt, die ein Hexer oder eine Hexe durch ihren Schadenszauber verursacht haben. Der Hexer zerstört durch seine mag. Handlungen den Schutz des Menschen gegen Dämonen. Ziel des E. ist es, diesen Schutz wiederherzustellen. Urbild des abendländischen Exorzisten ist Jesus, von dem seine Gegner sagten, „er könne Dämonen durch Dämonen austreiben“. Gegen diese Behauptung wandte Jesus ein, daß in diesem Fall Satan gegen sich selbst handeln müßte und sein Reich zusammenbrechen würde. Bevor ein E. wirksam werden kann, muß der Herrscher der Dämonen „gebunden“ werden. Man glaubte, daß Jesus die zahlreichen E. unter seinen Wundertaten nur vollbringen konnte, weil er ihren Herrscher, nämlich Gott, anrief. Sein Vater hätte Jesus, wenn er ihn darum gebeten hätte, zwölf Legionen Engel gesandt. Deshalb sei Jesus imstande, Geister zu beherrschen; er könne ihnen den Befehl erteilen, aus einem Menschen auszufahren. Jesus selbst beschreibt diese Fähigkeit und Kraft zum E. so: „Wenn ich durch den Finger Gottes die bösen Geister austreibe, so ist ja auch das Reich Gottes zu euch gekommen!“ (Lk. 11,20). Dahinter steht die Vorstellung, daß Dämonen, die nach Klassen eingeteilt sind, eine Vielzahl von Krankheiten verursachen können, wenn sie in den Körper ihrer Opfer einfahren (► Besessenheit). Von den Dämonen werden Menschen mit Krankheiten „gebunden“. Die Heilung durch einen E. besteht dann darin, daß das Band der Krankheit gelöst wird. Jesus und seine Jünger exorzieren Dämonen, indem sie ihnen entweder den Befehl zum Verlassen des Körpers erteilen oder einen Brief oder ein Stück ihrer Kleidung schicken. Dies wird als „exorzistische Befehlsgewalt“ bezeichnet. Wenn diese nicht ausreicht, weil sich der Dämon widersetzt oder einen Gegenangriff startet, dann wird der Patient berührt oder seine Haut mit einer Flüssigkeit, meistens Speichel, bestrichen. Manchmal ist auch das Gebet erforderlich. E. können nicht nur für Juden, sondern auch für Heiden ausgeübt werden. Aber es muß auch mit Rück-

Der Exorzismus ist eine religiöse Handlung, die nicht von der Würdigkeit des Empfängers abhängt. Die Abbildung zeigt die Beschwörung eines Besessenen (16. Jhdt.).

fällen gerechnet werden, wenn die Dämonen beschließen, in den Körper zurückzukehren. Selbst wenn ein E. im Namen Jesu ausgeführt wurde, kam es vor, daß ein Patient gelegentlich nicht gerettet werden konnte. Diese exorzistische Befehlsgewalt ist dann auf die Kirche übergegangen, deren Priester aufgrund ihres Amtes zum E. berechtigt sind. Heute ist dieses Recht jedoch eingeschränkt, weil ein Bischof dazu seine Erlaubnis geben muß. Die Kirchenväter haben den von Jesus und seinen Jüngern praktizierten E. fortgesetzt, indem sie besonders die Gottheiten der Heiden als Dämonen austrieben. Der E. ist eine religiöse Handlung, die nicht von der Würdigkeit des Empfängers abhängt. Denn bei den Besessenen handelt es sich meistens um Personen, die von den anderen religiösen Handlungen der Kirche ausgeschlossen sind. Da besondere Formeln noch fehlten, verfaßte jeder Exorzist seine Rituale, die aber immer die Anrufung des Namens Christi enthielten. Dazu kam das Kreuzzeichen. Die mittelalt. Heiligenlegenden beschreiben zahlreiche E., die von Mönchen, Heiligen etc. ausgeführt wurden. Ab dem 7. Jhdt. tauchen die ersten umfangreichen E.regeln auf, die feste Elemente enthielten: Anrufung der Namen; Befehl an die Dämonen, auszufahren; Beschreibung der Körperteile, wo sie sich aufhalten, und Hinweise auf Stellen im NT, wo von Jesus En. praktiziert wurden. In der kath. Kirche sind heute noch zwei En. im Gebrauch: Der „Große E.", der um 800 entstanden ist, 1614 unter der Nummer „XII" in das *Rituale Romanum* eingefügt wurde und heute in den Abschnitten 1151–1153 des *Codex des Kanonischen Rechtes* von 1917 niedergelegt ist. Schon 1614 wurden dem alten Ritual 21 Vorbemerkungen vorangestellt, die u. a. vorschreiben, daß für die Durchführung des E. die bischöfliche Erlaubnis erforderlich ist. Er darf grundsätzlich nur bei der ► Besessenheit *(possessio)* benutzt werden, deren Anzeichen genau beschrieben werden. Um sicherzugehen, daß diese Form der Besessenheit vorliegt, haben Exorzisten einen Probeexorzismus *(Exorzismus probativus)* durchzuführen. Wenn es gelang, durch einen exorzistischen Befehl die Symptome der Besessenheit erscheinen und wieder verschwinden zu lassen, ging man davon aus, daß es sich nicht um eine natürliche Krankheit handeln könnte. Der „Große E." besteht aus drei alten En., die von Gebeten, Psalmen, Litaneien und Evangelienabschnitten umrahmt sind. Der „Kleine E." gegen Satan und die abgefallenen Engel, den 1890 Papst Leo XIII. herausgab, wird benutzt, wenn eine Person unter leichteren Formen der Besessenheit (Umsessenheit) leidet, bei denen die Dämonen nicht die vollständige Macht erlangen konnten, sondern ihn nur belästigten. In diesem E. kommt auch die Anrufung der Muttergottes vor. Die exorzistische Befehlsgewalt darf nur von geweihten Priestern ausgeübt werden, weil die Dämonen sehr genau darauf achten, ob ihnen ein autorisierter Exorzist gegenübersteht. Schon im NT (Apg. 19,13) ruft ein Besessener den Teufelsbeschwörern zu: „Jesus kenne ich wohl, und von Paulus weiß ich wohl; wer aber seid ihr?" Hierauf verprügelte der Besessene zwei von ihnen, so daß sie nackt aus seinem Haus flohen. Die kath. Kirche kannte auch En. gegen Tiere, von denen angenommen wurde, daß sie von Dämonen besessen sein könnten. En. gegen Tiere fanden im 17.–18. Jhdt.s in großer Zahl in Italien statt.

EXORZISMUS, TIBETISCHER

Eine Methode der tibet. Dämonologie, um böse Geister zu vertreiben, welche die Ursache von „Geisteskrankheiten" sind. Man kann sich prophylaktisch vor derartigen Geistern durch Mantras und Amulette schützen. Wenn sie sich aber in den Körper eingenistet haben, müssen sie durch verschiedene Methoden beseitigt werden:

- Glad: Man kauft sich durch Opfergaben von ihnen los.
- Mdos: Die Dämonen werden abgelenkt durch Gebilde aus bunten Fäden, die vor dem Haus des Kranken aufgehängt werden.
- Mnam: Man lenkt den Dämon in einen Gegenstand, der dann vergraben wird.
- Bserg: Der Geist wird angerufen und dann verbrannt.
- Phan: Man fertigt ein Gebilde aus Gras an, lockt den Dämon herbei und verbrennt ihn mit dieser Figur.

EYMERICUS, NICOLAUS

1320–1399; span. Dominikanermönch, Inquisitor in Aragón und Autor eines Handbuches für Inquisitoren mit dem Titel *Directorium Inquisitorium* (1376: Inquisitionsführer), das die Grundlagen und die tägliche Praxis des Inquisitors behandelt. Darin vertritt E. die Auffassung, daß Ketzer mit den Magiern und Zauberern gleichgesetzt werden müssen.

Mit dieser Erweiterung des Begriffes der Ketzerei hat er das spätere Hexereidelikt vorweggenommen. E., der sich eine Zeitlang in Avignon, dem Sitz der vom frz. König abhängigen Päpste aufhielt, lernte dort die Probleme der Ketzerei kennen. ► Inquisition

F

FAERY-CULT

Siehe ► Starhawk.

FAMILIAR

Lat.: Hausgeist. Bez. für einen Dämon, der einen Magier bei seinen Praktiken unterstützt. ► Imp

Eine Hexe stellt dem bekannten Hexenjäger Matthew Hopkins ihre Schutzgeister (familiars) vor.

FAUST, DR.

Name des berühmtesten Teufelsbündners und Satanisten aus dem 16. Jhdt. Hinter diesem Namen verbirgt sich höchstwahrscheinlich die historische Persönlichkeit des Alchemisten, Magiers und Zauberers Johannes (wahrscheinlich aber Georg) Faust, der um 1480 in Knittlingen (Baden-Württemberg) geboren wurde und 1536 oder kurz vor 1540 in Staufen (Breisgau) gestorben ist. F. dürfte nach 1507 in Heidelberg Theologie studiert haben, war dann in verschiedenen Städten wie Bamberg, Nürnberg usw. 1513 soll er in Erfurt gewesen sein, wo sich, wie manche F.forscher meinen, sein Wohnhaus in der Schlösserstraße befunden haben soll. Ob er in Krakau (Polen) war, ist nicht sicher, wäre aber denkbar, da Krakau damals ein Zentrum der Astrologie, Alchemie und verbotener mag. Künste wie Chiromantie (Handlesekunst) und ► Nigromantie war. Als relativ gesichert ist anzunehmen, daß F. auf dem Gebiet der Naturphilosophie bewandert war und zu humanistischen Gelehrtenkreisen Kontakt hatte. Die F.sage ist eine Vermischung von Berichten über F. und älteren Zaubergeschichten. Aus der F.sage entwickelte sich ein Volksbuch, das 1587 (Erstausgabe) unter dem Titel *Historia von D. Joh. Fausten* bei J. Spies in Frankfurt a. M. erschienen ist. Dieses Buch und eine um 1575 niedergeschriebene Wolfenbüttler Handschrift haben wahrscheinlich eine gemeinsame, nicht erhaltene gebliebene Quelle. Unter dem Namen F. sind einige Zauberbücher aus dem 17. und 18. Jhdt. überliefert: *Dr. Fausts großer und gewaltiger Höllenzwang, Dr. Fausts Mirakel, Kunst- und Wunderbuch oder der schwarze Rabe* (auch „der dreifache Höllenzwang" genannt), *Dr. Fausts großer gewaltiger Meergeist* und *Dr. Fausts vierfacher Höllenzwang.* Daß all diese Werke auf ältere Zauberbücher zurückgehen, ist deutlich sichtbar. Die Figur des F. kehrt bis heute in den unterschiedlichsten Kunstformen wieder. Das älteste überlieferte Drama ist *The tragical history of Doctor Faustus* des engl. Dramatikers Christopher Marlowe (1564–1593), das 1604 erschienen ist. Weiter sind eine Komödie zu Beginn des 17. Jhdt.s, ein Puppenspiel, das ab 1746 belegt ist, und natürlich *Faust, Teil I* (1808) und *Faust, Teil II* (1832) von Johann Wolfgang von Goethe (1749–1832) zu nennen. Aber auch in der Musik (Oper, Operette, Ballett, Chormusik usw.) wurde das F.thema immer wieder als Vorlage genommen. Zu den bekanntesten Werken gehören sicher die Oper *Faust* (1859) von Charles Gounod (1818–1893), die *Faust-Sinfonie* (1857) von Franz von Liszt (1811–1886) sowie Ferruccio Buso-

Johann Georg Faust: Alchemist, Magier und Zauberer, dessen Vita immer auch literarisches Interesse fand: so z. B. bei Goethe und Thomas Mann.

nis (1866–1924) *Doktor Faust* (1925 von Philipp Jarnach vollendet; 1892–1982), um nur einige Beispiele zu nennen. Verfilmt wurde Goethes „Faust" 1926 von Friedrich Wilhelm Murnau (eigentlich Plumpe; 1888–1931) und 1960 von Gustaf Gründgens (1899–1963), der als Schauspieler mit seiner Verkörperung der Figur des ► Mephistopheles seine größten Erfolge feierte.

FEGEFEUER

Mhd. vegeviur; Übers. von lat.: purgatorium, ignis purgatorius. Bezeichnet in der christl. Lehre einen Reinigungsort, wo die Seelen nach dem Tod vor dem Eintritt in den Himmel durch Reinigungsstrafen von ihren Sünden befreit werden. Das F. ist ursprgl. eine altpers. Vorstellung und wurde zuerst von ► Origenes (185–254 n. Chr.) in den Kreis der christl. Lehre vom Jenseits eingeführt. Theologisch begründet wurde diese Lehrmeinung zuerst von ► Augustin, der sich auf 1. Kor. 3,11 ff. beruft. Papst Gregor der Große (590–604) gab dieser Lehre die endgültige Form. Derjenige, der, mit Todsünden belastet, stirbt, geht in die ► Hölle ein; wer aber läßliche Sünden, wie Schwatzhaftigkeit, Rachsucht, schlechte Lebensführung, begangen hat, der büßt die Strafen im F. ab. Gregor hebt aber schon hervor, daß die Kirche durch Fürbitte, gute Werke und namentlich durch die Meßopfer den im F. Leidenden helfen kann. Auf dem Konzil zu Florenz 1439 wurde die Lehre vom F. zu einem förmlichen Glaubensartikel erhoben. Von mittelalt. Theologen wie ► Thomas von Aquin wurde noch die Meinung vertreten, daß der Teufel die Seelen ins F. geleitet und sich beim Anblick ihrer Qualen ergötzt habe. Der Kirchenlehrer Ambrosius (340–397) verlegt das Eingreifen des Teufels auf die Zeit nach der Abbüßung der Strafen. Wenn dann die Seelen zum

Himmel aufsteigen, werden sie von Dämonen belästigt. ► Al-araf, ► Limbus

FERY, JEANNE

16. Jhdt.; Nonne im Kloster Mons, die zwischen 1573–1583 an Besessenheit litt. Angeblich wurde sie schon mit 14 Jahren vom Teufel verführt. Der Fall wurde ausführlich vom Erzbischof von Mons in einem Buch (1586) beschrieben. 1886 in der Bibliothèque Diabolique unter dem Titel *La Posession de Jeanne Ferry* neu veröffentlicht.

FIRST CHURCH OF SATAN

Ableger der ► Church of Satan, der von Egan, einem einstigen Mitglied der Church of Satan, in den 70er Jahren des letzten Jhdt.s gegründet wurde. Er wollte die Lehren ► Crowleys, die die Grundlage der Church of Satan sind, wieder in den Mittelpunkt der Verkündigung stellen. Geleitet wird diese okkulte Gruppe von einem „Rat der 13", der die Aktivitäten der Untergliederungen, der „Satanic Covens", kontrolliert.

FLAUROS

Ein Dämon (► Pseudomonarchia daemonum), der zu den gefallenen Engeln (► Engelsturz) gehört. Zuerst erscheint er in der Gestalt eines schrecklichen Leoparden, dann als Mensch. Alle ihm gestellten Fragen beantwortet er wahrheitsgemäß, weil er die Vergangenheit und Zukunft kennt. Voraussetzung ist, daß er in einem ► mag. Kreis gebannt wird.

FLIEGENPILZ

Botan. Bez.: *Amanita muscaria*. Neben der europäischen und asiatischen gibt es eine amerik. Abart. Der F. enthält die psychoaktiven Wirkstoffe Psilocybin und Psilocin. Der Pilz ist kulturgeschichtlich von Bedeutung. R. G. Wasson vertrat in seinem Buch *Soma – Divine Mushroom of Immortality* die Ansicht, hinter „Soma", der geheimnisvollen Pflanze, die in 120 Hymnen des Rigveda verherrlicht wird, verberge sich der F. Seiner Meinung nach spielt dieser Pilz auch in den griech. ► Mysterien eine Rolle. Daraus entwickelt er die Theorie, daß unsere Vorfahren einen Pilz verehrt hätten. Beweise glaubt er auch in den „Pilzsteinen" gefunden zu haben, die aus der Zeit zwischen 1000 und 500 v. Chr. stammen und in Lateinamerika entdeckt wurden. Die Annahme einer derartigen „Pilzreligion" ist in der Forschung allerdings sehr umstritten.

FLOWERS, STEPHEN

Siehe ► Temple of Seth.

FLUCH

Eine Form des ► Schadenszaubers. Durch formelhafte Worte soll über eine Gruppe oder über eine bestimmte Person selbst Unheil gebracht werden. Die ► Zauberbücher enthalten genaue Beschreibungen der Formeln bzw. des dabei durchzuführenden Rituals.

FOCOLOR

Ein Dämon (► Pseudomonarchia daemonum); er hat eine Menschengestalt mit Greifflügel. Seine Fähigkeiten sind: Er hat die Macht über die Winde, versenkt Schiffe und ertränkt Menschen. Nach 1050 Jahren will er in 7. Himmel zurückkehren. Ein Magier kann ihm seine Macht nehmen.

FOLTER

oder Tortur: entstammt dem römischen Recht, wo sie anfangs nur gegen Sklaven, später auch gegen Freie zuerst beim Majestätsverbrechen, dann auch bei anderen schweren Vergehen angewandt wurde. In den alten dtsch. Volksrechten kommt die F. nur gegen Unfreie vor, verschwindet dann aber wieder. Im Mittelalter kennt man die F. als Mittel des Beweisverfahrens neben Reinigungseid und Gottesurteil. Erst im 15. Jhdt. trat in Deutschland eine wesentliche Änderung im Verfahren und Beweissystem ein. Das ursprgl. „Akkusationsverfahren", bei dem ein Ankläger eine Kaution leisten und die notwendigen Beweise vorbringen mußte, wenn er nicht seinerseits verurteilt und bestraft werden wollte, wurde durch das „Inquisitionsverfahren" ersetzt. In diesem Verfahren, das aus der kirchlichen Gerichtsbarkeit entwickelt wurde (► Inquisition), war das Geständnis des Angeklagten Ziel des Verfahrens, welches man durch die F. herbeiführen wollte. Nach dem Vorbild der Inquisition und der ital. Gesetzgebung wurde die

F. durch Landesgesetze und im 16. Jhdt. von der Reichsgesetzgebung übernommen.

Auch das Wort F. stammt aus Italien, wo das mittellat. poledrus oder poletrus (von griech. pōlos: Fohlen) ein Marterwerkzeug bezeichnet, das aus einem Gestell mit vier Füßen besteht und wie ein Pferdchen aussieht. Voraussetzung für die Anwendung der F. war, daß weder durch Geständnis noch durch Beweis die Wahrheit entdeckt wurde oder in der Folge entdeckt werden konnte. Ferner mußte die Beschuldigung in einem schweren Verbrechen bestehen und schwerwiegende Verdachtsgründe gegen den Angeklagten vorliegen. Der Angeklagte mußte auch in der Lage sein, die F. zu ertragen; vor ihrer Anwendung schützten auch Privilegien nicht. Privilegierte Personen waren hohe Adels- und Gerichtpersonen, fürstliche Räte oder Soldaten.

Der eigentlichen F. ging das Zeigen und Erklären der F.instrumente voraus (territion: Erschrecken). Die F. wurde in verschiedenen Graden durchgeführt, die aber nicht überall gleich waren; meist nahm man drei Grade an. Der erste und geringste Grad war das Schnüren, wobei dem Angeklagten die Hände an den Gelenken bis auf die Knochen mit Seilen stark zusammengeschnürt und auf den Rücken gebunden wurden; anderswo bestand der erste Grad in den Daumenschrauben oder Daumenstöcken. Hier wurden dem Angeklagten die Daumen beider Hände zusammengepreßt oder Spanische Stiefel durch die Waden und Schienbeine des Angeklagten gequetscht. Der zweite Grad bestand nach dem sächsischen Recht darin, daß der Angeklagte auf die Leiter gezogen, ihm die Spanischen Stiefel angelegt und hierauf seine Glieder auf der Leiter gedehnt wurden. Dieser Grad wurde noch dadurch verschärft, indem man das Seil einige Male anzog, dem unten losgebundenen Angeklagten einige Gewichte aus Stein oder Eisen an die Füße hängte und dann an das Seil schlug oder ihm an die Spanischen Stiefel klopfte. Oder man bewarf den Angeklagten mit Schwefelfäden. An anderen Orten bestand der zweite Grad allein darin, daß der Angeklagte mit auf den Rükken gebundenen Händen aufgezogen und eine Zeitlang hängen gelassen wurde. Wenn endlich der dritte Grad der F. erkannt wurde, so wurde nach sächsischem Recht der auf der Leiter aufgespannte Körper des Angeklagten noch weiter gepeinigt, indem man Federkiele in zerlassenen Schwefel eintauchte und anzündete und dem auf der Leiter liegenden Angeklagten auf den Körper warf. Oder man tauchte einen faustgroßen Knäuel aus Hanf in Pech ein, zündete ihn an und legte ihn dem Angeklagten auf den Körper. Auch wurden zugespitzte Kienhölzer unter die Nägel des Angeklagten geschlagen und angezündet. An einigen Orten bestand der dritte Grad allein darin, daß der Angeklagte an Seilen aufgezogen und an seinen Körper Gewichte gehängt wurden. In manchen dtsch. Territorien wurden neben den oben angeführten drei Graden auch noch andere Arten und Werkzeuge zur Folter benutzt: So z. B. das Bambergische Instrument, der Spanische Bock oder das Mecklenburgische Instrument, die Spanische Rappe, der Dänische Mantel, die Englische Jungfrau, der Gespickte Hase, die Feuertortur, der Schwitzkasten, das Fiedeln mit dem Riemen u. a. m. Es gab zahlreiche Vorschriften über Dauer, Art, Exekution und Wiederholung der F.

Nachdem schon im 16. Jhdt. Protest gegen die F. eingelegt wurde, wurde sie im 18. Jhdt. im Zuge der Aufklärung beseitigt; vgl. ► Thomasius. Friedrich d. Große schaffte sie 1740 und 1754 ab; dann folgten Dänemark 1770, Österreich 1781 und 1787 sowie Frankreich 1789. ► Carolina

FORAS

Ein Dämon (► Pseudomonarchia daemonum); er hat die Gestalt eines starken Mannes. Seine Fähigkeiten bestehen in der Kenntnis der geheimen Kräfte von Pflanzen und Steinen, der Logik und Ethik. Außerdem kann er unsichtbar machen, verborgene Schätze entdecken bzw. wiederbeschaffen.

FORNEUS

Dämon, der in der ► Pseudomonarchia daemonum aufgezählt wird. Er nimmt die Gestalt eines Seemonsters an. Den Menschen lehrt er die Wissenschaften und die Kunst, von Freund und Feind geliebt zu werden.

FORNJOTR

Germ. Myth.: Name eines Naturdämons und Elementargeistes, der drei Söhne hatte: Kari (Wind), Hler (Wasser) und ► Loki (Feuer). Sein

Name wurde in der dämonologischen Literatur des Mittelalters zu ► Forneus verändert.

FOUR MOUVEMENT

Name einer satanistischen Gruppe, die in den 60er Jahren des vorigen Jhdt.s in den Bergen von Santa Cruz (Kalifornien/USA) ihre grausamen Riten praktizierte. Von ihrer Lehre ist nur wenig bekannt; der Huldigung des Bösen dienten die sadistischen Tier- und Menschenopfer, die mit einem besonders konstruierten „Messer“ vollzogen wurden. Dieses Tötungswerkzeug bestand aus längeren und kürzeren Klingen, so daß dem auf einem Altar liegenden Opfer zunächst mit den längeren Klingen der Unterleib und Bauch aufgeschlitzt und danach mit der kürzeren ein Stoß ins Herz versetzt wurde. Zu dieser Gruppe soll ► Manson Kontakte unterhalten haben.

FRATERNITAS CATENA AUREA

Diese okkulte Gruppe versteht sich als eine Vereinigung von Kämpfern für ein neues Zeitalter. Grundlage ist das Gesetz von Thelema von ► Crowley, der als großer Mystiker höchste Verehrung genießt. Wenn dieses Gesetz in die Praxis umgesetzt werde, so die Erwartung dieser Gruppe, entstehe das Paradies auf Erden. Die F. C. A. versteht sich nicht als Orden, sondern als ein freies Kollektiv, das von einer „Hohen Instanz“ (Rat der Sieben) geleitet wird. Unterhalb dieser sieben Personen existieren keine weiteren Abstufungen. Alle Mitglieder sind gleichberechtigt.

FRATERNITAS SATURNI

Gegründet 1928 von Eugen Grosche (1888–1964); die Mehrzahl der Mitglieder entstammt der ► Pansophischen Gesellschaft. Sie waren bereit, die Führung ► Crowleys anzuerkennen. Die Lehren der F. S. sind in folgenden internen Ordensschriften dargestellt: 5 Bde. *Saturngnosis* (Hrsg. Grosche), 10 *Magische Briefe*, Logenschulvorträge mit dem Titel *Geheimwissenschaftliche Studien* und die *Blätter für angewandte okkulte Lebenskunst*.

Die F. S. hat als Grundsatz das Gesetz von Thelema. Dieses Gesetz der F. S. wird auch so umschrieben: Mitleidlose Liebe, Willenskraft, Entschlossenheit, Härte – sich selbst und anderen gegenüber –, um durch Meisterung des eigenen Ich und der Umwelt die Voraussetzungen für eine geistig-seelische Höherentwicklung zu schaffen. So soll aus dem Ordensmitglied ein „Magier-Willensmensch“ werden. Aus den Vorstellungen ► Crowleys, des ► Golden Dawn, der ► Freimaurerei, der Rosenkreuzer und der Theosophie (► Blavatsky) entwickelte Grosche eine gnostische Lehre (► Gnosis), die sich deutlich dem Satanismus annähert. Wesentlicher Bestandteil der Lehren ist eine Astrosophie, in deren Mittelpunkt der Saturn steht. Dieser in der Astrologie als finster apostrophierte Planet gilt als Prinzip der „höchsten Reife des Erkennens“. Da sich in seinem Kraftfeld auch der ► Luzifer befindet, bildet er den negativen Gegenpol zur Sonne. Saturn und der nur eine Oktave höher stehende ► Luzifer sind die Führer der abgefallenen planetarischen Wesenheit, sprich: der ► Engel. Im Mittelpunkt dieses kosmischen Kampfes liegt die Erde mit den Menschen, in deren Inneren ► Emanationen Luzifers und der Sonne um die Macht ringen. Am Ende der Welt stehen einander ein göttliches, negatives Prinzip (Saturn/Luzifer) und der positiv geistige Sonnenlogos gegenüber, der das Christusprinzip, d. h. den Glauben an einen Erlöser, enthält. Luzifer wird als großer Lichtbringer gefeiert, weil er die Macht des egoistischen Sonnenprinzips sprengte. Wie Christus kann auch Luzifer als Erlöser tätig sein, wenn Menschen seine Funktion verstanden haben. Der Saturnkult der F. S. hat das Ziel, die über diesem Planeten stehende Macht, nämlich ► Luzifer, zu erkennen. Dieser Kult enthält aber auch eine satanische, dämonische

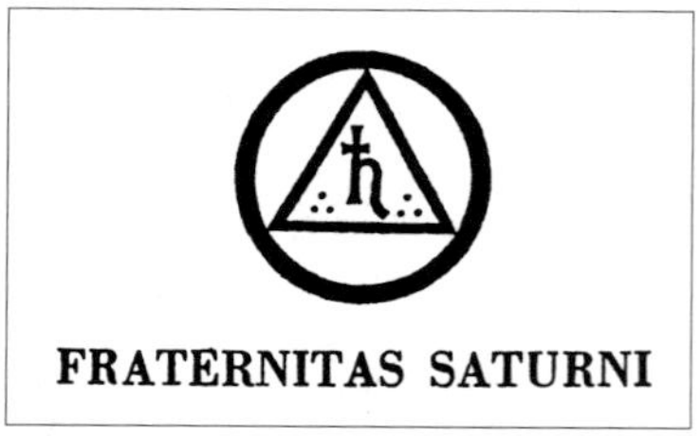

Für die Fraternitas Saturni leitend ist das Gesetz von Thelema: „Tue, was du willst, ist das ganze Gesetz!“ Die Abbildung zeigt das Zeichen des Ordens.

Seite, weil er eine Oktave unter Saturn-Satan angesiedelt wird. Die saturnische Sphäre kann durch einen Dämon dargestellt werden, der als ein kollektives Gedankengebilde (► Egregoren) von den Beteiligten erlebt wird. Dieser Ordensdämon mit dem Namen „Meister Gothos" hat in seiner bildnerischen Darstellung immer ein schwarzes Antlitz und befindet sich im Besitz eines jeden Mitgliedes der F. S.

Wegen der Doppelnatur des Menschen ist die Grenze zwischen ► Weißer und ► Schwarzer Magie fließend. Es gibt an sich nur eine Magie, deren Charakter von den Absichten des Magiers geprägt wird. Viele Rituale der F. S. finden sich schon in den Werken des ► Agrippa von Nettesheim und bei ► Barrett. Im 18. Grad (Gradus Pentalphae) wird Sexualmagie praktiziert, deren Elemente – wie z. B. die „Samenmesse" – schon bei ► Psellos erwähnt werden. Die satanische Magie, die an die Sexualmagie anknüpft, wird als die „dunkle Seite der Magie" bezeichnet. Die F. S. distanziert sich aber von magischen Praktiken, die zum ► Linken Weg oder Pfad gehören. Hierzu zählen:

- Sexuelle Techniken mit einem oder mehreren Partnern gleichen oder des anderen Geschlechts (Tantra-Sex).
- Zeremonien, bei denen Drogen angewandt werden.
- Tieropfer.

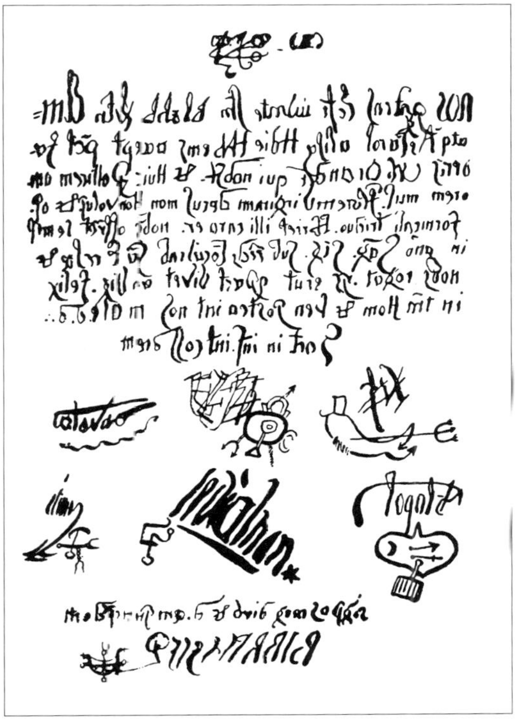

„Luzifer, ich bekenne dich als meinen Gott und Oberherrn": Auszug aus dem Teufelspakt, den ► Urbain Grandier mit dem Satan geschlossen haben soll.

Der Orden kennt 33 Grade:

0–11	Vorhof
12–20	Rosenkreuzer
21–29	Hochwürdengrade; Promovierte der okkulten Wissenschaften
30–33	Sanctum Sanctuarium Gnosis

1945 wurde die F. S. wieder ins Leben gerufen. Aber es kam auch zu zahlreichen Abspaltungen. Zu nennen sind hier z. B.: ► Ordo Saturni und ► Communitas Saturni.

Im Bild: Der Gründer der Fraternitas Saturni, Eugen Grosche (Pseudonym: Gregor A. Gregorius).

FREIMAURER UND SATANISMUS

Die Freimaurer führen ihren Ursprung auf die spätmittelalterlichen Gilden der Maurer und Steinmetze zurück. Länger als auf dem Kontinent bestanden diese Gilden, die sich Logen (engl. lodge: Bauhütte) nannten, in England fort. 1717 schlossen sich vier Logen zu einer Großloge zusammen. Die erste Loge in Deutschland wurde 1737 in Hamburg gegründet. Die Statuten und die Pflichten des einzelnen Freimaurers wurden 1723 in dem Buch *The Constitutions of Freemasons* niedergelegt. Die kath. Kirche stand den Freimaurerlogen in Europa von Anfang an kritisch gegenüber. Die erste Bulle gegen die F.

erließ Papst Clemens XII. im Jahre 1738. Ihr folgten bis in das 20. Jhdt. hinein weitere Bullen, Enzyklen etc. Die Verurteilung der F. als „Satanismus" hatte zur Folge, daß das kirchliche Gesetzbuch (*Codex juris canonici*, Art. 2335) ihre Anhänger aus der kath. Kirche ausschloß. Der Kampf der kath. Kirche gegen die F. erreichte gegen Ende des 19. Jhdt.s seinen Höhepunkt. Daß hierbei auch offensichtlich falsche Anschuldigungen im Spiel waren und unbegründete Verdächtigungen ausgestreut wurden, machte der sogenannte Taxil-Schwindel deutlich. Leo Taxil (1854–1907), Pseudonym für Gabriel

Leo Taxil (Bild) verdächtigte selbst Papst Pius IX., „Freimaurer" zu sein.

Antoine Jogand Pages, Buchhändler und Journalist, diskreditierte durch seine Veröffentlichungen sowohl die katholische Kirche als auch die F. Zunächst publizierte er antiklerikale Artikel und Schriften, die durch ihre Obszönitäten als pornographisch bezeichnet werden müssen: *Les Amours secrètes de Pie IX.*, *Les Maîtresses de Pape, Les Mystères des Semonaires etc.* 1881 trat er einer F.loge bei, wo er es bis zum Lehrling brachte. Nach kurzer Zeit wurde er wieder ausgeschlossen. Von nun an gab er vor, ein überzeugter Katholik geworden zu sein, dessen Lebensaufgabe als Schriftsteller die Bekämpfung der F. sei.

1885 erschien *Revelations completes sur la France Macomerie* in 4 Bden. Er versuchte den Nachweis zu erbringen, daß die Freimaurer den Teufel mit sexualmagischen Praktiken verehrten, die er als „Palladismus" bezeichnete. Sicherlich war nicht alles frei erfunden, denn es gab zu dieser Zeit in der Tat einen ► Satanismus (► Boullan, ► Vintras), der auch praktiziert wurde. Da sich dieses Buch sehr gut verkaufte, folgte 1886 *Les Mystères de la France-Maconnerie.* Taxil wurde sogar von Papst Leo XIII. in Rom empfangen. Selbst Papst Pius IX. verdächtigte er, ein „Freimaurer" zu sein. Zusammen mit ► Bataille (B.) erfand er die Palladistin Diana Vaughan, deren Memoiren er 1895–1897 veröffentlichte. Sie wurde angeblich 1874 als Tochter des Teufels Bitru geboren und mit zehn Jahren dem Teufel ► Asmodeus geweiht, mit dem sie viele Reisen durch die Luft unternommen haben soll. Sie bereiste angeblich mit ihm den Planeten Mars und andere Sterne und war nach Taxil und Bataille sein Sprachrohr. Seit ihrem 14. Lebensjahr sei sie, so Bataille und Taxil, aktive Freimaurerin gewesen. Taxil gelang es, daß viele Katholiken an die Existenz der Diana Vaughan glaubten und für ihr Seelenheil beteten. Ihre Rückkehr zum kath. Glauben bereitete Taxil geschickt vor, indem er 1895 verkündete, Diana Vaughan, die Braut des Asmodeus, habe sich vom Satanismus losgesagt und lebe jetzt in einem geheimen Kloster, damit die Freimaurer sie nicht töten könnten. Zwar hielt sich der Vatikan mit offiziellen Verlautbarungen bedeckt, aber der Papst ließ dieser „edlen Frau" seinen Segen übermitteln. 1896 fand auf Anregung Taxils ein Anti-Freimaurerkongreß in Triest statt, an dem mehrere Kardinäle und 36 Bischöfe teilnahmen. Auf diesem Kongreß wurde auch über die Existenz der Diana Vaughan diskutiert. Man kam aber zu keinem einhelligen Urteil. Ostern 1897 erklärte Taxil in Paris völlig überraschend, er habe Diana Vaughan und den angeblichen Teufelskult der F. erfunden. In ähnlichem Sinne hatte sich schon vorher sein Mitstreiter ► Bataille geäußert.

Seit dem Ende des Ersten Weltkrieges kam es zu zunächst zaghaften Dialogen zwischen Freimaurern und Vertretern der kath. Kirche, die nach dem Zweiten Weltkrieg fortgesetzt wurden. Dieser Dialog fand 1983 seinen Abschluß in einer Neufassung des kirchlichen Gesetzbuches, das die F. nicht mehr erwähnt. Aber zur gleichen Zeit ließ die Kongregation für die Glaubenslehre in Rom verlauten, daß die F. mit der Lehre der kath. Kirche unvereinbar sei. Eine Mitgliedschaft von Katholiken in freimaurerischen Vereinigungen sei mit dem kath. Glauben unvereinbar.

Die „Teufelsbraut" Diana Vaughan, die im im Alter von zehn Jahren dem Teufel Asmodeus (Bild) geweiht worden sein soll, ist eine Erfindung Taxils.

FÜRSTENTÜMER

Griech. archái, lat. principatus: Bez. für eine Gruppe von Engeln (Nisroc, Haniel, Requel, Cerviel, Amael), die in der neunstufigen ► Engelhierarchie zu der unteren Dreiergruppe gehört. Bei ► Pseudo-Dionysios nehmen sie den siebten Platz ein. Wie ihr Name schon sagt, stehen die Reiche und Städte der Menschen unter ihrer Obhut. Sie beschützen auch die Religion.

FURCAS

Ein Dämon (► Pseudomonarchia daemonum); er erscheint in der Gestalt eines grausamen alten Mannes mit einem langen Bart und ungepflegten Haaren, der auf einem Pferd reitet und einen Speer in der Hand hat.

G

GAAP

Ein Dämon (► Pseudomonarchia daemonum), dessen König Amaymon ist. Er erscheint in menschlicher Gestalt, begleitet von vier Königen, wenn die Sonne im Süden steht (► Mittagsdämon). Er lehrt Philosophie, die Sieben Freien Künste wie Grammatik, Logik etc., weckt Liebesgefühle und beanwortet Fragen wahrheitsgemäß, die sich auf die Vergangenheit und Zukunft beziehen. Er kann nach dem Willen eines Magiers Menschen an jeden Punkt der Erde transportieren.

GABRIEL

Hebr.: Gott hat sich stark gezeigt, Stärke Gottes, auch Vertrauter Gottes. Neben ► Michael ist G. einer der höchstrangigen Engel (Erzengel), die in der Bibel direkt mit Namen angesprochen werden. Im AT ist G. der Schutzengel Israels. In der Kabbala erscheint er in der Funktion des Lehrers des Patriarchen Joseph. Die Muslime glauben, daß Mohammed, der Prophet Allahs (570–632), durch die Vermittlung des Erzengels G. die göttlichen Offenbarungen niederschreiben konnte, aus denen dann der Koran wurde. In der Bibel wird G. (Mt. 1,2 und Lk. 1,26) mit dem Hl. Geist gleichgesetzt. ► Islamische Engel

Die Riten der Coven haben Ähnlichkeit mit denen der Schwarzen Messe.

GAMYGYN

Ein Dämon (► Pseudomonarchia daemonum); er nimmt zunächst die Gestalt eines kleinen Hundes an, dann verwandelt er sich in einen Menschen. Er lehrt die Sieben Freien Künste und offenbart Neuigkeiten der Seelen derjenigen Menschen, die in Sünde gestorben sind.

GARDNER, GERALD BROUSSEAU

1884–1964; engl. Geschäftsmann, Archäologe, Buchautor, Forscher und Praktiker der Magie, Sektengründer und Leiter eines Hexenmuseums in Castletown (Isle of Man). In seinen Büchern *High Magic's Aid*, (1949), *Witchcraft today* (1954), *The Meaning of Witchcraft* (1959) sowie *Book of Shadows* vertrat er in an Anlehnung an ► Murray die Meinung, daß die Hexerei eine uralte heidnische Religion ist, die älter als das Christentum sei. Zentrum des Kultes sei die Verehrung der Großen Mutter, einer Fruchtbarkeitsgöttin, und des ► gehörnten Gottes, des Symbols der Stärke. Diese Religion sei auch von den ersten Einwohnern Englands praktiziert worden. Zahlreiche Sagen von Feen, Elfen und Zwergen legen den Schluß nahe, daß diese Ureinwohner Pygmäen gewesen seien, die von fremden Eindringlingen in entlegene Schlupfwinkel getrieben wurden. Im geheimen sollen die Nachkommen dieser Pygmäen ihre alte Religion bis in die Gegenwart weiter ausgeübt haben.

G. behauptet, im Jahre 1939 von einer Hexe namens Dorothy Clutterbeck (1880–1951) in einen Coven aufgenommen worden zu sein, die im New Forest eine geheime Hexengruppe leitete und dort auch ihre Zusammenkünfte abhielt. Seine Mitarbeiterin ► Valiente wies 1982 nach, daß es diese Hexe tatsächlich gab. 1946 traf G. mit Aleister ► Crowley zusammen, dessen Lehren für den von G. nach 1951 (Aufhebung des Gesetzes gegen Zauberei in England) ins Leben gerufenen Hexenkult Wicca (altengl. für Hexe) von großer Bedeutung wurden und G. vor allem die Rituale lieferten.

Im ► Book of Shadow behauptet G., daß der ► Satan in dieser uralten Hexenreligion nicht verehrt worden sei. Der gehörnte Gott sei nämlich ein uralter Fruchtbarkeitsgott, den die Römer unter dem Namen Dianus oder Janus gekannt hätten. Er symbolisierte den Zyklus der Jahreszeiten und Ernten, und durch die für ihn vollzogenen Riten sollte die Fruchtbarkeit der Erde gewährleistet werden. Obgleich die Verbindung des gehörnten Gottes mit dem Satan der christl. Lehre nur durch die äußerlichen Merkmale hergestellt werde, hätten die Hexen oft bewußt die Verwechslung unterstützt, weil sie dadurch ihre Macht erhöhen wollten oder durch die ► Folter zu diesem Eingeständnis erpreßt worden seien. An der Spitze der aus zwölf Personen bestehenden Gruppen (Coven) steht eine Hohepriesterin. Eine wichtige Rolle spielen die Hauptfeste: Candlemas (Lichtmeß: 2. Februar), Beltane (Walpurgisnacht: 1. Mai), Lammas (Erntedankfest: 1. August) sowie Halloween oder Samhain (31. Oktober).

Vor dem Samhain fand das Lugnasad statt, ein Erntefest bzw. Dankopfer für „gute Ernte und Frieden". Die Riten haben Ähnlichkeit mit denen der ► Schwarzen Messe. Die Coven-Versammlungen finden unter freiem Himmel statt. Die Hohepriesterin steht in der Mitte eines mag. Kreises und ruft die Große Göttin und den gehörnten Gott an, um in deren Körper einzudringen. Der Große Ritus wird in acht Stufen vollzogen:

1. Trance, damit der Anhänger ein Maximum an seelischer Energie sammelt.
2. Meditation.
3. Auspeitschung, wodurch der Geist gereinigt und geklärt werden soll.
4. Trinken von Wein, um einen ekstatischen Zustand zu erreichen.
5. Tanz, um den Trancezustand noch zu steigern.
6. Aufsagen von Zaubersprüchen.
7. Fesselung. Sie betont die enge Verbindung der Hexen untereinander.
8. Geschlechtsakt, der darstellen soll, daß die Geschlechtskraft des Mannes der Schöpferkraft des höchsten Gottes entspricht

1951 gründete G. in Castletown auf der Insel Man ein Museum für Hexerei. Nach seinem Tod wurde dieses Museum von Monique Wilson, die sich Königin der Hexen nannte, weitergeführt. In der Folgezeit wurde der Wicca-Kult von Alexander Sanders, dem selbsternannten „König der Hexen", weiterentwickelt und durch neue Elemente bereichert.

Gardner (Bild) vertrat die Auffassung, daß die Hexerei eine uralte heidnische Religion sei, älter als das Christentum.

GARGOYLEN

Wasserspeier, abgel. von altfrz. gargouille: Abflußrinne. Bez. für Fabeltiere und Dämonengestalten, die an weltlichen und kirchlichen Gebäuden angebracht sind. Die bekanntesten G. befinden sich an der Kathedrale Notre-Dame in Paris. Die Funktion dieser Schreckensgestalten wird unterschiedlich gedeutet. Sie als Überreste heidnischen Glaubens anzusehen, wie es hier

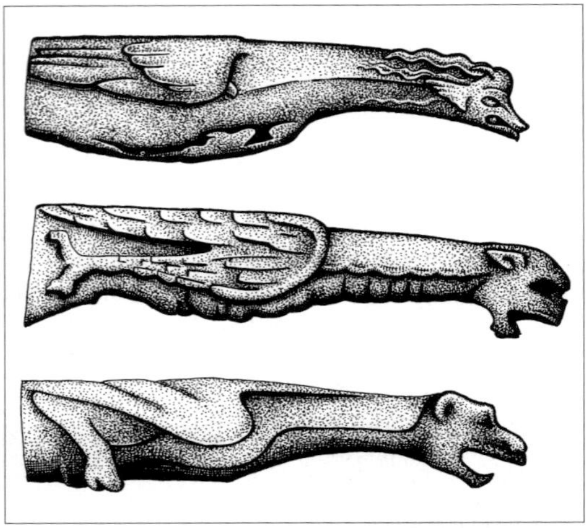

Gargoylen: Sie sollten bei den Gläubigen wohl auch die Angst vor der Hölle wachhalten. Im Bild: Gargoylen an der Kathedrale von Notre-Dame in Paris.

und da getan wird, läßt sich sicher begründen. Wahrscheinlicher ist, daß sie böse Geister abwehren bzw. bei den Gläubigen die Angst vor der ► Hölle wachhalten sollten.

GAUFRIDI, LOUIS

Gest. 1611; Pfarrer in Marseilles, der von der Nonne Madeleine de Demandolx de la Palud beschuldigt wurde, sexuelle Beziehungen mit ihr unterhalten und sie verhext zu haben. Als bei ihr und anderen Nonnen Symptome von ► Besessenheit auftraten, wurden bekannte Exorzisten herbeigeholt. Bei dieser Prozedur wurde G. von der Nonne als Hexer denunziert. 1611 kam es zu einem Prozeß, der das gleiche Ergebnis wie die ► Exorzismen erbrachte. G. wurde grausam gefoltert und verbrannt. Dieser Prozeß wurde zum Präzedenzfall für ► Grandier (1634), ► Bavent (1642) und ► Cadière (1731).

GAURICUS, LUCAS

1476–1558; ital. Astrologe, Mathematiker und Magier in Neapel. Von Papst Paul III., der ihn bewunderte, wurde er zum Bischof von Civitavecchia ernannt. Bei seinem Aufenthalt am frz. Hof wurde er wegen seiner Prophezeiung berühmt, nach der der frz. König Heinrich II. bei einem Duell an einer Augenverletzung stürbe. Dies traf ein, als der König von dem Grafen Montgomery tödlich verwundet wurde. G. stand auch mit ► Luther im Kontakt. In einer freien Interpretation der lutherischen Übersetzung der Bibelstelle Ex. 22,17 („Die Zauberinnen sollst du nicht leben lassen") kommt er zu dem Ergebnis, daß der Mensch dem Satan überlegen sei und ihn auch herbeizitieren könne. Luther gab ihm allerdings zur Antwort: „Wer den Teufel als Gast einlädt, der wird ihn nicht mehr los."

GEHEIMNISSE, ÄGYPTISCHE

Ein Zauberbuch aus dem Anfang des 19. Jhdt.s, das fälschlich ► Albertus Magnus zugeschrieben wurde. Es enthält in vier Büchern eine Sammlung von Gebeten und Segensformeln. Da Albertus Magnus schon zu Lebzeiten verdächtigt wurde, ein „Schwarzkünstler" zu sein, wurde der Name „Albertus" in der späteren Zeit geradezu zum Terminus für das Zauberbuch. Im dtsch. Sprachraum wurden Schriften ähnlichen Inhalts wie die Ä. G. unter dem Titel *Der mährische Albertus* oder in Frankreich als *Grand Albert und Petit Albert* verbreitet. Diese frz. Ausgaben tauchten schon im 18. Jhdt. auf.

GEHENNA

Hebr.: gehinnon: Tal der Söhne Hinnons (Jer. 32,35). Name eines Tales südlich von Jerusalem, wo sich vermutlich eine Opferstätte des sem. Gottes ► Moloch befand. Diesem Gott wurden auch Menschenopfer dargebracht. Später wurden dort Abfälle verbrannt. Im AT wird G. als Synonym für einen feurigen Strafort gebraucht, wo Menschen mit schweren Sünden für immer, die einfachen Sünder nur ein Jahr bleiben mußten. Drei Eingänge führen nach G.: Einer befindet sich in der Wüste, der zweite unterhalb des Meeres, wo das Ungeheuer Leviathan wohnt, und der dritte in der Nähe des Paradieses. Wenn die Sünder durch diesen Eingang gehen, werden sie noch mehr Qualen erleiden, weil sie zuvor die Freuden des Paradieses gesehen haben. Etwa 90 v. Chr., als die religiösen Lehren des Judentums kanonisiert wurden, wurde die Vorstellung von der G. verworfen. Im jüd. Volksglauben blieb dieser Strafort aber lebendig und wurde vom Christentum übernommen (Mk. 9,43). Die christl. Schriftsteller beschreiben die G. als einen feurigen Ort, der aus sieben Stufen bestünde. Je nach der Schwere ihrer Verfehlungen würden die Sünder auf den einzelnen Stufen von den Racheengeln bestraft. ► Moloch

GEHÖRNTER GOTT

Im modernen Hexenwesen wird als Begleiter der Göttin, die vom ► Mond verkörpert wird, ein gehörnter G. genannt. Diese Vorstellung geht auf Alice ► Murray zurück, die annahm, daß sich hinter der Gestalt des gehörnten Teufels ein heidnischer Gott verberge, der in Westeuropa verehrt wurde. Bei den Galliern hieß dieser Gott Cerunnos, von dessen Kult nur wenig bekannt ist. Ähnlich wie ► Hekate tritt er gelegentlich mit drei Köpfen auf, und sein Symboltier ist die Schlange (► Teufel, seine Gestalt). Ein Überrest der Verehrung eines derartigen Gottes in Tiergestalt ist der heidnische Brauch, sich bei bestimmten Festen wie z. B. Neujahr als Tier zu verkleiden (► Perchta). Dieser Brauch wurde von der Kirche als „teuflisch" verdammt. ► Tierverwandlung

GEILER VON KAYSERSBERG, JOHANN

1445–1510; Theologe in Basel und Freiburg und später, von 1478 bis 1510, Prediger in Straßburg. Seine Predigten wurden von dem Prior des dortigen Franziskanerklosters, Johannes Pauli, gesammelt und veröffentlicht.

Eine Sammlung von 41 Predigten, die G. v. K. während der Fastenzeit im Jahre 1508 hielt, erschien unter dem Titel *Emeis* (Ameise). Sie erfreute sich wegen ihrer volkstümlichen Ausdruckweise und humorvollen Art großer Beliebtheit und ist eine wichtige Quelle für den Hexenglauben seiner Zeit. Die wichtigste Quelle für G. ist der *Formicarius* von ► Nider. Die Hexen könnten nach G. v. K. aus eigener Kraft keine Verbrechen verüben, sondern schlössen mit dem Teufel einen Pakt ab, der als Gegenleistung das von ihnen Gewünschte täte. Der Schadenszauber der Hexen dürfe nicht durch Gegenzauber, sondern nur durch die von der Kirche erlaubten Abwehrmittel wie ► Exorzismus etc. bekämpft werden.

Die Tatsache, daß erheblich mehr Frauen als Männer wegen Hexerei angeklagt wurden, führte G. v. K. auf ihre angeborene Leichtfertigkeit und Schwächen für die Zauberkünste zurück. Die Vorstellung der Verwandlung einer Hexe in ein Tier, wie z. B. den ► Werwolf, lehnte er strikt ab.

Geiler von Kaysersberg: Seine Predigtensammlung mit dem Titel „Emeis" ist eine wichtige Quelle für den Hexenglauben seiner Zeit.

GEIST

Germ. Wurzel gheis: schaudern, erschrecken. Bez. für ein körperloses Wesen. Man teilt die G. in zwei Hauptgruppen ein:

1. Gruppe: In von Natur aus körperlose Wesen, wie Intelligenzen, Dämonen und feinstoffliche Wesen, die ursprgl. einmal mit einem menschlichen Körper verbunden waren. So z. B. ► Totengeister, ► Gespenster oder ► Poltergeister. Besondere Formen sind: Die kopflosen G.

2. Gruppe: Hier sind einmal die Lichtgeister zu nennen. Sie werden von Menschen mit übernatürlichen Fähigkeiten (Medien) erzeugt. Zweitens die Parfümgeister: Hier sind Menschen gemeint, die einen bestimmten Duft wahrnehmen und diesen mit einer ihnen bekannten Person verbinden, die dann vor ihren Augen erscheint. Drittens die Rauchgeister: Sie sind Geister in Rauchgestalt. Von dem gewöhnlichen Rauch unterscheiden sie sich dadurch, daß sie sich nicht langsam auflösen, sondern plötzlich verschwinden. Viertens die Tiergeister: Eine Vorstellung aus der modernen Parapsychologie, die den Tieren wie den Menschen einen unsterblichen seeli-

schen Teil zuspricht. Deshalb sind auch tierische Geistererscheinungen möglich.

GEISTERBESCHWÖRUNG

Die Herbeirufung von Geistern durch mag. Mittel, Formeln, Räucherungen, Beschwörung.

GEISTERKLOPFEN

Das bei spirit. Sitzungen hörbare Klopfgeräusch im Tisch oder in der Mauer. Es wird dadurch, daß mit dem klopfenden Wesen gewissermaßen ein Alphabet vereinbart wird, sehr oft für Antworten oder Weissagungen gebraucht. Es wurde besonders in Deutschland durch das „Kloppeding" und später durch die Erfahrungen der Familie Fox in Hydesville (► Spiritismus) berühmt.

GEISTLICHES SCHILD

oder *Colomanusbüchlein* ist der Titel einer Sammlung von Segens- und Beschwörungsformeln (Erstausgabe 1647), die aus dem *Enchiridion Leonis Papae* (1525) übersetzt worden sind.

GERSON, JOHANNES

1363–1429; frz. Theologe, Prof. an der Sorbonne in Paris. Autor der Werke: *Theologia mystica et speculativa et practica*, *De examinatione doctrinarum* und *De probatione spiritum*, in denen er nachzuweisen versucht, daß es unmöglich sei, zwischen wahren und falschen Visionen zu unterscheiden. Falsch sei es, zu behaupten, daß jede Vision von Gott käme. Meistens handle es sich bei diesen Visionen nur um Phantasien des Gehirns. Deshalb warnt G. davor, den Behauptungen von Frauen zu glauben, weil sie Verführungen des Satans leichter zugänglich seien.

GESPENSTER

Abgel. von ahd. gispensti: Trugbild. Bez. für einen ► Totengeist oder einen personengebundenen Spuk (► Poltergeist). Die moderne Parapsychologie (Lehre von den okkulten Phänomenen) unterscheidet vier Hauptgruppen von Gespenstern:

- Experimentiergespenster: Die Geister noch lebender Menschen werden veranlaßt, an einem anderen Ort zu erscheinen.
- Krisengespenster: Verwandte erscheinen, wenn ein Mensch einen furchtbaren Schicksalsschlag erleidet.
- Post-mortem-Gespenster: Sie erscheinen erst nach dem Tod eines Menschen, dessen Gestalt sie annehmen.
- Echte Gespenster: Sie werden von Menschen gesehen, denen jede Verbindung zu ihnen fehlt. Meistens sind es Menschen aus früheren Zeiten. Ein Drittel aller Gespenstererscheinungen wird von lebenden Menschen verursacht.

GEWALTEN

Griech. exousía, lat. potestas: Macht, Gewalt, Reichtum. Bez. für eine Engelgruppe, die in der neunstufigen ► Engelhierarchie zu der mittleren Dreiergruppe gehört und meistens den sechsten Rang einnimmt (► Pseudo-Dionysios). Zu ihnen gehören: Camael, Gabriel, Verchiel und Satan vor seinem Sturz. Sie wachen darüber, daß die von den oberen Engelgruppen weitergeleiteten göttlichen Pläne ungestört ausgeführt werden. Außerdem haben sie die Aufsicht über die Dämonen.

GHUL

Arab. Dämon: eine Abart der ► Marid. Dieser böser Geist ißt Menschenfleisch und kann Tiergestalt annehmen oder als Mensch erscheinen. Er durchwühlt die Begräbnisplätze auf der Suche nach menschlichen Überresten und verschlingt jeden Menschen, der ihm begegnet. Nach anderen Quellen ist der G. ein dämonisches Wesen – halb Mensch, halb Tier –, das einsam in der Wüste lebt und Wanderern auflauert. G. soll einen weiblichen Dämon bezeichnen, während das männliche Gegenstück Qutrub heißt. Oft wird der G. mit dem Silat gleichgesetzt, der ein ähnliches Wesen hat.

GILLES DES RAIZ (RAIS)

1404–1440; frz. Adliger aus der Bretagne, der einer der reichsten Männer Frankreichs war. Offizier und Begleiter der ► Jeanne d'Arc; mit 24 Jahren Marschall von Frankreich.1433 zog er sich auf seine Güter zurück und beschäftigte sich mit Alchemie und Dämonologie.

Bei seinen Beschwörungen und Experimenten wurde er von dem ital. Magier Prelati, einem ehemaligen Geistlichen, unterstützt, der im Ruf stand, mit dem Teufel Kontakte herstellen zu können. G. verlor durch Verschwendung und wüste Ausschweifungen sein Vermögen.

Da der erhoffte Erfolg bei seinen Beschwörungen ausblieb, mußten bei den von ihm praktizierten ► Schwarzen Messen wohl mehr als 140 Jugendliche (vor allem Jungen) ihr Leben lassen. Außerdem soll er für den Tod von sechs seiner sieben Frauen verantwortlich gewesen sein.

Die sadistischen Praktiken werden, unter Verwertung der vorhandenen Quellen, eingehend von J. K. ► Huysmans in dessen Buch *La Bas* beschrieben. Im Jahre 1440 mußte G. sich in einem Prozeß verantworten und wurde hingerichtet. Die Volkssage und Literatur haben sich später dieses blutdürstigen Adligen angenommen. Es ist auch denkbar, daß G. dem franz. Schriftsteller Charles Perrault (1628–1703) als Vorlage für seine Märchengestalt *Ritter Blaubart* gedient hat.

Gilles des Raiz: Er soll für den Tod von 140 Jugendlichen und sechs von sieben seiner Frauen verantwortlich sein.

GINZBURG, CARLO

Geb. 1939; ital. Prof. für Geschichte. G. wies anhand eines umfangreichen Quellenmaterials nach, daß wesentliche Elemente des Hexenglaubens Überreste eines schamanistischen Totenkultes sind (Benandanti).

Werke: *Benandanti* (ital. 1966; dtsch. 1980) und *Hexensabbat* (dtsch. 1989).

GLANVILL, JOSEPH

1636–1680; Philosoph, Gegner des Aristoteles, der die Philosophie Platons neu beleben wollte, und Kaplan des engl. Königs Karls II. (1630–1685). In seinen wissenschaftlichen Veröffentlichungen versuchte er, den Hexenglauben mit Hilfe der Philosophie und der Wissenschaft zu begründen. Sein Grundgedanke war, daß derjenige, der den Hexenglauben leugne, auch die Existenz von Geistern und letztlich die Existenz Gottes leugne. Wenn man den Glauben an die Hexerei begründe, werde auch die Welt des Übernatürlichen, deren wichtigste Erscheinungsform die Hexerei sei, fest im Glauben der Menschen verankert. Als er erfuhr, daß einem Hexenrichter von der Regierung Einhalt geboten werden sollte, verfaßte er zu dessen Verteidigung eine Schrift mit dem Titel *Einen Streich gegen den heutigen Sadduzismus*, die von ► Thomasius ins Deutsche übersetzt wurde. Besonders bekannt war sein 1681 posthum erschienenes Werk *Sad(d)ucismus Triumphatus*, in dem er den Nachweis für die Existenz von ► Hexen und ► Gespenster erbringen wollte (eine seiner darin veröffentlichen Arbeiten hatte in der dt. Übersetzung von 1701 den Titel *Vollkommener und klarer Beweis von Hexen und Gespenstern).*

GLASYLALABOLAS

Ein Dämon (► Pseudomonarchia daemonum); er nimmt die Gestalt eines Hundes an, der wie ein Greif geflügelt ist. Er lehrt alle Künste, stiftet zu Bluttaten an, macht unsichtbar und offenbart die Vergangenheit und Zukunft.

GLOCKE

Dem Läuten von geweihten Glocken wird im Volksglauben die Kraft zugeschrieben, böse Geister und Hexen (Wetterhexen) abzuschrecken, die Sturm oder Gewitter verursacht haben. In den „verrufenen Nächten" wie der ► Walpurgis- (1. Mai) oder Johannisnacht (24. Juni) läuten aus diesem Grund in manchen Gegenden ununterbrochen die Glocken.

GNOSIS

Von griech. gignóskein: erkennen, kennenlernen, einsehen. Bez. für eine esot. Religionsbewegung, die ihre Blütezeit im 2. und 3. Jhdt. n. Chr. hatte. Die Grundgedanken ihrer Lehre sind dem ► Neuplatonismus, Christentum und orientalischen Religionen entnommen. Von den zahlreichen Richtungen der G. ist die bekannteste der ► Manichäismus. Die Weltentstehung nimmt ihren Anfang aus einem Urzustand, dessen Verkörperung Gott, der Inbegriff des Guten, ist. Um das Böse und alle Unvollkommenheiten in der Welt zu erklären, ist der eigentliche Weltschöpfer ein weniger vollkommenes Wesen (► Demiurg), der als Sinnbild der Unvollkommenheit und Unwissenheit dem höchsten Gott untergeordnet ist. Durch diesen Dualismus von Gut und Böse setzt sich die G. in Widerspruch zum Christentum, das das Böse aus dem Willen ableitet. Der Weltverlauf findet seine Entsprechung in der Stufenfolge von Heiden-, Juden- und Christentum. Das Heidentum ist aus gnostischer Sichtweise gleichsam das Sichtbarwerden der Materie, die, als Inbegriff alles Bösen, Gott gegenüberstünde. Die Götter der Heiden verkörperten nur Naturkräfte und die niederen, sinnlichen und bösen Triebe der Menschen. Die Heiden seien die Diener Satans und ihre Götter Dämonen, die den Menschen täuschten, um göttliche Verehrung zu erlangen. Das Judentum sei die Verkörperung des Demiurgen, der wie seine endliche Schöpfung ein Ende nehmen müsse. Weil die G. diesen Demiurgen mit dem Gott des AT gleichsetzte, kommt ein antisemitischer Grundzug in die gnost. Lehre hinein. Der ganze Weltverlauf finde seinen Abschluß im Christentum. Denn dieser Demiurg, der nur die äußerliche Gerechtigkeit kenne und als Gott der „strafenden Gerechtigkeit" bezeichnet werde, müsse es gerecht finden, daß er, nachdem er Jesus getötet habe, selbst den Tod finde. Er hätte sich mit seinen Dämonen Jesus widersetzt und einen scheinbaren Sieg davongetragen. Durch den Tod Jesu ist dem alttestamentarischen Gesetz Genüge getan. Diese drei Stufen des Entwicklungsprozesses der Welt bezeichneten die Gnostiker auch als das „Reich der Finsternis" oder Materie, als Reich der Seele, welches das Gebiet des Demiurgen ist, und als Reich des Geistes (griech. pneuma), dessen Symbol Christus ist, in welchem sich die höchste Gottheit offenbart. Die Kirchenlehrer, welche die G. entschieden bekämpften, setzten den Demiurgen mit dem ► Satan gleich und erklärten den Sieg Jesu über den Demiurgen durch die christl. Erlösungslehre. Nach Ansicht des Kirchenlehrers Irenäus (2. Jhdt.) war der Mensch durch die Übertretung der Gebote Gottes von Adam bis Christus in die Gewalt des Satans geraten. Wie die Menschen dem Demiurgen unterstünden, so hatte der Satan wegen der begangenen Sünden der ersten Menschen einen Rechtsanspruch auf die Menschen. Um die Menschen zu befreien, mußte ein Mensch, der ohne Sünde war, nämlich Jesus Christus, auftreten, der sich dem Satan entgegenstellte und ihm das einst freiwillig eingeräumte Recht über die Menschen streitig machte. Dem Satan konnte sein Recht auf die sündigen Menschen nicht mit Gewalt entrissen werden, sondern er mußte dafür einen Ersatz bekommen. Der Lösepreis war das Blut Christi. Weil Jesus sein Blut für die Menschen vergoß, wurden sie aus der Gewalt des Satans befreit und Satan selbst gefangengesetzt. Die Entmachtung Satans war zugleich auch ein Sieg über den Tod. ► Pistis Sophia, ► Barbelo-Gnostiker, ► Basilidianer, ► Ophiten

GNOSTIKER V. ORLEANS

Siehe ► Luciferianer.

GNOSTISCH-KATHOLISCHE KIRCHE (ECCLESIA GNOSTICA CATHOLICA)

gegründet von Theodor Reuß (zwischen 1913 und 1918). Das Meßbuch, das 1918 von Reuß übersetzt wurde, verfaßte ► Crowley. Die Lehren dieser neognostischen Kirche sind weitgehend von dessen Ideen bestimmt. Sie bestehen aus einer Mischung von gnost., altägypt. und ind. Weisheitslehren. Man will das reine Urchristentum wiederherstellen. Eine große Rolle spielt die Sexualmagie der gnost. Sekten. Vorbild für diese Kirche war sicherlich die Église Gnostique Universelle (► Doinel), die später Église Catholique Gnostique hieß und sich in zwei Gruppen spaltete. ► Gnosis, ► O. T. O.

GÖDELMANN, JOHANN GEORG

1559–1611; Jurist und Prof. in Rostock, der seine Vorlesung über das Hexenstrafrecht unter dem Titel *Tractatus de magis, veneficis et lamiis* (1590: Von Zauberern, Hexen und Unholden) veröffentlichte. G. vertritt die Meinung, daß die Hexen ► Schadenszauber wie das Töten von Menschen oder Tieren verüben könnten. Dafür sollten sie nach der ► Carolina mit dem Tod bestraft werden. Die Fähigkeit des Wettermachens (► Wetterhexe) spricht er ihnen ab, weil dies nur Gott möglich wäre.

Für die anderen Delikte der Hexerei, wie ► Hexenflug, ► Tierverwandlung und ► Teufelsbuhlschaft, sollten sie nicht bestraft, sondern nur darüber belehrt werden, daß es sich um „Hirngespinste" handle. Wenn sie mit dem Teufel einen Pakt abgeschlossen hätten, sollten sie eine Geldstrafe erhalten oder verbannt werden, weil sie den Einflüsterungen des Teufels erlegen seien. Die Hexenprozesse sollten nicht als Sonderverfahren geführt, sondern nach den Prozeßgrundsätzen der ► Carolina abgewickelt werden.

Der Jurist Gödelmann war der Meinung, daß Hexen durch Schadenszauber auch Menschen töten könnten.

An die Stichhaltigkeit und Glaubwürdigkeit der Belastungszeugen sollten hohe Anforderungen gestellt werden. ► Teufelspakt

GÖRRES, JOHANN JAKOB

1776–1848; Dichter, politischer Journalist und Prof. für Geschichte. Außer einigen Arbeiten über Mythologie und einem Buch über Swedenborg (1837) hat er ein monumentales Werk über die christliche Mystik veröffentlicht (*Die Christliche Mystik;* 4 bzw. 5 Bde., Regensburg, 1836–1842; Neudruck 1879, 1960 und 1990). Das Gesamtwerk gliedert sich in neun Bücher:

Bd. 1: Die natürlichen Unterlagen der Mystik (eine Art religiöse Anthropologie),

Bde. 2–5: Die christliche Mystik,

Bde. 6–9: Die dämonische Mystik (Die Bde. 7–9 enthalten wichtige Quellen zur Geschichte des Hexenwesens und der Dämonie).

G. hat in diesen Bänden ca. 1.500 Zitate aus anderen Werken verarbeitet, besonders Heiligenviten, Legenden, Ordensgeschichten, Prozeßakten etc., die auf diese Weise der Nachwelt erhalten werden konnten.

GOETIE

Griech. góaes: Zauberer, Gaukler, Betrüger. Dieses Wort hatte bei den Griechen die gleiche abschätzige Bedeutung wie das aus dem Pers. stammende Wort magos. Deshalb war G. die Bez. für eine niedere Form der ► Magie, die später als „Schwarze", „Diabolische" oder „Dämonische" Magie spezifiziert wurde.

GOLDEN DAWN ODER HERMETISCHER ORDEN DER GOLDENEN DÄMMERUNG

Engl. Bez.: Hermetic Order of the Golden Dawn; Abk. G. D. Gegründet 1883 von McGregor Mathers, Woodman und Wescott. Anlaß waren die *Cypher Manuscripts,* welche den G. D. zu dem engl. Zweig eines geheimen deutschen Rosenkreuzerordens Goldene Dämmerung machten. Dieser Orden konnte bisher nicht nachgewiesen werden. Vieles spricht dafür, daß die *Cypher Manuscripts* gefälscht sind. Am Anfang studierten die Mitglieder, die sich in ihrer Loge Isis-Urania in London trafen, Magie und Geheimwissenschaften und entwickelten Rituale für neue Mitglieder. Erst später wurden mag. Operationen durchgeführt. Der Erfolg einer mag. Handlung beruht auf der Verbindung

Blick in einen Golden Dawn-Tempel.

der mag. Vorstellungskraft (Imagination) mit dem Willen. Der auf sich selbst gestellte Wille kann nichts oder nur wenig erreichen, wenn die Vorstellungskraft nicht vorher ein bestimmtes Bild erzeugt hat. Umgekehrt muß das von der Vorstellungskraft erzeugte Bild durch die Kraft des Willens belebt und gesteuert werden, damit eine mag. Wirkung hervorgerufen wird.

Es gab folgende Gradsysteme: Magier, Meister des Tempels, Adeptus Exemptus, Adeptus Minor, Philosophus, Practicus, Theoreticus und Zelator, welche den zehn Stufen der Sephiroth entsprachen. Bald kam es zu Logengründungen: Osiris in Western Super Mare, Horus in Bradfort, Aman-Rain in Edinburgh und Ahathoor in Paris, die 1894 von McGregor Mathers gegründet wurde. 1902 hatte er den inneren Orden G. D. Ordo Rosae Rubae et Aureae Crucis gegründet. Als 1914 die Londoner Loge Isis-Urania erlosch, trat an ihre Stelle Matutina.

Neue Mitglieder, die in einer prachtvollen Initiationszeremonie aufgenommen wurden, mußten sich ihre magischen Geräte selbst herstellen: Kelch, Dolch, Scheide, Zauberstab, Schwert, Lotosstab und Rosenkreuz. Diese Gegenstände stellten Symbole dar. Die ersten vier von ihnen entsprachen den vier Elementen: Wasser, Luft, Erde und Erde. Das Schwert symbolisiert die feurigen Energien des Mars. Der Lotosstab, auf dem 14 farbige Felder als Symbole des Geistes und der Materie und die 12 Tierkreiszeichen angebracht waren, diente dem neuen Mitglied als Zepter. Das eindrucksvollste von allen Geräten war das Rosenkreuz. Die Rose, die sich in der Mitte eines mit den vier Farben bemalten und mit mag. Zeichen wie dem Penta- oder Hexagramm verzierten Kreuzes befand, hatte 22 verschiedenfarbige Blütenblätter. Nach der Herstellung mußten diese Geräte durch Murmeln, Gebete und Besprengen mit Weihwasser geweiht werden, um ihre mag. Wirksamkeit entfalten zu können.

Ordensmitglieder erhielten als Namen ganze lat. Sätze. So wurde Westcott: „Non omnis monet", Woodman: „Vicit omnia veritas", ► Crowley: „Frater perdurabo" genannt. Neben der Ausbildung eines umfangreichen Systems, zeremonieller Magie und der Übernahme von Lehren der ► Gnosis, der ► Kabbala und des Tantrismus, einer magisch-ritualistischen Richtung des Hinduismus und Buddhismus, schuf der G. D. eine tiefgründige Farbenlehre, die dazu diente, die Pforten des Geistes zu öffnen. Fünf farbige geometrische Figuren, die als Tattwas bezeichnet wurden, symbolisierten die vier Elemente Erde, Luft, Feuer, Wasser sowie den Geist:

Tattwa	*Element*	*Farbe*	*Figur*
Prithivi	Erde	gelb	Quadrat
Vayu	Luft	blaugrün	Kreis
Teja	Feuer	rot	Gleichseitiges Dreieck
Apas	Wasser	silberfarben	Halbmond (auf dem Rücken liegend)
Akasa	Geist	dunkelviolett	Eiförmiges Gebilde

Von diesen Grundtattwas lassen sich noch 20 Untertattwas bilden, indem man auf einem dieser Tattwas eine kleinere Version eines der fünf anderen Tattwas anbringt. Jedes neue Mitglied wählte sich eines dieser 25 Tattwas,

Mitbegründer des Hermetischen Ordens der Goldenen Dämmerung: McGregor Mathers.

um durch ein psychologisches Experiment die Grenzen seines Bewußtseins zu überwinden. Er starrte solange auf das von ihm ausgewählte Tattwa, bis es sich in ein Tor verwandelte, durch das er in seiner Phantasie ging, um jenseits davon eine Vision oder einen Tagtraum zu erleben. Wenn diese psychologische Technik beherrscht wurde, versuchte man diese Visionen bzw. Tagträume mit Hilfe der 22 Karten des ► Tarot zu erreichen. Für die Herstellung von ► Amuletten und ► Talismanen gab es genaue Vorschriften, mit denen der Magier seinen Willen auf diese Gegenstände überträgt. Ein Talisman, der zur Heilung dienen sollte, mußte alle Symbole des Gottes Jupiter enthalten; als Material durfte nur Zinn oder amethystfarbiger Pergament, wenn der Talisman gezeichnet werden soll, benutzt werden. Dann schneidet man das Material in Scheibenform und formt daraus ein Quadrat. Darauf werden mag. Figuren gezeichnet, die Jupiter entsprechen. Jetzt muß der Magier diesen Talisman mit der Kraft des Jupiters besetzen, indem er Beschwörungsformeln ausspricht, die mit Jupiter in Verbindung stehen. Die Instruktionen an die Mitglieder erfolgten durch geheime Manuskripte (Flying Rolls). Als ► Crowley 1898 in den Orden aufgenommen wurde, kam es zum Konflikt mit McGregor Mathers, der 1911 ausgeschlossen wurde. Die wesentlichen Grundzüge der geheimen Lehre des G. D. sind durch das vierbändige Werk *Das magische System des Golden Dawn* (1937), das von Israel Regardie herausgegeben wurde, bekannt geworden.

GOMORY

Ein Dämon (► Pseudomonarchia daemonum); er erscheint als schöne Frau mit Krone. Seine Fähigkeiten bestehen in der Kenntnis der Vergangenheit und Zukunft. Außerdem weckt er Liebesgefühle.

Der Dämon Gomory kennt die Vergangenheit und die Zukunft.

GOTHIC-SUBKULTUR

Bez. für eine Lebensform, die häufig fälschlicherweise mit dem ► Satanismus gleichgesetzt wird. Ursprgl. bezeichnet „gothic" in Verbindung mit dem „Schauerroman" eine Romangattung, die Ende des 18. Jhdt.s in Mode war und durch die Wahl des Handlungsortes (einsame, öde, düstere Orte, wie Klöster, Burgen oder Grüfte) und durch ungewöhnliche und extravagante Titelhelden (Dracula, Frankenstein etc.) beim Leser einen Gruseleffekt erzielen wollte. Die Verbindung der G.-S. mit dieser, als „Schwarze Romantik" bezeichneten Literaturrichtung

Gothic und Satanismus haben viele gemeinsame Symbole.

ist nur äußerlich. Wer zu dieser G.-S. gehören will, trägt schwarze Kleidung, Silberschmuck (► Wicca-Kult, ► Hexen, Moderne) und als Frau schwarzes Make-up. Diese Lebensform enthält auch nekrophile Züge, da der typische Vertreter dieser Richtung durch seine Lebensumstände die Nähe zu den Toten sucht, indem er seine Zimmer schwarz ausstaffiert oder seinem Bett die Form eines Sarges gibt etc. Wenngleich die G.-S., die sich aus New Yorker Musikgruppen der 1970er Jahre entwickelt hat, keine ablehnende Haltung gegenüber dem Christentum einnimmt, kann der Übergang zum ► Satanismus aufgrund zahlreicher gemeinsamer Symbole leicht vollzogen werden. ► Teufel (in der Musik)

GOTHOS

Siehe ► Fraternitas Saturni.

GRAND GRIMOIRE

Titel zweier Zauberbücher: 1. ► *Der wahrhaft feurige Drachen.* 2. *Le Grand Grimoire avec grande Clavicule de Salomon et la magie noire ou les forces infernales du Grand Agrippa*, 1702. Als Autor dieses Handbuches der ► Schwarzen Magie wird der sonst unbekannte Antonio Venitiana de Rabina genannt. Dieses zweiteilige Werk enthält im ersten Teil die Anrufung des „Lucifuge Rofocale“ (Der Lichtflieher Luzifer), womit ► Luzifer bezeichnet wird. Der zweite Teil, der als „Sanctum regnum“ betitelt ist, beschreibt die Riten, die bei Pakten mit Dämonen vollzogen werden müssen.

GRANDIER, URBAIN

1590–1634; Priester in Loudun. Die Superiorin des dortigen Ursulinenklosters, Jeanne des Anges, interessierte sich sehr für G., den Beichtvater ihres Klosters. Als sie bei ihm nicht den gewünschten Erfolg hatte, traten bei ihr Besessenheitssymptome auf; sie behauptete, der Satan habe von ihr Besitz ergriffen. Ihr Plan war es, G. auf die gleiche Weise ins Verderben zu stürzen wie den Pfarrer ► Gaufridi. Zunächst unternahmen die Behörden nichts, weil ärztliche Untersuchungen für eine ► Besessenheit keinerlei Anhaltspunkte lieferten. Doch der Superiorin und den Feinden G.s gelang es, den Staatsrat Laubordment anläßlich eines Besuches in Loudun für sich einzunehmen. Er informierte Kardinal Richelieu (Armand Jean du Plessis, Herzog von Richelieu; 1585–1642) über die Besessenheit der Superiorin, der daraufhin ein Untersuchungsverfahren gegen G. einleitete. Durch Intrigen wurden zwei Dokumente beschafft, die angeblich bewiesen, daß G. mit dem Satan einen Pakt geschlossen habe. Man machte ihm den Prozeß, und er wurde zum Tode verurteilt. Ohne, wie sonst üblich, vorher erdrosselt zu werden, wurde er bei lebendigem Leib verbrannt. Die Geschichte wurde mehrfach schriftstellerisch behandelt – so z. B. von Aldous Huxley, *Die Teufel von Loudun*, 1952) – und auch verfilmt. ► Teufelspakt

GREMLIN

Bez. für einen Geist, der vor dem Zweiten Weltkrieg von engl. Fliegern erfunden wurde. Er wird für die Schäden an Flugzeugen verantwortlich gemacht.

GRILLANDUS, PAULUS

16. Jhdt.; ital. Jurist, Theologe und päpstlicher Richter in Rom. Seine Erfahrungen bei den Hexenprozessen verarbeitete er in seinem 1536 erschienenen Werk *Tractatus de Hereticis et Sortilegiis* (Abhandlung über Häretiker und Hexen). Er behandelt darin die Dämonologie und die einzelnen, den Hexen zur Last gelegten Delikte, wie ► Teufelspakt, ► Schadenszauber, ► Hexenflug, ► Hexensabbat und ► Teufelsbuhlschaft. Nach Abschluß des Paktes mit dem Teufel bekommt die Hexe einen Schutzteufel zugewiesen,

Dem Louduner Priester Urbain Grandier wurden Intrigen zum Verhängnis. Zum Tode verurteilt, wurde er bei lebendigem Leib verbrannt.

der sie niemals verläßt und ihr alle Dinge zuteilt, die sie sich wünscht. Bemerkenswert ist aber die Feststellung von G., daß eine Hexe niemals auf frischer Tat ertappt worden sei.

GRIMM, JAKOB

1785–1863; dtsch. Sprach- und Literaturwissenschafter. Er begründete die germ. Sprachwissenschaft und die dt. Philologie sowie die germ. Altertumswissenschaft. Gab mit seinem Bruder Wilhelm (1786–1859; dtsch. Literaturwissenschafter) die *Kinder- und Hausmärchen* (2 Bde.; 1812–1815) heraus und zwischen 1816 und 1818 die *Deutschen Sagen*, ebenfalls in zwei Bde. Neben vielen anderen Werken, wie *Deutsche Grammatik* (1819), *Deutsche Rechtsalterthümer* (1828), *Weisthümer* (1840–1878; eine Sammlung bäuerlicher Rechtsquellen in sieben Bänden) usw., veröffentlichte er 1835 die *Deutsche Mythologie*. In diesem Werk vertrat er die Ansicht, daß das Hexenwesen aus dem dt. Altertum stammt. Die Deutschen verfügten über ein ausgebildetes Zauberwesen und kannten schon Zauberer, besonders aber „weise Frauen", die sich auf dem Gebiet der Magie und der Weissagung betätigten. Für zahlreiche Vorstellungen des Hexenglaubens, die aus der Vorstellungswelt anderer Völker, besonders aus der antiken Mythologie und Religion nach Deutschland eingedrungen sind, suchte er nach Entsprechungen im germ. Volksglauben.

So sind die Tage, an denen angeblich die ► Hexen ihre Flüge (► Hexenflug) unternehmen, laut G. ursprgl. nichts anderes als germ. Opfer- und Gerichtstage gewesen, wie z. B. der 1. Mai (► Walpurgisnacht), der 24. Juni (Johannisnacht) und der 24. August (Bartholomäustag). Und die Versammlungsplätze der Hexen waren Orte, wie z. B. der Brocken, wo heilige Opferhandlungen für den Gott Wotan oder Odin, den obersten Gott der Germanen, stattfanden, bzw. alte Gerichtsplätze.

G. ging davon aus, daß die altgerm. Götter, auch als das Christentum schon vorherrschende Religion war, noch angebetet und die altgerm. Rituale noch vollzogen wurden. Daraus schloß G., daß die Christen aus diesem Nebeneinander der beiden Religionen falsche Schlüsse gezogen haben. So hätten sie beispielsweise die rituellen Handlungen der Frauen an den Opferstätten der altgerm. Götter als nächtliche Fahrten durch die Luft zu den Versammlungsstätten von Hexen fehlinterpretiert – auf diese Weise habe das Christentum selbst die Vorstellung eines Hexenflugs geschaffen. ► Hexen, ► Hexensage

GRIMOIRE

Von frz. grammaire: Grammatik, Sprachlehre. Diese Bez. für ein ► Zauberbuch wird in älteren mag. dtsch. Texten benutzt.

GRIMORIUM VERUM

Name eines ► Zauberbuches, das angeblich 1517 von einem Ägypter namens Ali Beg in Memphis (Ägypten) publiziert wurde. Vermutlich ist es aber erst im 18. Jhdt. entstanden. Es lehnt sich an den Schlüssel Salomos (► Clavicula Salomonis) an. Der 1. Teil beschreibt Charakter und Siegel der Dämonen, die mit denen des ersten Teils (Goetia) von dem ► Lemegeton übereinstimmen, der 2. Teil die übernatürlichen Kräfte, welche die Dämonen vermitteln können, und der 3. Teil die Anwendung.

GRUFTIE

Abgel. von Gruft; umgangsprachliche Bez. für Menschen, die in der ► Gothic-Subkultur leben oder diese Lebensform praktizieren.

GUAITA, STANISLAS DE

1861–1897; frz. okkult. Schriftsteller, einer der wichtigsten Vertreter des frz. ► Satanismus des 19. Jhdt.s und Gegner von ► Boullan. Man bezeichnete ihn als einen würdigsten Nachfolger von Eliphas ► Levi. Während seines Studiums in Paris, wo er ► Baudelaire kennenlernte, beschäftigte er sich mit ► Magie, Mystik, Okkultismus und der ► Kabbala. Zusammen mit Joséphin Péladan gründete er in den 80er Jahren einen Rosenkreuzerzirkel, der später den Namen „Ordre kabbalistique de la Rose-Croix" führte. Seine Lehre faßte er 1890–95 in dem zweibändigen Werk *Essais de Sciences Maudites* (Versuche über die verfluchten Wissenschaften) zusammen.

Der erste Band behandelt die Freimaurer und die Rosenkreuzerbewegung. Der erste Teil des zweiten Bandes, der den Untertitel „Schlange der Schöpfung" führt, beschäftigt sich mit den Hexenprozessen und den zeitgenössischen Satanisten wie ► Vintras und ► Boullan. Dieses Buch war u. a. der Anlaß, daß G. mit Boullan bis zu dessen Tod eine heftige Auseinandersetzung führte, in der sich beide gegenseitig des Satanismus bezichtigten. 1895 erschien ein umfangreicher zweiter Teil („Schlüssel der Schwarzen Magie"), der nicht nur die Geschichte der Magie, sondern auch Fragen der Kabbala, Alchemie und Religion behandelt.

GUAZZO, FRANCESCO-MARIA

Auch Guaccius; geb. um 1570; ital. Dämonologe, verfaßte das Buch *Compendium Maleficarum* (1608). Es ist reich mit Holzschnitten illustriert, welche die Vorstellungen von Hexen in dieser Zeit zeigen, wie z. B. den Luftritt zum Hexensabbat, die Darreichung eines Säuglings an den ► Teufel usw. Er beschreibt darin auch ausführlich das Ritual, dem sich eine Frau unterziehen muß, bevor sie eine ► Hexe wird. Sie muß dem christlichen Glauben abschwören, sich im Namen des Teufels taufen lassen und erhält einen neuen Taufnamen und einen neuen Taufpaten. Durch die Berührung durch den Teufel wird die Wirkung der christlichen Taufe aufgehoben. Sie leistet dem Teufel einen Treueeid, während sie

Der französische Schriftsteller Stanislas de Guaita (Bild) faßte seine langjährigen Forschungen in seinem Buch „Essais de Sciences Maudites" zusammen.

Joséphin Péladan (Bild) gründete mit Stanislas de Guaita einen Rosenkreuzerzirkel, der später den Namen „Ordre kabbalistique de la Rose-Croix" führte.

in einem mag. Kreis steht, und übergibt ihm als Zeichen der Unterwerfung ein Kleidungsstück von ihr. Außerdem verspricht sie dem Teufel, Kinder zu opfern und ihm jährlich einen Tribut an schwarzfarbigen Gaben zu entrichten. Sie gelobt auch, alle Reliquien zu vernichten und das Sabbatgeheimnis zu bewahren. Sie erhält dann ein Teufelsmal, und ihr Name wird in das Buch des Todes eingetragen. Aber G. wandte sich gegen die These, daß die Luftfahrt zum Sabbat und der Sabbat selbst nur Einbildungen der Frauen seien, die der Teufel hervorrufe. Als Beweis führte G. an, daß die Hexen sofort vom Sabbat verschwinden, sobald der Name Jesu ausgesprochen wird. Dies könnten sie nicht, wenn der Hexensabbat nur eine Einbildung wäre. Richtig ist, so sah es G., daß der Teufel die Hexen auf seinem Rücken zu diesen Versammlungen bringe bzw. die Hexen auf einem Tier oder Gegenstand dorthin reiten würden. ► Hexenflug

GUI, BERNARDO

1261–1331; frz. Inquisitor, der im Gebiet von Toulouse tätig war. G. ließ in seiner 17jährigen Tätigkeit über 637 Hexen hinrichten. Sein Handbuch der ► Inquisition mit dem Titel *Practica Inquisitionis haereticae pravitatis* (1306) fand weite Verbreitung. Jedes Inquisitionsverfahren mußte mit einer Predigt vor dem Volk eröffnet werden. Die Beschuldigten kamen in Kerker (casa santa: heiliges Haus), die in den Gebäuden der früher Hingerichteten eingerichtet wurden. G. riet auch dazu, die Leichen von Personen, die nachträglich noch als Ketzer erkannt wurden, auf dem Schindanger, der Begräbnisstätte der Hingerichteten, zu verbrennen. Um einem Beschuldigten ein Geständnis zu entlocken, soll man ihm zum Schein Gnade versprechen. G.s Handbuch enthält zahlreiche Einzelheiten über die von den Zauberern praktizierten Techniken. Einer breiteren Öffentlichkeit wurde er als Gegenspieler des William von Baskerville in Umberto Ecos Roman *Der Name der Rose* (1980) bekannt, der von dem frz. Filmregisseur Jean-Jacques Annaud 1986 verfilmt wurde. Die Rolle des G. spielte der amerik. Filmschauspieler Fahrid Murray Abraham.

GUSION

Ein Dämon (► Pseudomonarchia daemonum); er hat eine hundeköpfige Gestalt. Seine Fähigkeiten sind: Kenntnis der Vergangenheit und Zukunft, Versöhnung mit den Feinden und die Verleihung von Ämtern und Ehren.

H

HAAG, HERBERT

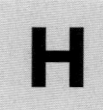

Geb. 1915; führender kath. Theologe, der an der Universität Tübingen lehrte. H entwarf ein völlig neues Bild vom Teufel, das von der offiziellen kath. Theologie abweicht. ► Satan, ► Teufel

HABAKUK

Als Beweis, daß gute und böse Dämonen einen Menschen durch die Luft tragen können, wird in der dämonologischen Literatur, die sich mit dem ► Hexenflug befaßt, auf die im apokryphen Schrifttum thematisierte Entführung H.s durch einen Engel verwiesen (Vom Bel zu Babel, 32 ff.). Der hl. Hieronymus (4. Jhdt.) vertrat die Ansicht, daß diese Stelle unecht sein müsse, weil von einem vergleichbaren Ereignis im AT nichts berichtet wird. Die mittelalt. Kommentatoren wie ► Albert Magnus versuchten eine natürliche Erklärung zu finden. Nach dessen Ansicht wurde der Luftflug durch einen starken Orkan verursacht, den der Engel hervorgerufen habe. Andere Kommentatoren verglichen den Luftflug H.s mit Henochs Entrükkung (Hebr. 11,5) oder Elias' Himmelfahrt (2. Kön. 2,11). ► Hexenflug

HADES

Griech. Myth.; anderer Name Pluto. H. hat in der Myth. zwei Bedeutungen: Erstens bezeichnet H. einen Unterweltsgott, nämlich den Sohn des Kronos und der Rhea. H. war ein verhaßter Gott, weil er niemanden mehr aus der Unterwelt herausließ. Aber er war auch Magier und Zauberer, weil ihm die Kyklopen aus Dankbarkeit eine Tarnkappe gegeben hatten. Die Gleichsetzung mit Pluto, dem Gott des Reichtums, erklärt sich aus der Vorstellung, daß in der Erde ein großer Reichtum ruhen müsse, weil alljährlich aus ihr die Vegetation von neuem entsteht (► Demeter). Zweitens wird mit H. die Unterwelt bezeichnet, die unter der bewohnten Erde liegt, und zwar in der gleichen Ausdehnung, in der sich über die Erdoberfläche der Himmel spannt. Zahlreiche Schluchten und Höhlen führten hinab; der eigentliche Eingang lag indessen im fernen Westen, jenseits des Okeanos, wohin die Strahlen des Helios nicht mehr drangen und wo sich das irdische Licht mit dem ewigen Dunkel der Unterwelt berührte; jenseits des Okeanos war alles in Nebel gehüllt. Dort im Norden wohnte das fabelhafte Volk der Kimmerier, das nie die Sonne erblickte. Nach dem Eintreten in die Unterwelt müssen sich die Seelen einem Totengericht unterwerfen: Der gerechte Minos, sein Bruder Rhadamanthys und der Pförtner Aiakos sind die Totenrichter. Von der Stätte des Gerichts führt ein Scheideweg weiter: Die Seelen, die als rein befunden worden sind, trinken von dem Quell der Lethe und gehen ins Elysion ein, das auf den Inseln der Seligen liegt; die Sünder hingegen werden in den Tartaros hinabgestoßen, wo sie ewige Qualen erdulden müssen. Weit geöffnet ist das Tor des H., um die Scharen der von Hermes geführten Seelen zu empfangen. Derjenigen Seele aber, die einmal eingegangen ist, ist jede Rückkehr gegen den Willen des H. unmöglich: Am Tor liegt der furchtbare Kerberos, und rings um die Unterwelt fließen schreckliche Ströme – so z. B. der dunkle Styx, von welchem der Strom des Heulens, der Kokytos, zum Wehestrom hinüberführt; sowie der Acheron, der mit seinem Nebenfluß Pyriphlegheron – dem Flammenstrom – in den Acherusischen See mün-

Unterweltgott Hades: Aus seinem Totenreich kam niemand mehr heraus.

det und die Grenze der Unterwelt bildet. Der Fährmann Charon fährt zwar alle Seelen, deren Körper beerdigt wurden, gegen ein Fährgeld auf seinem kleinen Schiff über den Styx. Wer kein Fährgeld vorweisen kann, muß ewig auf dem diesseitigen Ufer des Flusses bleiben. Nur wenn er dem Totenführer Hermes entfliehen kann, besteht die Möglichkeit, daß er sich durch einen Hintereingang einschleicht.

HAGENTI

Ein Dämon (► Pseudomonarchia daemonum); er hat die Gestalt eines riesigen Stiers. Neben der Weisheit besitzt er die Fähigkeit, Metalle in Gold zu verwandeln.

HALLOWEEN

Von engl. all hallow's eve: Bez. für den 31. Oktober in England und Amerika. Dieser Tag bezeichnete bei den Kelten das Ende des Sommers und den Beginn des Winters (Eve of Samhain). An diesem Tag wurden Feuer angezündet, und man zog in Kostümen und Masken umher. Später deutete ihn die Kirche in einen Festtag für alle Heiligen um. Im modernen Hexenglauben ist er einer der Sabbate.

Nach Deutschland wurde dieser Brauch durch US-Soldaten gebracht. Jedes Jahr findet aus diesem Anlaß z. B. auf der Burg Frankenstein bei Darmstadt (Hessen) eine große Feier statt.

HALPAS

Ein Dämon (► Pseudomonarchia daemonum), der die Gestalt einer Taube hat. Er zündet Städte an und schickt Menschen in den Krieg.

HAND, HERRLICHE

Der Hand einer Leiche, meistens von einem Erhängten, werden in Zauberbüchern (► Geheimnisse, Ägyptische) als Wahrzeichen des Teufels mag. Kräfte zugeschrieben.

Jeder, der eine derartige Hand sieht, erstarrt oder ist auf der Stelle tot. Manchmal werden auch Nachbildungen einer Hand benutzt, deren Daumen, Ring- und Mittelfinger auf die Handfläche gebogen waren, während der Zeigefinger und der kleine Finger wie Hörner nach oben zeigten.

HANIEL

Hebr.: Herrlichkeit Gottes oder Gott sieht; Name eines Erzengels, der Henoch in den Himmel trug. Ihm sind das Tierkreiszeichen Steinbock, der Planet Venus und der Monat Dezember zugeordnet.

HARTLIEB, JOHANNES

1403–1464; Leibarzt von König Albrecht III. von Bayern und seines Sohnes Sigmund. Als man eine Hexe hinrichten wollte, holte er sich die Erlaubnis ein, diese Frau in Gegenwart des Inquisitors über ihre Kunst, Regen und Hagel zu machen (► Wetterhexe), befragen zu dürfen. Als er jedoch erfuhr, daß diese Kunst nicht erlernt werden könne, ohne Gott zu verleugnen und sich dem Teufel hinzugeben, verzichtete er darauf. 1456 veröffentlichte er das *Buch der verbotenen Künste*, das den Volksaberglauben seiner Zeit zusammenfaßt. Die ► Nigromantie, die er mit der ► Nekromantie verwechselt, ist für ihn der Überbegriff aller „bösen Künste". Andere Künste seien die „Geomantie" oder Punktierkunst, die in Sand oder Ton gestochene Punkte unter astrologischen Gesichtspunkten zu deuten versucht, und die Hydromantie, die Bilder auf der Wasseroberfläche interpretiert. Ferner spricht H. die Aeromantie an, die Wolken und andere atmosphärische Erscheinungen für Weissagungen benutzt, sowie die Pyromantie, worunter die Deutung der Zukunft durch die Formen des Feuers und der Asche verstanden wird. Die Chiromantie, die Kunst des Handlesens, wird von H. in einem eigenen Buch behandelt. ► Inquisition, ► Hexenprozesse

HARUT UND MARUT

Namen arab. Engel, die als Urheber der Zauberei und Magie gelten. ► Engel, islamische

HAUSVÄTERLITERATUR, MAGISCHE

Bez. für Schriften, die Ratschläge (Krankheiten, für Hof und Stall, Jagdrezepte, Liebes- und Ehezauber, Diebesbann etc.) für den Familienvater in schwierigen Fällen enthielten. Diese Werke wurden häufig aufgelegt und erfreuten sich bis in unsere Zeit hinein einer großen Verbreitung. Hierzu gehören die ► Ägyptischen Geheimnisse und das ► 6. und 7. Buch Moses.

HEKATE

Griech: die Fernwirkende; auch von griech. hekatón abgeleitet: hundert. Dies deshalb, weil H. ihren Verehrern eine hundertfache Ernte bringt. Ursprgl. eine Mondgöttin, deren Kult von Kleinasien nach Griechenland gekommen ist. Sie wird, wie ► Artemis, als Göttin der Geburtshilfe und wie Apollon als sühnende und heilende Gottheit verehrt. Doch diese Funktion verlor sie allmählich. Im Volksglauben der Griechen wird das Unheimliche und Schreckhafte in ihrem Charakter stärker betont. So wird sie ganz allgemein zu einer Göttin der Unterwelt, der Zauberei und des nächtlichen Gespensterspukes. Als Zauber- und Spukgöttin wurde sie an Kreuzwe-

Hekate: Ursprünglich eine Mondgöttin, deren Kult von Kleinasien nach Griechenland gekommen ist. Im Bild: Abbildung der Hekate auf einer antiken Gemme.

gen verehrt. Sie sendet Gespenster und erscheint selbst in gespenstischer Gestalt. Heulende Hunde begleiten sie, die große Zauberin, die Herrin aller Beschwörungen, mit denen man die Seelen der Verstorbenen heraufrufen und Liebeszauber bewirken kann. In ihrer Umgebung weilt ► Empusa, ein Gespenst, das die Menschen schreckt, ebenso die ► Lamien, die man sich als ► Vampire vorstellte: Sie träten als schöne Frauen auf, die den Menschen das Blut aussaugten; ein Aberglaube, der auch bei anderen Völkern verbreitet war. Bei der Anrufung und Beschwörung der H. spielt die Raute eine wichtige Rolle. Diese Pflanze, die in der Medizin als Abtreibungsmittel sehr beliebt war, diente in der Magie als Mittel, um böse Geister abzuwehren. Amulette aus Raute boten Schutz gegen den ► bösen Blick. ► Diana, ► Mond

HEL

Abgel. von ahd. helan: verhehlen, verbergen. Name der germ. Göttin des Todes und der Unterwelt. Sie ist die Tochter von ► Loki, die wie ihre zwei anderen Geschwister (der Fenriswolf und die Schlange Jörmungard) von dem Göttervater Odin aus dem Reich der Götter verbannt wurde. H. wurde in die Unterwelt Niflheim (Nebelheim) geworfen. Deshalb nannte man dieses Totenreich auch Hellia oder Hella, woraus später der Name Hölle, der Aufenthaltsort der Verdammten, entstand. In ihr Reich kommen aber nur solche Tote, die an Krankheit oder Alter starben. Die im Kampf Gefallenen holt Odin in sein Schloß (Walhalla). Man glaubte, daß die Göttin H. in Sümpfen oder Brunnen lebt oder in einem Berg namens Helleberg die Seelen hütet. Diese Totengöttin war schwarz und hatte ein furchtbares Aussehen. In Niflheim, das sich unter einer Wurzel der Esche Yggdrasil befindet, wohnt sie in der Burg Helheim. Im Volksglauben legt man den langen Weg dorthin, der auch Helweg heißt, nach neun Tagen und Nächten zurück, wenn man immer in Richtung Norden durch dunkle tiefe Täler den Abgrund hinabmarschiert. Nach einem Marsch durch dorniges Gelände und durch Sümpfe kommt der Wanderer zu einem reißenden Strom, über den die Gjallarbrücke führt, die mit glänzendem Gold belegt ist. In einem von mächtigen Gittern geschütztem Gehege bewacht ein Hund mit blutbefleckter Brust und klaffendem Rachen den Eingang zu H.s Wohnungen. Ihr Saal heißt Elend, ihre Schüssel Hunger, ihr Messer Gier, ihr Knecht Träg, ihre Magd Langsam, ihre Schwelle Einsturz, ihr Lager Krankenbett, ihr Vorhang dauerndes Übel. Damit die Seelen jenes Dornengelände nicht barfuß überschreiten müssen, gab man den Toten ein Paar Schuhe ins Grab mit. Wer den Armen auf Erden eine Kuh geschenkt hat, wird nicht straucheln und schwindeln, wenn er die Gjallarbrücke überschreiten muß, findet er dort doch eine Kuh, welche seine Seele über die Totenbrücke geleitet.

HELLFIRE CLUB

Höllenfeuer-Klub: Im 18. Jhdt. wurden nach der Aufhebung der Gesetze gegen Hexerei (1736) in England zahlreiche geheime Vereinigungen gegründet, die den ► Satanismus praktizierten. Der bekannteste Klub, zu dessen Mitgliedern hohe Adlige wie Sir Francis Dashwood und die Politiker John Wilkes und Lord Sandwich, First Lord of Admirality und Erfinder des Sandwichs, gehörten, traf sich seit 1745 in der Ruine der Zisterzienser-Abtei Medmenham on Thames nahe Marlow. Die Hallen der Abtei waren mit Statuen der antiken Liebesgötter ausgeschmückt, welche die eigentlichen Ziele des Clubs augenfällig darstellten. Nach dem Vornamen seines Gründers und prominenten Mitglieds Dashwood trug er ursprgl. den Namen Order of St. Francis. Es fanden jährlich zweimal Zusammenkünfte statt, an denen stets zwölf Personen gleichsam als Symbolfiguren für die zwölf Apostel teilnahmen. Zu der Zeremonie, die von Dashwood als Hohepriester geleitet wurde, gehörten neben der Teufelsverehrung auch Orgien, für die Mädchen aus Londoner Bordellen herbeigeholt wurden. Den satanischen Ritualen fehlte aber jeder religiöse Bezug, weil niemand in diesem Klub ernsthaft an die Existenz Satans glaubte. Diese Rituale dienten wohl nur dazu, die jungen Männer der Oberschicht durch ungewöhnliche und ausgefallene Ausschweifungen zu unterhalten und vor allem die Kirche zu verspotten. Nach Aufdekkung der Aktivitäten des Clubs kam es zwar zu einem Skandal, der gesellschaftlichen Stellung der Mitglieder tat dies aber keinen Abbruch. Da zahlreiche englische Lords, die hohe politische Funktionen innehatten, Mitglieder waren, entstand der Verdacht, dieser Club habe trotz seines pseudoreligiösen und erotischen Anstrichs auch politische Ziele verfolgt. ► Chambre ardente

Im Bild: Sir Francis Dashwood, einer der Mitbegründer des Hellfire Clubs. Die Verhöhnung der Kirche (Heiligenschein) wird in diesem Bild überdeutlich.

HENOCHBUCH

Benannt nach einem Patriarchen des ATs. Als siebter Patriarch (Gen. 5,21 ff.) ist er nach einem Leben von 365 Jahren in den Himmel erhoben worden. Das H. gehört zu den Apokryphen (d. h. zu den nicht im hebr. Kanon vorhandenen Schriften). Seine Bedeutung liegt darin, daß es die im AT nur spärlich entwickelte Engellehre weiter ausführt und ergänzt. Das besondere Interesse gilt den bösen Engeln, deren Sünde und Sturz ausführlich behandelt werden. Im Sohar wird erwähnt, daß das Buch *Henoch* voller Ehrfurcht von Generation zu Generation weitergegeben wurde. Es stammt aus dem 2. bis 1. Jhdt. v. Chr. Der griech. Text, der auf eine verlorene aramäische bzw. hebr. Vorlage zurückgeht, ist nur teilweise erhalten, der äthiopische ganz. Er stammt aus der Mitte des 1. Jhdt.s v. Chr. Wichtig in dieser äthiopischen Variante, die auch als 1. Henochbuch bezeichnet wird, ist die Darstellung der Engelwelt. Außerdem hält der Erzengel Uriel einen ausführlichen Vortrag über die Astrologie. Da ► Satan als widergöttliches Prinzip dargestellt wird, dürfte es von altiran. Vorstellungen beeinflußt sein (► Ahriman). Daneben gibt es noch das slawische H. (2. Henochbuch), das von der griech. Vorlage abhängig und in der Zeit zwischen dem 1. Jhdt. v. Chr. und 1. Jhdt. n. Chr. entstanden ist. Das hebr. Henochbuch (3.–4. Jhdt. n. Chr.), das mit dem hebr. Buch *Sefer pirque hekhalot* (Buch der Paläste) identisch ist, enthält die Erzählung von einer mystischen Himmelreise zu dem ► Engel, ► Metatron, ► Apokryphen

HENOCHISCHE SPRACHE

Eine magische Sprache, die ihren Namen auf Henoch zurückführt, der bekanntlich Kontakte mit Engeln hatte. John ► Dee will sie bei seinen okkulten Praktiken zusammen mit seinem Medium Edward Kelley herausgefunden haben. In einem Kristall sah sein Medium eine große Zahl von Karten, die in Quadrate aufgeteilt waren. In jedem Quadrat befand sich ein Buchstabe. In seinen Visionen beschrieb nun Kelley John

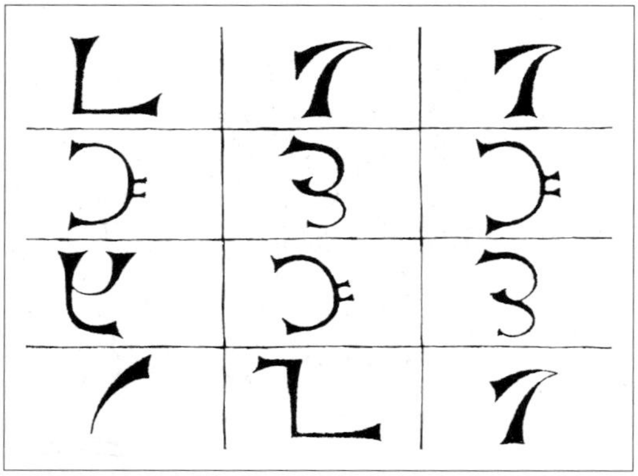

Die Henochische Sprache besteht aus einem Alphabet, das 21 Buchstaben umfaßt. Im Bild: Das geheime Alphabet, das John Dee bei seinen Beschwörungen benutzte (17. Jhdt.).

Dee, welche Buchstaben ihm ein Engel zeigte. Auf diese Weise entstanden Wörter in einer unbekannten Sprache, deren Geheimnis Dee nicht lüften konnte. Aleister ► Crowley sah darin eine Sprache mit einer Syntax, die Ähnlichkeiten mit der hebr. Sprache habe. Bei den Okkultisten galt die Sprache als ein Relikt aus der Zeit des alten Atlantis. Folgende Wörter stammen aus dieser geheimnisvollen Sprache: Bazm (Mittag), Balt (Gerechtigkeit), Collal (Ärmel), Graa (Mond), Mabzah (die Rohe), Ipam (Licht), Tiantal (Bett), Ozol (Hände), Nazps (Schwert), Siaaion (Tempel). Die beigesetzten Erläuterungen stammen von Crowley.

HEPTAMERON

Siehe ► Abano.

HERMES TRISMEGISTOS

Angebl. Autor zahlreicher mystischer und okkulter Werke, die ihm schon seit dem 4. Jhdt. n. Chr. zugeschrieben werden. Schon zur Zeit Platos wurde der griech. Hermes mit der ägypt. Gottheit Thot gleichgesetzt, die bei den ► Neuplatonikern die Quelle aller Erkenntnis war. Der ägypt. Gott Thot, der Gott der Schreiber, verfügte über ein geheimes Wissen. H. T. gilt als der Urvater der Alchemie und der Astrologie. Er lebte angeblich zur bibl. Zeit in Ägypten, und über ihn berichten viele alte Schriftsteller. Unter seinem Namen sind auch zwei esot. Schriften bekannt: Zum einen eine verstümmelte Übersetzung des *Corpus Hermeticum*, eine Sammlung von 17 spätantiken Schriften mit dem Titel *Hermes Trismegistus – Einleitung in das höchste Wissen von Alethophile* (1706, diverse Neudrucke). Sie wird heute in esot. Kreisen als „Bibel" benutzt,

Hermes Trismegistos: Urvater der Alchemie und der Astrologie.

die den Hermetismus, bes. unter christl. Vorzeichen, neu zu beleben trachtet. Zum anderen die Schrift *Des Hermes Trismegistos wahrer alter Naturweg oder das Geheimnis wie die große Universaltinktur ohne Gläser auf Menschen und Metalle zuzubereiten* (1782), die aus dem Kreis der Gold- und Rosenkreuzer stammen soll. Die Gold- und Rosenkreuzer waren ein in der zweiten Hälfte des 18. Jhdt.s in Deutschland weitverbreiteter

Orden, dessen Mitglieder in Preußen und Bayern einen zum Teil erheblichen Einfluß besaßen.

HERODIAS

Name der Göttin ► Diana im mittelalt. Volksglauben. Er kann gleichgesetzt werden mit ► Perchta oder ► Holle.

Man verbindet den Namen mit der Tochter des Königs Herodes oder deutet ihn als eine Zusammensetzung aus Hera, Diana und Salome Herodiana, der Tochter des Herodes, die zum ewigen Tanzen verurteilt war. Der Name Hera lebte bis ins 15. Jhdt. im Volksglauben der pfälzischen Bauern weiter, die eine Gottheit mit diesem Namen als Spenderin von Überfluß verehrten. Sie fliegt zwölf Nächte lang zwischen Weihnachten und Dreikönig umher, was genau dem Zeitraum entsprach, der für die Rückkehr der Toten bestimmt war.

HERRSCHAFTEN

Griech. kyriótaes, lat. dominationes. Bez. für eine Engelgruppe, die in der neunstufigen ► Engelhierarchie zu der mittleren Dreiheit gehört und dort meistens den ersten Rang (4. Platz) einnimmt (► Pseudo-Dionysius). Zu den H. gehören: Zadkiel, Hashmal, Zacharael, Muriel. Sie geben die Anweisungen Gottes bekannt und verteilen die Aufgaben der Engel.

HEXAGRAMM

Ein sechszackiger Stern, der das Siegel Salomos ist. Das H. ist auch das Symbol des Makrokosmos.

HEXE(R)

Bez. für Männer, mehrheitlich aber für Frauen, gegen die im 15. bis 18. Jhdt. der Vorwurf der Hexerei erhoben wurde (► Hexenprozesse). Diesem Delikt werden ► Schadenszauber, ► Teufelspakt, ► Hexenflug, ► Hexensabbat und ► Teufelsbuhlschaft zugerechnet.

Der Name H. findet zuerst 1419 in einem Luzerner Gerichtstext Erwähnung, wo die Bez. „Hexerey“ gebraucht wird. Nach der heute allgemein anerkannten Worterklärung geht das Wort „Hexe“ auf ahd. Haguzza: Zaunreiterin, zurück. Das Reiten auf einem Zaun gehört zur

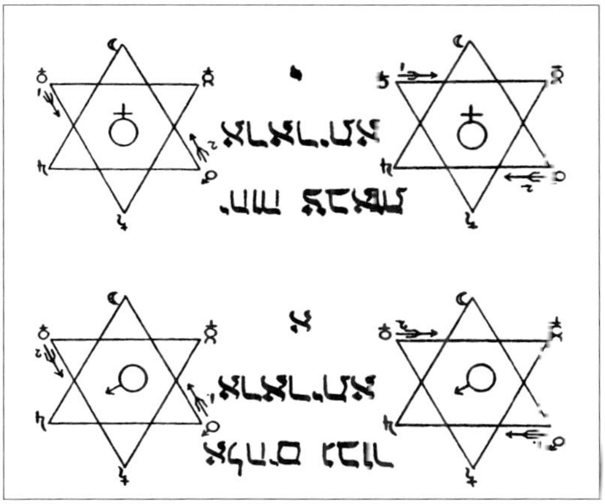

Hexagramme sind sechszackige Sterne aus zwei gekreuzten, gleichseitigen Dreiecken. Im Bild: Hexagramme aus den Ritualen des Golden Dawn. Links im Bild: die Herbeirufung von Dämonen; rechts: ihre Bannung.

altgerm. Hexenvorstellung. Beim Hexenglauben flossen verschiedene Motive zusammen: so z. B. der Pakt und die Buhlschaft mit dem Teufel, die Anbetung fremder Gottheiten, der Sabbat, Schadenszauber, der Flug durch die Luft und die ► Tierverwandlung.

Die wichtigsten Elemente des europäischen Hexenglaubens finden sich schon in der Antike, bei den Nordgermanen und bei den zentralasiatischen Völkern, deren religiöse, vom Schamanismus geprägten Glaubensvorstellungen über die Lappen und Finnen zu den Nordgermanen und über die Steppenvölker nach Mitteleuropa eingedrungen sind.

Die antiken H., die meistens aus bestimmten Regionen des Schwarzes Meeres, des Pontos Euxenos, Phrygiens, Syriens oder Thessaliens stammten, waren mehr oder weniger mit den etablierten Kulten der ► Hekate oder ► Diana verbunden, die sich auf die Fruchtbarkeit und Unterwelt bezogen. Zu ihren Fähigkeiten gehörten die Einflußnahme auf ► Mond, Gestirne, Naturgewalten und Unterwelt, die Zukunftvorhersage und die Technik der Herstellung von ► Amuletten, ► Talismanen und anderen mag. Mitteln, mit denen man sich gegen Zauberkräfte zur Wehr setzen konnte.

Einen Höhepunkt erlebte das antike Hexenwesen in den ersten drei Jhdt.en der röm. Kaiserzeit. Bis in die Spätantike wurde nur der Schadenszauber mit der Todesstrafe geahndet, die schon seit dem Zwölftafelgesetz (450 v. Chr.)

für die Verzauberung von Feldfrüchten vorgesehen war.

Nach dem Sieg des Christentums wurde jede Form der Zauberei als teuflisch angesehen. Kaiser Konstantin II. (317–361) verfügte, daß alle Magier ohne Ausnahmen mit dem Tode zu bestrafen seien, weil sie Feinde des menschlichen Geschlechtes wären.

Die germ. Hexe weist Züge auf, die noch deutlich den Einfluß des zentralasiatischen Schamanismus verraten. Zentrale Vorstellung dieses Schamanismus ist der Flug ins Jenseits in einem ekstatischen Zustand. Das wichtigste Zauber-

Von Theologen im 15. Jahrhundert „neu entdeckt": das Verbrechen der Hexerei.

mittel der altnord. H. ist ein Stab (gandr), der nicht nur die Seele des Schamanen verkörpert, sondern sie auch mit sich forttträgt. Verletzungen während des Fluges sind auch am Körper des Schamanen sichtbar. Deshalb bedeutet den „gandr" schwingen soviel wie einen Flug durch die Luft antreten. Außer der Vorstellung des mag. Fluges verrät schon die Bez. gandr, die aus dem Lappischen stammt und übersetzt „Seele" bedeutet, die schamanistische Herkunft dieses Glaubens. Die germ. Göttinnen ► Holda und Freya waren wie ► Hekate und Diana Beschützerinnen der Frauen und Fruchtbarkeitsgöttinnen. Freya, die dem Geschlecht der Wanen angehörte, heiratete in das Geschlecht der Asen ein und erlernte von dem Asengott die „Seidkunst" – eine Zaubertechnik, mit deren Hilfe die Zukunft erkannt werden kann. Die germ. Mythologie enthält zahlreiche Berichte über Seherinnen, Zauberinnen und Frauen, die mit mag. Kräften ausgestattet sind. Die bekanntesten sind Albruna, Valeda und die Seherin Völva, die in den Eddas, den altisländischen Sagen, vom Anfang und Ende der Welt berichten. Man muß weiterhin davon ausgehen, daß sich trotz der Christianisierung eine Art Klein- bzw. Dorfmagie (► Volksmagie) erhielt, deren Ziel es war, mit mag. Mitteln die Fruchtbarkeit von Acker und Tieren zu vergrößern.

Die Verbindung der unterschiedlichen, im Volksglauben verbreiteten Vorstellungen wurde von mittelalt. Theologen vollzogen, die im Anschluß an die Lehre des ► Augustinus (354–430) vom ► Teufel und den ► Dämonen die Meinung vertraten, daß der Teufel die Menschen zu mag. Übeltaten wie Behexung der Feldfrüchte, Wetterzauber und bösem Blick anstifte. Dieses umfangreiche Lehrgebäude von ► Satan und seinen Dämonen, das mit den Methoden der Scholastik entwickelt wurde, ging eine enge Verbindung mit der Praxis der Ketzerverfolgung ein. Die ► Ketzer, zu denen man die ► Katharer, ► Albigenser, ► Templer und ► Waldenser zählte, waren sektenartig organisiert und wurden von der ► Inquisition beschuldigt, einen Satanskult zu betreiben. Die Erfahrungen der Inquisitoren mit diesen Ketzersekten, die sich zu einem Feindbild verfestigt hatten, wurden nun auf die im Volksglauben noch lebendigen mag. Vorstellungen bzw. Praktiken der Dorf- und Kleinmagie angewandt. Wesentliche Elemente dieses Feindbildes waren geheime Versammlungen (Sabbat), die Absage an den christlichen Glauben (Teufelspakt), grausame religiöse Praktiken wie Kannibalismus sowie sexuelle Orgien. Man entdeckte nun nach den Ketzern eine weitere, bei weitem noch viel gefährlichere Sekte, nämlich die der Hexen. In den Quellen werden die H. als *haeresis insolita* (ungewöhnliche Ketzerei) bezeichnet. Die Inquisitoren waren von der Entdeckung einer derartigen Sekte geradezu überrascht. Ausgangspunkt dieser Entwicklung war die westliche Schweiz, wo nach der Ketzer- bzw. Waldenserverfolgung in den 30er Jahren des 15. Jhdt.s diese neue Sekte von den Inquisitoren zuerst entdeckt worden war. Da gleichzeitig das Baseler Konzil (1431–1437) stattfand, wo sich die bedeutendsten Theologen trafen, verbreitete sich dieses neu entdeckte Verbrechen der „Hexerei" sehr schnell. Dieser Hexenglaube wurde besonders durch den gerade aufkommenden Buchdruck intensiv verbreitet.

Die wichtigsten Eckdaten zur Hexenverfolgung:

906:	► *Canon Episcopi.*
1266–1273:	Thomas von Aquin: *Summa Theologica.*
1419:	In einem Strafprozeß vor dem Luzerner Stadtgericht fällt zum erstenmal die Bez. „Hexerey".
1435:	*Errores Gazariorum*; anonymer Autor.
1480–1525:	Große Hexenverfolgungswelle in Europa. ► Hexenprozesse
1484:	► Hexenbulle von Papst Innozenz VIII.
1486:	Der ► *Hexenhammer* erscheint.
1489:	► Molitor: *De lamiis...*
1519:	► Agrippa von Nettesheim verteidigt eine Hexe.
1532:	Reichsgesetzbuch: *Carolina.*
1560–1660:	Klimaverschlechterung; neue Hexenverfolgungswelle.
1563:	Weyer: *De prastigiis daemonum.*
1569:	Sammelwerk: *Theatrum diabolorum.*
1570:	Höhepunkt der Verfolgungswelle.
1580:	► Bodin: *De daemonorum magorum.*
1595:	► Rémy: *Daemonolatria.*
1600:	► Delrio: *Disquisitiones.*
1602:	► Boguet: *Discours de Sorciers.*
1608:	► Guazzo: *Compendium maleficarum.*
1612:	De Lancre: *Tableau de l'inconstance.*
1631:	► Spee: *Cautio Criminalis.*
1693:	Bekker: *Verzauberte Welt.*
1701:	► Thomasius: *De crimine magiae*
1782:	Letzte Hexenhinrichtung (Anna Göldi, Schweizer Kanton Glarus) in Europa.

HEXE, IN DER KUNST

Sowohl die selbständigen künstlerischen Darstellungen als auch die Illustrationen, die zusammen mit den Abhandlungen über das Hexenwesen vom 15. bis 18. Jhdt. erschienen sind, haben dazu beigetragen, den Hexenglauben zu verbreiten. Die Hexenverfolger hatten im 15. Jhdt. Probleme damit, zu beweisen, daß die gegen die Hexen erhobenen Vorwürfe wie ► Hexenflug, ► Teufelsbuhlschaft und ► Hexensabbat der Realität entsprachen und nicht Erfindungen der gefolterten Frauen waren. Kirchliche Schriften (► Canon Episcopi) hielten beispielsweise den ► Hexenflug für eine Vorstellung, die der Phantasie entsprungen sei. Obgleich den Darstellungen zunächst nicht zu entnehmen ist, ob sie dem Hexenglauben positiv oder negativ gegenüberstehen, erhalten sie erst durch die Verbindung mit dem Text bzw. die Bildunterschriften einen eindeutigen Aussagewert.

So dokumentiert ► Thomasius neben dem Titel seiner kritischen Schrift *(Kurze Lehrsätze)* ein Bild, auf dem Hexen zu sehen sind, die aus einem Schornstein zu einem Hexensabbat fliegen. Losgelöst vom Kontext könnte dieses Bild auch in der Schrift eines Verfechters des Hexenglaubens stehen. Die Illustrationen in den Schriften über das Hexenwesen hatten die Aufgabe, den an sich abstrakten Sachverhalt des Hexereivorwurfes, der zur Verurteilung der Hexen führen sollte, nämlich Schadenszauber und Teufelspakt, bildhaft darzustellen. Eine weitere Funktion bestand darin, das Geständnis der Hexen (► Urgicht) durch die Bilder glaubhafter zu machen. Auf diese Weise wurde die Theorie der Verfechter des Hexenglaubens durch die Praxis bestätigt. Es gab aber auch wichtige Werke wie den ► Hexenhammer oder die Arbeiten von ► Bodin oder ► Delrio, die nicht bebildert waren, weil die Autoren befürchteten, hierdurch den Beweiswert ihrer Aussagen zu entkräften. In den Flugblättern wurde der Eindruck der Realität noch dadurch vergrößert, daß der Name der Verurteilten und ihre Taten angegeben wurden. Die Bilder von Albrecht Dürer (1471–1528), seinem Schüler Hans Baldung Grien (1484–1545), Francken (1485–1522) oder Tenier (1610–1690) versuchten eine Lösung dafür zu finden, wie man das Böse (► Teufel, seine Gestalt) ästhetisch darstellen könnte. Insbesondere in den Bildern von Grien artikuliert sich echte Dämonie.

Da man auf einer Zeichnung oder einem Bild nicht das gesamte Treiben der Hexe transparent machen konnte, beschränkte man sich auf einzelne Gesichtspunkte. Die Hexe, die im Ruf stand, Männer zu verführen, wurde gern als nackte junge Frau mit aufreizendem Körper dargestellt, in deren Begleitung sich die Teufelstiere Ziegenbock, Eule, ► Schlange und ► Katze befanden. Die Darstellung des Teufels bereitete den Künstlern Probleme, weil er das Böse symbolisierte und zugleich jene Person war, mit dem die Hexen einen Vertrag schlossen. Da es schwierig war, diesen Widerspruch überzeugend darzustellen und auch der Sexualverkehr mit ihm, der ja eine monströse Gestalt hatte, wenig glaubhaft war, trat seine Gestalt in den Bildern allmählich in den Hintergrund. Wenn Männer auftreten, sind es meistens Richter und Urteilsvollstrecker. Der Umstand, daß die Künstler nur einzelne Gesichtspunkte des Hexenglaubens darstellen konnten, verschaffte ihnen die Möglichkeit, die Thematik zu übertreiben und die Wirkung auf den Betrachter zu verstärken. Geeignet waren

Des weyland Hochgelehrten
JOHANNIS BODINI,
Der Rechten Doctoris und Beysitzers
im Frantzösischen Parlement
DÆMONOMANIA,
Oder außführliche
Erzehlung
Des wütenden Teuffels/ in seinen damahligen rasenden Hexen und Hexen-meistern/ dero Bezauberungen/ Beschwerungen/ Vergifftungen/ Gauckel- und Possen-Wercke; auch Verblendung seiner ergebenen Unholden/ derselben würcklichen Bekäntnissen und Abstraffungen.
Welches der andere Theil
NICOLAI REMIGII
DÆMONOLATRIA.
Wobey gleichfalls angehänget:
Vielerhand warhaftige und erschreckliche Geschichte besessener Leute/ so sich hin und wieder in Teutschland/ meistentheils noch vor kurtzen Jahren/ zu grosser Verwunderung und Schrecken begeben und zugetragen haben.
Nebst noch einigen betrieglichen und von Menschen practicirten kurtzweiligen Begebenheiten.
HAMBURG,
Gedruckt bey Thomas von Wiering, im gülden A,B,C. Anno 1698.
Sind auch in Franckfurt und Leipzig bey Zacharias Herteln zu bekommen.

Arbeiten wie z. B. die von Jean Bodin zum Thema Hexen waren nicht bebildert, weil die Autoren befürchteten, hierdurch den Beweiswert ihrer Aussagen zu entkräften. Im Bild: Titelblatt der deutschen Ausgabe der „Daemonomania" von Jean Bodin aus dem Jahre 1698.

hierzu besonders der Vorwurf des ► Kannibalismus und das Treiben auf dem Sabbat. Aber derartige Übertreibungen können auch die gegenteilige Reaktion auslösen, weil die dargestellte Thematik ins Absurde geführt werden soll.

Neben dem Holzschnitt und Kupferstich kam noch eine weitere Kunsttechnik (Clair-Obscur-Verfahren) hinzu, die besonders beim Betrachter eine düstere, dämonische Stimmung erzeugen konnte, indem die Kontrastwirkung von Hell und Dunkel betont wurde. ► Märchenhexe

HEXE, MODERNE

Nach einer Hexenprozeßwelle in Ungarn in der Mitte des 18. Jhdt.s, in deren Verlauf 143 Prozesse geführt wurden und 21 davon mit Todesurteilen endeten, sowie der Hinrichtung von Anna Göldi 1782 in der Schweiz fanden die gerichtlichen Hexenverfolgungen in Europa ein Ende. Jedoch wurden auf anderen Kontinenten Frauen als Hexen verfolgt und meistens illegal hingerichtet. Diese illegalen Hexenverfolgungen und -hinrichtungen konzentrierten sich auf drei Länder bzw. Kontinente:

- Lateinamerika: Schwerpunkt Mexiko. Von 1860 bis 1900 kam es in Mexiko zu Tötungen von Hexen. In Mexico-City wurden über 144 Frauen getötet.
- Indien: In den Westprovinzen werden einige Tausend Menschen in den Jahren 1948–1980 getötet.
- Afrika: Dieser Kontinent ist Zentrum der Hexenverfolgung, die bisweilen den Umfang der historischen Vorbilder erreicht. Ursachen sind die Entkolonisierung, die zur Zerstörung der traditionellen gesellschaftlichen Strukturen und religiösen Vorstellungen geführt hat. Hinter den afrikanischen Antihexereibewegungen verbergen sich oft Kämpfe zwischen verfeindeten Stämmen.

1900:	Antihexereibewegung in Kenia.
1930:	Antihexereibewegung in Sambia.
1940:	Antihexereibewegung in Malawi.
1958:	Antihexereibewegung im Kongo; 250 Personen wurden getötet.
1960:	Antihexereibewegung in Tanzania.
1970–1984:	Tanzania; ca. 4.000 Menschen finden den Tod bei diesen Verfolgungen. Davon sind 69 Prozent Frauen.
1977:	Benin; Hexenjagd gegen alte Frauen, die man verdächtigt, an einer Tetanusepidemie schuld zu sein.
1996:	Nordprovinzen Südafrikas; 300 Menschen werden wegen des Verdachtes der Hexerei illegal hingerichtet.

Die Zeit nach dem Ende der Hexenprozesse zerfällt im deutschsprachigen Raum in zwei Abschnitte, die durch ein bestimmtes Hexenbild geprägt sind: nämlich in die Zeit von 1800–1970 und in die Zeit ab 1970. Seither ist von den „Neuen Hexen" die Rede. Die neuzeitliche Hexe bleibt eine Negativfigur, die man fürchtet und zugleich verachtet. Die Gestalt dieser Hexe ist zunächst geprägt von den im Volk weiterlebenden Vorstellungen, daß bestimmte Menschengruppen über die Fähigkeit verfügen, Menschen, Tieren und Gegenständen Schaden zufügen zu können. Obwohl zu Beginn des 19. Jhdt.s der Rationalismus blühte, die Aufklärung in den Schulen einzog und der Einfluß der Kirche sehr zurückging, erlebte die mag. Literatur eine Blütezeit. In diesen mag. Schriften (► Zauberbücher), die oft unter dem Deckmantel der ► Hausväterliteratur verbreitet wurden, lebte das alte dämonologische Gedankengut weiter, wenngleich man nicht mehr an die Allmacht des Bösen glaubte. Der ► Teufel hatte seinen Schrecken verloren und war im Theater zur Figur des Hanswursts herabgesunken. Die Gestalt der Hexe wurde im Volksglauben entscheidend durch die ► Märchenhexe geprägt. Das traditionelle Muster von der Hexe und ihrem Verfolger, der als ► Hexenmeister oder ► Hexenbanner bezeichnet wurde, bestand zwar weiter, aber die Rollen hatten sich vertauscht. Bei den Hexenprozessen der Vergangenheit hatte der Hexenverfolger eine überragende Position, die ihm eine fast unbeschränkte Macht über die verfolgten Frauen verlieh. Der neuzeitliche Hexenbanner aber, der eine Frau als Hexe verdächtigte, setzte sich dem Risiko der strafrechtlichen Verfolgung wegen Beleidigung aus. Derartige Prozesse von Frauen, die der Hexerei beschuldigt werden, sind seit der Mitte des 19. Jhdt.s dokumentiert. Frauen, die als Hexen verdächtigt werden, sind oft als Kartenlegerinnen, Wahrsagerinnen und Gesundbeterinnen tätig. Oft gehören sie zu den Randgruppen der Gesellschaft oder zu Familien, deren Vorfahren schon diesem Vorurteil ausgesetzt waren. Es sind Außenseiter, gegen die sich das gesellschaftliche Vorurteil richtet, besonders wenn es in einer Gemeinschaft (z. B. in Dörfern) zu Konflikten und Spannungen kommt.

Während der NS-Zeit nahm sich die staatliche Propaganda des Hexenthemas an. Die Verfolgung der Hexen wurde in der Auseinandersetzung mit der christl. Kirche benutzt, um den Nachweis zu erbringen, daß die vom Judentum beeinflußte christl. Religion die germ. Frau, die einst dem Mann gleichwertig gewesen sei, entwürdigte. Die Zahl der hingerichteten Frauen wurde in den Propagandaschriften mit neun Millionen angegeben. Diese völlig überhöhte Zahl, die in den 70er Jahren oft von den „Neuen Hexen" kolportiert wurde, geht auf eine Schätzung des Stadtsyndikus von Quedlinburg, Gottfried Christian Voigt (1786), zurück. 1935 hatte der Reichsführer der SS, Heinrich Himmler, den Auftrag erteilt, alle Fälle von Hexenverfolgung zu dokumentieren. 13 fest eingestellte Hexenforscher, die getarnt arbeiteten, konnten 33.846 Fälle dokumentieren. Himmler hoffte durch diese Untersuchungen Hinweise dafür zu entdecken, daß die H. einer heidnischen, arischen Religion huldigten.

In der Nachkriegszeit nehmen, bedingt durch den Zustrom von Flüchtlingen, die Verfahren zu, in denen sich als Hexen verdächtige Frauen wegen Beleidigung und übler Nachrede zur Wehr setzten. Gerade alleinstehende Frauen gerieten in dörflichen Gemeinschaften in eine Außenseiterrolle und wurden als Hexe verdächtigt. Von den Strafverfolgungsbehörden werden diese Verfahren dem Bereich „Okkultkriminalität" zugeordnet. Zu diesen Okkulttätern gehören nicht nur die Hexenbanner, sondern auch Frauen und Männer, die die Heilkunde illegal ausüben. Durch ein Urteil des Bundesgerichtshofes wurde 1955 festgestellt, daß Kranke nicht in die Hände von Unkundigen geraten dürften, die ihre Ängste und Leiden geschäftlich ausnützten. In Norddeutschland nahm sich besonders Johann ► Kruse der Opfer des Hexenglaubens an. Er gründete 1950 in Hamburg eine Anlaufstelle mit dem Namen „Archiv zur Bekämpfung des neuzeitlichen Hexenwahns" für alle vom Hexenglauben geschädigten Personen. Er forderte in zahlreichen Eingaben die staatlichen Stellen auf, gegen den besonders auf den Dörfern verbreiteten Hexenwahn vorzugehen. 1956 versuchte er ein Verbot des bekannten Zauberbuches *6. und 7. Buch Moses* (► Mosesbuchprozeß) zu erreichen. Der zunächst erfolgreiche Antrag wurde in der 2. Instanz zurückgewiesen. Für die Endphase dieses Zeitraumes liegen einigermaßen zuverlässige Schätzungen über die Zahl der Hexen und die Verbreitung des Hexenglaubens vor. 1969 wurde auf dem Ärztekongreß in Kassel die Zahl der Hexenbanner mit mindestens

10.000 angegeben. Kruse vertrat die Meinung, daß es in Norddeutschland in jedem Dorf eine als Hexe verdächtigte Frau gebe. Das Allensbacher Institut führte 1956 eine Umfrage über den Hexenglauben durch. Acht Prozent der Befragten bejahten, an Hexen zu glauben.

Die „Neuen Hexen“: Als 1951 in England der Witchcraft Act aufgehoben wurde, der die Hexerei unter Strafe stellte, setzte ► Gardner die Thesen von ► Murray in die Praxis um, indem er sie mit der Lehre von ► Crowley verband und begründete den ► Wiccakult. Die Nachfolger Gardners, Alexander ► Sanders, ► Leek und ► Buckland, setzten diese Tradition in den USA fort, wo sich dieser Hexenkult mit einigen Veränderungen einer noch größeren Beliebtheit

Sog. „Circle-Dance“ von Mitgliedern des Alexander Sanders-Coven.

erfreute als in seinem Ursprungsland England. Die Anhängerinnen dieser Kulte bezeichneten sich in aller Öffentlichkeit als Hexen. Besonders die amerik. Feministinnen beschäftigten sich intensiv mit der Hexenthematik und sahen in den Hexen Vorkämpferinnen der Frauenbewegung. Anfang der 70er Jahre wurden diese Ideen von der europäischen Frauenbewegung begeistert aufgenommen, die in zahlreichen Ländern einen Kampf gegen das Abtreibungsverbot führte. Die Hexe wurde in dieser feministischen Bewegung zu einer Symbolfigur des weiblichen Widerstandes gegen die Männergesellschaft. In der Aktualisierung des Hexenthemas sah man ein Mittel, um die Geschichtslosigkeit der Frauenbewegung zu kompensieren. Die mittelalt. Hexenverfolgungen wurden als Kampf der traditionellen christl. Gesellschaft gegen die Frauen ausgelegt. Einer der wichtigsten Gründe der Hexenverfolgung sei die Beseitigung der „weisen Frauen“, Hebammen, Ärztinnen etc., gewesen, die sich auf die Abtreibung verstanden hätten. So wurde die Hexe geradezu zur Symbolfigur des Kampfes für neue Abtreibungsgesetze. Radikale Feministinnen verbreiteten die Devise: „Jede Frau ist eine Hexe“. Nach ihrer Meinung besitzt die Frau ein besonders enges Verhältnis zur Natur, was schon das Vorbild der mittelalt. Hexen beweise. Sie seien nämlich Expertinnen für den Liebes- und Fruchtbarkeitszauber gewesen und besaßen die Fähigkeit, das Wetter zu beeinflussen (► Wetterhexe). Wenn die Frauen die in ihnen schlummernden Kräfte entdeckten und ausnutzten, dann würden sie über die Magie Macht erlangen. Der Weg dazu ist einfach: Man ist eine Hexe, wenn man dreimal laut sagt: „Ich bin eine Hexe!“ – und das auch denkt. Aber nicht nur von Feministinnen wurde die Hexenthematik in die Öffentlichkeit gebracht, sondern es fanden auch bedeutende Ausstellungen zum Hexenthema statt. Der Hexe wurde 1973 in Paris zum erstenmal, wie die Zeitungen meldeten, eine Ausstellung gewidmet („Les Sorcieres“). Ähnliche Ausstellungen wurden 1979 in Hamburg, 1980 in Knittlingen, 1987 in Saarbrücken und Riegersburg (Österreich) veranstaltet. In diesen Ausstellungen wurden von einer größeren Zahl von Wissenschaftlern die aktuellen Forschungsergebnisse anschaulich dem Publikum präsentiert. 1975 fand in Bogotá (Kolumbien) der erste Weltkongreß der Hexen statt. Zu einer Massendemonstration von 100.000 Italienerinnen kam es 1977 in Rom, die sich mit dem Kampfruf „Zittert, zittert, die Hexen sind wieder da“ für ein liberales Abtreibungsrecht und für die Emanzipation der Frau einsetzten. Die Hexenthematik stieß in der Öffentlichkeit im übrigen auf eine breite Resonanz, wie das Ergebnis einer Umfrage zeigte:

Bejahung des Hexenglaubens

Jahr	in Prozent	in Mio.
1973	11	6,8
1886	13	8,3
1989	16	9,8
1991 (nach der Wende)	14	11,2

Diese Zahlen erhöhen sich noch, wenn man diejenigen Befragten hinzuzieht, die den Schadenszauber für möglich halten: 1989 waren dies 21 Prozent (ca. 20 Mill.) der Bevölkerung, was einem Drittel der Gesamtbevölkerung der Bundesrepublik entspricht. 1986 berichtete die Illustrierte *Hör zu*, daß es in Deutschland 10.100 Hexen geben soll, die in 70 Städten in Bünden organisiert seien.

HEXE, SÜDOSTEUROPÄISCHE

Seit dem frühen Mittelalter bis ins 19. Jhdt. hinein läßt sich eine ungebrochene Hexentradition in Südosteuropa nachweisen. Man unterscheidet drei Arten von H.:

- Die Lufthexen, die für die Menschen sehr gefährlich sind. Sie jagen den Menschen besonders nachts Schrecken ein.
- Erdhexen; sie sind den Menschen wohlgesonnen und geben ihnen gute Ratschläge.
- Wasserhexen; sie sind Feinde der Menschen, die sie auf jede nur denkbare Weise in der Nähe eines Gewässers durch Ertränken töten wollen.

Dem Teufelsglauben wurde nur eine untergeordnete Rolle eingeräumt. Besonders fehlte die Vorstellung vom ► Teufelspakt, der die Grundlage des europäischen Hexenglaubens bildete. Ein wichtiger Faktor war auch das Ansehen, in dem die Magie, insbesondere aber die Wahrsagekunst, standen.

HEXE, SYMBOLISCHE

Siehe ► Hexe, Moderne.

HEXE, WEISSE

Bez. für Hexen, die keinen Schadenszauber betreiben (Gegensatz: Schwarze H.). Schon mittelalt. Dämonologen wie ► Guazzo wollten den Vorwurf der Hexerei nicht auf Frauen beziehen, welche ► natürliche Magie betrieben; vorausgesetzt, daß sie sich dabei nicht von bösen Absichten leiten ließen. Diese Auffassung konnte sich jedoch nicht durchsetzen, weil seit 900 jede Form der Magie von der Kirche als Verstoß gegen den christl. Glauben angesehen wurde. Im modernen Hexenwesen grenzen sich Frauen, die als Hexen tätig sind, durch diese Bez. von den Satanistinnen ab. ► Magischer Angriff

„Weiße Hexen" waren oft als Hebammen tätig. Bild: Abb. aus einem Hebammenbuch aus dem 16. Jhdt.

HEXENBANNER

Auch ► Hexenmeister oder weise Frau; eine Sammelbez. für Personen beiderlei Geschlechtes, die vermeintliche Opfer eines Hexenbannes befreien. Diese besonders in ländlichen Gebieten auftretende Personengruppe können als mag. Gegenspieler der Hexen bezeichnet werden. Ein Hilfsmittel, um Hexen zu erkennen, war der Hexenspiegel (► Magischer Spiegel). Hinweise für den ► Abwehrzauber, die Beschwörung und die Herstellung von Bannzeichen gegen Hexen enthalten besonders das ► 6. und 7. Buch Moses. Noch bis in die Gegenwart hinein wurden Prozesse gegen H. von vermeintlichen Hexen geführt. Eine umfangreiche Untersuchung (*Hexen unter uns*, 1951), besonders zur Tätigkeit der H. in Deutschland, veröffentlichte Johann ► Kruse, der in Hamburg ein Archiv zur Erforschung des neuzeitlichen Hexenwahns leitete. Die Materialien befinden sich heute im Hamburger Museum für Völkerkunde.

HEXENBESEN

Zum ► Hexensabbat wurde die Hexe entweder vom Satan auf dem Rücken getragen, oder sie ritt auf einem Stab (► Hexenflug), der im deutschen Volksglauben als Besen dargestellt wur-

Der Hexenflug fand entweder auf dem Rücken Satans statt oder auf einem Stab bzw. Besen (Abb. aus dem 15. Jhdt.).

de. Dieser H. bestand aus Weidenzweigen. Die Weide galt als der Hexenbaum und war bei den Griechen der ► Hekate heilig. Den H. ließ die Hexe vor Beginn des Fluges durch die Luft am Schornstein ihres Hauses zurück. Der Besen ist aber auch ein Abwehrmittel gegen die Hexen. Wenn man einen Besen vor die Haustür stellt, kann eine Hexe nicht eintreten. Da die Hexen ihn beiseitestellen müssen, können sie auf diese Weise erkannt werden.

HEXENBULLE

In die Geschichte des Hexenwesens ging die Bulle Innozenz' VIII. (1484), die mit den lat. Worten *Summis desiderantes* (Mit sehnsüchtigem Verlangen) beginnt, als „Hexenbulle" ein, weil sie die breitangelegten Hexenverfolgungen (► Hexenprozesse) von 1430 bis 1540 moralisch begründete und einleitete. Nachdem der päpstliche Generalinquisitor ► Konrad von Marburg mit seinem Versuch, Deutschland ähnlich wie Frankreich mit einem Netz von Inquisitionsgerichten zu überziehen, gescheitert war, und die Päpste immer wieder die Beschwerden der Inquisitoren hörten, daß ihre Kompetenz angezweifelt werde, wollte Innozenz VIII. durch diese Bulle die bisherige Gerichtspraxis der Inquisitionsgerichte rechtfertigen und darlegen, daß die den Hexen vorgeworfenen Straftaten, wie ► Hexenflug etc., den kirchenrechtlichen Bestimmungen (► Canon episcopi) entsprechen. Besonders hebt die H. hervor, daß gegen alle Personen, die vom Glauben abgefallen seien, rücksichtslos vorgegangen werden solle. Diese Menschen verübten wie die Ketzer durch den ► Teufelspakt alle Formen des ► Schadenszau-

Im „Hexenhammer" von Sprenger und Institoris sind Teufelsbuhlschaft und Hexenflug feste Bestandteile des Hexenbildes.

bers. An der Realität dieses Verbrechens könne nicht gezweifelt werden. Der ► Hexenflug aber und die ► Teufelsbuhlschaft gelten in der H. als nicht erwiesen. Von den Autoren des ► Hexenhammers wurde die H. als Vorwort vorangestellt und von 1487 bis 1669 in den 29 Auflagen dieses Handbuches des Hexenwesens verbreitet. Obwohl im *Hexenhammer* Teufelsbuhlschaft und Hexenflug feste Bestandteile des Hexenbildes sind, wurde von den Päpsten in der Folgezeit die Auffassung stillschweigend geduldet, daß es sich bei dem *Hexenhammer* um eine systematische Interpretation der H. handle.

HEXENEI

Auch „Gichtschwamm" genannt; botan. Bez. *Phallus impudicus;* gehört zur Gattung der Haarflechtpilze. Der Gichtschwamm wurde im Mittelalter als Gichtmittel geschätzt. Die Zauberei bediente sich des Hs. beim Liebeszauber, aber auch als Mittel zur Abtreibung.

HEXEN-EINMALEINS

In Goethes *Faust* (1. Teil, V., 2540 ff.) findet sich eine Versgruppe, welche die ganze Symbolik der Zahlen 1–10 enthält:

„Du mußt verstehn!
Aus Eins mach Zehn,
Und Zwei laß gehn,
Und Drei mach gleich, so bist du reich.
Verlier die Vier!
Aus Fünf und Sechs –
So sagt die Hex –
Mach Sieben und Acht,
So ist's vollbracht:
Und Neun ist Eins,
Und Zehn ist keins.
Das ist das Hexen-Einmaleins!"

Der erste Vers ist eine Aufforderung, wieder zur Ewigkeit zurückzukehren. Aus der Null, dem Nichts, stammt alles Leben, und dorthin wird alles wieder zurückkehren. Die geistige, zeugende Kraft ist die Eins. Symbolisch wird dieser Prozeß durch die 10 dargestellt. Die Zwei ist der Stoff und steht für Passivität. Dies drückt die Bibel so aus: „Siehe, ich bin des Herrn Magd" (Lk. 1,38). Die Drei besteht aus dem aktiven (1) und passiven (2) Prinzip. Die Drei ist das Licht, das die tote Materie erst belebt. In der Bibel ist dies Christus, den Johannes „als das Licht der Welt" preist (Joh. 8,12). Die Vier ist die Zahl der Welt. Genau in der Mitte der 12 Verse steht die Sechs. Diese Zahl wird der Venus zugeordnet, die durch ihre Verführungskünste den zur Ewigkeit (10) pilgernden Menschen Prüfungen auferlegt. Die Sieben und Acht sind heilige Symbolzahlen. Mit der Neun ist das Ende schon erreicht und der irdische Bereich durchmessen. Am Ende dieses Weges steht das Nichts, die höchste Vollkommenheit.

Man kann diese Verse auch als ► magisches Quadrat deuten. Wenn man nämlich aus den Zahlen 10, 2, 3 eine Zeitreihe bildet, erhält man die Quersumme 15. Wenn man das Hexenrezept auf die Zahlen 4, 5, 6 anwendet, erhält man 0, 7, 8. Die Quersumme ist ebenfalls 15. Die fehlenden Zahlen müssen nun so ergänzt werden, daß die waagerechte und senkrechte Addition immer die Summe 15 ergibt:

10	2	3	= 15
0	7	8	= 15
5	6	4	= 15
15	15	15	

Die Anregung zu diesen Versen erhielt Goethe durch den berühmten *Codex Casselanus*, der eine Kopie der berühmten alchem. Handschrift *Goldmackerkunst der Kleopatra* ist. John ► Dee (1527–1608) soll diese Handschrift mit Glossen versehen haben. Auch das 1756 erschienene Büchlein *Alchemistisches Siebengestirn* wird gelegentlich als Quelle genannt.

HEXENFINDER

oder Hexenjäger, Hexenkommissar und Hexenrichter; Bez. für die Personen, die mit der Hexenverfolgung beauftragt wurden (► Hexenprozesse). Da unter den Amts- und Hofleuten des Landesherren oft nur wenige bereit waren, als Hexenrichter oder als Gehilfe (Schreiber, Gutachter, Henker) in Erscheinung zu treten, wurde ihre Tätigkeit großzügig bezahlt. So wurden die Verfolgung und die Verurteilung der Hexen zu einem eigenständigen Gewerbe, von dem man gut leben konnte. Da dieser Personenkreis, der sich von Berufs wegen mit der Hexenverfolgung beschäftigte, keine andere Tätigkeit ausübte, hatte er ein großes Interesse daran, daß die Hexenverfolgung in seinem Bezirk nicht ins Stokken geriet.

Der wirtschaftliche Zugewinn und die soziale Machtstellung der H. nahm an vielen Orten ein derartiges Ausmaß an, daß es zu Beschwerden über den Aufwand dieser Personen und ihrer Frauen kam.

So berichten die Quellen, daß in Trier der Henker in Gold und Silber gekleidet einherging und seine Frau in der Kleiderpracht mit den vornehmsten Damen wetteiferte. Das Vermögen der Hingerichteten fiel nach Abzug der Spesen der H. und der erheblichen Gerichtsgebühren an den Landesherren. Im Regelfall belief sich diese Quote auf 50 Prozent des Vermögens und wurde selten unterschritten.

Nutznießer der Hexenverfolgung waren aber auch Rechtsgelehrte und Universitäten, für die das Anfertigen von Gutachten ein einträgliches Geschäft war.

Bei einigen dieser akademischen Hexenrichter waren das Sendungsbewußtsein und der Geltungsdrang so ausgeprägt, daß sie ihre Erfahrungen bei den Prozessen publizierten (► Bouget, ► De Lancre, ► Rémy und ► Hexenprozesse). Aber das Leben dieser H. war nicht ganz ungefährlich, denn einige wurden von aufgebrachten Bauern erschlagen; deshalb mußten sie mit ihren Einnahmen private Schutztruppen finanzieren.

HEXENFLASCHE

Siehe ► Böser Blick.

HEXENFLÖTE

Eine Flöte, meistens mit einem Totenschädel und magischen Sprüchen versehen, mit deren Hilfe die Hexe den ► Teufel bzw. seine Diener, die ► Dämonen, herbeirief, wenn sie zum Sabbat fliegen wollte.

HEXENFLUG

Die Fähigkeit der Hexen, zu fliegen, gehört zu den ältesten Motiven des Hexenglaubens. Ohne den H. gäbe es keinen Hexensabbat, und der gesamte Hexenglaube bräche zusammen. Die Hexen können aber nicht aus eigener Kraft fliegen, sondern sie bedürfen dazu der Hilfe des Teufels. Im ► Canon Episcopi wurde der Glaube, daß Frauen sich einbildeten, zur Nachtzeit auf dem Rücken von Tieren große Entfernungen zurückzulegen, um bei ihrer Herrin ► Diana zu erscheinen, als heidnischer Unsinn bezeichnet. Die Ansicht, daß der H. nur teuflische Vorspiegelung sei und nur in der Phantasie der Frauen stattfinde, wurde zuerst von ► Delrio angegriffen. Grundlage sind die Bibelstellen vom Flug ► Habakuks mit einem Engel (Vom Bel zu Babel, 32 ff.) und die ► Entführung Christi durch Satan (Mt. 4,1–11; Mk., 1,12.13; Lk. 4, 1–13). Die beiden Evangelisten schildern, daß Christus vom Satan zunächst auf die Zinnen eines hohen Tempels und von dort auf einen hohen Berg gebracht worden sei.

Diese Perikope wurde von den Dämonologen als Beweis für die Realität des H. angesehen. Delrio fügte als weiteren Beweis noch hinzu, daß die Hexen sofort vom Sabbat verschwänden, wenn der Name Jesu ausgesprochen würde. Dies könne nicht in der Phantasie der Frauen geschehen, weil der Teufel, der sie leibhaftig zum Sabbat gebracht habe, sie auch wieder wegtragen würde. Den Flug zum Sabbat stellte man sich so vor, daß sie rittlings vom Teufel oder einem Tier, meistens einem Ziegenbock, dorthin gebracht würden oder auf einem Gegenstand wie Stock oder Besen flögen.

Verbunden mit dem H. war häufig eine ► Tierverwandlung, die nach Einreiben mit einer ► Hexensalbe erfolgte. Wie der ► Hexensabbat ist der H. Teil eines uralten schamanistischen Kultes, bei dem Menschen in trancehaftem Zustand in Tiergestalt oder auf dem Rücken eines Tieren eine Jenseitsreise antreten (vgl. ► Benandanti; ► Ginzburg).

Reste dieses aus Zentralasien stammenden Kultes finden sich in der griech.-röm. Mythologie. Die Göttin der Unterwelt, ► Hekate, und ihr röm. Gegenbild ► Diana ziehen mit ihrem Gefolge nachts umher. Daß die Vorstellung einer nachtfahrenden Göttin Diana auch im deutschen Volksglauben verbreitet war, lehrt der Canon Episcopi. Noch im 6. Jhdt. zerstörte der Einsiedler Wulfilach ein Standbild von ihr bei Trier, das von der einheimischen Bevölkerung sehr verehrt wurde. Das Gefolge der Diana trug den Namen ludus dianae. Der röm. Volksglauben kannte eine Gattung von Nachtgespenstern, die ► Strigen, die man sich als kindertötende Ungeheuer in Vogelgestalt vorstellte. Der Name lebte im Mittellatein als Stria weiter, woraus sich das ital. Wort Strega: Hexe gebildet hat. Im altnord. Hexenglauben ist die Verbindung mit dem eurasischen Schamanismus noch deutlich sichtbar. Der Stab, auf dem die Hexe ihren Ritt durch die Luft vollzieht, trägt den Namen „gandr", was im Lappischen die Seele eines Schamanen bezeichnet. „Den Stab schwingen“ hat im Altnord. die gleiche Bedeutung wie „einen Ritt durch die Luft antreten“. Diese Vorstellung, daß die Hexe auf einem Zaunstecken reitet, hat sich auch in ihrer altnord. Bez. hagazussa (Zaunweib) erhalten.

HEXENGERÄTE

Siehe ► Magische Instrumente.

HEXENGIRLANDEN

oder Hexenleiter; Bez. für eine lange, mit ► Knoten versehene Schnur, in die man die Federn von schwarzen Hennen steckte. Dann wird diese Schnur unter Verwünschungen versteckt. Diejenige Person, gegen die sich diese Verwünschungen richten, wird an einer unheilbaren Krankheit sterben.

HEXENHAMMER

Titel der lat. Originalausgabe: *Malleus Maleficarum.* Der H. ist das Gesetzbuch der ► Hexenprozesse. Die Verfasser waren Jakob Sprenger und Heinrich Institoris; es erschien 1486/87 in Köln in lat. Sprache (30 Auflg. bis 1669); ins Deutsche wurde es 1703 übersetzt. Die erste Auflage war mit einer gefälschten Approbation (Anerkennung) der Theologischen Fakultät zu Köln erschienen.

Die von ihr anerkannte Auflage erschien erst 1489. Jakob Sprenger (1436–1495) war Prior und Prof. in Köln, Heinrich Kramer (latinisiert: Institoris) Prior des Dominikanerkonvents in Schlettstadt. 1474 wurde er wegen einer gehässigen Predigt gegen Kaiser Friedrich III. mit Haft belegt, 1482 erließ Papst Sixtus IV. wegen Unterschlagung von Ablaßgeldern gegen ihn einen Haftbefehl.

Inhalt: Dieses als „unheilvollstes Buch der Weltgeschichte“ bezeichnete Werk setzte die Bulle des Papstes Innozenz VIII. – *Summis desiderantes* – in die Praxis um. Auf der Grundlage des „elaborierten“ Hexenbegriffes (► Teufelspakt, Teufelsbuhlschaft, Hexenflug, Hexensabbat, Schadenszauber) stellen die beiden Autoren die praktizierte Zauberei, vor allem den Schadenszauber der vermeintlichen Hexen, in den Mittelpunkt. Besonders Frauen sind verdächtig, diesen Schadenszauber auszuüben. Das Werk besteht aus drei Teilen:

I. Erörterung der drei beteiligten Parteien (Teufel, Hexe oder Hexer, Duldung durch Gott) in 18 Fragen. Den Abschluß bilden fünf mögliche Einwände von Laien gegen die Hexenverfolgung.

II. Zwei Hauptabhandlungen: Die Formen des Schadenszaubers (Kap. 1–16) und die Mittel dagegen.

III. Anleitung für geistliche und weltliche Richter in 35 Fragen.

Da das Verbrechen der Hexerei teils weltliches, teils kirchliches Recht berührt, müsse die Untersuchung, Verurteilung und Bestrafung von Richtern beider Parteien durchgeführt werden. Wenn aber die Hexerei einen ketzerischen Charakter habe, unterliegt sie nach Sprenger und Institoris der Gerichtsbarkeit der päpstlichen ► Inquisition. Das Gerichtsverfahren, das bis

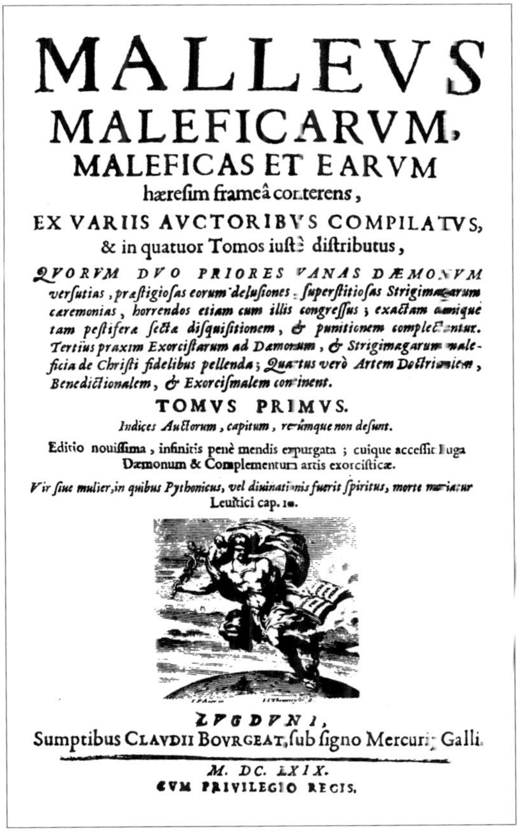

MALLEVS
MALEFICARVM,
MALEFICAS ET EARVM
hæresim frameâ conterens,
EX VARIIS AVCTORIBVS COMPILATVS,
& in quatuor Tomos iustè distributus,
QVORVM DVO PRIORES VANAS DÆMONVM versutias, præstigiosas eorum delusiones, superstitiosas Strigimagarum cæremonias, horrendos etiam cum illis congressus; exactam denique tam pestiferæ sectæ disquisitionem, & punitionem complectuntur. Tertius praxim Exorcistarum ad Dæmonum, & Strigimagarum maleficia de Christi fidelibus pellenda; Quartus verò Artem Doctrinalem, Benedictionalem, & Exorcismalem continent.
TOMVS PRIMVS.
Indices Auctorum, capitum, rerumque non desunt.
Editio nouissima, infinitis penè mendis expurgata; cuique accessit Fuga Dæmonum & Complementum artis exorcisticæ.
Vir siue mulier, in quibus Pythonicus, vel diuinationis fuerit spiritus, morte moriatur. Leuitici cap. 10.
LVGDVNI,
Sumptibus CLAVDII BOVRGEAT, sub signo Mercurij Galli.
M. DC. LXIX.
CVM PRIVILEGIO REGIS.

Des öfteren als „unheilvollstes Buch der Weltgeschichte“ bezeichnet: der „Hexenhammer“ von Sprenger und Institoris (Titelblatt einer Ausgabe aus dem Jahre 1669).

ins kleinste Detail geregelt war, beruht vor allem auf den Aussagen von Denunzianten. Ziel dieses Verfahrens war das Geständnis des Angeklagten. Für die Erreichung dieses Ziels wurde die ► Folter als legitimes Mittel angesehen.

HEXENHEMD

Ein Hemd, das die Hexen vor der ► Tortur anlegen mußten. Man glaubte nämlich, daß der Teufel sie nach ihrer Verhaftung gegen die Folter unempfindlich machen würde.

Aus diesem Grund wurden ihnen auch alle Haare entfernt.

HEXENKALENDER

Das Jahr wird im modernen Hexenglauben (► Wicca-Kult) in vier verschiedene Perioden eingeteilt, die dem Ablauf der Natur entsprechen. Am Anfang dieser Perioden stehen Feste:

- Candlemas (1./2. Februar): markiert das Ende der Finsternis. Andere Bez. Imbolc (abgel. von kelt. oimelk: in Milch). Dieser Name rührt daher, weil zu dieser Zeit die ersten Lämmer geboren werden und die Mutterschafe wieder Milch geben. Im christl. Glauben heißt dieses Fest „Maria Lichtmeß".
- Ostara (21. März): Frühlingstagundnachtgleiche. Es verkörpert seit der Antike die Wiedergeburt der Natur. Im 6. Jhdt. wurde Ostaria zum christl. Osterfest umgewandelt.
- Beltane (1. Mai): Beginnt schon am Abend des 30. April (► Walpurgisnacht) und ist ursprgl. ein Fruchtbarkeitsfest.
- Litha (21. Juni): bezeichnet die Sommersonnenwende. Zu Ehren der Sonne werden Feuer angezündet. Alle mag. Tätigkeiten sollen an diesem Tag besonders erfolgreich sein.
- Lammas oder Lugnasad (1. August): Die Zeit der Ernte weist auf den Abstieg der Natur hin. An dieses Fest erinnert der alte Brauch, Erntekronen an Häusern und Ställen anzubringen.
- Mabon (21. September): ist die Herbsttagundnachtgleiche. An diesem Tag wird für die eingebrachte Ernte gedankt (christl. Erntedankfest).
- Halloween oder Samhain (31. Oktober): Ein altes Totenfest; der letzte Tag des Hexenjahres, mit dem die finstere Zeit beginnt.
- Julfest (20.–24. Dezember): Wintersonnenwende. Wenn man noch die Rauhnächte dazuzählt, endet es erst am 6. Januar (► Perchta).

HEXENKESSEL

Da der Kessel das Hausgerät der Frauen auf dem Land war, nahm man an, daß die ► Hexen ihre Tränke darin brauen würden. Der hier gebraute Trank enthielt als Hauptbestandteil einen Kinderkörper und übelriechende, ekelhafte Zutaten, wie z. B. Schlangeneier, Krötenaugen, Fledermäuse etc. Meistens handelte es sich um Tiere, die Symbol des ► Teufels (seine Tiere) sind. Durch die angebliche Verwendung von Kinderleichen sollte deren Unschuld und Jugend auf die Hexen übergehen. Jakob ► Grimm vertrat die Auffassung, daß in den H. von den Priesterinnen ursprgl. Salz gesiedet wurde. Dieses Salzsieden sei dann im Volksglauben mit den Hexen verbunden worden. ► Salz

HEXENKRÄUTER

Im mittelalt. Europa waren die wichtigsten Zauberpflanzen die Nachtschattengewächse *(Solanazeen)*: Bilsenkraut *(Hyoscyamus)*, Stechapfel *(Da-*

Nachtschattengewächse wie die Alraune zählten zu den Hauptbestandteilen der Hexensalbe.

tura Stramonium), Tollkirsche *(Atropa belladonna)* und die in Ostpreußen und in den Karpatenländern wachsende Skopolie *(Scopolia carniolica)*. Das bekannteste Nachtschattengewächs, das aber nur in den Mittelmeerländern vorkommt, ist der Alraun, die weibliche Pflanze heißt Alraune oder Mandragora *(Mandragora officinarum)*.

Es gibt etwa 2.500 Arten von Nachtschattengewächsen, von denen auch heute noch etliche als Rauschmittel benutzt werden. Ihre psychoaktiven Wirkstoffe sind die Alkaloide Atropin (Hyoszymin) und Skopolamin (Hyoszin), die zu Funktionsstörungen im Gehirn führen. In geringen Mengen werden sie als krampflösende Mittel eingesetzt. Dosen ab 10 mg führen zu schweren Vergiftungserscheinungen bzw. sind tödlich. Berühmt wurden Nachtschattengewächse, weil sie Hauptbestandteile von ► Hexensalben und magischen Räucherungen waren.

HEXENKÜCHE

Das bekannte Bild von der Hexe, die in einer Küche ihre Salben und Zaubermittel herstellt, ist nach dem Vorbild des Alchemisten gezeichnet. Vermutlich geht diese Gleichsetzung des Alchemisten, der ja oft bei einem Fürsten angestellt war, und der verfolgten Hexe von dem Glauben aus, daß beide ihre „Wunder" durch die Hilfe von ► Dämonen vollbringen können. Die Hexerei wäre demnach eine unerlaubte Form der Alchemie.

HEXENKUGELN

Grüne oder blaue Glaskugeln, die besonders in England und Amerika in die Fenster gehängt wurden, um Hexen abzuwehren.

HEXENLEITER

Siehe ► Knoten.

HEXENMALE

Lat. stigma diabolicum; die Suche nach H. war ein bevorzugter Test, um eine Hexe zu überführen. Man glaubte nämlich, daß jede Hexe ein Mal an ihrem Körper habe, das ihr bei der Einweihung vom Teufel aufgedrückt wurde. Dieses Mal konnte ein Leberfleck, Muttermal, eine Warze oder eine Stelle sein, die unempfindlich und ohne Blut ist. Durch das „Stechen" mittels einer Nadel oder eines scharfen Instruments versuchte man das H. zu entdecken und zu lokalisieren. Um zu beweisen, daß eine Stelle schmerzunempfindlich ist, hatten die Hexenverfolger keine Skrupel, Instrumente mit einer einziehbaren Klinge zu benutzen.

HEXENMEISTER

oder Hexerich: Bez. für den Hexer, der im Volksglauben die gleichen Wunder wie die ► Hexe verrichten kann und in ihrer Gesellschaft am ► Hexensabbat teilnimmt. In der neueren Zeit auch als Bez. für den ► Hexenbanner benutzt.

HEXENMESSER

Siehe ► Magische Geräte.

HEXENPROBEN

entwickelten sich aus den Gottesurteilen der mittelalt. Prozesse. Nach den germ. Rechtsvorstellungen standen sich auch im Strafprozeß Kläger und Angeklagter als gleichberechtigte Privatpersonen gegenüber. Das Gericht hatte nur darauf zu achten, daß die Formvorschriften beachtet wurden. Die Beweise mußten von den

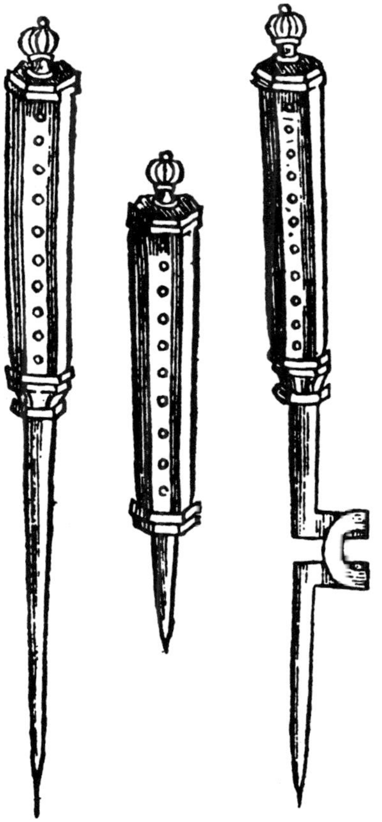

Die sogenannten „Hexenmale" versuchte man durch „Stechen" mittels eines scharfen Instruments zu entdecken.

Parteien beigebracht werden. Wenn eine Entscheidung nicht gefällt werden konnte, griff man auf das Gottesurteil zurück. Bei der Wasserprobe glaubte man, daß der Unschuldige nicht so schnell sinken könne wie ein Schuldiger, der von der Angst gequält wird. Im ► Hexenprozeß waren die H., die nicht bestanden wurden, ein wichtiges und schwerwiegendes Indiz gegen den Angeklagten, das die Anwendung der ► Folter rechtfertigte. Später wurde eine nicht bestandene H. als voller Beweis angesehen.
Folgende H. waren üblich:

- Wasserprobe: Der gefesselte Beschuldigte wurde in einen Fluß oder Teich dreimal hinabgelassen. Schwimmen galt als Beweis der Schuld.

Wasserprobe: Schwimmen galt als Schuldbeweis.

Man glaubte nämlich, daß das Wasser durch die Taufe Jesu im Jordan geheiligt sei und keinen Verbrecher aufnehme.

- Feuerprobe: Man mußte die Hand eine bestimmte Zeitlang ins Feuer halten oder nur mit einem Hemd bekleidet durchs Feuer gehen. Häufiger war aber die Probe des heißen Eisens, bei der man ein heißes Eisen über eine bestimmte Strecke tragen mußte. Im ► Hexenhammer wird diese Art der H. verworfen.
- Wiegeprobe: Dahinter steht die Vorstellung, daß der Zauber ein geringeres Gewicht habe als sein Körperumfang vermuten läßt.
- Tränenprobe: Der Mangel an Tränen bei der Folter galt als Schuldbeweis.
- Nadelprobe: ► Hexenmale.

HEXENPROZESSE

Die Zauberei und die schädliche Wirkung von magischen Handlungen wurden in allen Kulturen und zu allen Zeiten bestraft (► Schadenszauber). Daß die H. sich zu einer der schlimmsten Katastrophen in der europäischen Geschichte entwickeln konnten, ist das Ergebnis einer langen Entwicklung. Ausgangspunkt ist die bekannte Stelle des AT (Ex. 22,17): „Die Zauberinnen sollst du nicht leben lassen." In der lat. Bibel findet sich anstelle der Bez. „Zauberin" die falsche Übersetzung „Zauberer". In dem Zwölftafelgesetz der Römer wurde ► Schadenszauber, wenn er nachgewiesen werden konnte, mit dem Tod bestraft; andernfalls sollte ein Täter weniger hart bestraft werden. Kaiser Konstantin II. erließ 357 n. Chr. eine Verordnung, die die Todesstrafe für alle Formen der Zauberei vorsah. Diese Gesetzgebung ist vom *Codex Justinianeus*, der Rechtssammlung des Kaiser Justinian I. (482–565), übernommen worden.

Im germ. Frühmittelalter gab es Prozesse gegen Männer und Frauen wegen Zauberei (Schadenszauber), die mit dem Feuertod endeten. Es gab aber die Möglichkeit, sich dieser Strafe zu entziehen, indem man ein Sühnegeld leistete. Die Kirche stand diesen, im Volksglauben fest verankerten Rechtsvorstellungen kritisch gegenüber. Im ► Canon Episcopi wird der Glaube an Zauberei als „Irrlehre" verurteilt. Anfang des 9. Jhdt.s wandte sich der Lyoner Erzbischof ► Agobard mit großer Entschiedenheit gegen den Zauberglauben. Als 1090 bei Freising drei Wettermacherinnen verbrannt wurden, be-

Eine als Hexe verdächtige Frau wird gewogen.

zeichnete die Kirche diese Frauen als „Märtyrerinnen“. Alle Versuche der Kirche aber, den heidnischen Zauberglauben als wirkungslos und bloße Erfindung zu verdammen, erwiesen sich als erfolglos, solange der Glaube an den ► Teufel im Volk verbreitet war. Die Kirche versuchte deshalb den heidnischen Aberglauben in den christlichen Teufelsglauben einzubinden, indem sie die Zauberer und Magier als vom „Teufel verblendete“ Menschen bezeichnete.

Als sie jedoch im frühen 12. Jhdt. gegen religiöse Bewegungen wie z. B. die der ► Katharer und ► Waldenser vorging, die nicht nur die offizielle kirchliche Lehre in Frage stellten, sondern auch eine eigene Kirchenorganisation geschaffen hatten, mußten juristische Wege und Strukturen gefunden werden, um dieser großen Bedrohung Herr zu werden. Die Kirche entwickelte das Inquisitionsverfahren gegen hohe Geistliche weiter, denen Abweichung von der Glaubenslehre und Amtsmißbrauch o. ä. vorgeworfen wurde. Diese Verfahren bestanden ursprgl. aus einem Ermittlungsverfahren von Amts wegen, bei dem auch Zeugen befragt werden konnten. Der Angeklagte hatte aber weitgehende Verteidigungsmöglichkeiten.

Als Kaiser Friedrich II. 1219/20 die Ketzerei zu einem „Majestätsverbrechen“ erklärte, zu dessen Bekämpfung auch die ► Folter erlaubt sei, übernahm Papst Gregor IX. diese kaiserlichen Gesetze. Der Inquisitionsprozeß wurde zu einem Ausnahmeverfahren erklärt, das auch außerordentliche Mittel erlaube. Diese Verfahren wurden von Amts wegen von dazu besonders ernannten Inquisitoren eingeleitet, die sich auf die Aussagen von Denunzianten stützten und als Zeugen auch Kinder zulassen konnten. Zur Erzwingung eines Geständnisses war auch die Folter erlaubt. Die Kirche behauptete, daß dieses Verfahren den Ketzer zur Reue und Buße bringen sollte. Als todeswürdig wurde der unbelehrbare und rückfällige Ketzer angesehen. Diese Personen wurden aus der Kirche entlassen und den weltlichen Behörden zur Exekution übergeben.

Da es außer den organisierten Ketzersekten noch die im Volksglauben verankerte Magie gab, versuchten die Inquisitoren ihre Befugnisse zu erweitern und diese Zauberer bzw. -innen zu verfolgen. Man warf diesen Personen vor, daß sie wie die Ketzer Schadenszauber betrieben. Die Zauberei war somit zu einem Sonderfall der Ketzerei geworden.

Papst Alexander IV. erlaubte 1260 der ► Inquisition, sich auch des Deliktes der Zauberei anzunehmen. Aufgrund ihrer Erfahrungen mit Ketzerbewegungen (Katharer) schufen die kirchlichen Dämonologen und Inquisitoren eine Hexenlehre, die neben ► Schadenszauber, Teufelsbuhlschaft, Luftflug und Tierverwandlung bes. den Vorwurf enthielt, die Hexen seien eine

Die Hexenverfolgung in Europa.

organisierte Sekte, deren Mitglieder sich beim Hexensabbat träfen. Das Verbrechen der Hexerei galt als crimen exceptum (außerordentliches Verbrechen), zu dem auch die Majestätsbeleidigung und der Hochverrat gezählt wurden.

Erschwerend wurde noch angesehen, daß bei einem derartigen Verfahren die Richter einen ständigen Kampf mit dem Satan zu führen hätten.

Die H. nahmen ihren Ausgang von Südfrankreich, wo umfangreiche Prozesse gegen Zauberer stattfanden (1320–1350). Gut dokumentiert sind die ersten Hinrichtungen von Hexen in Oberitalien. 1384 und 1390 fanden in Mailand Verfahren gegen zwei Frauen, nämlich Sibillia Zanni und Pierini de Bugatis, statt. Sie hatten gestanden, daß sie regelmäßig Kontakte mit einer Frau namens Oriente, einer Verballhornung von ► Herodias, hatten. Bei diesen Zusammenkünften durften keine Männer teilnehmen. Diese Madonna Oriente weissagte die Zukunft, lehrte die Kräuterheilkunde und heilte Krankheiten. Diese beiden Frauen mußten ihrem Aberglauben abschwören, es wurde ihnen aber angedroht, daß sie bei einem Rückfall mit dem Tode bestraft würden. 1390 wurden sie erneut angeklagt, weil sie zugaben, sich jede Woche mit der geheimnisvollen Frau getroffen zu haben. Zu diesen Treffen seien sie von einem Geist namens Lucifello (kleiner Luzifer) geführt worden. Mit diesem Geist hätten sie einen Blutsbund geschlossen. Beide wurden zum Tode verurteilt und hingerichtet.

In den 30er Jahren des 15. Jhdt.s war die Vorstellung von einer Untergrundsekte der Hexen fest verankert. Hierzu trugen nicht nur einzelne Buchveröffentlichungen wie das Werk *Formicarius* des Dominikaners ► Nider, das alle Vorwürfe gegen die Hexen zusammenfaßte, sondern auch das Baseler Konzil (1431–1437) bei, wo sich die führenden Gelehrten und Theologen trafen. Zur gleichen Zeit fanden die ersten Hexenverfolgungen im Gebiet des Genfer Sees statt, die in die Gebiete um den Bodensee und Oberrhein, Lothringen und Rhein-Moselraum übergriffen. Diese Verfolgungswelle, die sich auf Oberitalien, das Baskenland, Katalonien, Luxemburg und das Deutsche Reich ausdehnte, wurde erst um 1520 durch den Beginn der Reformation gestoppt. Die vorreformatorischen Hexenverfolgungen dürften auch durch das Erscheinen der ► Hexenbulle (1484) Innozenz' VIII., des ► Hexenhammers und die Aktivitäten der beiden Autoren Sprenger und Institoris mitverursacht worden sein.

Satan mit Hexen. Hexerei galt als außerordentliches Verbrechen, das auf einer Stufe mit Hochverrat und Majestätsbeleidigung stand.

Ab 1560 kam es in ganz Europa zu einer großen Welle von H., deren Ausläufer bis in die 2. Hälfte des 18. Jhdt.s reichten. Höhepunkt waren die Jahre 1626–30, in denen in Bamberg 900 und in Würzburg 1.200 Menschen hingerichtet wurden.

Ursache dieser großen Hexenverfolgungen waren letztlich wohl auch die klimatischen Veränderungen in Europa, die zu einschneidenden ökonomischen Veränderungen führten. Den Hexen wurde nämlich der Vorwurf gemacht, daß sie durch Wetterzauber (► Wetterhexe) die Klimakatastrophe verursacht hätten.

HEXENVERFOLGUNGEN VOM 15.–18. JAHRHUNDERT

Siehe Abbildung gegenüber.

Die Hexenverfolgung in Europa

Hinrichtungen	*Land*	*Einwohnerzahl*
25.000	Deutschland	16 Mill.
10.000	Polen	3,5 Mill.
4.000	Schweiz	1 Mill.
4.000	Frankreich	20 Mill.
1.500	England	6,5 Mill.
1.000	Italien	13 Mill.
1.000	Dänemark	0,5 Mill.
1.000	Österreich	2 Mill.
1.000	Slowenien/Tschechien	2 Mill.
800	Ungarn	3 Mill.
500	Belgien/Luxemburg	1,3 Mill.
350	Norwegen	0,4 Mill.
300	Liechtenstein	3.000
300	Spanien	8 Mill.
300	Schweden	0,8 Mill.
200	Niederlande	1,5 Mill.
115	Finnland	0,35 Mill.
99	Rußland	15 Mill.
22	Island	50.000
7	Portugal	1 Mill.
2	Irland	1 Mill.

Die Hexenverfolgung in Städten und Staaten Deutschlands

Stadt/Staat	*Hinrichtungen*
Mainz	2.361
Köln	2.000
Würzburg	1.200
Mecklenburg	1.000
Bamberg	900
Ellwangen	450
Nassau (Hessen)	400
Mergentheim	387
Trier	350

Nördlich der Alpen wurden sie nicht von der Inquisition, sondern mehrheitlich von weltlichen Gerichten durchgeführt, die das Verbrechen der Hexerei nicht nur auf den Schadenszauber beschränkten, sondern auf den Teufelspakt ausdehnten. In Ländern (Italien, Portugal oder Spanien), in denen die Verfolgung der Hexen in den Händen der kirchlichen Inquisitoren lagen, wurden die Verfahren mit größerer Zurückhaltung geführt. Die Hexen sollten als reuige Sünder wieder in den Schoß der Kirche zurückgeführt werden. Die Empfehlung der Autoren des *Hexenhammers*, daß sich die weltliche Gerichtsbarkeit mit dem Verbrechen der Hexerei beschäftigen sollte, wurde zuerst im *Laienspiegel* (1509) des pfalz-neuburgischen Landvogtes Ulrich Tengler berücksichtigt, der in Anlehnung an den *Hexenhammer* die Bestrafung der Hexen forderte. Das deutsche Strafgesetzbuch *Constitutio Criminalis* (► Carolina: Die Peinliche Halsgerichtsordnung), das von Kaiser Karl V. 1532 erlassen worden war, legte fest, daß eine Hexe nur wegen erwiesenen Schadenszaubers verurteilt werden durfte. Die anderen Tatbestände der Hexerei, wie Teufelspakt, Hexensabbat, Teufelsbuhlschaft oder Hexenflug, waren nicht Gegenstand des Gesetzes. Eine Verurteilung konnte auch schon bei beabsichtigtem Schadenszauber ausgesprochen werden. Voraussetzung dieses Prozesses war aber, daß zwei Tatzeugen gefunden wurden oder der Angeklagte, der auch gefoltert werden durfte, ein Geständnis ablegte. Neben der Carolina gab es in den einzelnen deutschen Ländern unterschiedliche Gesetze und Vorschriften, nach denen die weltlichen Gerichte verfuhren. Obwohl sie auf dem von Amts wegen geführten Inquisitionsprozeß beruhten, enthielten sie auch Elemente des Akkusationsprozesses, der aufgrund einer Anzeige eingeleitet werden konnte. Wenn sich diese Anzeige als falsch erwies, wurde der Privatkläger selbst bestraft. Wenn jemand seinen Nachbarn beschuldigte, dieser habe sein Vieh durch Behexung getötet, und diese Anschuldigung beweisen konnte, wurde dieser Nachbar zum Tod verurteilt. Erwies sich aber seine Klage als grundlos, wurde er selbst hingerichtet. Diese Form des Verfahrens, das in Deutschland bei den weltlichen Gerichten üblich war, wurde allmählich verdrängt, weil die Kirche an der Rechtspflege sehr stark beteiligt war. Von den juristischen Schriftstellern wurde das kirchliche Inquisitionsverfahren bald als Ergänzung empfohlen und sollte immer dann angewandt werden, wenn kein Ankläger vorhanden war. Ein weiteres Merkmal dieser Gesetzgebung ist, daß neben dem Schadenszauber auch der Teufelspakt ein todeswürdiges Verbrechen war.

1682 untersagte der frz. König die Hexenprozesse; Maria Theresia (1717–80) setzte ein derartiges Verbot gleich bei ihrem Regierungsantritt im Jahre 1740 für die habsburgischen Länder durch. Ab 1700 endete in den protestantischen Gebieten Deutschlands die H., während sie in den katholischen noch bis 1775 andauerte. In diesem Jahr wurde in Kempten eine Hexe zum Tod verurteilt, das Urteil aber nicht mehr vollstreckt. Zu großen Hexenverfolgungen kam es bis 1770 in Ungarn, die mit zahlreichen Hinrichtungen endeten. Der letzte H. in Europa wurde in dem Schweizer Kanton Glarus gegen die Dienstmagd Anna Göldi geführt, deren Hinrichtung in der Presse als „Justizmord" bezeichnet wurde. Von Randzonen abgesehen, gerieten die Hexenverfolger überall unter Legitimationsdruck. Vertreter des Humanismus wie Erasmus von Rotterdam hatten sich schon im 16. Jhdt. gegen die Hexenverfolgung gewandt. Auch ► Agrippa von Nettesheim war wegen seines engagierten Eintretens gegenüber der Inquisition beim Kaiser in Ungnade gefallen.

Stimmen gegen die Hexenverfolgung: Auf ihrem Höhepunkt erschien 1631 die *Cautio criminalis* von ► Spee von Langenfeld, in der die H. einer radikalen Kritik unterzogen werden. 1691 folgte Balthasar Bekkers einflußreiches Werk *Die verzauberte Welt*, das die Macht des Teufels auf der Erde leugnete. Eine scharfe Kritik, besonders an den durch die Folter erwirkten Geständnisse, enthielt die Dissertation von Christian ► Thomasius.

Cautio
CRIMINALIS,
Seu
DE PROCESSIBUS
CONTRA SAGAS
Liber.
AD MAGISTRATUS
Germaniæ hoc tempore necessarius,
Tum autem
Consiliariis,&Confessariis Principum,
Inquisitoribus, Judicibus, Advocatis, Confessariis
reorum, Concionatoribus, cæterisq; lectu
utilissimus.
AVCTORE
INCERTO THEOLOGO ROMANO.
RINTHELII,
Typis exscripsit Petrus Lucius Typog. Acad.
M DC XXXI

Eine der bekanntesten Schriften gegen die Hexenverfolgung: die 1631 von Friedrich Spee publizierte „Cautio criminalis".

Was die Hinrichtungszahlen anbelangt, geht man heute von einer Zahl aus, die deutlich unter 100.000 liegt. Europaweit dürfte sie sich auf 60.000 belaufen. Die in der NS-Zeit und in der modernen Hexenbewegung genannte Zahl von neun Mill. Opfern der H. geht auf den Quedlinburger Christian Voigt zurück, der 1784 eine Zahl von 858.454 Prozessen errechnete. Voigt hatte in den Akten in einem Zeitraum von 30 Jahren 40 H. gefunden. Hochgerechnet ergäbe dies in einem Jhdt. 133 Prozesse. Spätere Quellen, die sich auf diese Zahl bezogen, übersahen in der Regel, daß Voigt sich mit dieser hohen Zahl von H. auf ein Jhdt. bezieht.

Aber bei all diesen Berechnungen ist nicht nur die schlechte Überlieferung ein Unsicherheitsfaktor, sondern auch die mangelhafte Aufarbeitung. Nicht enthalten in diesen Zahlen ist die beträchtliche Zahl von Menschen, die ein Verfahren lebend überstanden und durch Folter zu Krüppeln geworden waren. Sie mußten in der Folge ein Leben am Rand der Gesellschaft fristen – häufig genug in der Fremde. 75–80 Prozent der Opfer der Hexenverfolgungen waren Frauen. Zu deren Beginn war der Anteil der Männer noch höher, weil sich das Verbrechen der Hexerei zunächst am Bild des Ketzers orientierte. Einer Irrlehre konnten nämlich Männer wie Frauen erliegen. Durch den Einfluß des *Hexenhammers* wurde der Vorwurf der Hexerei auf die Frauen zugespitzt. In europäischen Randgebieten wie Island, Estland und Finnland wurden i. ü. mehr Männer als Frauen Opfer dieser Verfahren.

In seinem im Jahre 2003 erschienenen Buch *Die Päpste und die Hexen* zerstörte Rainer Dekker die Legende von der Schuld der röm.-kath. Kirche an der Hexenverfolgung. Der Hexenwahn sei, so der Autor, in erster Linie Sache des Volkes und der weltlichen Instanzen gewesen. ► Kinderhexen

HEXENREGISTER

Verzeichnis der hingerichteten und als Komplizen genannten Personen aus dem Trierer Land, das von Claudius Musie (gest. 1609) von 1586–1594 geführt wurde. In diesem Zeitraum wurden im Raum Trier ca. 400 Hexen hingerichtet. Dieses H. enthält auch 6.300 ► Besagungen, d. h. die Nennung der Namen von angeblichen Komplizen, die sich auf 1.380 Personen aus 97 Ortschaften bezieht.

HEXENRIECHER

Siehe ► Hexenfinder.

HEXENRITT

Siehe ► Hexenflug.

HEXENSABBAT

oder Synagoge Satans; hebr. schabbath: Feiertag. Synagoge des Satans im Anschluß an die Bibel (Offb. 2,9; 3,9). Bez. der ungläubigen Juden. Der H., der eng mit dem ► Hexenflug verbunden ist, bezeichnet die nächtlichen Zusammenkünfte der Hexen an einem abgelegenen Ort, wo sie sich in

Die Abb. zeigt das Phänomen des Brockengespenstes, das entsteht, wenn der Schatten des Beobachters auf eine Nebelwand fällt, die das Bild dann in mehrfacher Vergrößerung projiziert.

wilden Orgien dem ► Satan und sich selbst hingegeben haben sollen.

Der Hexenflug ist ein wichtiger Bestandteil dieser Vorstellung, weil er es den Hexen erst ermöglicht, sich an einem Ort gemeinsam zu treffen. Die Hexenversammlungsplätze liegen meistens auf Berggipfeln, von denen in Deutschland der Brocken oder Blocksberg seit dem 17. Jhdt. der bekannteste ist. Manchmal sollen derartige Versammlungen an ► Kreuzwegen oder in abgelegenen oder leeren Kirchen abgehalten worden sein. Besondere Tage für den H. gibt es im ► Hexenkalender nicht, aber häufig werden in den ► Hexenprozessen der Samstag, der der Muttergottes geweiht ist, die Sonntage, die Tage des Herrn, oder kirchliche Feiertage genannt. Bevorzugte Termine sind die vier jahreszeitlichen Feste: Winterfest (Maria Lichtmeß am 2. Februar), Frühlingsfest (Johannistag am 23. Juni), Sommerfest (21. August) und Herbstfest (21. Dezember). H. fanden auch in der ► Walpurgisnacht (30. April) und am 31. Oktober (Vorabend vor Allerheiligen) statt.

Die Vorgänge auf dem H. werden zwar nicht einheitlich beschrieben, feste Bestandteile aber sind: Einzug und Prozession, Huldigung des Satans, ausgiebiges Mahl, bei dem auch Kinder verzehrt wurden, der gemeinsame Tanz (► Hexentanz), die Abschwörung vom christl. Glauben, der Bericht über verübte Taten, die Beratung über weitere Taten und schließlich eine sexuelle Orgie.

Die Zahl der Teilnehmer an einem H. wird in den Quellen unterschiedlich angegeben. Sie schwankt von unter zehn bis hin zu 100.000 Hexen, wie der frz. Hexenrichter ► de Lancre berichtet.

Der H. wird zuerst in einem 1335 in Toulouse geführten Prozeß gegen zwei Frauen erwähnt. Die Bez. Synagoge für den H. taucht zum erstenmal in der anonymen Schrift *Errores Gazariorum* (Irrtümer der Ketzer; um 1437 verfaßt) auf. Nach neuesten Erkenntnissen könnte der Autor Inquisitor gewesen sein, der möglicherweise aus dem Aostatal stammte. Nach den Forschungen von ► Ginzburg müssen im Vorstellungskomplex des H. zwei Schichten unterschieden werden.

Zunächst haben die Hexenrichter ein bekanntes Vorurteil gegen die Hexen angewandt, das aus der Ketzer- und Judenverfolgung stammt. Den Ketzern (► Katharer) wurde unterstellt, daß sie sich an geheimen Orten träfen und dort mit scheußlichen Orgien Satan huldigten. Der gleiche Vorwurf wurde auch gegen die Juden erhoben. Ihre Synagogen galten als Stätten der ► Dämonen, wo mit diesen Unzucht getrieben würde. Inhalt dieses Vorurteils ist die Behauptung, daß sich eine religiöse Minderheit an einem unbekannten Ort in der Nacht versammelt und dort seltsame Bräuche, meistens sexueller Natur, praktiziert.

Dieses Vorurteil, das in seiner Endstufe auch auf die Hexen angewandt wurde, hat eine lange Geschichte. Gegen die Christen wurden im 2. Jhdt. die gleichen Vorwürfe erhoben. Man beschuldigte sie, sie würden an abgelegenen Orten Tierkulte, Menschenfresserei und Inzest betreiben. Hinter diesem Bild vom H., das die Hexenrichter zeichneten, verbirgt sich eine sehr alte Schicht von religiösen Vorstellungen. In ihnen sind Elemente eines Fruchtbarkeits- und Totenkultes (► Erdmutter) miteinander verwoben worden, deren Ursprung in dem in Zentralasien beheimateten Schamanismus zu suchen ist. Menschen mit besonderen mag. Fähigkeiten, die schon bei der Geburt durch körperliche Merkmale wie der Glückshaube, d. h. den Resten der Eihaut, erkennbar sind, fallen nach längeren Tänzen oder durch den Genuß von Drogen in Trance und treten in der Gestalt eines Tieres (► Tierverwandlung) eine Reise ins Jenseits zu den Toten an. Dort kämpfen sie mit ihnen um die Fruchtbarkeit der Felder (► Benandanti). Diese Glaubensvorstellungen sind durch die Vermittlung von Steppenvölkern nach Europa eingedrungen.

Obwohl als sicher gelten kann, daß der Hexenglaube uralte schamanistische Elemente enthält, bereitet es Schwierigkeiten, zu erklären, wie der ursprgl. Schamane zu einer so negativ besetzten Figur wie der Hexe werden konnte. Wie Ginzburg in seiner Untersuchung über die Benandanti nachwies, haben die Hexenverfolger diese Menschen in ihr Hexenverständnis eingefügt und mit ihnen gleichgesetzt, obwohl sie nach ihren eigenen Aussagen gegen die Malandanti (sprich: Hexen) kämpften.

HEXENSAGEN

Hauptperson dieser Sagen ist eine eindeutig negativ besetzte weibliche Gestalt, die ihre Macht und Fähigkeiten dem ► Teufel verdankt. Die Person des Teufels tritt jedoch sosehr in den Hintergrund, so daß der Eindruck entsteht, die Hexe würde aus eigenem Antrieb heraus handeln. Ihre Motive sind der Besitz von irdischen Gütern und die Befriedigung bösartiger Triebe. Es findet sich in den H. auch noch ein anderer Hexentyp, der sich aus älteren Negativfiguren der Sagen wie den Gewitterdämonen, ► Werwölfen, Alpen oder Druden entwickelt hat. Zentrale Gestalt dieser Sagengruppe ist die ► Wetterhexe. Eine wichtige Quellensammlung der H. sind die Kinder- und Hausmärchen, die 1812 von den Gebrüdern ► Grimm veröffentlicht wurden. Sie sahen in der Märchenhexe einen Rest der germ. Mythologie, der durch das Christentum bis zur Unkenntlichkeit verstümmelt worden sei. Hexen waren ursprgl. Priesterinnen, Ärztinnen und sagenhafte Nachtfrauen, die man verehrte oder geringschätzte, aber nicht verfolgte.

HEXENSALBE

Eine Mischung aus narkotischen Pflanzen wie Mohn, Nachtschattengewächsen wie ► Bilsenkraut, ► Tollkirsche, ► Stechapfel, ► Alraun, Eisenhut, Schierling und Fünffingerkraut mit Fett, die von den Hexen in die Magengrube, Achselhöhle, Herzgegend oder Genitalzone gerieben wurde. Die Wirkung bestand in einem Rausch oder Trancezustand, in dem die Hexen vor allem Flugerlebnisse hatten (► Hexenflug). Deshalb wurden die H. auch als „Flugsalben" bezeichnet. Die Hexen glaubten auch, erotische Exzesse zu erleben oder sich in Tiere zu verwandeln. Obwohl derartige Flugsalben schon seit der Antike wie z. B. bei Horaz, Ovid ► Petronius und besonders ausführlich in dem Roman des ► Apuleius (125–180 n. Chr.) erwähnt werden, ist ihre genaue Zusammensetzung bis heute unbekannt geblieben. Auch die Protokolle der Hexenprozeßakten enthalten nur wenige Details. Das Geheimnis dieser Salben, die die Hexen nach Ansicht der Hexenrichter vom Teufel erhalten haben sollen, nahmen sie mit in den Tod. In der Neuzeit haben viele Ärzte, Botaniker und Apotheker das Geheimnis der Zusammensetzung der H. zu lüften versucht. Der okkult. Schriftsteller Stanislas de ► Guaita faßte die Ergebnisse seiner langjährigen Forschungen in einem Buch mit dem Titel: *Eluctuarium satanicum* (Teufelismus) zusammen. Darin findet sich eine Zusammensetzung, die aus den Extrakten folgender Pflanzen bzw. Stoffe besteht: 3 g Rhizinus, 50 g Opium, 30 g schwarze Betelnuß (eine Stechapfelart), 6 g Fünffingerkraut, 15 g Schierling, 15 g Tollkirsche, 15 g Bilsenkraut, 250 g Indischer Hanf, 5 g Spanische Fliege mit Zucker.

Schon der Naturwissenschaftler Gassendi (1592–1655) beschreibt einen Selbstversuch, bei dem er sich mit einer H. aus Nachtschattengewächsen einrieb. Der Schriftsteller Kiesewetter (1854–1895), der wichtige Grundlagenwerke über den Okkultismus verfaßte, starb bei einem Selbstversuch mit H. Bekannt wurde der Selbstversuch, den der Volkskundler Will-Erich Peukkert 1927 zusammen mit einem Rechtsanwalt durchführte. Beide hatten Flugerlebnisse und glaubten, an erotischen Festen teilzunehmen. Peuckert kommt zu dem Ergebnis, daß die Berichte der Hexen über die Wirkung dieser Salben glaubwürdig seien. Vermutlich haben sie die Erlebnisse in diesem narkotischen Zustand als wirklich erlebt angesehen.

Hexen wurden für alle möglichen Übel verantwortlich gemacht: so auch für den sogenannten Hexenschuß.

HEXENSCHUSS

Eine Schmerzerscheinung im Hüftgelenk, die man sich als mag. Einwirkung von Hexen erklärte.

HEXENSPIEGEL

Siehe ► Magischer Spiegel.

HEXENSTECHEN

Siehe ► Hexenfinder und ► Hexenmale.

HEXENTANZ

Zu den Riten des ► Hexensabbats gehören ekstatische Tänze, die wie der Bauchtanz aus obszönen Körperbewegungen bestehen. Derartige Tänze waren ursprgl. Teil des Kultus der Großen Göttin, die als ► Erdmutter verehrt wurde. Der früheste Hinweis für einen erotischen Kulttanz findet sich auf einer ägypt. Wandmalerei (um 1400 v. Chr.). Im babyl. Isthar- und Tammuzmythos, einem Liebespaar, das den Lauf der Vegetation symbolisiert, geht Ishtar in die Unterwelt, dem Reich ihrer Schwester ► Ereschikal, und tanzt dort nackt, um ihren toten Gatten aus der Unterwelt zu befreien. Von Vorderasien drang dieser Tanz über Griechenland (Magna-Mater-Kult) und Rom (Bacchanalien) nach dem Norden vor, wo er sich mit einheimischen Frauenkulten verschmolz (► Murray). Noch im 13. Jhdt. sollen Frauen in tierischer Vermummung vor einem Götzenbild Tänze aufgeführt haben, das die Form eines männlichen Gliedes hatte.

HEXENTRANK

Siehe ► Hexenkessel.

HEXE VON ENDOR

Eine Wahrsagerin in Endor, Vorbild aller Totenbeschwörer (► Nekromantie). Nach 1. Sam. 28 geht der israelitische König Saul vor einer Schlacht verkleidet zu einer Wahrsagerin in Endor und läßt von ihr den Geist Samuels herbeizitieren, um den Ausgang des Kampfes zu erfahren. Samuel, der erbost über diese Störung herbeikommt, prophezeit ihm eine Niederlage und den Tod in der Schlacht, weil er zahlreiche Missetaten begangen habe. Die christl. Kommentatoren waren aber überzeugt, daß nicht wirklich der Geist Samuels erschienen sei, sondern daß es sich um einen ► Dämon in der Gestalt Samuels gehandelt habe.

Hexe von Endor: Vorbild aller Totenbeschwörer (Abb. aus dem 17. Jhdt.).

HILDEGARD VON BINGEN

1098–1179; Äbtissin eines Klosters bei Bingen. Sie besaß eine paranormale Begabung, die sich schon in ihrer Jugend zeigte. Ihre Visionen hat sie in den Büchern *Scivias*, *Liber vitae meritorum* und *Liber divinorum operum* einer eingehenden Analyse unterzogen. Ihre mediz. Schriften wie z. B. das Buch *Causae et curae* enthalten wichtige Hinweise über die niedere Magie und den zeitgenössischen Teufelsglauben. Sie beschreibt den ► Antichristen als eine Bestie mit einem riesengroßen kohlschwarzen Kopf; mit Augen, die Flammen werfen, mit Eselsohren und mit weitaufgerissenem Maul voller Stoßzähne. Der ► Alraunwurzel schreibt sie magische Kräfte zu, weil sie der Kontur eines Menschen ähnle. ► Mystik

HÖLLE, ÄGYPTISCHE

Die Ägypter kennen einen Strafort im Jenseits, der mit der christlichen H. vergleichbar ist. Die im Jenseitsgericht Verurteilten werden von ► Dämonen unter Führung des Drachens Apophis gemartert. Dieser Strafort wird in einem ägypt. Text aus der Zeit um 1500 v. Chr. in gräßlichen Farben ausgemalt. Die strafenden Dämonen, die Namen wie „Pressender" oder „Quetschender" haben, kochen die Sünder in heißen Kesseln. Im Gegensatz zu den Dämonen der christl. Lehre verführen sie die Menschen nicht zu einem schlechten Leben. ► Ägyptisches Totenbuch

HÖLLE, ALTAMERIKANISCHE

Siehe ► Totenbuch der Mayas.

HÖLLE, ARABISCHE

Arab. Bez. dschahannam; abgeleitet von hebr. gehinnom (Gehenna). Im Koran ist die H. sowohl ein Ort und als auch ein Monster. Sie befindet sich unter dem Sockel der Erde und besteht aus sieben Stockwerken, in denen die Verdammten um so härter unter dem Feuer leiden müssen, je tiefer das Stockwerk liegt. Da die Höllenstrafe ewig ist, gibt es kein Entweichen aus der Hölle. Der Herr über die H. ist der Dämon Malik, der den Hölleninsassen bis zum Tag des Jüngsten Gerichts kein Gehör schenkt. Danach werden sie von ihm verspottet, wenn er ihnen erklärt, daß ihr Aufenthalt in seinem Reich ewig dauern werde. Der Koran und die späteren Interpreten malen die Qualen der Höllenbewohner in grellen Farben aus. Die Leiden der Verdammten werden noch vergrößert, wenn ihnen die verbrannte Haut durch eine andere ersetzt wird, die sie noch stärker die Wirkung der Hitze spüren läßt. Sie müssen verseuchtes Wasser trinken und die bitteren Früchte des Baumes Zaqqum essen. Oder man stellt sich die H. personifiziert als schreckliches Tier vor. Jedes seiner vier Beine ist an 70.000 Ringe angekettet, auf denen wiederum

70.000 Dämonen sitzen. Am Tage des Gerichtes wird sich dieses Ungeheuer auf die Verdammten stürzen. ► Al-araf

HÖLLE, BUDDHISTISCHE

Die buddhistische Vorstellung von der H. weist, besonders in der Version von ► Dante, viele Gemeinsamkeiten mit der christl. auf. Die H. liegt unter der Erde, wo ihre Bewohner unsägliche Leiden erdulden müssen.

Man unterscheidet acht untereinanderliegende heiße H. Für jede von ihnen ist eine bestimmte Qual kennzeichnend:

1. SAMJIVA: Verstümmelung durch Messer und Schwerter.
2. KALASUTRA: Aufspannen und Zersägen der Körper.
3. SANGHATA: Zerquetschen zwischen Felsen.

4./5. RAURAVA: Ausstoßen von Schreien.

6. TAPANAN: Rösten.
7. PRATAPANA: Aufspießen.
8. AVICI: Gewaltige Hitze.

Jede dieser Höllen hat Nebenräume, wo die Seelen besondere Qualen erleiden. Außerdem gibt es H., in denen die Wesen durch Kälte gequält werden. Buddhisten glauben, daß diese H. dem Unterweltsgott Yama unterstehen, der die Toten richtet und bestraft. Ursprgl. war er der König von Vaishali.

Als er in eine blutige Schlacht geriet, wünschte er sich, der Herr der H. zu sein, wenn er fallen sollte. Dieser Wunsch wurde ihm erfüllt, und er wurde als König der H. wiedergeboren. Dabei begleiteten ihn acht Generale und 80.000 Soldaten. Seine Schwester Yami herrscht über die weiblichen Seelen.

Die Toten in den H. werden von Kshitigarbha (der, welcher der Erde entstammt), einem zukünftigen Buddha, getröstet. Er soll als junger Mann sehr unglücklich darüber gewesen sein, daß seine Mutter in der H. leben mußte. Deshalb faßte er den Entschluß, sie und alle Toten in den H. zu retten.

Große Verehrung genießt er im chinesischen und japanischen Buddhismus. Der jap. Buddhismus kennt acht heiße (Tokwatsu) und acht kalte H. (Abuda), die von dem Unterweltsrichter Emmao bewacht werden.

HÖLLE, CHINESISCHE

Die Vorstellungen des Taoismus, der altchinesischen Religion, von der H., sind stark vom Buddhismus beeinflußt. Der Gedanke, daß Übeltäter sich nach dem Tod an einem bestimmten Ort aufhalten, ist den Chinesen ursprgl. fremd. Man stellte sich diese H. im Inneren der Erde vor und bezeichnete sie als das Erd-Gefängnis (Ti-yü). Das gesamte Höllenreich ist in zehn Regionen eingeteilt, von denen jede von einem Höllenkönig (Yü-wang) regiert wird. Einer von ihnen (mit dem Namen Yen-lo-wang) nimmt den ersten Platz ein. Die Seelen der Toten haben sich vor dem Höllengott (Yü-shen) zu verantworten, der mit den Höllenrichtern ein Gericht bildet, von dem sie das Urteil empfangen. Je nach ihren Taten werden sie vor ein besonderes Gericht gestellt. Die guten Seelen kehren zur Oberwelt zurück und erleben eine für sie vorteilhafte Wiedergeburt, während die bösen als Tiere wiedergeboren werden oder verschiedene Höllenstrafen abbüßen müssen. ► Hölle, buddhistische

HÖLLE, CHRISTLICHE

Abgel. von dem Namen der germ. Göttin ► Hel; in den Religionen zahlreicher Völker unterschiedlicher Kulturen Bez. für einen Verbannungsort bzw. Strafort der Seelen im Jenseits. Weil man glaubte, diese gefährlichen Seelen würden die Lebenden belästigen, wurde der Ort meistens tief in das Innere der Erde verlegt. Der Zugang zu der H. ist durch unüberwindbare Hindernisse für die Lebenden versperrt. Der H.eingang wird im Christentum als ein riesiges Drachenmaul beschrieben, das Feuer speit. Die Mythologie verschiedener Völker berichtet jedoch von einer Unterwelts- bzw. Höllenfahrt von Göttern oder Menschen (► Antike Unterweltsfahrten, ► Isthar), denen es unter besonderen Umständen gelang, in das Reich der Unterwelt vorzudringen.

Die christl. Vorstellung von der H. ist hauptsächlich geprägt durch die jüd. Tradition, besonders von der des ► Henochbuches. Der jüd. Volksglaube malte den Strafort der Seelen im Hinnomtal bei Jerusalem in grellen Farben aus (► Gehenna). Merkmale der jüd. H. sind (vgl. z. B. Jes. 66,24; Hiob 11,8) Feuer, Finsternis und Würmer. Hier halten sich außer den Seelen der Sünder auch der ► Teufel und seine Dämonen-

Christus öffnet das Tor der Vorhölle.

schar auf. Ob die Juden diese Vorstellung von der H. auch aus der altiran. Religion – wie die nachweisbar spätere Umformung ► Satans zu einem Widersacher Gottes – entlehnt haben, ist fraglich, weil die Iraner die Hölle als einen Ort des Feuers nicht kannten. In Erwägung gezogen wurden die Übernahmen ind. Höllenvorstellungen. Für das spätere Christentum war die Übernahme dieser jüd. H. durch die antiken Vorstellungen vom Jenseits vorbereitet (► Hades, ► Orcus, ► Mania). Der griech. Philosoph Philodemus (1. Jhdt. v. Chr.) lehrte als erster, daß das Feuer ein Symbol der H. sei.

In der kath. Glaubenslehre ist die H. durch folgende Aussagen, die durch das 2. Vatikanische Konzil bestätigt wurden, definiert: Sie sei das Reich des Bösen und der Verdammten, besonders der abgefallenen Engel, über welche der Teufel regiert.

Diese abgefallenen Engel erleiden dort zwei Strafen: Einmal die Poena privativa, d. h. den Verlust ihrer guten Eigenschaften, und zum anderen die Poena positiva, d. h. die Verleihung von bösen Eigenschaften und ewige Verdammung in der Hölle. Die Höllenstrafen der Verdammten sind ewig (Mt. 25,41). Eine Erlösung des Teufels, wie ► Origenes lehrte, wird ausgeschlossen. Die Verdammten leiden unter der Qual des Feuers (Mt. 5,22; 13,42; Offb. 9,2; Lk. 16,24; Hebr. 10,27).

Da die H. in völliger Dunkelheit liegt, wollte man – wie z. B. ► Augustinus – diese Strafen „geistig" auslegen: Die Verdammten seien ewig von der Anschauung Gottes ausgeschlossen. Zu diesen Verdammten, die die ewige Höllenstrafe büßen müssen, gehören diejenigen Menschen, auf deren Seelen im Augenblick ihres Todes die Todsünde lastete. Über die Zahl der H.bewohner

Die christlichen Vorstellungen von der Höllenfahrt sind auch durch jüdische Einflüsse geprägt. Im Bild: die Höllenfahrt Christi (Abb. aus dem 15. Jhdt.).

machte man sich im Mittelalter ebenfalls Gedanken. Im 14. Jhdt. schätzte der Prediger Berthold von Regensburg, daß höchstens einer von 100.000 Menschen in den Himmel käme. Nach dieser Schätzung hätte die H. gewaltige Ausmaße. Von diesem theolog. Bild der H. unterscheiden sich die im Volksglauben der christl. Völker verbreiteten Vorstellungen. ► Cäsarius von Heisterbach z. B. vermittelt einen Eindruck, wie man sich die H. im mittelalt. Volksglauben vorstellte: Die Höllenqualen werden von ihm in einem kleinen Vers so beschrieben: pix (Pech), nix (Schnee), nox (Nacht), vermis (Wurm), flagra

(Peitsche), vincula (Stricke), pus (Eiter), pudor (Scham) und horror (Schrecken). Das Bild der christl. H. wurde durch ► Dantes Vorstellungen intensiv beeinflußt.

HÖLLE DES JAINISMUS

Der Jainismus entwickelte sich im 7. Jhdt. v. Chr. aus dem Hinduismus. Ihre endgültige Gestalt erhielt diese Lehre von Madavira (539–467 v. Chr.), einem Zeitgenossen Buddhas. Nach dieser Religion sieht das Universum wie ein kopfloser menschlicher Körper aus: Oberkörper, Taille und Beine. Die Hölle, die im rechten Bein angesiedelt ist, enthält 8,4 Millionen Folterkammern, wo die Seelen für die Schuld, die sie sich durch schlechte Taten aufgeladen haben, büßen müßten. Erst nach Verbüßen dieser Höllenstrafe kehren sie in den Kreislauf der Wiedergeburt zurück. Jede dieser Kammern steht unter der Aufsicht eines ► Dämons. Unter den Anhängern ist der Glaube verbreitet, daß es auch Seelen gäbe, die für immer in dieser Hölle bleiben müßten, weil sie wegen der Schwere ihrer Schuld nicht mehr wiedergeboren werden könnten.

HÖLLE, ETRUSKISCHE

Siehe ► Charon.

HÖLLE, GERMANISCHE

Siehe ► Hel.

HÖLLE, GNOSTISCHE

In der gnost. Schrift ► Pistis Sophia erzählt Jesus seinen Jüngern, was er bei seiner Reise durch die ► Äonen erlebt habe: Die Unterwelt bestünde aus einem riesigen Drachen, der die ganze Welt umgebe. In seinem Inneren gäbe es zwölf Kerker, wo die Seelen gefoltert würden. Jeder Kerker stehe unter der Aufsicht eines ► Dämons, dessen Gehilfe die Bestrafung der Seelen nach dessen Weisungen ausführe. Bevor eine Seele zu Gott gelangen könne, müßte sie durch diese Hölle gehen.

HÖLLE, HINDUISTISCHE

Für den Hindu ist die H. nur ein Aufenthaltsort auf dem Weg zur Wiedergeburt in einem neuen Leben. Für jede Sünde gibt es eigene H., wo sich die Seelen von der Schuld für ihre bösen Taten im vergangenen Leben befreien müßten. Die Zahl der H. wird häufig mit 136 angegeben, was der Zahl der möglichen Sünden entspricht. Ursprgl. war die H. nur eine Grube oder ein dunkler Kerker, in dem die Himmelskönige die Missetäter so einsperrten und quälten, wie es irdische Könige mit Verbrechern machten. ► Hölle des Jainismus

HÖLLE, JAPANISCHE

Der Shintoismus, die jap. Urreligion, kennt ein „Land der Toten“ (jap. Yomotsukuni) und ein „Land der Wurzeln“ (jap. Nenokuni), das von ► Dämonen beiderlei Geschlechts, besonders aber von gräßlichen Weibern bevölkert wird. ► Hölle, buddhistische

HÖLLE, JÜDISCHE

Siehe ► Gehenna.

HÖLLE, KELTISCHE

In den Jenseitsvorstellungen der Kelten finden sich Ansätze eines Strafortes der Toten. Bei ihnen war die Anschauung verbreitet, daß der Tod, den man sich als Löwe, Wolf, Stier oder als ein Ungeheuer wie die Sphinx vorstellte, den Körper erbarmungslos vernichtet. Aber dieser Glaube wurde durch die Seelenwanderung gemildert. Die antiken Schriftsteller berichten, daß die Kelten die Seele für unsterblich hielten. Nach ihrer Vorstellung kehrte die Seele eines Menschen nach einem Aufenthalt in der Unterwelt in einem neuen Körper ins Leben zurück. Der Tote stieg in die Unterwelt herab und wartete dort auf seine Rückkehr, bis in seiner Sippe ein neues Kind geboren werde. Brauch war, daß dem neugeborenen Kind der Name des zuletzt Verstorbenen gegeben wurde. Vor dem Hintergrund dieser Tradition ist auch die heute noch bestehende irische Sitte, Toten Briefe mit ins Grab zu geben, zu sehen. Die Totenwelt befand sich in dem Grabhügel „síde“, der besonders reich mit Gaben und Schätzen ausgestattet wurde. Diese Welt ist aber nicht nur eine Welt des Friedens, sondern auch der Gespenster und Hexen. Überdies führen hier auch Fürsten gegeneinander Krieg. Alleiniger Herrscher ist letztlich der große Dagda (der im kelt. Pantheon in etwa dem griech. Gottvater Zeus entspricht), der beim „Festmahl der Anderswelt" (Reich der Abgeschiedenen) den Vorsitz führt. Den Toten wurde für ihren Weg in die „Anderswelt" Verpflegung mitgegeben. Die Inselkelten verorteten das Reich der Abgeschiedenen nicht in einer gesonderten Sphäre, sondern mitten unter sich. Die Welten der Lebenden und Toten begegneten einander einmal im Jahr, nämlich zum Fest Samhain, an dem alle Konventionen fielen.

HÖLLE, RÖMISCHE

Siehe ► Orcus.

HÖLLE, SUMERISCH-BABYLONISCHE

Die sumer.-babyl. Mythologie kennt eine H. unter dem Namen aralu im Land ohne Wiederkehr. Von ihm sagt das Gilgamesch-Epos (3. Jhdt. v. Chr.), es liege am Ende einer Straße, die nicht zurückführt. Dieser feurige Ort befindet sich im Inneren eines Berges, den man nur erreichen könne, wenn man sieben Tore passiert habe. Jedes dieser Tore werde von einem Buddhistische Dämon bewacht (► Maskim). Im Inneren des Totenreiches befindet sich auch der Lebensquell. Herrscher über die H. sind der Totengott Nergal und seine Gattin Ereschkigal. In der babyl. Myth. untersteht dieses Totenreich der Göttin Allatund. Alle Menschen ohne Unterschied des Standes, gute und böse, müssen nach ihrem Tod nackt vor dieser Göttin, die mit einem Flügelgewand bekleidet ist, erscheinen. Nachdem die Toten vorgeführt worden sind, entscheiden die Anunannaki (Totenrichter) zusammen mit der Göttin Mammetu über das Schicksal der Toten. Schreiberin bei diesem Totengericht ist Belitseri, die neben der Unterweltkönigin kniet.

HÖLLE, THEOSOPHISCHE

Die Theosophie (griech.: Gottesweisheit), eine Sammelbez. für alle jene geistigen Bestrebungen, auf übernatürlichem Weg das Göttliche zu erkennen, erlebte im 19. und 20. Jhdt. durch Helene Blavatsky (1831–1891) einen großen Aufschwung. Im Gegensatz zur Philosophie und Theologie versuchen die Theosophen durch Erleuchtung, Offenbarung, innere Schau und alle Formen der Bewußtseinserweiterung (Askese, Meditation, Yoga) die diesseitige Welt, die von der Materie geprägt sei, zu überschreiten und das Übersinnliche, die Welt des Geistes und die jenseitige, höhere Welt, zu erkennen. Nach dieser Lehre besteht der Mensch aus einem irdischen, grobstofflichen Körper, einem feinstofflichen Ätherleib (Träger der Lebensenergien) sowie einem Astralkörper (Träger der Gedanken und geistigen Kräfte). Wenn der Tod eintrete, so die Vorstellung, trennten sich der Ätherleib und der Astraleib vom grobstofflichen Körper und schwebten in einer Wolke über dem toten Leichnam. Aus diesem Wolkengebilde forme sich eine neue Gestalt, die dem Verstorbenen ähnlich sehe. Auch an seinem Charakter verändere sich nichts. Zwar könne dieses Wesen seinen eigenen Leichnam sehen, aber alle Versuche, in den alten Körper einzudringen, blieben erfolglos. Die nahtodliche Sphäre wird von den Theosophen in sieben Stufen eingeteilt. Die unteren drei Stufen befänden sich unter der Erde, wo sich diese Wesen aufhielten, deren Leben von dem Streben nach materiellen Werten, bösen Taten und niederer Gesinnung bestimmt gewesen sei. Man kann sie als H. bezeichnen, die von finsteren Gestalten, ► Dämonen, bewohnt wird. Die Menschen, die hier leben, spüren jedoch das Verlangen, daß sie ihren Frieden nur dann erlangen können, wenn sie sich von den Trieben befreiten und nach Höherem strebten. Ihr Ziel sei die 4. Stufe, wo sich das ► Fegefeuer befinde. Wenn der Mensch diese Stätte der Läuterung durchlaufen habe, gehe er in das dreistufige Sommerland ein, das mit dem christl. Paradies verglichen werden könne.

HÖLLE, TIBETISCHE

Die Lehren des Lamaismus, der tibetischen Form des Buddhismus, sind in dem ► Totenbuch der Tibeter aufgezeichnet. Eine Seele könne den qualvollen Aufenthalt in der Unterwelt vermeiden oder sich ihn erleichtern, wenn sie sich gemäß der Anweisungen des Totenbuches auf den Tod vorbereite. Schon beim Tod erlitten die sündhaften Menschen unsägliche Qualen durch den Totengott ► Yama. Obwohl von ihm in grausamer Weise verstümmelt und zerhackt, könnten sie nicht sterben. Durch das Gewicht ihrer Sünden sänken die schlechten Seelen in die

Unterwelt hinab. Zwar warte auf sie kein Richter, aber sie müßten sich in einem Spiegel ihre Sünden ansehen und selbst ein Urteil über sich sprechen. Ihre Strafen büßten sie in je acht heißen, kalten, quetschenden und schneidenden H. ab. Daneben gebe es aber auch solche, in denen die Seelen geistige Qualen erlitten oder durch Hunger gepeinigt würden.

HÖLLENFAHRT CHRISTI

Der Abstieg Christi in die Hölle wird zwar nicht in der Bibel erwähnt, ist aber seit dem 2. Jhdt. Glaubenssatz der christl. Kirchen. Unter ► Hölle muß auch die Vorhölle oder das ► Fegefeuer verstanden werden. In den Evangelien finden sich zu der H. keine eindeutigen Aussagen. Fraglich ist auch, wann sie stattgefunden haben könnte. Zeitlich möglich wäre sie entweder in der Zeit zwischen dem Tag seiner Hinrichtung (Karfreitag) und seiner Auferstehung (Ostersonntag) oder nach seiner Auferstehung, weil Jesus noch 40 Tage auf der Erde war. Der Sinn der H. besteht nach der christl. Lehre darin, daß Jesus den Gerechtesten der Menschen, denen aufgrund der Ursünde Adams der Zugang zum Himmel verschlossen war und die sich in der (Vor-)Hölle befanden, die Erlösung verkünden wollte. ► Suarez

HÖLLENFAHRT ISHTARS

Ein aus sumer. Zeit stammendes Epos, das die Fahrt der Göttin ► Ishtar in die Unterwelt beschreibt. Ishtar, die Verkörperung von Wachstum und Vegetation, steigt in die Unterwelt hinab, um das Lebenswasser zu erlangen, mit dem sie ihren dahingeschiedenen Sohn und Geliebten Tammuz vom Tod erwecken kann. Mit Drohungen fordert sie Einlaß in die Unterwelt. Nachdem sie nackt die sieben Tore (► sumerisch-babyl. Hölle) durchschritten hat, betritt sie das Reich der Unterwelt. Nach dem uralten Recht, das hier herrscht, gibt es für sie keine Rückkehr. Die Unterweltsgöttin Ereschkigal ist über ihr Kommen entsetzt und verärgert, weil sie weiß, daß dadurch das Wachstum auf Erden ein Ende haben wird. Sie fordert ihren Gehilfen Namtar auf, Isthar zu quälen. Da inzwischen die Zeugung und das Wachstum auf Erden aufgehört haben, entsteht unter den Göttern eine große Verwirrung. Sie senden den Spielmann Asusunamir (sein Licht leuchtet) zur Unterweltsgöttin, damit er sie durch sein magisch-musisches Spiel erheitert. Doch ihm gelingt es nicht, Ishtar zu befreien, so daß die Götter Tammuz selbst hinabsenden müssen, der zwischenzeitlich zur Erde zurückkehren konnte. Durch seinen Gesang betört er die Unterweltsgöttin und erreicht, daß sie Ishtar mit dem Lebenswasser besprengt und ihr das Leben zurückgibt. Bei der H. der Isthar handelt es sich um eine Beschwörungsliturgie bei einem Opfer zu Ehren der Rückkehr des Tammuz aus der Unterwelt.

HÖLLENZWANG

Titel mehrerer ► Zauberbücher aus dem 17. und 18. Jhdt., von denen das bekannteste *Fausts dreifacher Höllenzwang* ist. Andere Werke dieser Gattung sind: *Der wahrhafte Jesuiten Höllenzwang*, *Fausts großer und gewaltiger Meergeist* und Ludwig von Cyprians *Höllenzwang*. Hinter dem Wort „Zwang" steht die schon in der altorient. ► Magie bekannte Vorstellung, daß man die ► Dämonen durch den richtigen Gebrauch ihrer Namen und durch ► Riten zwingen könne, die Wünsche des Magiers auszuführen. Eine andere Schrift nennt statt Faust als Autor Rabellinus, der ein Werk mit dem Titel *Trinum perfectum magiae albae et nigrae* verfaßt haben soll. Die anderen Teile ähneln der ältesten Form des ► 6. und 7. Buch Moses.

HOKUSPOKUS

Ein Zauberwort, dessen Ableitung unklar ist. Vermutlich ist es aus der Formel „Hoc est enim corpus meum" entstanden, die der katholische Priester während des Meßopfers spricht. Oder man leitet es aus der Folge ähnlich klingender Wörter „hax pax max" ab, die in den ► Zauberbüchern häufiger auftauchen. Denkbar ist auch, daß H. eine Entstellung der beiden ital. Wörter „occhio-bocca" (Augen und Mund) ist, was mit „Sperrt Augen und Mund auf!" übersetzt werden kann.

HOLLA (FRAU), HOLDA

Enthält dieselbe Wurzel wie „Hülle"; ebenso wie ► Perchta ist H. wilde Jägerin, germ. Halbgöttin und gespenstisches Elementarwesen. In dunklen Nächten soll sie, besonders in der Zeit zwischen

Weihnachten und Fastnacht, die Wälder durchschwärmen.

Der sie begleitende Jagdzug und ihr Gefolge bestehen aus abenteuerlichen Figuren. Die Sagen nennen diese wilde Jägerin auch Hela, Hulda, Fauta, Fute, Brechta (Perchta), Wildaberta, Waldina, Herka usw. In ihrer Schar gab es gute (holde) und böse (unholde) Geister. Hieraus leitet sich die Bez. Unhold/in ab. ► Diana, ► Benandanti

HONORIUS

Unter dem Namen des Papstes Honorius wird seit dem Jahr 1629 ein ► Zauberbuch erwähnt. Von den beiden Päpsten Honorius I. (625–638) und Honorius III. (1216–1227) dürfte nur der zweite in Frage kommen, weil ihm noch ein zweites zugeschrieben wird: *Conjurationes adversus principem tenebrarum* (Beschwörungen gegen den Fürsten der Nacht), das eine Sammlung von ► Exorzismen enthält.

Möglicherweise von einem unbekannten Verfasser unter dem Namen Honorius verfaßt: Die Beschwörungen gegen den Fürsten der Nacht. Im Bild: Magische Figur von dem Titelblatt des Zauberbuches.

Möglicherweise hat der unbekannte Autor sich den Namen des Papstes zugelegt, um bei den Lesern den Eindruck zu erwecken, daß sein Zauberbuch, das sich mit der Dämonenbeschwörung und der ► Negromantie beschäftigt, die Billigung der Kirche hat. Eine verstümmelte dtsch. Übers. ist von dem Verleger Scheible (gest.1866) in dem Sammelwerk *Das Kloster* abgedruckt worden.

HUYSMANS, JORIS-KARL

1848–1907; frz. Schriftsteller, Hauptvertreter des ► literarischen Satanismus. Er beschäftigte sich intensiv mit Okkultismus und kannte die

Joris-Karl Huysmans: einer der Hauptvertreter des literarischen Satanismus.

führenden Vertreter auf diesem Gebiet in Frankreich. Unter anderem war er auch mit ► Boullan bekannt.

1884 veröffentlichte er den Roman *À Rebours* (Gegen den Strich), der als „Bibel der Dekadenz" bezeichnet wurde.

Inhalt: Der exzentrische Lebemann Des Esseintes zieht sich angewidert vom Leben in die Einsamkeit zurück, um sich über sein Leben Rechenschaft abzulegen. Schließlich sieht er in seinem grenzenlosen Pessimismus in der christl. Religion einen Hoffnungsschimmer. Der 1891 erschienene Roman *La Bas* (Tief unten), der stark autobiographische Züge trägt, vermittelt einen guten Eindruck vom Satanismus gegen Ende des 19. Jhdt.s in Frankreich. Höhepunkt des Romans ist eine ► Schwarze Messe. Hinter der Romangestalt des Dr. Johannes verbirgt sich wohl Boullan. Der Satanskult kann nach H. in drei Formen ausgeübt werden:

- als Schändung einer Messe,

- als Verhexung von Opfern, die einer anderen satanischen Vereinigung angehören,
- als sexueller Verkehr eines teuflischen Wesens mit einer Person, die verhext werden soll.

H. erwähnt eine Satanistengruppe, die nur aus Frauen bestanden haben soll. Im Mittelpunkt ihres Kultes habe die Hostienschändung gestanden. H. beschreibt des weiteren die satanistischen Praktiken einer Gesellschaft, die sich „Re-Theurgistische Optimaten" nannte. Ihr Leiter soll ein US-Amerikaner namens Longfellow (1807–1882) gewesen sein, der sich selbst als „Oberpriester der neuen Magie" bezeichnete. Tochtergesellschaften soll es in ganz Europa gegeben haben.

Gegen Ende seines Lebens vollzog H. eine Rückkehr zum kath. Glauben, die in seinem Roman *En route* (1895) beschrieben wird.

HYDESVILLE

Dorf im Staate New York, in dem sich 1848 ein berühmter Spukfall ereignet hat, der mit zum Auslöser der modernen spiritistischen Bewegung wurde. Im Haus des Farmers John Fox traten unerklärliche Klopfgeräusche auf. Seine drei Töchter Margaretta, Katie und Leah entwickelten ein System, mit dem diese Geräusche sinnvoll gesteuert werden konnten. Ein gewisser Isaak Post erfand später eine Art Klopf-ABC, mit dessen Hilfe man sich mit dem „Geist", der die Geräusche verursachte, verständigte. Beim Aufsagen des „ABC" erfolgte dann bei dem richtigen Buchstaben ein Klopfen. Auf diese Weise trat man mit dem Geist des im Alter von 31 Jahren ermordeten Händlers Ch. B. Rosma in Kontakt, von dem man mutmaßte, daß dessen sterbliche Überreste im Keller des Hauses begraben seien. Im Jahre 1904 wurde dort tatsächlich ein derartiges Skelett gefunden. Margaretta und Katie traten später als Medien auf, die gelegentlich auch bei betrügerischen Manipulationen ertappt wurden. ► Spiritismus

HYPNOGENE PUNKTE

Von griech. hypnós: schlafauslösend. Hautstellen, deren Berührung das Einschlafen hochsensibler Medien hervorruft; die sogenannten Hexenmale waren vermutlich nichts anderes.

I

IBLIS

Abl. ist unterschiedlich: arab.: keine Hoffnung haben, oder griech. diabólos: Teufel. I. ist im Islam der Name des Teufels. I. ist ursprgl. kein Engel, wie z. B. ► Luzifer bei den Christen, sondern der Sohn eines ► Dschinn, der von Engeln in den Himmel aufgenommen wurde, um eine bessere Erziehung zu erhalten, weil er mißraten war. Als Gott den Engeln befohlen hatte, sich vor Adam in Verehrung niederzuwerfen, stellte sich I. an die Spitze der widerspenstigen und empörten Engel. Er weigerte sich, dem Menschen, der aus Ton und schwarzem Kot besteht, seine Huldigung zu erweisen. Zur Strafe für seinen Hochmut und Ungehorsam wurde er zusammen mit seinen mitverschworenen Engeln in die Hölle gestürzt, wo er als Fürst und Herrscher regiert. I. erbat sich für seine Bestrafung bis zum Tage des Jüngsten Gerichts einen Aufschub, der ihm von Gott auch gewährt wurde. In Sure XV, 38 ff. sagt I. zu Gott: „Wie du mich, o Herr, verführt hast, werde ich alle Menschen auf der Erde verführen. Ausgenommen sind nur deine aufrichtigen Diener." In der Sure XXXIV, 20 ff. hält I. Rückschau und stellt fest, daß es ihm gelungen sei, viele Menschen vom rechten Weg abzubringen. In der arab. Überlieferung wird auch die Ansicht vertreten, daß I. ein Erzengel sei, der mit einer Engelschar einen Streit der Dschinn auf Erden schlichten sollte. Oder er mißbrauchte sein Richteramt über die irdischen Dschinn, indem er unter ihnen einen Streit entfachte. Alle Dschinn wurden von Allah vernichtet, während I. sich in den Himmel retten konnte.

IFRIT

Mehrz. Afrit; abgel. von der arab. Wurzel fr: Staub; ein arab. Totengeist. Man kann aber jeden ► Schaitan, ► Iblis und ► Dschinn einen I. nennen. Wenn ein Mensch stirbt, so splittert sich der I. von seiner Seele ab und treibt an dem Ort des Todes sein Unwesen. Vermutlich handelt es sich um den bösen ► Quarin. Im Koran (Sure XXVII, 39) wird der I. als riesige Gestalt mit Hörnern, Löwenklauen und Eselshufen dargestellt.

ILLUMINATES OF THANATEROS

Eine esoterische Gruppe, die ihren Namen aus dem Kunstwort „Thanateros", einer Zusammensetzung aus griech. thánatos: Tod, und lat. eros: Liebe, ableitet. Gegründet wurde der Orden 1978 von Pete Carrol und Ray Sherwin. Grundlage der Lehre ist die von Carrol entwickelte Chaosmagie. In seinem Buch *Liber Null* entwarf Caroll die Grundzüge einer neuen Magie, die die Techniken und Inhalte der traditionellen ► Rituale wie z. B. ► Amulette, Dämonenbeschwörung, Geisterbeschwörung, Räucherungen etc. ablehnt und sie durch unkonventionelle Methoden ersetzt, die Carrol als psychologische Anarchie („Chaos") bezeichnet. In der ► Magie ist alles erlaubt, was funktioniert. ► Dämonen können auch durch „lautes Lachen" vertrieben werden. Der wichtigste Vertreter der Chaosmagie in Deutschland ist Ralf Tegtmeier (Frater V. D.), der im Orden den Namen „Fraund Neonfaust 1.309" trägt. Er gibt die Zeitschrift *Anubis* heraus. Viele der neuen Rituale des Ordens sind von der ► Sexualmagie geprägt. Die lokalen Gruppen, die „Tempel" heißen, werden von einem „Magister Templi" geleitet, dem der Archivar und der Insubordinator zur Seite stehen. Der Insubordinator hat die Aufgabe, den Magister zu beraten und auf Fehler aufmerksam zu machen.

IMP

Engl. Bez. für Hausgeister, die man auch ► Familiaren nannte. Sie nehmen meistens die Form von kleinen Haustieren, Kröten oder Mäusen an. Nach dem Volksglauben haben die ► Hexen diese I. mit ihrem Blut genährt. Als Beweismittel gegen die Hexen fehlen sie fast in keinem engl. Hexenprozeß. Um den Beweis zu erbringen, daß eine Hexe ein I. besaß und ernährte, untersuchte man ihren Körper nach rissigen Stellen. Mit

Der Nachweis, daß Hexen mit Hilfe von Hausgeistern (engl. Imps) Menschen getötet haben sollen, erwies sich als schwierig. Im Bild: Abbildungen von Imps.

Hilfe dieser I. sollen die Hexen Menschen umbringen können. Deshalb war es für die Verurteilung einer Hexe von großer Wichtigkeit, den Nachweis zu erbringen, daß sie durch die Hilfe eines I. einen Menschen getötet hatte. Da dies erheblich schwieriger war, als einer Hexe zu unterstellen, sie habe einen Pakt mit dem Teufel abgeschlossen und durch einen Flug durch die Luft am Hexensabbat teilgenommen, waren die Opfer des Hexenglaubens in England geringer.

INCUBUS

Lat. incubare: beischlafen. Bez. im Mittelalter für ein teuflisches Wesen, das nachts mit Frauen schläft. Der Verkehr mit einem I. war ein Anklagepunkt bei den ► Hexenprozessen. Die Herkunft und die Entstehung des I. und des mit ihm verwandten ► Succubus werden unterschiedlich angegeben. Die rabbinischen Ausleger des AT nahmen an, daß Adam und Eva nach der Geburt Abels hundert Jahre getrennt waren. In dieser Zeit hatten beide mit den abgefallenen Engeln sexuellen Verkehr (► Engelsturz). Die Kinder dieser Beziehungen sind die I. und Succubi. Oder man nahm an, daß sie dem Geschlechtsverkehr von Adam und ► Lilith entstammten. Eine andere Version behauptet, daß Adam nicht wirklich mit Lilith verkehrt, sondern Selbstbefriedigung betrieben habe, bei der sein Samen auf die Erde gefallen sei. Hieraus seien diese beiden Gruppen von Dämonen entsprungen. Die I.-Vorstellung setzte sich im 13. Jhdt. durch und war sehr populär. Da der I. aufgrund seiner Beziehung zur Sexualität ursprgl. ein Fruchtbarkeitsgott war, sollen aus einer derartigen Verbindung sehr viele Kinder hervorgehen. Die Zeugung der Nachkommen wird erreicht, indem der I. sich heimlich männliche Samen beschafft und in die Gebärmutter einführt. Im ► Hexenhammer (1478) werden drei Personengruppen erwähnt, die mit einem I. Geschlechtsverkehr haben: Die Hexen selbst, die von den Hexen verführten und diejenigen Personen, die von den I. verführt werden.

IN NOMINE SATANAS

Eine 1996 gegründete esoterische Gruppe, deren Hauptziel die Gottwerdung des Menschen ist. Um dieses Ziel zu erreichen, bedarf es keiner Opfer, besonders keiner blutigen (► Blutmesse), weil dies unvereinbar sei mit ► Luzifers Maxime: „Ich werde dir nicht dienen, Gott!“ Luzifer gilt als ein Menschenfreund, der dem Menschen das Wissen und die Erkenntnis gebracht habe. Der Orden hat eine Hierarchie, die vier Priestergrade umfaßt. Wer den dritten und vierten Grad erlangt hat, trägt den Titel „Magister“. Geleitet wird der Orden von einem Hohepriester.

INNOZENZ VIII.

Siehe ► Hexenbulle.

INQUISITION

Lat.: Untersuchung. Bez. für ein weltliches und geistliches Ermittlungs- und ► Gerichtsverfahren gegen Amtsträger, besonders gegen hochrangige kirchliche Amtspersonen wie Erzbischöfe, Bischöfe und Äbte, denen Amtsmißbrauch und Verstoß gegen Glaubensregeln vorgeworfen wurde. Später entwickelte sich hieraus als Sonderform die Ketzerinquisition, die von päpstlichen Beauftragten (den Inquisitoren) durchgeführt wurde, um eine stetige Aufspürung und Verfolgung der Ketzer gewährleisten zu können.

Entstehung und Geschichte: Inquisitoren waren ursprgl. Beauftragte, die die Könige in die Provinzen schickten, um das Verfahren und Betragen der Beamten oder auch gewisse Vorfälle zu untersuchen und nötigenfalls zu bestrafen; in Frankreich wählte man hierzu nicht bloß weltliche Personen, sondern auch geistliche. Diese Bez. war längst bekannt und üblich, als die Kirche ihn auf diejenigen Beauftragten der Päpste übertrug, die zum Richten und Bestrafen der Glaubensabtrünnigen bevollmächtigt wurden. Sachlich ist die I. ein Mittel der alten Kirchenzucht, nach der die Landesbischöfe schon früh die Pflicht hatten, Irrlehren zu bekämpfen und die Kontrollen der Kirchen ihres Bistums auch zur Ausspähung etwa auftauchender Ketzereien zu nutzen. Die höchste kirchliche Strafe gegen entdeckte Ketzer war die Exkommunikation, mit der als bürgerliche Strafe die Verbannung und der Tod verbunden sein konnten. Angesehene Kirchenlehrer, wie Chrysostomus und Augustin, wandten sich gegen die Todesstrafe an den Ketzern, während sie Hieronymus und Papst Leo der Große befürworteten. Aber diese Todesurteile ließ die Kirche von der weltlichen Macht vollziehen. Da die Bischöfe die Aufrechterhaltung der Glaubensreinheit nicht gewährleisten konnten, wurden im 6. Jhdt. „Sendgerichte" angeordnet, deren Aufgabe darin bestand, glaubensabtrünnige Personen aufzuspüren und zu verurteilen. Seit dem 9. Jhdt. bildeten sich diese Sondergerichte, die in bischöfliche Archidiakonats und ► erzpriesterliche Sendegerichte eingeteilt wurden, immer mehr aus. Als die Kirche durch die Sekten der ► Katharer und ► Waldenser beunruhigt wurde, veränderte Innozenz III. das bisherige kirchliche Disziplinarverfahren gegen hochrangige Amtspersonen, denen Verstöße bei ihrer Amtsführung und Abweichung von der Glaubenslehre vorgeworfen wurden. Das Verfahren wurde nicht mehr durch die Klageschrift eines Klägers unter Vorlage von Beweisen eingeleitet, sondern ein solches Verfahren konnte von Amts wegen eröffnet und der Sachverhalt durch Zeugenbefragung ermittelt werden. Ein Angeklagter konnte sich nicht mehr durch einen Reinigungseid von der Anklage befreien. Aber ihm standen weitreichende Verteidigungsmöglichkeiten zu, weil ihm die Anklagepunkte und die Namen der Zeugen genannt werden mußten. Papst Innozenz III. traf auch die Anordnung, daß das Aufspüren und die Bestrafung der Ketzer eine bleibende Einrichtung sein sollten. Das IV. Laterankonzil (1215) verpflichtete jeden Erzbischof oder Bischof, wenn Hinweise auftauchten, daß sich Ketzer in seinem Bistum befänden, entweder selbst oder durch Stellvertreter eine Untersuchung durchzuführen und sich von geeigneten Personen die Namen der Ketzer nennen zu lassen. Diese Anzeige mußte durch Eid bekräftigt werden. Die Aufsicht über die Bischöfe führten aber bei diesen Ermittlungen die päpstlichen Beauftragten (Legaten). Genauere Bestimmungen über die Art des Ketzeraufspürens wurden auf dem Konzil von Toulouse (1229) erlassen. Als aber die Bischöfe bei der Verfolgung der Ketzer wenig erfolgreich waren, ernannte Gregor IX. 1232 in Deutschland, Aragón und Österreich, 1233 in der Lombardei und in Frankreich die Dominikaner zu ständigen päpstlichen Inquisitoren, deren Tätigkeit durch neue gesetzliche Bestimmungen unterstützt wurde. Die von Friedrich II. (1194–1250) eingeführte Todesstrafe gegen Ketzer wurde in das Kirchenrecht übernommen und sanktioniert. Den Ketzerprozeß sah man wegen der Vergehen als ein Ausnahmeverfahren an, bei dem auch besondere Mittel angewandt werden durften. Das Verfahren konnte von dazu ernannten Inquisitoren eingeleitet werden. Eine einfache Anzeige (Denunziation) reichte zur Verfahrenseröffnung aus; keinem Angeklagten durfte der Name des Belastungszeugen genannt werden. Mitschuldige und Verbrecher wurden als Zeugen zugelassen. Die weltlichen Behörden wurden angewiesen, bei Verhafteten nicht bloß zur Beschaffung von Geständnissen, sondern auch zum Verrat von vermeintlichen Komplizen die ► Folter anzuwenden. Damit die Aussagen des Gefolterten geheim blieben, nahmen später die geistlichen Inquisitoren die Anwendung der Tortur selbst in die Hand. Der Begriff der Ketzerei wurde so weit gefaßt, daß außer abweichenden Glaubensvorstellungen auch Zinswucher, Wahrsagerei, Beschimpfung des Kreuzes, Verachtung des Klerus, Kontakte zu Hexen, Aussätzigen und Juden sowie die Verehrung von Dämonen und dem Teufel zum Prozeß führen konnten.

Strafen: Sie lauteten auf Verlust der Ehre, der bürgerlichen und kirchlichen Rechte, harte Gefangenschaft im Kerker oder auf der Galeere bzw. Tod durch Hinrichtung, durch Einmauern oder durch Feuer. Bald galt der Tag einer Ketzerhinrichtung als Feiertag. Die Möglichkeit einer Revision gab es nicht. Papst Innozenz IV. wies 1252 ein Drittel des eingezogenen Vermögens der I. zu und befahl, ein zweites Drittel für künftige Inquisitionszwecke zu deponieren. Später erhielt die I. das ganze Vermögen der Angeklagten.

Die Entwicklung in den einzelnen europäischen Ländern: In Deutschland verbreitete sich die I. bald nach dem Konzil von Toulouse durch den päpstlichen Inquisitor ► Konrad von Marburg. Die Ermordung dieses Ketzerrichters und die Umstände seines Todes zeigen, daß die I. in

Eine Untersuchung durch das Inquisitionstribunal zog oft den Tod des oder der Verdächtigen nach sich. Im Bild: Der berühmte spanische Inquisitor Thomas de Torquemada.

Deutschland bei den Bischöfen und dem Adel auf Ablehnung stieß. Fast 250 Jahre lang fanden in Deutschland nur vereinzelt Ketzerprozesse statt. Nachdem die Ketzerei der Katharer und Waldenser gewaltsam unterdrückt worden war, entdeckten die Inquisitoren in den Hexen einen neuen Feind (► Hexenprozesse), die ebenfalls wie die Ketzer im Bund mit dem Bösen stehen und Schaden stiften sollten. Schon Papst Alexander IV. gestand den Inquisitoren zu, daß sie sich mit der Hexerei befassen durften, wenn sie mit Ketzerei verbunden war. Ihre Vorstellungen von den Ketzern übertrugen sie auf die ► Hexen. Den nächtlichen Ketzerversammlungen entsprach der ► Hexensabbat. Nachdem der Unterschied zwischen den Hexen und den Ketzern verwischt war, wurde diese „organisierte Armee Satans“ mit den Methoden der I. verfolgt. In Nordeuropa, in England, Dänemark und Skandinavien zeigt sich die I. nur als eine vorübergehende Erscheinung. Um so wirksamer trat sie in Spanien auf, wohin sie im 13. Jhdt. aus Frankreich gelangte. Hier wurde sie besonders gegen zum Christentum konvertierte Araber und Juden praktiziert und konnte sich besonders entwickeln, weil Papst Sixtus IV. 1478 dem Königspaar das Recht zusprach, Inquisitoren ein- oder abzusetzen und die Güter der Verurteilten einzuziehen. Dadurch wurde die I. zu einem königlichen Gericht. Sie erreichte ihren Höhepunkt unter dem Prior der Dominikaner zu Segovia, Thomas de Torquemada, der vom Papst zum Generalinquisitor von Spanien ernannt worden war. Das Anzeigen von angeblichen Ketzern gewährte bürgerliche Vorteile. Auf Torquemadas Rat hin mußten 1492 alle Juden, die nicht Christen werden wollten, auswandern. 1501 traf die Araber das gleiche Schicksal. Torquemada hatte von 1483 bis 1498, als er sein Amt niederlegte, 8.800 Menschen lebendig, 6.500 in effigie (nur ihr Bild) verbrennen und 90.000 zu verschiedenen Strafen verurteilen lassen. Sein Nachfolger Doza schickte 1.664 Menschen auf den Scheiterhaufen, und der dritte Generalinquisitor, Franz Jimenes de Cisneros, ließ von 1507 bis 1517 sogar 2.536 Menschen hinrichten; 1.368 wurden in effigie verbrannt und 47.263 mit anderen Strafen belegt.

Jedes Inquisitionstribunal setzte sich aus drei Inquisitoren, außerdem Assessoren, Sekretären, Einnehmern, Kerkermeistern und anderen Beamten zusammen. Für jedes Mitglied war Verschwiegenheit die strengste Pflicht. Das Haus der I. hieß Casa santa. Der Prozeß begann mit einer dreimaligen Vorladung des Angeklagten. Falls er erschien, wurde er nach einer sorgfältigen Untersuchung in ein dunkles Gefängnis gesperrt, sein Haar vom Haupte geschoren, seine Bücher und Schriften sorgfältig verzeichnet, sein Vermögen gewöhnlich sofort konfisziert. Er selbst galt als Geächteter. Schnelles Eingeständnis errettete zwar vom Tode, zog aber meist den Verlust bürgerlicher Rechte und des Vermögens sowie die Übernahme strenger Auflagen und Bußen nach sich. Leugnen hatte meist eine strengere Haft zur Folge. Gestand der Angeklagte nicht, so wurde er mit der Strick-, ► Wasser- und ► Feuertortur gefoltert. Halfen diese Mittel nicht, so erfolgten die Verurteilung und das langsame Hinsiechen im Kerker. Das Todesurteil bestand im Verbrennen. Während der Reformation wandte sich die spanische I. mit großem Eifer gegen die Anhänger des Protestantismus. 1587 errichtete Papst Sixtus V. in Rom die Behörde Congregatio sanctae Inquisitionis haereticae pravitatis (Kongregation der Heiligen Inquisition gegen verstockte Ketzerei), die Verfahren gegen Ketzer und Hexen führen sollte. Im Vergleich zu den in Zentraleuropa praktizierten Hexenverfolgungen verhielt sich diese Behörde allerdings eher zurückhaltend.

INTELLIGENZ

Lat. intellegentia: Geist; Bez. für Geistwesen, die nach der Lehre des griech. Philosophen Aristoteles (384–322 v. Chr.) die Gestirne (Planetengeister) beseelten und für ihre Bewegung verantwortlich seien. Im ► Neuplatonismus wurden als I. alle Zwischenwesen (Dämonen), die den Raum zwischen den Göttern und der Sphäre der Menschen ausfüllten, bezeichnet. Allmählich wurden die Sphärengeister mit der I. verbunden und in ein dreistufiges System gebracht:

1. Die reinen, überhimmlischen I., die keinem Planeten vorstehen und keine Dienste verrichten.
2. Himmlische I., die als ► Dämonen den einzelnen Sphären und den dazugehörenden Sterngruppen vorstehen. Sie erhalten ihre Namen von den verschiedenen Himmelskörpern.
3. Diese Sphäre besteht aus den Dämonen, die in der Menschenwelt aktiv sind.

Später wurden die I. von mittelalt. Theologen

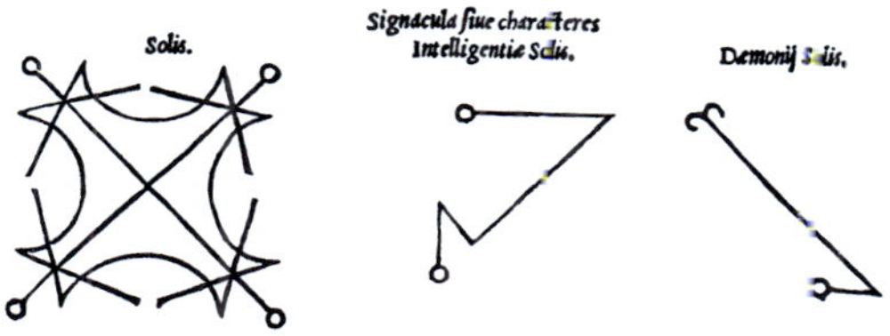

Im Neuplatonismus wurden Geistwesen als „Intelligenz" bezeichnet. Hier eine Abb. aus der „Occulta Philosophia" des Agrippa von Nettesheim: Zeichen oder Charaktere der Sonne, ihrer Intelligenz und ihres Dämons.

mit den Dämonen und ► Engeln gleichgesetzt (► Albertus Magnus) oder zusammen mit den Engeln den Dämonen gegenübergestellt:

Planet	*Intelligenz*
Sonne	Haludiel, Machasiel, Chassiel
Mond	Uriel, Naromiel, Abuori
Saturn	Mael, Orael, Valnum
Jupiter	Kadiel, Maltiel, Huphatriel, Estael
Mars	Gabriel
Venus	Penat, Thiel, Rael, Teriapel
Merkur	Aiediat, Modiat, Sugmonos, Sallales

► Agrippa von Nettesheim ordnet jeder I. noch einen Dämon zu, der nach dem hebr. Alphabet denselben Zahlenwert wie die I. hat:

Planet	*Intelligenz*	*Dämon*
Sonne	Nachiel	Sorath
Mond	Hasmodai	Schedbarschemoth
Saturn	Agiel	Zazel
Jupiter	Iophiel	Hismael
Mars	Graphiel	Barbazel

Venus	Hagiel	Kedemel
Merkur	Tiriel	Schedbarschemoth

IPOS

Ein Dämon (► Pseudomonarchia daemonum); er erscheint mit einem Löwenkopf, Gänsefüßen und Hasenschwanz. Seine Fähigkeiten: Er kennt die Vergangenheit und Zukunft und verleiht Mut und Weisheit.

IRRLICHT

Übers. von lat. ignis fatuus: Narrenlicht. Dieses Licht wird von Geistern oder wandernden Seelen verursacht, die keine Ruhe finden. Da diese I. hauptsächlich in Gebieten mit großen Sumpfflächen vorkommen, vermutet man, daß sich entzündende Sumpfgase hinter diesem Motiv stehen könnten.

ISHTAR

oder auch Schtar, Asthor, Anath, Ascherah, Astarte, Attar, Atargatis. Name einer im alten Orient, vorwiegend im kleinasiatischen Raum verehrten Fruchtbarkeits-, ► Liebes-, ► Mutter-, ► Vegetations- und ► Himmelsgöttin. Ihre zahllosen Beinamen weisen sie als „Schöpferin der Götter" oder „Erzeugerin der Völker" aus. Sie ist die altorient. Form der Großen Mutter (► Erdmutter), einer der ältesten Göttergestalten der Menschheit, wie schon ihre Namenswurzel verrät, die wahrscheinlich „zeugen" bedeutet. Im AT wird der Plural von Aschtar in dieser Bedeutung mehrfach gebraucht. I. hat zahlreiche Liebhaber und Ehemänner. Ihr Gemahl in der Bibel ist ► Baal: „Wohlan sende nun hin und versammle mir auf dem Berg Karmel das ganze Israel und dazu die 450 Propheten Baals und die 400 Propheten der Aschera" (1. Kön., 16,29–19,18; insb. 18,19 f.). Die babyl. Myth. stellt ihr als Ehemann Tammuz an die Seite, den sie aus der Unterwelt befreit. ► Höllenfahrt Ishtars

ISIS-MYSTERIEN

Isis ist in der ägypt. Myth. die Schwester und Gemahlin des Osiris. Ihr Bruder Seth tötete Osiris und zerstückelte seine Leiche. Nach langer Suche fand Isis den Leichnam und erweckte ihn zum Leben. Osiris wurde der Gott der Unterwelt. Der Tod und die Auferstehung des Osiris wurde in ► Mysterien gefeiert, die mit der Zeit zu den Isis-Mysterien degenerierten. Eine wichtige Quelle für die Isis-Mysterien sind die *Metamorphosen* des Lucius ► Apuleius (124–180 n. Chr.), in denen die Abenteuer eines durch Hexenkunst in einen Esel verwandelten Griechen und seine Erlösung durch die Göttin Osiris behandelt werden. – Die Einweihung eines Neophyten erfolgte nach Opfer, Fasten und Reinigungsriten im Tempel der Göttin. Wenn ein Sündenbekenntnis abgelegt wurde, erfolgte die Einweihung in das Geheimwissen. Der eigentliche Inhalt der Weihe bestand darin, daß der Neophyt eine Nacht im Tempel schlafen mußte. Auf diese Weise sollte sein Aufenthalt in der Unterwelt symbolisch dargestellt werden. Am anderen Morgen wurde er gleichsam als der Sonnengott, dessen Aufenthalt in der Unterwelt er nachvollzogen hat, begrüßt und geschmückt.

Wichtige Quelle für die Isis-Mysterien: die „Metamorphosen" des Lucius Apuleius.

J

JACQUIER, NIKOLAS

Gest. 1472; frz. Dominikaner und Inquisitor in Nordfrankreich. In seiner 1458 erschienenen Schrift *Flagellum haereticorum fascinariorum* (Ketzergeißel) vertritt er als einer der ersten Theologen die Ansicht, daß zwischen den Ketzern und den ► Hexen eine enge Verbindung bestünde. Zwar wollten die Hexen im Gegensatz zu den Ketzern keine eigene Kirche gründen, aber beiden Gruppen verbände der ausdrückliche und freiwillige Bund mit dem Bösen in der Gestalt ► Satans. Beiden gemeinsam sei auch, daß sie allen nur denkbaren Schaden anrichteten. J. berichtet, daß sich die Hexensekte an einem bestimmten Tag versammelte, um ihren Teufelskult *(Synagoga diabolica)* zu betreiben.

Der Analkuß gilt bei den Satanisten als Zeichen der Ehrerbietung gegenüber dem Teufel.

Satan, der in Bocksgestalt aufträte, beteten sie nicht nur an, sondern trieben mit ihm auch Unzucht. Voraussetzung für die Aufnahme in diese Sekte sei die Abschwörung vom Christentum, dadurch daß sie das Kreuz anspieen, das Abendmahl und Weihwasser entweihten und dem Teufel durch Kniebeugen und einen Kuß auf das Gesäß Ehrerbietung erwiesen. Danach drücke der Satan der Hexe ein Mal (► Hexenmal) ein. Die Handlungen und Zusammenkünfte dieser Zaubersekte *(haeresis et sectae fascinariorum)* seien nicht Täuschungen der Phantasie, sondern fänden tatsächlich statt. Durch einen Kunstgriff verbreite der Teufel den Glauben, daß die Hexenfahrten nur ins Reich der Träume gehörten. In der Sekte oder Synagoge dieser Zauberer erschienen nicht nur Frauen, sondern auch Männer, und, was noch schlimmer sei, sogar Geistliche und Mönche. Satan verspreche ihnen Schutz und Hilfe, damit sie ihren Schadenszauber verrichten könnten. Besonders wendet sich J. gegen den ► Canon Episcopi, der seiner Ansicht nach abgeändert werden müsse, weil er eine falsche Argumentation enthalte und die neuen Fakten nicht berücksichtige. Denn es sei erwiesen, daß entgegen der im *Canon Episcopi* vertretenen Meinung die Hexen tatsächlich zum Sabbat durch die Luft flögen. J. hat in Grundzügen die spätere Hexenlehre schon entwickelt und kann als einer der Wegbereiter der ► Hexenprozesse gelten. Er zeigte die Möglichkeit auf, Hexen wegen des Deliktes des Schadenszaubers zu verurteilen, das in Deutschland ein todeswürdiges Verbrechen war. Da Js. Meinung nach an Hexenversammlungen auch Geistliche teilnahmen, konnten Kritiker der Hexenprozesse leicht als geheime Parteigänger Satans verleumdet werden.

JAMBLICHOS

Gest. um 325 n. Chr.; Philosoph und Begründer des syrischen ► Neuplatonismus. Er verband den Neuplatonismus mit einer phantastischen Dämonologie. Einen großen Raum nimmt darin die Lehre von den Göttern, ► Engeln, ► Dämonen und Heroen ein, deren Merkmale, Erscheinung und Eigenschaften beschrieben werden. Die Götter werden eingeteilt in 360 überweltliche, in 72 Ordnungen unterhimmlischer Schutz- und ► Naturgötter sowie in innerweltliche, die die Seelen der Götter sind. Die Dämonen und die Heroen bilden die Zwischenglieder zwischen den Göttern und Seelen. Von den Dämonen sind die vernunftbegabten dem Menschen wohlgesonnen und helfen ihm, während die vernunftlosen dem Bereich der Natur zugeordnet und nicht ausschließlich böse veranlagt sind. Zwischen den guten und bösen Dämonen gibt es noch eine dritte Gruppe von Geistern, die zwischen Gut und Böse nicht unterscheiden können. Mit der Welt der Götter und Dämonen kann mit Hilfe der ► Theurgie in Kontakt getreten werden.

JEANNE D'ARC

1412–31; auch als „Jungfrau von Orleans" bez. J. d'Arc, ein Bauernmädchen aus dem lothringischen Domremy, entfachte während des Hundertjährigen Krieges (1339–1453) zwischen England und Frankreich den nationalen Widerstand in den von den Engländern besetzten Landesteilen. 1429 zwingt sie die Engländer zur Aufhebung der Belagerung von Orleans und führt den frz. König Karl VII. zur Salbung nach Reims. Die Burgunder, die mit den Engländern verbündet waren, nahmen sie gefangen und lieferten sie den Engländern aus. Da sie behauptete, göttliche Stimmen gehört zu haben, die sie bei ihren Taten leiteten, galt sie der ► Inquisition als verdächtig und wurde angeklagt. Ihr wurde vorgeworfen, daß diese Eingebungen vom Teufel stammten. Sie gestand im Laufe der Vernehmungen ein, daß ihre Eingebungen falsch gewesen seien. Deshalb kam der Gerichtshof zu der Überzeugung, sie sei weder eine Hexe noch eine Ketzerin. Sie wurde wegen des Tragens von Männerkleidung und Widerstand gegen die Kirche zu einer lebenslangen Haftstrafe verurteilt. Doch sie zog ihr Geständnis zurück, was zur Folge hatte, daß sie als rückfällige Ketzerin der weltlichen Gewalt zur Bestrafung übergeben wurde. Am 30. Mai 1431 wurde sie in Rouen verbrannt. 1456 wurde sie in einem zweiten Prozeß rehabilitiert, den der frz. König verlangt hatte. Ihre Prozeßakten sind 1841 in Paris veröffentlicht worden. Jeanne d'Arcs Seligsprechung erfolgte spät, erst 1909, ihre Heiligsprechung im Jahre 1921.

JENAER CHRISTNACHTS-TRAGÖDIE

Zum Jahreswechsel 1715/16 fanden in einem Weinberg bei Jena mehrere Menschen den Tod, als sie versuchten, mit Hilfe des Zauberbuches, das den Titel *Dreifacher Höllenzwang* trug, einen Schatz zu heben. Der Student Weber, der Bauer Zenner und der Schäfer Geßner gingen am Heiligabend 1715 in ein Weinberghäuschen und trafen alle Vorbereitungen für die Durchführung eines ► Rituals. Da es ihnen zu kalt war, zündeten sie Kohlen an. Am ersten Weihnachtstag entdeckte der Schneider Heichler die furchtbare Tragödie. Der Schäfer und der Bauer saßen tot an dem Tisch, während der Student überlebte, aber offensichtlich den Verstand verloren hatte. Die alarmierten Behörden ließen das Weinberghäuschen mit den Leichen von mehreren Wächtern bewachen. Wegen der Kälte zündeten sie die restlichen Kohlenstücke an. Am nächsten Tag wurden zwei von ihnen halbtot und ein dritter tot aufgefunden. Als die Überlebenden wieder vernehmungsfähig waren, behauptete einer von ihnen, ein Gespenst in der Gestalt eines Jungen gesehen zu haben. Der andere meinte, eine

Die Anweisungen eines Zauberbuches sollen in Jena zum Jahreswechsel 1715/16 einer Reihe von Menschen den Tod gebracht haben (Abb. aus dem Jahre 1716).

unsichtbare Macht habe ihn zu Boden geworfen. Ungeklärt blieb, ob es sich um eine Kohlenmonoxydvergiftung gehandelt haben könnte oder ob der herbeizitierte Geist gegen die Magier gewalttätig geworden sei. Als Beweis für diese Behauptung wurde auf Spuren am Körper des Bauern verwiesen, für die die Gerichtsmediziner keine Erklärung fanden.

JENSEITS

Bez. des Aufenthaltsortes der Verstorbenen; findet sich in allen Religionen, aber auch von okkult. Richtungen bzw. esot. Bewegungen, wie dem ► Spiritismus und der ► Theosophie. Die Vorstellung des J. (Geisterwelt, Himmel, Unsterblichkeit) variiert außerordentlich und paßt sich den Lebensgewohnheiten der Völker an. ► Fegefeuer, ► Hölle, ► Limbus

JERSEY-TEUFEL

Ein Ungeheuer, das 1909 in dreißig Städten des US-Bundesstaates New Jersey gesichtet wurde und große Unruhe hervorrief. Der J. wird als Mischwesen beschrieben, das den Kopf eines Widders mit gedrehten Hörnern und langen Flügeln besitzen soll. Die Vorderbeine, die in einer Art Pfote endeten, wären kürzer als die Hinterbeine, auf denen es sich bewegte. Seine Größe wurde auf bis zu 1,80 m geschätzt.

JEZIRA, DAS BUCH

ist ein ► Zauberbuch, das 40 Schriften enthält. Der Titel ist entlehnt von dem berühmten kabbal. Werk ► Sepher Jezirah. Es erschien 1924 in dem bekannten Okkulta-Verlag Bartels in ► Neu Weißensee. Diese Ausgabe ist im wesentlichen identisch mit dem Werk *Handschriftliche Schätze aus Klosterbibliotheken* (zitiert als „das Kloster"), das Scheible 1853 in Stuttgart veröffentlichte (Im Buch wird: „Köln bei Peter Hammer 1743" genannt; ein bei Scheible beliebtes Pseud. und ein fingierter Druckort). Das Buch J. enthält auch eine Übers. des kabbal. Werkes *Sefer Jezirah*, Geisterbeschwörungen (► Fausts Höllenzwänge), Psalmen und Zauberbeschwörungen unter dem Namen Gertrudis (Gertrudis die Große; lebte im 13. Jhdt. in Eisleben) und das angebliche Gebetbuch des Prof. Habermann (1516–1590). Die in diesem Sammelband zusammengefaßten Schriften geben einen tiefen Einblick in die mag. Welt des Mittelalters und der frühen Neuzeit.

JOHANNES VON SALISBURY

1115–1180; engl. Theologe, Bischof von Chartes (1176–1180), Autor eines Buches (1156–1159) über die Sitten, Gebräuche und Politik seiner Zeit mit dem Titel *Polycraticus*. Darin nimmt er auch Stellung zu Berichten über den ► Hexenflug. Wer behauptet, daß Hexen zu nächtlichen Versammlungen flögen, dort üppig essen würden und Dienste verrichteten, Säuglinge in Stücke zerrissen und verspeisten, sei den Täuschungen der ► Dämonen erlegen. Menschen, die an solche Dinge glaubten, müßten sofort durch Beweise als verblendet überführt werden. Dann verschwinde der böse Geist. Das beste Heilmittel aber sei, an dem christl. Glauben festzuhalten. J. verurteilt in einem langen Kapitel seines Werkes die mag. Künste, die an den Höfen von Adligen praktiziert würden. Besonders rechnete er mit der Astrologie ab, die im Frühmittelalter in Europa nicht nur durch die bekannten antiken Werke eines Macrobius oder Martianus Capella, sondern auch durch eine Flut zeitgenössischer arab. Texte bzw. deren lat. Übersetzung bekannt war.

JOPHIEL

oder auch Jofiel und Zophiel; hebr.: Schönheit Gottes. Name eines Engels, der zu den sieben ► Erzengeln im Judentum gehört. Er ist der Begleiter von ► Metatron, die ► Intelligenz der Planeten Jupiter bzw. Saturn. Von ihm wird berichtet, er habe Adam und Eva aus dem Paradies entfernt.

JÜNGSTES GERICHT

oder Letztes Gericht; Bez. im Christentum für ein Gericht am Weltende, vor dem alle Menschen erscheinen müssen, um von dem wiedergekommenen Christus (Apg. 10,42) gerichtet zu werden (Mk. 13,27; Mt. 10,15; 12,36). Dieses J. G. muß von dem Besonderen Gericht unterschieden werden, das über jede Seele nach dem Tod urteilt, ob sie in die Hölle, das Fegefeuer oder in den Himmel kommt. Wahrscheinlich ist auch hier Christus der Richter (Joh. 5,22). Hinweise für dieses Gericht unmittelbar nach dem Tod finden sich im ► Buch der Weisheit und im Johannesevangelium (Joh. 3,18; 5,24). Das Gericht wird schon auf Erden vollzogen, da die Guten nicht erst gerichtet werden müssen, sondern sofort ins Paradies eintreten. Mit der Einführung des Besonderen Gerichtes löste die Kirche zwar das Problem, zu erklären, wo sich die Seelen bis zum J. G. aufhalten, aber es entstanden auch zahlreiche Probleme bei der Abgrenzung der beiden Gerichte. Die Lehre vom Zwischenzustand der Seelen, die sogar von Papst Johannes XXII. 1331 in Avignon vertreten wurde, erübrigte sich damit. Sie ging davon aus, daß das Schicksal der Seelen bis zum J. G. unentschieden sei, wo erst die Scheidung der Guten von den Bösen erfolgen sollte. Der einzige Unterschied zwischen den guten und bösen Seelen bestand darin, daß sich die Guten im Schoß Abrahams vor dem Paradies befanden, während sich die Sünder an einem Ort über der ► Hölle aufhielten. 1336 wurde diese Auffassung als Irrlehre verurteilt. Im Judentum glaubte man, daß die Seelen diesen Zwischenzustand mit einer Art Schlaf überbrückten. Diese Lehre wurde von christl. Theologen übernommen, weil man glaubte, die Seele sei ohne Körper nicht in der Lage, eine geistige Tätigkeit auszuführen. Wenn sie vom Körper getrennt sei, müsse sie sich in einem Zustand der Bewußtlosigkeit befinden, den man als „Schlaf" bezeichnen könnte. Da über die Guten und Schlechten schon nach ihrem Tod gerichtet wird, hat das J. G. vor allem die Aufgabe, die Allmacht Gottes zu zeigen und die Guten über die Schlechten triumphieren zu lassen. ► Thomas v. Aquin meinte z. B., daß durch den Anblick der Qualen der Schlechten die Seligkeit der Guten noch erhöht werde.

JUGENDSATANISMUS

Eine Erscheinungsform des Jugendokkultismus, die seit den ► Ritualmorden von Sondershausen und Witten und dem damit verbundenen Medienwirbel immer wieder die Öffentlichkeit beschäftigt. Wie bei dem bei manchen Jugendlichen anzutreffenden ► Okkultismus besteht auch der J. aus Praktiken, denen meistens der theoretische Hintergrund einer kohärenten Lehre fehlt. Man muß den J. als eine reaktive Form des ► Satanismus bezeichnen, dessen Ausgangspunkt auf einer Protesthaltung gegen Familie, Schule, Kirche und Gesellschaft beruht. Der Übergang zur ► Gothic-Subkultur und der ► Black-Metal-Szene ist fließend, weil es viele, besonders äußere Berührungspunkte wie z. B. die schwarze Kleidung gibt. Der J. äußert sich in einer Verhöhnung der christlichen Symbole wie z. B. dem Tragen eines umgekehrten Kreuzes, der Entweihung von Friedhöfen und Kirchen. Die satanistischen Praktiken, zu denen die üblichen Rituale der ► Schwarzen Messe wie mag. Symbole (Pentagramm), Satansanrufe und ► -gebete oder auch das Bluttrinken gehören (symbolischer Ersatz: Rotwein), ist meistens mit sexuell perversen und gewalttätigen Handlungen verbunden. Der sexuelle Mißbrauch weiblicher Teilnehmer wird häufig berichtet. Über die Häufigkeit und Verbreitung des J. liegen seit den 90er Jahren Untersuchungen und Umfragen vor. So befragte U. Müller eine Gruppe von 3.950 Schülern aus Bayern und kam zu dem Ergebnis, daß nur eine geringe Zahl von Jugendlichen mit dem Satanismus sympathisiere. Prof. Mischo vom Institut für Grenzgebiete der Psychologie befragte 496 psychosoziale Beratungsstellen, ob die von ihnen betreuten Jugendlichen Erfahrungen mit dem Satanismus hätten. 24 Prozent der behandelten Jugendlichen hatten schon satanistische Praktiken ausprobiert, während die Beschäftigung mit dem Okkultismus bei weitem höher lag (61,3 Prozent). Der Berliner Prof. Zinser führte eine repräsentative Umfrage unter Schülern zwischen 13 bis 20 Jahren durch. Ergebnis: 1,9 Prozent waren passiv, 2,4 aktiv an Schwarzen Messen beteiligt. Das Interesse von Jungen (2,6) an satanistischen Praktiken war deutlich höher als bei Mädchen (1,9 Prozent). Auffällig ist das erhöhte Interesse von Schülern der Oberstufe an Ritualen und Praktiken der ► Schwarzen Messe. 4,8 Prozent männliche und 1,9 Prozent weibliche Oberschüler hatten aktiv und passiv an einer Schwarzen Messe teilgenommen. Das Interesse an satanistischen Praktiken sinkt nach Abschluß der Oberstufe stark ab.

JULIO, L'ABBÉ

1844–1912; Pseud. für Julien Houssay. Bekannter frz. Exorzist, der seit 1904 die Eglise catholique libre de France (Freie katholische Kirche Frankreichs) leitete. Diese Kirche gehört zu den zahlreichen Abspaltungen, die sich außerhalb der kath. Kirche Frankreichs gestellt hatten. Ihr Sammelbecken war ursprgl. die Eglise Catholique Française, die sich aber bald in einzelne Richtungen auflöste. Die Lehren dieser verschiedenen kath. Kirchen sind geprägt von der Philosophie der Aufklärung, dem frz. Protestantismus und den Ideen und Vorstellungen der aufkommenden neugnostischen Gruppen. J.s Hauptwerk trägt den Titel *Le Livre secret des grandes exorcismes et bénédictions priés antiques, formules occultes…* (Vincennes, 1908). Das Buch wurde nur an Personen abgegeben, die der Autor für geeignet hielt.

K

KABBALA

Hebr.: Überlieferung; K. ist die Bez. für die jüd. Mystik und Geheimlehre, besonders in der mag. Ausformung seit Beginn des 13. Jhdt.s in Südfrankreich. Schon zu diesem Zeitpunkt gab es die Unterscheidung zwischen einer theoretischen oder spekulativen und einer theurgischen oder praktischen K. Hauptthema der theoretischen K. ist die mystische oder ekstatische Schau Gottes. Der mystische Weg zu Gott ist eine Umkehrung des Weges, auf dem der Mensch aus Gott gekommen ist. Wer die Etappen der Entstehung der Welt und des Menschen kennt, ist auch im Besitz des Wissens, um an die Quelle allen Seins, nämlich Gott, zurückzukommen.

Die Kosmologie spielt also in der theoretischen K. eine zentrale Rolle. Grundlage der theoretischen K. ist die Lehre von den zehn Sephiroth oder Eigenschaften Gottes, welche die verschiedenen Stufen der Sichtbarwerdung des Göttlichen in der Gestalt dieser Welt beschreiben.

Das Absolute (en soph):

1. Kether: Krone oder Ursephirah, aus der alle anderen hervorgehen.
2. Chokmah: Weisheit, theoretische Vernunft.
3. Binah: Verstand.
4. Gedullah: Größe, Liebe, Langmut; oder Chesed: Huld.
5. Geburah: Stärke oder Härte.
6. Tiphareth: Herrlichkeit; oder Rachamim: Barmherzigkeit.
7. Netzach: Sieg, Dauer, Festigkeit.
8. Hod: Ruhm, Glorie.
9. Yesod: Grund, Fundament.
10. Malkuth: Herrschaft, Reich.

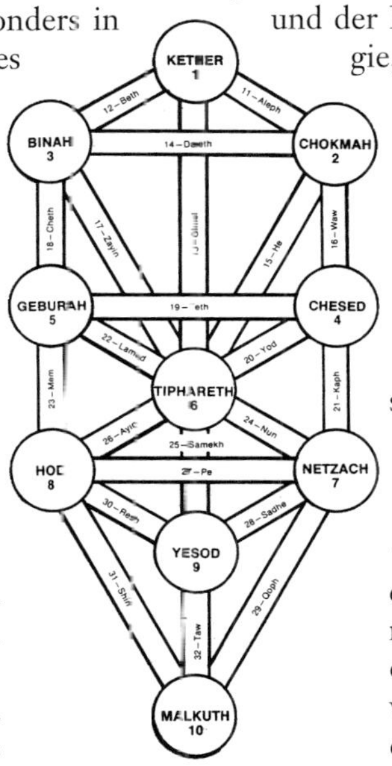

Hauptthema der theoretischen Kabbala: die mystische oder ekstatische Schau Gottes. Im Bild: Die Darstellung der zehn Sephiroth und der Pfade, die sie miteinander verbinden.

Jedem dieser Sephiroth sind gute und böse Geister zugeordnet (► Engel, Übersicht). Die praktische K., die die geheimen Namen Gottes und der Engel im Sinne der ► Weißen Magie, d. h. nicht zum Schaden anderer Menschen benutzt, ist älter als die theoretische Richtung der K. In ihr ist die gesamte altjüd. Magie eingegangen. Auch wenn sich viele Kabbalisten von dieser Richtung distanzieren, beweisen ihre Schriften das Gegenteil und verraten ihr großes Interesse an dieser okkulten Disziplin. Besonders ausgebildet wurde die praktische K. von dem deutschen Chassidismus, einer mystischen Bewegung unter den Juden im Rheintal, in deren Lehren auch zahlreiche Elemente der spätantiken ► Gnosis eingegangen sind. Scharf getrennt werden muß von dieser Richtung die ► Schwarze oder Dämonische (kischuf) Magie, die sich mit Zauberei, Totenbeschwörung, Anrufung von Dämonen und Nutzung von ► Amuletten beschäftigt. Sie galt als etwas Unreines und war den Juden strengstens verboten. Es finden sich auch Stimmen, die den Einsatz der Schwarzen Magie rechtfertigen, weil man das Unreine nur mit dessen eigenen Mitteln bekämpfen könne. Teilweise ist dieses Gedankengut, einschließlich der benutzten Namen der Dämonen, nicht jüd. Ursprungs, sondern aus arab. Quellen entlehnt. ► Arabische Magie, ► Engel der Kabbala in ► Engel; Übersicht, ► Jüdisch-kabbalistische Dämonen, ► Kabbalistische Dämonologie, ► Pseudomonarchia daemonum, ► Schemhamphorasch

KALIFORNISCHE KULTE

In den 60er Jahren des vorigen Jhdt.s entstanden in Kalifornien (USA) aus der Hippie-Bewegung satanistische Kulte. Diese Bewegung war ein Sammelbecken von Jugendlichen, die sich von der Gesellschaft abgewandt hatten und als Aussteiger ihre Erfüllung im Drogengenuß, in der Rockmusik und der freien Liebe suchten. Die hier zum Ausdruck kommende Protesthaltung ging einher mit einer entschiedenen Ablehnung des Christentums und der von ihm geprägten Wertvorstellungen. Mehrheitlich handelte es sich bei diesen Kulten um einen reaktiven ► Satanismus, zu dessen Ritualen auch Tieropfer, schwarzmagische Riten, aber keine Menschenopfer gehörten (► Kirke Order of Dogblood, ► Velle Transcendental Research Incorporated). Eine Ausnahme machten die ► Manson Family und die Gruppe ► Four Mouvement.

Susan Atkins, Patricia Krenwinkel und Leslie van Houten (von links nach rechts), mordverdächtige Mitglieder der sogenannten „Manson Family", auf dem Weg zum Sharon Tate-Gerichtsprozeß (Beginn: Juni 1970).

KANNIBALISMUS

Abgel. von Caribes, dem Namen der Stämme im Golf von Mexiko und den Westindischen Inseln. Diese Bez. ist seit dem 17. Jhdt. im Gebrauch. Der K. ist in allen Kulturkreisen bekannt und bis in die Gegenwart bei einzelnen Stämmen in Südasien und im Amazonasgebiet praktiziert worden. Man unterscheidet vier Hauptformen:

- den symbolischen,
- den rituellen und magischen,
- den fiktiven und
- den realistischen K.

Der symbolische K. findet sich in der Mythologie fast aller Völker der Welt, besonders bei der Weltentstehung, der Versinnbildlichung von Naturvorgängen, der Rache der Götter untereinander etc. So töten in der griech. Myth. die ► Titanen den Zeussohn Dionysos und verzehren ihn. Zeus verschlingt seine Gattin Metis, weil sie ihm nach einem Orakel Kinder geboren hätte, die ihn töten würden. Ein bekanntes Beispiel für den rituellen oder mag. K. findet sich in der griech. Tragödie *Bakchen* von Euripides: Dionysos will in Theben seinen Kult einführen. Nur der König Pentheus widersetzt sich diesem Ansinnen, obwohl der Kult von den thebanischen Frauen längst praktiziert wird, allen voran von Agarve, der Mutter des Königs. Als der König heimlich das Treiben der Frauen beobachtet, wird er entdeckt und als vermeintliches Tier zerrissen und verzehrt. Ein berühmtes Beispiel für den fiktiven K. gibt Homer in seinem Epos *Odyssee*, in dem das Treiben des ► Kyklopen Polyphem geschildert wird. Die ältesten Hinweise für einen realistischen K. enthält die Bibel (Lev. 26,27–30), wo der K. als eine der grausamsten Strafen beschrieben wird, die Gott über Völker verhängt, wenn seine Gebote nicht befolgt würden. Im älteren und modernen ► Satanismus wird der rituelle und realistische K. praktiziert, der Teil der ► Blutmesse ist. Im Jahre 2002 wurde in Rotenburg (Hessen) Armin M. verhaftet, dem vorgeworfen wurde, er habe einen Menschen mit dessen Einwilligung durch Stiche und Schnitte am Hals getötet, dann aufgehängt, zerlegt und Teile seines Körpers verzehrt. Alle Einzelheiten dieser Tat hat er auf einem Videofilm festgehalten. Arnim M., der als „Menschenfresser von Rotenburg" weltweit Schlagzeilen machte, gab an, es gebe in Deutschland eine Kannibalenszene, die über 800 Personen umfassen soll. ► Ritualmord

KARDEC, ALLAN

Siehe ► Spiritismus.

KATHARER

Abgel. von griech. kathaírein: reinigen, säubern, befreien. Die K. sind eine im Mittelalter weitverbreitete Sekte, die an die Lehren des ► Manichäismus anknüpfte und von dem Dualismus zwischen göttlichem Geist und teuflischer Materie geprägt ist. Der Manichäismus, der im Untergrund weiterlebte, wurde von den ► Paulikianern, die sich nach dem Apostel Paulus benannten, im 8./9. Jhdt. fortgesetzt. Sie wurden von den byzantinischen Kaisern aus Kleinasien nach Südosteuropa umgesiedelt, wo sie sich mit einer anderen neumanichäischen Sekte, den ► Bogomilen vermischten. Ab dem 11. Jhdt. verbreitete sich diese Sekte bis nach Oberitalien und Südfrankreich, wo sie mit oppositionellen Christen in Kontakt trat. Aus dieser Verbindung, deren einzelne Phasen noch im dunkeln liegen, entwickelte sich die Sekte der K., die in Frankreich nach ihrem Zentrum in Albi auch ► Albigenser genannt wurden.

Lehre: Die Vergebung der Sünden und die Erlösung vom Übel werden durch Entsagung von der Welt, der Materie und den Eintritt in die Gemeinschaft der Reinen erreicht. Die Aufnahme geschah durch einfaches Auflegen der Hände (consolamentum), wodurch die sog. Geistestaufe erteilt wurde. Die Wassertaufe verwarfen sie. Erst nach empfangenem Consolamentum war man ein Vollkommener (perfectus), dem allein der Name „Catharus", d. h. „Reiner", gebührte. In Frankreich nannten sie sich „bons hommes". Da die Katholiken sie „Haeretici" nannten, wurde die Bez. „Ketzer" bald der Name für Häretiker überhaupt. Andere Schimpfnamen lauteten: Bogomilen oder Bougres (Bulgaren), Publicanes (Paulikianer), Patarer (Patavia: Armenviertel in Mailand) oder Manichäer. Die „Vollkommenen" waren die Lehrer, die Verwalter der Gebräuche; sie mußten sich aller Handlungen enthalten, die als Todsünde angesehen wurden, lebten ohne Besitz und ehelos, genossen nur pflanzliche Nahrung oder Fische und fasteten zu gewissen Zeiten des Jahres streng. Sie mußten immer zu zweit sein, doch konnte der zweite Mann, der Socius, auch ein bloßer Gläubiger sein. Sie erkannten sich an bestimmten Zeichen, durch welche sogar die Häuser, in denen sie wohnten, ihren Mitbrüdern erkennbar wurden. Auch unter den Frauen gab es Vollkommene, die jedoch weder lehrten noch umherreisten, sondern in Hütten einsam lebten oder sich mit der Erziehung junger Mädchen abgaben. Die Zahl der „perfecti" war wegen der strengen Lebensführung aber immer gering.

Gemeindeleben: Es gab in den Gemeinden sehr viele Gläubige, „credentes", denen Güterbesitz, Ehe und der Genuß aller Art Speisen gestattet war; jedoch unter der Bedingung, diese Sünden den Geistlichen der Sekte zu beichten und vor dem Tode das Consolamentum, das als unerläßliches Heilmittel betrachtet wurde, zu erlangen. Die Gemeinschaft der Vollkommenen bildete die eigentliche Kirche, die sich die „wahre" und „reine" nannte.

Gebräuche und Gottesdienst: Ihre religiösen Gebräuche waren sehr einfach: Dort, wo sie mächtig genug waren, um öffentlich aufzutreten, wie in Südfrankreich oder in Oberitalien, hatten sie eigene Gebetshäuser – aber ohne Bilder, Kreuze und Glocken; darin stand nur ein mit einem weißen Tuch bedeckter Tisch, auf welchem das NT mit dem aufgeschlagenen Evangelium des Johannes lag. Das Vorlesen einer Stelle und ihre Erklärung bildeten den Hauptteil des Gottesdienstes; hierauf folgte der von den Gläubigen kniend empfangene Segen. Das Abendmahl wurde durch Brechen und Segnen des Brotes durch die Vollkommenen ersetzt, und zwar bei jeder Mahlzeit, an der sie teilnahmen. Dieses geweihte Brot wurde durch die Gläubigen sorgfältig aufbewahrt, denn davon sollte täglich ein Stück gegessen werden. Doch dieser Brauch hatte keine symbolische Beziehung wie in der kath. Kirche der Leib Christi. Als Beichte kannten die K. ein öffentliches, von den Gläubigen wie von den Vollkommenen abgelegtes Sündenbekenntnis. Abgesehen von Weihnachten, Ostern und Pfingsten gab es keine kirchlichen Feiertage. Ihre kirchliche Organisation führten sie zum Teil auf die ursprgl. christl. Kirche zurück. Sie hatten nur Bischöfe und Diakone; dem Bischof waren zwei Gehilfen oder Stellvertreter beigegeben: der Filius maior und Filius minor. Die einzelnen Gemeinden besprachen Probleme auf kleinen oder größeren Synoden.

Geschichte und Verbreitung: Die K. waren besonders in Südfrankreich in der Gegend um Albi (Albigenser) und in Oberitalien verbreitet. Um 1240 soll die Zahl der K. 40.000 betragen haben. 1167 fand in der Nähe von Toulouse ein Konzil der K. statt, an dem auch Bischöfe der Bogomilen aus Konstantinopel teilnahmen. Außer in Oberitalien (besonders Mailand) gab es auch in Florenz, im Kirchenstaat, in Kalabrien und Sizilien lange Zeit Gemeinden der K., die zuletzt mehrere Diözesen bildeten. Im 14. Jhdt. wurden die letzten Gemeinden durch die ► Inquisition beseitigt. Vergebens durchreiste 1147 Bernhard von Clairvaux ihre Zentren in Südfrankreich, um sie zu bekehren. Fürsten und Adel protegierten sie, so daß sie sich frei entwikkeln konnten. Sie waren hier in mehrere Bistümer unterteilt, deren bedeutendste die von Toulouse und Albi waren.

Im Jahre 1165 hielten die kath. Bischöfe im Schloß Lombers bei Albi ein öffentliches Religionsgespräch mit den Geistlichen der K. aus dem ganzen Land ab. Das Gespräch endete ohne Ergebnis. Die katholische Kirche mußte sich damit begnügen, ihre Lehre zu verdammen. Die Ermordung des päpstlichen Kardinallegaten Pierre de Castelnau im Jahre 1208 war für Papst Innozenz III. eines unter mehreren Argumenten, gegen die Albigensergemeinden im Süden Frankreichs zu einem Kreuzzug aufzurufen, dem viele Adlige folgten. 1209 marschierte ein Heer die Rhône hinab und belagerte die Stadt Béziers. Diese wurde am 22. Juli 1209 eingenommen. Viele Einwohner wurden dabei niedergemetzelt. Auf den Fall Béziers folgte die Einnahme von Carcassonne. Nach diesen Anfangserfolgen zogen sich die Kämpfe über eine längere Zeit hin. Sie endeten 1229 mit der weitgehenden Vernichtung der Albigenser.

Nach Deutschland kamen die Lehren der K. aus Flandern und der Champagne. Schon 1052 wurden in Goslar K. zum Tode verurteilt. In Köln und Bonn bestand die Sekte aber fort. In der ersten Hälfte des 13. Jhdt.s finden sich katharische Gemeinden auch in Bayern und am Rhein, die von ► Konrad von Marburg verfolgt wurden. ► Paraklet

KATZE

Ein Tier, das von alters her in der Myth., besonders in der ägypt. und germ., eine wichtige Rolle spielte. Die ägypt. Göttin Bastet, die mit einem katzenförmigen Kopf dargestellt wird, ist eine der Göttinnen der modernen Hexenkulte. Die K. ist auch das Symbol des Weiblichen und die Begleiterin der ► Hexen. Die schwarze K. gilt als Unglücksbote. Den K. werden paranormale Fähigkeiten zugeschrieben, wie die Voraussage von Erdbeben. Auch sollen sie ► Geister sehen und Verstofflichungen von geistigen Erscheinungen bemerken können. ► Katzenopfer

KATZENOPFER

Die Katze ist ein beliebtes Opfertier in den ► Zauberbüchern des 19. und 20. Jhdt.s Ein solches K. wird in der *Deuteroskopie* (1830) von Georg Konrad Horst (1767–1838) beschrieben: Nachdem die Katzen den ► Dämonen geweiht wurden, wird eine Katze nach der anderen auf einen glühenden Rost gelegt, sobald das Geschrei der zuvor geopferten verstummt ist. Die ganze Zeremonie dauert vier Tage und Nächte. Nach einiger Zeit erscheinen die Dämonen in der Gestalt von schwarzen Katzen, die ihr Geschrei mit dem der geopferten vermischen. Erscheint aber eine auffallend große Katze, dann bittet sie der Magier, ihm seine Wünsche zu erfüllen.

KETZER

Mhd.: Ketzer; ursprgl. die Verdeutschung der Bez. der ► Katharer, einer seit dem 11. Jhdt. in Europa weitverbreiteten Sekte. Der Ursprung des Wortes wurde aber früh vergessen, und man brachte es in Verbindung mit lat. catus (Katze), dem Teufelstier. Seitdem bezeichnete man nicht allein diejenigen, die vom Christentum abgefallen waren, als Ketzer, sondern alle, denen man Schandtaten gegen Gott und die Natur unterstellte. Hierunter fiel inbesondere unnatürliche Wollust. ► Hexenprozeß, ► Inquisition

KINDERHEXEN

Im ► Hexenhammer wird die Meinung vertreten, daß die Töchter von Hexen wieder Hexen werden würden und Hexenhebammen Kinder schädigen könnten. Ab dem 16. Jhdt. sind auch Kinder als Beschuldigte und Zeugen an den ► Hexenprozessen beteiligt. Die Theologen unterstellten ihnen eine besonders ausgeprägte Sexualität: Wenn ihre Mütter Hexen seien, wür-

Der Trierer Weihbischof Peter Binsfeld sah in Kindern vollwertige Zeugen in Hexenprozessen. Im Bild: Eine Hexe hat dem Satan ihr Kind versprochen (16. Jhdt.).

den sie leicht dazu verleitet, einen Pakt mit dem Satan zu schließen.

Selbstbezichtigungen von Kindern unter 14 Jahren mußten nicht verfolgt werden. An Stelle einer Strafe wurden sie in ein Arbeitshaus eingewiesen, wo man diese K. aber als große Gefahr für die Mitbewohner ansah. Die Selbstbezichtigungen der Kinder waren sicherlich eine Folge repressiver Erziehungsmethoden. Die Kinder konnten auf diese Weise gegenüber den Erwachsenen ihre Macht demonstrieren, besonders wenn sie als Zeugen auftraten. Kinder nämlich wurden von den Hexenrichtern als „Sprachrohr von Gerüchten" gerne angehört. ► Binsfeld bezeichnet Kinder als vollwertige Zeugen in den Hexenprozessen, weil es sich bei der Hexerei um ein Ausnahmevergehen handle, das auch mittels Zeugenaussagen von Kindern verfolgt werden dürfe.

KING, FRANCIS

Engl. Okkultforscher und Schriftsteller. Es gehört zu den Verdiensten von K., die Rolle der

► Magie in der Gesellschaft und besonders die Existenz von mag. Zirkeln in das Bewußtsein der Öffentlichkeit gerückt zu haben. Grundlegend sind seine Untersuchungen über Aufbau, Lehre und Geschichte des ► O. T. Os. Hauptwerke: *Ritual Magic in England* (1970), *Sexuality, Magic and Perversion* (1973), *The secret Rituals of the O. T. O.* (1973), *Magic* (1975, Magie – eine Bilddokumentation, 1976) und *The Techniques of High Magic* (1976, zusammen mit Stephen Skinner). Dieses Buch gilt nach Meinung der Fachwelt als eine der besten Einführungen in die westliche Magie. 1982 erschienen, als Fortsetzung seines 1975 publizierten Werkes, *Ritual Magic – The Rebirth of Magic*.

KIRCHE DES SATANS

Siehe ► Church of Satan.

KIRKE ORDER OF DOGBLOOD

Name eines satanistischen Ordens (Kirke-Orden vom Hundeblut), der in den 60er Jahren des vorigen Jhdt.s in Kalifornien von einer Engländerin gegründet wurde, die glaubte, eine Reinkarnation der griech. Zauberin ► Circe zu sein. Die Riten, bei denen Tierblut getrunken wurde, fanden bei Voll- oder Neumond statt.

KISCHUP

Hebr. Wurzel kshf: Zauberei; Bez. für die ► Schwarze Magie bei den Juden, die neben der praktischen ► Kabbala ausgeübt wurde. In der Bibel (Hes. 13,9 ff.; Dtn. 18,12) werden Personen beiderlei Geschlechts, die K. betreiben, als Hexer (mekhashshef) bzw. Hexe (mekashshefah) aus der Gemeinschaft ausgeschlossen. Die K. besteht in der Anrufung der bösen Dämonen wie ► Schedim oder ► Seirim. Besonders unter den jüd. Frauen soll K. verbreitet gewesen sein.

KLINGSOR

oder Klingschor: Ein geheimnisvoller Schloßherr, Schwarzmagier und Teufelsbeschwörer, der im *Parzival* von Wolfram von Eschenbach als Herzog von Klingsor von Terra di Lavoro erwähnt wird. Seine Residenz befindet sich in Capua, aber er besitzt noch ein Zauberschloß, wo er entführte Ritter und adlige Frauen gefangenhält. Die Kenntnis der ► Schwarzen Magie soll er durch Reisen in den Orient und durch Studien in Paris, Rom und Krakau erworben haben.

KNOBLAUCH

Diese auch als „Gartenlauch", botan. Bez. *Album sativum*, bekannte Pflanze gehört zur Gattung der Liliengewächse. Der K. ist als Speise und Speisewürze bekannt, wird in der Medizin und als Bandwurmmittel benutzt. Im Zauberwesen spielt der K. auch als Schutzmittel gegen Verzauberung und Behexung sowie gegen die durch das böse Auge verursachten Schäden eine bedeutende Rolle. K. gilt auch als vorbeugendes Mittel gegen ansteckende Krankheiten, wenn er als ► Talisman getragen wird. Die Wurzelknollen werden zerquetscht als schmerzstillendes Mittel an nicht geschwollenen Körperteilen benutzt. Namentlich wurde K. als Abwehrmittel gegen ► Vampire benutzt. Der kanadische Chemiker David Dolphin fand 1985 heraus, daß der Vampiraberglaube möglicherweise von der Blutkrankheit Porphyrie motiviert sein könnte. Bei dieser erblichen Krankheit entstehen durch eine Störung der Hämoglobinbildung sogenannte Porphyrine. Sie führen zu einer extremen Lichtempfindlichkeit. Die Folge können, bei einer direkten Einwirkung von Sonnenlicht, Hautmißbildungen sein. Überdies schrumpfen Lippen und Zahnfleisch, so daß die Zähne länger und größer erscheinen. Heute kann diese nicht heilbare Krankheit durch Blutfarbstoffinjektionen gelindert werden, was in der Vergangenheit nicht möglich war. Dolphins Vermutung geht dahin, daß die Kranken in früheren Zeiten große Mengen Blut getrunken haben könnten, um ihr Leid zu vermindern. Dies könnte dazu geführt haben, daß sie für Vampire gehalten wurden. ► Vampir

KNOTEN

Schon bei den Ägyptern, Griechen und Römern wurde den K. eine mag. Bedeutung beigemessen. So glaubten die Römer, K. würden Impotenz verursachen bzw. eine Schwangerschaft verhindern. Man schrieb ihnen auch die Kraft zu, einen Menschen töten zu können. Zu diesem Zweck wurde im Mittelalter ein Strick mit neun Knoten bei einem Opfer versteckt. ► Hexenleiter, ► Nestelknüpfen

KOBOLDE

Name einer ► Elbenart. Während die meisten Elben die Ansiedlungen der Menschen meiden, ist der häusliche Herd gerade der Wohnsitz der K., die man sich als freundliche Hausgeister vorstellte. Sie treiben sich auch, meistens unsichtbar, in Ställen umher und verwandeln sich zuweilen in Katzen, Hausschlangen oder Kröten. Zwar bringen sie dem Haus Segen, aber sie necken gern die Hausbewohner und treiben oft Späße mit ihnen. Meist sind sie aber außerordentlich hilfreich, zumal bei häuslichen Diensten. Zum Dank für ihre Tätigkeit setzt man ihnen ein kleines Speiseopfer (oder etwas Milch) auf den Herd oder fertigt für sie eine rote Kappe; das holen sie sich dann über Nacht. Vergißt man, die Kobolde zu belohnen, oder reizt man sie, so treibt man sie und mit ihnen das Glück aus dem Haus.

KONRAD VON MARBURG

Gest. 1233; Theologe und Beichtvater der hl. Elisabeth von Thüringen (1207–1231), 1227 von Papst Gregor IX. (ca. 1170 bis 1241) zum Generalinquisitor für Deutschland ernannt. In der Überzeugung, daß es in Deutschland eine Sekte gebe, die den ► Teufel verehrt, führte er in besonders grausamer Weise Untersuchungen im Elsaß, im Bistum Mainz und in Trier durch. Es wird berichtet, daß sein Begleiter, der Dominikaner Konrad Dorso, einen Krüppel bei sich gehabt habe, der jeden ► Ketzer sofort erkennen konnte. Um die Zustimmung des Adels zu gewinnen, wurden die Adligen bei der Aufteilung des Vermögens der hingerichteten Ketzer bevorzugt. Aber als K. auch gegen den hohen Adel vorging, machte er sich König Heinrich VII. (1211–1242), den Sohn und Statthalter Kaiser Friedrichs II. (1194–1250) in Deutschland, und zahlreiche Bischöfe zu Gegnern. Sein Aufruf, gegen die adligen Ketzer einen Kreuzzug zu führen, scheiterte am Machtwort des Erzbischofs von Mainz. Seine Tätigkeit als Generalinquisitor fand nicht die Zustimmung der Bischöfe von Mainz, Trier und Köln, weil ihnen die Gerichtsbarkeit über die Glaubensabtrünnigen genommen wurde. Als K. 1233 bei Marburg ermordet und wegen seiner Verdienste an der Seite der hl. Elisabeth beerdigt wurde, zeigten 25 Bischöfe offen ihren Unmut über seine Tätigkeit auf einer Synode in Mainz und beschwerten sich bei Papst Gregor IX. Im Jahre 1235 verurteilte dieser die auf der Synode vertretenen Ansichten heftig. Das Amt des Generalinquisitors wurde nach dem Tod K.s dem Bischof Konrad von Hildesheim übertragen; dessen Versuch, Deutschland mit einem System von Inquisitionsgerichtshöfen nach dem Vorbild Frankreichs zu überziehen, scheiterte ebenfalls. ► Inquisition

KONVULSIONÄRE VON ST. MEDARD

Eine Massenpsychose, die sich während der Auseinandersetzung mit den Jansenisten in Frankreich unter Ludwig XV. ereignete. Diese religiöse Bewegung wollte den Katholizismus durch eine stärkere Betonung der Lehren des ► Augustinus erneuern. Als der Jansenist Francios de Paris 1727 starb und in St. Medard beigesetzt wurde, kam es zu Wunderheilungen. Der Friedhof wurde schließlich zum Treffpunkt von Menschen, die sich auf den Grabstein legten und dann von Krämpfen befallen wurden. Bei den Zuschauern zeigten sich gleiche Phänomene. 1732 wurde der Friedhof geschlossen. Im Umfeld dieser Wunderheilungen bildeten sich auch Sekten, die sich wüsten Ausschweifungen hingaben.

KREUZWEG

Im Volksglauben vieler Völker ein beliebter Treffpunkt von ► Geistern aller Art. Im Mittelalter wurden hier Hingerichtete und Selbstmörder beerdigt. Der K. hat keine Verbindung mit dem christl. Kreuz, da sich schon in der Antike ► Hekate, wie später die ► Hexen auch, mit ihrem Gefolge am K. traf. Vermutlich steht dahinter die Vorstellung, daß man sich sehr schnell in alle Richtungen zerstreuen kann, falls Gefahr im Verzug sein sollte.

KRISTALLSEHEN

oder auch Kristallomantie: Eine Form der halluzinatorischen Mantik, bei der ein Kristall als Hilfsmittel benutzt wird. Bekannt wurde diese Technik durch John ► Dee, der seine Sitzungen mit dem Medium Kelley in seinem Tagebuch festhielt. Ausführliche Experimente mit dem Kristall unternahm die Society for Psychical Research in den 80er Jahren des 19. Jhdt.s. Am besten eignet sich die Betrachtung des Kristalls bei Dämmerlicht. ► Hexenspiegel

KRUSE, JOHANN

1889–1983; Lehrer und engagierter Bekämpfer des Hexenwahns. Er gründete ein Archiv zur Erforschung des neuzeitlichen Hexenwahns, dessen Bestände sich heute im Hamburger Museum für Völkerkunde befinden. Das von ihm seit 1926 zusammengetragene Material umfaßt 80 Aktenordner, die Korrespondenz mit über 200 als Hexen verdächtigten Frauen, Zeitungsberichte, in denen vom Hexenglauben berichtet wird, und eine Sammlung von Enthexungsmitteln. Seine Bemühungen, das ► 6. und 7. Buch Moses verbieten zu lassen (► Mosesbuch-Prozeß) scheiterten. Sein Gegner in dieser Auseinandersetzung war Prof. Will-Erich Peuckert. Werke: *Hexenwahn in der Gegenwart* (1923) und *Hexen unter uns* (1951).

KUSS, OBSZÖNER

Lat. osculum infame. Den ► Ketzern und ► Hexen wurde unterstellt, daß sie dem ► Satan durch einen Kuß auf den After nach Abschluß des ► Teufelspaktes huldigten.

Im mittelaltl. Lehnswesen galt nämlich der Kuß als Zeichen der Unterwerfung (homagium) des Vasallen unter seinen Herrn. Der obszöne K. gehört seit dem Urchristentum zu dem Feindbild, durch das religiöse Minderheiten aus der Gesellschaft ausgegrenzt werden. Den ersten Christen wurde nämlich unterstellt, daß sie ihre Priester mit einem solchen Kuß verehrten. Die Inquisitoren haben dieses alte Vorurteil für die Verfolgung der Ketzer und Hexen neu belebt.

L

LAMIEN

Sing. Lamia; Bez. in der griech. Myth. für weibliche Dämonen, die wie die ► Empusen jungen Männern nachstellen und ihnen das Blut aussaugen. In den mittelalt. Quellen sind die L. Bez. für Hexen. Der Name wird unterschiedlich gedeutet: Entweder wird er als eine verderbte Form des Namens von ► Lilith angesehen, oder er wird von griech. laimós: Kehle, Schlund, abgeleitet. L. würde demnach „Verschlingerin" bedeuten. Einig sind sich die Quellen, daß Lamia eine in Libyen regierende Königin war, die ein Verhältnis mit Zeus hatte. Als Belohnung für ihre Liebesdienste schenkte ihr der Gott die Gabe, ihre Augen herausnehmen zu können. Diese wachten für sie, während sie schlief.

Lamien: Weibliche Dämonen, die Männern das Blut aussaugen.

LANCRE, PIERRE DE

1553–1631; frz. Parlamentsrat und Hexenrichter in Bordeaux. Als im Jahre 1603 das Gerücht auftauchte, daß in Pays du Labourd (an der span. Grenze) Hexen ihr Unwesen trieben, wurde er mit der Untersuchung beauftragt. L. kam zu dem Ergebnis, daß die 30.000 Bewohner dieses Gebietes von der Hexerei infiziert seien. In kurzer Zeit wurden über 600 Frauen hingerichtet; über 500 Personen entzogen sich durch Flucht dem Verfahren. Diese groß angelegte Hexenjagd kam erst zu einem Ende, als es zu Unruhen kam und der Bischof von Bayonne sich gegen L. stellte, weil er Geistliche hinrichten und einkerkern ließ. L. veröffentlichte mehrere Bücher zum Thema Hexerei. Das bekannteste ist sein 1612 erschienenes *Tableau de l'inconstance des mauvais anges* (Beschreibung der Unbeständigkeit der bösen Engel), in dem er seine Erfahrungen bei den Hexenverfolgungen in Labourd beschreibt. In den Geständnissen der Hexen wird ausführlich das Treiben auf dem ► Hexensabbat geschildert. Seinem Buch ist ein Stich beigefügt, der die Aussagen der Hexen eindrucksvoll illustriert. Ausführlich behandelt L. auch die ► Lykanthropie (Tierverwandlung) der Hexen. 1622 veröffentlichte er das Buch *L'incredulite et mescreance du sortilege* (Über die wunderbaren Geheimnisse der Zauberei, 1630) und *Du Sortilege* (Über Hexerei, 1627).

LAREN

Siehe ► Mania.

LARVEN

Siehe ► Mania.

LAVEY

Siehe ► Church of Satan.

LAYMANN, PAUL

1574–1635; Jesuit, Prof. des kanonischen Rechts in München, Ingolstadt und Dillingen, der zu

Titelbild von Lancres Werk „Beschreibung der Unbeständigkeit der bösen Engel", das 1612 erschien.

den bedeutendsten Moraltheologen seiner Zeit zählte. In seinem Hauptwerk *Theologia moralis* (1625) wendet er sich gegen die Ansicht ► Delrios, daß bei den Hexenprozessen nach dem Ausnahmerecht verfahren werden müsse und schon eine Anzeige zur Verurteilung ausreiche.

Der Hexenrichter müsse zwei Grundsätze beachten: Einmal die bibl. Weisung „Du sollst nicht dulden, daß Zauberer leben" und zum anderen das Gesetz „Du sollst einen Unschuldigen nicht töten".

Obgleich unbestritten ist, daß Zauberer Gott und den Menschen schweres Unrecht zufügten, könne auch einem zu Unrecht angeklagten Menschen durch die ► Folter und das Gefängnis ein großer Schaden zugefügt werden. In der 1629 erschienenen Schrift *Processus juridicus contra sagas et veneficos* (Über das Gerichtsverfahren gegen Zauberer und Giftmischer) beschäftigt er sich besonders mit der Folter. L. warnt vor der Anwendung der Tortur und fordert im Zweifelsfall eine mildere Bestrafung. Ein Unschuldiger müsse auch an die Leiden der christlichen Märtyrer erinnern.

LEEK, SYBIL

1923–1983; eine der führenden amerikan. Hexen. L., die 1964 von England in die USA übersiedelte, behauptete, daß die Hexentradition in ihrer Familie bis in das Jahr 1134 zurückreichen soll.

In ihrer Jugend machte sie die Bekanntschaft von ► Crowley, der bei ihr das Interesse am Okkulten weckte.

In ihrem Buch *Diary of a Witch* (1968) erzählt sie, daß sie den 50er Jahren in New Forest (England) einen Hexenkreis gegründet habe, nachdem sie in Südfrankreich in der Nähe von Nizza in einen solchen Zirkel eingeweiht worden sei, den ihre Tante als Hohepriesterin geleitet habe. Durch ihre vielen Buchveröffentlichungen (60 Titel) und Fernsehauftritte war sie in Amerika eine bekannte Persönlichkeit.

PROCESSVS IVRIDICVS
CONTRA SAGAS ET VENEFICOS.
Das ist/
Ein Rechtlicher Proceß gegen die Unholden und Zauberische Personen.
In welchem ordentlich docirt/ und auß Fürnehmen beyder Rechten Doctoren / und berümbten Scribenten vorgetragen wird: Was gestalt Geistliche und weltliche Inquisitores, Richter/ Schäffen/ und Mit Beampten/ so wol vor als nach der Captur der Maleficanten/ dann auch vor und nach dem Capital-Sentenz/ und letztem Rechts Urtheil/ mit den Reis, und Beklagten/ wegen deß Zauberey Lasters (damit sie ohn Sorg und Gefahr in Tribunalibus, und Gerichtsstätten procedieren und verfahren mögen) sich zuverhalten haben.
Ist mit gutem Fleiß / unnd gründlicher Probation/ und beweiß/ Durch P. PAULUM LAYMANN der Societet IESU Theologum und Iuris Canonic Doctorn, in Lateinischer Sprach beschrieben: jetzt den Gerichtshältern/ und guter Iustici Befreundten zum besten verteutscht / Auch mit bewärten Historien/ und andern Umbständen vermehret/ und in underschiedliche Titeln ordentlich abgetheilt.
Gedruckt zu Cölln / bey Peter Metternich/ im Schwartzenhauß vor den Augustinern/ Im Jahr/ 1629.

In seiner Schrift „Processus iuridicus“ warnt der Jesuit und Jurist Paul Laymann vor der Anwendung der Folter zur Herbeiführung von Geständnissen. Im Bild: Das Titelblatt seiner Abhandlung.

LEMEGETON

Name eines ► Zauberbuches, der noch nicht gedeutet ist. In der engl. mag. Literatur trägt es den Titel *Der Kleinere Schlüssel Salomos*. Da der erste Teil des L. schon von ► Wierus benutzt wurde, liegt die Abfassungszeit wohl vor dem 16. Jhdt.

Es besteht aus einer Sammlung von Zauberbüchern:

- Goetia: Darin werden die Namen und die Funktion von 72 Dämonen genannt. Die meisten dieser Teufel haben mehrere Funktionen. Weit über die Hälfte sind Lehrer von mag. Fächern. Wierus hat diese Schrift für seine ► Pseudomonarchia daemonum benutzt (► Engel, Übersicht).
- Theurgia Goetia: Thema sind die Dämonen der Kardinalpunkte (die vier Himmelsrichtungen) und ihre Gehilfen.
- Ars Paulina: Beschäftigt sich mit den Tages- und ► Nachtdämonen sowie den Tierkreiszeichen.
- ► Almadel: Wahrscheinlich trug nur das erste Buch den Titel *Lemegeton*, weil die drei anderen Teilwerke Wierus unbekannt sind.

LEMUREN

Röm. Myth.; bei den Latinern die Seelen der Toten, deren Wiederkehr man fürchtete. Sie heißen ► Manen; man hielt ihnen zu Ehren jährlich ein Fest ab, das Lemuria hieß. Es wurde am 9., 11. und 13. Mai gefeiert. Eine Nacht wurden die Feiern ausgesetzt; mit dieser Geste sollten die Vorfahren besänftigt werden. An den Reinigungstagen waren alle Tempel geschlossen, damit die ausgetriebenen Gespenster sich nicht dort einnisteten.

LEOPARDI, GIACOMO

1798–1837; ital. Schriftsteller. Er schrieb eine satanistische Hymne (► Satanismus, literarischer), die er an den altiran. Gott ► Ahriman richtete (1898 posthum veröffentlicht). Man bezeichnet sie als ein Zeugnis satanistischer Kultlyrik. Für L. ist das Böse der Urgrund allen Seins, das die Stelle des höchsten Gutes, das im Christentum als Gott bezeichnet wird, eingenommen habe.

LERCHEIMER, AUGUSTIN

Pseud. Hermann Wittekind; 1522–1603; Mathematikprof., Philosoph in Heidelberg und Gegner der ► Hexenverfolgung. In seiner Schrift *Bedenken von der Zauberei* (1585) hält er an dem überlieferten Hexenglauben fest, der von ihm in zahllosen Gespenster-, ► Zauber- und ► Hexengeschichten geschildert wird. Durch dieses Mittel erreichte L., daß sein Buch auch ein breites Publikum ansprach. Im Schlußkapitel fällt er ein vernichtendes Urteil über die Praxis der Hexenprozesse. Ursache für deren Überhandnehmen sei die mangelhafte Unterweisung der Menschen im christl. Glauben. Zudem litten ► Hexenprozesse unter dem Manko, daß es zu viele Sondergesetze in den einzelnen Territorien gäbe. Diese Prozesse dürften nur auf der Grundlage der ► Carolina geführt werden. Der kirchlichen Gerichtsbarkeit müßte das Delikt der Hexerei entzogen werden, weil sie ihre Urteile auf der Grundlage des ► Hexenhammers spräche. Die Anwendung der ► Folter führe häufig zu Fehlurteilen. Grundsätzlich dürften fehlende Beweise nicht zuungunsten des Angeklagten ausgelegt werden. Eine Verurteilung könne nur erfolgen, wenn dem Angeklagten nachgewiesen werde, daß er durch sein Verhalten einen Schaden verursacht habe. Der bloße Wille oder der Gedanke, einem anderen Schaden zuzufügen, reiche nicht aus.

LÉVI, ELIPHAS

1810–1875; Pseud. für den Expriester und Schriftsteller ► Adolphe Louis Constant. 1854 beschäftigte er sich mit ► Magie und ► Kabbala und hielt sich zeitweise in London auf, wo er sich der engl. Rosenkreuzerbewegung anschloß. Nach seiner Rückkehr nach Paris veröffentlichte er wichtige Werke zum Thema Magie, Kabbala und Tarot, die ihm den Ruf einbrachten, ein großer Okkultist des 19. Jhdt.s zu sein: *Dogme de la Haute Magie* (1856), *Rituel de la Haute Magie* (1860), *Histoire de la Magie* (1860) und *La Clé des Grandes Mystères* (1861). Diese Schriften, die

Unter dem Pseudonym „Eliphas Lévi" übte Adolphe Louis Constant nachhaltigen Einfluß auf spätere Okkultisten und Satanisten aus.

auch ins Deutsche übertragen wurden, übten einen nachhaltigen Einfluß auf die späteren Okkultisten und Satanisten aus. Im Gegensatz zu den zeitgenössischen Satanisten setzt L. den Teufel nicht mit dem Baphomet des ► Templerordens gleich. Denn diese Gestalt repräsentierte für ihn den griech. Gott ► Pan. Grundlage seines Teufelsbildes ist die 15. Karte des Tarotspiels. Den Ursprung des Tarots verlegte er nach Ägypten, obgleich es dafür noch keinen überzeugenden Beweis gibt. Den ersten 22 Karten (Große Arkana) des Tarotspiels, das 78 Karten umfaßt, ist ein Buchstabe des hebr. Alphabets zugeordnet. Auf der 15. Karte ist der hebr. Buchstaben samek abgebildet. Seine Darstellung als ein Band, dessen Enden verbunden sind, symbolisiert die Macht des Teufels. Anhand von Angaben, die L. dem Buch *De septem secundeis id est intelligentiis sive spiritibus orbis post Deum moventibus* von Johannes ► Trithemius (um 1508) entnahm, entwickelte er eine von der mittelalt. Tradition abweichende Zuordnung von ► Dämonen und Tierkreiszeichen. Dieses System wurde z. B. von den Magiern des ► Golden Dawn übernommen:

Planet	*traditionelle Dämonen*	*Dämonen (Lévi)*
Widder	Malchidiel	Sarahiel
Stier	Asmodel	Azaziel
Zwillinge	Ambriel	Saraiel
Krebs	Muriel	Phakiel
Löwe	Verchiel	Seratiel
Jungfrau	Hamaliel	Schaltiel
Waage	Zuriel	Chadakiel
Skorpion	Barbiel	Sartziel
Schütze	Adnachiel	Saraitiel
Steinbock	Hanael	Semaquiel
Wassermann	Gambiel	Tzakmaquiel
Fische	Barchiel	Vacabiel

LEVIATHAN

Hebr. liwja: gewunden. Name einer schlangenähnlichen Erscheinung im AT (Hiob 40,25–41,26; Psal. 74,13.14), die der König aller Ungeheuer ist. Wahrscheinlich handelt es sich um

Leviathan: bezeichnete im Alten Testament eine schlangenähnliche Erscheinung; im Mittelalter synonym mit der Bezeichnung Teufel verwendet.

einen Tierdämon, der in der babyl. Myth. als Tiamat bezeichnet wird. L. und Tiamat werden als riesige Drachen beschrieben, die im Ozean hausten. Wie ► Behemoth wurde er mit dem ► Satan gleichgesetzt. In den mittelalt. Werken über das Hexenwesen ist L. eine der Bez. des Teufels.

LEWIS, MATTHEW GREGORY

1775–1818; engl. Schriftsteller, Pseud. Monk Lewis. Autor des Romans *The Monk* (Der Mönch, 1796). Vorbild ist wahrscheinl. der dtsch. Schauerroman *Das Petermännchen* von Christian Heinrich Spieß (1791). E. T. A. Hoffmanns *Elixiere* wurden von *The Monk* angeregt, der einen nachhaltigen Einfluß auf die Gattung der Schauerromane und die Schwarze Romantik ausübte. ► Satanismus, literarischer

LIBER SAMECH

Siehe ► Crowley.

In der jüdischen Überlieferung wird Lilith als erste Frau Adams angesehen.

LILITH

Abgel. entweder von sumer.-babyl. lila/lilu: Wind; oder hebr. lalil: Nacht. Name eines Nachtgespenstes, das die Gestalt eines Mischwesens mit einem Schlangenleib und einem Frauenkopf hat. Wahrscheinlich haben die Juden ihre Vorstellung nach der babyl.-assyr. Windgöttin und dem späteren Dämon der Wollust gebildet. In der Bibel wird L. in Jes. 34,14 als „Wüstengespenst“ bezeichnet, über dessen Äußeres allerdings nichts Weiteres gesagt wird. In der jüd. Überlieferung ist L. eine schöne Dämonin, die sich Adam als erste Frau genommen hat. Gott habe den ersten Menschen aus der Erde geschaffen und später, als er erkannte, daß es für ihn nicht gut sei, alleine zu leben, aus der Erde eine Frau erschaffen, der er den Namen L. gab. Als diese sich weigerte, beim Beischlaf die Rückenlage einzunehmen, kam es zum Streit, und L. flog davon. Trotz der Drohung Gottes, daß täglich hundert ihrer Kinder sterben müßten, kehrte sie nicht zu Adam zurück. Sie sah jetzt ihre Aufgabe darin, neugeborene Kinder zu schädigen. In der kabbal. Tradition ist L. zur Verführerin der Männer (► Succubus) und Kindsmörderin geworden.

LIMBUS

Lat.: Besatzstreifen, Saum. Bez. für ein Zwischenstadium, in dem sich die Seelen der Menschen, die sich geringer Vergehen schuldig gemacht haben, eine beschränkte Zeit aufhalten müssen, bevor sie in das Land der Toten eingehen können. ► Fegefeuer, ► Al-araf

LINKER WEG

Andere Bez. für ► Schwarze Magie. Die Herkunft dieser Bez. wird unterschiedlich abgeleitet. In der ► Kabbala gibt es die bösen Sephiroth, die von der linken Seite Gottes stammen. Möglicherweise wurde diese Bez. aus dem Tantrismus, einer magisch-ritualistischen Richtung des Hinduismus, übernommen. Dort gibt es einen rechten (dakshinarmarga) und linken Weg (vamamarga). Neben sexualmagischen Praktiken besteht dieser linke W. aus Beschwörungen u. a. m. Ähnliche Vorstellungen finden sich auch in der ► Gnosis. Die Clementinen, eine gnostische Sekte aus dem 2. Jhdt. n. Chr., lehrten, daß Satan und Christus als Gegensatzpaar die Welt lenkten. Satan sei die linke und Christus die rechte Hand Gottes.

LOKI

oder Logi. Germ. Myth.; abgel. von altnord. liuhan: leuchten, oder lukan: abschließen. Name des germ. Feuergottes, der die Zerstörung, den Streit und das Böse symbolisiert. Da er sich keine Gelegenheit entgehen läßt, den Göttern Schaden zuzufügen, hat man ihn auch als Teufel der germ. Götterwelt bezeichnet. L., der

Sohn des ► Forniotr, ist mit einer schrecklichen Riesin namens Angurboda verheiratet, mit der er drei Ungeheuer zeugt: den Wolf Fenris, die Schlange Jörmungard (andere Bezeichnung für Midgardschlange) und ► Hel. Schon als Vater dieser drei Kinder ist L. der Urheber allen Unheils auf Erden. Die heißhungrige Hel verschlingt alle Lebenden. Der Fenriswolf tötet beim Weltuntergang Odin, den Göttervater. Bei diesem Ereignis bedeckt die Midgardschlange, das Symbol des Weltmeers, die ganze Erde und vernichtet die Menschen. Die Namensbedeutung „schließen" erklärt sich wohl dadurch, daß L. den Weltuntergang herbeiführt. Als Odin erfährt, welches Unheil ihm von Ls. Kindern droht, wirft er die Midgardschlange ins Meer. Sie wird aber so groß, daß sie alle Länder umschlingt und sich selbst in den Schwanz beißt. Hel wird nach Niflheim, die Unterwelt, hinabgestürzt, wo sie als Totengöttin die Herrschaft über die an Krankheit und Alter Verstorbenen ausübt. Der Fenriswolf wird nach zwei erfolglosen Versuchen in Fesseln gelegt. Da L. mit den unterirdischen Kräften und dem Weltuntergang verbunden ist, wurde er als Vegetationsgott angesehen. Der Weltuntergang, den er verursacht, bedeutet in der germ. Mythologie nicht das kosmische Ende, sondern eine Welterneuerung und den Abschluß eines Kreislaufes. Die Welt steigt neu ergrünt aus dem Meer auf, und alles Unheil wandelt sich in Segen.

LOOS, CORNELIUS

1546–1595; Theologe, der ab 1585 in Trier tätig war. Unter dem Eindruck der Trierer Hexenprozesse verfaßte er eine Schrift *De vera et falsa magia* (Über die wahre und falsche Zauberei), die eine radikale Abrechnung mit dem Hexenglauben seiner Zeit enthält. Mit der Behauptung, daß der Hexenglauben nur auf Einbildung beruhe, setzte L. sich in Widerspruch zum Trierer Bischof ► Binsfeld. Die Schrift Ls'. wurde verboten, während er selbst seine Ansichten widerrufen mußte und aus Trier ausgewiesen wurde. Reste dieser Schrift wurden 1886 in der Trierer Jesuitenbibliothek entdeckt.

LUCANUS, M. ANNAEUS

39–65 n. Chr.; röm. Dichter, der in seinem Epos *Pharsalia* den Bürgerkrieg zwischen Pompeius und Cäsar schildert. Im 6. Buch tritt die Hexe Erichtho auf, von der Sextus Pompeius, der Sohn des berühmten Pompeius, durch eine Totenbeschwörung die Zukunft erfahren will. Diese wird durch eine Abhandlung über die Wahrsagekunst der thessalischen Zauberinnen eingeleitet. Nach einer ausführlichen Beschreibung des Rituals, mit dem die Hexe einen in einer Schlacht gefallenen Soldaten wieder zum Leben erweckt, und Beschwörungen, die sich an die Götter der Unterwelt richten, beginnt der Tote zu reden und weissagt die Zukunft.

LUCIFER ROFOCALE

Lat.: der das Licht flieht. ► Grand Grimoire

LUNA

Siehe ► Mond.

LUTHER, MARTIN

1483–1546; Theologe und Reformator. Auch wenn er die protestantische Liturgie von allen Praktiken des kath. Ritus, die irgendwie mit der ► Magie in Verbindung gebracht werden konnten, reinigte, weicht er in seiner Meinung über die ► Hexen und ► Zauberer nicht von den Vorstellungen seiner Zeit ab. Seine gelegentlichen Äußerungen zu diesem Thema dokumentieren zwar eine gewisse Zurückhaltung, letztlich fordert er in seinen Tischreden aber: „Mit Hexen und Zauberinnen soll man keine Barmherzigkeit haben. Ich möchte sie am liebsten selber verbrennen." Für L. stand es wohl fest, daß Hexen in der Lage seien, andere Menschen zu schädigen. Die Teufelsbuhlschaft (► Succubus, ► Incubus) hält er für möglich; der Teufel sei überdies imstande, Kinder zu stehlen und sie anderswo einzuschmuggeln. Der ► Hexenflug findet für L. allerdings nur in der Phantasie statt. Diese Besonderheiten und Abweichungen vom traditionellen Hexenglauben finden eine Erklärung in L.s Bild vom ► Teufel. Der Teufel sei seinem Wesen nach nämlich ein gefallener Engel, der sich dem Willen Gottes zu fügen habe. In dieses Bild paßt die Vorstellung nicht hinein, daß der Teufel auf der Erde ein Reich gegen Gott errichtet habe und einen Bund von Hexen auf Erden leite, mit denen er durch einen Pakt verbunden sei. Wenn der Teufel mit einer sichtbaren Macht

Ein Beispiel antipäpstlicher Polemik: Papst Alexander VI. in Teufelsgestalt.

verbunden werden könne, dann sei dies – so die Auffassung L.s – das Papsttum, dessen Repräsentant der ► Antichrist sei. Das Wirken des Teufels bestünde darin, daß er den einzelnen Menschen durch Ängste und Versuchungen ein ganzes Leben lang quäle. Berühmt ist die Episode auf der Wartburg, wo der Teufel L. angegriffen haben soll, indem er Nüsse auf den Boden streute. L. bewarf ihn mit einem Tintenfaß, dessen (immer wieder erneuerte) Flecken bis heute zu sehen sind. Dem Teufel könne man nach L. nur mit Mitteln wie Gebeten, Weihwasser, Kreuzzeichen, der Nennung des Namens Christi und der Heiligen Widerstand entgegensetzen.

LUZIFER

Hebr. helal: strahlender Morgenstern; griech. phosphóros: lichtbringend, als Subst.: Morgenstern; lat. lucifer: Lichtbringer. Bez. für den ► Satan der Bibel und der christl. Literatur. Ursprgl. wird der Planet Venus mit L. bezeichnet. Der Bedeutungswandel des Namens beruht auf einer Erzählung des ATs (Jes. 14,12 ff.): Der Morgenstern habe sich gegen Gott aufgelehnt und wollte über Gottes Sterne seinen Thron errichten und sich auf den Berg der Götterversammlung im äußersten Norden setzen. Aber er wurde zur Hölle hinabgeschleudert. Im zweiten Teil seiner Prophezeiung bezieht sich Jesaja auf einen König von Babylon, der vom Thron gestoßen und verdammt wird. ► Origenes hat in seiner Schrift *Peri Archon* (Über die Ursprünge) den herabgestürzten Morgenstern mit Satan gleichgesetzt. Hierbei bezieht er sich auf Lk. 10,18: „Da sagte er zu ihnen: Ich sah den Satan wie einen Blitz vom Himmel fallen." Andere christ. Schriftsteller wie Eusebius von Cäsarea (260–340) leugneten zwar die Anspielung dieser Stelle auf den Sturz des Satans nicht; sahen darin aber eher einen Hinweis auf das Ende eines Königs von Babylon, möglicherweise sogar des berühmten Nebukadnezars. Es mag sein, daß L. deshalb dämonisiert und mit negativen Eigenschaften versehen wurde, weil er ein alter semit. Lichtgott war, dessen sichtbarer Glanz von den Juden als eine zu starke Konkurrenz für ihren Gott Jahwe gedeutet worden sein könnte. Die biblische Erzählung von L. zeigt auffallende

Nach Jes. 14,12 ff. wurde Luzifer („der strahlende Morgenstern") durch Gott in die Hölle hinabgeschleudert (Abb. aus dem 15. Jhdt.).

Parallelen mit dem griech. Mythos von Phaeton, dem Sohn des Sonnengottes. Von seinem Vater verlangte Phaeton, daß er ihm als Beweis seiner Vaterschaft erlaube, die Himmelsrosse zu lenken. Trotz schwerer Bedenken erfüllt der Sonnengott diesen Wunsch. Doch der von Phaeton gesteuerte Himmelswagen gerät außer Kurs und fügt der Erde schweren Schaden zu. Da greift Zeus ein und tötet Phaeton durch einen Blitz, so daß er vom Himmel stürzt. Vermutlich hat Lukas in der oben zitierten Stelle diesen Mythos mit einfließen lassen, indem er den Satan das gleiche Schicksal wie Phaeton erleiden ließ. ► Blavatsky, ► Steiner

LUZIFERANER

Name von frühmittelalt. Satanistengruppen in Frankreich und Deutschland, deren Herkunft und Verbindung zu gnost. Sekten wie den ► Bogumilen, Paulikianern und ► Katharern sicher sein dürfte. Gemeinsames Merkmal dieser Gruppen ist eine Kultform, die man als ► Schwarze Messe bezeichen kann. Man trifft sich an einem nächtlichen Versammlungsort, wo ► Satan in Tiergestalt angerufen wird. Dazu kommen Hostienschändung und sexualmagische Orgien. Eine der ältesten Gruppen wurde 1022 in Orleans entdeckt. Andere Gruppen in Agen an der Garonne konnten ihre Existenz bis in das 13. Jhdt. hinein verborgen halten. Von ihrer Lehre ist nur bekannt, daß sie auf dem Dualismus von Gott und ► Satan beruht und den Satan als Schöpfer der sichtbaren Welt ansieht. Diese mittelalt. Gnostiker verwarfen das Alte Testament, die Sakramente und die Auferstehung Christi. Auch in Köln gab es 1233 eine solche Gruppe, wie der Mönch Alberich berichtet *(Alberici Chronica ad Anno 1233)*. Gegen diese Gruppen richtet sich das Dekret *Vox in Roma* von Papst Gregor IX. vom 13. Juni 1233. Darin wird das Aufnahmeritual eingehend beschrieben. Satan erscheint dem Novizen in der Gestalt einer Kröte. 1227 beauftragte der Papst ► Konrad von Marburg, gegen diese Gruppen in Deutschland vorzugehen.

Vier Verhaltensweisen gnostischer Satanisten: Mißachtung des Kreuzes, Tausch der Bibel gegen das „Schwarze Buch Satans", Erwachsenentaufe und Kindesopferung (Abb. aus dem 17. Jhdt.).

M

MÄCHTE

Griech. dynameis, lat. virtutes. Bez. für eine Engelgruppe, die in der neunstufigen Hierarchie einen mittleren Platz (meistens den 5. Rang) einnimmt (► Pseudo-Dionysius). Zu ihnen gehören: Uzziel, Gabriel, Michael, Peliel, Barbiel, Sabriel, Tarsish und Hamiel. Sie führen die Anweisungen der ► Herrschaften aus und sind verantwortlich für die Planetensphären und Jahreszeiten. Von ihnen werden nach der kirchl. Angelologie die Wunder hervorgebracht.

MÄRCHENHEXE

Eine negativ besetzte weibliche Person in den Zaubermärchen. Meistens wird die M. als alte, häßliche Frau beschrieben, die im tiefen Wald lebt. Die psychoanalytische Deutung dieser Zaubermärchen sieht in der M. das Symbol geheimnisvoller dämonischer Mächte, mit der sich der Mensch von Kindheit an auseinandersetzen muß. In diesem Konflikt mit der M. werden Urängste des Menschen wie beispielsweise der Verlust der eigenen Mutter, die durch eine böse Stiefmutter ersetzt wird, oder der Haß gegen die Geschwister sichtbar.

MAGICK

Die von ► Crowley benutzte Schreibung des engl. Wortes Magic (Magie).

MAGIE

Abgel. von altper. Magus; urverwandt mit dem dtsch. Wort Macht. Die Magi waren pers. Priester des Zoroasters, von dem zuerst der griech. Historiker Herodot (484–425 v. Chr.) berichtet. Zu den Aufgaben dieser Priester gehörten auch die Astrologie, Medizin und die Beschäftigung mit den „verborgenen Dingen", die später als die „magischen Künste" oder kurz als M. bezeichnet wurden. Unter M. versteht man heute sowohl das Wissen von der Macht der ► Dämonen und den geheimen Kräften der Natur als auch die Fähigkeit, sich diese geheimen Kräfte dienstbar zu machen. Die Entstehung der M. reicht bis in die Frühzeit zurück, als man glaubte, die Natur sei wie die Menschen mit Denken, Fühlen und Wollen ausgestattet, zwischen den belebten Dingen der Welt bestünde eine geheime Verbindung. Diese animistische Weltsicht erweckte bei dem Menschen den Glauben, daß er die Dinge genauso ordnen, verändern und seiner Kontrolle unterwerfen könne, wie dies in seinen Gedanken möglich ist. Die Ethnologen Taylor und Frazer (*The Golden Bough*, 1890) definierten die M. als Verwechslung einer gedanklichen Verbindung mit einer wirklichen. Die M. ist von der Religion kaum abzugrenzen. Sowohl die Religion als auch die M. gehen von der Existenz übernatürlicher Mächte aus. Im Gegensatz zum Magier unterwirft sich der religiöse Mensch den übernatürlichen Kräften. Der Magier aber versucht sich diese Kräfte gefügig zu machen. Der Gläubige bittet Gott oder die Götter um etwas, während der Magier die dämonischen Mächte zwingt, ihm dienstbar zu sein. Überhaupt verfolgt der religiöse Mensch keine praktischen Zwecke, während die M. mehr praxisorientiert ist und immer dann zum Zug kommt, wenn wissenschaftliches Denken an seine Grenzen gelangt. Grundlage der M. ist die Kenntnis derjenigen Formen und Verfahren (► Ritual), mit denen man übernatürlichen Mächten gegenübertritt. Da eine Unterscheidung zwischen religiösen und magischen Riten unmöglich ist, behilft man sich mit der Wortverbindung „magisch-religiös". Die M. kann – je nach den übergeordneten Gesichtspunkten – unterschiedlich eingeteilt werden. Allgemein verbreitet ist die Einteilung in „Weiße" und „Schwarze" M., die versucht, die Doppelrolle der M. in der Gesellschaft zum Ausdruck zu bringen. Was zum Wohl der Gesellschaft gemacht wird, findet am hellen Tag statt, während das Böse und Geheime im Schutz der Nacht betrieben wird. Jede dieser beiden Formen der M. hat Dämonen, die als Helfer und Vermittler auftreten, und selbstverständlich auch Schutzgottheiten. Wenn man von den Absichten und Zielen absieht und mehr den Inhalt der M. betrachtet, so lassen sich zwei Formen der M. unterscheiden: Einmal die Naturmagie, die sich mit den geheimen und verborgenen Kräften der Natur beschäftigt; zum anderen die dämonistische M., in deren Mittelpunkt die Dämonen stehen. Obgleich die Anfänge der M. bis in die Frühzeit der Menschheit hinein zurückreichen, finden sich die ersten schriftlichen Zeugnisse der M. bei den Ägyptern und altorientalischen Hochkulturen. Der Papyrus *Westcart* (4. Jhdt. v. Chr.) enthält Berichte von Magiern, die dem Pharao ihre Künste vorführen. Die Beschwörungsrituale der Akkader, Babylonier und Chaldäer enthalten Formeln und Anweisungen, mit denen man sich gute Geister dienstbar machen und die bösen abwehren kann. Einen guten Einblick in die M. der griech-röm. Antike geben die ► Zauberpapyri. Diese umfangreiche magische Praxis wurde erst in der Spätantike von den Schulen des ► Neuplatonismus in ein wissenschaftliches System gebracht. Mit den Dämonen, die in großer Zahl den Raum zwischen Himmel und Erde bevölkern, beschäftigen sich nach Auffassung dieser Philosophen zwei Formen der M.: Die ► Theurgie, die man als Magie bezeichnen kann, mittels derer Götter zu Hilfsleistungen bewogen werden sollen, und die ► Goetie, deren Name schon bei den Griechen, ähnlich wie die M., einen negativen Unterton hatte und eine niedere Form (Schwarze M.) der M. beinhaltet. Das umfangreiche Wissen, das die Antike über die M. angesammelt hatte, wurde von den dämonologischen Autoren des 16. und 17. Jhdt.s wiederentdeckt, als sie versuchten, die im Volksglauben verbreitete Dorf- oder Kleinmagie (Heilungs-, Liebes- und ► Wetterzauber) und den von den Hexen praktizierten ► Schadenszauber in einem System zu ordnen und zu erklären. Ein solches System entwarf ► Delrio in seinem Buch *Disquisitiones magicae* (1599). Er teilt die M. in die natürliche M. (Magia naturalis) und künstliche M. (Magia artificiosa) ein. Die erstere Form bestehe in der Beschäftigung mit den Geheimnissen der Natur, wozu der Lauf der Gestirne und deren Einfluß auf den Menschen gehören. Sie vermittelte auch die Kenntnis von den Anziehungs- (Sympathie) und Abstoßungskräften (Antipathie) der Natur. Die künstliche M., aus der sich die späteren Naturw. entwickelt haben, teilt er in die Magia mathematica (Geometrie, Arithmetik und Astronomie) und die Magia praestigiatrix ein. Die letztere Form beinhaltet die Taschenspieler- oder Gauklerkünste, die auf dem Jahrmarkt ausgeübt werden. Hinter diesen Formen der Magie verbirgt sich die Magia diabolica, die dämonische Magie. Ein Teil der von der M. ausgeübten Werke ist nur mit Hilfe der Unterstützung ► Satans und seiner ► Dämonen möglich. Besonders die Wahrsagekunst kann weder durch eine bestimmte Technik (Magia artificiosa) noch durch die Kenntnis von Naturkräften (Magia naturalis) die Zukunft erkennen. Vorsätzlich oder unwissentlich schließt der Wahrsager einen Pakt mit dem Satan und seinen Dämonen ab, um sein Ziel zu erreichen. ► Chaosmagie, ► Spiritismus, ► Teufelspakt

MAGIE, ARABISCHE

Die magischen Vorstellungen der vorislam. Araber wurden von Mohammed anerkannt und leben in der Volksfrömmigkeit z. T. bis heute fort (► Amulette, ► Talismane und ► Wahrsagung). In der arab. Mystik spielt die Buchstabenmagie eine wichtige Rolle, die bis zum Hellenismus zurückreicht. Die Magie heißt Sihr und wird in tariqa al ma hamuda (Weiße M.) und Tariqa al madnuna (Schwarze M.) eingeteilt. Die Sure II (102–106) des Korans erlaubt die Dienstbarmachung von Geistern durch Beschwörung. Dies führt auch zu der verbotenen Benutzung des Korans für magische und okkulte Praktiken (ähnlich wie bei der Bibel). ► Dschinn

MAGIE, HENOCHISCHE

Der engl. Gelehrte John ► Dee (16. Jhdt.) vertrat die Auffassung, daß keine Wissenschaft einen besseren Beweis für die Göttlichkeit Christi liefern könnte als die Magie oder die ► Kabbala. Durch Vermittlung des Hellsehers Edward Kelley trat er in Kontakt mit Engeln, die ihm ein vollständiges System der Magie beigebracht haben sollen. Dieses magische System besteht aus:

- einer eigenen Sprache (► henochische Sprache mit einem Alphabet aus 21 Buchstaben),
- 19 Beschwörungsformeln in henochischer Sprache mit Übersetzung, die es dem Magier ermöglichen, mit Dämonen in Kontakt zu treten und Reisen in die sogenannten aethyrs oder aires zu unternehmen, die von modernen Interpreten als Bewußtseinsschichten gedeutet werden. Die Gliederung der Beschwörungsformeln:

1 bis 2: Beschwörungen des ► Elementargeistes.
3 bis 18: Beschwörungen der vier Elemente.
19: Beschäftigt sich mit der Anrufung eines der 30 Bewußtseinsbereiche (aethyrs oder aires).

● Zahlreiche okkulte Lehren und über hundert magische Quadrate, von denen jedes einzelne bis zu 2.401 Buchstaben enthält. Dazu kommt eine ausführliche Anleitung, wie diese Quadrate benutzt werden.

Bis in das 19. Jhdt. hinein war dieses System der henochischen Magie in Vergessenheit geraten. Die Magier des ► Golden Dawn entdeckten dieses System neu, besonders ► Crowley beschäftigte sich intensiv damit.

Von ihm stammt auch ein Kommentar mit dem Titel *The Vision and the Voice* (1911). Darin behauptet Crowley, er sei in der Lage, alle 30 aethyrs der 19. Beschwörungsformel anzurufen, die für ihn kreisförmige Sphären außerhalb des Universums seien. Ausführlich beschreibt er darin seine Visionen und Erlebnisse mit den dortigen Geistwesen.

MAGIE, RITUELLE

Magische Handlungen, deren Ablauf entweder aufgrund geheimer Überlieferungen oder Schriften genau vorgeschrieben ist. Die genaue Befolgung des ► Rituals ist für den Erfolg einer solchen Zeremonie entscheidend.

MAGIE, THELEMATISCHE

Abgel. von griech. thélema: Wollen, Willen, Gebot; Bez. für die M. ► Crowleys.

MAGIE, TRANSZENDENTALE

Andere Bez. für rituelle oder praktische M. Der Akzent wird hierbei auf das Erlebnis der Transzendenz beim magischen Akt gelegt.

MAGIE, WEISSE

Siehe ► Theurgie und ► Magie.

MAGIER

Siehe ► Chaldäer.

MAGISCHE INSTRUMENTE

Zu den wichtigsten Gegenständen, die in der ► Magie benutzt werden, gehört die Rute. Sie ist der Befehlsstab, der die ► Dämonen anziehen und vereinen soll.

Meistens wird ein Ast von einem Holunderbusch benutzt, der bei trockenem Wetter drei Tage nach dem Neumond in den Monaten Juni bis Juli geschnitten wird Dann das Schwert oder Dolch (Athame). Diese beiden Gegenstände, die auch als Waffen der Hexe bezeichnet werden, dienen zur Abwehr der Dämonen. Außerdem werden folgende Gegenstände benutzt, die mit den Elementen in Verbindung stehen:

● Element Luft: Ein Weihrauchgefäß oder eine Weihrauchkugel sollen durch Zurückhalten des Rauches gute Geister anziehen und die bösen fernhalten.

● Element Feuer: Kerzen und Leuchter.

● Element Erde: Totenschädel.

● Element Wasser: Kristallkugel.

Dazu kommen ein Kelch für den Meßwein und ein Salzfaß, weil ► Salz ein uraltes Abwehrmittel gegen Dämonen ist; weiterhin Schnüre, welche die benutzten ► Siegel binden sollen, ► Pentakel, mit mag. Zeichen versehene ► Talismane und ► Amulette. Auch die Kleidung des Magiers ist von alters her vorgeschrieben. Er trägt ein Gewand, das mit dem ► Pentagramm versehen ist; als Gürtel wird eine Kordel benutzt; darüber trägt der Magier einen Umhang mit dem Siegel ► Salomos; die Fußbekleidung besteht aus Sandalen.

MAGISCHE QUADRATE

Zahlen- und Buchstabenquadrate, denen gleichsam eine tiefere Bedeutung zukommt, z. B. das Dreier-Quadrat.

Die Zahlen 1–9 werden folgendermaßen angeordnet:

4	9	2
3	5	7
8	1	6

Diagonal, horizontal und vertikal ergibt jede Spalte die Summe 15. Symbol für JH (Abk. des jüdischen Gottesnamens JHWH), hebr. J = 10 und H = 5. ► Hexeneinmaleins

MAGISCHER KREIS

Ein wichtiges Symbol in der rituellen ► Magie. In der Regel werden drei Kreise in Handbreite umeinander gezeichnet. In den mittleren schreibt man die Namen der Engel, Planetenregenten und Geister, die die Tageszeit, Stunde und den Ort regieren. An den äußeren Kreis zeichnet man an den vier Achsen die Namen der Luftgeister. Außerhalb des Kreises werden an vier Ecken Pentagramme gezeichnet, im inneren Kreis vier heilige Namen. In der Kreismitte, wo der Platz des Magiers ist, wird gegen Osten Alpha, gegen Westen Omega geschrieben. Ein Kreuz unterteilt die Mitte des Kreises. Wenn man diesen Kreis gezeichnet hat, wird er geweiht und gesegnet. Durch diese magischen Handlungen ist das durch den Kreis umgrenzte Stück Boden vor einem Angriff feindlicher Geister geschützt, die am Kreisrand stehenbleiben müssen. Es wird aber auch die Ansicht vertreten, daß durch den M. K. die Kräfte der ► Dämonen wie in einem Brennglas gebündelt werden, wenn sie herbeizitiert werden.

MAGISCHER SPIEGEL

In den ► Zauberbüchern werden häufig Spiegel beschrieben, die offensichtlich die Funktion hatten, bei dem Magier wie eine Kristallkugel eine Art Bewußtseinserweiterung hervorzurufen, damit er die Vergangenheit und Zukunft erkennt. Weiterhin sollte ein ► Dämon mit Hilfe von ► Zaubersprüchen in diesen M. S. gebannt werden. Damit ein solcher Spiegel eine zauberkräftige Wirkung entfalten konnte, waren sein Erwerb und seine Herstellung an komplizierte Vorschriften gebunden. So durfte man ihn nur an einem Freitag kaufen oder mußte ihn für eine bestimmte Zeit unter einem Galgen vergraben. In dem Zauberbuch *The Art of Cyprian*, das im 19. Jhdt. entdeckt wurde, wird beschrieben, wie Zorasabal, der König des Ostens, herbeizitiert und in den Spiegel gebannt wird, damit ihn der Magier befragen kann.

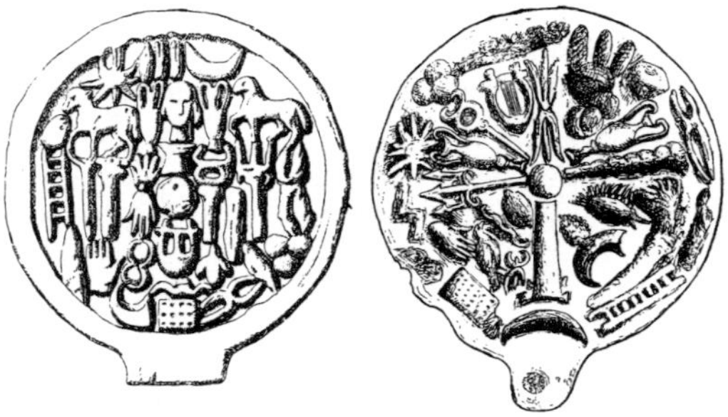

Soll ein magischer Spiegel seine Wirkung entfalten, müssen bei dessen Erwerb und Herstellung komplizierte Vorschriften eingehalten werden.

MALEFICIA

Lat.: Übeltaten, Verbrechen. Bez. für die von den ► Hexen verübten Taten. ► Nider teilt die M. in sieben Gruppen ein: 1. Hervorrufen von Liebe, 2. Haß, 3. Impotenz, 4. Krankheit, 5. Tod, 6. Wahnsinn, 7. Beschädigung von Eigentum und Vieh. Hierzu zählt auch der Wetterzauber der Wetterhexe. ► Schadenszauber

MALPAS

Ein Dämon (► Pseudomonarchia daemonum); er erscheint zuerst als Krähe, dann als Mensch. Aus allen Teilen der Welt holt er Künstler herbei; die Gedanken und Wünsche der Feinde eines Menschen macht er zunichte. Auch wenn man ihm Opfer bringt, versucht er zu täuschen.

MAMMON

Aram.: Geld. Dämon (► Pseudomonarchia daemonum) des Reichtums. ► Agrippa v. Nettesheim ordnet ihn in die 9. Hierarchie der Dä-

Der Dämon Malpas (Abb. aus dem 19. Jhdt.).

monen ein, die die Menschen in Versuchung führen. Ihr Fürst ist M. Die mittelalt. Dämonologen setzen ihn mit dem griech. Gott Pluto (► Hades) gleich.

MANIA

Altröm. Göttin der Unterwelt. Der Wohnsitz der Seelen der Verstorben, der Manen, ist die Erde, aus der sie nur zu bestimmten Jahreszeiten und nachts hervorkommen, um auf ihr umherzuschweifen. Deshalb wurde die Erde auch als M. bezeichnet. Im röm. Volksglauben wurde die Erde als Göttin der Unterwelt personifiziert, zu deren Ehren an den Compitalien Menschenopfer dargebracht wurden. Später wurden diese Opfer durch Puppen ersetzt (maniae), die man an die Haustüren hängte, damit die M. an ihnen ihre Wut abreagieren kann und die Kinder der Familie geschützt waren. Die M. galt auch als Mutter der Laren und Larven. Diese beiden Geister sind zwar auch Manen, aber die Laren sind die Seelen von Menschen, die rechtschaffen gelebt hatten, während die Larven die Seelen der bösartigen Menschen sind. Die Larven entwickelten sich allmählich zu bösen ► Geistern und ► Gespenstern. An bestimmten Tagen des Jahres (9., 11. und 13. Mai) glaubte man, daß sie die Erde verließen und ihre ehemaligen Wohnungen und ihre Angehörigen heimsuchten. Damit verband sich der Glaube, daß nicht nur schlechte Menschen zu Larven würden, sondern daß dieses Schicksal alle Verstorbenen teilten, die durch eigenes Verschulden oder durch einen schweren Unfall eines gewaltsamen Todes gestorben waren und ruhelos umherirrten. Nicht nur die Lebenden quälten sie, indem sie Wahnsinn bei ihnen hervorriefen, so die Vorstellung, sondern sie plagten auch die Verstorbenen in der Unterwelt. Man stellte sie sich als abgezehrte Gestalten oder Skelette vor.

MANICHÄISMUS

Eine gnost. Religion, die auf ihren Stifter Mani (216 bis ca. 277 n. Chr.) zurückgeht. Sie war im röm. Reich, Afrika und bis nach China verbreitet. Im 4. Jhdt. war der M. zu einem der schärfsten Konkurrenten des Christentums geworden, der erst nach dessen Erhebung zur Staatsreligion unterlag. Zentraler Gedanke dieser Lehre ist der Dualismus von Licht und Finsternis oder Gott und Materie, die als voneinander unabhängige Prinzipien gedacht werden. Die jetzige, sichtbare Welt entstand, als sich diese beiden Prinzipien vermischten. Der Beginn dieser Weltschöpfung geht von der Materie aus, die sich mit dem Lichtreich vermischen will. Zwar konnte das gute Prinzip diesen Angriff abwehren, aber es mußte hinnehmen, daß sich das Böse in die Welt einnisten konnte. Das Böse ist in der Welt durch die Mißstände, wie z. B. im Gegensatz von arm und reich, sichtbar. Der Urmensch hat an beiden Prinzipien Anteil. Im Lichtreich thront Gott, der sich im Kampf mit dem Reich der Finsternis befindet. Dieser Zustand der Welt wird nicht ewig andauern, sondern beide Prinzipien werden getrennt und der Urzustand wiederhergestellt. Ziel der Lehre ist die Befreiung des Menschen aus dem Reich der Finsternis, das ihn erzeugt hat. Die Erlösung, sprich: der Aufstieg in das Reich des Lichtes ist möglich, weil der Mensch Partikel aus jenem Reich in sich trägt. Der einzelne Mensch hat die Aufgabe, sich aus der Bande der teuflischen Materie zu befreien. Dies ist möglich, weil die göttliche Seele im Menschen ein Übergewicht gegenüber der teuflischen Materie hat. Von den Christen wurde den Manichäern vorgeworfen, daß sie das Böse als ein selbständiges Prinzip dem Guten gegenüberstellten. Daraus folge, daß der Mensch von Anfang an eine böse Natur habe und nicht erst durch den Sündenfall böse geworden sei. Mani veröffentlichte seine Offenbarung in zahlreichen Schriften. Seine Anhänger mußten auf Fleischgenuß, Sexualität und Wein verzichten. ► Bogumilen, ► Gnosis, ► Paulikianer, ► Katharer, ► Priskillianer

MANSON, CHARLES

Geb. 1934; Anführer einer kleinen Gruppe von amerik. Satanisten, die 1969 fünf Menschen töteten, darunter die schwangere Schauspielerin Sharon Tate, die mit dem poln. Regisseur Roman Polanski (► Rosemary's Baby) verheiratet war. Einen Tag später ermordete die „Manson Family" ein wohlhabendes Ehepaar, das eine große Supermarktkette besaß. In der Kehle der Opfer steckte ein Messer und im ihrem Unterleib eine Gabel. Auf dem Bauch stand geschrieben: „Krieg". Wie in der Villa von Polanski waren die Wände mit der Aufschrift besudelt: „Tod den Schweinen!" Für diese Tat erhielt M.

Charles Manson bei seinem Prozeß.

1971 die Todesstrafe, die dann in lebenslängliche Haft umgewandelt wurde. Außer gelegentlichen Kontakte zu kleinen Satanistengruppen in San Francisco hatte er keine Verbindung zu dem organisierten Satanismus in den USA. Seine Ansichten kann man in dem oft zitierten Ausspruch zusammenfassen: Es gebe weder das Gute noch das Böse, kein Verbrechen und keine Sünde. Alle Menschen waren für ihn zugleich Gott und ► Satan. In seiner Gruppe spielten die sexualmagischen Praktiken der ► Schwarzen Magie eine zentrale Rolle. ► Kalifornische Kulte

MANTRA

Sanskr.: Zauberwort. Mystische Formeln, die im Yoga und Tantrismus als eine der Methode zur Versenkung benutzt werden. Geheimnisvolle Buchstaben und Formeln, z. B. Om, verleihen dem Sprecher magische Kräfte. Voraussetzung ist die richtige Aussprache dieser Zauberworte, was nur mit Hilfe eines Lehrers möglich ist.

MANTUS

Bei den Etruskern der Todesgott, dessen Name mit der Vorstellung vom „mundus“ in Verbindung steht. Darunter verstanden die Etrusker und auch später die Römer eine Grube, die bei der Neugründung einer Stadt auf einem öffentlichen Platz ausgehoben wurde. Sie war mit einem Stein verschlossen und galt als das Verbindungstor zum Reich der Toten. Dreimal im Jahr (24. August, 5. Oktober, 8. November) wurde diese Grube geöffnet, damit die Seelen der Toten ungehindert ein- und ausfahren konnten.

MARA

Sanskr.: Tod. Bez. für den ► Teufel im Buddhismus. Dieser Dämonenfürst, ursprgl. ein Totengott, versucht Gautama Buddha aus seinen Meditationen herauszureißen, als er in Bodhgaya unter dem heiligen Baum sitzt. Zunächst griffen die Söldner Ms. Buddha an, dann stürmten Ungeheuer heran; selbst die Verführungskünste einer Schar junger Mädchen blieben aber erfolglos. Denn M. fürchtete, daß er seine Macht verliere, wenn Buddha erleuchtet werden würde. Als der Herr der Sinnenwelt versucht er mit Hilfe seiner Töchter „Begierde“, „Unruhe“ und „Verlangen“ die Menschen immer wieder an die dieseitige Welt zu ketten, um sie im Kreislauf der Wiedergeburten zu halten. Nach diesem Sieg über die Sinnenwelt wird Buddha kurz vor seiner Erleuchtung noch einmal von M. heimgesucht. Er fordert ihn auf, ins Nirvana einzugehen, ohne seine Lehre zu verbreiten. Buddha lehnt auch dieses Ansinnen ab. Erst nach einer fast 50jährigen Wanderzeit kommt er der Aufforderung Ms. nach und verläßt die Erde.

MARBAS

Ein Dämon (► Pseudomonarchia daemonum); er erscheint als ein starker Löwe, bevor er menschliche Gestalt annimmt. Fragen nach verborgenen Dingen beantwortet er wahrheitsgemäß, außerdem heilt er Krankheiten und verwandelt Menschen.

MARCHOSIAS

Ein Dämon (► Pseudomonarchia daemonum) und gefallener ► Engel, der früher zu den ► „Herrschaften“ gehörte. Zunächst nimmt er die Gestalt eines Wolfes mit Greifflügeln und einem Schlangenschwanz an. Aus seinem Mund speit er Feuer. Auf Befehl des Magiers verwan-

Sharon Tate: Sie wurde hochschwanger von Mitgliedern der „Manson-Family" ermordet.

delt er sich in einen Menschen. Er ist ein geschickter Kämpfer, beantwortet alle Fragen und gehorcht dem Magier aufs Wort.

MARIDA

Arab.: widerspenstig. Name eines besonders gefährlichen ► Dämons, der unter der Erde hausen soll.

MASKIN

In der akkad. Myth. Bez. für die sieben Engel der Hölle, die die Söhne ► Nergals, des Gottes der Unterwelt, sind. Diese sieben werden mit dem Gesamtbegriff „Plejaden" bezeichnet. Als Unterweltsgestirn symbolisieren sie den Winter und versuchen das Kommen des Frühlings zu verhindern. Sie stören den Lauf der Planeten und verursachen Sonnen- und Mondfinsternisse. Nicht nur den Menschen bringen sie Unglück und Krankheiten, sie widersetzen sich auch den Göttern. Da ihr Ursprung unter der Erde ist, halten sie sich am liebsten an wüsten und unheimlichen Orten auf. Im Totenreich bewachen sie den Lebensquell. ► Hölle, sumerisch-babylonische

MASTEMA

Hebr.: Feindseligkeit. Name eines ► Engels, der eine ähnliche Funktion wie ► Satan hat. Nach der jüd. Überlieferung gehört er zu den gefallenen Engeln (► Engelsturz), die sich mit den irdischen Menschentöchtern einließen und mit ihnen die Giganten zeugten. Als Gott diese Wesen durch die Sintflut beseitigen wollte, überredete M. ihn, daß es besser sei, einige dieser bösen ► Dämonen am Leben zu lassen, um die Menschen zu versuchen. Auf diese Weise könne er feststellen, ob ihr Gottesglaube echt sei. Der zehnte Teil dieser Dämonen überlebte aufgrund des Willens Gottes die Sintflut; sie sind der Aufsicht des M. unterstellt. In der Bibel (Ex. 4,24) wird berichtet, daß M. versucht habe, Moses zu töten.

MATHEMAGIE

Siehe ► Thelema Society.

MATHERS, SAMUEL LIDDELL MCGREGOR

(1854–1918); engl. Okkultist, der den Orden ► Golden Dawn (Orden der goldenen Dämmerung) geleitet und die ► Rituale des Ordens entwickelt hat. M. übersetzte einige mittelalt. ► Grimoires, so auch den *Schlüssel Salomons* (► Clavicula Salomonis). M. starb höchstwahrscheinlich an der Spanischen Grippe. Seine Frau Moina aber behauptete, er hätte eine Begegnung mit einem „geheimen Oberen" gehabt, von dem er schon vorher immer wieder inspiriert worden sei, und sei daran gestorben, weil eine solche Begegnung ein Mensch nicht überleben könne. ► Crowley

MAZZIKIN

Hebr. Dämonologie: Bez. für eine Gruppe von bösen ► Dämonen, die den Menschen in einer gewaltigen Schar umgeben. Sie sind an einem Freitag von Gott erschaffen worden. Wie die ► Engel haben sie Flügel, aber sie gleichen auch den Menschen, weil sie essen, trinken und sich fortpflanzen.

Ihre Aufenthaltsstätten sind unreine Orte. Von den M. werden Menschen angegriffen, die alleine leben. Durch den Lichtschein einer Fakkel können sie vertrieben werden.

MEPHISTOPHELES

oder Mephostophiles (in den alten Volksbüchern). Jeder dieser Namensformen hat eine andere Abl. Mephistopheles aus hebr. mephir und tophel: Lügenverbreiter; Mephostophiles aus griech. me-phos-philos: Der das Licht nicht Liebende.

In der hebr. Dämonologie ist M. einer der gefallenen ► Engel oder ein Beiname des ► Teufels bzw. eines seiner untergeordneten ► Dämonen. Bekannt wurde der Name M. durch Goethes Faustdichtung, wo er für Satan den Pakt mit Dr. Faust schließt.

MERIRIM

Siehe ► Mittagsdämon.

MERLIN

Name eines Zauberers und Sehers in der kelt. Sage von König Artus, des Sohns Uther Pendragons und der schönen Ingerna. Der Name M. ist die lat. Form des walisischen Gottes Myrddin, der ursprgl. einen Gott, nämlich den kelt. Apollo, bezeichnete.

In der *History of the Kings of Britain* von Monmouth (12. Jhdt.) stammt M. von einer sterblichen Mutter und einem ► Dämon ab. Der ► Teufel kam in das Haus von Ms. Großmutter, der Frau eines reichen Bretonen, und ermordete ihren Mann. Nachdem er zwei ihrer Töchter verführt hatte, leistete die dritte heftigen Widerstand. Der Teufel versetze sie daraufhin in einen tiefen Schlaf und schwängerte sie.

Dieses Mädchen hätte, so die Überlieferung, den ► Antichristen geboren, wenn man M. nicht getauft hätte. Nach dem kelt. Volksglauben hat M. auch durch seine magischen Fähigkeiten die gewaltigen Steinblöcke von Stonehenge aus Irland geholt. Unter seinem Namen gibt es auch Prophezeiungen, die aus dem Jahr 1130 stammen sollen.

Da M. in der Tradition immer als ein heidnischer Magier gegolten hat, der das alte keltische England verkörpert, wird er von zeitgenössischen okkulten Gruppen als Urbild des Magiers verehrt.

Mephistopheles: In Goethes Faust-Dichtung schließt er den Pakt mit dem Magier Faust.
Im Bild: Eine Darstellung zu Goethes „Faust".

MERSEBURGER ZAUBERSPRÜCHE

1841 in einer theologischen Sammelhandschrift der Domstiftsbibliothek zu Merseburg gefunden. Diese ahd. Handschrift aus dem 9. oder 10. Jhdt. beschreibt einen Heil-, Binde- und Auflösungszauber (► Abwehrzauber, ► Beschwörung). Im ersten Zauberspruch soll der verrenkte Fuß eines Pferdes geheilt werden. Im zweiten werden durch die Zauberkraft des Spruches die Fesseln eines Kriegsgefangenen gelöst.

METATRON

Abl. des Namens ist unsicher: möglicherweise von griech. metatrónou: beim Thron. Die Kabbalisten setzen ihn mit Shaddai, einem der Namen Gottes gleich, weil er den gleichen Buchstaben-Zahlenwert (314) hat. M. ist der Name eines der mächtigsten Engel in der ► kabbal. Dämonologie, der unter den ► Geistern in der zweiten Welt (► Beriah) den ersten Platz einnimmt.

Er symbolisiert Stärke, Weisheit und Herrlichkeit, überhaupt alles Große und Erhabene im Himmel und auf Erden. In den kabbal. Quellen wird er oft als der oberste ► Todesengel bezeichnet, dessen Befehle die Engel ► Gabriel und Sammael ausführen müssen. Er wurde auch mit ► Henoch gleichgesetzt, der nach seiner Himmelfahrt diese Würde erlangt haben soll. Vermutlich stellt er die jüd. Variante des altiran. ► Fruchtbarkeitsgottes Mithras dar. Die Kabbalisten verehren ihn mit mehr als hundert Namen: so z. B. Adrigon, Amisiyah, Asasiah, Batsran, Bibiyah, Eved, Estes, Galiel, Haviyahu, Itatiyah, Kalkelmiyah, Midrash, Parsiyah, Rasesiyah, Safkas, Shaftiyah, Tetrasiyah,Uvayah, Zerhiyah oder Zevtiyahund.

MICHAEL

Hebr.: Wer ist wie Gott? Name eines der wichtigsten Engel im Christentum und Islam (► Islamische Engel). Wahrscheinlich haben die Juden diese Engelsgestalt während des babylonischen Exils übernommen. M. ist der Todfeind des ► Teufels. Im NT (Offb. 12,7) ist er der Anführer der gottestreuen Engel und vertreibt die Drachen aus dem Himmel. Er trägt den Titel „Sar" (Herr) und ist das Symbol der Gerechtigkeit und Barmherzigkeit. Sein geheimer Name lautet Sabbathiel.

Im Bild: Erzengel Michael kämpft mit dem Teufel.

MICHAELIS, SEBASTIAN

Geb. 1543; Dominikaner und Inquisitor, der bei einem Fall von Besessenheit im Kloster von Aix mitwirkte (► Gaufridi). M., ein bekannter Exorzist, hatte 1582 in Avignon 18 Hexen verbrennen lassen. Seine Erfahrungen veröffentlichte er 1612 in einem Buch mit dem Titel *Histoire veritable.* Es enthält eine ► Dämonenhierarchie, die nach der der ► Engel gebildet ist. Als Gewährsmann gibt er einen Dämon namens Balberith an, der nach ► Wierus das Archiv in der Hölle verwaltet. Dieser Dämon war einer derjenigen Dämonen, die die Schwester Madeleine im Kloster von Aix besessen gemacht haben sollen.

MICHEL, ANNELIESE

1952–1976; Studentin der Theologie und Pädagogik aus Klingenberg am Main, die, wie das Landgericht Aschaffenburg feststellte, an den Folgen eines ► Exorzismus starb. 1973 glaubte sie, Teufelsfratzen zu sehen. Bis 1975 entwickelten sich bei ihr alle Anzeichen einer Besessenheit, so daß mit Genehmigung des Bischofs von Würzburg ein Großer ► Exorzismus durchgeführt wurde. Den Exorzisten gelang es zeitweilig, die Dämonen auszutreiben. Sie identifizierten außer dem Teufel die Dämonen Nero, Kain, Judas, Luzifer, Hitler und Fleischmann. Der Dämon Fleischmann war in der Gegend von Klingenberg Pfarrer gewesen. Während des Exorzismus wurde M. ärztlich behandelt, weil sie unter epileptischen Anfällen litt. Aber sie weigerte sich, in eine Nervenklinik eingeliefert zu werden. Dieser Wunsch wurde von ihren Angehörigen akzeptiert. Ungeklärt blieb, ob ihr Tod durch Herzversagen oder Unterernährung eintrat. Ihre Eltern und die beiden Exorzisten wurden 1978 wegen fahrlässiger Tötung zu einer Bewährungsstrafe verurteilt. Ihr Grab auf dem Friedhof in Klingenberg ist das Ziel vieler Pilger. Als eine Nonne das Gerücht verbreitete, der Leichnam sei nicht verwest, wurde von den Behörden eine Exhumierung unter Ausschluß der Öffentlichkeit gestattet. Der Leichnam soll sich allerdings in einem verwesten Zustand befunden haben. ► Besessenheit, ► Exorzismus

MICHELET, JULES

1798–1874; frz. Historiker. Seine Studie *La Sorcière* (1862), dtsch. Übers. *Die Hexe* (1863), ist neben Soldan-Heppes *Geschichte der Hexenprozesse* (1843) und Hansens *Der Zauberwahn* (1900) eines der wichtigsten Werke zu diesem Thema. In Form einer Erzählung entwirft er eine Kulturgeschichte der ► Hexe, die den Leser auch heute noch beeindrucken kann. Das Hexenwesen ist eine Art Protestbewegung gegen die christl. Kultur. Die unterdrückten Schichten hätten sich nach Ms. Ansicht im ► Hexensabbat einen Freiraum verschafft. Hauptursache dieser Rebellion sei das mittelalt. Lehnswesen gewesen. Im 1. Buch beschreibt er die ländliche Hexe, im 2. wird die dämonisch-städtische Besessenheit, eine wichtige Änderung im Hexenwesen des 16. Jhdt.s, dargestellt. In dem Bild der Hexe seien zwei Vorstellungen vereinigt: Einmal die weise Frau (saga), die sich in der Medizin und Hebammenkunst auskennt, und zum anderen die böse alte Frau und Giftmischerin, die als ► Schadenszauberin eine Gefahr für ihre Mitmenschen darstellt. Die letztere Seite sei typisch für die dämonische Besessenheit, die anhand der berühmten Prozesse (► Gaufridi, ► Grandier und ► Bavent) behandelt wird. In diesem Zusammenhang behandelt M. auch den Fall des Jesuiten Girard, der wegen Verführung eines jungen Mädchens angeklagt wurde.

MILTON, JOHN

1608–1674; engl. Schriftsteller und Staatsbeamter. Sein bekanntestes Werk ist das Epos *Paradise Lost* (1667). Die gängige dtsch. Übersetzung *Das verlorene Paradies* ist allerdings irreführend, da das Thema dieses Werkes nicht das verlorene Paradies ist, sondern seinen Verlust schildert. Am Anfang erzählt M., wie der Satan nach dem ► Engelssturz die abgefallenen Engel damit tröstet, daß es besser sei, in der Hölle zu leben als

Abbildung zu Miltons bekanntestem Werk „Das verlorene Paradies": Luzifer regiert über die Seelen der Sünder.

Gott zu dienen. Als Rache schlägt er vor, daß sie die von Gott nach dem ► Engelssturz erschaffenen Wesen – nämlich Adam und Eva verderben –, damit sie ebenfalls von Gott verstoßen würden und in die Hölle kämen. Obwohl viele Dämonen keine Lust verspürten, jemals wieder mit Gott in Kontakt zu treten, gelingt es den beiden

Gehilfen Satans, Beelzebub und Belial, die gefallenen Engel zu überzeugen. Sie wollen eine Brücke von der Hölle zur Erde bauen, damit sie ihre Laster auf der Erde verbreiten können. Die Dämonen haben Erfolg, Gott aber verstößt Adam und Eva nicht in die Hölle. Sie müssen zwar das Paradies verlassen, aber Gott verheißt ihnen Christus als Retter, der kommen wird, um die Tore zum Paradies wieder zu öffnen. Die wichtigsten Gefährten Satans sind: Ashtaroth (► Astaroth), ► Azazel, Baalim (Gefährte von Astaroth), ► Beelzebub, ► Belial, Chemos (Gott der Moabiter, der viele Gemeinsamkeiten mit dem kanaanäischen Gott ► Moloch aufweist), Dagon (hebr.: Fisch; ein Gott der Philister), Isis (ägypt. Muttergöttin), ► Mammon, ► Moloch, Mulciber (Höllenbaumeister). Die Erzengel, die die vier Kardinalpunkte der Welt regieren, sind: ► Michael, ► Gabriel, ► Uriel und ► Raphael. Dazu kommen als Diener Gottes folgende Engel: Abdiel, Ithuriel, Uzziel, Zephon und Zophiel.

MITTAGSDÄMON

Übers. von lat. meridianus daemon; ein besonders gefährlicher Dämon, der im AT (Psal. 91,6; luth. Übers.) als der „Dämon, der am Mittag schleicht" beschrieben wird. Er sucht zwischen 10 und 14 Uhr die Menschen heim, indem er bei ihnen Trägheit verursacht. Seine Wirkung kann er so weit steigern, daß bei den heimgesuchten Menschen ein Lebensekel entsteht, der sich in Schwermut, Erschlaffung und Langeweile äußert. Der bekannteste M. ist Meririm. Vom Apostel Paulus wird er in Eph. 6,12 als „Dämonenfürst" bezeichnet.

MOLAY, JACQUES DE

Großmeister des ► Templerordens. Der Reichtum des Templerordens erregte den Zorn und die Habsucht des frz. Königs Philipp des Schönen. Gemeinsam mit Papst Clemens V. plante er die Vernichtung des Ordens, nachdem Gerüchte über einen angeblichen Teufelskult der Templer verbreitet wurden. 1307 wurden M. und andere führende Ordensbrüder verhaftet und das Vermögen beschlagnahmt. 1308 erging eine päpstliche Bulle gegen den Templerorden, der die Aufhebung dieses Ordens empfahl. Aber erst 1312 wurden M. und die anderen Templer in Paris zu lebenslanger Haft verurteilt. Der Orden wurde aufgehoben. Bei der öffentlichen Verlesung des Urteils protestierte M. und erhob schwere Vorwürfe gegen den Papst und den König. Schon am nächsten Tag wurde er als „Rückfälliger" gemartert und mit anderen verbrannt. Seit dem Tod Ms. wird das Gerücht verbreitet, seine Ordensbrüder hätten beschlossen, das Papsttum und das frz. Königtum zu beseitigen. Beide Institutionen hatte M. nämlich bei seinem Feuertod verflucht.

1307 wurden Großmeister Jacques de Molay (Bild) und führende Mitglieder des Templerordens in Frankreich verhaftet.

MOLITOR, ULRICH

1442–1507; Rechtsgelehrter in Konstanz und Autor eines Werkes über Hexen, das unter dem Titel *De Lamiis et Phitonicis Mulieribus* (1489: Von Hexen und Unholden) erschien. Es ist eine Auftragsarbeit, die er für den Erzherzog Sigmund von Österreich (1427–1496) angefertigt hat. Als nach der Veröffentlichung der ► Hexenbulle 1485 Heinrich Institoris und Jakob Sprenger, die Autoren des ► Hexenhammers, auch in Tirol die Hexenverfolgung durchführen wollten, stießen sie auf eine ablehnende Haltung der Bischöfe und Landstände. Dem Erzherzog Sigmund wurden deshalb auf dem Tiroler Landtag schwere Vorwürfe gemacht. Um sich abzusichern, beauftragte er M., ein Gutachten anzufertigen, wie gegen die wegen Zauberei angeklagten Personen juristisch vorgegangen werden könnte. Das Buch ist in der Form eines Gespräches zwischen ihm und dem Erzherzog konzipiert, zu dem als dritte Person noch der Schultheiß von Konstanz, Konrad Schatz, hinzugezogen wird, der große Erfahrung in Hexenprozessen hatte. M. kommt zu dem Ergebnis, daß der Teufel und seine Dämonen aus eigener Kraft nicht in der Lage seien, einem Menschen oder Tier Schaden zuzufügen. Dies sei nur mit Zustimmung von Gott möglich. Deshalb existierten die den Hexen vorgeworfenen Taten wie der ► Schadenszauber, ► Hexenflug, Tierverwandlung und Sabbatbesuch nur in der Einbildung und entbehrten jeder Realität. Mit dieser Auffassung wandte sich M. deutlich gegen die Lehren des *Hexenhammers*. Das einzige Vergehen, das man den Hexen vorwerfen könnte, sei der ► Teufelspakt. Durch den Abfall von Gott und die Abschwörung vom Christentum hätten sich die Hexen der Ketzerei schuldig gemacht und müßten deshalb zum Tode verurteilt werden.

MOLOCH

Griech. Form von hebr. molek; hebr. Bez. des kanaanäisch-phön. Gottes Melek. Diesem Gott wurden im Hinnomtal bei Jerusalem (Gehenna) Menschenopfer dargebracht (2. Kön. 23,10; Jer. 32,35). Eine besondere Verehrung genoß dieser Gott in der phön. Kolonie Karthago, wo ihm auf Altären (Tophet) Kinderopfer dargebracht wurden. Griech. Geschichtsschreiber berichten, daß die Opfer in die Arme einer großen Bronzestatue gelegt wurden und von dort ins Feuer glitten. Besonders in Notzeiten opferten die Karthager Hunderte von Kindern aus den besten Familien dem M. Eine gänzlich andere Deutung des Namens M. versucht der Italiener Moscati. Nach seiner Ansicht habe es einen Gott M. nie gegeben. Das Wort habe die Bedeutung von „Geheiligte Darbringung" oder „an Stelle eines Opfers". Mit Opfer sei das „Menschenopfer" gemeint, das aber wohl nur in Notzeiten dargebracht wurde.

MOND

Der M. ist seit der Frühzeit der Menschheit eng mit der Magie und Zauberei verbunden. Nicht die Sonne, sondern der M. mit seinen wechseln-

Der Moloch genoß in Karthago, wo ihm auf Altären auch Kinderopfer dargebracht wurden, eine besondere Verehrung.

den Phasen regte die Phantasie der Menschen an, sich intensiv mit diesem Gestirn zu beschäftigen, wie zahlreiche Mythen der Völker beweisen. Es gibt heute noch keine sichere Erklärung, weshalb sich der ursprgl. männlich gedachte M. bzw. M.gott, den man sich mit Stierhörnern vorstellte, in ein weibliches Wesen verwandeln konnte, das von einer Göttin mit dem Zeichen der Sichel dargestellt wurde. In Babylon betete man die die M.göttin Ischtar oder Astarte an. Am Shabattu, zur Zeit des Vollmondes, hatte sie ihre Regel. An diesem Tag durften die Frauen, gleichsam als ob sie die Regel hätten, nicht arbeiten, reisen und bestimmte Speisen essen. Feiertage waren neben dem Vollmond auch die Mondviertel, also der 7., 14., 21. und 28. Tag des Monats (alle Monate zählten 28 Tage). Bei den Ägyptern war Isis, bei den Griechen war ursprgl. Selene die M.göttin, die später durch ► Hekate und ► Artemis überlagert wurden. Die Römer verehrten sie unter der Bez. Luna. Die besondere Beziehung des Ms. zu den Frauen erklärt sich durch den Zusammenhang des M.zyklus mit der Menstruation. Die röm. M.göttin Luna, die keine eigenen Kultstätten hatte, war eng mit ► Hekate und ► Diana verbunden, die beide nachts verehrt wurden und die Funktion der M.göttin übernahmen. Der Luna waren die Dreiwege heilig, die durch den zunehmenden, vollen und abnehmenden M. symbolisiert wurden. Auch im mittelalt. Volksglauben spielte der M. eine wichtige Rolle. Pflanzen, besonders die ► Hexenkräuter, durften nur bei zunehmendem, abnehmendem oder Vollmond gepflückt werden. Daß der ► Hexensabbat an bestimmten M.phasen stattfand, zeigen Darstellungen des Hexensabbats, auf denen ein Sichelmond zu sehen ist. Die dem M. zugeordneten Tiere, wie Kröte, ► Schlange und Hase, werden mit den ► Hexen in Zusammenhang gebracht. Im modernen Hexenwesen ist das Ritual dem Zyklus des M. angepaßt, den man sich als ► Göttin in Begleitung des ► gehörnten Gottes vorstellt. Man trifft sich bei Neumond, der unter der Herrschaft der Selene steht. Der zunehmende M. ist der Göttin Diana und der abnehmende der Göttin Hekate geweiht.

MORAX

Ein Dämon (► Pseudomonarchia daemonum); er hat die Gestalt eines Stiers mit einem Menschenkopf. Seine Gebiete sind die Astrologie und bildenden Künste. Außerdem kennt er die geheimen Kräfte der Pflanzen und Steine.

MOSESBUCHPROZESS

1956 kam es in Braunschweig zu einem aufsehenerregenden Prozeß im Zusammenhang mit dem ► 6. und 7. Buch Moses, der durch eine Anzeige von Johann ► Kruse eingeleitet wurde. In der Anzeige erhebt Kruse den Vorwurf, daß in diesem Buch gegen das Gesetz über die Geschlechtskrankheiten verstoßen werde. Es werde nämlich als Heilmittel gegen die Syphilis empfohlen, sich bis zum Hals in Pferdemist einzugraben. In der ersten Instanz war Kruse erfolgreich. Im Revisionsverfahren (1957) folgte das Gericht dem Gutachten des Göttinger Profs. Will-Erich Peuckert. Er wandte sich gegen ein Verbot, weil das 6. und 7. Buch Moses ein Volksbuch voller magischer Traditionen sei.

MOSES, DAS 6. UND 7. BUCH

Dieses ► Zauberbuch ist das bekannteste und verbreitetste Buch seiner Art. Grundlage sind die vier Ausgaben, die der Stuttgarter Verleger Scheible ab 1849 publizierte; schon 1797 aber wird ein solches Werk erwähnt. Die Bibel kennt nur fünf Bücher M., die im Pentateuch zusammengefaßt sind. Moses galt trotz seines Eintretens gegen Zauberei im jüd. Volksglauben als Magier, der sich besonders auf ► Talismane verstanden habe. Der röm. Schriftsteller Plinius d. Ä. (23–79 n. Chr.) hält Moses in seinem Werk *Naturgeschichte* (Naturalis Historia 30,2) für den Gründer einer Zauberschule. In zwei Zauberpapyri (Pap. gr. XLVI und P. gr. CXXI), die sich im British Museum in London befinden, tritt Moses als Zauberer auf, der zwischen Gott und den Menschen vermittelt. Bei den Alchemisten galten Moses und seine Schwester Maria als Autoren zahlreicher alchem. Schriften. Schon in der hellenistischen Zeit gibt es Hinweise auf Zauberbücher, die unter dem Namen Moses' erschienen waren. Ein Zauberpapyrus (► 8. und 10. Buch Moses) enthält das VIII. und X. Buch M. Der Glaube an die Existenz weiterer Moses-Bücher entstand zur Zeit der Reformation, als der Protestantismus die Gläubigen zur Bibellektüre hinführte. Wahrscheinlich im 16. oder 17. Jhdt. wurde die Überlieferung von dem Magier Moses in ein Buch umgesetzt. Quelle waren Schriften, die der praktischen ► Kabbala zugerechnet werden müssen. Die endgültige Form erhielt dieses Werk aber im 18. Jhdt., als es durch Zusätze aus der magischen ► Hausväterliteratur ergänzt wurde. Die oben erwähnten Fassungen bestehen aus einer Einleitung, die den Sadock, den Hohepriester Salomos, erwähnt. Dazu kommt eine Anzahl von Tafeln mit ► Charakteren, ► Sigillen und ► Beschwörungen. Das 7. Buch wird auf Rabbi Chaleb (Jos. 14,6) zurückgeführt, der zusammen mit Josua die Auffahrt Moses' in den Himmel mitanschaute. Mit diesen älteren Ausgaben haben die seit der Mitte des 19. Jhdt.s erschienenen Ausgaben, besonders die vier Ausgaben des Verlegers Scheible, nichts mehr zu tun. Der Inhalt der Ausgabe seit dem 20. Jhdt. besteht aus drei größeren Schriften: Dem titelgebenden 6. und 7. Buch Moses oder dem magisch-sympathetischen *Hausschatz;* dem ► Romanusbüchlein und dem ► Feurigen Drachen. Diesen drei Schriften sind oft noch Anhänge angefügt.

MOSES, DAS 8. UND 10. BUCH

Ein in Leiden (Holland) aufbewahrter Papyrus (► Zauberpapyri) aus dem 4. Jhdt. n. Chr. enthält das 8. Buch M.; ein langes Ritual in drei Fassungen. Dazu kommen noch eine „Unterweisung durch den Erzengel" (griech. archiángelos), das 10. Buch Moses und ein Gebet des Moses, das an die Mondgöttin Selene gerichtet ist. Der Text enthält den Hinweis auf einen „Schlüssel des Moses", mit dem das 8. Buch ausgelegt werden kann und in dem zusätzliche Riten und Geheimnamen zu finden sind. Der Verfasser beruft sich oft auf ein weiteres 8. Moses-Buch. Als wichtig wird von dem Verfasser dieses Zauberbuches die Kenntnis der 72 Gottesnamen (► Schemhamphorasch) bezeichnet. Die Numerierung als 8. und 10. Buch M. erklärt sich daraus, daß beide Zahlen in der spätantiken Symbolik als vollkommen galten. Die in der okkult. Literatur erwähnten 9., 11., 12. und 13. Bücher Moses sind nichts anderes als neuzeitliche Sammelwerke, die aus verschiedenen Vorlagen hergestellt wurden.

MOTHMAN

Engl.: Mottenmensch; Name eines Monsters, das 1966 in Point Pleasant (West Virginia/USA) große Unruhe in der Bevölkerung hervorrief. Es soll die Gestalt eines Menschen von 1,5 bis 2 Meter Größe haben, kopflos sein und statt der Arme 3 m lange Flügel besitzen. Beobachtern fielen besonders die gräßlichen roten Augen auf, von denen eine starke hypnotische Wirkung ausgegangen sein soll.

MURMUR

Ein Dämon (► Pseudomonarchia daemonum), der ursprgl. ein Engel aus der Hierarchie der ► Throne war (► Engelsturz). Er hat die Gestalt eines Soldaten, reitet auf einem Greif und trägt eine Krone auf dem Kopf. In seiner Begleitung befinden sich zwei Musiker. Sein Fachgebiet ist die Philosophie. Auch verfügt er über die Fähigkeit, die Seelen von Verstorbenen erscheinen zu lassen und ihre Fragen zu beantworten.

MURRAY, MARGRET ALICE

1863–1963; engl. Ägyptologin; Autorin der Bücher *The Witch Cult in Western Europe* (1921) und *The God of the Witches* (1933). Sie vertrat die Ansicht, daß der Hexenglauben Reste eines archaischen, vorchristlichen Erd- und Fruchtbarkeitskultes enthalte (► Erdmutter), die in dem Kult um die antike Göttin ► Diana noch spürbar seien. Sie entwickelte ihre Theorie anhand der engl. Hexenprozesse, weil in diesen Prozessen die angeklagten Frauen nicht gefoltert wurden. In diesem Kult wurde ein Gott in Bocksgestalt verehrt, der auch andere Tiergestalten annehmen kann. Der Eintritt in diesen Kult war freiwillig, aber man mußte sich ihm mit Leib und Seele hingeben. Es gab vier große feierliche Feste, die Sabbate (► Walpurgisnacht, ► Herbstfest etc.) und vier Formen von Opfer: Blut-, Tier-, Menschen- und auch Selbstopfer. Innerhalb der Gemeinden gab es eine engere Gruppe, den Coven, der 13 Mitglieder zählte. Es waren zwölf Hexen, die von einem als Teufel verkleideten Mann geführt wurden. M. stützte ihre These auf 18 Prozesse, bei denen sie die Zahl der Angeklagten einfach addierte und so die Zahl 13 erreichte. Eine Überprüfung der Quellen ergab jedoch, daß sie manchmal falsch addiert hatte. Heute wird bezweifelt, daß Hexen je organisiert waren, geschweige denn in Dreizehnergruppen. Ihre These, daß sich im Hexenglauben Überreste eines prähistorischen Fruchtbarkeitskultes fänden, erwies sich teilweise als richtig. Denn Vegetationsgottheiten, wie ► Diana, ► Herodias, ► Perchta und ► Holda, wurden im späteren Hexenglauben zu Anführerinnen von Scharen, die die teuflische Hexerei ausübten. Die Existenz eines solchen Fruchtbarkeitskultes wies ► Ginzburg in der Gegend von Friaul in Italien nach, dessen Anhänger sich ► Benandanti nannten. Diese von M. rekonstruierte Hexenreligion wurde von ► Gardner in der Gestalt des ► Wicca-Kultes wieder ins Leben gerufen und praktiziert. ► Hexenkalender

MUSIK, SATANISTISCHE

Siehe ► Teufel, in der Musik.

MYSTERIEN

Griech. myéin: einweihen, schulen, belehren; ursprgl. Bez. für die heiligen Feste der Griechen, dann für Geheimkulte, die zu Ehren der Götter abgehalten wurden (► Eleusinische M.; Isis-Mysterien). Hinter den M. steht die Sehnsucht der Menschen, ein engeres Verhältnis mit der Gottheit einzugehen. Diese Annäherung an die Gottheit, die „Einweihung", vollzieht sich über mehrere Stufen. Der Anwärter (Neophyt) wird nach dem Empfang der niederen Weihen ein Geweihter (Myste). Wenn er alle Grade zurückgelegt hat, ist er ein „Beschauer" (Epopte) der M.

MYSTIK

Griech. myéin: einweihen, schulen, belehren; Bez. für eine geistige und esot. Richtung, deren

Neben Meister Eckhart der wohl bekannteste deutsche Mystiker: Jakob Böhme.

Ziel die Vereinigung mit dem Absoluten bzw. Gott ist *(unio mystica)*. Der Mystiker will durch diese Vereinigung ein kosmisches Bewußtsein erlangen. Dieser Weg des Mystikers (lat.: *via mystica)* besteht aus mehreren Etappen. Er beginnt mit der Reinigung und Läuterung (lat.: *via purgativa)*, es folgt die Erleuchtung (lat.: *via illuminativa)*. Den Gipfel bildet die Vereinigung mit dem Göttlichen (lat.: *unio mystica)*, die sich nicht in Worten beschreiben läßt. Kontemplation (Versenkung in eine Vorstellung) und Meditation sind die vorherrschenden Methoden, um das spirituelle Ziel zu erreichen.

Die M. findet sich in fast allen Hochreligionen. Berühmte Vertreter der dtsch. M. sind Meister Eckhart (um 1260 bis ca. 1328), Johannes Tauler (1300–1361), ► Hildegard von Bingen (1098–1179), Heinrich Seuse (ca. 1295–1366), Mechthild von Magdeburg (ca. 1212–1283) und Jakob Böhme (1575–1624).

N

NAAMAH

oder Nahemah, Naama; hebr. Dämonin, Tochter des Kain.

Im Volksglauben der Juden war sie die Mutter derjenigen Dämonen, die als ► Succubi schlafende Männer zu verführen suchen. Nach anderen Quellen ist ► Lilith die Königin der Succubi.

NABERIUS

Ein Dämon (► Pseudomonarchia daemonum); er hat die Gestalt eines Hahns, der über dem ► mag. Kreis umherflattert.

Er verleiht Geschicklichkeit und lehrt die Wissenschaften. Verlorene Ehren und Würden kann er wiederbeschaffen.

NACHTFAHRENDE

Bez. für weibliche Gottheiten wie ► Hekate, ► Herodias und ► Diana, die nach dem antiken Glauben in Begleitung ihrer Anhängerinnen nächtliche Luftfahrten unternehmen. Im Mittelalter wurden diese Vorstellungen mit den ► Strigen, ► Lamien und ► Empusen verbunden. In Italien fanden diese Nachtfahrten unter der Führung von ► Befana statt.

Die N. gingen in den Begriff der Hexe ein. ► Hexenflug

NÁDASDY, ELISABETH

Siehe Elisabeth ► Báthory.

NATURGEISTER

Siehe ► Elementargeister.

NEKROMANTIE

Griech. Totenbefragung; seit dem 13. Jhdt. wurde die N. mit ► Nigromantie gleichgesetzt und nahm die Bedeutung der ► Schwarzen Magie an.

Dämonen mit ihrem Sinnbild (Emblem) sowie Charakteren oder Siegeln.

NEKRONOMICON

Abl. unsicher: *Buch des Todes* oder *Buch der toten Namen*. Ein ► Zauberbuch, das wahrscheinlich von dem US-amerik. Schriftsteller H. P. Lovecraft (1890–1937) verfaßt wurde. Lovecraft erwähnt dieses Buch in dem Essay *A History of The Necronomicon*. Es soll 730 zum erstenmal von Abdul Alhazred unter dem Titel *Al Azif* veröffentlicht worden sein. Die engl. Übersetzung soll von John ► Dee stammen. Die Anhänger von Lovecraft waren fest überzeugt, daß dieses Buch oder zumindest grundlegende Teile tatsächlich existierten.

Mehrere Versionen dieses Zauberbuches sind seitdem erschienen. So wurde eine Ausgabe aus dem Nachlaß von Gregor Gregorius (Pseud. von Eugen ► Grosche, 1888–1964) veröffentlicht. Es enthält Beschwörungsrituale, ► Siegel und ► Charaktere von sumer. Göttern, die als besonders gefährlich gelten und die ganze Menschheit vernichten können. Es wird auch ein „Kult des Drachen" erwähnt, dem neben Tier- auch Menschenopfer dargebracht werden.

NEPHILIM

Hebr.: die gefallenen Engel; Bez. für die Kinder, die die gefallenen Engel mit den irdischen Frauen zeugen. ► Engelsturz

NERGAL

Siehe ► Hölle, sumerisch-babylonische.

NESTELKNÜPFEN

Eine seit der Antike bekannte Form des ► Analogiezaubers. Wenn man einem Menschen Schaden (► Schadenszauber) zufügen will, werden eine Anzahl – meistens drei – Knoten in einen Faden oder ins Haar geknüpft. Durch diese symbolische Handlung glaubte man zu erreichen, daß Körperteile bzw. -öffnungen dieses Menschen verschlossen würden.

Das N. wurde als Liebeszauber ausgeübt, um einen geliebten Menschen an sich zu binden, besonders aber um eine Geburt zu verhindern oder bei einem Mann Zeugungsunfähigkeit herbeizuführen. ► Bodin versichert, daß es über 50 Arten von N. gebe, mit deren Hilfe man Menschen eheliche Vergnügungen wegnehmen könne. Die Wirkung des N. besteht darin, daß der eine Partner den anderen z. B. plötzlich verabscheuungswürdig findet.

Der Teufel könne auch verhindern, so die Vorstellung, daß der Mann überhaupt zeugungsfähig ist, weil sein Glied schlaff bleibt oder sein Samen keine befruchtende Wirkung mehr entfalten kann.

NEUHEIDENTUM

Bez. für die Wiederbelebung von Religionen und Kulten, die vor der Einführung des Christentums besonders in Europa bestanden haben. Es handelt sich hierbei vor allem um kelt., germ. und vorindogermanische Religionen (► Erdmutter), die vom Christentum ausgelöscht bzw. deren Kulte christl. umgedeutet wurden. Wichtige dtsche. Gruppen sind:

- Neuheidnische Naturreligionen, deren Anhänger in den von ihnen verehrten Göttern hauptsächlich Naturkräfte sehen. Die jenseitige Existenz oder Transzendenz ist ihnen weniger wichtig.
- Wicca-Gruppen (► Gardner).
- Ökogruppen.

Die einzelnen Gruppen sind in Coven organisiert, die ihre Kulte an alten Kultstätten der Vorzeit praktizieren. Gemeinsam ist allen diesen neuheidnischen Gruppen, daß sie das Christentum ablehnen. Das Christentum sei die Religion des Fischzeitalters, das zu Ende gehe und durch das Wassermannzeitalter abgelöst werde („New Age"). Die bedeutendste Bewegung des N. ist die Church of All Worlds (CAW), die 1961 in Oklahoma (USA) aus einer Studentengruppe entstand und von Otter Zell (geb. 1942) zu einer der ersten neuheidnischen Organisationen ausgebaut wurde. Die führende Rolle unter den Organisationen des N. hatte die CAW bis 1980 inne. Unter den neuheidnischen Gruppen gibt es auch Richtungen, zumeist Kleingruppen, die zum ► Satanismus neigen bzw. sich in der Grauzone zum Rechtsextremismus bewegen. ► Teufel, in der Musik

NEUPLATONISMUS

Führende philos. Schule in der Spätantike (3. Jhdt. bis 6. Jhdt. n. Chr.), die die platonische Philosophie nicht nur weiterentwickelte, sondern auch mit orientalischen und christl. Ideen verband. Als Inspirator dieser Richtung gilt der platonische Philosoph Ammonius Saccas, dessen Schüler Plotin (204–269 n. Chr.) als Hauptvertreter des N. gilt. Dessen Schüler und Nachfolger ► Porphyrios, ► Proklos und ► Jamblichos entwickelten eine umfassende Lehre, wie der Mensch mit den ► Dämonen in Kontakt treten könne. Diese Lehre, eine Art von Theologie, die mit wissenschaftlichen Ansprüchen betrieben wurde (► Theurgie), studierten die späteren Hexenverfolger des 16. und 17. Jhdt.s eifrig und setzten sie dann in die Praxis um. Grundlegender Gedanke des N. ist die Lehre von den Emanationen (lat. emanare: herausfließen), mit deren Hilfe die stufenweise Entstehung der ganzen Schöpfung aus einer anfänglichen Einheit heraus erklärt wird. Dieser Vorgang der Emanation vollzieht sich in vier Stufen: Vernunft, Seele, Natur und Materie. Für Plotin bestand die wichtigste Lebensaufgabe des Menschen darin, den Weg aus der Erscheinungswelt zum Urgrund allen Seins, das man sich als Gottheit vorstellte, zurückzufinden und sich mit ihm wiederzuvereinigen. Der große Raum zwischen dem Weltschöpfer Gott und der Welt ist ausgefüllt von den Göttern und Zwischenwesen (Dämonen). Oberhalb der Planetensphäre, deren unterster und letzter der Mond ist, wohnen die Götter, während die Dämonen ihren Sitz im Luftraum zwischen Mond und Erde haben. Der ► Mond bildet gleichsam die sichtbare Grenze zwischen der nur durch den Verstand erkennbaren Welt der Götter und der sichtbaren Welt der Dämonen und Menschen. Die Dämonen, die man sich als Umsetzung und Unterordnung der orientalisch-antiken Götterwelt unter einer Gottheit vorstellen muß, sind Doppelwesen, die sowohl durch ihre Ewigkeit am Wesen der Götter Anteil haben als auch Eigenschaften der Menschen besitzen, denn sie zeigen Affekte und können einen Feuer- und Luftleib annehmen. Im Gegensatz zu seinen Nachfolgern verwarf Plotin jeden Versuch, auf die Gottheit einzuwirken und sich ihrer Hilfe zu bedienen. Die Unterscheidung zwischen den bösen und guten Dämonen wurde von Plotins Nachfolger Jamblichos eingehend begründet. Da die bösen Dämonen der Materie mehr verhaftet seien, wohnten sie mehr in der Nähe der Erde. Das Ziel der bösen Dämonen bestünde darin, den Menschen zu verwirren, die Affekte bei ihm zu wecken und den Aufstieg seiner Seele zu Gott zu verhindern. Jamblichos bildet diese Dämonologie noch weiter aus, indem er zwischen Gott und den Menschen eine Reihe von Zwischenwesen einschob: Götter, Dämonen, Heroen und Seelen. Die bösen Dämonen werden von grausamen, wilden Tieren begleitet. Der antike N. erlebte eine neue Blütezeit in Florenz, als die Schriften der Neuplatoniker Jamblichos, Proklos und Psellos von Marsilio Ficino (1433–1499) wiederveröffentlicht wurden. In seiner Lehre von der ► Magie trennt er die Magia naturalis von der Magia daemonica ab. Die Wirkung der Magia naturalis beruhe auf denjenigen Kräften, die die Planeten auf die Einbildungskraft der Menschen ausübten. Der ital. Philosoph Marsilio Ficino (1433–1499) verzichtete auf vermittelnde Zwischenwesen wie Dämonen, die dem Menschen übernatürliche Handlungen erst ermöglichen. Diese Kraft der Planeten könne aber auch in Gegenständen wirksam werden, wenn von einem intelligenten Wesen die magischen Zeichen dieser Gegenstände mit einem Planeten in Verbindung gebracht würden. Damit aber solche Gegenstände ihre Wirkung auf einen anderen Menschen entfalteten, müßten beide – der Magier und diese Person – diese Zeichen verstehen. Auf diese Weise sei der ► Schadenszauber ausgeschlossen, der auf einer geheimen Fernwirkung der Magie beruhe. ► Pico della Mirandola

NIDER, JOHANNES

Um 1380–1438; Theologieprof. in Wien, Prior in Nürnberg und Basel sowie Autor eines Buches über das Hexenwesen mit dem Titel *Formicarius* (Ameisenkönig), das 1437 vollendet wurde, aber erst 1441 posthum erschien. Der fünfte Teil dieses Werkes wurde oft als Anhang zum ► Hexenhammer *(Malleus maleficarum)* abgedruckt. In einem Dialog zwischen einem Theologen und einem „Faulen" vergleicht N. die verschiedenen Formen der Ketzerei mit den Ameisenarten. Das Verbrechen der Hexen bestünde im Teufelspakt, dem ► Hexensabbat, zu dem sie hinflögen, und im ► Schadenszauber. Obwohl N. selbst Inquisitor war, beruft er sich nicht auf eigene Erfahrungen, sondern verarbeitet fremde Quellen, vor allem frz.

NIFLHEIM

Siehe ► Hel und ► Loki.

NIGROMANTIE

Lat.: Schwarze Magie. Bez. für magische Praktiken, mit deren Hilfe man sich ► Satan oder seine ► Dämonen dienstbar machen kann. In seiner ursprgl. Form Nekromantie (griech.: Totenbefragung) bezeichnet N. eine Methode der Zukunftsbefragung, bei der die Geister der To-

Nigromantie: Magische Praktiken, mit deren Hilfe man sich Satan oder seine Dämonen dienstbar machen kann. Im Bild: Beschwörung eines Toten.

ten herbeigerufen wurden. Die etymologische Veränderung erklärt sich nicht nur durch die Verbindung mit den Toten, sondern auch durch den Umstand, daß N. im geheimen, vornehmlich in der Nacht, ausgeübt wurde und ► Satan „der Herr der Finsternis" ist. Die Ziele der N. lassen sich in drei Gruppen einteilen. Der wichtigste Zweck ist die Ausübung von Macht über einen anderen Menschen oder ein Tier, deren physische und psychische Verfassung dabei in Mitleidenschaft gezogen werden können.

Neben der Erzeugung von Trugbildern wird auch das alte Ziel der Nekromantie, nämlich die Kenntnis der Vergangenheit, Gegenwart und Zukunft, angestrebt. Die Techniken, um diese drei Ziele zu erreichen, sind die Beschwörung von Dämonen, das Rezitieren von magischen Formeln, Opferhandlungen, Räucherungen und das Zeichnen von ► magischen Kreisen. ► Goetie, ► Magie, ► Theurgie

NONNEN VON AIX-EN-PROVENCE

Siehe ► Gaufridi.

NONNEN VON AUXONNE

Siehe ► Buvee.

NONNEN VON LOUDUN

Siehe ► Grandier und ► Des Anges.

NONNEN VON LOUVIERS

Siehe ► Bavent.

NONNEN VON MONS

Siehe ► Fery.

O

ODYSSEE

Siehe ► Antike Unterweltsfahrten.

OFFENBARUNG DES JOHANNES

Siehe ► Apokalypse.

OG

Planetengeist der Sonne, der in den mittelalt. ► Zauberbüchern erwähnt wird. Im AT (Num. 21,33) wird von einem Riesen Och, dem König von Baschan, berichtet. Da die Sonne als größter Planet galt, wurde dieser Name auf ihren Planetengeist übertragen. Die ► Hausväterliteratur schreibt O. die Kraft zu, Spinnenstiche und Bisse von Schlangen und Skorpionen heilen zu können.

OKKULTISMUS

Abgel. von lat. occultus: verborgen, geheim. Der im 19. Jhdt. entstandene Begriff O. ist eine Sammelbez. für Dinge und Phänomene, die auf natürliche Weise nicht erklärt werden können und als „übernatürlich" angesehen werden. So z. B. Alchemie, Astrologie, Kabbala, Magie, Mystik oder Parapsychologie. Der O. beginnt dort, wo die exakte Wissenschaft aufhört. Diese Grenze darf aber nicht als absolut aufgefaßt werden, weil sich der O. mit Phänomenen beschäftigt, die von der gegenwärtigen Wissenschaft noch nicht allgemein anerkannt werden. Aber sicherlich behandelt der O. auch Erscheinungen, die den Wissenschaften immer unzugänglich bleiben werden, wie z. B. die Aussagen der Astrologie über die Zukunft eines Menschen.

Der O. umfaßt sowohl den Aberglauben (trivialer und praktischer O.), wie Magie, Pendeln, Wahrsagen, als auch die Praktiken der Geister, die Totenbefragung mit Hilfe des wandernden Gläschens, klopfender Tische oder anderer Indikatoren. Überdies wird auch die wissenschaftliche Beschäftigung mit diesen Phänomenen (z. B. die Parapsychologie) zum O. gezählt. Dazu gehört aber auch das sog. Geheimwissen, das von okkulten Weltanschauungsgemeinschaften in sog. „Geheimwissenschaften" (► Blavatsky) systematisiert wurde. Mit dem ► Satanismus gibt es Berührungspunkte. Ihre Anhänger kann man im weitesten Sinn als „Okkultisten", d. h. als Anhänger einer geheimen Lehre, bezeichnen, deren Glaubenssätze nicht in ihrer ganzen Breite der Öffentlichkeit zugänglich gemacht werden. Im Gegensatz zum ► Satanismus ist der O. aber keine Weltanschauung und Lebenseinstellung. Zwar beschäftigt sich der Okkultist auch mit dem Bösen, aber er kennt es nicht als verehrungswürdige Macht an, sondern versucht es wie z. B. die Astrologie zu erkennen, zu überwinden oder für den Menschen erträglich zu machen. In der Praxis benutzt der Satanist bei seinen Ritualen das Wissen des O. und bedient sich seiner Techniken und Methoden. ► Spiritismus

OPHITE CULTUS SATHANAS

Neosatanistischer Orden, der von Herbert Sloanes in Toledo (Ohio/USA) gegründet wurde. Die Lehre ist stark von dem Gedankengut der ► Gnosis geprägt: Der Mensch, der ganz dem Schöpfer der Welt ausgeliefert ist, findet in ► Satan seinen Retter, weil er Bote des guten Prinzips sei, das über dem Weltschöpfer stünde. Satan bringe dem Menschen die Erkenntnis und erlöse ihn aus den Fesseln der materiellen Welt. Schon die Menschen der Vorzeit verehrten diesen Boten des überweltlichen Gottes in der Gestalt des ► gehörnten Gottes. Blutrituale werden entschieden abgelehnt. Man beruft sich auf das Brüderpaar Kain und Abel im bibl. Buch Gen. Der Gott der materiellen Welt habe Kain gehaßt, weil er ihm nicht wie Abel blutige Opfer dargebracht habe.

OPHITEN

Griech. óphis: Schlange. Bez. für eine Gruppe von gnost. Sekten (► Gnosis), in deren Lehre und Kult die ► Schlange eine wichtige Rolle spielte. Die drei Hauptgruppen dieser Richtung sind die Sethianer, Peraten und Naassener, deren Namen von hebr. nachasch: Schlange abgeleitet sind. In den Lehren dieser Sekten hat die Schlange eine positive Bedeutung, die sich von ihrer Rolle im AT unterscheidet. Im bibl. Schöpfungsmythos (Buch Gen.) ist sie nämlich das Symbol des Bösen, die Versucherin und der Feind Jahwes. In der Schlange eine schöpferische Kraft zu sehen, ist ein uraltes Motiv und geht auf die ägypt. Mythologie zurück. Auch die O. sehen in der Schlange ein Wesen, das einen Platz zwischen Gott und der Materie hat. Die Kräfte, die es von Gott bekommen hat, gibt sie an die Materie weiter. Da alle Kraft von ihr kommt, kann der Mensch ohne sie nicht gerettet werden. Die Weltschöpfung stellen sich die O. so vor, daß aus dem göttlich-kosmischen Urgrund durch eine Urmutter in mehreren Emanationen (lat.: Ausfluß) sieben Archonten hervorgegangen seien. Der Führer dieser Archonten – Ialdaboath – schuf gegen den Willen seiner Mutter Zwischenwesen wie die ► Engel, Erzengel, Tugenden, Mächte und Herrschaften. Diese Zwischenwesen erhoben sich gegen den obersten Archonten. Als er aus der Materie die Schlange entstehen ließ, geriet seine Mutter in Zorn. Zusammen mit den anderen Archonten erschuf er den Menschen auf der Erde. Auf sie warf er die Schlange herab, damit sie über die irdischen Engel herrsche. Aus dieser Schlange seien auch die ► Dämonen, die erklärten Feinde der Menschen, entstanden. Der ständige Streit des obersten Archonten mit seiner Urmutter sei erst, so die Vorstellung der O., durch das Auftreten Christi beendet worden. ► Schlange

ORCUS

Ältere Form Uragus; unsichere Abl.; möglicherweise von lat. urgere: wegdrängen oder griech. érkos: Wehr, Zaun, Wall. Name des röm. Unterweltgottes (► Hades) und Bez. für die Unterwelt. Ähnlich wie der griech. Gott Hades oft als Pluton (lat. Pluto) bezeichnet wurde, stellten sich die Römer den O. als eine Schatzkammer vor, in die O. seine Ernte einbringt: Als Todesgott verschafft er sich überall Zutritt, um den Sterbenden die tödliche Wunde beizubringen. Der röm. Volksglauben kennt als zweiten Todesgott den Dis Pater, der durch seinen Namen (lat. dives: reich) im Zusammenhang mit dem griech. Unterweltgott Pluto steht. Beide haben unterschiedliche Aufgaben. O. galt als der vollziehende Gott des Todes, während Dis Pater über die Toten in der Unterwelt herrscht. Aus einer älteren Überlieferungsschicht stammen wohl die Vorstellungen von ► Mania und ► Mantus. ► Charon

ORDER OF THE NINE ANGELS

Eine besonders in England und den USA verbreitete esoterische Gruppe, die schon über 100 Jahre alt sein soll. In der Lehre dieses Ordens spielt die Sieben – trotz der Zahl Neun im Ordensnamen – eine wichtige Rolle. Die Einweihung in die Lehren des Ordens findet über einen siebenstufigen Weg statt, dem auch sieben Ordensgrade entsprechen: Second Degree Initiation, External Adept, Internal Adept, Master/ Mistress, Magus, Immortal. Von den traditionellen satanistischen Gruppen wie der ► Church of Satan will sich der Orden durch die Betonung der bösen, unmoralischen Aspekte des ► Satanismus abheben. Die Church of Satan halten sie für eine „gute" Religion, die dem Bösen abgeschworen hat. In seinen Ritualen gibt dieser Orden auch Anweisungen für die Opferung von Menschen, die sich freiwillig dazu bereit erklären können oder die ausgesucht werden. Durch ihren Tod würden sie Unsterblichkeit erhalten. Als „unfreiwillige Opfer" werden solche Menschen ausgesucht, welche für die Gesellschaft eine Last sind. Die Tötung kann auch durch Magie erfolgen. Vermutlich handelt es sich bei diesen Ritualen nur um einen Werbegag, um neue Mitglieder zu gewinnen.

ORDO SATURNI

Eine 1980 gegründete esoterische Gruppe, die sich von der ► Fraternitas Saturni abgespalten hat. Sie lehnt sich stark an die Lehren von Gregor A. Gregorius (Pseud. Eugen ► Grosche 1888–1964) an. Der Planet Saturn gilt nicht als Unglücksplanet, sondern ist Symbol für eine wahre esoterische Entwicklung, die in der entschiedenen Abkehr der Befreiung vom Materiellen besteht. Wenn der einzelne Mensch geistige Vollkommenheit anstrebt, kann die Menschheit eine höhere Stufe der Evolution erreichen. ► Frater Cornelis.

ORDRE DU TEMPLE SOLAIRE (O. T. S.)

Siehe ► Temple Solaire.

ORIAS

Ein Dämon (► Pseudomonarchia daemonum); in Gestalt eines Löwen, der einen Schlangenschwanz hat; er reitet auf einem starken Pferd. In der rechten Hand hält er eine zischende Schlange. Er kennt die Kräfte der Planeten, verwandelt Menschen und verleiht Würden.

ORIGENES

auch Adamantios genannt; 185–254 n. Chr.; griech. Kirchenlehrer in Alexandria, der zu den wichtigsten und produktivsten Denkern der frühchristlichen Welt gehört.

In seinem im Jahr 220 erschienenen Werk *De principiis* (griech.: perì archon: Über die Ursprünge bzw. Die Grundlehren), das nur in einer lat. Fassung erhalten ist, vertritt er die Meinung, daß auch der ► Satan als Teil der Schöpfung Gottes am Jüngsten Tag erlöst wird (griech. apokatástasis pánton: Allversöhnung). Wenn nämlich einmal das Gute die Macht im ganzen Kosmos übernommen hat, kann das Böse nicht mehr weiterexistieren.

Die Folge ist, daß es keine Fortdauer der ewigen Höllenstrafen geben kann und somit der Satan und seine ► Dämonen ihre ursprgl. engelhafte Gestalt wiedergewinnen. Nach O. waren ursprgl. alle sichtbaren und unsichtbaren Wesen untereinander gleich.

Allmählich bildete sich eine Hierarchie aus drei Schichten heraus. Den ersten Platz nehmen die verschiedenen Gruppen von ► Engeln ein, dann folgen die Menschen und Tiere und zuletzt der Satan und seine Dämonen. Für das Unheil in der Welt sind die Dämonen verantwortlich. Sie wohnen in dem dichteren Dunstkreis der Erde. Da sie Leiber besitzen, bedürfen sie auch der Nahrung, die sie aus dem Qualm der heidnischen Opfer einsaugen. Aber ihr Körper ist bei weitem feiner und dünner als der der Menschen, so daß sie über die Fähigkeit verfügen, in den Körper und den Geist der Menschen einzudringen.

Aufgrund ihrer körperlichen Beschaffenheit verfügen sie über eine große Schnelligkeit, so daß sie die Zukunft aus der Bewegung der Gestirne erfahren können. Die Macht der Dämonen wird durch den Kreuzestod Christi gebrochen. Aber bis zu ihrer endgültigen Niederlage sind sie noch in der Lage, ihr Wissen und Können an bestimmte Menschen, nämlich die Magier, weiterzugeben. Macht über die Dämonen kann ein Mensch gewinnen, wenn er ihre Namen richtig und in ihrer ursprgl. Form ausspricht.

O. wurde 543 von Kaiser Justinian zum Ketzer erklärt. Teile seiner Lehre wurden 553 auf dem 5. ökumenischen Konzil in Konstantinopel verurteilt. ► Apokatastasis panton

Der Dämon Orobas (Abb. aus dem 19. Jhdt.).

OROBAS

Ein Dämon (► Pseudomonarchia daemonum); er nimmt zunächst die Gestalt eines Pferdes, dann die eines Menschen an.

Er kennt die Vergangenheit und Zukunft, verleiht Würden, beantwortet Fragen über Gott und den Ursprung der Welt, gehorcht einem Magier aufs Wort und schützt ihn vor Angriffen der Dämonen.

ORPHEUS

► Antike Unterweltsfahrten.

OSE

Ein Dämon (► Pseudomonarchia daemonum); er erscheint als Löwe, dann nimmt er eine menschliche Gestalt an. Er lehrt die Sieben Freien Künste (Grammatik, Logik, Rhetorik etc.), verrät geheime, besonders die göttlichen Dinge und verwandelt Menschen so, daß sie davon nichts merken.

O. T. O.

Abk. von Orientalischer Templerorden; gehört zu den modernen Illuminatenorden. Die Anfänge des O. T. Os. sind noch nicht ganz geklärt. So soll er 1895 oder 1902 auf Anregung von Reuss, Kellner und Hartmann gegründet worden sein (Ordenszeitschrift: *Oriflamme*). Auch Rudolf ► Steiner war zeitweilig Mitglied. Stärker in Erscheinung trat der O. T. O., als ► Crowley 1910 aufgenommen und 1912 zum Großmeister der englischen Sektion ernannt wurde. In Wirklichkeit aber sah Crowley den O. T. O. nur als Untergruppe seines eigenen Ordens Astrum Argenteum an. In der Folgezeit geriet der O. T. O. immer mehr in den Einfluß Crowleys und seiner Lehren.

In Anlehnung an die zehn Sephiroth gibt es zehn Grade. Der 10. Grad ist der O. T. O. (Frater Superior), der den Orden leitet und nach außen vertritt. Er kann durch das einstimmige Votum aller Inhaber des 10. Grades abgesetzt werden. Von dem Kandidaten wird verlangt, daß er geistige Befähigung besitzt, Gründe für die Aufnahme in den Orden angeben kann und Gehorsam gegen die Oberen und den Orden selbst zeigt. Er erhält einen Ordensnamen, dem der profane Vorname vorangestellt ist.

„Oriflamme": Die Ordenszeitschrift des O. T. O.

Die Lehren des O. T. Os., die man als ein „Kunstprodukt" bezeichnen kann, drehen sich um die theoretische Verkündigung und praktische Ausübung der Magie. Die wichtigsten Schriften sind: *Liber Al Vel Legis* von Crowley; *Ecclesia Gnostica Catholica Canon Missae*, ein Ritual, das von Crowley stammt; und *Das Manifest des O. T. O.* aus dem Jahre 1903 – eines der wenigen Dokumente über die Lehre, das in die Öffentlichkeit gelangte. Diese Lehre ist ausgezeichnet durch:

- Magie: Die großen magischen Beschwörungen werden im 9. Grad (Atelier oder Sanctuarium) durchgeführt. Dazu gehören Liturgien, Messen, Zeremonien, Meditation, mystische Versenkung, Arbeiten mit ► Zauberbüchern, Studium der Ordenssymbole, ► Sigillen und Zeichen. Das Ritual der *Ecclesia Gnostica Catholica Canon Missae* enthält Vorstellungen aus ► Neuplatonismus, ► Kabbala und Gedanken von ► Agrippa von Nettesheim. Das Glaubensbekenntnis in diesem Ritual ähnelt in seinen ersten Artikeln dem Credo (Glaubensbekenntnis) der röm.-kath. Kirche.
- ► Sexualmagie, die auf die Lehren der gnost. Sekten zurückgeht (► Gnosis). Der Orden will eine weltweite Gemeinschaft von freien Menschen sein, die sich von der Erbsünde befreit fühlen und erkannt haben, daß die Menschen gottähnlich seien, weil die menschliche Zeugung mit der göttlichen Urzeugung verglichen werden könne. Deshalb wird der Liebesakt als Sakrament, heilige Handlung oder mystische Hochzeit mit Gott gedeutet. Die Sexualmagie ist eine der Möglichkeiten, um in die astralen, d. h. feinstofflichen Sphären vorzudringen, die den Menschen umgeben. Zu der im Orden praktizierten Sexualmagie gehört auch der Kult des ► Baphomet, der durch das nach unten weisende Dreieck und den kerzenförmigen, von drei Kerzen flankierten Phallus dargestellt wird. Es soll heute O. T. O.-Gruppen geben, die auf die Sexualmagie verzichten. Aber dies wird als Ordensgeheimnis behandelt.

• Yoga und Tantrismus, eine mag. rituelle Richtung im Hinduismus.

• Das Gesetz von Thelema, d. h. die Lehren von Crowley: Jeder Mann und jede Frau seien ein Stern: „Tue, was du willst, ist das ganze Gesetz!" Crowley ist der Prophet des neuen Zeitalters (Äon des Horus).

• Esoterische Astrologie: Der O. T. O.-Kult dreht sich um den Planeten Saturn, der als „Herr des Astrallichtes" bezeichnet wird. Die Saturnzahl Drei taucht in den Ritualen häufig auf. So ergeben die 20 Kerzen auf dem Altar im Logenraum und das Phallussymbol die Zahl 21, deren Quersumme die 3 ist.

Nach dem Tod Crowleys im Jahre 1947 übernahm sein Vertrauter Johann Germer zusammen mit einem Beirat, der aus Frederic Mellinger, McMurtry, Max Schneider und Jane Wolfe bestand, die Leitung des O. T. Os.

Schon vor dem Tod Germers 1962 kommt es zu zahlreichen Abspaltungen und Neugründungen.

Zu ihnen gehören:

• Der Schweizer O. T. O. unter dem Schweizer Hermann Metzger (Fraund Paragranus). Zeitweise davon abhängig ist der dtsch. Zweig unter Leitung von Walter Englert, der sich aber selbständig machte, als Metzger von Germer 1953 abgesetzt wurde.

• Der amerikanische O. T. O. mit einer besonderen Gruppe in Kalifornien.

• Der engl. O. T. O. unter Kenneth Grant.

Der Mitbegründer des O. T. O.: Theodor Reuss

• Der Saturn-Gnosis-O. T. O., welcher in Deutschland den Namen ► Fraternitas Saturni führt.

Die wichtigste O. T. O.-Gruppe in den USA ist das von McMurtry gegründete „Caliphat".

P

PAIMON

Ein Dämon (► Pseudomonarchia daemonum); ein gefallener Engel aus der Hierarchie der ► Herrschaften (► Engelsturz), Diener des Luzifers, der mit einer Krone auf dem Kopf auf einem Kamel reitet.

In seiner Begleitung befinden sich Musiker. Er lehrt alle Künste und unterwirft die Menschen dem Willen des Magiers. Sein Reich ist der Nordwesten.

PALLADISMUS

Ein von Leo Taxil (► Freimaurerei und Satanismus) gebildeter Begriff, mit dem er in seinen Kampfschriften gegen die Freimaurerei die von ihm unterstellten sexualmagischen Riten, Sexualorgien und Schwarzen Messen dieser Gesellschaften bezeichnete.

PALO

Siehe ► Santeria.

PAN

Griech. Myth.; abgel. von griech. pántos: ganz und gar, völlig. P. meint also übertragen: die Gesamtheit der Götter. P. ist der Name eines arkadischen Hirtengottes, der im Mittelalter mit dem ► Teufel gleichgesetzt wurde. P. ist der Sohn des Hermes und einer Nymphe, der mit einem mißgestalteten Äußeren zur Welt kam: gehörnt, bärtig, krummnasig, und geschwänzt. Er war ein Fruchtbarkeits- und Vegetationsgott, den die Bauern, Jäger und Hirten verehrten. Ein anderer Wesenszug Ps. ist sein ausgeprägter Geschlechtstrieb. Dieser niedere Gott der Fruchtbarkeit, den man als Symbol des sexuellen Triebes bezeichnete, suchte sich unter den Nymphen

Der arkadische Hirtengott Pan wurde im Mittelalter mit dem Teufel gleichgesetzt. Im Bild: Pan verfolgt einen Hirten (5. Jhdt. v. Chr.).

**Der Kirchenlehrer Eusebius glaubte, daß mit dem Erscheinen Christi das Ende Luzifers verbunden sei.
Im Bild: Der Fall Luzifers (Abb.: Albrecht Dürer [1471–1528]).**

und Mänaden, den Begleiterinnen des Dionysos, immer neue Partnerinnen. Seinem faulen und trägen Wesen entsprechend lagen seine Kultstätten in Wäldern, Feldern und Gebirgen, wo sich auch die Bildwerke des Gottes befanden. Aber er war auch im Volksglauben ein gefürchteter Gott. Von seinem Namen ist das Wort „Panik" abgeleitet, weil er jeden durch sein Geschrei in Schrecken versetzte, der ihn in seiner Ruhe störte. In seine Darstellungen mischen sich Züge der Satyrn, die pferdegestaltig und mit Pferdefüßen versehen sind. Schon seit dem 7. und 6. Jhdt. v. Chr. oder erst im Hellenismus, wie von einigen Forschern vermutet wird, nahm dieser ländliche Gott Züge an, die durch die Deutung seines Namens (pan: alles) vorgegeben waren.

Die Orphik, eine mystische Strömung, die außer in Griechenland auch in Italien und Sizilien verbreitet war, machte ihn zum Allgott, dem zahllose Eigenschaften und Funktionen wie Stütze des Alls, Fruchtbringer, gehörnter Lichtträger, wahrer Zeus etc. zugeschrieben wurden. Die spätere Gleichsetzung mit dem mittelalt. ► Teufel bereitete der griech. Schriftsteller Plutarch (46–120 n. Chr.) vor, der eine Sage erwähnt, in der P. den Tod findet. Dieser Erzählung nach sei P. der einzige Gott, der noch in irdischer Zeit gestorben sei. Als dies bekannt geworden wäre, so schreibt Plutarch, brachen alle anderen Götter in Tränen aus, und überall seien das Klagen und Weinen der Menschen zu hören gewesen. Da die späteren christl. Schriftsteller wie Eusebius (260–340) die heidnischen Götter als ► Dämonen ansahen, deren Ende mit dem Erscheinen Christi auf Erden gekommen sei, wurde der Tod Ps. mit dem Ende ► Luzifers gleichgesetzt und beide Personen als identisch angesehen. Diese Deutung des Gottes P. verdrängte allmählich eine völlig entgegengesetzte Vorstellung. Da P. der Gott der Hirten war, wurde er in der frühchristl. Kunst mit Christus auf eine Stufe gestellt. Seit dem 12. Jhdt. wird der Teufel (► Teufel, seine Gestalt) als bockgestaltiger P. oder pferdehufiger Satyr dargestellt. Die mittelalt. Dämonologen konnten durch diese Gleichsetzung eine Erklärung des ► Hexensabbat geben. In den seltenen P.heiligtümern sind Bilder überliefert, die diesen von der sexuellen Triebhaftigkeit geprägten Gott in der Gesellschaft junger Halbgöttinen und Liebesopfer zeigen. Die sexuellen Orgien, die der Teufel mit den ► Hexen feiern soll, passen gut in die aus der Antike stammenden Vorstellungen von dem Treiben des Gottes P. hinein.

PANSOPHISCHE GESELLSCHAFT (LOGE)

Aus einem von Heinrich Tränker (1880–1956) nach dem Ersten Weltkrieg in Berlin gegründeten Studienkreis entwickelte sich die P. G. Bei den Zusammenkünften beschäftigte man sich mit der ► Gnosis, den antiken Mysterienkulten Griechenlands, Ägyptens, Babylons sowie Fragen der Religionsphilosophie. 1921 gründeten Tränker und Eugen ► Grosche (1888–1964) die Pansophische Loge, deren Basis die zahlreichen von Tränker geleiteten Rosenkreuzergruppen waren. ► Crowley war als Großmeister des ► O. T. Os. ebenfalls Mitglied dieser Gesellschaft. Als es 1925 zu Feindseligkeiten zwischen Tränker und Crowley kam, löste sich dieser Orden auf. Die Mehrheit der P. G. hatte sich für die Übernahme der Lehren Crowleys (Gesetz von Thelema) entschieden und sah ihr Hauptanliegen darin, das Fischzeitalter, das das Christentum verkörperte, zu überwinden und das Wassermannzeitalter herbeizuführen, dessen Herrscher die Planeten Saturn und Uranus sind.

Die pansophische Lehre gliedert sich in neun Stufen: 1. Okkulte Phänomene, 2. Spiritismus, 3. Astrologie, 4. Anthroposophie, 5. Hilosophie, 6. Metaphysik, 7. Religionen, 8. Freimaurerei und 9. Mystik.

PAPUS

1865–1916; Pseud. für Gérard Encausse, frz. Arzt und berühmter Okkultist, erfreute sich der Gunst des Zaren Nikolaus II., bis Rasputin ihn verdrängte. In Paris leitete er den modernen Martinistenorden und war Herausgeber der Zeitschrift *L'Initiation*. In den Schriften *Catholicisme, Satanisme et Occultisme* und *Le Diable et Occultisme* setzte er sich kritisch mit den Vorwürfen auseinander, daß Freimaurer Satanisten seien. Insbesondere verteidigte er den Martinistenorden gegen diese Vorwürfe, die von dem Gründer der Église Gnostique Universelle, ► Doinel, erhoben wurden. P. verwies darauf, daß die Martinisten als oberstes Ziel die Vereinigung aller Gottesgläubigen anstrebten. Aus seiner Feder stammen auch zahlreiche okkult. Werke. Heute

Papus wurde von Rasputin in der Gunst des Zaren Nikolaus II. verdrängt.

noch von Bedeutung sind: *La Kabbale* (1892), *Le Tarot de Bohemiens* (1908–1912) und *Tarot Divinatoire* (1909).

PARAKLET

Griech.: der Herbeigerufene; bez. im Johannesevangelium einen Helfer oder Fürsprecher der sündigen Christen bei Gott oder dem Heiligen Geist. Bei den ► Katharern Bez. für den Geist, der durch das Ritual des Handauflegens wieder mit der Seele vereinigt wird. Da die Seele aber durch den bösen Gott einen irdischen Leib erhalten hat, muß sie in den Himmel zurückkehren, um sich mit ihrem ursprgl. Leib zu vereinigen. Diese letzte Form der Wiedervereinigung bezeichneten die ► Katharer als „Auferstehung".

PASSWORT

Übers. von hebr. schibboleth: Ähre oder Wasserflut. In Ri. 12,6: Erkennungszeichen. In der jüd. Mystik als Siegel oder geheimes Wort gebraucht. Die menschliche Seele mußte auf ihrem Weg zum Thron Gottes sieben Himmelssphären passieren, bis sie an die Pforten der himmlischen Halle gelangte. Hier standen zwei Torwächter, die von der Seele ein P. verlangten. So konnte verhindert werden, daß böse ► Engel und ► Dämonen sich Zutritt zum göttlichen Bereich verschafften. In den Mysterienbünden (Freimaurer) und esot. Gesellschaften benutzte man ein P., um Außenstehende vom Kult fernzuhalten.

PAULIKIANER

Eine im 4. oder 5. Jhdt. n. Chr. in Kleinasien entstandene gnostische Sekte, die ihren Namen auf den Apostel Paulus zurückführte. Die Lehre der P. zeichnete sich durch eine streng dualistische Glaubenslehre aus, die u. a. das AT und Teile des NT ablehnte. Auch deshalb gerieten die P. bald in Widerspruch zur orthodoxen Staatskirche und wurden von Byzanz verfolgt. Daraufhin gingen sie mit den Arabern gegen Byzanz ein Bündnis ein und unternahmen Raubzüge, die sie u. a. bis nach Ephesos führten. Nach einer Niederlage im Jahre 872 wurden Teile der P. nach Thrakien umgesiedelt, wo sie in der Bogomilenbewegung aufgingen. ► Bogomilen, ► Gnosis

PÉLADAN, JOSÉPHIN

1850–1915; frz. Schriftsteller, christl. Mystiker und Okkultist, der zeitweilig mit Stanislas de ► Guaita befreundet war. Beide gründeten 1890 den kabbal. Rosenkreuzerorden Ordre kabbalistique de la Rose-Croix. Weil P. die Hinwendung seines Freundes zum ► Satanismus nicht billigte, gründete er 1892 den Rosenkreuzerzirkel Ordre de Rose-Croix du Temple et du Gral, der auf der kath. Lehre basierte. P. führte in diesem Orden den Titel „Sar". In seinem Hauptwerk, dem Zyklus *La décadence latine* (19 Bde.), und auch in seinen zahlreichen kleineren Werken sind die Lehren der ► Kabbala, des Christentums, Islams und der indischen Philosophie miteinander verbunden.

PENTAGRAMM

Siehe ► Pentakel.

PENTAKEL

Ein ► Sigill aus einem fünfzackigen Stern, dessen eine Spitze nach oben zeigt. Ein gezeichnetes P. ist ein Pentagramm, das zusätzlich noch mit den Zeichen von Göttern und ► Dämonen versehen werden kann. Das P. ist ein wichtiges mag. Symbol, das besonders von ► Hexen benutzt wird, um Macht über die ► Elementargeister zu erlangen und sich vor den Dämonen zu schützen. Deshalb wird es in den äußeren Ring des ► magischen Kreises eingezeichnet. Wenn die Spitze des Ps. nach unten zeigt, symbolisiert es den ► Satan. Die beiden nach oben gewandten Zacken des Sterns stellen dessen Hörner dar. Man stellt sich vor, daß Satan mit diesen beiden Hörnern den Himmel angreifen will.

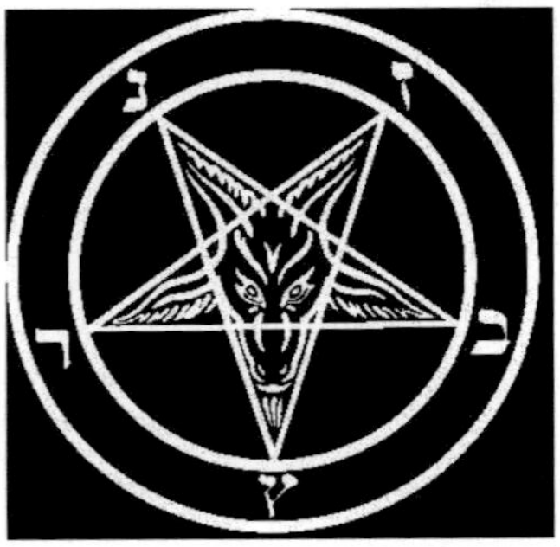

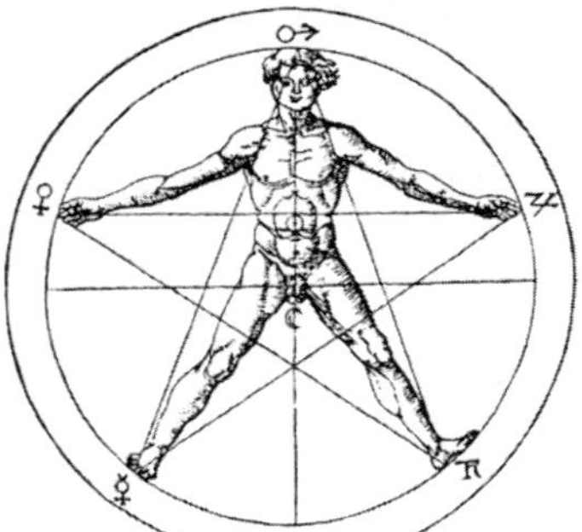

Das Pentakel stellt ein Pentagramm dar, das von einem Kreis umgeben ist. Es soll das Böse und negative Energie abwehren.

PEOPLE'S TEMPLE

Engl.: Volkstempel; Name einer Sekte, von Thurman Jones (1931–1978) Anfang der 60er Jahre in Nordkalifornien gegründet. Jones, der in den 50er Jahren der amerik. Kommunistischen Partei angehörte, vertrat in seiner Lehre („Evangelium") die Rassengleichheit und verschmolz christl. Gedankengut mit dem Marxismus. Seine Anhänger, deren Zahl sich zeitweise wohl auf 3.500–20.000 belief, stammten aus den unteren Schichten San Franciscos, wohin er 1971 übersiedelte. Er unterhielt gute Kontakte zu führenden Politikern Kaliforniens. Als er 1977 in der Presse heftig wegen krimineller Praktiken in seiner Sekte angegriffen wurde, die sich besonders gegen Aussteiger richteten, verließ er mit 1.200 Anhängern die USA und ließ sich in Guayana (Jonestown) nieder, um sich auf den „Jüngsten Tag" vorzubereiten. Die gegen ihn erhobenen Vorwürfe beschäftigten die Öffentlichkeit in den USA aber weiter. Deshalb wollte der amerik. Abgeordnete Leo Ryan 1978 eine Überprüfung dieser Vorwürfe in Jonestown vornehmen. Er wurde aber auf Befehl von Jones zusammen mit einem ihn begleitenden Journalisten ermordet. Gleichzeitig ließ Jones 911 seiner Anhänger ermorden oder animierte sie zum Selbstmord.

PERCHTA

Name eines weiblichen Nachtdämons im dtsch. Volksglauben; auch Berchta oder Bertha genannt. Die ahd. Namensform Perahta bedeutet: die Leuchtende oder ist abgeleitet von ahd. pergan: verhüllen. Möglicherweise geht diese mythische Gestalt auf die germ. Göttermutter Frigga, die auch Frau Göde, Hera Harke oder ► Holda heißt, oder auf die germ. Totengöttin ► Hel zurück. Als typisch weibliche Gottheit hat sie viele Gemeinsamkeiten mit der ► Diana, mit der sie in den christl. Beichtbüchern (► Canon episcopi) gleichgesetzt wird. Sie zieht an der Spitze des wilden Heeres (► Wilde Jagd), erscheint um Weihnachten als Frau mit zottigen Haaren, um die Spinnerinnen zu beaufsichtigen, besonders am letzten Tag des Jahres, wo ihr zu Ehren Fische und Klöße gegessen werden und alles abgesponnen sein muß. Findet sie die Arbeit der Spinnerinnen nicht in Ordnung, dann verschmutzt sie den gewebten Stoff. Die Spinnstuben, zu denen Männer keinen Zutritt hatten, waren Stätten regelrechter Weiberbünde, die im Dienste der P. standen. Erst im Spätmittelalter nahmen auch Männer an diesem Kult teil. Den Hauptbestandteil im Heere der P. bildeten die Seelen der Ungeborenen und der ungetauft verstorbenen Kinder. Deshalb ist P. auch eine Totengöttin.

Mit diesen Perchten oder Huldren, die in einigen Gebieten auch Heimchen genannt werden, flog sie in den Nächten umher und sorgte für die Fruchtbarkeit der Äcker. Am Heiligen Dreikönigstag (6. Januar), dem letzten Tag der Rauhnächte – auch als P.tag bezeichnet –, läßt man ihr und ihrer Schar etwas von der Nachtmahlzeit auf dem Tisch stehen. Da dieser 6. Januar auch Tag der „Erscheinung des Herrn" oder Epiphania heißt, würde der Name von P. als „die Leuchtende" eine überzeugende Erklärung finden. Bei Umzügen wurde sie entweder als große Frau mit langem Haar aus Flachs und weit herabwallendem weißem Kleide dargestellt oder als eine furchtbare Göttin – die wilde Berchtel – mit wild zerzausten Haaren.

Als typisch weibliche Gottheit hat die Perchta (links) viele Gemeinsamkeiten mit der römischen Göttin Diana (Abb. aus dem 15. Jhdt.).

PETRONIUS ARBITER

1. Jhdt. n. Chr.; röm.. Schriftsteller, Beamter und enger Vertrauter Kaiser Neros. Nachdem die „Pisonische Verschwörung" gegen Nero 66 n. Chr. aufgedeckt werden konnte, mußte sich P. das Leben nehmen. P. ist Autor eines bekannten antiken Romans mit dem Titel *Satyricon*, von dessen 16 Büchern nur der Hauptteil, die *Cena Trimalchionis* (Das Gastmahl des Trimalchios), vollständig erhalten ist.

Der Hauptheld Enkolpios erzählt seine Abenteuer, die er in Unteritalien zusammen mit seinem Freund Giton erlebt hat. Neben den zahlreichen amourösen Abenteuern und Schelmenstreichen enthält der Roman auch wichtige Details über die antike Magie und deren Vorstellungswelt. So erzählt (c. 62) ein Teilnehmer mit dem Namen Nikeros auf einem Gastmahl die Geschichte von einem ► Werwolf, die wohl zu den ältesten ihrer Art gehören dürfte:

Er brach in einer Mondnacht in Begleitung eines Soldaten von seiner Herberge auf, um seine Geliebte zu besuchen. Als er einen Friedhof erreicht hatte, zog der Soldat seine Kleidung aus, urinierte um sie herum und lief davon. Nikeros versuchte, die Kleider aufzuheben, aber sie waren versteinert. Von seiner Geliebten erfuhr der Soldat sodann, daß ihr Anwesen gerade von einem Wolf überfallen worden war, dem ihr Knecht mit einem Speer eine Wunde zufügen konnte. In der Herberge traf Nikeros wieder auf den Soldaten, den ein Arzt versorgte, weil er eine große Halswunde hatte.

Nach Ansicht von Nikeros war der Soldat ein Werwolf. Das kreisförmige Umharnen, von dem schon in den ältesten Schriften der Inder (den Veden) berichtet wird, war in der antiken Magie ein Zaubermittel, um Menschen zu bannen.

Im Anschluß erzählt der Hausherr eine gruselige Geschichte von den ► Strigen, den blutsaugenden Ungeheuern, die einen Knecht entführten und an seiner Stelle ein Strohpuppe zurückließen. Eine weitere Stelle enthält die Beschreibung (c. 134) eines Heilungszaubers, der an dem Hauptelden Enkolpios praktiziert wird.

PETRUS-APOKALYPSE

Siehe ► Apokalypse.

PHANUEL

Hebr.: Gesicht Gottes; ein Erzengel, der zu den Engeln gehört, die im Angesicht Gottes ihren Dienst verrichten; d. h. an den vier Seiten seines Thrones stehen (► Engel der Gegenwart und des Angesichtes). Er ist ein Engel der Buße, kennt alle bösen Engel und vertreibt die bösen Dämonen.

PHÖNIX

Ein Dämon (► Henochbuch); er ähnelt dem gleichnamigen Vogel und singt wie ein Kind. Aber auf Verlangen eines Magiers nimmt er eine menschliche Gestalt an. Seine Gebiete sind die Wissenschaften und die Dichtkunst. Nach 1.200 Jahren kehrt er in den siebten Himmel zurück.

PICATRIX

Eines der berühmtesten ► Zauberbücher des Mittelalters. Die ursprgl. Fassung unter dem Titel *Ghayat al hakim* (► Alchemie, ► Magie) ist in Arab. erschienen und wird dem führenden Mathematiker Al-Magriti (gest. 1005) zugeschrieben. Alfons von Kastilien hat es 1256 aus dem Arab. ins Lat. übertragen lassen. Es existieren aber auch span. und hebr. Übersetzungen. In Anlehnung an den ► Neuplatonismus und unter Verwendung von gnost., islam. und hebr. Gedankengut begründet der Autor die Magie mit Hilfe der Astrologie (► Astromagie). Das Einwirken der himmlischen Kräfte auf die Erde versucht der Magier zu beeinflussen und nach seinen Wünschen zu lenken. Eine wichtige Rolle in diesem System spielt die Signaturenlehre, die davon ausgeht, daß jedes irdische Ding eine Entsprechung in der Welt der Sterne hat, die gleichsam die Träger aller Formen sind. Sie bilden nämlich Sternfiguren, die der Magier durch künstliche Linien zwischen ihnen herstellen kann. Damit diese Sternfiguren ihren Einfluß ausüben können, muß der Magier den richtigen Zeitpunkt auswählen, an dem diese Sterne herrschen und ihre Formen am Himmel vorbeiziehen.

Neben dieser theoretischen Magie, die auf der Astrologie beruht, gibt es die praktische Zauberei. Sie benutzt als Zaubermittel Stoffe aus den drei Naturreichen (der Menschen und Tiere, Pflanzen und Mineralien), indem ihre virtutes (geheimen Kräfte) ausgenutzt werden.

PICO DELLA MIRANDOLA, GIOVANNI

1463–1494; ital. Philosoph und Gelehrter, der in seiner Philosophie die ► Kabbala, die antike Philosophie, besonders aber den ► Neuplatonismus und das Christentum vereinigte. Alle philos. Systeme sind für ihn nur der Ausdruck der einen Wahrheit. P. war ein begeisterter Anhänger der Kabbala, die für ihn eine Quelle der mag. Kräfte war. Da das Hebräische die Ursprache der Menschheit sei, so P., enthielten die hebr. Wörter eine große mag. Macht.

Neben der Kabbala schätzte P. die orphischen Hymnen, die aus der Sicht von P. eine gewaltige mag. Wirkung entfalten können. Bei diesen 87 Gesängen handelt es sich wahrscheinl. um ein Kultbuch, das im 2. Jhdt. n. Chr. in Kleinasien von Orphikern benutzt wurde. Hinweise auf orphische Lehren, nach denen die Menschen auf Erden für ihre Untaten im früheren Leben büßen müßten und nur durch Einhaltung von Reinigungsvorschriften ein glückliches Leben nach dem Tod erreichen könnten, enthalten diese Texte allerdings kaum. Neben der Lobpreisung der Gottheiten werden Anweisungen geboten, wie einem Gott ► Rauchopfer dargebracht werden sollen.

Von P. stammt auch die erste Geschichte des Hexenwesens: *La Strigea*, 1524. Darin beschreibt er einen Hexensabbat, der von einem Teufel namens L. Signora geleitet wird. Dieser weibliche Teufel sei von unglaublicher Schönheit und der Muttergottes ähnlich.

PISTIS SOPHIA

Titel einer gnost. Schrift aus dem 3. Jhdt. n. Chr., die 1905 von C. Schmidt in dtsch. Übers. veröffentlicht wurde (Neudruck 1925). Die P. S. enthält u. a. eine Beschreibung und Deutung der Hölle (► Gnostische Hölle) aus der Sicht der ► Gnosis.

Sie besteht aus vier Teilen, von denen die ersten drei enger zusammengehören und mit *Bücher des Erlösers* übertitelt sind. Hintergrund bildet folgende Erzählung: Im 12. Jhdt. nach seiner Auferstehung berichtet Jesus seinen Jüngern (dazu gehören auch Frauen wie z. B. Maria Magdalena) von seiner Reise durch die Welt der ► Äonen, deren Macht er gebrochen habe. Unterwegs sei ihm P. S. begegnet, die im 13. Äon wohne und in das obere Lichtreich strebe. Dadurch hätte sie sich den Haß der zwölf Äonen zugezogen, die als die zwölf Tierkreiszeichen den Fixsternhimmel beherrschen. Durch ► Irrlicht sei sie in die niedere Welt gelockt und in die Materie verstrickt worden. Sie habe mit dreizehn Bußgebeten um Erlösung gebeten. Nach dem neunten Gebet sei Jesus in die niedere Welt gesandt worden, um sie zu erlösen. Zunächst wurde sie von ihm an einem geheimen Ort versteckt; schließlich führt er sie wieder an ihren früheren Wohnort, den 13. Äon, zurück. Die Jünger Jesu richteten in der Folge 46 Fragen an ihn, die sich auf die Beschaffenheit der oberen Welt, die mag. Formeln zum Bannen der Äonen etc. bezogen.

Die frühen Christen lehnten die P. S. als unvereinbar mit den biblischen Schriften ab: Nicht nur die Darstellung Gottes als mitleidslosem Wesen, sondern auch die Ablehnung der Kreuzigung seines Sohnes und dessen ► Höllenfahrt (die Welt sei durch seine Menschwerdung von den Sünden bereits befreit worden) stünden im Widerspruch zur christl. Lehre.

PLANCHETTE

Frz.: Stäbchen; Bez. für ein Gerät, um mit der Geisterwelt in Kontakt zu treten: Ein kleines Brettchen oder Tischchen auf drei Beinen, von denen eines durch einen Bleistift ersetzt wird. Bei mag. Sitzungen wird das P. von einer Person mit verbundenen Augen auf einem Tisch mit daruntergelegtem Papier hin- und herbewegt, damit auf dem Papier Schriftzüge entstehen. Sie werden dann als Worte eines von ► Dämonen diktierten Textes gedeutet.

PLANETENAMULETTE

► Amulette mit magischen Quadraten, die bestimmten Planeten zugeordnet sind (Lebensquadrat). Bekannt ist das Jupiterquadrat in dem Kupferstich „Melancolia I“ von Albrecht Dürer:

1	15	14	4
12	6	7	9
8	10	11	5
13	3	2	16

PLOTIN

204–270 n. Chr.; geb. in Lykopolis in Ägypten. Zehn Jahre lang war er Schüler des platonischen Philosophen Ammonios Sakkas in Alexandrien, unternahm Reisen nach Indien und Persien. Im Jahre 244 n. Chr. eröffnete er in Rom eine philos. Schule. Es wird berichtet, daß neidische Kollegen ihn durch kosmische Strahlen zu töten suchten. Aber P. habe diese Strahlen von sich so ablenken können, daß sie die Zauberer selbst getroffen haben sollen. Nach P. unterschieden sich die ► Dämonen nicht nur durch ihr Wesen, sondern auch durch den Aufenthaltsort von den Göttern. Die Dämonen, die den Zwischenbereich zwischen Göttern und Menschen bewohnten, hätten an beiden Wesen Anteil. Mit den Göttern teilten sie die Ewigkeit und mit den Menschen verbänden sie die Sinne. Sie könnten einen Leib annehmen, hätten Sinnesempfindungen und sprächen eine eigene Sprache. Den ganzen Weltaufbau denkt sich P. als eine Stufenfolge von Wesen: Göttliches Urwesen zeuge den Nous (das Denken), hieraus entstünde die Weltseele, die die intelligiblen Götter, Planetengötter und Dämonen erzeugt. Sie verbänden die Menschen mit den höheren Sphären. Durch Gebete und ► Magie könne der Mensch, der in dieses System eingebettet sei, eine Verbindung zu den höheren Sphären herstellen und sich ihre Kräfte nutzbar machen. Deshalb bezeichnet P. das menschliche Leben als „Zauberwerk“. Seine Schriften, die er erst mit 50 Jahren zu publizieren begann, hat sein Schüler Porphyrios in sechs Büchern zu je neun Abteilungen (Enneaden) zusammengefaßt und herausgegeben. ► Neuplatonismus, ► Porphyrios

POLTERGEIST

oder Rumpelgeist; Bez. für Geräusche wie z. B. Klopfen, aber auch das plötzliche Herunterfallen von Bildern etc. oder das Bewegen von schweren Gegenständen, die auf natürliche Weise nicht erklärt werden können. Berichte über P.-Phänome gibt es aus allen Kulturen und Zeiten. Die frühesten Berichte für den europ. Raum stammen aus der römischen Antike. Bevor die wissenschaftliche Untersuchung (ab 1892) dieser Phänomene einsetzte, machte man für den P. ► Dämonen, ► Teufel und ► Totengeister verantwortlich. Unter dem Einfluß des ► Spiritismus glaubte man, daß ein Medium, d. h. ein Mensch mit übernatürlichen Fähigkeiten und Begabungen, zeitweise von einem Geist meistens von einem Toten, vorübergehend besessen sein kann und dann diese P.erscheinungen verursacht. Oder man macht die sog. „Psychokinese“ dafür verantwortlich. Darunter versteht man die Fähigkeit eines Mediums, nur mit Hilfe seiner Gedanken auf die äußere Welt einzuwirken und Veränderungen hervorzurufen. 1970 untersuchten die engl. Parapsychologen Aland Gauld und A. D. Cornell 500 seit 1800 überlieferte P.-Phänomene. Sie kamen zum Ergebnis, daß nur sieben auf Zauberei und zwei Prozent auf Dämonen zurückgeführt werden könnten. Die meisten dieser Fälle kamen nicht aus dem europ.-amerik. Kulturkreis. Diese Untersuchung ergab weitere wichtige Hinweise für das Verständnis und die Erklärung dieser Erscheinungen:

- 24 Prozent dauerten länger als ein Jahr.
- 58 Prozent traten nur nachts auf.
- 48 Prozent der Erscheinungen waren mit Lärm verbunden.
- 64 Prozent bestanden aus der Bewegung von kleinen Gegenständen.
- 36 Prozent resultierten aus der Bewegung größerer Gegenstände, wie z. B. Möbelstücken.
- 12 Prozent äußerten sich im Öffnen und Schließen von Türen und Fenstern.
- 16 Prozent beruhten auf einer nachweisbaren Verbindung mit einem Medium. Wenn für die Erscheinungen ein Medium verantwortlich gewesen sei, so war es in den meisten Fällen eine Frau, die unter 20 Jahre alt war.

Als mögliche Erklärung des P. wurden seit den 20er Jahren des vorigen Jhdt.s besonders sexuelle Konflikte in der Pubertät angesehen. In den 50er Jahren erweiterte man diese Deutung, indem man alle unterdrückten Gefühle, besonders Haß und Ärger, als Ursache ansah. Die heutige Parapsychologie macht für den P. sowohl lebende Personen mit besonderen psychischen Problemen als auch die Geister der Toten verantwortlich. Lebende Personen können Klopfgeräusche hervorrufen und leichtere Gegenstände bewegen. Totengeister bewegen größere Gegenstände; ihre Klopfgeräusche können als Antworten auf Fragen gedeutet werden.

PORPHYRIOS

232–304 n. Chr.; Philosoph und Nachfolger ► Plotins, der sich durch die Herausgabe der Schriften *(Enneaden)* seines Lehrers große Verdienste um die Verbreitung des ► Neuplatonismus erwarb. Im Gegensatz zu seinem Lehrer ordnete er die Philosophie der ► Theurgie unter. Sie ist für ihn die Wissenschaft von den geheimnisvollen Gebräuchen, Worten und Opfern, mit deren Hilfe die ► Dämonen und Götter zum Erscheinen gezwungen werden können. Die Dämonen hätten einen Körper, der ihnen aufgrund seiner Beschaffenheit eine Mittelstellung zwischen den unkörperlichen Göttern und den materiell-körperlichen Menschen verschaffe. Bei dem Eintritt in den Luftraum, der sich unter dem ► Mond befinde, hätten sie sich mit dem Pneuma verbunden – einem Stoff, der vom Menschen nicht wahrgenommen werden könne. P. unterscheidet zwischen ► Engeln und ► Erzengeln, die sich im Raum über dem Mond, dem Empyreum, der aus Äther besteht, aufhielten. Die Dämonen, unter denen es auch rächende und böse gebe, werden nach ihrem Wohnsitz in irdische und feurige eingeteilt. Ihren bösartigen Charakter erhielten sie, weil sie sich mit der Materie verbunden hätten. Die guten Dämonen lehrten die Menschen die Künste und Wissenschaften und offenbarten ihnen die Absichten der Götter durch Orakel. P. vertritt auch die Meinung, daß die Dämonen zeugungsfähig seien. Die mittelalt. Dämonologen entwickelten daraus die Lehre vom ► Incubus und ► Succubus. Mit Hilfe der Dämonen könne man, so deren Meinung, auf Menschen eine schädliche Wirkung ausüben.

PRAETORIUS, JOHANNES

1630–1680; Schriftsteller in Leipzig; eigentl. Hans Schultze. Hauptwerk: *Blocksberges Verrichtung* (1668). Nach diesem Vorbild gestaltete Goethe die ► Walpurgisnachtszene in *Faust II.* Sagen über Naturgeister werden in *Anthropodomus Plutonicus* (1666), über den Berggeist Rübezahl in *Daemonologia Rubinzalii Silesii* (1662–1665) behandelt.

PRINCE, HENRY JAMES

Gest. 1899; engl. Geistlicher der Anglikanischen Kirche, der in den 40er Jahren des 19. Jhdt.s die Sekte der Agapemoniten in Spaxton (Grafschaft Somerset) gründete. Die Bez. ist abgel. von griech. agapemone: Stätte der Liebe. Diese Sekte erlaubte ihren Mitgliedern die freie Liebe. Der Sektenführer bezeichnete sich als „neuer Messias“ und wählte sich einen engen Kreis von jungen, attraktiven Mädchen und Frauen als „Seelenbräute“ aus. Die Sekte der Agapemoniten soll bis in die 50er Jahre des 20. Jhdt.s fortbestanden haben.

PRISCILLIANER

Priscillian von Avila (um 340 bis 385) war ein spanischer Theologe und Gründer der P., die eine strenge Askese für Priester und Laien forderten und die Kirche auf der Grundlage des Heiligen Geistes erneuern wollten. Er war der erste Häretiker des Christentums, der wegen Ketzerei hingerichtet wurde. Die von ihm ab 370 verkündete Lehre beruht, ähnlich wie der ► Manichäismus, auf dem Dualismus zweier entgegengesetzter Prinzipien. Dem guten Prinzip, nämlich Gott, stehe ein selbständiges, nicht aus ihm hervorgegangenes böses Prinzip gegenüber, das aus dem Chaos entstanden sei und ► Satan heiße. Der Mensch habe entsprechend dieser beiden Prinzipien eine Doppelnatur. Die Seelen seien nach Auffassung der P. ursprgl. ► Engel, die auf die Erde gesandt werden, um Satan zu bekämpfen. Doch wurden sie von ihm in irdische Körper eingeschlossen. Aufgabe des Menschen sei es, beide Prinzipien, die in ihm vorhanden seien, auseinanderzuhalten und zu bestimmen, was dem einen und was dem anderen zugehörig sei. Die „Bibel“ der P. war das apokryphe Buch *Gedächtnis der Apostel.* ► Apokryphen, ► Gnosis

PROCEL

Ein Dämon (► Pseudomonarchia daemonum); ursprgl. ein Engel der Rangordnung (► Mächte, Engelsturz). Er offenbart geheime Dinge, lehrt Geometrie, ruft Erdbeben hervor und erwärmt das Wasser.

PROCESS CHURCH OF FINAL JUDGEMENT

Abgek. Process; Name eine amerik. Sekte, die 1963 von Robert de Grimston und Mary Anne Maclean gegründet wurde und Niederlassungen in zahlreichen amerik. und europ. Städten hat. Es gibt sieben Rangstufen: Acolyte, Initiate, Outside Messenger, Inside Messenger, Prophet, Priest und Master. Die Lehre der P. kennt vier Gottheiten: Jehovah, Luzifer, Satan und Christus. Jeder Mensch ist von seinem Wesen her einer dieser Gottheiten zugeordnet. Diese vier Gottheiten können auch miteinander verbunden werden, so daß vier Zwischenwesen entstehen: Luzifer-Christus; Jehova-Satan; Jehova-Christus und Luzifer-Satan. Ihnen kann eine menschliche Persönlichkeit zugeordnet werden. Am bevorstehenden Weltende, worauf der Name „Church of Final Judgement" (Kirche des Jüngsten Gerichtes) Bezug nimmt, werden die gegensätzlichen Gottheiten Luzifer–Jehova, Christus–Satan miteinander versöhnt. Nach dem Ausscheiden des Sektengründers 1974 wurde die Kirche in „Foundation Faith of New Millennium" umbenannt.

PROCESSUS SATHANAE

Lat.: Prozeß gegen Satan; Bez. für jurist. Lehrbücher, in denen die Theologie mit der Rechtswissenschaft verbunden wurde. Die älteste Form des P. S. enthält einen lat. Text, der in den Schriften des Juristen Bartholus (1313–1355) überliefert ist. Eine dtsch. Übersetzung fügte ► Tengler in seiner Rechtssammlung *Laienspiegel* (1509) unter dem Titel *Ein kurz gedichteter Prozeß* verdeutscht ein. Thema dieses förmlichen Prozeßverfahrens ist die theologische Frage, ob die Menschheit aus der Gewalt des ► Satans erlöst werden könne. Satan, der in dem von Christus als Vorsitzendem geleiteten Verfahren als Kläger gegen die Menschheit auftritt, beantragt, daß ihm die Menschheit, die er nach der Erlösung verloren habe, wieder zugesprochen würde. Anwalt des Menschengeschlechtes ist Maria. Sie wendet gegen die Klage Satans ein, daß durch den Sündenfall der Menschheit dem Satan kein Rechtsanspruch auf diese entstanden sei, weil er diesen Sündenfall selbst verursacht habe. Der Satan habe das Menschengeschlecht nur durch List erschlichen, indem er die ersten Menschen im Paradies zum Abfall von Gott verleitete. ► Theramo, Jacobus de

PROCLUS (PROKLOS), DIADOCHOS

410–458 n. Chr.; Philosoph und einer der wichtigsten Vertreter des ► Neuplatonismus. Da die Seele für ihn wie i. ü. für alle Neuplatoniker nur ein „Ausfluß des Absoluten, des Göttlichen" ist, könnten Menschen, die die geheimen Wechselbeziehungen des Alls kennen würden, mit den ► Dämonen in Kontakt treten (► Theurgie). Die theurgischen Schriften des P., die die magisch-mystische Vereinigung mit Gott, Engeln und Dämonen behandeln, sind verlorengegangen. Einige seiner philos. Werke wie *Elemente der Theologie* und *Platonische Theologie* geben einen gewissen Einblick in seine Theurgie. Alle beseelten Wesen, sprich: Götter, ► Engel, ► Dämonen, Heroen und Menschen, wurden vom Weltschöpfer, dem Demiurgen, erschaffen. Von diesen Wesen würden der Himmel, die Luft, das Wasser und die Erde unterschiedslos bewohnt. Die in diesen Reichen herrschenden Götter seien von von Engeln, Dämonen und Heroen umgeben. Der weite Raum zwischen den Göttern und der Sphäre der Menschen wird von einer Dreiheit von wesenhaften Zwischenwesen, nämlich Engeln, Heroen und Dämonen, ausgefüllt. Sie seien die Begleiter der Götter, von deren Wesen sie ein Abbild sind. An der Spitze dieser Dreiheit stehen die Engel, die den Willen der Götter an die Menschen weitervermitteln. Da sie keinen Körper hätten, sondern reiner Geist seien, würden sie auch ► Intelligenzen genannt. Vermutlich vertrat P. die Auffassung, daß auch Geschlechtsverkehr zwischen Dämonen und Menschen möglich sei. Besonders schätzte er die Chaldäischen Orakel, eine Sammlung von Aphorismen, die dem altiran. Religionsreformer Zarathustra zugeschrieben werden, aber wahrscheinlich im 2. Jhdt. n. Chr. von dem Neuplatoniker Julianus zusammengestellt worden sind. Die Chaldäischen Orakel, von denen sich nur wenige Reste bei antiken Schriftstellern erhielten, betonen die Wichtigkeit der Beschwörungsworte, meistens vielsilbige Wörter unbekannter Herkunft, die eine unbeschreibliche Kraft besitzen sollen.

PRZYBYSZEWSKI, STANISLAUS

1868–1927; poln. Schriftsteller, der zu den wichtigsten Vertretern der modernen Decadence gehört. Sein besonderes Interesse galt dem ► Satanismus und der ► Schwarzen Messe. In dem Buch *Die Synagoge Satans* (1900) behandelt er die Entstehung des ► Hexensabbats und der Schwarzen Messe. Der Satanismus ist für ihn eine organisierte Gegenströmung zum Christentum, deren Ziel es sei, die Menschen von der kirchlich-feudalen Vorherrschaft zu befreien. Den Satan, das ewig Böse, bezeichnet er als Ipse philosophus, daemon, heros et omnia (lat.: Der Philosoph selbst, Dämon, Heros, kurzum: alles). Er ist für P. auch der Vater der Wissenschaft, denn alle großen Taten und Entdeckungen der Menschheit sind, wie der berühmte Fall Galilei beweist, aus Protest und Widerstand gegen den Glauben entstanden. Weitere Werke: *Satanskinder* und *De Profundis*.

PSALMENZAUBER

Die Psalmen wurden schon seit dem 10. Jhdt. in der ► Magie genutzt. Es gibt ausführliche syr., hebr., byzant. und auch lat. Anleitungen. Bekannt ist das Werk *Schimmusch Tehillim*, das 1788 in dtsch. Übers. erschien und mehrfach nachgedruckt wurde. Das Zauberbuch *Das Geheimnis der heiligen Gertrud* enthält ebenfalls zahlreiche Psalme für mag. Praktiken. Der Text ist aber so sehr verstümmelt bzw. verändert, daß er mit dem überlieferten Psalmentext kaum noch eine Ähnlichkeit hat. Die Verwendung der Psalmen zu magischen Zwecken geschieht heute im Zusammenhang mit ► Candleburning (engl.: Kerzenleuchter-Magie). Bei der Auswahl der entsprechenden Psalme berücksichtigt man die mag. Bedeutung ihres Zahlenwertes; so sind z. B. die Psalmen 35 und 72 besonders wichtig, weil die beiden Zahlen im Hebr. für den Gottesnamen stehen.

PSELLOS, KONSTANTINOS (MICHAEL)

1018–1078; byz. Staatsmann und Schriftsteller. Von seinen zahlreichen Schriften war bei den Dämonologen und Hexenrichtern des 16. und 17. Jhdt.s dessen Schrift *Peri energeias daimonum* (Über die Tätigkeit der Dämonen) sehr verbreitet. P. behauptet, daß er sein Wissen von einem Mönch namens Markus bekommen habe. Dieser Mönch, der niemals an das Dasein von Geistern glaubte, habe sich in die Einsamkeit zurückgezogen und sei dort plötzlich von ► Dämonen umringt worden. Durch diesen intensiven Kontakt mit ihnen habe er tiefe Einblicke in ihr Wesen, Treiben und körperliche Beschaffenheit erhalten.

Diese Mitteilungen faßte P. in eine Lehre von den Dämonen zusammen. Er unterscheidet sechs Klassen: Feuer-, Luft-, Erd- und Wasserdämonen sowie unterirdische und lichtscheue Dämonen. Alle Dämonen hätten einen Körper, weil sie nach der kirchlichen Lehre die Feuerqualen in der Hölle erdulden müßten. Aber ihr Körper habe keine feste Gestalt, sondern sei in seiner Beschaffenheit mit den Wolken vergleichbar. Denn er könne jede beliebige feine Gestalt annehmen, um durch Öffnungen einzudringen. Ein bestimmtes Geschlecht fehle ihnen, aber sie könnten sich jederzeit in eine männliche oder weibliche Gestalt verwandeln. Aus dem Geschlechtsverkehr, zu dem einige Dämonenarten fähig seien, entstünden furchtbare Monstergestalten.

Ein beliebter Aufenthaltsort seien menschliche und tierische Körper, in die sie eindringen würden. Die Folge seien alle Formen von ► Besessenheit.

PSEUDO-DIONYSIUS

Fälschlicherweise mit Dionysius Areopagita gleichgesetzt, der von dem Apostel Paulus in Athen bekehrt wurde. Vermutlich lebte P. im 5. oder 6. Jhdt. n. Chr.; er war ein Mystiker, wahrscheinl. ein syr. Mönch, der in seinen Schriften *De hierarchia caelestia*, *De divinis nominibus* und *De mystica theologia* in Anlehnung an den ► Neuplatonismus eine umfangreiche Lehre von den ► Engeln und ihrer Ordnung entwickelte. Die Zahl der Engel überschreite das menschliche Fassungsvermögen, da sie in den biblischen Quellen (Dan. 7,10; Offb. 5,11) mit tausendmal tausend und zehntausendmal zehntausend angegeben wird. Da sie die Boten Gottes seien, dessen Symbol das Feuer sei, entspreche es dem Wesen der Engel, daß ihre äußere Erscheinung als feurig beschrieben und mit dem Licht verglichen wird. Auch könne man sich die Engel in menschlicher Gestalt vorstellen, da zahlreiche Merkmale des menschlichen Körpers – wie z. B. mit den Augen zum Himmel, dem Sitz Gottes, blicken zu können – auch Eigenschaften der Engel seien. Nach dem Vorbild der Bibel könnten sie nach P. auch die Form von Naturerscheinungen wie Wind oder Wolken annehmen. Die neunstufige Hierarchie der Engel gliedere sich in drei Hauptklassen:

Dreiergruppe (Triade): ► Seraphim, ► Cherubim, ► Throne. Diese Engel stünden in direktem Kontakt mit Gott.

Dreiergruppe: ► Herrschaften, ► Gewalten, ► Mächte. Ihre Aufgabe sei es, Gottes Wort zur letzten Dreiergruppe zu überbringen.

Dreiergruppe: ► Fürstentümer, ► Erzengel, ► Engel. Da sie den Menschen am nächsten stünden, vermitteln sie ihnen Erleuchtung und Erkenntnis.

Was die Macht- und Aufgabenverteilung aller Engel anbelangt, so gilt nach P., daß jeder Engel alle Fähigkeiten der unter ihm stehenden besitze. Durch diese Hierarchie dringe der Geist Gottes in die Menschen ein. Umgekehrt hätten die Menschen die Möglichkeit, aufzusteigen und sich Gott zu nähern.

PSEUDOMONARCHIA DAEMONUM

Lat.: Die falsche Herrschaft der Dämonen; Titel eines ► Zauberbuches, das wahrscheinlich von Johann ► Weyer im Jahre 1568 verfaßt wurde. Es beinhaltet eine Liste von 72 bösen Dämonen, die auf den ersten Teil des ► Lemegetons, die sogenannte Goetia, zurückgeht. Der Überlieferung nach soll König Salomo diese 72 bösen Dämonen in ein Gefäß eingeschlossen und dieses dann in einem tiefen See versenkt haben. Die Babylonier, die es gefunden haben sollen, glaubten, einen verborgenen Schatz entdeckt zu haben und zerbrachen es.

So erlangten die bösen Dämonen wieder ihre Freiheit und kehrten zu ihren alten Plätzen zurück. Nur ► Belial nahm andere Wesen an und weissagte den Menschen die Zukunft, wenn sie ihm Opfer darbrachten.

PURSON

Ein Dämon (► Pseudomonarchia daemonorum); er hat das Aussehen eines löwenköpfigen Mannes, trägt in der Hand eine Schlange und reitet auf einen Bären. Begleitet wird er von Trompetenspielern. Zu seinen Fähigkeiten gehören die Kenntnis der Vergangenheit und Zukunft und die Entdeckung von Schätzen. Alle Fragen beantwortet er wahrheitsgemäß.

Q

QUARIN

Arab. Geist, vergleichbar dem christl. ► Schutzengel, der einen Menschen von der Geburt bis zum Tod begleitet, belehrt und schützt. Dieser Q. kann einen Menschen auch zu schlechten Taten verführen und ist dann ein ► Schaitan. Gelegentlich wird er von Gott eingesetzt, um Menschen zu versuchen.

QUARINA

Weibl. Form von ► Quarin; Name einer arab. Kinderdämonin, die Kindern bis zu ihrem siebten Lebensjahr nachstellt. Eine der vielen Legenden über die Herkunft der ► Dschinn berichtet, daß Q., die zuerst mit Adam verheiratet war, nach ihrer Trennung mit Iblis die ► Dschinn gezeugt habe.

R

RABELLINUS

Siehe ► Höllenzwang.

RAEL

Pseud. des Franzosen Claude Vorilhorn, der 1973 eine Sekte gründete. Die Lehren seiner Sekte habe er, so R., von Außerirdischen erhalten, mit denen er persönliche Kontakte unterhalte. Sie hätten ihn als ihren Propheten auserwählt. Die Menschenwelt sei von diesen Außerirdischen, die als „Elohim" (hebr. elohim: die Gewaltigen; die vom Himmel herabgekommen sind) bezeichnet werden, künstlich mit Hilfe der Genetik erschaffen worden. Die Menschheit könne nur überleben, wenn sie das Wissen der Außerirdischen, d. h. die Lehren von R., in die Praxis umsetzt.

Ausführlich geht R. auf die Rolle ► Satans ein. Satan gehöre einer Richtung der „Elohim" an, die mit der Erschaffung der Menschenwelt nicht einverstanden gewesen war. Nach ihrer Meinung gehe von den Menschen eine Gefahr für die Elohim selbst aus.

Deshalb habe diese Gruppe unter der Führung Satans versucht, die Menschen durch die Sintflut zu vernichten. Seine Aufgabe bestünde überdies darin, die Propheten auf ihre Zuverlässigkeit und Treue hin zu überprüfen. Einschließlich R. seien bisher 40 Propheten von den „Elohim" auf die Erde gesandt worden. Auch R. wurde vom Satan versucht, indem er versprach, ihn beim Weltende zu retten.

R.s Werke: *Real Space Aliens Took Me to Their Planet*, 1975; *Let's Welcome Our Fathers from Space*, 1986.

RAGUEL

Hebr.: Freund Gottes; im apokryphen Henochbuch einer der sieben ► Erzengel, dessen Herrschaftsgebiet die Erde ist.

Er trug ► Henoch in den Himmel; die Engel müssen vor ihm Rechenschaft für ihre Taten ablegen.

RAHAB

Hebr.: Gewalt; Name eines Engels, dem die Gewässer der Erde unterstehen. Als er versuchte, die Juden an ihrer Flucht aus Ägypten durch das Rote Meer zu hindern, wurde er von Gott verstoßen. Er gilt seitdem als ► Todesengel und wird mit den bibl. Ungeheuern ► Leviathan und ► Behemoth gleichgesetzt.

RAMIEL

Hebr.: Erhöher; Name eines Engels, der zu den sieben vor Gott stehenden Engeln gehört. Er ist für den Donner zuständig und führt die Seelen am Jüngsten Tag vor das göttliche Gericht.

RAPHAEL

Hebr.: Gott hat geheilt; Name eines der drei (► Gabriel, ► Michael) wichtigsten Engel des Christentums. Er hat von Gott die Aufgabe bekommen, die Erde in einen Zustand zu versetzen, der es den Menschen ermöglicht, dort zu wohnen. Auf Gottes Befehl führte er die Bestrafung der gefallenen Engel durch. Als einer von sieben Engeln sieht er Gott immer ins Angesicht (► Engel der Gegenwart und des Angesichts), leitet die Engelhierarchie der ► Mächte, ist der Herr des Südens, regiert die Sonne und lehrt die Wissenschaften.

RAZIEL

Hebr.: Gottes Geheimnis. R. ist 1. der Name eines Engels aus der Hierarchie der ► Throne. Er soll Autor des Buches R. sein, das er Adam übergab. Aus Neid warfen es die anderen Engel in die See, aber ► Rahab rettete es und übergab es wieder Adam. Aus seinem Besitz gelangte es zu ► Henoch, dann zu Noah und am Schluß zu Salomo. 2. bez. R. das hebr. Buch *Sepher Raziel hama leach* (Buch des Engels Rasiel) oder das *Adamsbuch*. In der heutigen Fassung besteht es aus sieben Kapiteln, die eine Sammlung lose aneinandergereihter mystischer Traktate über die

Gottesnamen und ihren Gebrauch (► Schemhamephorasch), über Astronomisches, Astrologisches, Engel usw. enthalten. Am Schluß wird eine Anzahl von ► Amuletten mit der Beschreibung ihrer Wirksamkeit, Herstellung und Anwendungsform aufgelistet. Die Grundlagen dieses Buches, die aus der Spätantike stammen, wurden im 8. oder 9. Jhdt. zusammengestellt. Handschriften in oriental. und europ. Sprachen bezeugen die weite Verbreitung des Buches.

RAUCHOPFER

oder Räucherung: ein wichtiges Ritual bei mag. Handlungen, besonders der ► Astralmagie. Das R. ermöglicht es dem Magier, leichter mit den ► Geistern und ► Dämonen der oberen Regionen des Himmels Kontakt aufzunehmen. Die benutzten mag. Gegenstände oder Bilder werden beräuchert. Die am häufigsten benutzten Stoffe sind: Myrrhe, Safran, Weihrauch, Ambra oder Aloe. Meistens werden Mischungen aus diesen Stoffen hergestellt und dann verbrannt (► Hexenkräuter). In der Astralmagie werden für jeden Verwendungszweck und für jeden Wochentag ein Stoff bzw. eine spezielle Mischung vorgeschrieben. In der Liebesmagie wurden auch Teile der Kleidung von derjenigen Person verbrannt, gegen die sich das ► Ritual richtete. Auf diese Weise sollte den Dämonen der Weg zum Opfer gewiesen werden.

Abbildung aus der „Daemonolatria" von Nicolas Rémy (1530–1612).

RAUM

Ein Dämon (► Pseudomonarchia daemonum); ein gefallener Engel aus der Hierarchie der ► Throne, der die Gestalt einer Krähe hat. Aber auf Bitten des Magiers erscheint er als Mensch. Er stiehlt Schätze und trägt sie dorthin, wohin man ihm befiehlt. Außerdem zerstört er Städte, kennt die Vergangenheit und Zukunft und weckt Liebesgefühle.

REMIEL

Hebr.: Barmherzigkeit Gottes; einer der Anführer der gefallenen Engel (► Engelsturz). Nach anderen Berichten ist er ein Thronengel Gottes und steht über den auferstandenen Menschen.

RÉMY, NICOLAS

1530–1612; frz. Jurist, Vertrauter Karls III. von Lothringen, Generalstaatsanwalt von Lothringen und führender Dämonologe, der unter dem Autorennamen „Remigius" ein umfangreiches Kompendium des Hexenwesens mit dem Titel *Daemonolatria* (1595) verfaßte. Dieses Werk muß als Zusammenfassung der persönlichen Erfahrungen des Autors bei den ► Hexenprozessen, an denen er von 1576 bis 1591 mitgewirkt hatte, gelesen werden. Er brüstet sich darin, daß er innerhalb dieser 15 Jahre über 800 Hexen zum Tode verurteilt habe und hinrichten ließ. In seinem dreiteiligen Werk, das die Themen ► Satanismus, Wirken der ► Hexen und die praktischen Schlußfolgerungen aus der Tätigkeit des ► Satans und der Hexen behandelt, weicht R. in einigen Punkten vom ► Hexenhammer ab. Er vertritt nämlich das Ansicht, daß Kinder durchaus in der Lage seien, ► Schadenszauber auszuüben. Sie dürften deshalb nicht als unschuldige

Wesen angesehen werden, die von den Hexen nur als Werkzeuge mißbraucht würden. Deshalb ist es nicht verwunderlich, daß R. auch Prozesse gegen Kinder führte und sie zum Tode verurteilte. Sie wurden wie Erwachsene gefoltert und dann verbrannt (► Kinderhexen).

Sein Hinweis, daß sich viele ihrem Verfahren durch die Flucht entzogen hätten, verrät eine ab-

Nach eigenen Angaben verurteilte Nicolas Rémy, Generalstaatsanwalt von Lothringen, innerhalb von 15 Jahren über 800 Hexen zum Tode (Abb. 16. Jhdt.).

lehnende Einstellung der Bevölkerung gegen die von ihm betriebene Hexenprozeßwelle. Trotz der großen Verbreitung, was die zahlreichen Ausgaben und Übersetzungen beweisen, wurde dieses Buch bei den Hexenrichtern weniger geschätzt, weil die theoretischen Grundlagen oft auf zweifelhaften Auslegungen der kirchlichen Lehrmeinung beruhten. Für ► Thomasius war es überhaupt nur eine „läppische, nach einer schlechten Methode“ geschriebene Abhandlung.

RHOMBUS

Griech.: Kreisel; Bez. für ein schon in der Antike bekanntes mag. Werkzeug. Durch die Drehung eines Plättchens aus Holz oder Bronze, das an einer Schnur befestigt war, wurden Töne erzeugt. Vergleichbar mit dem R. ist das heute noch von den Ureinwohnern Australiens benutzte Schwirrholz. Der R. bestand aus einer Bronzescheibe, die mit Hilfe von zwei durchgezogenen Schnüren in eine Kreisbewegung versetzt wurde. Diese mag. Geräte wurden besonders in der Liebesmagie benutzt.

RITUAL

Lat. ritus: feierlicher, religiöser Brauch. Bez. für die Regeln und Formen, mit denen man mit einer Gottheit oder mit ► Dämonen in Kontakt treten kann (magische Operationen) bzw. über die Art und Weise, wie diese übernatürlichen Wesen verehrt werden müssen (Opferhandlungen). Wenn R. stark differenzierten, wurde deren Pflege und Praktizierung häufig einem Priester, ► Zauberer oder Schamanen übertragen.

RITUALMORD

Bez. für Menschentötung, besonders Kindesmord, bei einer rituellen Handlung okkulter Gruppen; häufig mit ► Kannibalismus verbunden. In der Vergangenheit wurde der Vorwurf des R. besonders gegen religiöse Minderheiten wie Urchristen, gnost. Sekten, ► Hexen und Freimaurer erhoben, um diese mißliebigen Minderheiten zu diskreditieren. In der Gegenwart wird das Vorkommen von R. von Kennern des ► Satanismus (Knaut, J. Schmidt u. a.) und Kriminologen zwar nicht bestritten, aber die Anzahl der verübten R. wird unterschiedlich angegeben. Von Fachleuten wird die Aufdeckung von Straftaten, die von „Okkulttätern“ begangen werden, mit 0,5 Prozent angegeben. Knaut stellte für das Jahr 1979 folgende Berechnung an: In der Bundesrepublik würden 815 Morde und 12.755 Selbstmorde verübt, von denen 33,3 Prozent unaufgeklärt blieben. Dies würde bedeuten, daß pro Tag 46 Menschen eines unnatürlichen Todes stürben. Knaut vermutet, daß eine große Zahl dieser getöteten Menschen Opfer von Okkulttätern seien, die ihre Straftaten in einem „mysterogenen Wahn“, d. h. ► Besessenheit durch ► Satan oder ► Dämonen, verübt hätten.

Die Zahl der Opfer solcher Straftaten wird in den USA auf mehrere 10.000 Menschen geschätzt. Diese Zahlen bleiben aber Vermutungen, weil sie nicht eindeutig nachgewiesen werden können. Deshalb rieten Satanismusexperten wie Introvigne und Türk zur Zurückhaltung: Zwar könnten bei einem bestimmten Typ von Satanisten Menschenopfer vorkommen, aber sie seien sehr selten. Bekannte R. in Deutschland ereigneten sich z. B. in Sondershausen (1993) und Witten (2001). Drei Gymnasiasten ermordeten in Sondershausen (Thüringen) ihren Mitschüler S. B., den sie in eine Hütte lockten, fesselten

Hendrik und Sebastian: Zwei der drei „Kinder Satans", die im April 1993 ihren Mitschüler S. B. umbrachten. Dieser Mord geisterte als „Satansmord von Sondershausen" durch die Medien. Die drei Täter traten als Black-Metal-Band „Absurd" auf.

und erdrosselten. Durch die Beschäftigung mit satanistischem Gedankengut und Praktizierung von Ritualen mit Gleichgesinnten auf Friedhöfen bauten sie allmählich die Hemmschwelle vor einer Tötung ab. 1994 wurde Hendrik M., einer der treibenden Kräfte des Mordes, zu einer achtjährigen Jugendstrafe verurteilt. Nach seiner vorzeitigen Freilassung gründete er einen Musikversand und die deutsche Sektion der Allgermanischen Heidnischen Front. Als er wegen Verunglimpfung Verstorbener verurteilt wurde, flüchtete er in die USA, wo er sich bei dem Chef der US-Neonazi-Organisation *National Alliance* aufhielt. Nach seiner Abschiebung aus den USA (2001) trat Hendrik M. seine Haftstrafe in Deutschland an.

Der Satansmord von Witten wurde 2001 von dem Pärchen Manuela B. (damals 22) und Daniel R. (25) an ihrem Bekannten Frank H. (33) verübt. Beide sympathisierten schon im Alter von 13 bzw. 15 Jahren mit dem Gedankengut des ► Okkultismus und ► Satanismus. Neben Sado-Praktiken beim Sex und Selbstverstümmelungen tranken sie auch ihr eigenes Blut. Ihren Mord, den sie mit großer Grausamkeit verübten, führten sie auf einen Befehl Satans zurück. In einer Wohnung, in der sich viele Totenkopf-Attrappen befanden, wurde ihr Opfer mit 66 Machetenhieben und Hammerschlägen getötet. Satan habe ihnen dann noch die Weisung erteilt, dem Opfer ein Messer ins Herz zu stoßen. Als der Mann starb, sei das Licht in der dunklen Wohnung kurz aufgeleuchtet. Dies sei für sie ein Beweis gewesen, daß seine Seele nach „unten" zum Satan gefahren sei. Danach sprachen sie ein

Die als „Satanisten von Witten" bekannt gewordenen Manuela B. und ihr Ehemann Daniel R. Sie ermordeten ihren gemeinsamen Bekannten Frank H. (33) auf grausamste Art und Weise, weil es ihnen angeblich von Satan „befohlen" worden sei.

Satansgebet und flüchteten aus der Wohnung. Auf ihrer Flucht schmiedeten sie Pläne für ihren Selbstmord, die sie aber nicht ausführten, weil Satan ihnen dies nach eigenen Angaben verboten hätte.

Die Gerichtspsychiater kamen zu dem Ergebnis, daß beide einem Satanswahn in einer Art und Weise verfallen waren, daß sie sich als dessen Boten betrachteten und in seinem Namen zu schwersten Straftaten bereit waren, da sie alle anderen Menschen als „minderwertig" betrachteten. Daniel R. wurde zu 15 und seine Freundin Manuela B. zu 13 Jahren Haft verurteilt. Die Unterbringung in eine psychiatrische Klinik wurde angeordnet, wo zunächst ihre schwere Persönlichkeitsstörung therapiert werden soll. Für diese Behandlung seien nach Ansicht der Gutachter zehn Jahre erforderlich. Wenn sie geheilt sind, müssen sie ihre Haftstrafe antreten.
► Four Mouvement, ► Manson, ► Temple du Soleil

ROCK-MUSIK

Eine Ausdrucksform der R.-M., nämlich der Hardrock, der in den sechziger Jahren des letzten Jhdt.s aufgekommen ist und dessen Protagonisten sich von sog. psychedelischer Musik und Flower-Power-Musik abgrenzen wollten, weist immer wieder Affinitäten zum ► Satanismus auf.

Zum Teil wurde und wird ein direkter Bezug zu Aleister ► Crowley hergestellt. Hier sind z. B. Gruppen wie Black Sabbath oder auch die Rolling Stones („Sympathy for the devil" bzw. ihr Album „Their satanic Majesties Request" 1967), Kiss oder AC/DC zu nennen. Tatsächlich dürfte es sich hier häufig mehr um Attitüden als um ernstgemeinte Bekenntnisse handeln. Auch die sog. „Backward-masking-Technik", von der immer wieder behauptet wird, daß sie mittels Rückwärtshörens satanische Botschaften deutlich machen könne, hat bisher keinen endgültigen Beweis erbringen können, daß diese Gruppen tatsächlich satanistische Intentionen hatten.

Seit den achtziger Jahren des letzten Jhdt.s finden sich insbesondere in der sog. „Metal"-Szene immer häufiger Anleihen beim Satanismus: zu nennen sind hier z. B. Black-, Doom- und auch Death-Metal.

Insbesondere die Black-Metal-Gruppen machen aus ihren Intentionen kein Geheimnis, wie bereits Gruppennamen wie Judas Priest, Paradise Lost oder Darkthrone zeigen. Unmißverständlich sind auch die Cover der Einspielungen dieser Gruppen gestaltet: Hier findet sich von brennenden Kirchen über Hostienschändungen bis hin zu Pentagrammen alles, was mit ► Okkultismus assoziiert wird. ► Teufel, in der Musik

ROMANUSBÜCHLEIN

Eine Sammlung von Segens- und Beschwörungsformeln, Bittformeln, Bannsegen etc., die seit dem Jahre 1788 in einer gedruckten Ausgabe vorliegt, aber sicher älter sein dürfte. Die Herkunft des Namens ist ungeklärt. Vermutlich verdankt es ihn einem der 39 Heiligen mit dem Namen Romanus.

In Betracht kommt Bischof Romanus (gest. 638 oder 644 n. Chr.) in Rouen (Frankreich), der ein Streiter gegen den Götzendienst und Zauberei war. Viele Einzelheiten aus seinem Leben, wie das erfolgreiche Bannen einer Überschwemmung oder die Tötung eines Drachens, machen ihn zu einem geeigneten Namenspatron für ein ► Zauberbuch.

Ritualmorde sind häufig mit Kannibalismus verbunden. Im Bild: Menschenfresser aus dem Amazonasgebiet (16. Jhdt.).

RONOBE

Ein Dämon (► Pseudomonarchia daemonum); er sieht wie ein Monster aus. Zu seinen Fähigkeiten gehören die Rhetorik und die Kenntnis der Sprachen.

ROSEMARY'S BABY

Siehe ► Church of Satan.

ROTE MESSE

Bez. für eine ► Blutmesse ohne sexuelle Handlungen. Diese Form der Messe wird besonders von ► Satanisten praktiziert, in deren Ritualen das Blutopfer (► Blutritual) eine zentrale Rolle spielt.

Beschreibung der R. M. finden sich in dem Buch *Blutmessen und Satanismus* von Frater Cornelis (Pseud.). Darin bezieht sich der Autor auf frz. Werke, aber auch auf unveröffentlichte Manuskripte.

RUCHOTH

Plur. von hebr. ruach: Seele, Hauch, Geist; diese Bez. für die Seele der Toten wurde in der jüd. ► Dämonologie auf zahllose böse Krankheitsdämonen übertragen, die z. B. Aussatz, Herzkrankheiten oder Epilepsie verursachten. Der Sing. ruach ra'ah (hebr.: der böse Geist) bezeichnet im AT einen Geist, den Gott auf die Erde sendet (1. Kön. 19,11 ff.).

RUNEN

Als R. (germ. Wurzel run: Geheimnis) werden die bei fast allen germ. Völkern bekannten 24 Schriftzeichen bezeichnet. Jede dieser 24 R. repräsentiert einen Laut und besitzt einen Begriffswert. Die R. mit dem Lautwert „f" bedeutet z. B. auch „fehu" (Vieh). Nach den ersten sechs R. heißt die 24er-Reihe auch „Futhark", die in über 350 Inschriften vom 2. nachchristl. Jhdt. bis ins 8. Jhdt. gebraucht wird. Die R. waren in einem großen geographischen Gebiet, das sich von Skandinavien im Norden, über England und Frankreich im Westen, über die Ukraine im Osten bis nach Rumänien im Süden erstreckte, verbreitet. Ab dem 9. Jhdt. wurden in Skandinavien diese 24 Zeichen auf 16 reduziert (jüngere Futhark). Die Zahl der Runenfunde aus der Wikingerzeit und aus dem Mittelalter (bis ins 15. Jhdt.) beläuft sich auf über 5.000. Die R. wurden auf lose Objekte, wie Waffen, Fibeln etc., aber auch auf feste Steine eingezeichnet. 150 R.inschriften finden sich auf einseitig gepreßten Goldblättchen, den „Brakteaten". Ungeklärt ist noch die Herkunft der R. Man nimmt heute u. a. an, daß sie sich aus einem der zahlreichen südeurop. Alphabete entwickelt haben. Unterschiedlich wird in der Fachwissenschaft auch die Frage beantwortet, ob die R. nur zur Verständigung im Alltag dienten, sprich: ein Kommunikationsmittel waren, oder eine mag. Funktion (magisch-kultisch; religiös-magisch) hatten. Bereits in der älteren Forschung wurde die Ansicht vertreten, die R. seien eine Art Kultschrift und den R.inschriften wohne eine mag. Wirkungsabsicht inne. Als Beweis für diese These sah man Inschriften an, die das gesamte Futhark-Alphabet enthielten. Diese geschlossene Sammlung von 24 Zeichen mit ihren Begriffswerten stellen, so die Vorstellung, eine 24fache religiöse Macht („Runenmacht") dar. Problematisch ist bei dieser Deutung, daß einige dieser 24 R. auch eine entgegengesetzte Bedeutung haben: so z. B. Hagel, Not oder Eis, aber auch gutes Jahr, Sonne und Wonne. Unklar bleibt, ob die mag. Absicht in der Abwehr oder aber in der Herbeiwünschung von Schaden beruhte.

Einen wichtigen Beitrag zur Lösung dieser Frage lieferte Stephen Flowers (eigentlich Edred Thorsson; siehe ► Temple of Seth) in seinem Buch *Runes and Magic* (1986): Alle R.inschriften seien Versuche, mit den Göttern und den Dämonen zu kommunizieren; sie seien eine Art Zeichensystem, das schon ► Augustinus im 4. und 5. Jhdt. als Modell zur Erklärung des Aberglaubens und des ► Teufelspaktes herangezogen habe. Der Magier hätte diese Zeichen benutzt, die aus sich selbst heraus wirkten, um mit einem bestimmten Gott oder Dämon in Kontakt zu treten, damit er ihm einen Dienst leiste.

Im Spätmittelalter wurden die R. auch als Geheimschrift zur Verschlüsselung von Zaubertexten genutzt.

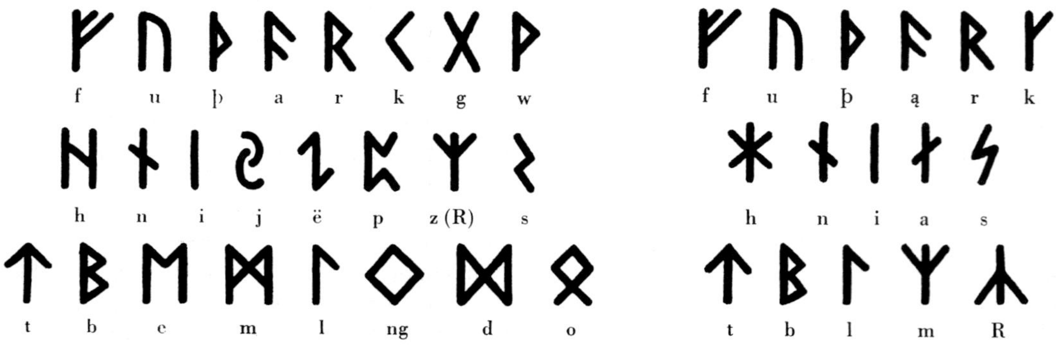

Nach Stephen Flowers sind alle Runeninschriften Versuche, mit Göttern und Dämonen zu kommunizieren. Im Bild: das ältere (links) und das jüngere Futhark (rechts).

S

SABANACK

Ein Dämon; er hat die Gestalt eines bewaffneten Soldaten mit einem Löwenkopf und reitet ein fahles Roß. Fähigkeiten: Er baut Städte und Kastelle und kann den Menschen unheilbare Wunden zufügen.

SABBAT

Siehe ► Hexensabbat.

SACHIEL

Hebr.: Schutz Gottes; er gehört zur Engelhierarchie (► Cherubim). Von den Wochentagen stehen Montag, Donnerstag und Freitag unter seiner Herrschaft. S. regiert den Planeten Jupiter.

SADDUZÄER

Möglicherweise abgel. von Zadok, Oberpriester am Tempel in Jerusalem zur Zeit des jüd. Königs Salomos. Die S. waren im antiken Judentum eine Priesterschaft, die den Glauben an ► Dämonen, ► Engel und Auferstehung entschieden ablehnte. Sie traten in einem Streitgespräch als Gegner Jesu in Mk. 12,18–27 auf.

SADE, MARQUIS DE

1740–1814; frz. Adliger und Offizier, der wegen Mißhandlung einer jungen Frau und anderer „sadistischer Handlungen" 27 Jahre seines Lebens in Gefängnissen und dann in der Pariser Nervenklinik Charenton verbringen mußte. Die in seinen bekannten Werken *Justine* (1791), *Les 120 Journées de Sodome* (1785) oder *La Philosophie dans le Boudoir* (1795) geschilderten sexuellen Grausamkeiten prägten den Begriff „Sadismus", der fälschlicherweise häufig als Synonym für Satanismus gebraucht wird. Aber S. ist der Wegbereiter und das Vorbild derjenigen frz. Schriftsteller, die sich dem ► literarischen Satanismus verpflichtet fühlen. Seine Werke enthalten zahlreiche Schilderungen von ► Schwarzen Messen und alle nur denkbaren Verhöhnungen der christlichen Kirchen, die mit unglaublichen Perversitäten verbunden sind. Da er Atheist war, wird bei ihm das Böse auch nicht durch eine Person dargestellt. Da er das Gute als gleichwertiges Prinzip nicht kennt, ist für ihn das Böse das herrschende, absolute Prinzip, das alles, auch das Handeln des Menschen, beeinflußt. Seine Maxime lautet: Handle böse, denn dies entspricht der Natur.

SALAZAR DE FRIAS, ALONZO

Span. Inquisitor zu Beginn des 17. Jhdts; im Jahre 1611 wird er nach Cigarramundi geschickt, um die dortigen Hexenverfolgungen zu untersuchen. Der Verdacht stand im Raum, daß die Lokalbehörden ihre Kompetenzen überschritten hätten. Allen Beschuldigten war Straffreiheit versprochen worden, wenn sie innerhalb einer bestimmten Frist ihre „Verbrechen" gestanden. Von den 1.802 der Hexerei beschuldigten Personen waren 1.384 Kinder. S. versprach ihnen Vertraulichkeit und Straffreiheit. 81 widerriefen ihr Geständnis. Die Zahl wäre sicherlich höher gewesen, wenn die Beschuldigten nicht gefürchtet hätten, wegen Meineids hingerichtet zu werden. S. verfaßte einen Bericht mit über 5.000 Seiten, der in folgende Kapitel gegliedert ist: ► Hexenflug, Sabbat, Beweise für Hexerei, Hinweise auf ► Folterung. Ein Teil der Frauen, die gestanden, Geschlechtsverkehr mit dem Teufel gehabt zu haben, waren noch Jungfrauen. 36 Personen gaben alle möglichen Örtlichkeiten des ► Hexensabbats an.

Die ► Hexensalben, die von den Ärzten untersucht wurden, erwiesen sich als wirkungslos. Der Bericht S. wird als Beweis dafür angeführt, daß die Vorstellungen vom ► Hexenflug, Sabbat etc. von den kirchlichen Hexenverfolgern und Dämonologen verbreitet worden waren, ohne daß ihnen wirkliche Vorgänge zugrunde lagen. Die Beschuldigten hätten nur aufgrund der Folter gestanden, was die Hexenrichter ihnen eingeredet hatten. ► Hexenprozesse.

SALEOS

Ein Dämon (► Pseudomonarchia daemonum); er nimmt die Gestalt eines Soldaten an und reitet auf einem gekrönten Krokodil. Seine Fähigkeit besteht darin, Liebe unter den Geschlechtern zu erwecken.

SALEM, HEXEN VON

Salem Village (das heutige Danvers in Massachusetts/USA) war 1692 Schauplatz einer Hexenverfolgung, in deren Verlauf 200 Personen verhaftet und 30 zum Tode verurteilt wurden. 19 von diesen Verurteilten wurden gehängt, der Rest freigesprochen, begnadigt oder starb im Gefängnis. Diese Verfolgungswelle nahm ihren Anfang, als mehrere Kinder des Pfarrers und anderer Personen von einer Art ► Besessenheit befallen wurden. Da die Ärzte nicht die Ursachen erkennen konnten, tauchte der Verdacht der Hexerei auf, der sich gegen eine im Haushalt des Pfarrers beschäftigte Negersklavin richtete. Um ihr Leben zu retten, gab sie weitere Frauen an, die sie angeblich gezwungen hätten, als Hexe

Der Geistliche Cotton Mathers (Bild): Er versuchte eine Rechtfertigung der Salemer Hexenprozesse.

für sie zu arbeiten. Die in Gang gesetzte Verfolgungswelle rief den Widerstand der Bevölkerung hervor. Deshalb beauftragte der Gouverneur den Geistlichen Cotton Mathers (1662–1728), diese Hexenprozesse zu rechtfertigen. Mathers hatte 1688 schon bei einem Besessenheitsfall in Boston mitgewirkt, dessen Hauptperson ein Kind war, das aus unerklärlichen Gründen von Krämpfen befallen wurde und bei der Untersuchung auch von Hexenversammlungen berichtete. Über diesen Fall verfasste er das Buch *Memorable providence relating to witchcraft und possession* (1689). Darin kam er zu dem Schluß, daß es einen Gott, den Teufel und die Hexen gebe. Unter Benutzung der Gerichtsprotokolle verteidigte er in der Schrift *The Wonders of the Invisible World* (1693) die Salemer Prozesse. Noch im selben Jahr ordnete der Gouverneur die Freilassung aller Inhaftierten an. Er stützte sich auf ein Gutachten eines holländ. Pfarrers, in dem diese Hexenprozesse scharf verurteilt wurden. Mathers wurde 1696 von Robert Calef in der Schrift *More Wonders of the invisible World* scharf angegriffen. In einer Gegenschrift mit dem Titel *Memorable Providences* (1697) versuchte Mathers die Argumente Calefs zu widerlegen. Spätere Untersuchungen ergaben, daß diese Prozeßwelle von den jungen Mädchen aus Sensationslust und dem Wunsch, im Blickpunkt des öffentlichen Interesses zu stehen, provoziert wurde. Mit den Ereignissen von S. hat sich Arthur Miller in *Hexenjagd* (1953) literarisch auseinandergesetzt.

SALOMO

Name eines jüd. Königs, der schon in der Antike als Magier bekannt war. Ihm wurden magische Traktate und Zauberbücher zugeschrieben: ► Der Schlüssel S., ► Der kleine Schlüssel (► Theosophia pneumatica) und das ► Lemegeton.

SALZ

Da es als Schutzmittel gegen Fäulnis gebraucht wurde, ist es im Volksglauben ein Sinnbild für die Ewigkeit, Lebenskraft und Unsterblichkeit. Seine Verwendung in der ► Dämonologie ist zwiespältig. Einerseits ist das S. ein Abwehrmittel gegen Dämonen, weil es die Eigenschaft besitzt, selbst nicht zu verderben, andererseits wird es von ihnen geliebt, weil es die Böden unfruchtbar macht und alles Leben zerstört. Die ► Hexen fürchteten das S. sosehr, daß es bei ihren Mahlzeiten nicht benutzt werden durfte (► Hexenkessel). Die Hexenrichter schützten sich vor ihren Opfern, indem sie ► Amulette bei sich trugen, die mit S. gefüllt waren. Die Häuser von überführten Ketzern wurden zerstört und der Boden mit S. bestreut, um ihn unfruchtbar zu machen. Im modernen Hexenwesen wird es als Symbol der Erde, des Stofflichen – zusammen mit Wasser, Feuer und Luft – dargestellt, bei ► Rauchopfern benutzt, um den ► mag. Kreis und die ► Hexengeräte vor Dämonen zu schützen und zu reinigen.

SAMMLUNG DER GRÖSSTEN GEHEIMNISSE AUSSERORDENTLICHER MENSCHEN IN ALTER ZEIT

Eine Sammlung von 21 ► Zauberbüchern, die Mitte des 19. Jhdt.s bei Scheible in Stuttgart erschienen sind (der Druckort Köln und das Jahr 1725 sind fingiert). Darunter befinden sich neben Auszügen aus bekannten Zauberbüchern wie dem ► 6. und 7. Buch Moses oder der ► Clavicula Salomonis auch seltene Traktate wie das *Venusbüchlein* von John Dee.

SAMMUEL

Von hebr. sam: Gift und el: Engel. Name eines der höchsten jüd. Dämonen. Er gehört zu den Engeln, die sich mit irdischen Frauen einließen (► Engelsturz). Auf seinem Rücken sollen die Engel zur Erde herabgeflogen sein. S. übernimmt auch die Aufgaben des ► Todesengels, als Gott ihm befiehlt, die Seele von Moses zu holen. Seine drei Ehefrauen waren: die alte ► Lilith, ► Naamah und Igereth, die Tochter Machalaths. Die Kabbalisten ordnen ihn unterschiedlich in ihr System ein, je nachdem, ob sie seine guten oder schlechten Seiten verdeutlichen wollen. Da er im Himmel wohnt, wird er mit der 5. Sephirah (Gebura) verbunden (► Kabbala). Als böser Dämon wird er mit der 8. Sephirah (Hod) der unheiligen, bösen Sephiroth zugeordnet (► Engel der Kabbala). In der ► Gnosis wird S. als ein blinder Gott, Engel, Drachen, Schlange oder einfach als Gott der Blindheit bezeichnet.

SANDALPHON

Griech. synadelphós: Mitbruder; der Zwillingsbruder von ► Metatron, eines der himmlischen Engelprinzen. S. soll nach der jüd. Überlieferung einst der Prophet Elias gewesen sein, der ursprgl. als Engel von Gott auf die Erde gesandt wurde und nach Beendigung seines Prophetenamts wieder im Himmel aufgenommen wurde. Er symbolisiert Macht und Ruhm.

SANDERS, ALEXANDER

1916–1988; engl. Hexer, der sich selbst als „König der Hexen“ bezeichnete. Er behauptete, schon als Kind von seiner Großmutter in den Hexenkult eingeweiht worden zu sein. Zunächst suchte er Kontakt zu ► Covens, die den ► Wiccakult vertraten. Nachdem dies scheiterte, gründete er einen eigenen Coven und eine besondere Richtung des Wicca-Kultes, deren Lehren auf dem Gedankengut von ► Gardner, Eliphas ► Levi und Franz Bardon, einem österreichischen Okkultisten, beruhten. Die von ihm geleiteten Hexengruppen, die ebenfalls nach dem ► Buch der Schatten des Wicca-Kultes arbeiten, nennen sich „Alexandrian Witches“. Als 1969 seine Biografie *King of the Witches* erschien und ein Film *Legend of the Witches* über ihn zu sehen war, stand er im Mittelpunkt der Öffentlichkeit. S. veröffentlichte seine Auffassungen über den Hexenkult in dem Buch: *Twelve Lectures on Wicca in the Gardnerian Tradition.*

Alexander Sanders: Der selbsternannte „König der Hexen“.

SANDRA

Name einer bekannten dtsch. Hexe. S., 1940 in Prag geboren, entstammt einem alten Adelsgeschlecht. Nach der Ausbildung an der Akademie der Schönen Künste war sie als Schauspielerin und Autorin tätig. Mit ihrem Mann, einem Tropenarzt, war sie einige Jahre in Afrika. 1968 floh sie nach dem Scheitern der Demokratiebewegung, dem „Prager Frühling" in der Tschechoslowakei, nach München, wo sie als „Hexe" aktiv wurde. Von ihr stammen wichtige Werke des modernen Hexenwesens, in denen sie Hexenrituale, ► Weiße und Schwarze Magie und das Thema ► Satanismus behandelt. In ihrer Autobiographie *Ich, die Hexe* beschreibt sie zahlreiche Fälle aus ihrer Praxis.

SANTERIA

Von span. Santo: Heiliger. Name einer großen südamerik. Volksreligion, die wie ► Voodoo von Negersklaven aus Westafrika nach Südamerika gebracht wurde. Die alten Götter der Sklaven – in der Sprache der westafrikanischen Yorubas „orishas" genannt – nehmen die Züge von Menschen mit positiven und negativen Charakterzügen an. Vor allem werden sie mit den christl. Heiligen identifiziert. Die oberste Gottheit Oludumare besteht aus drei Geistwesen: Nzame, Olofi und Baba Nkwa. Sie erschufen einen weißen Sterblichen namens Obtala, der der Vater der Götter (orishas) ist. Zusammen mit seiner schwarzen Frau Odduduas zeugte er einen Sohn (Aganyö) und eine Tochter (Yemayü). Die beiden Kinder heiraten. Ihr Sohn Orungan ist so schön, daß der Vater vor Neid stirbt. Orungan vergewaltigt seine Mutter Yemayü. Auf einem Berg gebiert sie 14 Kinder und stirbt. Der berühmteste Sohn ist Changö. Yemayü ist heute die populärste Gottheit. Zu der S.-Religion werden auch schwarzmagische religiöse Kulte gerechnet, die unter dem Namen „Palo" in der Karibik bekannt sind. Im Gegensatz zur S.-Religion kennt die „Palo" einen Dualismus von Gott (das Gute) und Satan (das Böse). Eine wichtige Rolle bei den Riten spielen Leichenteile.

SAR

Hebr.: Minister; Bez. eines Engels, der über verschiedene Bereiche des Himmels herrscht.

SARIEL

Hebr.: Fürst Gottes. Name eines Engels, der oft mit ► Uriel gleichgesetzt wurde. Er machte Gott auf die von den Nachkommen der gefallenen Engel verübten Taten aufmerksam. Gelegentlich wird er auch zu den gefallenen Engeln selbst gerechnet (► Engelsturz). Das Sternzeichen Widder steht unter seiner Herrschaft. In der Magie wird er angerufen, um Dämonen abzuwehren.

SARIM

Siehe ► Engelgesang.

SARTORIUS

Pseud. für Marcus Wehrli. ► Schwarzer Orden von Luzifer

SATAN

Hebr.: Widersacher, Feind; möglicherweise auch abgel. von dem ägypt. Gott Seth. Bez. im AT für einen Engel, der als Versucher und Ankläger Gottes tätig ist; im NT das personifizierte Böse, der Widersacher Gottes, besonders des Gottessohnes Jesus Christi, der fast die Funktion eines Gegengottes übernimmt.

AT

An drei Stellen des AT, die in Schriften der nachexilischen Zeit (ab 538 v. Chr.) enthalten sind, kommt S. als ein himmlisches Wesen vor:

- Buch Hiob (ca. 600 v. Chr.; Hiob 1,6 ff.): S., der unter den Gottessöhnen auftritt, ist ein Werkzeug Gottes. Durch herbeigeführte Leiden und Übel stellt er Hiob auf die Probe. S. ist nicht der Versucher zum Bösen, sondern prüft im Auftrag Gottes, ob die Gottesfurcht Hiobs echt ist.
- Das Buch Sacharja (520 v. Chr.; Sach. 3,1): S. gehört zum Hofstaat Jahwes, der den Hohepriester Josua wegen seiner Unwürdigkeit vor dem Gottesgericht anklagt. S. wird abgewiesen und Josua für frei erklärt. S. hat in dieser Stelle die Rolle eines Widersachers der Menschen, dessen erklärte Absicht es ist, Strafe und Unglück herbeizuführen.
- Das 1. Buch der Chronik (300 v. Chr.; 1. Chr. 21,1): S. gibt David eine Entscheidung

ein, die sich verhängnisvoll auswirken sollte. David veranlaßt eine Volkszählung, die die Pest ins Land bringt, weil nicht vollständig gezählt worden war: Die Stämme Levi und Benjamin wurden von Joab nicht mitgezählt. Indem der Zorn Gottes durch den des S. ersetzt wird, wird das Bild Gottes von negativen Zügen befreit. An dieser Stelle ist der Name S. eindeutig ein Eigenname und bezeichnet ein den Engeln vergleichbares himmlisches Wesen, das Gott mit einer gewissen Selbständigkeit gegenübertritt. Getrennt von der Figur des S. müssen dämonische Wesen wie ► Sedim, ► Se'irim, ► Leviathan und ► Behemoth, ► Azazel etc. gesehen werden, die ursprgl. Götter einer fremden vorjüd. Religion waren und in die jüd. Religion integriert wurden. Nach dem Ende des „babylonischen Exils“ der Juden geriet die jüd. Religion zunehmend nicht nur unter den Einfluß religiöser Vorstellungen der Perser und anderer altorientalischer Völker, sondern auch der Gedankenwelt des Hellenismus. Vermutlich sind diese Einflüsse, besonders aus der pers. Religion, dafür verantwortlich, daß sich das Bild des S. veränderte. Dieses neue S.bild findet sich zuerst in den ► Apokryphen. So wird in dem griech. geschriebenen ► Buch der Weisheit (1. Jhdt. v. Chr.) der S. nicht mit der griech. Bez. „Dämon“ übersetzt, sondern als „Verleumder“ (griech. diabólos) bezeichnet. Gott hat den Menschen für die Unsterblichkeit geschaffen, aber durch den Neid des S., der den Menschen zur Sünde verführt, ist der Tod in die Welt gekommen. Die Frage, ob dieses S.bild von einer fremden Religion übernommen wurde, wird unterschiedlich beantwortet. Da die Juden während ihres Exils sehr eng mit der altpers. Religion in Berührung gekommen waren, wurde der alttestamentliche S. mit dem pers. Gott ► Ahriman, dem Symbol des Bösen, verglichen. Wenn man beide Gestalten innerhalb ihres religiösen Systems betrachtet, besteht zwischen ihnen ein fundamentaler Gegensatz. Ahriman nämlich ist der Gegengott, der Ahura Mazda, dem „guten“ Gott, unversöhnlich gegenübersteht. Beide teilen sich die Schöpfung. Ansätze eines solchen Dualismus finden sich erst in den apokryphen Büchern und im NT, wo S. als Gegenspieler Gottes gedeutet werden kann. Vermutet wird auch, daß in die Gestalt des S. Wesenszüge von babyl. Dämonen eingeflossen sind. Bei dem S. des Hiobbuches dachte man an die verschiedenen babyl. Krankheitsdämonen (► Dämonen, babylon.). Bei den Babyloniern stehen diese Dämonen den „guten“ Göttern gegenüber, während S. im Einverständnis mit Gott Hiob mit Krankheiten heimsucht. Der S. im Buch Sacharja, der die Funktion eines Anklägers hat, kann mit einer babyl. Dämonengruppen verglichen werden. Jeder Mensch hat nämlich nach den religiösen Vorstellungen der Babylonier neben seinem Schutzgott (il ameli) einen Ankläger oder Verfolger (bel dababi). Die Beziehungen zwischen den Menschen und den Göttern stellte man sich nach der Art eines Prozesses vor. Wenn die Menschen Recht vor dem Gericht der Götter suchten, trat ihr Ankläger auf. Zusammenfassend kann man den alttestamentlichen S. als ein Wesen bezeichnen, das sich allmählich aus der Person Gottes herausgelöst hat. Bei diesem Prozeß der Verselbständigung können benachbarte Religionen mitgewirkt und einzelne Züge dieser Gestalt geformt haben.

NT

Die in den apokryphen Schriften nachzuvollziehende Wesensveränderung des S. findet im NT ihre Fortsetzung. S. erscheint auch unter Namen wie: Diabólos, (Mt. 13,19,39), Echthrós (Mt. 13,25), Beelzebub (Mt. 10,25) oder Belial (2. Kor. 6,15). Dazu kommen Bez. wie Herrscher dieser Welt (Joh. 12,31), Lügner (Joh. 8,44), Drache oder Schlange (Offb. 20,2). Der S., der bei den neutestamentlichen Schriftstellern besonders bei Paulus und Johannes sehr häufig vorkommt, bleibt trotzdem eine diffuse Gestalt. Er ist Feind und Versucher der Frommen (Lk. 22,31) und steht mit dem Tod in Verbindung (Hebr. 2,14). Da er ein erbitterter Gegner Christi ist und die Zahl der Sünder auf der Welt vergrößern will, ist er verantwortlich dafür, daß die Welt in zwei Reiche zerfällt: nämlich in das Reich Christi und das des S. Beide stehen einander in der Wüste, dem Aufenthaltsort des S., gegenüber, als Jesus sich dort vierzig Tage aufhält und fastet (Mk. 1,12 ff.). Diese und alle anderen Versuchungen des S. (Mt. 4,2 ff. und Lk. 4,2 ff.) werden von Jesus erfolgreich abgewiesen (► Entführung Christi). Wer den Versuchungen des S. verfällt, ist aus der Gemeinschaft Christi ausgestoßen (1. Kor. 10,6). Seine besonderen Merkmale sind: Lüge, Mord oder Haß. Vom Apostel Paulus wird die Macht des S. noch stärker betont, wenn er ihn als „Fürsten“ und

Der Teufel hat viele Namen: Diabolos, Echthros, Beelzebul, Belial, Luzifer oder Satan.

„Gott dieser Welt“ hinstellt. Der S. ist auch das Oberhaupt der bösen Dämonen, die ihm als Engel dienen. Nach Paulus gibt es unter diesen bösen Geistern wie bei den Engeln eine Rangordnung (Eph. 6,12). Diese bösen Geister machen die Menschen besessen (► Besessenheit, ► Exorzismus) und quälen sie als Plagegeister (► Alp).
► Apokryphen, ► Teufel

SATANISCHE VERSE

Titel eines Buches des engl. Schriftstellers Salman Rushdie, das 1988 (dtsch. Ausgabe 1989) erschien. Von der islam. Orthodoxie wurde dieses Werk als „Gotteslästerung“ ausgelegt und Rushdie mit dem Tod bedroht. Der Hintergrund sind Verse der Sure LIII, 19 ff., die im Koran getilgt sind, weil sie Mohammed vom Teufel eingegeben worden sein sollen. Als Mohammed diese Sure mit dem Wortlaut: „Hast du an Lat und Lizza, und an Manat, die dritte, gedacht?“ vorlas, soll ihm der Satan in den Mund gelegt haben: „Das sind die erhabenen Kraniche. Auf ihre Fürbitte darf man hoffen“ (unter „Kranichen“ sind „engelhafte Wesen“ zu verstehen). Allat, al-Uzza und al-Manat waren die drei Hauptgöttinnen des vorisl. Mekkas. Von den Einwohnern Mekkas und auch Mohammeds Anhängern wurde dies als Anerkennung dieser Göttinnen ausgelegt. Das war sehr folgenreich, weil zu dieser Zeit zwischen ersteren und letzteren ein gespanntes Verhältnis bestand. Die Überlieferung berichtet nun, noch am Abend desselben Tages habe Mohammed der Engel ► Gabriel gefragt, ob er ihn diese Verse gelehrt habe. Mohammed habe erkannt, daß er Allah Worte in den Mund hatte, die vom Satan stammten. In der Sure LIII, 19 ff. wurden diese Verse durch folgende ersetzt: „Sollen euch Söhne gehören und ihm Töchter? Dies wäre sicherlich eine ungerechte Verteilung!“ Die Überlieferung dieser Episode von den getilgten „satanischen Versen“ kann als sicher und zuverlässig gelten. Sie beweist, daß Mohammeds Gottesbegriff Veränderungen unterlag und er – zeitweilig – die Anbetung heidnischer Götter erlaubt hat. Eine andere Interpretation sieht in diesen drei Göttinnen Engel, die bei Allah als Fürsprecher auftreten können. Solche Wesen haben im theologischen System Mohammeds einen festen Platz.

SATANISMUS

Bez. für die Verehrung ► Satans als widergöttlichem Prinzip, das einem als das Gute gedachten Gott gegenübersteht bzw. für die alleinige, selbst entstandene Macht, die das Böse in der Welt darstellt. Man unterscheidet drei Formen des S.:

• RELIGIÖSER SATANISMUS: Gott und Satan sind zwei selbstgezeugte Prinzipien, die voneinander unabhängig sind und sich feindlich gegenüberstehen. Dieser Dualismus geht auf die Lehren der ► Gnosis zurück. Für die Verehrung des Gegengottes werden unterschiedliche Begründungen angeführt. Da die Welt durch und durch böse ist, widerspricht es jeder Logik, einem guten Gott als Prinzip des Guten zu huldigen. Die Welt muß folglich von einem Feind Gottes gelenkt werden. Die Schriften des AT bieten eine Reihe von Belegen, daß die Handlungen Gottes auch strafender Natur sein können. Die Welt wurde von Engeln erschaffen, die gegen Gott rebellierten (► Engelsturz). Wenn die Welt von Anfang an böse war, ergibt der Sündenfall keinen Sinn, der den Nachkommen Adams den Makel der Erbsünde verliehen hat. Jesus Christus als Retter der sündigen Menschheit ist dann überflüssig. Einige religiöse Satanisten gehen so weit, daß sie den Gott der Bibel aufgrund seines Verhaltens den Menschen gegenüber für den eigentlichen Satan, d. h. die Verkörperung des Bösen ansehen, während Satan der gute Gott sei. Denn er habe die Gestalt einer ► Schlange angenommen, um den Menschen im Paradies die Erkenntnis des Guten und Bösen zu vermitteln. Er wollte ihnen die Augen öffnen und zeigen, wie böse Gott sei. Für die Lebensführung hatten diese Lehren zur Folge, daß man gegen die Gesetze handeln müßte, weil das Böse das Weltprinzip ist. Die Verehrung Satans erfolgte in Anlehnung an den christl. Kultus, dessen Kernelemente in das Gegenteil verkehrt oder verspottet wurden. Man bezeichnet diesen Satanskult auch als ► Schwarze Messe.

● ARELIGIÖSER SATANISMUS: Da die Existenz eines personalen Gottes grundsätzlich geleugnet wird, gibt es nur das Böse, das man sich als weltbeherrschende Macht vorstellte. Da diese Macht nur zerstört und vernichtet, muß auch der Mensch, um nicht gegen das Wesen der Natur zu handeln, zerstören und Verbrechen begehen. Begründer dieser Richtung war der Marquis de ► Sade.

● LITERARISCHER SATANISMUS: Diese Bez. wurde ursprgl. für die von dem engl. Dichter Lord Byron (1788–1824) und seinen Schülern vertretene Stilrichtung gebraucht. Die Werke dieser Dichter haben einen düsteren Grundtenor, das Grausame spielt eine wichtige Rolle, und die Melancholie prägt den Charakter der Hauptpersonen. Die literarische Behandlung des Satanskultes und die Einführung des Teufels als Zentralfigur in literarischen Werken haben seinen Ursprung im Frankreich des 19. Jhdt.s, wo im Gefolge der Schwarzen Romantik der Satanismus zeitweilig zur Moderichtung wurde. Die wichtigsten Vertreter sind ► Baudelaire, ► Huysmans, ► Carducci, ► Leopardi und ► Lewis. Zwischen diesen drei Hauptgruppen gibt es viele Übergänge. So wird de Sade gelegentlich als Ahnherr und Begründer des literarischen S. angesehen.

Eine andere Gliederung schlägt Joachim Schmidt (*Satanismus, Mythos und Wirklichkeit*, Marburg 2003) vor, um alle Formen des S. begrifflich zu fassen:

● DER REAKTIVE, PRAGMATISCH-KONFORME S.: Satan wird als das Prinzip des Bösen verehrt, ohne daß sich seine Stellung im christl. Weltbild verändert. Ausgangspunkt dieses S., der beinahe ohne jede intellektuelle Grundierung auskommt, ist eine Protesthaltung gegen die christl. Religion. Anhänger dieser Form des S. finden sich in Jugendgruppen, Randgruppen der Gesellschaft und in den sog. ► Black-Metal-Gruppen.

● DER GNOSTISCH-UMGEWERTETE S.: Satan ist nicht das Prinzip des Bösen, sondern von ihm kommen die positiven Eigenschaften, wie Wissen, Erkennen und Freiheit. Der christl. Gott drückt negative Züge aus, weil er den Menschen täuscht und unterdrückt.

● DER INTEGRATIVE S.: Der Gegensatz zwischen Gott und Satan ist aufgehoben. Beide sind nur verschiedene Pole einer Einheit. Ein Vertreter dieser Spielart ist Charles ► Manson, der sich als Christus und Satan bezeichnete.

● DER AUTARKE, SEKUNDÄR-ACHRISTLICHE S.: Dieser S. hat alle Verbindungen zum Christentum gelöst und verehrt als Prinzip des Bösen einen Gott, der in einer nichtchristlichen Religion das Böse symbolisiert – wie z. B. ► Seth in der Religion der Ägypter.

● DER SYNKRETISCH-GEBROCHENE S.: Mit seiner Bez. werden okkultistische Strömungen erfaßt, in denen der Satan zwar eine Rolle spielt, wie z. B. in der ► Fraternitas Saturni, aber nicht Mittelpunkt ihres Kultes ist

● LITERARISCHER S.: Diese Form des S. reicht von den Märchen und Sagen mit Hexenmotiven bis hin zu der Schwarzen Romantik des 19. Jhdt.s, die sich in literarischer Form (► Baudelaire, ► Carducci, ► Huysmans) mit der Gestalt des Satans und seiner Verehrung beschäftigt.

Ausgangspunkt des modernen S. ist das Gedankengut der Gnosis, das seit dem frühen Mittelalter in Häretikergruppen (► Katharer) und geheimen Sekten (► Luziferaner) weiterlebte und in der Mitte des 19. Jhdt.s in Frankreich eine Renaissance erlebte. Die beiden Expriester Eliphas ► Lévi und ► Boullan sowie der Okkultist und Sektengründer ► Vintras begründeten den frz. S.. Ein wichtiger Schritt für die Entwicklung des modernen S. bedeutet der von Mc-Gregor Mathers, Woodman und Westcott 1883 gegründete Orden der Goldenen Dämmerung (► Golden Dawn). Diese vielfältigen Strömungen führten um die Jhdt.-Wende zur Gründung des O. T. Os. (Orientalischer Templerorden), der als eigentlicher Ahnherr des modernen S. gilt. Seine dtsch. Gründer Reuss und Kellner brachten aus der frz. Sektion der ► Gnostisch-kath. Kirche das Ideengut des franz. S. in den neuen Orden ein. Nach dem Eintritt des engl.

Magiers ► Crowley, („Marquis de Sade des 20. Jhdt.s") im Jahre 1910, der von der Tradition des Golden Dawn geprägt war, drangen auch die Lehren, besonders die Geheimlehren dieses engl. Ordens ein. 1913 verfaßte er für den O. T. O. das Messbuch. Die engl. und amerik.. Gruppen des O. T. Os. und die dtsch. Abspaltungen (Pansophische Loge und zum Teil auch

1966 gründete der Satanist LaVey in den USA die Church of Satan, die auch in Europa aktiv wurde.

die ► Fraternitas Saturni) bestimmten im 20. Jhdt. den S. Die 1966 von LaVey in Amerika gegründete Church of Satan mit Niederlassungen in Europa galt zeitweise als wichtigste Gruppe des S. Der organisierte S. wird heute eindeutig durch zahllose amerik. Gruppen („Kirchen") bestimmt: z. B. durch die ► Church of Satan, den ► Tempel of Seth oder die ► Process Church of Last Judgement.

SATANSHEXE

Bez. für Hexen, die ► Schwarze Magie betreiben. Die ► Thelema Society versteht darunter Hexen, die sich mit Leib und Seele dem ► Satan opfern. Durch die geschlechtliche Vereinigung mit Satan verschmelzen sie mit ihm und werden zu Satansengeln.

SATANSKULT

Siehe ► Satanismus und ► Schwarze Messe.

SATANSMORDE (IN SONDERSHAUSEN UND WITTEN)

Siehe ► Ritualmorde.

SATORFORMEL

Eine seit der Antike sehr häufig benutzte Zauberformel in Form eines Quadrates:

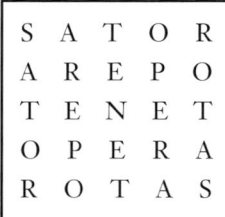

S	A	T	O	R
A	R	E	P	O
T	E	N	E	T
O	P	E	R	A
R	O	T	A	S

Diese Formel läßt sich von allen vier Ecken her in waagerechter und senkrechter Richtung lesen, wobei sich fünfmal die gleiche Aussage ergibt. Die S. wurde besonders als Beschwörungs- und Heilformel gegen Krankheiten benutzt. Der älteste Beleg stammt aus Pompeji (79 n. Chr.). Im Mittelalter war man von der christl. Herkunft der S. überzeugt und konstruierte mit Hilfe der Buchstabenfolge TENET in der Mitte ein christl. Kreuz. Wörtlich übersetzt, sollen die Worte folgenden Sinn haben: „Der Sämann Arepo hält mit Mühen die Räder" oder „Der Sämann hält den Pflug, der Arbeiter die Räder". Beides sind keine magischen Formeln im engeren Sinne. Die Satorformel könnte deshalb, so ein Standpunkt in der Forschung, auf einen Einweihungsritus deuten und ein Initiationszeichen sein.

SCHADENSDÄMON, PERSÖNLICHER

Schon die Antike kannte die Vorstellung von einem guten (Agathós Daimon) und bösen Dämon (Kakodämon), die von frühchristl. Theologen übernommen wurde: Von Gott sei dem Menschen ein guter und vom Teufel ein schlechter Schutzengel zugeteilt worden. An die Existenz dieses bösen Geistes im Menschen hielt die Mehrheit der mittelalt. Theologen fest. Es handelt sich hierbei aber nicht um einen speziellen Teufel, der für bestimmte Laster eines Menschen verantwortlich ist, wie z. B. Spiel-Teufel, Tanz-Teufel etc. Dieser S., der den Schutzengel (► Quarin) nachäfft, kann einen Menschen zu allen Lastern und Sünden verführen. Nach Auffassung des Islams habe jeder Mensch zwei Quarana.

SCHADENSZAUBER

Eine in allen Kulturen bekannte Form der ► Magie, die einem anderen Menschen oder seinem Eigentum Schaden zufügen will. Schon im altorientalischen Kulturkreis ist kein Übel denkbar, das ein Magier mit Hilfe von ► Beschwörungen der Dämonen, Zaubergetränken oder ► Zauberpuppen nicht vollbringen kann. In der Bibel, wo schädigende mag. Handlungen nicht besonders erwähnt werden, gilt jede Form der Zauberei als Abfall von Gott und wird mit dem Tod bestraft (Ex. 22,17: „Die Zauberinnen sollst du nicht leben lassen."). Im europäischen Kulturkreis (► Hexenprozesse) sind bereits in den Zwölftafelgesetzen der Römer (451 v. Chr.) Bestimmungen gegen das ► Maleficium (zauberischer Erntediebstahl, Ernteschädigung und Wetterzauber;

Er zählt zu den Kerndelikten des Hexereivorwurfes: der Schadenszauber. Im Bild: ein Seesturm.

► Wetterhexe) enthalten. In der Spätantike wird der S. von den Kaisern Diokletian (245–313) und Konstantin (317–361) als todeswürdiges Verbrechen verfolgt. Die germ. Volksrechte des Frühmittelalters kennen Strafbestimmungen gegen Ernteschädigung. Auch wenn in den Landrechtsbüchern Bestimmungen gegen Zauberei fehlen, wurde der S. immer, oft auch unter anderen Straftatbeständen, verfolgt. Anders als in Oberitalien und Südfrankreich, wo nach dem Auftreten von ► Ketzerbewegungen der S. als Form der Ketzerei galt, wurden in Deutschland nur wenige Menschen wegen S. verfolgt und dann meistens durch Wasser oder Feuer hingerichtet. In späteren Hexereidelikten spielte der Vorwurf des S., neben den vier anderen Kerndelikten ► Teufelspakt, ► Teufelsbuhlschaft, ► Hexenflug und ► Hexensabbat, die wichtigste Rolle. In den Einleitungssätzen der Hexenbulle von ► Innozenz VIII., die dem ► Hexenhammer von 1487 vorangestellt ist, werden die Gefahren des teuflischen S. besonders hervorgehoben.

SCHAITAN

Mehrz. Schaitane; Abl. von hebr. ► satan; von den islam. Gelehrten mit arab. satana: sich entfernen, verbunden. Aber der arab. Ursprung dieses Wortes ist unhaltbar, da S. über das Äthiopische, wo es auch die Bedeutung von Schlange hat, ins Arabische eingedrungen ist. – Gesamtbez. für böse Dämonen (Satane), während ► Iblis der Eigenname des Teufels ist. Meistens erscheint dieses Wort in der Mehrzahl und ist dann mit den ► Dschinn identisch. In der arab. Überlieferung gibt es Versuche, die Dschinn und die Schaitane voneinander abzugrenzen, indem man ihnen feurige Körper gibt und sie zu den Anführern der Dschinn macht. Der S. erhält im Koran gewöhnlich den Zusatz „der zu Steinigende". Er ist der Widersacher Gottes und Feind der Menschen, unter die er Zwietracht bringt. Die S. lehrten die Menschen Zauberei, die Kunst der gefallenen Engel Harut und Marut (► arab. Dämonen). Verschwender und Undankbare werden zu Brüdern der Satane erklärt. Mit ihnen werden aber nicht nur die schlechten Menschen und Ungläubigen, sondern auch die Poeten in Verbindung gebracht. Dem jüd. König Salomo wird die Herrschaft über die S. zugeschrieben, weil sie ihm bei seinen Bauten geholfen hätten.

SCHAMCHUSAI

Hebr.: Dämon; ein Engel der sich gegen Gott aufgelehnt hat und deshalb verstoßen wurde. Als er unter den Menschen lebte, nahm er sich ► Isthar als Frau, mit der er die Söhne Sihon, der später von den Israeliten erschlagen wurde, und ► Og hatte. Mit ► Lilith zeugte er die Söhne Achiman, Scheschai und Thalmai.

SCHATTEN

Nach der Vorstellung der Alten: Die aus dem Leben geschiedenen Seelen, deren Aufenthalt das Schattenreich oder -land (vgl. Schillers *Lied an die Glocke*: „Ach, sie weilt im Schattenlande") war. Auch die Ägypter glaubten an S., die Hüllen der Seelen, die sichtbar, aber nicht berührbar über die Erde glitten und wieder zum Körper zurückkehrten. Die Sing. der S. bezeichnen bei dem Psychoanalytiker C. G. Jung (1875–1961) den verborgenen Seelenteil oder das Nichtsichtbare des Menschen, dessen Erkenntnis die Aufgabe der Esoterik sei.

SCHEDIM

Sem. schud: Herr; ursprgl. Bez. für Schutzdämonen (sedu) in der babyl. Myth. In der Bibel werden damit zunächst fremde Götter bezeichnet, zu denen die Israeliten abgefallen sind (Dtn. 32,17; Psal. 106,37). Wie alle heidnischen Gottheiten wurden auch die S. von den Juden später in böse Dämonen umgedeutet.

SCHEOL

Hebr. möglicherweise: Ödland. Bez. im AT für den Ort der Verstorbenen, für den oft gleichbedeutend die Bez. „Grube" oder „Staub" gebraucht werden. Gewöhnlich verlegte man diese Stätte der Verwesung und Finsternis in das Innere der Erde. Im jüd. Volksglauben ist dieser freudlose Ort mit mächtigen Mauern umgeben. Wie das babylonische Totenreich (► Aralu) ist der S. ein Ort ohne Wiederkehr. Da alle Toten in den S. gehen müssen, besteht er aus zwei getrennten Bereichen, wo sich die guten und schlechten Seelen aufhalten. Stellen im AT (z. B. Jes. 14,15) enthalten den Hinweis, daß die schlechten Seelen je nach ihrer Sünde an anderen Stellen des S. bestraft worden sind (► Gehenna). Das Leben im S. gleiche einem Seelenschlaf (► Jüngstes Gericht). Man dachte nicht mehr an Gott; das Bewußtsein der Seelen war so vermindert, daß sie alles Geschehen auf Erden vergaßen.

SCHEMHAMPHORASCH

Abl. unsicher; hebr.: Der Name ist gut ausgesprochen; der geteilte Name, oder echter, ungeteilter Name. Bez. für den 72silbigen Namen Gottes. Quelle ist das Ex. 14,19–21. Jeder der drei Verse hat 72 hebr. Buchstaben, die zusammen 216 Buchstaben ergeben. Schreibt man nun jeden dieser drei Verse in einer geraden Linie, den einen über den anderen, und zwar den ersten Vers von rechts nach links, den zweiten von links nach rechts, und den dritten wieder von rechts nach links, so erhält man 72 senkrechte Reihen von je drei Buchstaben. Jede der 72 Reihen bildet ein Wort mit drei Buchstaben. Wenn man die entsprechenden hebr. Endungen hinzufügt, erhält man die Namen von 72 Engeln oder Attributen Gottes. ► Engel (Übersicht; Engel der Kabbala)

SCHLANGE

In den Mythen fast aller Kulturen werden der S. geheimnisvolle Kräfte zugeschrieben. Die Verehrung der S. als Gott oder Tierdämon dürfte mit zu den ältesten religiösen Schichten der Menschheit gehören. Sie spielt eine wichtige Rolle bei Weltentstehungs- oder Weltuntergangsvorstellungen und ist meistens das Symbol des Todes und des Bösen. Die alten Ägypter fürchteten um den Bestand der Welt, weil jeden Morgen und Abend die Apophis-S. die Barke des Sonnengottes angriff. In der altiran. Religion nimmt ► Ahriman, das Symbol des Bösen, die Gestalt einer S. an. Er hat die S. Dahak, die „Verderbliche", geschaffen, um die bestehende Welt zu verderben. In der germ. Mythologie wird berichtet, daß die ► Midgard-S., eine Tochter des ► Loki, den Weltuntergang mitverursacht habe. In den Sagen vieler Völker wird vom Kampf gegen eine gefährliche S. berichtet. Bei den Griechen tötet Apollo die S. Python und Herakles die Lernäische Hydra. In der Bibel (Gen. 1,3 ff.) tritt die S. als Versucherin im Paradies auf, die das erste Menschenpaar veranlaßt, vom Baum der Erkenntnis zu essen. In der späteren jüd. und christl. Tradition wurde dieser Sündenfall unterschiedlich gedeutet. Die allegorische Deutung sieht in der S. ein Symbol der Sinnlichkeit und Geschlechtslust. Der Sündenfall sei eine geschlechtliche Übertretung. Nach historischen Deutungen habe ► Satan die Gestalt einer S. angenommen oder eine wirkliche S. als sein Werkzeug benutzt. Andere Erklärungen betrachteten den bibl. Bericht als ein Märchen oder Mythos. Über die Herkunft der Paradies-S. gibt es nur Vermutungen. Sie wurde als Symbol des kanaäischen Gottes ► Baal gedeutet, der in S.-Gestalt dargestellt wurde. An mehreren Stellen der Bibel (z. B. 2. Kön. 23,4) wird er als einer der Götzen erwähnt, denen die Juden Opfer darbrachten. In dem Bericht vom Sündenfall wird der höchste Gott der kanaäischen Religion zu einem Tierdämon degradiert, der gegen Jahwe rebelliert. Es ist in der gesamten

Religionsgeschichte eine bekannte Erscheinung, daß die Götter eines besiegten Volkes als Feinde der herrschenden Götter dargestellt werden. Eine andere Erklärung verbindet den Sündenfall mit ähnlichen Vorstellungen in der altiran. Religion. Dort verführt die S., das Symbol des Bösen, aus Neid die Menschen. Als die Juden diese altiran. Sage im Exil kennenlernten, haben sie die ursprgl. natürliche S. zu einem Werkzeug des Bösen umgeformt. In einigen Richtungen (► Ophiten) der ► Gnosis wird die S. im Paradies als Retter der Menschen verehrt, die vom höchsten Gott zu Adam und Eva gesandt wurde, damit sie den Unterschied zwischen dem Guten und Bösen kennenlernten. Denn nur mit diesem Wissen könnten sie erkennen, wie böse diese Welt sei, die Gott geschaffen habe.

SCHLÜSSEL SALOMONS

Siehe ► Clavicula Salomonis.

SCHORNSTEIN

Siehe ► Hexenbesen.

SCHUTZENGEL

Nach der christl. Lehre ein Engel, der nach der Vertreibung der ersten Menschen aus dem Paradies jedem Menschen zur Seite steht, damit er den Nachstellungen ► Satans nicht schutzlos preisgegeben ist (Psal. 90,11; Hebr. 1,14). Jesus erwähnt einen Schutzengel der Kinder (Mt. 18,10). Ursprgl. wurde in der frühchristl. Engelslehre allen Naturdingen und ► Phänomenen ein Engel zugewiesen. Im Buch ► Henoch und in der Offenbarung des Johannes stehen der Hagel, der Reif, die Jahreszeiten etc. unter der Aufsicht eines Engels. ► Origenes lehrte, daß es Engel gäbe, damit Tiere geboren werden. Andere hielten sie für das Wachstum der Pflanzen notwendig. ► Thomas von Aquin drückte es in seiner *Summa theologica* so aus: „Wahrscheinlich werden die einzelnen Arten der Dinge von je einem Engel behütet." Da es nicht nur einen persönlichen S. für jeden einzelnen Menschen gibt, sondern ganze Völker, Staaten, Stände, Berufe, Ämter etc. einen S. besäßen, stehe jeder Mensch unter dem Schutz mehrerer Engel. Der im Mittelalter sehr einflußreiche ► Pseudo-Dionysius ließ die persönlichen S. aus der neunten und letzten Stufe der ► Engelhierarchie hervorgehen, aber die der Völker aus der achten Stufe. Seit dem 16. Jhdt. gibt es das S.-Fest, das am 2. Oktober gefeiert wird. Die Vorstellung von einem S. kennt auch die babyl. Religion, wo das Mischwesen Karibu (hebr. Cherubim) – halb Mensch, halb Tier – der Wächter der Tempel und der Häuser ist. Die alten Perser verehrten die Fravashi (die Erwählten), die als Urgeister Teil jeder Seele waren und den Menschen beschützten. Bildlich stellte man sie sich mit scharfen Speeren und schnellen Rossen vor, damit sie jeden Feind abwehren können. In der Antike ist der Glaube an einen

Der Schutzengel soll vor den Nachstellungen Satans schützen.

persönlichen Schutzgeist sehr verbreitet. Das ► Daimonion, wie die Griechen diesen persönlichen Schutzgeist nannten, war der Ratgeber des Sokrates. Hierüber hat der griech. Schriftsteller Plutarch (45–120 n. Chr.) eine Schrift mit dem Titel *Über den Schutzgeist des Sokrates* verfaßt. Aber dieser antike Schutzdämon war nicht nur Ratgeber eines Menschen, sondern er wachte auch über dessen Schicksal, das für jeden Menschen vorherbestimmt war. Der Neuplatoniker ► Jamblichos lehrte, daß der Schutz- oder Eigendämon, wie er ihn nannte, einem Menschen nicht aufgrund der Konstellation der Planeten zukomme, sondern schon lange vorher bestimmt sei. Deshalb sei es möglich, daß der Eigendämon eines Menschen ihn aus der Schicksalsbestimmung befreie. Die Römer glaubten, daß ihr Leben in den Händen des Genius (lat. gignere: erzeugen) liege, der ihnen von Beginn ihres Daseins an zur Seite stünde: „Mein Genius hat seinen Namen daher, weil er mich erzeugte." Den Römern war auch die Überzeugung vertraut, daß Völker und Städte einen Genius haben können. Der Geburtstag war der natürliche Festtag des Genius. Die Germanen glaubten an ein „zweites Ich", das sie Fylgjur nannten. Dieser Schutzgeist gehörte zwar zum Körper eines Menschen, aber er konnte sich zeitweilig auch von ihm trennen. Meistens erst kurz vor seinem Tod gibt sich dieser Dämon dem Menschen zu erkennen. Besonders hellsichtige Menschen können ihn auch im Traum beobachten. ► Schadensdämon, Persönlicher, ► Yidam

SCHWARZER ORDEN VON LUZIFER

Name eines neosatanistischen Ordens, der von dem Schweizer Fra Sartorius (Pseud. für Marcus Wehrli) gegründet wurde. Ausgangspunkt war eine Abspaltung der Schweizer Gruppe der ► Church of Satan, die sich als „Black Order of Trapezoid" bezeichnete und 1996 mit einer dtsch. Sektion der „Church of Satan" vereinigte. 1999 zerfiel diese Gruppe, und neun Mitglieder gründeten unter Leitung von Wehrli die satanische Ritterschaft vom „Schwarzen Orden von Luzifer". Ziel dieser Gruppe, die die Speerspitze Satans sein will, sind die Ausübung der „elitären Schwarzen Magie" und die Pflege der ritterlichen Ideale des ► Templerordens.

Bei der Ausgestaltung der Rituale, die altkeltisches und altgerm. Gedankengut enthalten, waren mag. Texte wie der „Runenschlüssel" von Karl Maria Wiligut, Freund des Reichsführers der SS, Heinrich Himmler, Vorbild. Wiligut, österr. Offizier im Ersten Weltkrieg, beschäftigte sich nach seinem Ausscheiden aus der Armee mit dem germ. Heidentum, hielt sich längere Zeit in einer psychiatrischen Klinik auf, emigrierte nach Deutschland und gewann die Sympathien von Himmler. Wegen seines Geisteszustandes fiel er aber in Ungnade und verlor seinen Rang innerhalb der SS. Der Orden ist hierarchisch aufgebaut und hat fünf Hierarchien: Großmeister und Prior, Satanische Templeisenschaft, Satanische Ritterschaft, Satanische Ritter und Ordensschwestern und ► -brüder (Mitglieder).

SCHWARZE MAGIE

Übers. von lat. Nigromantie, das aus Nekromantie: Totenbefragung, entstanden ist. Oft wird die Meinung vertreten, daß diese Richtung der ► Magie jüd. Ursprungs und mit der ► Kabbala in Verbindung stünde (► Magie, ► Kischup). Die S. ist aber eine internationale Strömung im Mittelalter gewesen, die durch die gegenseitige Beeinflussung von arab., jüd. und christl. Elementen entstanden ist. Verantwortlich für die Verbindung der S. mit der jüd. Mystik sind christl. Kabbalisten, besonders ► Agrippa von Nettesheim, der die Kabbala mit dieser Form der Magie verwoben hat, so daß bei seinen Bewunderern und Nachfolgern die Kabbala mit allen Arten der Magie, besonders der Schwarzen, gleichgesetzt wurde. Eine völlig andere Bedeutung hat die S. M. in den Lehren des ► Temple of Seth. Alle Verfahren und Techniken, die das Selbst eines Menschen, d. h. seinen seelischen Bereich, weiterentwickeln, werden als S. M. bezeichnet, während die Riten der traditionellen Religionen, die den Menschen mit Gott versöhnen wollen, der ► Weißen Magie zugehören.

SCHWARZE MESSE

Bez. des Meßrituals, das im Satanskult (► Satanismus) praktiziert wird. Dieser erst im 19. Jhdt. aufgekommene Name wird meistens von den schwarzgefärbten Hostien abgeleitet, die als Ersatz für die beim christl. Meßopfer benutzten Hostien verwendet werden. Man bringt diesen Namen auch mit der bei den S. M. praktizierten ► Schwarzen Magie in Verbindung. Die zentrale Vorstellung der S. M. beruht auf der Verhöhnung der christl. Messe. Der Höhepunkt der kath. Messe ist die Verwandlung von Brot und Wein in den Leib und das Blut Christi. Diesem mag. Ritual, das eine solche Wirkung hervorbringt, wurden übernatürliche Kräfte zugeschrieben, die man sich für viele Zwecke nutzbar machen konnte. So wurden seit dem 6. Jhdt. Messen für gutes Wetter, Regen, Heilung von Krankheiten etc. gelesen. Fester Bestandteil des Kultes ist die S. M. in den von ► Gnosis und ► Manichäismus beeinflußten Sekten (► Luziferianer), die einen Satanskult praktizierten. In den S. M. der ► Luziferianer trat ein Priester auf, der über einer nackten weiblichen Gestalt ein schwarzmagisches Ritual praktizierte. Das Blut von Kindern und Tieren wurde für die Hostien benutzt. Als Ersatz für die Hostien dienten schwarzgefärbte Rübenscheiben, in die der Name „Satan" eingeprägt war. Man beschaffte sich auch echte Hostien, indem man an der christl. Messe teilnahm. Diesen Hostien wurde dann mit Blut oder Urin entweiht. Weitere Bestand-

Abbildung einer Hostienschändung (16. Jhdt.).

teile dieses Rituals sind vor allem sexuelle Handlungen wie die Spermienweihe.

Diese Berichte haben auch das Bild vom ► Hexensabbat geformt und führten zu der irrigen Vorstellung, daß dort die Hexen mit dem Teufel S. M. feiern würden. In den quellenmäßig gut dokumentierten Berichten von S. M. im 16. Jhdt. (► Chambre ardente) tritt der sexuelle Moment in den Hintergrund. Der Koitus als die Vereinigung des männlichen mit dem weiblichen Element ist fast ganz verschwunden. Die im Satanismus des 19. und 20. Jhdt.s praktizierten S. M. enthalten beide Bestandteile, die Verhöhnung der christl. Messe und Obszönitäten. ► Blutmesse, ► Huysmans, ► Rote Messe, ► Sexualmagie

SCHWARZES HÜHNCHEN

Frz. Zauberbuch, das um 1740 publiziert wurde. Ein frz. Offizier erfährt von einem heimischen Magier das Geheimnis der Schwarzen Henne: Die Schwarze Henne, der die Augen verbunden sind, müsse eines ihrer Eier ausbrüten. Das Küken hätte die Fähigkeit, verborgenes Gold zu finden.

Das Geheimnis der Schwarzen Henne: Titelblatt der französischen Ausgabe „La poule noire".

SCHWEIDLER, MARIA

Titelheldin des Romans *Die Bernsteinhexe*, den der Pfarrer Wilhelm Meinhold 1843 veröffentlichte. Dieser im 19. Jhdt. sehr populäre Roman schildert eine Hexenverfolgung während des Dreißigjährigen Krieges in Pommern. Der Roman erweckt den Anschein, auf einer Originalhandschrift des Vaters von Maria Schweidler zu beruhen.

Das Werk, das einst das Lob von König Wilhelm IV. von Preußen fand, wurde bis in unsere Zeit hinein nachgedruckt. Der große Erfolg trug erheblich dazu bei, daß man sich in Deutschland mit dem Hexenthema wissenschaftlich beschäftigte.

SCHWERT MOSIS

Hebr. Harba'de Mosaeh: Titel eines mittelalt. ► Zauberbuches, das Zaubersprüche enthält.

SCOT, REGINALD

1538–1599; engl. Adliger, der zeitweilig als Beamter tätig gewesen war. Unter dem Eindruck der Massenhinrichtungen von ► Hexen in Kent im Jahre 1582 verfaßte er die Schrift *Discovery of Witchcraft* (1584), die unter dem dtsch. Titel *Entdeckung der Hexerei* erschien. Darin bezeichnet er das Handeln der Hexen und die anderen übernatürlichen Künste als Folge einer Krankheit. Diese Frauen litten an Melancholie, die ihr Gehirn angriff und ihr Denken beeinträchtigte.

Dieses Krankheitsbild, das sich auch bei Männern zeige, trete noch stärker bei Frauen in Erscheinung. Sie bildeten sich ein, etwas Außergewöhnliches zu tun, aber in Wirklichkeit sei es Schwindel. S. unterscheidet vier Arten von Hexen: 1. Die unschuldig angeklagte Frau. 2. Geisteskranke Frauen, die von sich überzeugt sind, mit dem ► Teufel einen Pakt abgeschlossen zu haben. 3. Die echte Hexe, die nicht durch übernatürliche Kräfte Schaden zufügt, sondern durch Gifte. 4. Angeberinnen, die vorgäben, mit Hilfe von ► Zaubersprüchen Wunder vollbringen zu können.

Der engl. König Jakob I. ordnete die Verbrennung der Schrift an.

SCOTT, WALTER L.

1771–1832; engl. Romanschriftsteller, der vor allem durch seine historischen Romane *(Waverley Novels)* bekannt wurde. Weniger bekannt ist sein Interesse an Fragen des ► Okkultismus. 1830 veröffentlichte er *Letters of Demonology and Witchcraft* (dtsch. 1833: Briefe über Dämonologie und Hexerei).

Inhalt: 1. Brief: Der Glaube an übernatürliche Erscheinungen beruhe auf der Annahme einer unsterblichen Seele. 2. Brief: Die Folgen des Verkehrs des Menschen mit der übernatürlichen Welt. 3. Brief: Hexerei bei Kelten, Römern und Germanen. 4. und 5. Brief: Die Feen: Berühmte Fälle bzw. Prozesse von Personen, die mit diesen Wesen in Kontakt standen. 6. Brief: Die Folgen der Christianisierung auf den Hexen- und Feenglauben. 7., 8., und 9. Brief: Auseinandersetzung mit Hexen und Hexerei. 10. Brief: Astrologie und Geister.

Die Lektüre dieser Briefe setzt nicht nur wegen des zeitlichen Abstandes einen sehr kritischen Leser voraus, sondern auch deshalb, weil S. keine Gelegenheit ausläßt, seiner antikatholischen Einstellung Ausdruck zu verleihen.

SEAX-WICCA

Siehe ► Buckland.

SECRETA SECRETORUM

Titel einer mittelalt. mag. Schrift. ► Arcana arcanorum

SEERE

Ein Dämon (► Pseudomonarchia daemonum); Gehilfe des ► Amaymon, der die Gestalt eines schönen Mannes hat. Sein Herrschaftsgebiet ist der Osten. Auf seinen Befehl hin muß jedes Wesen erscheinen. Sekundenschnell transportiert er Menschen an jeden Punkt der Erde. Er entdeckt Diebe und erfüllt alle Wünsche der Magier.

SE'IRIM

Hebr. sa'ir: Name von Dämonen in Bocksgestalt, die sich auf Feldern oder in Einöden aufhalten. Wahrscheinlich handelt es sich bei den S. um bocksgestaltete babyl. Dämonen. Im AT (Jes. 13,21) werden haarige und zottige Wesen beschrieben, die sich in den Trümmerstätten des untergegangenen Babels aufhalten sollen. Eine andere Bibelstelle (Lev. 17,7) verbietet den Kindern Israels, den S. Opfer darzubringen. Um dies zu verhindern, werden Opfer auf dem Feld verboten.

Von der Gestalt her lassen sich die S. mit den antiken Satyrn, ► Pan und den arab. ► Dschinn vergleichen.

SEMIPHORAS

oder Schamphoras; ein ► Zauberbuch, dessen Existenz 1456 schon ► Hartlieb bezeugt. Der vollständige Titel lautet: *Semiphoras und Schemhamphoras Salomonis Regis.*

Der Titel ist nach dem kabbal. ► Schemhamphoras gebildet, das die 72 Gottesnamen bezeichnet. Jedem von ihnen ist ein ► Engel zugeordnet. Nach der Aufzählung der göttlichen Namen folgt die Darstellung der himmlischen Hierarchien und Schilderung der Macht der Engel in den 12 Tierkreiszeichen.

SEMYAZA

Zus. aus hebr. shem: Name und Azza (Name eines Engels). Name des Anführers der gefallenen Engel (► Engelsturz). S. wird oft mit ► Azael gleichgesetzt.

SEPAR (ZEPAR)

Ein Dämon (► Pseudomonarchia daemonum); er erscheint als Herzog mit einer roten Rüstung. Seine Fähigkeiten: Er weckt Liebe bei Frauen, macht aber auch unfruchtbar.

SEPHER HA RAZIM

Das Buch der Geheimnisse; ein hebr. ► Zauberbuch aus dem 3. Jhdt. n. Chr. Es wurde 1966 von Margalioth anhand von Fragmenten rekonstruiert. In sieben Teilen werden die sieben Himmel und die dort wohnenden ► Engel beschrieben, dann folgen Anweisungen, wie man diese Engel anrufen kann.

SEPHER JEZIRA

Buch der Formung oder Weltbildung, das in seiner jetzt vorliegenden ersten Fassung etwa aus dem 9. Jhdt. n. Chr. stammt. Es hat nichts gemein mit dem im Talmud erwähnten Zauberbuch *Jezirah*, sondern ist vielmehr die sonderbare Arbeit eines Mannes, der das, was er von Arithmetik, Sprachlehre, Physik, Anatomie und astrol. Astronomie usw. verstand, zu einem Ganzen verwob. Aus den Zahlen 1 bis 10 und den 22 Buchstaben des hebr. Alphabets macht er 32 Formen der Weltbildung – die 32 Middoth –, die aber sofort ungleichwertig auseinanderfallen, indem er die 10 Zahlen als eine Art von Kategorie des Seins und die Buchstaben als Grundelemente nicht nur der Worte, sondern auch der Dinge darzustellen sucht. Was ihm vorschwebte, war etwa folgendes:

Die Einheit ist zunächst als Einzahl zu deuten; diese ist der „Hauch (Geist) des lebendigen Gottes". Diese Einheit setzt sich zunächst als Einzahl – 1 – zusammen; sie ist der „Hauch (Geist) des lebendigen Gottes". Die Einzahl setzt die 2 aus sich heraus; diese entspricht dem „Hauch vom Hauche" – dem vom göttlichen Geist geschaffenen menschlichen Hauche, nämlich der Stimme, in der die 22 Buchstaben als Wort und Seins-Elemente ihren Ursprung haben; kosmisch ist der geschaffene Hauch, die Luft. Wie die 2 zur 3, so entwickelt sich die Luft zum Urwasser, aus dem sich das eigentliche Wasser und die Erde scheiden. Aus der 3 geht die 4, aus dem Urwasser das Feuer hervor, das zusammen mit Luft und Wasser den Himmel samt seinen Gebilden zeugt.

Zu diesen vier Elementarverhältnissen treten die sechs Dimensionen (östl., nördl., westl. und südl. Richtung; Höhe und Tiefe), so daß die Elementar-Dekade (Ur-Zehn) entsteht, die die Elemente allen Seins enthält. Indem nun mit diesen zehn ersten Zahlen oder Urprinzipien die 22 Buchstaben als Ding-Elemente in Verbindung treten, entstehen die Einzeldinge, und zwar durch die Methode der Waage, d. h. durch die Grundformen des Gesetztseins, Entgegengesetztseins und der Vermittlung (Thesis, Antithesis, Synthesis). Die zehn ersten Zahlen (die erste Dekade, die in der unendlichen Zahlenreihe immer wiederkehrt) nennt der Verfasser „Sephiroth", was u. a. auch wirklich „Zahlen" bedeutet.

Die „Zahlen" sind also auch Angaben über die Urverhältnisse des Seins. Aber auch die dritte Bedeutung des Wortes „Sephirah" (das ist die Einzahl), nämlich als Hebräisierung des griech. Wortes sphaira: Kugel, spielt mit hinein. Das alles ist im Buche Jezirah noch im Werden; man sieht aber bereits den schillernden metaphysischen Begriff der späteren kabb. Sephiroth im Entstehen begriffen. ► Kabbala, ► Sepher Schimmusch Tehillim

SEPHER PIRQUE HECHALOTH

Hebr.: Buch der Paläste; eines der ältesten Werke der jüd. Geheimlehre (► Kabbala). Es ist mit dem 3. Henochbuch identisch.

Der Rabbi Jischma'el beschreibt darin seine Himmelsreise durch die sieben Paläste oder Tempel (Hechaloth) zu der Thronwelt Gottes und seine Begegnung mit dem Engel ► Metatron.

SEPHER SCHIMMUSCH TEHILLIM

Eine Auswahl von Psalmen (hebr.-dtsch.) für mag. Zwecke. In Berlin 1788 erschienen (1853 von Scheible in Stuttgart nachgedruckt). Darin finden sich auch Auszüge aus anderen ► Zauberbüchern. ► Semiphoras, ► Psalmenzauber

SERAPHIM

Hebr.: Feuermacher, Glut; verwandt mit akk. sarapu: anzünden, möglicherweise auch mit ägypt. srf: Drachen, Greif. Die S., zu denen Michael, Seraphiel, Jehoel, Uriel, Kemuel, Metatron, Nathanael und Satan vor seinem Fall gehören, nehmen den obersten Platz in der neunstufigen ► Engelhierarchie ein. Gleichsam als Symbol der göttlichen Liebe stehen sie neben seinem Thron und preisen ihn unablässig mit den Worten: „Heilig, heilig, heilig!" Man stellte sie sich als Wesen mit vier Köpfen und sechs Flügeln vor.

SETH

Ägypt. Gott: Bruder des Osiris und der Isis. Da er auf seinen Bruder Osiris sehr eifersüchtig war, überredete er ihn, in eine Truhe zu steigen, die er verschloß und in den Nil warf. Als seine Schwester Isis ihn rettete, zerstückelte ihn S. in 14 Teile, die er in ganz Ägypten verstreute. S., das Symbol des Bösen, wird mit dem Körper eines Windhundes, mit geraden und gespaltenen Schwanz, langer gekrümmter Schnauze, Schlitzaugen und eckig abgeschnittenen Ohren dargestellt. Er hat rote Augen und trägt bei den Ägyptern auch den Beinamen „Roter Gott", weil das Rot bei ihnen als unheilbringend galt. Der Gott Horus, der Sohn des Osiris und der Isis, besiegt ihn, indem er ihn mit seiner Lanze ersticht und entmannt. Dabei werden ihm auch die roten Augen herausgerissen.

Der ägyptische Gott Seth: Das Symbol des Bösen.

SEXUALMAGIE

Die Verbindung von Magie und Sexualität reicht bis in die Vorzeit zurück. Die abendländische S. hat ihre Wurzel in den Sexualpraktiken gnostischer Sekten wie Karpokratianer (2. Jhdt. n. Chr.) oder Phibioniten. Gemeinsames Merkmal dieser gnost. Kulte sind der Sexualakt beim Gottesdienst bzw. die Opferung des Spermas. Mittelalterliche Nachahmer sind z. B. die Adamiten und möglicherweise die Pikarden. Die böhmischen Adamiten, die ein kollektives Sexualleben praktizierten und pantheistischem Ideengut anhingen, wurden im Frühjahr 1421 ausgerottet. Die Pikarden stellten die radikalste Strömung innerhalb der hussitischen Reformbewegung dar. Umstritten ist allerdings, ob und inwieweit sich ihr chiliastisches Schwärmertum auch auf die sexuelle Sphäre erstreckte. Auch sie wurden 1421 radikal unterdrückt. Seitens der ► Inquisition wurden auch den ► Templern und ► Katharern sexuelle Ausschweifungen unterstellt. Mit Sicherheit sind die Orgien des ► Hexensabbats eine Erfindung von Dämonologen und Hexenrichtern. Nachweisbar praktizierte S. findet sich in den satanischen Sekten in der 2. Hälfte des 19. Jhdt.s in Frankreich (► Boullan), weiter im Orden ► Astrum Argentum von ► Crowley, in Deutschland im ► O. T. O. und in der ► Fraternitas Saturni.

SHAX

Ein Dämon (► Pseudomonarchia daemonum); er hat die Gestalt eine Taube und spricht mit rauher Stimme. Wenn ein Magier es wünscht, zerstört er die Sinne der Menschen und raubt ihnen den Verstand. Er stiehlt Geld aus dem Staatsschatz und bringt es nach 1.200 Jahren wieder zurück. Falls er in den ► mag. Kreis zitiert wird, kann er einen Menschen an jeden Punkt der Erde transportieren.

SIEGEL, MAGISCHE

Siehe ► Sigill.

SIEGEL SALOMOS

Ein Siegel, das auf den legendären König Israels, Salomo, (974–937 v. Chr.), zurückgeht. Es ist ein Hexagramm aus zwei einander überlagernden Dreiecken, deren Spitzen nach oben bzw. unten zeigen.

SIGILL

Lat. sigillum: kleine Figur, Siegel. Magische Symbole, die die ge-

Siegel: Graphische Darstellungen von okkulten Phänomenen. Im Bild: Abbildungen des Siegels Luzifers und Beelzebubs.

heimen Namen von Göttern oder ► Dämonen darstellen oder graphische Darstellungen von okkulten Phänomenen enthalten; besonders in der Dämonologie von ► Engeln, ► Geistern und Dämonen und in der Alchemie von Stoffen und Verfahren. Es handelt sich um eine Art von Geheimsymbolen, die für Nichteingeweihte unverständlich sein sollen. Es gibt ca. 15.000 S. Mehrere S. bilden ein Siegel. Eines der bekanntesten S. ist das ► Pentakel oder Pentagramm.

SILAT

Siehe ► Ghul.

SILBER

Ein Element, das bei vielen Völkern mit dem ► Mond verbunden und in der Magie zum Herstellen von ► Amuletten benutzt wird, weil es die bösen ► Dämonen vertreiben soll. Im mittelalt. Volksglauben konnten nur Kugeln, die aus S. hergestellt waren ► Vampire töten. Diese mag. Tradition wird im modernen Hexenwesen fortgesetzt, wo S. das beliebteste Metall für die Herstellung von Schmuckgegenständen ist.

SIMONIANER

Gründer dieser gnost. Sekte ist der Magier Simon, der auch im NT (Apg. 8,9–24) erwähnt wird. Da ihm eine Frau namens Helene zur Seite stand, werden Mitglieder dieser Sekte auch als Helenianer bezeichnet. Als Simon sah, daß die Apostel Wunder bewirken können, bietet er ihnen Geld, wenn sie ihm ihr Wissen verrieten. Der Apostel Petrus lehnt empört ab, weil ihre Macht nicht käuflich sei. Die Christen betrachteten ihn als einen Repräsentanten der ► Schwarzen Magie, der sogar das Fliegen in der Luft beherrscht haben soll. Schließlich wird er von dem Apostel Petrus überwunden, wie die *Petrusakte*, eine außerbiblische Schrift, berichtet. Es kam nämlich zu einem Wunderwettkampf, in dem Simon Magus mit Tricks eine Totenerwekkung vortäuschte. Aber dem Apostel Petrus gelingt es, diesen Toten zum Leben zu erwecken. Aus Ärger verkündet Simon Magus seinen Anhängern, daß er zu Gott fliegen wolle. Doch die Dämonen, die ihn bei seinen Flügen begleiteten, wurden durch ein Gebet des Apostel Petrus besiegt, so daß er tot zur Erde herabstürzte. Die Lehre der S. wird im 6. Buch der *Widerlegung aller Häresien* von Hippolytes (160–235 n. Chr.) beschrieben: Das männliche und weibliche Prinzip gehe auf eine Wurzel zurück. Den gemeinsamen Geschlechtsverkehr übten die S. bei ihren religiösen Feiern aus, weil sie sich als von allen Sünden erlöst betrachteten. Weiterhin praktizierten sie geheimnisvolle Kulte und Riten wie den Geisterspuk und sollen sich angeblich einige Tage lebendig begraben lassen haben.

SINISTRARI, LUDOVICO MARIA

1622–1701; ital. Franziskaner. Theologieprofessor in Pavia. Autor der Abhandlung *De Daemonialitate, et Incubis et Succubis* (Von den Dämonen und dem Verkehr mit Incubus und Succubus). Das Manuskript wurde erst 1875 entdeckt. S. stellt darin die Behauptung auf, ► Incubi und ► Succubi seien keine bösen Dämonen, sondern menschliche Wesen, die Gefühle besäßen und auch von Christus erlöst würden. Sie könnten sich unsichtbar machen und durch Wände hindurchgehen. Der Geschlechtsverkehr mit ihnen sei keine Sodomie.

SOLAS

Ein Dämon (► Pseudomonarchia daemonum), er erscheint in der Gestalt eines Raben und dann als Mensch. Seine Fähigkeiten bestehen in der

Kenntnis der Astronomie und der geheimen Kräfte der Pflanzen und Steine.

SPARE, AUSTIN

1886–1956; engl. Maler, der zeitweilig der magischen Bruderschaft Silver Star, die von ► Crowley gegründet wurde, angehörte. S. „automatische" Zeichnungen von Dämonen und Geistern hatten die Bewunderung Crowleys erregt. Später vertrat er eine eigene Richtung in der Magie, die er Zos Kia Cultus nannte (► Blake). Er gab vor, in Visionen die entschleierte Isis erlebt zu haben und bis in das Innerste der ägypt. Mysterien vorgedrungen zu sein (► Isis-Mysterien). Einen Einblick in seine Gedankenwelt gibt sein *Book of Pleasures* (1913).

SPEE VON LANGENFELD, FRIEDRICH

1591–1635; Jesuit, der in Paderborn, Köln und Trier Moraltheologie lehrte, sowie bedeutender Barockdichter. In seiner 1631 zunächst anonym erschienenen Schrift *Cautio criminalis* (dtsch. 1648: *Hochnotpeinliche Vorsichtsmaßregel oder Warnungsschrift über die Hexenprozesse)* wandte er sich entschieden gegen die Übertreibungen und Auswüchse bei ► Hexenprozessen. Die begeisterte Zustimmung, die seine Kritik bei den evangelischen und kath. Fürsten fand, führte zu einer Einschränkung der Hexenprozesse. Beeinflußt von den Gedanken seines Ordensbruders ► Tanner und seinen Erfahrungen und Erlebnissen als Beichtvater von zum Tode verurteilten Hexen, veranlaßten ihn, seine Kritik niederzuschreiben. Das Werk besteht aus 51 Kapiteln und einem Anhang über Folter und Denunziationen bei der Christenverfolgung unter Nero. Die Kapitelüberschriften sind zwar in Frageform gehalten, aber der Leser soll aufgrund der Formulierung die Antwort erahnen. Zwar räumt S. die Existenz von Hexen am Anfang seines Buches ein, aber die nachfolgende scharfe Kritik an den Hexenprozessen weckt die Vermutung, daß er mit diesem Zugeständnis nur etwaigen Vorwürfen, selbst Ketzer zu sein, zuvorkommen wollte. Die Ursachen der Hexenverfolgung suchte er in Aberglauben und Mißgunst des niederen Volkes, dem Leichtsinn der Fürsten und Fanatismus der Geistlichen. Nur wenn diese Prozesse mit Umsicht und Besonnenheit geführt würden, könne verhindert werden, daß Unschuldige durch die unter der ► Folter erpreßten Aussagen der Hexen in die Ermittlungen hineingezogen würden und somit eine Hexenverfolgungswelle entstehe. Den Einwand, daß Gott die Verurteilung von Unschuldigen nicht zulasse, widerlegte er durch den Hinweis auf die christl. Märtyrer. S. empfiehlt Vorsichtsmaßregeln wie die Unschuldsvermutung, Abschaffung der Folter und Ausdehnung der Verteidigungsrechte der Angeklagten.

Die Not von zum Tode verurteilten Hexen veranlaßte Friedrich Spee (1591–1635) zu einer scharfen Kritik an der Praxis der Hexenprozesse.

Ein Angeklagter, der ein Verbrechen nicht gestanden habe, sollte als unschuldig gelten. Auch die gerichtliche Verteidigung einer Hexe sollte erlaubt sein, ohne daß dies den Verdacht der Hexerei nach sich zöge. Um die Unabhängigkeit der Richter zu vergrößern, sollte verboten werden, daß sie ein Kopfgeld für die Hingerichteten erhielten.

SPINA, ALPHONSO DE

1420 (?)–1491; span. Minorit jüd. Abstammung; verfaßte eine weitverbreitete Schrift *(Fortalitium fidei,* 1459) über den Hexenglauben. S. war Beichtvater des Königs Johann v. Kastilien. Im 5. Buch behandelt er Dämonologie und Zauberei. Nach seiner Ansicht findet der ► Hexenflug, wie schon der ► Canon Episcopi lehrt, nur in der Phantasie der Frauen statt und sollte deshalb straffrei bleiben.

SPINA, BARTOLOMEO DE

1475–1546; ital. Dominikaner und führender Theologe seiner Zeit, der im Auftrag von Papst Paul III. das Konzil von Trient (1545) vorbereitete. In seinem 1522 erschienenen Werk *Quaestio de strigibus* (Untersuchung über die Hexen) werden zum erstenmal Ketzer, Sarazenen, Juden und Hexen auf eine Stufe gestellt. S. kennt auch die Realität des ► Hexenfluges an, weil trotz gegenteiliger Ansicht des ► Canon Episcopi die zahllosen Geständnisse der Hexen bewiesen, daß der ► Hexenflug nicht nur in den Träumen stattgefunden haben konnte.

SPIRITISMUS

Lat.: Geisterlehre. Bez. für eine Richtung in der älteren Esoterik, die unerklärbare Erscheinungen auf das Wirken von ► Geistern zurückführt. Sie unterscheidet sich von dem Animismus dadurch, daß sie Geister als eigene Wesen von der materiellen Welt trennt. Diese Geister sind die Seelen oder die psychischen Energien der Verstorbenen. Der Spiritismus ist uralt und weltweit verbreitet. In Ansätzen taucht er schon in der Bibel und den Sagen der griech.-röm. Antike auf. Der Spiritismus als Richtung in der Esoterik nahm 1848 seinen Anfang, als sich in Hydesville bei New York ein berühmter Spukfall im Haus eines Farmers ereignete. Die beiden Töchter des Farmers John Fox behaupteten, sie hätten ein System entwickelt, wie sie mit dem Geist, der den Spuk verursachte, in Kontakt treten könnten. Die eigentlichen Begründer des S. waren der Amerikaner Andrew Jackson Davis (1826–1919). Sein Hauptwerk *The principle of Nature*, das man als die Bibel des Spiritismus bezeichnete, bot sich als Erklärung der Spukvorgänge von Hydesville an. Die Wirkung, die die Geister hervorriefen, wird auf das Ausströmen von Elektrizität zurückgeführt. Die Geister telegrafierten aus dem Jenseits zu den Menschen herüber. Er ist auch der Ansicht, daß ► Engel früher einmal Menschen gewesen seien, die sich immer mehr der Vollkommenheit näherten. Der Verkehr mit den ► Geistern sei aber noch unvollkommen, so daß Mißverständnisse entstünden. Eine andere Erklärung der Geistererscheinungen gibt der Franzose Allan Kardec (1803–1869) in seinem Hauptwerk *Livre des Esprit* (Buch der Geister; 20 Auflagen). Er teilt die Welt in einen materiellen und spirituellen, unsichtbaren Bereich ein, wo die Geister sich aufhielten. Sie seien keine besonderen Wesen, sondern die Seelen der Verstorbenen. Es gebe aber noch einen halbmateriellen Zwischenbereich, den „Perisprit". Darunter versteht Kardec die universelle Lebenskraft, die in allen Dingen vorhanden ist. Diese Kraft ist mit dem Magnetismus zu vergleichen. Die Geister werden in verschiedene Klassen (Engel, niedere Geister, Spottgeister) eingeteilt. Da es im Geisterbereich keinen Fortschritt gäbe, müßten sich die Seelen immer wieder mit neuen Körpern verbinden (Reinkarnation), damit sie sich läuterten und die Seligkeit erreichten. Die bösen Geister könnten auf die Menschen einwirken und sie zum Bösen verleiten. Moderne Deutungen sehen im S. eine besondere Form der ► Magie. An die Stelle des Magiers tritt ein Vermittler oder Medium, das den Kontakt zu den Geistern herstellt. Die spiritistischen Praktiken haben ausnahmslos ein Gegenstück in der Magie. Neu am S. ist der Versuch, die magische

Der Spiritismus führt unerklärliche Erscheinungen auf das Wirken von Geistern zurück. Im Bild der Begründer des Spiritismus, Andrew Jackson Davis (1826–1919).

Welt in ein System zu bringen und mit Hilfe der Vernunft erklärbar zu machen.

STARHAWK

Geb. 1951; Pseud. für Miriam Simos. Eine bekannte amerikan. Hexe und Autorin, die in ihren Büchern *Spirital Dance – A Rebirth of the Ancient Religion of Great Godes* (1979), *Truth of Dare* (1987) oder *Dreaming the Dark* (1982) einen Hexenkult lehrt, der gleichsam die Urreligion der großen Göttin ist (► Erdmutter). Dabei spielt

Die amerikanische Hexe Miriam Simos tritt unter dem Pseudonym „Starhawk" auf.

die Mondverehrung eine wichtige Rolle. Einen großen Einfluß übte auf sie die von Viktor Alexander und Gwydion Pendderwen vertretene Form des ► Wicca-Kultes aus. Diese Richtung, die auch als „Fairy-Cult" bezeichnet wird, stellt die Verehrung der Natur und der das Leben eines Menschen prägenden Ereignisse wie Geburt, Tod, Wiedergeburt etc. in den Mittelpunkt Die Namen der Gottheiten werden geheimgehalten.

STECHAPFEL

Botan. Bez. *Datura Stramonium;* heißt im Volksmund „Dornapfel", „Rauhapfel", „Krötenmelde", „Igelskolben", „Stachelnuß" oder „Tollkraut". Die Blätter des S. haben einen unangenehmen, betäubenden Geruch, der beim Trocknen etwas abnimmt. Ihr Geschmack ist sehr bitter und salzig. Die länglichen, nierenförmigen, fast halbkreisrunden Samen schmecken ölig und sehr bitter. In ihnen wie in den Blättern ist das giftige Alkaloid Hyoscyamin enthalten, das zu den psychoaktiven Bestandteilen der Hexensalben zählt. In der ► Schwarzen Magie wird der Samen benutzt, um Streit und Zank zu stiften. Man muß ihn nur unter den Tisch werfen, an dem Leute sitzen. Der Volksglaube verdächtigt die Zigeuner, den S. für ihre Hexenkünste zu gebrauchen. Sie sollen ihn auch aus dem Orient nach Europa gebracht haben. Von den S.-Arten, die über den ganzen Erdball verbreitet sind, ist der Rote Stechapfel (botan. Bez.: *Datura sanguinea*) eine der bekanntesten. Er wird vor allem von den Indianern Lateinamerikas für mag. Zwecke benutzt.

STEDINGER

Name der Bewohner eines Gebietes in Norddeutschland an der Unterweser (Oldenburg und Delmenhorst). Von 1197 bis 1234 waren sie Mittelpunkt eines Glaubenskriegs, dessen Ursache zunächst soziale Gründe hatte. Die Stedinger Bauern hatten sich nämlich geweigert, an Gerhard II., den Erzbischof von Bremen, den Zehent zu bezahlen. Aus diesen Streitereien entwickelte sich eine regelrechte Rebellion der Bauern. Die geistlichen und weltlichen Feudalherren organisierten einen Kreuzzug gegen sie und wandten sich an den Papst, der allen Ablaß versprach, die sich an dem Kreuzzug beteiligten. Doch die von dem Erzbischof von Bremen aufgebotene Streitmacht erlitt im Himmelkammerwald eine schwere Niederlage. Papst Gregor IX. erließ 1232 eine Bulle, in der den Stedinger Bauern unterstellt wurde, sie glaubten an böse Geister, machten sich von ihnen wächserne Bilder, holten sich von Wahrsagerinnen Rat und verrichteten andere Werke des Satans, wie z. B. ► Schwarze Messen. Außerdem hätten sie eine Art Teufelstheologie entwickelt. Darin würden sie die Behauptung aufstellen, daß ► Luzifer zu Unrecht aus dem Himmel verstoßen wurde und einst als Sieger wiederkommen werde. Ein zweites Kreuzzugsheer fiel schließlich in das Land ein und besiegte die Stedinger in der Schlacht von Altenech (1234). 6.000 Bauern wurden erschlagen und der Tag ihrer Niederlage zum kirchlichen Feiertag erklärt. Die Überlebenden wurden dem Erzbischof von Bremen abgabenpflichtig. Über einen angeblichen Teufelskult der Stedinger hat es fortan keine Berichte mehr gegeben.

STEINER, RUDOLF

1861–1925; nach dem Studium der Philosophie und Naturw. in Wien Herausgeber der naturw. Schriften Goethes; Leiter der deutschen Sektion der Theosophischen Gesellschaft. Er hatte aber auch enge Verbindungen zu okkult. Kreisen. Zwischen 1906 und 1914 leitete er den deutschen Ordenszweig des ► O. T. O. 1912 gründet er die Anthroposophische Gesellschaft, nachdem er sich von der theosophischen Bewegung getrennt hatte. Die Anthroposophie ist für ihn der Weg des Wissens, der den geistigen Teil des Menschen zu seinem geistigen Ursprungsort im Universum zurückführt. Dieser Weg zum Geistigen hin ist durch eine Kraft gefährdet, die S. in Anlehnung an die altiran. Myth. ► Ahriman nennt. Ahriman, den er auch als Mephistopheles bezeichnet, verkörpert die Erde, die Kälte und Dunkelheit. Diese zerstörerische Kraft versucht dem Menschen einzureden, daß die Erde, sprich: die materielle Welt, die einzige denkbare Welt sei. Ihm gegenüber steht ► Luzifer, dessen Symbole das Licht, die Luft und Wärme sind. Seine Welt sind die Spiritualität, die Musik und Literatur. Zwischen beiden Kräften tobt im Inneren der Menschen ein Kampf. In seinem augenblicklichen körperlichen und geistigen Zustand muß der Mensch versuchen, diese beiden widerstrebenden Kräfte in ein ausgewogenes Gleichgewicht zu bringen. Von S. und den Anthroposophen wird dieser Dualismus künstlerisch so dargestellt, daß der Mensch oder sein Repräsentant Christus zwischen Ahriman und Luzifer steht – oder der helle Luzifer steht über dem Menschen und der dunkle Ahriman darunter. Zwischen diesen beiden verläuft der Weg des Menschen, der einer Gratwanderung gleicht. In einer großen Holzplastik, die S. für das Goetheanum in Dornach, südlich von Basel gelegen, schuf, weist Christus mit der Rechten Ahriman in die Tiefe und schützt sich mit der erhobenen Linken vor Luzifer. Wenn ein neues Jahrtausend anbricht, wird ein Sonnen-Dämon mit dem Namen Sorath in Erscheinung treten, der sich dem Sonnen-Genius, der ätherischen Gestalt Christi, entgegenstellt. Mit Hilfe des Erzengels ► Michael wird dieser böse Dämon überwunden werden. Ein großes Gewicht legt S. den Engel der vier Jahreszeiten bei, denen er gegen die Tradition einen anderen Namen gibt. Diese Engel üben einen kosmischen Einfluß aus, während auf der Erde ein anderer Engel als ergänzende Kraft wirkt.

Den ► Erzengeln wird überdies die Rolle zugeschrieben, als Volksgeister und Volksseelen nicht nur die Geschicke ganzer Völkerschaften und Völkergruppen, sondern auch Zeitepochen zu bestimmen. Ein Zeitabschnitt, der von einem Erzengel regiert wird, dauert 300 Jahre. S. unterscheidet folgende „Regierungszeiten“ der Erzengel:

Oriphiel	200 v. Chr. bis 150 n. Chr.,
Anael	150 bis 500,
Zachariel	500 bis 850,
Raphael	850 bis 1190,
Samael	1190 bis 1510,
Gabriel	1510 bis 1879,
Michael	1879 bis 2300.

Michael ist für S. der wichtigste Erzengel. Die Veröffentlichungen S. umfassen 350 Titel, von denen sehr viele Sammlungen von Vorlesungen und Vorträgen sind. Die wichtigsten Werke sind: *Wie erlangt man Erkenntnisse der höheren Welten?* (1904), *Theosophie* (1904), *Die Geheimwissenschaft* (1909), *Anthroposophie* (1924).

STRIGEN

Lat. strix: Eule; in der Antike Bez. für zauberkräftige Frauen, die sich in Vögel verwandeln können (► Tierverwandlung). Im Mittelalter wurde S. gleichbedeutend mit ► Hexen gebraucht. Sie fliegen nachts zu den Kindern und saugen ihnen das Blut aus. Wenn einem Mann plötzlich die Kraft fehlte, mit einer Frau zu verkehren, dann fiel der Verdacht auf die S. als Verursacher. Das Aussaugen des Blutes benutzten die S. auch für den Liebeszauber.

SUÁREZ, FRANCISCO

1548–1619; span. Jesuit, Prof. für Philosophie und Theologie an verschiedenen span. Universitäten und am Collegium Romanum in Rom. Seine wichtigsten Werke sind: *Metaphysicorum disputationum*, *De anima* und *De legibus*. S. vertritt die Auffassung, daß der ► Satan gehofft habe, Gott würde sich mit ihm vereinigen, weil er über allen Geschöpfen stünde. Als Gott sich aber mit seiner Liebe den Menschen zuwandte, lehnte sich der Satan gegen ihn auf. Die ► Hölle ist vierstufig aufgebaut. Im einzelnen nennt er den Schoß Abrahams, wo sich nach der ► Höllenfahrt Christi keine Bewohner mehr aufhalten; ► das Fegefeuer, das nach der Auferstehung Christi ohne Bewohner sein wird und mit der Hölle zusammenfällt; den Aufenthaltsort für die mit der Erbsünde gestorbenen Kinder sowie die eigentliche Hölle.

SUCCUBUS

Lat.: darunterliegend; Bez. für die weibliche Gestalt des ► Teufels oder eines ► Dämons, der mit einem Mann Sexualverkehr ausübt.

Nach allgemeiner Vorstellung sind Dämonen in der Lage, mit Menschen Sexualverkehr auszuüben (Abb. aus dem 19. Jhdt.).

SÜNDENBOCK

Ein jüd. Ritual (Lev. 16,9), das bis 70 n. Chr. praktiziert wurde, um das ganze Volk von seinen Sünden zu befreien. Bevor das Laubhüttenfest, das jüd. Versöhnungsfest, gefeiert wurde, führte der Hohepriester zwei Böcke vor das Heiligtum und bestimmte durch Los, welcher Bock dem Jahwe und welcher dem ► Azazel geopfert werden sollte. Den Ziegenbock, der für den Gott Azazel bestimmt war, ließ man am Leben. Nachdem ein Priester seine Hände auf sein Haupt gelegt hatte, bekannte er „alle Missetaten der Kinder Israels“. Symbolisch beladen mit den Sünden des Volkes Israel, wurde dieser S. in die Wüste geschickt, wo man ihn von einem Felsen hinabstürzte. Wahrscheinlich handelt es sich um ein altes Sühneopfer am Versöhnungstag, mit dem erst später der Wüstendämon Azazel in Verbindung gebracht wurde. Eine psychoanalytische Deutung dieser Sühnehandlung führte zu dem Ergebnis, daß die beiden Böcke das menschliche Triebleben symbolisierten. Durch das Opfer an Jahwe, der im Himmel thront, werde ein Teil der Triebkräfte sublimiert, d. h. vergeistigt. Der andere Teil gelange als Sünde wieder zurück in das Unbewußte, das durch die Wüste dargestellt werde.

SÜNDEN DER ENGEL

Siehe ► Engelsturz.

SYMPATHIEMAGIE

Bez. für eine Form der ► Magie, die davon ausgeht, daß die Wirkung einer mag. Handlung weniger auf die geheimen Kräfte der benutzten Gegenstände als auf deren äußerer Form beruht. In der Natur gibt es eine Anziehung (Sympathie) oder Verbindung aller ähnlichen Dinge. Umgekehrt findet eine Abstoßung (Antipathie) von allem Unähnlichen statt.

Wenn man beispielsweise jemanden einer Tat überführen will, so zeichnet man ein Auge an eine Wand. Wenn der gesuchte Täter dieses Bild betrachtet, fängt sein Auge zu tränen an. Falls er die Tat leugnet, schlägt man einen Nagel in das Bild. Der Täter wird sofort zu schreien anfangen. In der Medizin kann die S. ebenfalls angewendet werden. Wenn eine Person an einem Leberleiden erkrankt ist, so verabreicht man ihm eine Pflanze, deren Blätter die Form einer Leber haben.

SYTRY

Ein Dämon (► Pseudomonarchia daemonum) mit einem Leopardenkopf; auf Befehl eines Magiers nimmt er eine menschliche Gestalt an, weckt Liebesgefühle bei Frauen und veranlaßt sie, sich nackt zu zeigen.

T

TALISMAN

Arab.: Zauberbild; ein Hilfsmittel, das beim Abwehrzauber benutzt wird. Im Gegensatz zum ► Amulett beruht die mag. Wirkung auf eingeritzten Buchstaben oder Wörtern. Von alters her wird die ► Sator-Arepo-Formel für T. benutzt.

Ein Hilfsmittel, das beim Abwehrzauber benutzt wird. Bild: Talismane aus Zauberbüchern.

TANNER, ADAM

1572–1632; Jesuit und Prof. in Ingolstadt. In seinem Werk *Theologia scholastica* (1627) nahm er eine kritische Haltung gegenüber den ► Hexenprozessen ein. Vorsichtig erhob er auch Bedenken gegen die Realität des ► Hexenfluges, der nach seiner Ansicht meistens nur in den Träumen der Hexen stattfinde. T. bezweifelte nicht die Existenz von Hexen und hielt auch ihre Bestrafung für rechtens, aber er wendete sich entschieden gegen die Mißstände bei den Prozessen. Auf keinem Fall dürfe man bei leichtfertigen Beschuldigungen sofort zur Folter schreiten. Die durch die Folter erpreßten Geständnisse und die Denunziation von angeblichen Mitschuldigen seien wertlos. Auch den Einwand der Dämonologen und Hexenrichter, daß es Gott niemals zulassen würde, daß ein Unschuldiger in einem Hexenprozeß verurteilt wird, wird von ihm widerlegt.

TAROT

Bez. für ein Kartenspiel, das in Deutschland auch als „Tarock" bekannt ist. Von den 78 Karten werden die ersten 22 als die „großen" und die restlichen als die „kleinen" Arkana bezeichnet. Die 15. Karte der großen Arkana stellt den Teufel dar. In den ältesten T.karten, die von dem Italiener Mantegna (1431–1506) gezeichnet wurden, kommt der Teufel noch nicht vor. Erst in den Tarotkarten des 16. und 17. Jhdt.s tauchen der Teufel und die Hölle auf. Eine Deutung dieser Teufelskarte versuchte der Okkultist und Magier ► Lévi zu geben.

TAUF-EXORZISMUS

Seit dem 2. Jhdt. n. Chr. enthält das Ritual der Taufe einen exorzistischen Teil (► Exorzismus), in dem der Priester den Teufel auffordert, den Körper des Täuflings zu verlassen. Dieser T. wurde 1969 aus dem Taufritual entfernt.

TEGTMEIER, RALF

Siehe ► Illuminates of Thanateros.

TEMPLE OF SETH

Name einer Sekte, die 1975 von Michael A. Aquino (geb. 1946) gegründet wurde, nachdem er sich von der ► Church of Satan getrennt hatte. Die Gründe für diese Trennung sind letztlich in der persönlichen Rivalität von LaVey und Aquino zu suchen, der nicht länger die Nummer zwei in der Church of Satan sein wollte. Da sein Ansehen in der Kirche immer größer wurde, fühlte sich LaVey in seiner Stellung bedroht. Offiziell gab er als Grund für die Trennung von Aquino dessen Lehre vom Satan an. Im Gegensatz zu der Church of Satan beruhen die Lehren des T. auf einer bewußten Abkehrung von jüd.-christl. Glaubensvorstellungen. ► Satan, der als ein real existierendes Wesen angesehen wird, wird mit dem Namen des ägypt. Gottes Seth bezeichnet. Aquino behauptet, daß er von Seth selbst den Auftrag erhalten habe, eine neue Kirche zu gründen. Auch der Inhalt seines Buches *The Book of Coming Forth by Night* sei ihm von Seth mitgeteilt worden. Die Lehre wird als eine

Form des ► Linken Weges bezeichnet, dessen höchstes Ziel die individuelle Selbstentwicklung jedes einzelnen Menschen ist. Diese Lehre wird mit dem altägypt. Wort xeper: werden bezeichnet. Man stellt sich das ganze Sein als zweigeteilt in zwei Bereiche vor:

- Bereich (Omega): umfaßt die Persönlichkeit und die Seele des Menschen.
- Bereich (Omikron): ist die Welt um den Menschen herum, sprich: der Kosmos.

Im Gegensatz zu den traditionellen Religionen will der T. das dem Menschen eigentümliche Wesen weiterentwickeln, damit er gottähnlich werde. Seth ist ein Wesen, das seinen „Omega-Bereich" am weitesten entwickelt hat. Eine solche Weiterentwicklung kann man als unnatürlich bezeichnen, weil beide Bereiche nicht wie in den bekannten Religionen versöhnt werden, sondern getrennt voneinander bestehen sollen. Deshalb wird auch Seth als eine Personifikation der Seele verstanden. Die Methoden, die das „Xeper" in die Praxis umsetzen, werden als ► Schwarze Magie bezeichnet. Es handelt sich hierbei meistens um Manipulationstechniken, die das Verhalten eines Menschen verändern sollen.

Das sechsstufige Gradsystem der ► Church of Satan wurde vom T. übernommen. Nur der Name des 1. Grades wurde in „Sethian", der des zweiten in „Adept" und der des sechsten in „Ipsissimus" umgeändert. An der Spitze des Ordens steht ein „Rat der Neun", der einen Vorsitzenden wählt. Er hat das Recht, den Hohepriester des Ordens zu ernennen.

Als in den 90er Jahren die Kritik am Führungsstil Aquinos immer lauter wurde, legte er sein Amt als Hohepriester nieder. Sein Nachfolger wurde ► Stephen Flowers, ein Englischprofessor, der sich unter dem Pseudonym Edred Thorsson als Autor von Büchern über ► Runen einen Namen gemacht hatte. Flowers vertritt ein autoritäres Gesellschaftskonzept, das sich nach Ansicht seiner Kritiker schwerlich mit den von ► Crowley geprägten geistigen Grundlagen (Gesetz von Thelema) seines Ordens vereinbaren läßt.

TEMPLE SOLAIRE (SONNENTEMPLER)

bzw. Ordre du Temple Solaire (O. T. S.), Frz.: Sonnentempler; entweder Mitte der 50er Jahre in Frankreich oder 1971 von Joseph Di Mambro (1924–1994) in Südfrankreich gegründet. Der O. T. S. bezieht sich auf den Anfang des 12. Jhdt.s gegründeten Templer-Orden. Zwischen 1979 und 1981 übernahmen der Homöopath und „Wunderheiler" Luc Jouret und Joseph Di Mambro, der sich als Wiedergeburt von Osiris, Moses und einem mittelalterlichen Rittermönch inszeniert, die Führung des O. T. S. Jouret trat in der Folge als Heiler auf, Di Mambro stellte sich als Großmeister mit magischen Fähigkeiten dar. Die Lehren der Sonnentempler stellen ein Sammelsurium aller möglichen esoterischen Richtungen dar. Dennoch begann sich der Orden international auszuweiten. Die Mitglieder stammten in der Regel aus gutverdienenden Kreisen. Di Mambro und Jouret führten den O. T. S. in autokratischer Art und Weise. Die Arbeitskraft der Mitglieder wurde hemmungslos ausgebeutet, vermögende Mitglieder mußten hohe Geldspenden leisten. Mit seiner Geliebten hatte Di Mambro eine Tochter namens Emanuelle, die er zum Messias erziehen lassen wollte. Die apokalyptische Naherwartung der Sekte mündete 1994 in der Wahnvorstellung, nach einem kollektiven Tod im System des Sirius wiedergeboren zu werden, um dann eine neue Menschheit begründen zu können. 1994, 1995 und 1997 kommen über 70 Sonnentempler durch Morde (teils erschossen und vergiftet) oder Selbstmorde ums Leben. Die juristischen Straftatbestände lauten: Mord, Tötung auf Verlangen und Selbstmord. Nach dem Tod von Di Mambro und Jouret geriet Michel Tabachnik, ein bekannter Dirigent mit Schweizer und französischem Paß, dessen Ehefrau 1994 bei den „Selbstmorden" ums Leben kam, in Verdacht, der neue Großmeister des Ordens zu sein, was dieser bestritt. Er wurde 2001 in Grenoble angeklagt, das Sektenmassaker mitverschuldet zu haben. Eine Verantwortung konnte Tabachnik allerdings nicht nachgewiesen werden. Er wurde deshalb freigesprochen.

TEMPLERORDEN

Auch Tempelherrenorden; wurde im Jahre 1119 von Hugo v. Payens in Jerusalem gegründet. Nach ihrem Wohnsitz, der an den Salomonischen Palast angrenzte, nannten sie sich „Arme Ritterschaft Christi vom Salomonischen Tempel". Ihre Aufgabe war der Schutz der Jerusalempilger. Auf dem Konzil von Troyes im Jahre 1128 wurde der Orden vom Papst Honorius II. bestätigt, ab 1139 direkt dem Papst unterstellt. Durch Erbschaften, Schenkungen und Finanzgeschäfte wuchs der Orden und breitete sich in West- und Südwesteuropa aus. Anfang des 14. Jhdt.s mußte der Orden seinen Sitz nach Frankreich verlegen, weil das Heilige Land von den Sarazenen erobert worden war. Wegen seines Reichtums und Einflusses wurde der T. vom frz. Adel und bes. von Philipp dem Schönen argwöhnisch beobachtet. 1307 ließ er den Großmeister De Molay und die führenden Ordensmitglieder in Frankreich verhaften und verbrennen. Papst Clemens V. löste den Orden 1312 auf. Der T. war ein selbständiges Staatswesen mit Militär, Polizei, Gerichten etc. An der Spitze stand der Großmeister, der den in Ritter, Kapläne und Brüder gegliederten Orden leitete. Der Orden selbst zerfiel wiederum in Ordensprovinzen, die eine ähnliche hierarchische Struktur aufwiesen. Ungeklärt ist die Frage, ob der Orden nach dem Verbot noch weiter bestand und ob bzw. welche Geheimlehren er hatte. Hans Prutz hat 1879 in einer quellenmäßig gut fundierten Studie (er benutzte die Akten der Tempelherrenprozesse) mit dem Titel *Geheimlehre und Geheimstatuten des Tempelherren-Ordens* versucht zu beweisen, daß die folgenden fünf Anklagepunkte zu Recht erhoben wurden:

- Die Aufnahme neuer Mitglieder in den Orden war verbunden mit einer Verhöhnung des Kreuzes meistens durch Bespeien, zuweilen durch Treten mit den Füßen auch mit einer ausdrücklichen Verleugnung Christi und endlich mit Küssen, die die Aufzunehmenden dem Leiter der Zeremonie und anderen anwesenden Ordensmitgliedern auf Körperstellen zu geben hatten, die man sonst schamhaft zu verhüllen pflegt.
- Bei ihren geheimen Zusammenkünften erwiesen die Tempelherren vielfach einem meist in der Gestalt eines Kopfes gebildeten Idol, dem ► Baphomet, göttliche Verehrung, in dem sie das Bild des wahren Gottes sahen, des einzigen, an den man glauben dürfe.
- Die Priester des Tempelherren-Ordens ließen bei der Feier der Messe die nach der Verwandlung von Brot in den Leib Christ und Wein in das Blut Christi heilige Worte aus.
- Die Oberen des Ordens, obgleich Laien, behaupteten berechtigt zu sein, den Ordensrittern die Absolution zu erteilen.
- Den Mitgliedern des Ordens wurde bei der Aufnahme die ausdrückliche Erlaubnis zu widernatürlicher Unzucht erteilt.

Das Ergebnis der Studie von Prutz läßt sich so zusammenfassen: Der T. hatte Gedankengut

Darstellung des Baphomet, wie er in den geheimen Zirkeln des Templerordens verehrt worden sein soll.

der ► Gnosis und anderer kleinasiatischer und islamischer Sekten (Assasinnen und Ismaeliten) übernommen.

Bedenklich ist nur, daß die Aussagen der verhafteten Tempelherrenritter in der Regel unter der Folter gemacht wurden, so daß sich grundsätzlich die Frage der Glaubwürdigkeit stellt. Gegen Prutz wandten andere Forscher wie Henry Charles Lea ein, daß ein so reicher Orden wie die Templer ein großes Risiko eingegangen wären, wenn er eine neue Religion begründet hätte. Dies hätte zur Folge gehabt, daß Ordensmitglieder im Falle einer Entdeckung nicht nur ihre soziale Stellung in Frankreich eingebüßt, sondern auch schwere Verfolgungen hätten ertragen müssen. Eine solche Bereitschaft zum Martyrium muß aber bei einem Orden angezweifelt werden, der sich durch seine überwiegend weltliche Gesinnung selbst zugrunde richtete.

TENGLER, ULRICH

1440–1511; pfalz–neuburgischer Landvogt, dessen *Laienspiegel* (13 Aufl. von 1509–1560); eine Zusammenstellung des weltlichen Rechts enthält. T. setzt sich für die Bestrafung der Hexen ein und hat durch die weite Verbreitung seines *Laienspiegels* einen wesentlichen Beitrag für eine verstärkte Hexenverfolgung geleistet. In der ersten Ausgabe beruft sich T. noch auf das Röm. Recht (Lex Cornelia de sicariis et veneficis), während er in den folgenden theologische Quellen sowie insbesondere den ► Hexenhammer heranzieht. ► Carolina, ► Hexenprozesse

TESTAMENTUM SALOMONIS

Testament des Salomos; dieses in griech. verfaßte ► Zauberbuch stammt aus der Zeit um 100–400 n. Chr. Es wird darin beschrieben, wie ein Engel Gottes Salomo einen Ring übergab, mit dessen Hilfe er alle Dämonen dienstbar machen kann, weil sie ihm ihren Namen nennen müssen. Die Aufzählung der Dämonennamen, die zu den frühesten ihrer Art gehört, beginnt mit ► Belzebub und ► Asmodeus, den Anführern der Teufel. Von jedem Dämon wird seine Funktion angegeben.

TEUFEL

Abgel. von griech. diabállein: verleumden, verhaßt machen, auseinanderbringen; diabólos: Verleumder, im NT: Teufel. Bez. für das personifizierte Böse im christl. und islam. Glauben. Eine vergleichbare Gestalt des Bösen gibt es auch in Religionen, die auf einem Dualismus von Gut und Böse aufgebaut sind – so z. B. in der altiran. Religion (► Ahriman). In der T.gestalt des christl. Glaubens sind mehrere religiöse Vorstellungen zusammengeflossen. Der Kernbereich dieses Symbols des Bösen ist geprägt vom Satan des NT, der sich vom untergeordneten Gehilfen Gottes im AT zum Widerpart und einer Art Gegengott entwickelt. Dieses Verhältnis zu Gott wird sichtbar in seiner feindlichen Einstellung zu Christus, dem Sohn Gottes. Ein besonderes Problem bereitete es zu erklären, weshalb ein Wesen, das einst in der Nähe Gottes war, aus seinem Machtbereich verstoßen wurde. Als Lösung bot sich die bibl. Erzählung vom ► Engelsturz an, da der Teufel der Anführer dieser Engel war, die sich mit den Menschentöchtern einließen. Die berühmte Stelle aus Jesaia (14,12 ff.), wo der Sturz des Luzifers beschrieben wird, gab eine bessere Begründung für den Ursprung des Bösen. ► Luzifer stieg zum Himmel hinauf, um Gott gleich zu sein. Statt der Lüsternheit nach irdischen Menschentöchtern sind der Neid, der Hochmut und die Anmaßung die Ursachen für den Sturz des T. Diese Verbindung von ► Satan und Luzifer wird auch schon im NT vollzogen, wenn Jesus vom T. sagt: „Ich sah den Satan wie einen Blitz vom Himmel fallen“ (Lk. 10,18). Da der T. in den bibl. Texten eine Gestalt ohne Konturen ist, griffen schon die frühchristl. Autoren bei der Beschreibung des Ts. auf die antike Mythologie zurück. Der griech. Gott ► Pan, eine bocksgestaltige Tiergottheit aus archaischer Zeit, ließ sich aufgrund seines Wesens leicht mit dem bibl. S. verbinden. Da ► Pan der einzige Gott ist, der in irdischer Zeit starb, konnte er leicht mit Luzifer gleichgesetzt werden. Man schrieb dem T. nach einem Bericht der Bibel auch die Gestalt einer ► Schlange zu. Die christl. Autoren haben die Schlange, die Eva im Paradies verführte, als Werkzeug des Ts. oder als T. selbst gedeutet. Die Gleichsetzung mit den bibl. Ungeheuern ► Leviathan und ► Behemoth verleiht dem T. alle Merkmale, die ihm die mittelalt. Dämonologen zuschreiben. Der Satan des NT, Luzifer, die Schlange einschließlich der anderen bibl. Ungeheuer und der griech. Gott Pan bilden demnach das Vorbild des christl. Ts., wie ihn sich die mittelalt. Theologen vorstellten. Wenn man aber den T. zum Gegner Gottes und zum Feind seines Sohnes Christus macht, so ist es nicht nachvollziehbar, weshalb er dann eine Schattenexistenz von Gottes Gnaden führen soll. An diesem Punkt setzt die Kritik der ► Gnosis ein. Das Böse kann nicht als eine Macht definiert werden, die durch die Abwesenheit des Guten charakterisiert sei. Das Gute, symbolisiert durch Gott, und das personale Böse, der Satan, müßten sich gleichberechtigt gegenüberstehen. Wenn dies nicht Fall sei, dann bleibe auch Gott nur ein schattenhaftes Wesen. Diese beiden Vorstellungen vom T. lassen sich so zusammenfassen:

- Der T. ist ein von Gott geschaffenes Wesen, ein Engel, der von ihm abfiel und zu seinem Gegner wurde. Der T. ist ein Geschöpf Gottes und kein Gegengott; er versucht Gott und seine Schöpfung zu vernichten. Mit seinem Fall hat der T. ein Element der Unordnung in die ganze Schöpfung hineingebracht, das sich bis in die Gegenwart hinein auswirkt. Dies ist der Grundgedanke der christl. T.lehre.

• Der T. ist ein wie Gott selbstgezeugtes Wesen. Er ist der Herr der Menschen. Diese schon in der Gnosis verbreitete Auffassung wird vor allem von mittelalt. ► Luziferianern und Satanisten vertreten.

Zwischen diesen beiden grundsätzlich entgegengesetzten T.bildern gibt es auch vermittelnde Auffassungen, die den T. wie Jesus zu einem Sohn Gottes machen, der später von Gott abfiel und sich mit den Menschentöchtern verbunden hat. So wurde er zum Schöpfer der irdischen Welt. Da der Glaube an Teufel, Dämonen und Engel für den Menschen der Neuzeit schwer nachvollziehbar ist und Verständnisprobleme bereitet, wurde unter christl. Theologen die Frage diskutiert, ob es überhaupt zwingend ist, den Satan als eine Person aufzufassen, wenn Satan von den neutestamentlichen Schriftstellern erwähnt wird. Der katholische Theologe Herbert Haag kommt in seinen Büchern *Abschied vom Teufel* (Einsiedel 1969) und *Teufelsglaube* (Tübingen 1974) zu dem Ergebnis, daß man an allen Stellen des NT, die den T. ansprechen, die Wörter Sünde oder das Böse einsetzen könnte. Haag erwähnt auch, daß nach Umfragen ein Drittel der kath. und 51 Prozent der evangelischen Theologen nicht mehr an die Existenz eines persönlichen T. glaubten. Diese Neuinterpretation des T.glaubens ist von dem evangelischen Theologen Rudolf Bultmann (1884–1976) und seinen Schülern vorbereitet worden, die unter dem Schlagwort „Entmythologisierung" die christl. Lehre von allen Elementen eines mythischen, überholten Weltbildes befreien wollten. Wenn Jesus auf den Geister- und Dämonenglauben eingegangen sei, dann habe er sich nur der Meinung seiner Zeitgenossen angepaßt, um seine Botschaft verständlicher zu machen. Wenn der T. von einem personalen Wesen in eine Kraft oder Macht verwandelt wird, stellt sich allerdings die Frage, wer die Sünden der Menschen verursacht. Da das Böse in dieser Welt existiert, die vom Menschen gestaltet worden ist, ist die Sünde ein vom Menschen verursachtes Problem und damit allein seine Angelegenheit. Der T. hat die Funktion eines Hinweises auf das Böse, das in die Welt eingedrungen ist. Gegen diese Interpretation des T.glaubens wurde eingewandt, daß die Leugnung der Existenz eines persönlichen Ts. mit dem Glauben an eine ► Hölle unvereinbar sei. Nach Aussage des NT (Mt. 25,41) ist „das ewige Feuer dem Teufel und seinen Engeln" bereitet. Wenn der T. nur eine mythische Gestalt sei, dann muß man auch der Hölle die reale Existenz absprechen und ihr eine symbolische Funktion verleihen. Gegen diese Bestrebungen wandte sich 1972 in verschiedenen Erklärungen Papst Paul VI., auf die ähnliche Stellungnahmen des gegenwärtigen Papstes Johannes Paul II. folgten. Von Kritikern wurden diese Erklärungen als eine Wiedergeburt des mittelalt. T.glaubens bezeichnet. Paul II. bezeichnete den T., den Urheber der Sünden in dieser Welt, als Feind Nummer Eins, der mit einer „mörderischen Schlauheit" am Werk sei. Wer die Existenz dieses lebendigen geistigen Wesens in Frage stelle, stehe außerhalb der biblischen und kirchlichen Lehren. Nur durch größte Wachsamkeit jedes einzelnen Christen könnten die Angriffe des Ts. abgewiesen werden.

TEUFEL, GERMANISCHER

Siehe ► Loki.

TEUFEL, IM VOLKSGLAUBEN

Die im Volk verbreiteten Vorstellungen über den T. unterscheiden sich in wesentlichen Punkten von denen der Gelehrten und Hexenverfolger. Der T. in der dämonologischen Literatur ist eine furchterregende und gefährliche Person. Wie die zahlreichen, besonders aber die sprechenden Namen zeigen, ist er im Volksglauben eher eine Gestalt mit menschlichen und sympathischen Zügen. Für das Bistum Basel wurden über 80 Teufelsnamen nachgewiesen, wie z. B. der Alte, Grünrock, Höllenhund, Krummnase, Ziegenbock etc. Das volkstümliche Bild des Ts. wurde zunächst von den Predigten, dann nach Erfindung des Buchdruckes, durch eine wahre Flut von Büchern über den Teufel mit entsprechenden Illustrationen und von unzähligen Flugblättern, besonders zur Hexenthematik (► Hexe, Ihr Bild in der Kunst) geprägt. Flugblätter mit Illustrationen waren zwischen dem 15.–17. Jhdt. die Vorläufer der Zeitungen. Die Flugschriften wurden meistens von „fliegenden Händlern" angeboten, gekauft und dann von

Schriftkundigen vorgelesen und kommentiert. Um 1500 zählte ein Buch über ► Belial zu den am häufigsten verlegten Büchern. Später wurden in den protestantischen Ländern sogar die populären Heiligenlegenden durch die Teufelsliteratur verdrängt. Die sehr beliebten ► Teufelsdramen leisteten ebenfalls einen wichtigen Beitrag zur Formung des volkstümlichen T.bildes. Die bibl. Berichte von der ► Höllenfahrt Christ und der erfolglosen Versuchung Christi (► Entführung Christi) wurde in den Dramen breit ausgebaut und dazu benutzt, den T. als Dummkopf darzustellen. Aus der Gestalt des dummen Ts. entwickelte sich dann die Bühnenfigur des Hanswurstes oder Narren. Bei den meisten der in den Dramen abgeschlossenen ► Teufelspakte ist der T. letztlich der Betrogene. Das von den Theologen entworfene Bild des Ts., den sie als „Affen Gottes" bezeichneten, wurde vom Volksglauben mit seiner derben Komik, Humor und Drastik gern aufgegriffen und in unzähligen Bildern umgesetzt.

TEUFEL, IN DER BILDENDEN KUNST

Da die Bibel keine Beschreibung des T. enthält, sondern ihn nur in Tiergestalten darstellte, dienten in der Frühzeit des Christentums die theologischen Werke den Künstlern als Anregung. Als um 500 n. Chr. herum die heidnischen Götter zu Dämonen erklärt wurden, stand für die T.darstellungen der reichhaltige Schatz der antiken Mythologie zu Verfügung. Seit dem 9. Jhdt. wird der T. häufig, teils als ein Engel in nackter Menschengestalt mit Flügeln, teils als Vogel oder Drachen abgebildet. Im 12. Jhdt. kam die Idee auf, die Darstellung des T. auch an den Satyr- und Gorgonenbildern der Antike zu orientierten. Der T. in Satyrgestalt ist ein Mischwesen mit einem menschlichen Körper und den Körperteilen eines Bocks, wie Bart, Hörner, Schwanz und Klauen. Merkmale der Gorgonengestalt, die im 15. Jhdt. stark vertreten war, sind ein fratzenhaft verzerrtes Gesicht mit einem breiten Maul und einer langen Zunge, weibliche Brüste und Fledermausflügel. Das Haupt kann auch mehrfach vorkommen. In dieser Zeit wird besonders in Deutschland der T. mit einer langen, gebogenen Nase dargestellt. Seit dem 16. Jhdt. kennen der Einfallsreichtum und die Phantasie der Künstler, deren wichtigster Vertreter Hieronymus Bosch (1450– 1516) war, bei der Gestaltung des Ts.bildes keine Grenzen. Die zahllosen Schreckensgestalten entziehen sich jeden Systematisierungsversuchen.

TEUFEL, IN DER MUSIK

In der mittelalt. M. taucht der T. als ein Tonschritt auf, der wegen seines unreinen Klanges in der Kirchenmusik nicht benutzt werden durfte. Man bezeichnete diesen unreinen Tonschritt als Diabolus in musica: T. in der Musik. Ein Musiker, der gegen dieses Verbot verstieß, riskierte die Todesstrafe. In der frühmittelalterlichen M. bestand die Tonleiter aus einer Reihe von vier Tönen im Umfang einer Quarte (Tetrachord). Zwei Tetrachorde konnte man zusammensetzen, so daß eine Oktavgattung entstand:

Ton:	I II III IV V VI VII VIII
Intervall:	1 ½ 1 1 1 ½ 1

Vier solcher Oktavreihen konnten miteinander verschmolzen werden:

I II III IV V VI VII I' II' III' IV'

Zwischen dem I–IV; II–V; IV–VII und V–Iten Ton war ein Intervall von 2 ½ Tönen. Nur das Intervall zwischen III–IV umfaßt drei Tonschritte. Das wurde als eine übermäßige Quarte angesehen und ihr Klang galt als „unrein". Man versuchte das Problem zu lösen, indem man den Ton VI um einen Halbton verminderte, wodurch aber die Harmonie der Tonreihe durchbrochen wurde. Um dies zu vermeiden, zog man es vor, diesen Tonschritt als „Teufel in der Musik" zu verbieten.

Die zeitgenössische M. kennt den ► Satanismus in versteckter und offener Form. Durch komplizierte Aufnahme- und Mischverfahren ist es möglich, in einer Musik versteckte Botschaften (engl.: subliminals) so einzuflechten, daß sie vom Bewußtsein nicht mehr verstanden, aber vom Unterbewußtsein gehört werden können. Auf diese Weise ist es möglich, unser Unterbewußtsein direkt anzusprechen und auf indirektem Wege Überzeugungen zu vermitteln. Diese versteckte Werbung für den Satanismus durch geheime Botschaften wie z. B. „Satan rege – Satan regiere!" wurde durch die „Heavy-

Metal-Music" abgelöst, die zum Teil offen Satanismus propagiert. Diese heute sehr vielgestaltige Musikrichtung geht u. a. auf die Rolling Stones zurück, die 1969 bei einem Konzert als Ordner die berüchtigte Rockerbande „Hell Angel" einsetzte. Während des Liedes „Sympathy for the Devil" wurde ein Farbiger von dieser Rockergruppe getötet. Die engl. Band Venom, die sich ursprgl. Oberon nannte, machte den Satanismus und den Tod zum Thema ihrer Lieder. Mit dem Lied „Black Metal" gab sie dieser Richtung den Namen. In der Folgezeit gingen die Rolling Stones zu dieser musikalischen Richtung auf Distanz. Die „Black-Metal-Music" ist von der Rebellion gegen die Gesellschaft geprägt. Die Anhänger dieser Richtung werfen den etablierten satanistischen Gruppen wie z. B. der ► Church of Satan vor, daß sie die bestehende Gesellschaft voll anerkennen und nur das Christentum ablehnen würden. Einige dieser Gruppen bekennen sich offen zum Nationalsozialismus (Hitler = Luzifer) und zum ► Neuheidentum, wie es von den Ariosophen (Guido von List oder Lanz von Liebenfels) vertreten worden war. Die Grundthese dieser Richtung ist, daß alle Religionen ursprgl. „Rassereligionen" waren, die auf eine Urreligion zurückgeführt werden können. Träger dieser Urreligion sei der „nordische Mensch". In den 80er Jahren entstand in Skandinavien die „North-Black-Metal-Group", deren Ablehnung des Christentums so weit ging, daß sie Friedhöfe verwüsteten und weit über 100 Kirchen zerstörten oder anzündeten. Besonders taten sich bei diesen Angriffen die Gruppen Burzum und Emeror hervor. Varg Vikernes, der Anführer der Band Burzum, soll über zehn Kirchen angezündet und den Musiker Øystein Aarseth von der Band Mayhem ermordet haben. Bei seiner Festnahme fand man über 150 kg Sprengstoff, mit dem er weitere Kirchen zerstören wollte. Als Grund für den Mord an Aarseth kursieren verschiedene Gerüchte. Wahrscheinlich wollte der ermordete Sänger Aarseth seinem Kollegen Vikernes die Führungsposition in der von ihnen gegründeten satanischen Gruppe The Black Circle streitig machen. Ein norwegisches Gericht verurteilte ihn 1993 zu einer Haftstrafe von 21 Jahren. Im Gefängnis propagierte er in Artikeln und Liedertexten seine vom Neonazismus und Neuheidentum geprägte „Black-Metal-Music". Die bekannteste North-Black-Metal-Gruppe ist Mayhem, deren Lieder „Carnage"

Der norwegische Satanist und Black-Metal-Musiker Christian („Varg") Vikernes: Er ermordete seinen ehemaligen Freund Euronymous von Mayhem mit einem Messerstich in den Kopf.

und „Deathcrush" weite Verbreitung gefunden haben. Andere Gruppen bekennen sich schon durch ihren Namen wie Diabolos Rising, Fallen Christ oder Death to Christ zu dieser Richtung. ► Ritualmord

TEUFEL, IN DER NEUZEITLICHEN PHILOSOPHIE

Als im 18. Jhdt. die Philosophie eine unabhängige Stellung gegenüber der Theologie erringen konnte, spielte der T. in den Überlegungen der Philosophen nur eine untergeordnete Rolle und verlor seine Realität. Besonders bei den Aufklärungsphilosophen, für die der Mensch von Natur aus gut war, verlor das Böse, dessen Symbol der Teufel ist, seine fundamentale Bedeutung. Man konnte es durch menschliches Handeln wie z. B. Erziehung beseitigen, oder seine Macht erheblich abschwächen. Für Kant war der T. Symbol des absoluten Egoismus, während Hegel ihn als den Inbegriff der Negation ansah. Der Kant-Schüler Benjamin Ehrhard versuchte in seiner *Apologie des Teufels* (1795) die Kantsche Definition des Ts. in eine praktische Morallehre umzusetzen, die man als Philosophie der Unmoral bezeichnen könnte. Diese Lehre faßte er in sieben „satanischen Lebensregeln“ zusammen:

- Sei niemals wahrheitsliebend. Wer wahrheitsliebend ist, mit dem können andere rechnen. Du dienst ihnen damit, während sie dir nicht dienen.
- Erkenne kein Eigentum an. Versichere, daß das Eigentum heilig und unantastbar ist und allen gehört. Wenn du alles ohne jede Anfechtung als dein Eigentum besitzen kannst, dann hängt alles von dir ab.
- Sehe die Moral der anderen als Schwäche an und bediene dich ihrer für deine Zwecke.
- Stachle jeden zur Sünde an, während du die Moral als Notwendigkeit proklamierst.
- Liebe niemanden.
- Mache jeden unglücklich, der nicht von dir abhängig sein will.
- Sei konsequent bis zum letzten und bereue nie etwas. Was du einmal beschlossen hast, tue auf jeden Fall; komme, was kommen mag. So beweist du deine ganze Unabhängigkeit und gibst dir durch die Übereinstimmung von Denken und Tun den Anschein eines rechtschaffenden Mannes. Das gibt dir ein geeignetes Mittel, die anderen zu deinen Sklaven zu machen, bevor sie es überhaupt merken.

Diese Regeln enthalten keine Satanslehre, sondern wollen zeigen, wie man ein erfolgreicher und konsequenter Egoist wird. ► De Sade

TEUFEL, ISLAMISCHER

Siehe ► Iblis.

TEUFEL, IN DER PSYCHOANALYSE

Mit der Gestalt des T. hat sich die Psychoanalyse schon in ihren Anfängen beschäftigt. 1909 hielt der Verleger Heller in einer Sitzung der Wiener Psychoanalytischen Gesellschaft ein Referat über den T., in dem er zu dem Ergebnis kommt, daß der T. die Personifikation unseres verdrängten Trieblebens sei. Eine eingehende Untersuchung der Rolle des Ts. in der Religion veröffentlichte 1912 der Freud-Schüler Ernest Jones unter dem Titel: Der Alptraum in seiner Beziehung zu gewissen Formen des mittelalt. Aberglaubens. Nach seiner Ansicht enthält der Glaube an den T. zwei verdrängte Wünsche des Kindes, die aus der Frühzeit seiner Entwicklung stammten. Einmal bewundere das Kind seinen Vater und ahme ihn gerne nach; dann wiederum sei er eine Haßfigur, der er Trotz bieten möchte, weil er der Liebhaber seiner Mutter sei. Diese

In der Person des Teufels wird alles Böse zusammengefaßt. Bild: Der weibliche Teufel Lilith (siehe Folgeseite).

beiden Gesichtspunkte einer Vaterbeziehung seien in das Bild des Ts. eingeflossen. Wenn der Teufel eine Personifikation dieses doppeldeutigen Vater-Sohn-Verhältnisses sei, dann umfasse er die vier Urerfahrungen der Menschen: Der Teufel ist einerseits Vater, den das Kind bewundert und haßt, anderseits aber auch der Sohn, der den Vater nachahmt und Widerstand leistet. Der T. werde wegen seiner Stärke vom Menschen angebetet, aber gleichzeitig wegen seiner Zerstörungskraft gefürchtet. Die trotzige Haltung des Kindes entspreche der Auflehnung des Ts. gegen Gott.

1922, im selben Jahr, in dem Freud seine berühmte Arbeit über eine ► Teufelsneurose veröffentlichte, erschien eine Studie von Rudolf Löwenstein mit dem Titel *Zur Psychoanalyse der Schwarzen Messe*. Auch für Löwenstein ist der T. der rebellierende Sohn, der seine Triebe unterdrücken müsse. Wer den T. anbete, bei dem seien die unterdrückten Triebe aus dem Unbewußten zurückgekehrt, die in der „Schwarzen Messe“ ausgelebt würden.

Die psychoanalytische T.theorie wurde von Theodor Reik in der Studie *Der eigene und frem-*

de Gott (1923) weiterentwickelt: In allen Religionen existiere ein Dualismus von guten und bösen Göttern. Die bösen Götter oder Dämonen stammten meistens aus der Religion eines unterdrückten Volkes, die den Göttern der Sieger feindlich gesonnen seien. Diesen Gottheiten würden alle Eigenschaften zugeschrieben, die in der eigenen Person unterdrückt seien. Wenn man diese degradierten Götter verehre, würden auf rituelle Weise die unterdrückten Triebregungen abreagiert.

Der berühmte Psychoanalytiker C. G. Jung entwickelte seine T.theorie aus dem von ihm eingeführten Begriff der ► Schatten. Darunter versteht er den Teil unserer Persönlichkeit, der all das Verdrängte in unserem persönlichen Unbewußten enthält. Der Schatten sei nach seiner Definition die negative Persönlichkeit in uns. Ihre Wurzeln reichten bis ins kollektive Unbewußte zurück, das alle Urerfahrungen der Menschheit oder eines Volkes enthalte. Der T. sei im kollektiven Unbewußten die Gestalt des Widersachers oder Rebells. Diese Figur werde im kollektiven Unbewußtsein der Deutschen durch den germ. Gott Wotan repräsentiert. Das Christentum habe diesen Gott nur teilweise entmachten können.

Einen originellen Beitrag zu psychoanalytischen T.theorie lieferte Wilhelm Reich (1897–1957). Der menschliche Körper sei durch den Muskelpanzer wie von einer Mauer umgeben, so daß dem Menschen die Selbstwahrnehmung und das Organempfinden abhanden gekommen seien. Seine Person ist aufgeteilt in den Intellekt und das Emotionale. Da der Mensch ohne Erfolg ständig danach strebe, aus dieser Panzerung herauszubrechen, sammle sich in seinem Inneren Wut und Haß an. Die Folge diese Kampfes sei, daß alles Emotionale als schlecht und böse und der Intellekt als gut angesehen werde. Zusammengefaßt werde das Böse in der Person des Teufels, den Gott, der Inbegriff alles Guten, bekämpft.

TEUFEL, SEINE FARBE

Die typischen Farben des Ts. sind mit weitem Abstand Schwarz und Rot. Besonders die schwarze Farbe hat ihre Wurzel in der alten Vorstellung, daß der T. der Herr der Finsternis sei. In den Barnabasbriefen (150 n. Chr.), die zu den nichtbiblischen Schriften gehören, wird der T. als „schwarzer Mann" bezeichnet. Die Farbe Rot stellt eine Verbindung zu dem Höllenfeuer her. Da der T. gern die Gestalt einer Schlange oder eines Drachen annimmt, gehört auch die Farbe Grün zu seinen Symbolfarben.

TEUFEL, SEINE GESTALT

In zahlreichen Berichten wird der T. von den Hexen als „schwarzer Bock" beschrieben. Mit einer Bocksgestalt stellten sich die Griechen auch den Tiergott ► Pan vor, der aufgrund seines Wesens Urbild des mittelalt. Satans ist. Der Bock, das heilige Tier des germ. Gottes Donnar, wurde zu einem negativen Symbol, als die Christen seinen Gott wie alle heidnischen Götter in einen Dämon verwandelten. Der Teufel kann aber auch als das negative Gegenbild zum bibl. ► Sündenbock gesehen werden, den man mit den Sünden der Menschen beladen in die Wüste schickte. Neben zahlreichen anderen Tieren, wie Bär, Fuchs, Fledermaus, Hund, Sau oder Vogel, nimmt der T. nach dem Vorbild der Bibel (Offb. 12; 20,2) die Gestalt einer Schlange oder Drachens an. Die Fliegengestalt des T. wird ebenfalls in der Bibel erwähnt (Mt. 10,25; 12,24; hebr.-griech.-kirchenlat.: Beelzebul). Der Frosch und die Kröte, die nach antiker Auffassung trotz Giftigkeit als gutartige Wesen galten, waren im Mittelalter Symboltiere des T. und der Hexen (► Tierverwandlung).

TEUFEL, SEINE ZAHL

Auf dem Höhepunkt der Hexenverfolgung im 16. Jhdt. gab Wierus die Zahl der T. mit 44.435.556 an. Er kam zu dieser Zahl, weil jede der 6.666 Legionen des T. wiederum aus 6.666 T. bestünden. Dazu kämen noch 150 teuflische Könige, Herzöge, Grafen, Präsidenten, Ritter etc. Nach einer anderen Rechnung ist die Zahl der T. in 1.111 Einheiten gegliedert, von denen jede 6.666 T. zählt. Dies ergibt eine Zahl von 7.405.926 T., die von 72 Oberhäuptern regiert würden.. Nach der Rechnung von Alphonso de ► Spina (15. Jhdt.) beläuft sich die Gesamtzahl der Engel auf 301.655.722. Davon seien 133.306.668 gefallene Engel. Protestantische Autoren, die sich auf Luther beriefen, schätzen die Zahl der T. auf 2.665.866.746.664. Wieviele T. einen Menschen angreifen und besessen machen können, wurde im Prozeß gegen Pater

► Gaufridi berichtet. Dort sagte eine Nonne aus, daß sie von 6.666 Tn. besessen gewesen sei. ► Besessenheit

TEUFEL, WEIBLICHE

Nach den Lehren der ► Kabbala hat Gott vier weibliche T. geschaffen: ► Lilith, die erste Frau Adams, die mit ihm zugleich entstanden ist; Naamah, die Gattin des T. Schemeron, mit dem sie zusammen ► Asmodeus zeugte (sie gilt als Tochter des Brudermörders Kain); Maschkith oder Machlath, die sehr häufig mit Lilith Streit hat, sowie Iggereth, die Tochter Machalaths.

TEUFELSABBISS

Eine mit einer eigentümlichen, wie abgebissen aussehenden Pfahlwurzel versehene Pflanze, die botan. *Scabiosa succisa pratensis* genannt wird und der Gattung der Kardengewächse angehört. Die Volksmedizin gebrauchte die Wurzel und auch das Kraut der Pflanze in zerstoßenem Zustand gegen Entzündungen und Schmerzen bei Quetschungen.

T. heißt die Pflanze, weil der Teufel angeblich aus Ärger über deren Heilkräfte einen Teil der Wurzel abgebissen haben soll, um die Pflanze zu vernichten. Die Magie gibt an, daß derjenige, der eine Skabiose bei sich trage, gegen Teufelskniffe und vor bösen Frauen geschützt sei.

Sie galt auch als Hilfsmittel zum Schatzgraben.

TEUFELSBUHLSCHAFT

Der sexuelle Verkehr mit dem Teufel oder mit seinen Dämonen gehört neben ► Schadenszauber, ► Hexenflug, ► Hexensabbat und ► Teufelspakt zu den Hauptpunkten des Hexereideliktes. Diesen Geschlechtsverkehr vollzieht der Teufel bei nächtlichen Orgien auf dem Hexensabbat mit seinen Anhängern, die sich mit ihm durch einen Pakt verbunden haben. Je nach dem Geschlecht seines Sexualpartners nimmt der Teufel eine männliche Gestalt (► Incubus) oder eine weibliche (► Succubus) an.

Grundlage dieser Vorstellung ist die bibl. Erzählung (Gen. 6,1 ff.) vom Geschlechtsverkehr der Söhne Gottes mit den Menschentöchtern. Da es ihnen nach diesen Frauen „gelüstete", seien sie auf die Erde herabgestiegen und hätten sich mit ihnen vereinigt. Aus dieser Verbindung entstanden Riesenkinder, die wiederum sexuelle Beziehungen zu Frauen eingingen. Als Strafe für diese Tat wurden sie von Gott in Dämonen verwandelt (► Engelsturz).

Eine weitere Quelle der T. war die antike Mythologie, die zahlreiche Berichte über Sexualkontakte von Göttern und Halbgöttern mit Menschen enthält. Da die christl. Theologen diese antiken Göttergestalten in Dämonen verwandelten, wurden sie als sichtbare Beweise für die T. angesehen. Vermutlich haben die Kreuzfahrer im 13. Jhdt. diese Vorstellung aus dem Orient mit nach Europa gebracht. Denn die arab. Dämonen, ► Dschinn, stellen nach dem Volksglauben besonders jungen Mädchen nach. In den Erzählungen des ► Cäsarius von Heisterbach vergnügt sich der Teufel häufig als Incubus oder Succubus mit Menschen. Kirchenväter wie Laktanz (4. Jhdt.) machten die T. zum festen Bestand des christl. Glaubens.

► Augustinus hält bei der Erklärung der Bibelstelle Gen. 6,1 ff. eine Vermischung von Dämonen und Menschen für möglich. Er verweist hierbei auf die antiken Faune und Silvane, die Geschlechtsverkehr mit Menschen haben. Aber die Dämonen haben keinen wirklichen Körper, sondern nur einen „eingebildeten". Ein wichtigen Beitrag zur Begründung lieferte ► Psellos, der den Dämonen die Fähigkeit zuschrieb, eine männliche oder weibliche Gestalt annehmen und sich gegenseitig begatten zu können. Aus einer solchen Verbindung würden wurmartige Wesen entstehen.

Spätere Theologen wie ► Thomas von Aquin sahen es als erwiesen an, daß die körperlosen Dämonen einen Körper annehmen und den Geschlechtsverkehr ausüben könnten, aber sie hielten die Dämonen für zeugungsunfähig. Sie mußten sich als Succubus bei einem Mann den Samen beschaffen, um dann als Incubus mit einer anderen Frau Kinder zu zeugen. Diese Kinder stellte man sich als gräßliche Ungeheuer mit Wolfsköpfen und Fischschwänzen vor. Es wurde auch die Meinung vertreten, die Dämonen formten sich einen Körper aus kondensiertem Wasser und Gasen oder benutzten die Körper von Menschen, die sich unter dem Einfluß von Drogen oder Alkohol befanden.

Andere Theologen vermuteten (► Cardano), die Dämonen schlüpften in Leichen und belebten diese zeitweilig wieder.

Je nach dem Geschlecht seines Sexualpartners nimmt der Teufel eine männliche (► Incubus) oder eine weibliche (► Succubus) Gestalt an.

TEUFELSBÜNDNER

Folgende Abschlüsse eines ► Teufelspaktes sind seit der Antike tradiert:

ERICHTHO: Eine thessalische Zauberin, die nach dem Bericht des Dichters Lukan (39–65 n. Chr.) in seinem Epos *Pharsalia* die Seele eines gefallenen röm. Legionärs herbeizitiert. Dabei wendet sie sich an alle Mächte des Totenreiches (► Hekate, ► Persephone) und spricht Drohungen gegen sie aus, wenn sie ihr nicht den Wunsch erfüllten.

PROTERIUS: Der röm. Senator Proterius (331–363) hatte eine Tochter, deren Liebe sich einer seiner Knechte durch einen Teufelspakt erschlichen hatte. Als seine Ehefrau dies merkte, wandte sie sich an den Bischof Basilius, der ihren geständigen und reuigen Ehemann aus diesem Bündnis befreite.

PALUMBUS: Zur Zeit des Kaisers Heinrich III. (1017–1056) steckte ein Ehemann, dem der Ehering beim Speerwerfen hinderlich war, diesen an die Finger einer antiken Venusstatue. Nachdem das Spiel beendet war, suchte er seinen Ring vergeblich. Doch nachts erschien in seinem Schlafzimmer eine weibliche Person, die sich zwischen ihn und seine Ehefrau legte. Auf Anraten der Eltern der Ehefrau setzte sich ihr Mann mit dem Priester Palumbus in Verbindung, der den Ruf eines großen Magiers hatte. Auf dessen Befehl mußte der Ehemann einem Unbekannten einen Brief an einem Kreuzweg übergeben. Dieser verkleidete Dämon beschaffte den Ring wieder, aber er beklagte sich laut über das Verhalten von Palumbus. Als dieser davon erfuhr, beichtete er alles dem Volk. Daraufhin wurde er von dem Dämon zerrissen.

Im Mittelalter stand eine Reihe von Päpsten in dem Verdacht, mit dem Teufel angeblich einen Pakt geschlossen zu haben. Für diese Unterstellungen gab es eine Reihe von Gründen: Einmal ist hier die wenig zurückhaltende Machtpolitik einiger Päpste zu nennen, zum anderen ihr manchmal unangemessener Lebenswandel. Alles dies war dem Ansehen von Päpsten wie z. B. Sylvester II. (999–1003), Benedikt VIII. (1012–1024), Johannes XXI. (1276–1277), Gregor XI. (1370–1378), Alexander VI. (1492–1503) u. a. m. in erheblichem Maße abträglich. Behauptet wurde, diese Päpste hätten sich mit dem Teufel eingelassen, um auf den Heiligen Stuhl zu gelangen. Bis heute konnte für die Anschuldigung, daß irgendeiner dieser Päpste tatsächlich ein Satanist gewesen sein könnte, kein einziger Beweis erbracht werden. Entsprechende Untersuchungen wurden zu keinem Zeitpunkt eingeleitet. ► Faust, ► Theophilus

TEUFELSDRAMEN

Eine Form des Dramas, die im 11. Jhdt. in Frankreich entstand und als „Diablerie" bezeichnet wurde. Dieses geistliche Spiel, in dem vier Teufel in Tiermasken auftraten, enthielt soviel derbe und obszöne Komik, daß sich Papst Innonzenz III. im Jahr 1210 genötigt sah, die Aufführung in Kirchen und die Beteiligung von Geistlichen an diesen Spielen zu untersagen. Auch in Deutschland wurden geistliche Spiele mit der Teufelsthematik aufgeführt – so das „Spiel vom Antichristen", das um 1155 im ehemaligen Benediktiner-Kloster am Tegernsee entstanden sein soll. Diese geistlichen Schauspiele behandelten in einer Gerichtsverhandlung das Erlösungsthema. Der Teufel fühlte sich durch den Kreuzestod Christi um seine Rechte betrogen, die er Gott mühsam abgerungen hatte. Indem er alle Personen der christl. Lehre von Gottvater bis Adam als Zeugen herbeigeholt hatte, die ihre Aussagen zugunsten Christus machten, wurden die Ansprüche des Teufels auf die Menschheit widerlegt. Am Schluß wird er zur Belustigung des Publikums verurteilt. Aus diesen Vorläufern entwickelte sich das T., das trotz aller Possen, Witze und volkstümlichem Humor von der kirchlichen Lehre nicht abweicht.

Da der wichtigste Teil der Szenerie die Hölle war, erfand man einen dreiteiligen Aufbau der Bühne. Den untersten Raum der dreiteiligen Bühne nahm die Hölle ein. Sie war durch einen künstlichen Höllenrachen verschlossen, der sich öffnete, um den Teufel und seine Diener herein- und herauszulassen.

Den mittleren Raum nahm die Menschenwelt ein und darüber war das Reich Gottes. Der Teufel, der als grotesk-lächerliche Figur auftritt, versucht die Menschen zu verführen und die Hölle mit Sündern anzufüllen. Den Kampf um die menschliche Seele führt der Teufel, meistens als Luzifer bezeichnet, zusammen mit seinem Diener Satan und einer großen Schar von Unterteufeln. In den zahlreichen T. hat man über 64 Teufelsnamen festgestellt.

Breiten Raum nimmt in den T. das Bühnenstrafgericht unter Vorsitz von Luzifer ein, bei dem alle Personen der damaligen Gesellschaft vom Fürsten bis hin zum einfachen Handwerker auftreten und vor dem Teufel ihre Sünden beichten. Bei diesem höllischen Strafgericht werden die Frauen auffallend human behandelt, was der damaligen kirchlichen Lehrmeinung von dem Wesen der Frau widersprach. Denn seit dem Sündenfall wurde sie als Einfallstor Satans gedeutet, wie z. B. die Verfasser des ► Hexenhammers feststellten.

TEUFELSDRECK

Stark nach ► Knoblauch riechendes Gummiharz aus der Wurzel der Pflanze *Asa foetida*. In der Volksmedizin wurde es gegen eine große Anzahl innerlicher Erkrankungen eingesetzt. Wenn der T. verbrannt wird, entsteht ein schwefelartiger Geruch, der nach dem Volksglauben Dämonen vertreiben soll.

TEUFELSKINDER

Der Sexualverkehr zwischen Menschen und Dämonen, der als ► Teufelsbuhlschaft zum Delikt der Hexerei zählte und von den meisten Theologen und Juristen des Mittelalters als Realität anerkannt wurde, warf die Frage auf, ob aus einer solchen Verbindung auch Nachkommen entstehen könnten. Von der Existenz solcher Geschöpfe wurde auch in der Bibel berichtet, als die gefallenen Engel mit den Menschentöchtern Verkehr hatten (► Engelsturz). Um diese Riesen, die aus dieser Verbindung entstanden sind, auszurotten, schickte Gott die Sintflut. Doch einige dieser Ungeheuer konnten sich in der Arche Noah retten und paarten sich weiter. Die Frage der Nachkommen der Dämonen wurde besonders im Mittelalter im Zusammenhang mit dem ► Antichristen erörtert. Der Antichrist soll

Die Teufelsbuhlschaft warf die Frage auf, ob aus dieser Verbindung Nachkommen entstehen könnten.

nämlich aus dem Geschlechtsakt eines Dämons mit einer Frau entstehen. Das Äußere und das Wesen dieser T. wird unterschiedlich beschrieben. Manche Autoren behaupteten, daß diese Kinder Riesen seien und sich durch Charakterzüge wie Stolz, Kühnheit und Gottlosigkeit auszeichneten. ► Wierus meinte, sie seien von schwächlicher Statur und leicht. Wenn sie aber gewogen würden, hätten sie ein auffallend großes Gewicht. Eine weitere Theorie ging davon aus, daß diese T. keine richtigen Menschen seien, sondern nur auf Veranlassung des Teufels in der Phantasie der Frauen existierten. Wenn diese Einbildungen verschwinden würden, glaubten die Frauen, der Teufel habe sie weggezaubert. Oder man ging davon aus, daß diese T. Mißgeburten seien, die ihre Existenz einer List der Dämonen verdankten. Da sie zeugungs- und gebärunfähig seien, würden sie den Frauen ihre Kinder stehlen und ihnen an deren Stelle einen mißgestalteten Wechselbalg unterschieben. Die T. waren nämlich nach der Volksmeinung eine göttliche Strafe für die Sünden, besonders aber für den Verkehr mit dem Satan.

TEUFELSNEUROSE

Im Jahre 1922 veröffentlichte Sigmund Freud eine Abhandlung mit dem Titel *Eine Teufelsneurose im 17. Jhdt.* Der Bibliothekar Payer-Thurn hatte den berühmten Wiener Psychoanalytiker auf ein Manuskript aufmerksam gemacht, das den ► Teufelspakt und seine Folgen beschreibt, den der bayr. Maler Christoph Haitzman im Jahre 1668 abgeschlossen haben soll. Anlaß für den Abschluß dieses Paktes war der Tod seines Vaters, der bei ihm eine große Melancholie hervorrief. In diesem Vertrag, den er mit seinem Blut unterschrieb, verpflichtete sich der Maler, nach Ablauf von neun Jahren dem Teufel mit Leib und Seele zu gehören. Eine Gegenleistung des Teufels war nicht vereinbart. 1677 brachte man den Maler in die Kirche von Mariazell, nachdem er von schweren Krämpfen befallen wurde. In der Nacht erschien ihm der Teufel zunächst als normaler Bürger, dann aber mit weiblichen Hängebrüsten. Da die vereinbarte Zeit inzwischen abgelaufen war, fürchtete er, der Teufel würde sein Versprechen einfordern. Seine Hoffnungen richteten sich auf die Mutter Gottes, die ihn von diesem Pakt befreien sollte. In der Nacht wurde er von furchtbaren Träumen heimgesucht, in denen ihm der Teufel in fratzenhaften Tiergestalten erschien. Durch Buße und Gebete, die von den ► Exorzismen der Mönche begleitet wurden, erhielt er am 8. September, dem Tag der Geburt Marias, den Vertrag zurück. Nach seiner Heilung kehrte er nach Wien zurück. Doch seine Heilung war nur von kurzer Dauer, denn schon 1678 wurde er wiederum von fürchterlichen Krämpfen befallen und mußte in das Kloster Mariazell zurückkehren. Er gestand den Mönchen, daß er einen zweiten Vertrag mit Tintenschrift aufgesetzt hatte. Mit Hilfe von Gebeten und Exorzismen erhielt er auch diesen Vertrag zurück. Danach trat er unter dem Namen Chrysostomos in den Orden der Barmherzigen Brüder ein. Medizinisch gesehen, soll es sich um eine melancholische Depression gehandelt haben, die durch den Tod des Vaters ausgelöst worden sei und bei ihm Arbeitsunfähigkeit hervorrief. Offensichtlich habe der Maler in dem Teufel einen Ersatzvater gesucht, dessen Sohn er werden wollte. Die neunjährige Dauer könne als Hinweis auf die neun Monate einer Schwangerschaft gedeutet werden. Die Vatersehnsucht des Malers machte einen Konflikt aus seiner frühen Kindheit sichtbar. Der Sohn liebte einerseits seinen Vater, andererseits haßte er ihn, weil er ihm sein Liebesobjekt, die Mutter, wegnahm. Diesen nichtbewältigten Konflikt des Malers aus seiner Kindheit sei nach dem Tod des Vaters sichtbar geworden und habe sich als Neurose geäußert. Das Menschengeschlecht habe diese zwiespältige Einstellung zum Vater durch die Vorstellung von Gott, dem geliebten Vater, und dem Teufel, der Verkörperung des bösen Vaters, dargestellt. Gott und Teufel seien an sich eine Gestalt, wenngleich der Teufel sogar schon vor Gott existiert habe. Denn der Christ benötige den Teufel, um an Gott festhalten zu können. Damit alle feindseligen Gefühle nicht auf Gott, den geliebten Vater, übertragen würden, sei der Teufel als Haßobjekt geschaffen worden. Diese in jedem Menschen vorhandene Erfahrung wurde von dem Maler wiedererlebt, als sein Vater gestorben war. Seine Haßgefühle, die durch das Verlassensein entstanden seien, habe er auf seinen Ersatzvater, den Teufel, übertragen. Dieser Versuch der Selbstheilung habe scheitern müssen, weil der Maler trotz seiner starken Hinwendung zu seinem Vater noch auf seine Mutter fixiert gewesen sei. Daß er ein weibliches Verhältnis zu seinem Vater hatte, werde deutlich durch die Teufelsgestalt mit den Hängebrüsen. Deshalb suchte er Rettung bei der Mutter Gottes, die die Rolle seiner Mutter spielte. ► Teufel, in der Psychoanalyse

TEUFELSPAKT

Bez. für ein Teildelikt der Hexerei. Damit die Hexe den Schadenszauber überhaupt ausüben konnte, habe sie Satans Hilfe bedurft. Sie mußte mit dem Satan einen förmlichen Vertrag schließen, der aus einem umfangreichen Unterwerfungsritual bestanden hat. Eine bibl. Belegstelle für einen solchen Pakt findet sich im AT (Jes. 28,15). Obgleich diese Textstelle an sich nichts mit dem T. zu tun hat, wird durch die Übersetzung der lat. Bibel diese Beziehung hergestellt: percurrimus foedus cum morte et cum inferno fecimus pactum (Wir haben einen Vertrag mit dem Tod unterschrieben und mit der Hölle einen Pakt geschlossen). Luther übersetzt diese Stelle so: Wir haben mit dem Tod einen Bund und mit der Hölle einen Vertrag gemacht. Eine ausführliche Beschreibung findet sich im *Compendium maleficarum* von ► Guazzo. Eine mit dem T. vergleichbare Übereinkunft findet sich in

Um Schadenszauber ausüben zu können, bedurfte die Hexe der Hilfe Satans. Im Bild: ein Brand.

den vom Schamanismus geprägten Religionen, wenn der Schamane sich seinem Schutzgeist anvertraut, um im Trancezustand seine Reise zu den Göttern anzutreten. Im Gegensatz zur Hexe verfolgt aber der Schamane eine nützliche Absicht, weil er beispielsweise seinem Stamm eine gute Ernte beschaffen will. Die moderne Religionspsychologie erklärt diesen Pakt als eine Art Sympathie-Verbindung in Analogie zu den Sippenbünden der Menschen. Voraussetzung für ein solches Bündnis sei, daß zwischen den Hexen und dem Teufel ein Einvernehmen bestehe, das durch Gefühlsübertragung hergestellt werde. Um dem Einfluß einer dämonischen Macht wie dem Teufel zu erliegen, mußte bei der Hexe die Bereitschaft dazu vorhanden sein. Sichtbares Zeichen der Unterwerfung sind die einseitigen ► Blutrituale, in denen die Hexe einen Vertrag mit ihrem Blut unterschreibt oder der Kuß auf das Gesäß (osculum obscenum) des Teufels. Der mittelalt. T. wurde ansatzweise schon von ► Augustinus in seinen Büchern *De civitate Dei* (dtsch. Titel: *Der Gottesstaat*) und *De doctrina christiana* (dtsch. Titel: *Über die christliche Lehre*) ausgebildet. Augustinus teilt die Welt in zwei Staaten, besser Gemeinschaften ein, von denen die eine von Gott und seinen Engeln, und die andere vom Teufel und seinen Dämonen regiert werden. Der Teufel aber ist keine von Gott unabhängige Macht, sondern alle seine Handlungen könnten nur geschehen, weil Gott die Erlaubnis dazu gebe. Dies bedeute, daß Augustinus dem Teufel und seinen Helfern die Fähigkeit zuspreche, alle Handlungen der Magie (Zauberei, Wahrsagekunst etc.), die den Naturgesetzen zu widersprechen scheinen, tatsächlich zu vollbringen. Wenn ein Mensch mit den Dämonen eine Verbindung eingehe, sprich: einen Pakt schließe, könne er mit ihrer Unterstützung rechnen. Er kann die Zukunft voraussehen, weil die Dämonen aufgrund ihrer luftigen Beschaffenheit sich schneller fortbewegten und somit zukünftige Ereignisse in Erfahrung bringen könnten. Obwohl mag. Handlungen und Gegenstände wie Amulette wirkungslos seien, hätten sie dennoch die Funktion eines Zeichens, mit dessen Hilfe der Kontakt mit den Dämonen entstünde. Daß durch stumme Symbole eine Verbindung mit den Dämonen hergestellt werden könnte, geht auf den neuplatonischen Philosophen Jamblichos (► Neuplatonismus) zurück. Diese semiotische Theorie wurde von ► Albertus Magnus bei der Erklärung der Zauberei wieder aufgegriffen: Die Zauberer wirkten Wunder durch ein mit den Dämonen eingegangenes Bündnis. Bei ihm wird ausdrücklich zwischen einem durch Anrufung der Dämonen und einem nur durch mag. Handlung abgeschlossenen Vertrag unterschieden. Für seinen Schüler ► Thomas von Aquin wird schon durch die kleinste abergläubische Handlung ein Vertrag mit dem Teufel abgeschlossen, ohne daß dies von einem Menschen willentlich beabsichtigt ist. Er teilt die beiden Pakte in einen ausdrücklichen *(pactum expressum)* und den stillschweigenden *(pactum tacitum)* ein. Allgemeine Verbreitung fand diese Vertragstheorie durch den ► Hexenhammer. Aber erst in den späteren ► Hexenprozessen wird der T. als ein eigenständiges Delikt verfolgt. ► Faust, ► Theophilus, ► Teufelsbündner

TEUFELSRECHT

Nach der christl. Lehre besitzt der Teufel seit dem Sündenfall der ersten Menschen ein Anrecht auf die Menschheit, weil es gelungen ist, sie zu verführen. Nach dem antiken Beuterecht hat der Sieger die vollständige Gewalt über den Besiegten. Man stellte sich den Kreuzestod Christi als eine Art Loskauf vor, der im antiken Sklavenrecht üblich war. Ein gefangener Sklave konnte durch Geld aus der Sklaverei losgekauft werden. Der griech. Kirchenlehrer ► Origenes vertrat die Meinung, der Teufel sei bereit, die ganze Menschheit freizugeben, wenn er Jesus gewänne. Aus zwei Gründen geht nach Ansicht der mittelalt. Theologen diese Rechnung des Teufels nicht auf. Jesus ist nämlich der Sohn Gottes, und der Teufel hat an sich nur ein Anrecht auf Menschen, auf denen die Sünde lastet. Durch die ungerechte Tötung Christi hat er seine Rechte überschritten und verliert auch das Anrecht auf die sündige Menschheit.

THEATRUM DIABOLORUM

Da ► Luther dem Volksglauben seiner Zeit sehr verpflichtet war und den Teufel in seinen Schriften häufig erwähnt, nimmt die Person des Teufels in der protestantischen Literatur einen großen Raum ein. Alles, was einem sittlichen Verhalten entgegenstand, jedes nur denkbare Laster, wurde in der Gestalt eines Teufels personifiziert. So erfanden die protestantischen Geistlichen eine Unzahl von Spezialteufeln wie den Geiz-, Wucher-, Lügen-, Ehe-, Huren-, Spiel- und Saufteufel. Da die Teufelsliteratur sich gut verkaufte, kam 1569 der Frankfurter Verleger Feyerabend auf den Gedanken, unter dem Titel *Teufelstheater* ursprgl. 20, dann später in den weiteren Auflagen 33 Schriften, Geschichten und Dramen mit dieser Thematik in einem Sammelwerk zusammenzufassen. Jedes dieser Werke behandelt einen besonderen Teufel, so daß der Leser 33 Teufelsarten kennenlernt.

THELEMA-SOCIETY

Eine esoterische Gruppe, deren Lehre und Kult von Michael D. Eschner (geb.1949) entwickelt und entscheidend geprägt wurde. Eschner, der aus der 68er Bewegung kommt, tritt zunächst in Kontakt zur ► Fraternitas Saturni und gründete dann in Berlin einen Orden, der eine ähnliche Struktur wie Crowleys Orden Argenteum Astrum (A. A.) aufwies. Auf der Basis von Crowleys Lehren und Ritualen will er die ► Thelema-Lehre seines Vorbildes weiterentwickeln. In einem Kommentar zu dem *Liber Al Vel Legis* zeigt Eschner, daß er eine Reinkarnation Crowleys ist, weil er bisher unerklärte Textstellen deuten könne, die sich auf seinen Namen und seine Familie beziehen würden. Sein Versuch, die Lebensform der Abtei Thelema, die Crowley in Sizilien gegründet hatte, zu praktizieren und die dortige Ausbildung der Ordensmitglieder wieder zu beleben, brachte ihn mit den Gesetzen in Konflikt. 1985 wurde sein Orden aufgelöst, aber das Netzwerk Thelema widmete sich weiter der Verbreitung seiner Lehren. Ab 2002 wurde das Thelema-Netzwerk in „Thelema Society“ (Ordenszeitschrift AHA) umbenannt. Eschners Beitrag zu modernen Magie besteht neben Übersetzungen der Werke Crowleys und deren Kommentierung vor allem in der Weiterentwicklung der Magie seines Vorbildes. Mit Hilfe von Psychologie, Anthropologie, Soziologie und buddhistischer Meditationstechnik soll die Lehre wissenschaftlich begründet werden. Hierbei benutzt Eschner einen pragmatischen Wahrheitsbegriff, der alles für richtig und gut hält, was in der Praxis funktioniert. Für diese Deutung und Weiterentwicklung prägte Eschner den Begriff „Mathemagie“, die er in einem dreibändigen Werk umfassend darstellte: *Mathemagie, Die Technik der Bewußtseinserweiterung, Götterdämmerung* (1989). Das wichtigste Ziel dieser Lehre ist die Entwicklung des Menschen zur Freiheit und Loslösung von der Umwelt. Um dies zu erreichen, muß der Astralkörper, sprich: der feinstoffliche Körper, der den Menschen umgibt, aufgelöst werden. Dazu gehört auch, daß die Kundalini-Kraft, eine geheimnisvolle Kraft, die nach Auffassung der ind. Philosophen im Steißbereich des Menschen schlummert, durch sexualmagische Techniken entfaltet wird. Ein weiteres Mittel, um dieses Ziel zu erreichen, ist die Traumkontrolle.

THEOPHILUS

Ein berühmter Teufelsbündner, der in der mittelalt. Legendenliteratur häufig erwähnt wird. Die älteste Quelle ist ein lat. Text (9. Jhdt.), der auf eine griech. Vorlage aus der Zeit zwischen 650 bis 850 zurückgeht. Diese Erzählung, die in ihrem Kern eine alte Erzählung von einem Teufelsbündnis enthält, ist mit Elementen der Marien- und Heiligenverehrung bereichert worden. Als er die Bischofswürde aus Demut ablehnte und ihm der neue Bischof sein Amt entzog, beschwerte er sich bei ihm, daß er ungeachtet seiner Verdienste von ihm dem Hunger preisgegeben sei. Deshalb wendete er sich an einen jüd. Zauberer, um sein verlorenes Amt wieder zurückzuerhalten. Dieser versprach es ihm unter der Bedingung, daß er die Heiligen verleugne und sich dem Teufel als Lehnsmann verschreibe. Unter Gewissensbissen stellte Th. eine mit seinem Blut geschriebene Urkunde aus, die der Teufel von ihm deshalb verlangte, weil er schon oft betrogen worden sei. Er verspricht Th., daß er reich werde, aber er müsse die Armen immer abweisen und dürfe nicht fasten. Zwar wird Th. wieder in sein Amt eingesetzt, aber nach sieben Jahren bereut er diesen Teufelspakt, besucht eine Marienkapelle und betet vierzig Tage und Nächte zu Maria, damit sie ihm einen Weg zeige, aus dem Teufelsbündnis loszukommen. Diese weist ihn anfänglich zurück, läßt sich aber doch erweichen und fordert den Satan auf, das Papier zu suchen. Doch dieser weigert sich hartnäckig. Schließlich muß er Maria doch gehorchen, die den Vertrag an Th. unter der Bedingung übergibt, alles dem Bischof beichten zu müssen. Der Vertrag wird feierlich verbrannt. Th. stirbt an derselben Stelle, an der Maria ihm den Vertrag ausgehändigt hatte.

König Salomon als Richter in I. de Theramos Buch „Belial" (1382).

THEOSOPHIA PNEUMATICA

Der vollständige Titel trägt noch den Zusatz *Claviculae Salomonis.* Eine dtsch. Übersetzung erschien 1686 unter dem Titel *Kleiner Schlüssel Salomos.* Weite Teile der T. stimmen mit dem ► Arabatel überein. Der Anhang, der im Stil und Geist Paracelsus' geschrieben ist, behandelt die Heilung von Krankheiten. Nur Krankheiten, die auf natürlichen Ursachen beruhten, wozu auch der schädliche Einfluß von Planeten gehöre, könne ein Arzt heilen. Wenn Gott aber der Menschheit Krankheiten oder Seuchen schicke, versagten alle Hilfsmittel der Medizin.

THERAMO, JACOBUS DE

14. Jhdt.; ital. Theologe, Erzbischof von Taranto und Autor einer Schrift (1382), die als das Buch *Belial* bekannt wurde. Die zahlreichen Auflagen und eine dtsch. Übersetzung fanden eine große Verbreitung. Der Gattung nach gehört dieses Werk zu theologischen Schriften, die das Thema der Erlösung in Form eines Prozesses (► Processus Sathanae) behandeln, den Satan gegen die Menschheit oder, wie in diesem Werk, gegen Christus führt. Die Mächte der Hölle beauftragen Satan, der den hebr. Namen Belial (Nichtsnutz) führt, bei Gott eine Klage gegen Christus einzureichen, weil er der Hölle den Besitz der Menschheit streitig gemacht habe. Gott übergibt Salomo den Vorsitz in diesem Prozeß. Als das Urteil zugunsten Christi ausfällt, legt Belial Berufung ein. In der zweiten Instanz kommt es zu einem Vergleich, der von Kaiser Oktavian, Aristoteles, Jeremias und Jesaja ausgearbeitet wurde. Christus wird als nichtschuldig bezeichnet, während Satan die Macht über die Gottlosen bis zum Jüngsten Tag zugesprochen wird.

THEURGIE

Griech.: göttliche Handlung; in der Spätantike Bez. für die Lehre von den Zwischenwesen (Dämonen), die den Raum zwischen dem Himmel und der Erde bewohnen. Man kann die T. als wissenschaftliche Theologie bezeichnen. Nur der Theurg ist in der Lage, mit den Dämonen Kontakt aufzunehmen und sich mit ihnen so zu vereinigen, daß er dabei nicht gefährdet wird. Später verstand man unter T. auch die ► Weiße Magie, während die ► Schwarze Magie als ► Goetie bezeichnet wurde. Die Kontaktaufnahme und Verbindung mit der Gottheit wurde so beschrieben: Zuerst findet eine rituelle Reinigung durch Besprengen und Räuchern mit geheimnisvollen Kräutern und Steinen statt. Dann werden unter furchtbaren Drohungen die unteren und oberen Götter beschworen. Hierbei werden die geheimen Zeichen der Götter, ► die Charaktere benutzt. Diesen stummen Symbolen (Synthemata) wird große Macht zugeschrieben, um die gewünschte mystische Vereinigung mit dem göttlichen Wesen herbeizuführen. Wenn dies durchgeführt worden ist, verfinstert sich der Himmel, die Erde bebt und feurige Erscheinungen und Tiergestalten werden sichtbar. Mit einer donnernden Stimme offenbart der Gott oder Dämon das Verlangte.

THOMAS VON AQUIN

1225–1274; Theologe, Schüler von ► Albertus Magnus, Angehöriger des Dominikanerordens. In seinen zahlreichen Schriften *(Summa Theologiae, Summa contra gentiles, Quaestiones quodlibetales)* entwickelte er ein umfassendes philos.-theologisches Lehrgebäude, das ihn zu einer überragenden Autorität *(Doctor universalis et angelicus)* auf dem Gebiet der kath. Dogmatik machte. Sein Einfluß ist auch bei der Formulierung der Teufels- und der Engelslehre sowie des Hexenglaubens nachweisbar. Die *Summa Theologiae* (Abhandlung über die Engel; Fragen L–LXIV) enthält grundlegende Aussagen über den Teufel und die Dämonen. Der Teufel war urspr gl. der höchste unter den Engeln. Durch seinen Abfall von Gott – er wollte gottgleich sein – entstand das Reich der Dämonen, deren Sitz teilweise die Hölle ist. Dort werden die Verdammten von den Dämonen gequält, die teilweise auch den Luftraum bevölkern, von wo aus sie die Menschen zum Bösen zu verleiten suchen. Die Zahl dieser bösen Engel ist kleiner als die der guten.

Die Verfasser des ► Hexenhammers, Sprenger und Institoris (Kramer), zitieren Thomas neben der Bibel und ► Augustinus als wichtige Quelle, weil in seinen Schriften die Bestandteile des Hexenglaubens, nämlich ► Teufelspakt, ► Hexenflug und ► Teufelsbuhlschaft vorgebildet waren. Er übernahm von ► Augustinus die Lehre von dem Dämonenpakt, der zwischen den Menschen und den Dämonen entsteht, wenn mag. Gegenstände benutzt werden. Diese an sich wirkungslosen Gegenstände sind ein Kommunikationsmittel, um den Dämonen ein Zeichen zu geben. Sie stellen den Kontakt zu ihnen her, der durch einen Pakt besiegelt wird. Der Dämon begeht dann die von einem Menschen gewünschten Handlungen. A. entwickelt diese Theorie weiter, indem er neben diesem ausdrücklichen Pakt (Pactum expressum) noch die Möglichkeit einer

Der katholische Kirchenlehrer Thomas von Aquin hielt die Hinrichtung von Ketzern als Söhne Satans für gerechtfertigt.

stillschweigenden Übereinkunft (Pactum tacitum) nennt. Wenn jemand die kleinste abergläubische Handlung ausübt, kommt es zu einem Teufelspakt, obwohl dem Ausübenden die Zeichenwirkung der von ihm benutzten Gegenstände völlig unbekannt ist. Durch diese Erweiterung wird der ganze Aberglaube zu einer gefährlichen Macht und Bedrohung für die Menschen. Der Hexenflug, der noch im ► Canon Episcopi als Illusion und Einbildung verurteilt worden war, wird hier als möglich angesehen, weil der Satan Christus auf die Spitze eines Tempels brachte, um ihn zu versuchen. In Anlehnung an ► Psellos lehrt A., daß männliche (Incubus) und weibliche (Succubus) Dämonen mit Menschen sexuell verkehren können. Als Beweis für diese Behauptung, die von den späteren Hexenverfolgern als ► Teufelsbuhlschaft bezeichnet wurde, dient ihm seine Bibelstelle (Hiob 40,15–41,26), in der der

Satan in Gestalt des ► Behemoth und ► Leviathan auftritt und auch sexuelle Beziehungen hat. Dem Satan geht es dabei aber nicht darum, seine Wollust zu befriedigen, sondern er möchte die Menschen zur Wollust verführen und auf diese Weise seine Herrschaft vergrößern. Auch die Frage, ob es bei einem derartigen Geschlechtsverkehr zu einer Zeugung kommen könne, wird von Th. erörtert. Der unkörperliche Dämon hat die Fähigkeit, einen Körper anzunehmen und mit ihm den Koitus auszuüben. Die Zeugung wird aber weder durch den Samen des angenommenen Körpers noch durch den Organismus des Dämon bewirkt, sondern der Dämon gibt sich in weiblicher Gestalt einem Mann hin und führt dann den empfangenen Samen als männlicher Dämon einer Frau zu. Die auf diese Weise gezeugten Kinder übertreffen an Stärke und Größe die Durchschnittskinder, weil der Satan den günstigsten Augenblick für die Befruchtung kennt. Thomas vertritt ebenso wie ► Augustinus die Ansicht, daß der Teufel die Fähigkeit hat, einen Menschen in ein Tier zu verwandeln. Aber diese Verwandlung findet nicht wirklich statt, sondern der Satan erzeugt in der Phantasie eines Menschen die Vorstellung, daß er tatsächlich in ein Tier verwandelt worden ist. Damit dies auch andere Menschen glauben, stellt er aus der Luft einen Tierkörper her, der genau den Phantasievorstellungen dieses Menschen entspricht. Die Hinrichtung der Ketzer ist Thomas' Meinung nach auf der Grundlage des NT gerechtfertigt. Da die Ketzer Söhne des Satans seien, ist es gerecht, daß sie schon auf Erden zur Rechenschaft gezogen und verbrannt würden. Auf Th. geht die Gleichsetzung der ► Intelligenzen mit den Engeln zurück. Die Namen der Engel und ihre Rangordnung hat er offensichtlich von ► Pseudo-Dionysos übernommen.

THOMASIUS, CHRISTIAN

1655–1728; Frühaufklärer, Jurist und Prof. in Leipzig und Halle, der durch seine aufklärerische Haltung entscheidend dazu beitrug, daß die ► Folter im Gerichtsverfahren beseitigt und die ► Hexenprozesse beendigt werden konnten. Th., der ursprgl. ganz unter dem Einfluß der Lehren ► Carpzovs stand, beschäftigte sich aufgrund seiner Gutachtertätigkeit intensiv mit der Hexenproblematik. 1697 mußte ein Doktorant die Thesen *An haeresis sit crimen?* (Ob Ketzerei ein strafbares Laster sei?) verteidigen. Th. vertritt die Auffassung, ein Landesherr dürfe einen Ketzer nicht bestrafen, weil Ketzerei eine persönliche Glaubenswahrheit sei, die möglicherweise durch einen Irrtum des Verstandes verursacht sei. Diese Meinung vertiefte er noch weiter, als er 1701 von ihm verfaßte Thesen *De crimine magiae* (Kurze Lehrsätze von dem Laster der Zauberei, 1704) verteidigen ließ. Im Gegensatz zu ► Wierus, der an die Existenz der Zauberei glaubte, aber die Hexerei und besonders den Teufelspakt leugnete, und Spee, der von der Möglichkeit der Hexerei überzeugt war, aber den Prozeß gegen die Hexen beschränkt wissen haben wollte, schloß sich Th. den Lehren ► Bekkers an. Er stellte zwar nicht die Existenz des Teufels in Frage, schränkte aber dessen Wirksamkeit erheblich ein. Selbstverständlich gebe es Menschen, die nicht auf natürliche Weise, sondern mit Hilfe des Teufels unnatürliche Dinge und Werke vollbringen könnten. Da der Teufel

Der Jurist Christian Thomasius (Bild) stellte zwar nicht die die Existenz des Teufels in Frage, meinte aber, daß dessen Wirksamkeit übertrieben werde.

ein unkörperliches Wesen, sprich: ein Geist sei, so Th., der nur unsichtbar wirken könne, sei es aber völlig unmöglich, daß Menschen mit ihm einen Pakt abschlössen. Durch diese Meinung entzieht Th. den Hexenprozessen, die auf dem Schadenszauber und dem Teufelspakt beruhten, jede Grundlage.1705 ließ er die Thesen *De Tortura ex foris Christianorum proscribenda* (Über die Folter, die an den christlichen Gerichten verbannt werden sollte) verteidigen. Die Geständnisse der Hexen seien wertlos, weil diese Menschen unter der Folter alles gestehen würden.

THORSSON, EDRED

Pseud. für Stephen Flowers. ► Temple of Seth

THRONE

Hebr. ophanim oder galgallin; Bez. für eine Engelsgruppe, die meistens den dritten Platz in der neunstufigen ► Engelhierarchie einnimmt. Man stellte sie sich als den Thronwagen Gottes vor, der von den ► Cherubim gezogen wurde. Sie verkörpern Friede und Gerechtigkeit, was schon durch das Bild des Thrones zum Ausdruck kommt. Sie achten darauf, daß die kosmische Harmonie bewahrt wird.

Die regierenden Prinzen der Th. sind: Orifiel, Zaphkiel, Zabkiel, Jophiel, Raziel.

Die Gesamtzahl der Th. beträgt nach dem Buch Rasiel 7, nämlich: Gabriel, Fanuel, Michael, Uriel, Raphael, Israel, Uzziel.

Nach dem ► 6. und 7. Buch Moses 15, nämlich: Thronus, Tehom, Hascha, Amarzyom, Schwawayt, Chusha, Zawar, Yahel, Adoyahel, Schimuel, Achusaton, Schaddyl, Chamyel, Parymel, Chayo.

THUBALKAIN

Hebr. Dämon; Sohn des Kain. Mit seiner Frau Naema zeugte Th. zahlreiche Teufel. Da Th. die Bearbeitung des Eisens erfand, kann sein Name in Freimauerritualen auftauchen.

TIERVERWANDLUNG

Die Fähigkeit der ► Hexen, eine Tiergestalt annehmen zu können, gehört mit zu den ältesten Schichten des Hexenglaubens, der bis in den eurasischen Schamanismus zurückreicht (► Benandanti, ► Ginzburg, ► Hexensabbat, ► Hexenflug). Ehe die Schamanen ihre Jenseitsreise zu den Toten antraten, legten sie Tierkleidung an, die in vielen Kulturen eine Verbindung mit dem Tod hat. Zahlreiche altnord. Berichte von Hexen berichten, daß diese Frauen aus ihren Körpern schlüpften und eine Tiergestalt annähmen. Außer im europ. Hexenglauben finden sich Reste dieses alten Glaubens in der röm. Myth. Im Volksglauben der Römer waren Frauen gefürchtet, die sich in Vögel verwandeln konnten. Antike Schriften wie z. B. die *Metamorphosen* des röm. Dichters Ovid oder der Roman *Der goldenen Esel* des Apuleius enthalten viele Berichte von T. Im Christentum wurde bis ins frühe Mittelalter das Tragen von Tiermasken und überhaupt Tierverkleidung als „teuflisch" gebrandmarkt. Unter den Tieren, in die sich die Hexen gern verwandelten, gehören nach allgemeiner Vorstellung die ► Katzen, dreibeinige Hasen, Fuchs, Rabe, Mäuse, Schmetterlinge oder Libellen und ► Werwölfe. Besonders gern, so meinte man, verwandelten sich Hexen in Kröten und Frösche. Wenn man einer Kröte, besonders in der ► Walpurgisnacht, eine Verwundung beibringe, so trete sie bei einer Frau wieder in Erscheinung, die im Verdacht stehe, eine Hexe zu sein. Deshalb ist auch das Krötenfett oft Bestandteil der ► Hexensalben. In Tieren, die Symbole der Reinheit sind, wie Lamm oder Taube, dürften sich die Hexen nicht verwandeln. Die Tierverwandlung und in Anlehnung daran die Tierverkleidung, die im modernen Hexenwesen praktiziert wird, kann auch psychologisch erklärt werden. Eine wichtige Durchgangsstufe bei der Entwicklung der Menschheit war die animalische Stufe, als der Mensch sich in seinem Verhalten und Triebleben kaum von den Tieren unterschied. Die Erinnerung an diese Stufe durch Verkleidung und durch Orgien mache, so die Theorie, dem Menschen seine Herkunft aus dem tierischen Bereich bewußt.

TODESENGEL

Bez. für den Engel, der als Bote Gottes einem Menschen den Tod verkündet und ihn ins Jenseits geleitet. In der babyl.-kanaanäitischen Myth. erhielt er den Namen Mot, bei den Iranern Mairya und Murdach. Der griech. Gott Hermes verkündet nicht den Tod, sondern geleitet nur die Seele in den ► Hades. Das Chri-

Die jüdische Kabbala kennt mehrere Erzengel der Zerstörung, denen unterschiedliche Aufgaben zugeschrieben werden.

stentum kennt keinen bestimmten T. Meistens übernimmt ► Michael diese Aufgabe oder der ► Schutzengel eines Menschen, der im Augenblick des Todes aus der Verborgenheit hervortritt und sich zu erkennen gibt. Im Judentum gelten ► Lilith und Samael als T. Der T. des Islams ist Azrael (Sure XXII, 11). Er wird als ein Engel mit 70.000 Füßen, 40.000 Flügeln und so vielen Augen und Zungen beschrieben, wie es Menschen auf Erden gibt. Seine Aufgabe ist es, die Seele vom Körper zu trennen und den Namen des Toten aus dem Buch zu streichen, in das er ihn bei seiner Geburt eingetragen hat.

Die ► Kabbala hat dem T. mehrere Erzengel der Zerstörung (Malake Haabbalah) mit unterschiedlichen Aufgaben zugeschrieben, denen wiederum die ► Engel der Bestrafung unterstehen. Die kabb. Engel-Hierarchie gliedert sich demnach wie folgt:

1. Todesengel: Lilith, Samael
2. Erzengel der Zerstörung: Kafziel (Könige), Af (Menschen), Mashiht (Kinder), Hemah (Haustiere), Mashit, Meschaber (Tiere).
3. Engel der Bestrafung: Kushiel, Lahatiel, Shoftiel, Makatiel, Hutriel, Pusiel, Rogziel. Ihr Herrschaftgebiet sind die sieben ► Höllen.

TODESRITUAL

Siehe ► Bernus, Ulla von.

TOLLKIRSCHE

Im Volksmund heißt diese Zauberpflanze auch Wutkirsche oder Teufelsbeere. Sie trägt den botan. Namen *Atropa belladonna*. Dieser Name geht auf einen Brauch zurück: Italienerinnen schminkten sich früher mit dem rosaroten Saft der Tollkirsche, um sich zu einer „Bella Donna" zu machen. Er wurde aber auch benutzt, um die Pupillen der Frauen zu vergrößern. Die Griechen nannten sie wegen ihrer Giftigkeit nach der unerbittlichen Schicksalsgöttin Atropa. Der psychoaktive Wirkstoff der Tollkirsche ist das Atropin.

Eine Dosis von 0,5 bis 10 mg Atropin hebt zunächst die Stimmung, Redelust und ein starker Bewegungsdrang machen sich bemerkbar. Heiterkeit steigert sich zu großer Erregung. Man verliert die Gewalt über seine Sinne. Selbst bei vollkommener Stille um die betreffende Person herum vernimmt sie Töne und Klänge. Die Verwirrung kann sich bis zu Raserei und Tobsuchtsanfällen steigern.

TOTENBUCH DER ÄGYPTER

Es beschreibt, was Ba (plur. Bau), der selbständigen Manifestation von Göttern und Toten, nach dem Tod eines Menschen widerfährt. Da der Ba auch materielle Bedürfnisse und Funktionen hat, kann er nicht mit dem jüdisch-christlichen Verständnis von „Seele" identifiziert werden. Das Land, das der Verstorbene (der Tod bedeutete nach ägypt. Vorstellung nur eine „Verwandlung des Menschen") nach seinem Tod betritt, wird von Osiris, dem höchsten Richter des Jenseitsgerichtes, beherrscht, vor dessen Totengericht er zu treten hat. Osiris wird von Anubis, seinem Gehilfen, vor das Gericht in der Halle der vollständigen Wahrheit, die aus 42 Göttern besteht, geführt. Er muß zunächst beschwören, daß er kein Unrecht begangen hat, dann wird das Herz, das als einziges Organ bei der Mumifizierung im Körper blieb, von Anubis auf die eine Schale der Waage gelegt, um mit der Feder auf der anderen Schale verglichen zu werden. Wenn das Herz im Gleichgewicht mit der Feder bleibt, kann der Verstorbene in die zwölf Regionen der Unterwelt eintreten. Falls nein, erwartete ihn wegen seiner Sünden seine Vernichtung und die Auflösung des Individuums, was durch entsprechende Qualen begleitet war. Dies alles galt im

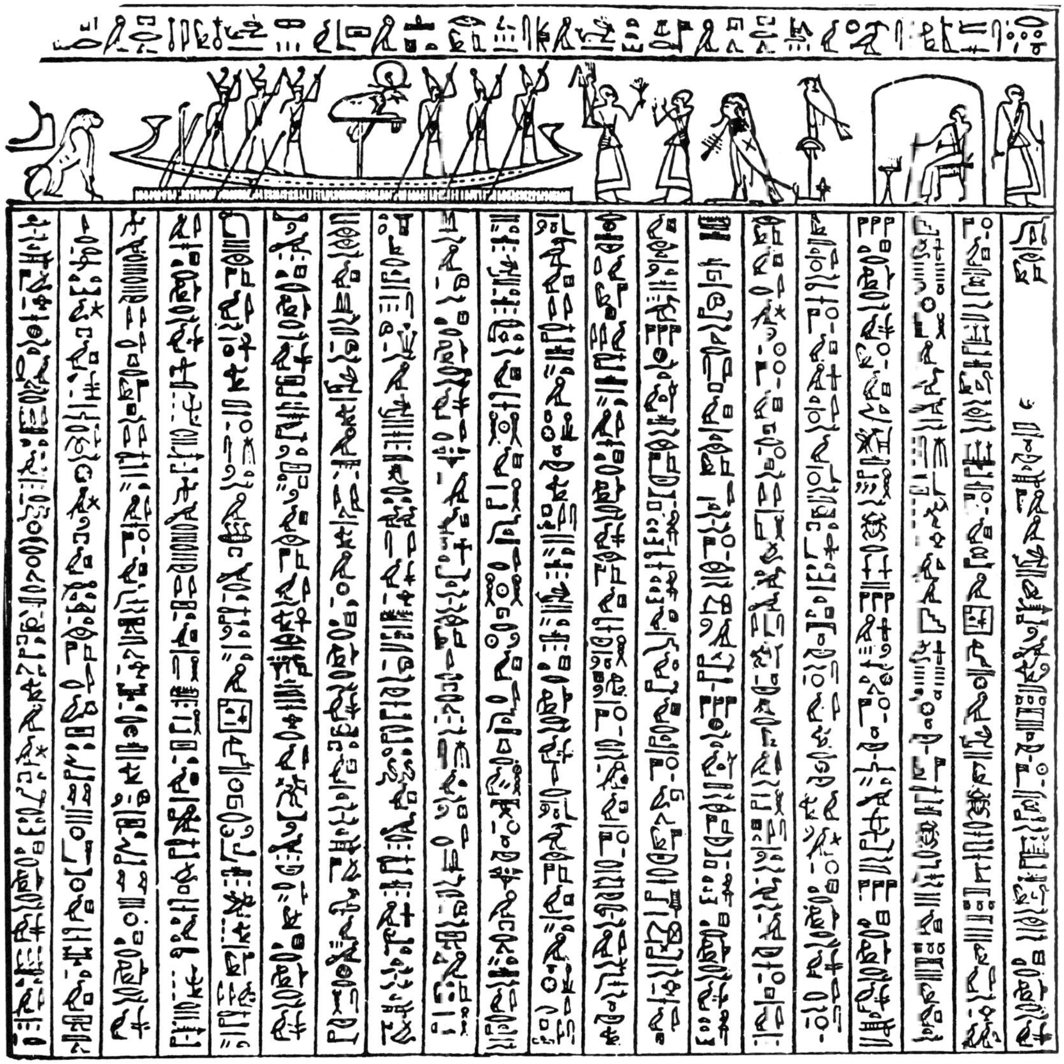

Im Bild: Eine Seite aus dem Totenbuch der Ägypter.

übrigen nicht für den König, der in jeder Beziehung eine Sonderstellung einnahm. Die ägypt. Vorstellungen von der Hölle wurden später von den antiken und der judäo-christlichen Kulturen rezipiert.

TOTENBUCH DER MAYAS

Das T. ist im sog. *Pariser Codex* enthalten, der von dem Franzosen Paul Arnold entziffert wurde. Der Kosmos besteht nach dem Glauben der Mayas aus 13 Himmeln, von denen der letzte die Erde ist, und neun unterirdische Welten. Die Hölle (Mictlal) ist die letzte dieser unterirdischen Welten, wo Mictlantecuhtli, der Herr des Todes, zusammen mit seiner Gattin Mictecaciuatl regiert. Dieser Gott wurde später von den span. Eroberern mit Satan gleichgesetzt. Die Religion der Mayas kennt mehrere Götter, die bei der periodischen Zerstörung der Welt beteiligt sind. Der wichtigste unter ihnen ist Tezcatlipoca, ein Gott mit einem ausgeprägten dämonischen Charakter, der für das Chaos in der Welt verantwortlich ist. Das T. beschreibt ein Ritual, wie man dem Toten von der Zeit des Sterbens durch die Verwandlungen bis zur Reinkarnation helfen kann. Es werden folgende Stadien unterschieden:

1. Der Tote gelangt in eine sublunare Welt.

Das Totenbuch der Mayas beschreibt ein Ritual, mit dem den Toten von der Zeit des Sterbens bis hin zur Reinkarnation geholfen werden kann. Die Abbildung zeigt den Unterweltgott Mictlantecuhtli.

2. In dieser erlangt er die vollkommene Läuterung und kommt in den Vorhimmel. Er verliert die menschliche Gestalt. Es kommt zu einer „Wiedergeburt“ im Vorhimmel.
3. Die Seele verliert nun endlich ihre Hülle und vor allem ihr Gedächtnis und sie wird in den Schoß einer schwangeren Frau gebracht, um wiedergeboren zu werden.

TOTENBUCH DER TIBETER

Tibet.: Bardo Thödol (tib.: bar-do ´i-thos-grol), das von dem ind. Tantriker Padmasambhava (8. Jhdt. v. Chr.) verfaßt wurde. Das Bardo Thödol ist ein Text aus einer Reihe von Unterweisungen, die sechs Arten der Befreiung thematisieren: Befreiung durch Sehen, Erinnern, Hören, Schmecken, Berühren, Tragen. Die fünf Elemente (Holz, Feuer, Erde, Eisen und Wasser), die den Körper bilden, lösen sich beim Vorgang des Sterbens der Reihe nach auf, und das Bewußtsein ist von seinen materiellen Bindungen befreit. Es geht in dem Raum auf, der in diesem Augenblick als das klare Licht (Dharmakaya) erscheint. Wer sich auf diesen Augenblick vorbereitet hat, kann jetzt noch Erleuchtung erlangen, indem er sich mit diesem Licht vereinigt (Mutter-Kind-Glanz). Voraussetzung aber ist, daß das Bewußtsein den Körper durch das Brahma-Tor verlassen kann (tib.: baramarandhara: die Öffnung des Brahman), einer Öffnung in der Schädeldecke, durch die das Bewußtsein nach dem Tode austritt, um Befreung zu erlangen. Die Stadien der Zwischenbereiche zwischen Tod und Wiedergeburt werden eingehend beschrieben. In allen Stadien ist noch eine Erleuchtung möglich, in den späteren ist dies sehr schwierig. Doch letztlich hängen alle Erfahrungen, die man in diesem Zwischenreich macht, vom Karma (Taten in früheren Leben), den Lebensgewohnheiten und den letzten Gedanken des Sterbenden ab. Die Reise durch den Bardo endet mit der Wiedergeburt. Erleuchtete können eine Wiedergeburt bewußt wählen.

TOTENBUCH DES ISLAM

Stammt von dem Mystiker Imam' Abdar Rahim ibn Ahmad al-Qadi, der die Aussprüche Mohammeds (hadith) über das „Feuer“ und den „Garten“ sammelte. Nach dem Tod eines Menschen tritt dessen Seele zunächst in den Barzakh

Im Bild: Tibetanische Dämonen.

ein, der ein Zwischenzustand ist und in dem entschieden wird, wie lange die Seele im „Feuer" bleiben muß, bis sie in den „Garten", sprich: das Paradies, eintreten kann. Das „Totenbuch" dient zur Vorbereitung auf die Reise in diesen Zwischenzustand und erläutert, wie man sich dort zu verhalten hat.

TOTENBÜCHER

Im weitesten Sinne gehören zu dieser Literaturgattung alle Beschreibungen der Unterwelt. So etwa das 11. Buch der *Odyssee* von Homer (► Antike Unterweltsfahrten), das 6. Buch der *Äneis* von Vergil und Teile der *Göttlichen Komödie* von ► Dante, im Islam die Lehren Mohammeds über das Jenseits, die in dem Buch *Das Feuer und der Garten von Rahim* (► Islamisches Totenbuch) nachzulesen sind, sowie im ► Totenbuch der Tibeter, dem Bardo-Thödol.

TOTENGEISTER

Andere Bez. Gespenst. Da in der Bibel jegliche T. fehlen, stand die christl. Lehre und Kultur dieser Vorstellung zunächst mit großer Ablehnung gegenüber.

Auch wenn Jesus viele Tote wieder auferweckt, was aber keineswegs als Rückkehr der Toten ausgelegt werden darf, so findet sich grundsätzlich in der Bibel eine zurückhaltende Einstellung gegenüber allem, was mit den Toten und ihrem Kult zusammenhängt. Auch in der mittelalt. Kirche gab es starke Widerstände gegen die im Volk verbreitete Vorstellung von einer Rückkehr der Toten.

Dieser Volksglaube wurde zunächst als Überbleibsel des Heidentums abqualifiziert. Allmählich setzte sich aber die Lehre von ► Augustinus über die T. durch, weil die Kirche den heidnischen Volksglauben nicht beseitigen konnte. Nach Augustinus seien solche Totenerscheinungen, bei denen es sich weder um Körper noch um Seelen handelt, nur in Ausnahmefällen möglich. Diese T. sind nur das „geistige Bild" eines Menschen, das meistens von Dämonen in den Geist der Menschen eingepflanzt wird.

Ab dem 12. Jhdt. wird diese Lehre noch weiter ausgebildet. Man kann die T. an ihrem Gesicht, ihrer Stimme und sogar an der Kleidung wiedererkennen, die sie zu Lebzeiten trugen. Das „geistige Bild" wird jetzt zum Geist des Toten weiterentwickelt, der ein Ersatz der unsichtbaren Seele ist.

Was den Charakter dieser Abbilder der Lebenden anbelangt, so hielt man sie für böse Geister oder Dämonen.

TRITHEMIUS, JOHANNES

1462–1516; Pseud. nach seinem Heimatort Trittenheim; eigentlicher Name: Johannes von Heidenberg, Abt von Sponheim im Hunsrück und bekannter Magier, dem man nachsagte, er sei der „Hofmagier" Kaiser Maximilians I. gewesen.

Wegen seiner Totenbeschwörungen (► Nekromantie) warf man ihm vor, er stehe mit dem

Teufel im Bund. Für ihn war es aber nur ein Verfahren der *Magia naturalis*, der natürlichen Magie (► Magie), um mit deren Hilfe und in Verbindung mit Naturphilosophie, Mathematik und verwandten Hilfswissenschaften (Geometrie, Optik etc) eine Wirkung zu erzielen, die vom Volk als übernatürlich angesehen wurde. 1508 fertigte er im Auftrag des Markgrafen Johann von Brandenburg ein Gutachten über die Zauberei und Hexerei an.

Dieses Gutachten mit dem Titel *Antipalus maleficiorum* (Gegner der Hexereien) erschien 1555 in Buchform.

Für T. steht die Realität des ► Schadenszaubers fest. Er will in seinem Buch zeigen, wie sich ein Christ dagegen schützen kann. Die Menschen, die den Schadenszauber praktizierten, werden in vier Klassen eingeteilt:

1. Solche Menschen, die ohne ein Bündnis mit dem Teufel durch Gifte und natürliche Mittel anderen Menschen Schaden zufügten.
2. Personen, die eine schädigende Wirkung durch geheimnisvolle Worte, Formeln hervorbrächten.
3. Magier, die kein Bündnis mit dem Teufel abgeschlossen hätten, aber ihn für einzelne Handlungen um Hilfe anriefen.
4. Die ► Teufelsbündner, die sogar Sexualverkehr mit dem Teufel hätten, seien zu den schlimmsten Verbrechen, wie z. B. Pest, Mißernten etc., fähig.

Aus der Steganographia

Dämon	*Richtung*	*Diener*	*Funktion*
Amenadiel	Westen	300	Verkündet Geheimnisse
Amadiel	Norden	100	Geheime Botschaften
Aschiel	Südosten	40	Liebe der Frauen
Asiriel	Westen	20	Geheimnisse der Prinzen
Barmiel	Süden	10	Kapitulation
Baruchas		10	Überbringt Geheimnisse
Buriel		100	Läßt das Licht leuchten
Bydiel		20	Überbringt Geheimnisse
Cabariel		50	Deckt Verrat auf
Camuel	Südost	10	Wohltäter
Carnesiel	Osten	1.000	Verkündet Geheimnisse
Caspiel	Süden	200	Verkündet Geheimnisse
Demoriel	Norden	400	Verkündet Geheimnisse
Dorothiel		40	(Unbekannt)
Emoniel	überall	100	Verkündet alles
Gediel	Südwest	20	Warnt vor Gefahren
Geradiel	alle Himmelsrichtungen	200	Verkündet Geheimnisse
Hydriel	Wasser	100	Verkündet unsichere Dinge
Icosiel	Luft	100	Gehorsamer persönl. Dämon
Macariel	Westen	40	Überbringt Geheimnisse
Maseriel	Westen	60	Philosophie und Magie
Menadiel		20	Verkündet Geheimnisse
Padiel	Osten		Gilt als unfreundlich
Pamersiel		100	Unbekannt
Pyrichiel			Feuer ► Feuer
Raysiel	Norden	50	Verrät Geheimnisse
Soleviel		200	Überbringt Geheimnisse
Symiel		10	
Uriel		10	Überbringt Botschaften
Usiel		40	Schätze ► Levi

Th. vertritt die Auffassung, daß die letzte Gruppe, die eigentlichen Hexen, mit dem Tod bestraft werden sollten.

Als Schutzmittel empfiehlt er ► Amulette aus Kräutern, Hostien, Osterkerzen, Friedhofserde und Weihwasser herzustellen, sowie ► Exorzismen. Nach T. sollte sich der Behexte nach Ablegung der Beichte in Wasser baden, dem die für die Herstellung des Amulettes benötigten Stoffe beigesetzt werden sollten. Seine beiden posthum erschienenen Bücher über Geheimschriften, *Polygraphia* (1518) und *Steganographia* (1606), die zahlreiche Dämonennamen und Beschwörungsformeln enthalten, werfen die Frage auf, ob T. Hinweise für die ► Negromantie geben oder nur anhand dieser dämonischen Namen zeigen wollte, wie man am besten eine Mitteilung verschlüsselt.

Johannes Trithemius, recte Johannes von Heidenberg, versuchte aufzuzeigen, wie sich ein Christ gegen Schadenszauber schützen könne.

TULPU

Siehe ► Egregoren.

U

UNHOLD/IN

Siehe ► Hölle.

UNTERWELTSFAHRTEN, ANTIKE

Die älteste Beschreibung einer U. findet sich in der homerischen *Odyssee* (ca. 800 v. Chr.). Im 11. Buch wird berichtet, wie der Titelheld Odysseus in den ► Hades hinabsteigt. Der Hades ist ein finsterer Raum im Inneren der Erde, der im äußersten Westen jenseits des Ozeans liegt. Vor dem Hades selbst liegt ein Vorhof mit einem Eingang. In diesem Vorhof beginnt die Asphodelos-Wiese, der Aufenthaltsort der Verstorbenen, der sich unter der Erde durch das ganze Gebiet des Hades zieht. Homer kennt noch keine Flüsse, die den Hades umschließen. Er erwähnt außer dem Styx, der für ihn Symbol der ganzen Unterwelt ist, den Acheron, der sich im westlichen Teil des Vorhofes befindet. In ihn stürzen sich der Pyriphlegethon (Feuerstrom) und der Kokytos (Klagefluß) hinein, der aus dem Styx kommt. Um vom Vorhof in den eigentlichen Hades zu kommen, müssen die Seelen von Cháron übergesetzt werden. An dieser Stelle im Vorhof vollzieht Odysseus eine Totenbeschwörung, indem er das Blut eines getöteten Schafes in ein Loch gießt. Vor ihm erscheinen die Seelen seiner Mutter und die der Helden der Vorzeit und des Trojanischen Krieges. Obwohl Odysseus nur bis zum Vorhof kommt, erfährt er, welche Qualen die Giganten, die sich gegen Zeus auflehnten, und die anderen Büßer wie Tityos, Tantalus und Sisyphus im Tartaros, dem untersten Teil des Hades, erleiden müssen.

Der röm. Dicher Vergil (70–19 v. Chr.) beschreibt im 6. Buch seines Epos *Äneis*, wie der trojanische Held Äneas zusammen mit der Sibylle, einer Priesterin des Apollos und der Artemis, in der Nähe von Cumä in die Unterwelt hinabsteigt. Am Avernersee steigen sie beide in eine Höhle und durch einen dunklen Wald gelangen bis zur Schwelle des ► Orcus. Hier wohnen Tod, Sorge, Krankheit, aber auch die Furien und Ungeheuer. Die nächste Station ist der Acheron, der in den Kokyros fließt. Der Fährmann Cháron transportiert die Seelen, die nach den Vorschriften der Religion bestattet worden sind. Alle anderen Seelen müssen hundert Jahre ruhelos umherirren. Das jenseitige Ufer wird von einem schrecklichen Ungeheuer, dem Höllenhund Kerberos, bewacht. Die Verstorbenen schreiten an den Seelen der früh verstorbenen Kinder und der Selbstmörder vorbei, passieren die traurigen Gefilde, wo sich die aus Liebe Gestorbenen aufhalten, und kommen schließlich zum Bezirk der thebanischen und trojanischen Helden. Dann trennt sich der Weg. Rechts geht es zum Elysium, dem Herrschaftsgebiet von Pluto und Proserpina, wo die Seligen wohnen. Links geht es hinab zur Hölle, deren unterster Bereich der Tartaros ist. Eine mit einer dreifachen Mauer umgebene Burg wird von dem Feuerstrom Phlegethon umflossen, in den Mörder und Räuber geworfen werden. Herrscher in dieser Burg ist Rhadamantys, der Richter der Unterwelt. Sind die Verstorbenen erst einmal Beute der Furien, gibt es kein Entkommen mehr. Dies ist der Strafort der Verwandtenmörder, Meineidigen, Geizigen, Ehebrecher und Verräter. Der gesamte Abgrund der Hölle hat eine Tiefe, die die Höhe des Himmels zweimal übertrifft. Schaudernd wenden sich Äneas und seine Begleiterin ab und gehen zur Burg der Seligen. Hier begegnen sie dem thrakischen Sänger Orpheus und bekannten Heroen und Helden. Anchises, der Vater des Äneas, erklärt seinem Sohn, daß sich die Seelen nach einer Reinigung durch Wind, Wasser und Feuer eine Zeitlang im Gefilde der Seligen aufhalten müssen, bis sie nach einem Trunk aus der Quelle der Lethe in die Oberwelt zurückkehren könnten. Nachdem Äneas noch das Schicksal Roms erfahren hat, kehrt er mit der Sibylle durch die Tore des Traumes ins Leben zurück.

Unter allen U. ist sicherlich die von Orpheus am eindrucksvollsten. Orpheus (Abl. unsicher: 1. von griech. oraiótes: Schönheit, und phoné: Stimme; 2. von griech. órphne: Dunkelheit, Finsternis; oder 3. von orphanikós: verwaist, beraubt; ist ein mythischer Sänger und Religionsstifter. Seit dem 6. Jhdt. v. Chr. bis in die Spätantike gibt es Zeugnisse aus der Literatur und der Kunst, die es ermöglichen, ihre Lehre in Umrissen zu rekonstruieren. Da Seele und Leib in einem ständigen Widerstreit liegen, soll der Mensch danach streben, möglichst nach wenigen Widergeburten für immer ins Jenseits zu gelangen. Das Jenseits ist aufgeteilt in das Elysium, dem Wohnort der Seligen, und dem Tartaros, wo die Verdammten leben müssen. Ihre Lehre enthielt die Idee, daß sich die Menschen nach ihrem Tod vor einem Totengericht für ihre Taten verantworten müßten. Diese beiden Orte im Jenseits sind der Lohn oder die Strafe für die irdischen Taten.

Der Mythos von der U. des Orpheus schildert zunächst die große Trauer, die Orpheus befällt, als seine jungvermählte Frau Eurydike durch einen Schlangenbiß den Tod findet. Orpheus gelingt es schließlich, bis zum Thron des Plutos und der Proserpina vorzudringen. Durch seine Lieder erreicht er, daß Eurydike mit ihm zur Oberwelt zurückkehren darf. Ihm wurde aber zur Auflage gemacht, sich beim Aufstieg in die Oberwelt nicht zu seiner Gemahlin umzudrehen. Zusammen mit Hermes verläßt das wiedervereinte Paar die Unterwelt. Doch kurz vor dem Ende des Aufstiegs dreht sich Orpheus um. Sofort wird Eurydike von Hermes in die Unterwelt zurückgebracht. Seit der Antike wird gerätselt, weshalb die beiden Unterweltsherrscher diese Auflage für die Rückkehr der Eurydike machten. Eine der zahlreichen Erklärungen besagt, daß durch diese Auflage und dem Versprechen des Orpheus, sie zu beachten, die absolute Macht des Unterweltgottes über die Lebenden sichtbar gemacht werden sollte. Möglicherweise sollte auch zum Ausdruck kommen, daß es kein Entrinnen aus der Unterwelt gebe. Denn es war zu erwarten, daß sich der fürsorgliche Orpheus

Odysseus trifft auf die Seelen der Toten.

nach seiner geschwächten Frau umdrehen würde. Im frühen Christentum wurde Orpheus mit Christus verglichen. Im Gegensatz zu Orpheus konnte Christus, der ebenfalls in die Hölle hinabstieg (► Höllenfahrt Christi), den Tod besiegen.

URGICHT

oder Vergicht. Bez. für das Geständnis der Hexen. Neben den Zeugenaussagen und den sachlichen Beweisen waren die meistens durch die Folter erzwungenen Geständnisse die Voraussetzung für eine Verurteilung. Aber auch ohne Geständnis konnte eine Hexe verurteilt werden, wenn der Richter von ihrer Schuld überzeugt war und den Eindruck hatte, daß der Satan ihr hilft, den Qualen der Folter zu widerstehen. In dem Geständnis wurde auch verlangt, daß die Hexe ihre Komplizen verrät (Besagen).

URIEL

Hebr.: Feuer Gottes; Name eines Engels, der über die Sonne regiert und dem das Reich der Toten unterstellt ist. Das verlorene Paradies wird von ihm bewacht. Die Toten bringt er am Jüngsten Tag vor Gottes Richterstuhl. Von den Monaten ist ihm der September zugeordnet.

V

VALAC

Ein Dämon (► Pseudomonarchia daemonum); er hat die Gestalt eines kleinen Jungen mit Engelflügeln, der auf einem zweiköpfigen Drachen reitet. Seine Fähigkeiten: Er zeigt verborgene Schlangen und liefert sie dem Magier aus.

VALEFOR

Ein Dämon (► Pseudomonarchia daemonum); er hat eine löwenkopfartige Gestalt und verführt zum Diebstahl.

VALIENTE, DOREEN

Bekannte engl. Hexe und Dichterin, die zusammen mit ► Gardner die Rituale des ► Wicca-Kultes entwickelte. 1957 gründete sie ihren eigenen ► Coven. Bekannt wurde sie, als sie nachwies, daß die von ► Gardner angegebene Hexe Clutterbuck tatsächlich lebte. Sie verfaßte zahlreiche Werke: *Nature Magic* (1975), *An ABC of Witchcraft* (1973), *Witchcraft for Tomorrow* (1978).

VAMPIR

Bez. für einen Untoten, der nachts aus dem Grab kommt und seinen Opfern das Blut aussaugt. Tagsüber liegt er im Grab. Sein Körper, der kaum Verwesungsspuren zeigt, weist eine fahle Hautfarbe auf. Aus seinem Mund und seiner Nase läuft Blut. Die Opfer eines solchen wiederkehrenden Toten, die meistens an einem tödlich verlaufenden Vampirismus erkranken, werden ebenfalls zu Vampiren, sobald sie gestorben sind. Merkmale dieser Krankheit sind Lichtempfindlichkeit, lange Haare und überlange Zähne. Die Abl. des Namens zeigt, daß der europäische V.glaube in Südosteuropa entstanden sein muß, wenngleich sich ähnliche Vorstellungen von wiederkehrenden Toten auch in Zentraleuropa nachweisen lassen. Der Name V. nämlich enthält die urslaw. Wurzel opyr/opir, deren zweite Bestandteile mit dem russ. netopyr: Fledermaus, oder mit russ. pero: schweben, verglichen werden müssen. Man verstand unter einem V. ursprgl. ein gefiedertes Nachtgespenst oder ein geflügeltes Wesen. Für diese Annahme spricht auch, daß die V. im Volksglauben oft die Gestalt eines Vogels oder Schmetterlings annehmen. Der Glaube an wiederkehrende Tote und Blutsauger ist seit der Frühzeit der Menschheit in allen Kulturkreisen bekannt. Die ältesten Darstellungen solcher Wesen finden sich auf einem babyl. Zylindersiegel (3. Jhdt.s v. Chr.). Vampirähnliche Wesen gibt es in der Myth. der Inder, der Chinesen, der südostasiatischen Völker, der Juden (► Lilith), der Araber (► Ghul), der Griechen und Römer (► Empusa, ► Lamia, ► Strigen). Im 18. Jhdt. beschäftigte der V.glaube die gelehrte Welt Europas, als spektakuläre Fälle aus Ungarn und Mähren berichtet wurden. Den Theologen bereitete es große Schwierigkeiten, diese Vorstellung von einem wiederkehrenden Leichnam mit der christl. Lehre von der Wiederauferstehung in Einklang zu bringen. Bekannte Theologen wie ► Calmet versuchten den V.glauben als eine Verwirrung des Geistes hinzustellen. Unter den Ärzten setze sich allmählich die Einsicht durch, daß der V.glaube durch natürliche Ursachen wie Scheintod zu erklären sei. Im Volksglauben schützte man sich vor V., indem man den Mund des Toten mit Knoblauch füllte, ihm ein Geldstück in die Hand legte, einen Weißdorn oder Nagel in seinen Magen stieß oder ihm die Hände und Füße zusammenband, um eine Wiederkehr zu verhindern. Wenn diese Maßnahmen erfolglos waren, wurde sein Leichnam ausgegraben, mit einem Spaten der Kopf abgetrennt und zwischen die Beine gelegt. Oder man stieß ihm einen Pfahl in die Brust und verbrannte ihn. Moderne Erklärungen des V.glaubens gehen davon aus, daß des V.ismus verdächtigte Personen an der in Südosteuropa sehr verbreiteten Blutkrankheit Porphyrie gelitten haben könnten, deren Symptome sich in den Berichten der zeitgenössischen Ärzte oder im Volksglauben wiederfinden. Wahrscheinlich waren sie auch nur Opfer von Seuchen, die man aus Angst vor Ansteckung noch lebend beerdig-

Versuchung: Hier tritt der Teufel in körperlicher Gestalt als Verführer einem Menschen gegenüber. Bild: Satan versucht Jesus (16. Jhdt.).

te. Es wurde auch erwogen, ob diese Krankheitssymptome nicht auf eine Infektion durch Milzbrand oder Tollwut zurückgehen könnten

VAPULA

Ein Dämon (► Pseudomonarchia daemonum); er hat die Gestalt eines Löwen mit Greifflügeln. Seine Fähigkeiten: Er verleiht Geschicklichkeit und lehrt Philosophie.

VASSAGIO

Ein Dämon (► Pseudomonarchia daemonum), der ursprünglich ein Engel war und der Hierarchie der ► Mächte angehörte. Von Natur aus ist er gutmütig. Er zeigt verborgene Schätze und kennt Vergangenheit und Zukunft.

VELLE TRANSCENDENTAL RESEARCH INCORPORATED

Eine satanistische Gruppe, die von dem Philosophiedozenten Jean Brayton (geb. 1921) und seiner Frau Georgina in den 60er Jahren des vorigen Jhdt.s in Los Angeles (USA) gegründet wurde.

Die enge Verbindung dieser Gruppe zu den Lehren ► Crowleys wurde durch die Bez. Solar Lodge des O. T. Os. zum Ausdruck gebracht. Der kalifornische O. T. O. hat sich aber entschieden von Brytons Gruppe distanziert. Wichtiger Bestandteil der Rituale war das Bluttrinken, weil der Ordensgründer meinte, sein Vorbild Crowley habe in seiner Abtei Cefalu in Sizilien regelmäßig das Blut abgestochener Tiere getrunken. Nur die Mitglieder, die den ersten beiden Stufen des hierarchisch gegliederten Ordens angehörten, waren davon ausgenommen. Bei den Blutritualen kam es zu sexualmagischen Handlungen, indem Blut über die koitierenden Paare gegossen wurde.

VEPAR

Ein Dämon (► Pseudomonarchia daemonum); sein Bereich ist das Meer. Auf Befehl eines Magiers läßt er Stürme entstehen. Von ihm hervorgerufene Wunden führen innerhalb von drei Tagen zum Tod.

VERGIL

Siehe ► Antike Unterweltsfahrten.

VERRUFEN

Siehe ► Behexen.

VERSUCHUNG

Übers. von griech. peirázein: suchen, prüfen; bez. in der christl. Lehre und Dämonologie einen ungebührlichen Wunsch des Teufels oder seiner Dämonen, die hierbei einem Menschen in körperlicher Gestalt gegenübertreten. Von der ► Besessenheit unterscheidet sich die V. durch das leibliche Erscheinen des Teufels, der nicht in den Körper des Menschen eindringt. ► Antonius, ► Euagrius

VINE

Ein Dämon (► Pseudomonarchia daemonum) mit einer monströsen Gestalt. Wenn er von einem Magier dazu aufgefordert wird, nimmt er auch eine menschliche Gestalt an. Er kennt verborgene Dinge, verrät Hexen und kennt Vergangenheit und Zukunft. Auf Befehl eines Magiers zerstört er auch Städte und Festungen.

VINTRAS, PIERRE MICHAEL EUGENE

1807–1875; Leiter einer Papiermühle von Tilly-sur-Seules, der 1839 als Visionär und Prediger auftrat. Er betrachtete sich als Wiedergeburt des alttestamentarischen Propheten Elias, der auf dem Berg Karmel in Palästina eine Prophetenschule gegründet hatte. Deshalb sei er berufen, die Ankunft des Reiches Christi zu verkünden. Er gründete eine Kirche „Elias-Karmel“, die das „Werk der Barmherzigkeit“ praktizieren sollte, damit die kranke Menschheit geheilt würde. Die Lehre seiner Sekte, deren aktivste Mitglieder sich „Ordre des Septaines“ nannte, fand schnell zahlreiche Anhänger.

Bei seinen Messen wurden blutige Hostien gereicht. Die katholische Kirche verwarf seine Lehre als Häresie. V., der wegen Betrugs angeklagt wurde, erhielt eine Gefängnisstrafe von fünf Jahren. Eine wichtige Rolle spielte in seiner Lehre der Marienkult, der mit zahlreichen gnost. Elementen verbunden wurde. Es gab auch Opferhandlungen für den König Melchisedek, der zur Zeit Abrahams in Salem regierte, im NT (Hebräerbriefe) als Symbol der Gerechtigkeit galt und als Vorläufer Christi angesehen wurde. Dieses Ritual war mit sexualmagischen Praktiken verbunden.

Sein Hauptwerk trägt den Titel: *L'Evangele éternel* (1859). Kurz vor seinem Tode traf er mit ► Boullan zusammen.

VITA ADAE ET EVAE

Name einer apokryphen Schrift aus dem 1. Jhdt., die weder in die hebr. Bibel noch in deren griech. Übersetzung (Septuaginta) aufgenommen wurde. Darin wird der Fall ► Satans mit seiner Weigerung begründet, Adam als ein göttliches Wesen zu verehren, obwohl Gott dies allen ► Engeln befohlen hatte.

Als der Engel Michael ihn warnte, drohte er, er werde seinen Stuhl über die Sterne des Himmels setzen. Nach seinem Sturz versuchte er aus Rache Eva.

VOIGT, CHRISTIAN

18. Jhdt., Stadtsyndikus von Quedlinburg und Hexenforscher. ► Hexenprozesse

VOLKSMAGIE

auch Klein- oder Dorfmagie; Bez. für mag. Vorstellungen und Praktiken, die bis in die frühe Neuzeit neben der ► Magie der Philosophen, Astrologen etc. im Volk verbreitet gewesen waren. Die vorchristl. Glaubensinhalte der Germanen, Kelten und Slawen lebten trotz der Christianisierung im Volk noch lange weiter. Daß dieses heidnische Gedankengut den Missionaren große Sorgen bereitete, kann aus den Beschlüssen der Kirchenversammlungen und kirchlichen Richtlinien und Weisungen abgeleitet werden. Auf einer Synode in Paris 829 wird der Zauberglauben, der von Magiern, Wahrsagern, Giftmischern, Zauberern und Traumdeutern praktiziert wird, als Überrest von heidnischen Gewohnheiten verurteilt.

Die Bußbücher, die für die Priester bei der Beurteilung der Sünden und ihrer Bestrafung Richtlinien erteilen, sind eine Fundgrube für die im Volk verbreiteten mag. Vorstellungen. Zu dieser Textgruppe gehört der ► Canon Episcopi, der oft als Beweis herangezogen wird, daß Teile des Hexenglaubens von alters her im Volksglauben verankert gewesen seien. Ein wichtiges Merkmal dieser V. ist der Glaube, daß die überirdische und irdische Welt unter dem Einfluß der Magie stünde. Bestimmte Menschen könnten in beide Bereiche dieser mag. Welt eindringen, indem sie mit den Dämonen und Geistern der überirdischen Welt Kontakt aufnähmen oder die Mittel der diesseitigen Welt wie Kräuter, Steine etc. für Zauberhandlungen benutzten. Der Einsatz dieser Magie ist doppeldeutig, je nachdem, ob sie zum Guten (► Weiße Magie) oder zum Schlechten (► Schwarze Magie) benutzt wird. Sie wird von Personen beiderlei Geschlechtes in gleicher Weise praktiziert.

VOODOO

Der Begriff stammt aus der Sprache der Dahomey-Afrikaner und bedeutet „Geist". Es bezeichnet eine afrik.-christl. Volksreligion mit Schwerpunkt in Haiti, Südamerika und der Karibik. Die als Sklaven verschleppten Afrikaner brachten ihre Götter mit nach Amerika, wo es zu einer Vermischung mit dem Christentum kam. Die Voodoo-Anhänger verehren einen

In der Voodoo-Religion soll eine zerstochene Puppe einem anderen Menschen Schaden zufügen. Im Bild: Abb. einer Voodoopuppe. Die schwarze Seite wird für den Schadenszauber benutzt.

Gott als Schöpfer, der durch zahlreiche Heilige oder Loas unterstützt wird. Diese Loas werden in gute (loa rada) und schlechte (loa petro) eingeteilt. Einer der wichtigsten Loas ist Damballah. Man opfert ihm weiße Tauben oder Hühner. Sein Symbol ist die Schlange Boa constrictor, was ein Indiz dafür ist, daß die Voodoo-Religion auf einem alten afrikanischen Schlangenkult basieren könnte. Damballah, der Schlangengott, hat Ayida, die Göttin des Regenbogens, zur Frau, sowie Ezilie, die Göttin der Schönheit und Liebe, zur Geliebten. Alle drei bestimmen über das Schicksal eines Menschen. Die Riten werden von Priesterinnen (Mampo) praktiziert, die in zwei Gruppen eingeteilt werden: nämlich in höhere und niedere Mampos. Die erste übt die ► Weiße und die letztere die ► Schwarze Magie aus. Häufig wird V. in Gänze als Schwarze Magie oder Kunst angesehen. Diese Deutung bezieht sich wohl insbesondere auf diejenigen Praktiken, die beim Totenkult zum Ritus gehören bzw. auf den Glauben der V.anhänger, daß längst Verstorbene wiederbelebt werden könnten. Nicht verstummen wollen auch Gerüchte, die den V.kult mit der Tötung von Kindern im Zusammenhang bringen. Von Voodoo-Zauberern wird behauptet, daß sie das Blut von Kindern für geheimnisvolle Zeremonien verwendeten. Bis heute soll es überdies magische Rituale geben, bei denen Tiere geopfert werden. Daß Tiere tatsächlich geopfert werden, ist wohl unstrittig. Ob es sich hier freilich um Magie handelt, ist eine andere Frage. Im übrigen ist darauf zu verweisen, daß der Vorwurf, Kinder zu opfern, in der Religionsgeschichte immer wieder erhoben wurde und sich häufig genug als Polemik herausgestellt hat. Vor diesem Hintergrund müssen wohl auch die Mythen gesehen werden, die sich um die Herstellung von Voodoo-Puppen ranken, die bestimmte Menschen darstellen sollen. Stiche in die Puppe sollen dem Betroffenen Schmerzen zufügen. Auch im Hinblick auf diese Art von ► Schadenszauber dürfte vieles übertrieben sein. Ein weiteres Mittel der Schwarzen Magie ist der böse Fluch, der dazu dient, die Kräfte eines Toten gegen einen Lebenden zu wenden. Zunächst wird ein Miniatursarg hergestellt, der mit den Namen der unheiligen Dreifaltigkeit gesegnet wird: Maître Carrefour (Herr der Kreuzwege), Grand Bois (Meister der Nachtwelt) und Baron Samedi (Herr der Friedhöfe). Darin wird eine Puppe gelegt, an die ein Foto des beabsichtigten Opfers geheftet ist. Dann sendet man den Sarg an seinen Bestimmungsort, um seinem Empfänger den Tod zu bringen. Durch diese Form des bösen Fluches könnte der Eindruck entstanden sein, im V.kult gebe es rituelle Kinderopfer bzw. -tötungen. Bekannt ist nur das Tieropfer (Hunde, Schafe oder Hühner), das vollzogen wird, damit Menschen, die von einem schlechten Loa besessen seien, vom Blut dieses Tieres trinken könnten (► Besessenheit). Eine Mampo muß viele Jahre bei einer Lehrerin, einer Art Oberpriesterin, studieren, bevor sie eine „Quatre Yeux", eine vollendete Mampo wird. Das männliche Gegenstück wird als Hougàn bezeichnet: Auch sie werden, je nach Ausübung der Weißen bzw. Schwarzen Magie, in zwei Gruppen eingeteilt. Die Mampo und der Hougàn haben weibliche bzw. männliche Gehilfen (Hounsi-canzi). Weiterhin stehen die Marabou – junge Mädchen – den Mampo bzw. dem Hougàn als Gehilfinnen zur Verfügung. ► Zombie

VUAL

Ein Dämon (► Pseudomonarchia daemonum), ursprgl. ein gefallener Engel, der zur Hierarchie der ► Mächte gehörte. Zunächst erscheint er als gewaltiges Kamel, dann nimmt er die Gestalt eines Menschen an.

Er weckt Liebesgefühle und kennt die Vergangenheit und Zukunft.

W

WÄCHTERENGEL

Grigori; griech.: egeírein: wachen; eine besondere Engelgruppe, die den Thron Gottes als „heilige Wächter" bewacht und Gott unaufhörlich preist (► Seraphim). Ein Teil von ihnen wird mit den Engeln gleichgesetzt, die von Gott zur Erde geschickt worden sind, um den Menschen Wissen beizubringen und die Wissenschaften zu lehren (► Engelsturz): Amaros (Schutz gegen Verzauberung), Arakiel (Symbole), Azazel (Werkzeuge), Baraqel (Astrologie), Ezekeel (Kenntnis der Wolken), Gadreel (Waffen), Kokabel (Sternenlauf), Penemue (Schreiben), Sariel (Kenntnis vom Mond), Semjaza (Zauberei), Shamshiel (Kenntnis der Sonne).

WALDENSER

Frz. Sekte, die ihren Namen von ihrem Gründer, dem Lyoner Kaufmann Petrus Waldus, ableitet. Im Jahr 1176 trat er im Rhônegebiet als Bußprediger und Religionslehrer auf, nachdem er sein Vermögen den Armen geschenkt hatte. 1184 wurde er exkommuniziert, weil der örtliche Bischof die päpstliche Erlaubnis zu predigen nicht bestätigte. Da die W. ein Leben in Armut nach dem Vorbild der Apostel als erstrebenswertes Ziel verkünden, wurden sie auch als die „Armen von Lyon" bezeichnet.

Ihre Verfolgung durch die kirchlichen Inquisitoren rückte sie näher an die ► Katharer heran; sie bildeten dann mit ihnen zusammen im südl. Frankreich eine starke Oppositionsgruppe gegen die kath. Kirche. Ihre oberste Autorität war die Bibel, die in die Landessprache übersetzt wurde. Sie verwarfen das Fegefeuer, die Transsubstantiation, d. h. die Verwandlung von Wein und Brot bei der Messe in den Leib und das Blut Christi, und die Anrufung der Heiligen. Von den Sakramenten behielten sie nur die Taufe, die Ehe und das Abendmahl bei, das einmal im Jahr am Gründonnerstag gefeiert wurde. Abgeschafft wurden Priesteramt, Beichte, Absolution (Lösung von den Sünden) und Buße. Trotz des Bannes, den Papst Lucius III. 1184 über sie aussprach, verbreiteten sie sich in Südfrankreich, Oberitalien und Spanien.

Papst Innozenz III. predigte einen Kreuzzug gegen sie. In den sog. Albigenserkriegen (1209–1229) wurden die Waldensergemeinden bis auf Reste in den frz. Alpen vernichtet. Die W. spielten bei der Entstehung der Hexenverfolgung eine wichtige Rolle, weil die Inquisitoren nach der Vernichtung dieser Sekte in den Alpenregionen Savoyens (Gebiet um den Genfer See mit Pays Vaud, oberes Wallis, Aostatal, Piemont) eine neue Gruppe von Ketzern, die man zunächst Valdenses, später Hexen, nannte ausmachten. Man glaubte, daß die ursprgl. W. sich noch weiter vom christl. Glauben entfernt hätten und zu Zauberern geworden seien. Der Unterschied zwischen beiden Gruppen kam auch sprachlich zum Ausdruck. Statt W. wurde diese neue Sekte Waudenses genannt, die nach zeitgenössischen Quellen ► Hexensabbat, ► Teufelsbuhlschaft und widernatürliche Unzucht praktiziert haben und auf entlegenen Berghöhen Versammlungen abgehalten haben soll, zu denen man nur durch einen Flug durch die Luft gelangen konnte.

WALDGEISTER

Mit den Erdgeistern verwandt sind die kleinen Wald-, Holz- und Moosgeister. Sie wohnen unter den Wurzeln der Bäume, schützen und fördern deren Wachstum und Gedeihen Sie sind den griech. Dryaden (Baumgottheiten) ähnlich. Ihr Leben ist eng mit dem der Bäume verknüpft; ein Waldgeist muß sterben, wenn man einem Baum die Rinde abschält. Öfter machte der germ. Gott Wotan Jagd auf ein Waldweiblein und zerriß es dann. Hierher gehören auch die Geister, die in den Saatfeldern wohnen und die Fluren behüten – so die Kornmuhme, der Kornengel und das strahlend schöne Kornkind. Die Wald- und Feldgeister stehlen auch Kinder.

WALPURGISNACHT

Die Nacht zum 1. Mai wurde nach der engl. Nonne Walburga benannt. Sie kam 748 von

Wimbourne (England) nach Deutschland, gründete ein Kloster und starb in Heidenheim im Jahre 777.

Um diesem vorchristlichen Frühlingsfest im Volksglauben seinen heidnischen Charakter zu nehmen, wurde dieser Tag nach dieser populären Heiligen benannt. Da im Volksglauben in dieser Nacht der ► Hexensabbat gefeiert wird, kam die Vermutung auf, die W., wie auch andere Elemente des Hexenglaubens, seien aus der Antike entlehnt worden: So z. B. das röm. Fest der Göttin Bona Dea, die gelegentlich auch mit der ► Hekate gleichgesetzt wurde. Am Beginn des Mai feierten die Römer die Lemurien. An diesem Tag vertrieb man die ► Lemuren, die Geister der Verstorbenen.

WECHSELBALG

Dtsch. Myth.; die ► Elfen oder Zwerge entwenden zuweilen wohlgestaltete Kinder aus der Wiege und legen ihre eigenen häßlichen Kinder oder gar sich selbst an deren Stelle. Diese untergeschobenen Geschöpfe heißen W. Der Zweck des Wechsels besteht darin, daß die Elfen bemüht sind, ihre Art durch die entwendeten Menschenkinder zu vergrößern. Seit dem 13. Jhdt. wird für den Kindertausch der Teufel verantwortlich gemacht, der einer Wöchnerin ein mißgestaltetes Kind in die Wiege legt.

WEISE FRAUEN

Bez. für Frauen, die bis ins hohe Mittelalter hinein als Hebammen oder Kräuterheilkundige arbeiteten. Die ländliche Krankenpflege wurde vornehmlich von solchen Frauen ausgeübt. Das Wissen dieser Frauen wurde von der Mutter auf die Tochter übertragen. Ursprgl. wurden diese heilkundigen Frauen bei Festen von den Frauen eines Dorfes gewählt. In der Hexenforschung wird die Meinung vertreten, daß es das Ziel der Hexenverfolgung war, solche Hebammen auszurotten, die eine wichtige Funktion bei der Geburtenkontrolle ausübten. Die medizinische Praxis dieser Hebammen umfaßte nämlich auch die Abtreibungs- und Verhütungsmethoden, fruchtbarmachende Behandlung und den Liebeszauber. Als ab Mitte des 14. Jhdt.s bis 1525 ein starker Bevölkerungsrückgang einsetzte, waren die Folgen für das Wirtschaftsleben so groß, daß der Adel und die Kirche ihre ökonomische Vormachtstellung bedroht sahen. Die Ausrottung dieser Frauen führte nach dem 15. Jhdt. zu einem großen Anstieg der Geburten. Quelle für diese These ist der *Hexenhammer*, wo ausführlich von der siebenfachen Hexerei der Hebammen die Rede ist. Gegen diese Deutung der ► Hexenprozesse wird eingewandt, daß aufgrund der Berufsangaben in den Hexenprozeßakten die Zahl der Hebammen nur sehr gering gewesen sei. Unter den 60.000 Opfern der Hexenverfolgung, die vom 15. bis zum 18. Jhdt. hingerichtet wurden, befinden sich höchstens 200 Hebammen.

WERWOLF

Mannwolf; Bez. für einen in einen Wolf verwandelten Menschen. An Stelle der Bedeutung Mannwolf hat man versucht, dieses Wort als Wolfskleid zu deuten, die auf eine ahd. Form wariwolf (got. Wasjan): Kleid, zurückgeht.

Eine Deutung, die den Werwolfglauben in den Bereich der Religion einordnet, liefert der schamanistische Ansatz, der davon ausgeht, daß der W. ursprgl. nichts anderes als ein Schamane war. Durch Anlegen von Tierkleidern haben sich einzelne oder Gruppen von Menschen in Eurasien in eine Art ekstatischen Zustand versetzt, um eine Reise in die jenseitige Welt anzutreten. Das von ihnen erstrebte Anderssein wurde durch das Anlegen der Wolfskleidung besonders unterstrichen, weil diese Tierkleidung den betreffenden Menschen nicht nur verwandelte, sondern auch einen Bezug zum Tod herstellte, dessen Symboltier von alters her der Wolf ist. Elemente dieses auf dem Schamanismus beruhenden Werwolfglaubens waren die regelmäßige, zu bestimmten Zeiten stattfindende Verwandlung, die Ekstase und die Reise ins Jenseits oder Totenreich, wo die Menschen mit feindlichen Kräften, die man als Zauberer oder später als Hexen bezeichnete, um die Fruchtbarkeit der Felder kämpften (► Benandanti).

Eine völlig andere Theorie vertrat Robert Eisler in seinem Buch *Man into Wolf* (London 1951). Er stellt nämlich die Behauptung auf, daß der Mensch zunächst ein Vegetarier war, aber wegen der Eiszeit gezwungen wurde, zum Fleischverzehr überzugehen. Um Tiere besser jagen zu können, verkleidete er sich als Tier. Eine der Folgen dieser Veränderung der Eßgewohnheiten war die Blutgier, die im Unterbewußtsein weiterlebte und zur Bildung des Werwolfglaubens führte. Die Anfänge des Werwolfsglaubens gehen bis in die babyl. Zeit zurück, wo er in dem Epos Gilgamesch (3. Jht v. Chr.) belegt ist. In der griech.-röm. Antike ist der Werwolf eine vertraute Gestalt.

Bei den germ. Völkern war die Vorstellung vom Werwolf im Volksglauben weit verbreitet, wie die nord. Sagen lehren.

Einer der frühesten Belege für den W.glauben findet sich im ► Canon Episcopi. Für die mittelalt. Theologen stellte sich die Frage, wie der Werwolfglauben mit der Schöpfungsgeschichte vereinbart werden könnte. Nach ► Augustinus könnten die antiken Werwolfsagen wahr sein, weil Gott alles mache, was ihm gefalle. Niemals aber sei der Teufel fähig, einen Menschen zu verwandeln – es sei denn, daß Gott seine Zustimmung gebe. Der Mensch, der von sich behaupte, ein Werwolf zu sein, sei in einem Traum befangen: Er sehe in seiner Umgebung jene Traumgestalt, von der er träume. Wenn aber diese Traumgestalt Taten vollbringe, so seien diese nur das Werk eines Dämons, der den Träumer und seine Umgebung täusche.

Diese Ansicht blieb bis zum Erscheinen des ► Hexenhammers im 15. Jhdt. die Meinung der Kirche, wenngleich auch einzelne Ärzte und Naturphilosophen widersprachen, die den Werwolfglauben als eine Krankheit bezeichneten. In der Zeit vom 15. Jhdt. bis zum 17. Jhdt. wurde von den Autoren des *Hexenhammers* und den Dämonologen (► Boguet, ► de Lancre, ► Guazzo, ► Wier) der Glaubenssatz, daß eine tatsächliche Verwandlung eines Menschen in einen Wolf nicht möglich sei, nicht angezweifelt, aber andere Möglichkeiten aufgezeigt, die Existenz von Werwölfen glaubhaft zu machen, die wie die Hexen verfolgt werde müßten. Diese Theorien lassen sich so zusammenfassen: Entweder sei der Mensch für sich allein überzeugt, ein Werwolf zu sein oder andere glaubten es. Im ersten Fall hat der Teufel die Sinne dieses Menschen verwirrt und er leidet offensichtlich an der Werwolfsucht. Im zweiten Fall lassen sich vier Möglichkeiten unterscheiden:

- Der Teufel, der nicht erschaffen kann und folglich auch unfähig ist, eine Verwandlung herbeizuführen, hat die Sinne der anderen Menschen verblendet, so daß sie den betreffenden Menschen als Wolf deuten, obgleich er seine Menschengestalt nicht verändert hat. ► Hexenhammer
- Der Teufel umhüllt diesen Menschen mit einem Wolfsfell, so daß er einem Wolf täuschend ähnlich sieht.
- Der Teufel umhüllt ihn mit einer Wolfsgestalt aus verdichteter Luft. ► Guazzo
- Der Teufel versenkt diesen Menschen in einen tiefen Schlaf und vollbringt in Wolfsgestalt diejenigen Taten, von denen der Schlafende nur träumt (► Boguet). Der Werwolfsglaube, der zahllose ► Werwolfprozesse nach sich zog, blieb bis ins 18. Jhdt. hinein lebendig und wurde von den seit dem 17. Jhdt. zunehmenden Berichten von ► Vampiren in den Hintergrund gedrängt, die für die Kirche eine viel größere Gefahr darstellten, weil sie das Dogma von der Auferstehung der Menschen am Jüngsten Tag in Frage stellten.

WESCOTT, WILLIAM WYNN

1848–1925; Arzt und Leichenbeschauer in London. Mitbegründer des Golden Dawn (► Mathers). Nachdem er sich zwei Jahre lang nur mit ► Kabbala und hermetischer Philosophie beschäftigt hatte, trat er 1880 der Rosicrucian Society (Rosenkreuzer-Gesellschaft) bei. Aus seiner Feder stammen grundlegende Werke über den Okkultismus: So z. B. *An Introduction to the Qabalah* (1910), eine Übersetzung des ► *Sepher Yezirah* (1887), *The Isiac Tablet of Cardinal Bembo* (Über die bembinische Tafel, 1887), *Numbers – Their Occult Powers and Mystic Virtue* (1890), *The Magical Ritual of the Sanctum Regnum* (1896); dazu kommen eine Reihe von Abhandlungen mit dem Titel *Collectanea Hermetica* (1893–96).

WETTERHEXE

Die Kunst des Wettermachens, besonders von Unwettern („Hexenwetter"), ist einer der Vorwürfe, die gegen die Hexen erhoben wurde. Diese Form des Schadenszaubers wird schon im NT in dem Brief des Paulus an die Epheser erwähnt. Die bösen Dämonen, die ihren Sitz zwischen Himmel und Erde haben, werden als Urheber des schlechten Wetters angesehen. Die mittelalt. Theologen erkennen zwar an, daß die Dämonen aufgrund ihrer Natur und Fähigkeiten Unwetter verursachen könnten, aber dies könne letztlich, wie bei allen ihren Werken, nur mit der Erlaubnis Gottes geschehen. Ausführlich wird der Wetterzauber im ► Hexenhammer behandelt und zu einem wichtigen Tatbestand der Hexerei erklärt. Als im 16. Jhdt. eine starke Klimaverschlechterung eintrat – eine kleine Eiszeit –, die zu einer erheblichen Getreideverteuerung, Hungersnöten und Seuchen führte, fand der Vorwurf, daß die Hexen diese Klimakatastrophe verursacht hätten, viele Befürworter. Die nachreformatorischen Hexenverfolgungen ereigneten sich in den Zeiträumen 1586–1590 und 1628–1630, wo diese Klimaveränderung ihren Höhepunkt erreichte. Um den Wetterzauber der Hexen unschädlich zu machen, wurden auf den Feldern Kreuze errichtet oder Weihwasser versprüht. Bei aufziehenden Gewittern zündete man schwarze Kerzen (Wetterkerzen) an, um das Unwetter zu vertreiben.

WICCA-KULT

Die keltische Bez. wiccein wird als Wurzel des Englischen witch: Hexe angesehen. Die meisten Rituale des Wicca-Kultes, einer Ausdrucksform des modernen Hexentums, gehen auf Gerald Gardner (1884–1964) zurück. Sie werden heute in sog. covens, gemischtgeschlechtlichen Zirkeln mit maximal 13 Mitgliedern abgehalten. ► Gardner, ► Hexen, Moderne

WIERUS (WEYER), JOHANN

Der Arzt Wierus (Bild) zweifelte die Existenz von Hexen an und übte grundlegende Kritik am „Hexenhammer" (Abb. aus dem Jahr 1576).

1515–1588; Schüler des ► Agrippa von Nettesheim und Leibarzt des Herzogs von Kleve, Berg und Jülich (Holland); war einer der ersten Kritiker der Hexenverfolgungen. In seinen Werken *De praestigiis daemonum* (Vom Blendwerk der Dämonen, 1563) und *De lamiis* (Über Hexen, 1577) zweifelt er aufgrund seiner med. Kenntnisse die Existenz von Hexen an und übt eine grundlegende Kritik am ► Hexenhammer. Verantwortlich für den Hexenwahn seien die Theologen, die sich in Schweigen hüllten; die Ärzte, die ► Behexung als Ursache von nicht erklärbaren Krankheiten ansähen, und Juristen, die in Vorurteil und Tradition befangen seien. Bei den als Hexen angeklagten Frauen unterschied W. zwischen einfachen Frauen, die selbst dann kein Verbrechen begehen könnten, wenn es zu einem Pakt mit dem Teufel käme – diese Möglichkeit wird von W. noch eingeräumt –, und Zauberinnen, die sich mit dem Satan verschwören. Es ist übrigens gleichgültig, was diese Frauen aussagten, denn das eigentliche Übel werde vom Satan vollbracht, ohne daß die Menschen etwas dazu beitrügen. Der Hexenprozeß sei letztlich eine Erfindung des ► Satans, um die ganze Christenheit in Verruf zu bringen. Satan habe es nicht auf die armen und unwissenden Frauen abgesehen, sondern er will die in die Hexenprozesse verwickelten Theologen, Juristen, Könige und Fürsten zur Sünde verführen. Die Geständnisse der Hexen nämlich beruhten weitgehend auf Täuschung, Geisteskrankheit, Melancholie und auf durch Drogen verursachten Visionen. Sein Hauptgegner ► Bodin greift später diese Unterscheidung zwischen harmlosen und gefährlichen Hexen als unlogisch an und verdächtigt W., die Sache des Satans auf Erden zu vertreten. W., der sich bei seinen zahlreichen Reisen für die Dämonen seines Aufenthaltsortes interessierte, veröffentliche ein grundlegendes Werk zu diesem Thema mit dem Titel *Pseudomonarchia daemonum* (1568). ► Engel, Übersicht

WILDE JAGD

oder wildes Heer, Horte; eine Horde von Dämonen, die mit Hunden in der Nacht über den Himmel reitet und Furcht und Schrecken verbreitet. Die Vorstellung von der Wilden J. ist heidnischen Ursprungs. Ihr Führer soll der germ. Gott Wotan sein. Es gab auch eine wilde J., die aus weiblichen Dämonen bestand und von der Göttin ► Diana angeführt wurde. Später übernimmt der Wilde Mann bzw. die Wilde Frau die Führung dieser Schar von Dämonen, die beide oft um die Führerschaft kämpften.

WILIGUT, KARL MARIA

Österr. Offizier und Runenexperte. ► Schwarze Orden von Luzifer

Y

YAMA

Ind. Myth.; der Sohn des Sonnengottes Vivasvat und Bruder von Manund. Y. ist der Herr der Hölle und der König der Toten. Wenn eine Seele den Körper verläßt, kommt sie in das Land der Toten, wo Y. nach ihren Taten entscheidet, ob sie ins Paradies, in die Hölle oder zur Erde zurückkehren muß, um in einer anderen Wiedergeburt weiterzuleben. ► Buddhistische Hölle

YEZIDEN

Als Y. (auch Jeziden, Yezidi, Eziden, Ezidi oder Jesiden/Jesidi) werden Anhänger einer Religion bezeichnet, die ausschließlich unter den Kurden verbreitet ist. Über die Lehre der Y. bestehen nur vage Vorstellungen, da es keine schriftlichen Überlieferungen gibt. Der Yezidismus enthält Elemente des Zoroastrismus und altmesopotamischer Religionen. Heute geht man davon aus, daß die Wurzeln der Y. bis in die Zeit des Mithraismus (2000 v. Chr.) zurückreichen. Die Abl. des Namens Y. ist unsicher. Er wird mit dem Omayyaden-Kalifen Yazid Ibn-Mu' awija (680–83) in Verbindung gebracht. Die Y. setzen diesen Kalifen, den die Schiiten als „Teufel" bezeichnen, mit Christus gleich. Als Namensgeber wurde hier und da auch der altiran. Gott Yazatas (der Verehrungswürdige) in Erwägung gezogen. Im Y. haben sich Vorstellungen des Christentums, sunnitischen Islams, der alten Religion der Perser und wahrscheinlich auch der Hethiter und Hurriter vermischt. Wie das Christentum und der Islam ist die Religion der Y. eine Buchreligion, die auf zwei heiligen Büchern basiert: nämlich dem Kitab al Jilwa (Buch der Offenbarung) und dem Mishafa Res (Das Schwarze Buch). Im 12. Jhdt. wurde der Glaube von Scheich Adi Ibn Musafir (um 1075–1162) neu geordnet. Die Y. begründen ihre Abstammung von Adam her und negieren die Existenz des Teufels. Nach dem Willen Gottes ist der Satan Bestandteil des göttlichen Planes. Dieser habe sich nach einem Streit mit Gott zwar selbständig gemacht, wird aber zu ihm Herrn zurückkehren. Satan genießt bei den Y. die höchste Verehrung. Er wird auch in Form eines Pfauenengels (Melek ta'us: „Engel Gottes") verehrt. Hierher rührt die Verunglimpfung der Y. als „Teufelsanbeter". Aus islamischer Sicht gelten die – monotheistischen – Y. als „Unreine".

Durch Zwangs-Islamisierung und Verfolgung sind sie mittlerweile auf ca. 800.000 Mitglieder weltweit dezimiert worden. Ihr religiöses Zentrum ist Lalisch im Nordirak.

YIDAM

Tibet.: Schutzgottheit eines Lamas, dem er einen besonderen Kultus widmet und nach dessen Namen man ihn nicht fragen darf. Er bereitet sich dazu durch besondere Religionsübungen (Alleinleben, Meditation und Askese) vor. Ihm soll die gewünschte Gottheit in gütiger Form erscheinen, möglicherweise in einer dem allgemeinen Kult unbekannten Gestalt. Man kann sich einen Yidam (sanskr. ishta-devata) für das ganze Leben wählen oder für ein bestimmtes Unternehmen, ja auch mehrere zugleich. Es gibt Y., die von Jugend auf als Beschützer wirken und von Zeit zu Zeit während kontemplativer Versenkungen des Schützlings Enthüllungen mitteilen. Die wirkungsvollsten Y. sind diejenigen Schutzgötter, die in Vereinigung mit ihrer weiblichen Energie (sanskr. cakti, tib, nus-ma; häufig aber yum) auftreten; sie heißen gewöhnlich Vajra (tib. rdo-rje).

YOMI

Siehe ► Japanische Hölle.

Z

ZADKIEL

Hebr.: Gerechtigkeit Gottes; Name eines Engels, der oft mit ► Sachiel verwechselt wird. Er gehört zur Hierarchie der ► Herrschaften. Seine Eigenschaften sind Wohlwollen und Barmherzigkeit. In Goethes *Faust* ist er ein Gehilfe von ► Mephistopheles.

ZAGAN

Ein Dämon (► Pseudomonarchia daemonum); er hat zunächst die Gestalt eine Stiers mit Greifflügeln, dann verwandelt er sich in einen Menschen. Fähigkeiten: Er verleiht Weisheit, verwandelt Wasser in Wein, Blut in Öl und Metalle in Münzen.

ZAR

Name eines Dämons der vorchristl. Religion in Äthiopien, der beim Menschen, besonders Frauen ► Besessenheit hervorruft. Die Heilung, die von rituellen Bruderschaften durchgeführt wird, besteht darin, daß der Besessene seinen Zustand mit seinem Willen kontrollieren kann. Der Besessene betrachtet sich als das Pferd, das von Z. geritten wird. Bei den Opferhandlungen bietet er seinem Z. einen Teil des Opfers an, um ihn günstig zu stimmen. Zwischen dem Kranken und dem Heiler entsteht mit der Zeit ein sehr enges Verhältnis, das die Grundlage von Z.bruderschaften bildet.

ZAUBERBÜCHER

Andere Bez. Grimoire; sind Sammlungen von Beschwörungen bzw. Anweisungen für die Durchführung eines Rituals. Solche Werke gibt es in vielen Kulturkreisen, z. B. in der vedischen Literatur der Inder.

Die früheste Form der europäischen Z. sind die griech. Zauberpapyri aus der Zeit 150 v. Chr. bis 500 n. Chr., die man in Ägypten fand. Ab dem 13. Jhdt. nimmt diese Literatur sehr zu. Zunächst sind es Anweisungen zum mag. Gebrauch der Psalmen. Es folgen nun das ältere ► Clavicula Salomonis, das Grimorium des Papstes ► Honorius, das Heptameron des Petrus von ► Abano. Sie enthalten hauptsächlich Nekromantie und Ausführungen über die Beschwörung der Toten und Dämonen.

Auffällig ist die Ähnlichkeit des Rituals mit dem der christl. Messe. In der Zeit des Humanismus und der Reformation beherrscht die jüd. und arab. Religionsphilosophie sowie ► Kabbala die Zauberbücher: So z. B. die *Philosophia occulta* von ► Agrippa v. Nettesheim oder das Zauberbuch *Salamonis und Semiphoras.* Einen Abklatsch dieser Werke bilden die Zauberbücher, die Dr. Faust zugeschrieben werden: *Dr. Fausts großer und gewaltiger Höllenzwang* etc. Aber das Z. *Fausts vierfacher Höllenzwang* dürfte älteren Ursprungs sein.

Mit Beginn der Aufklärung erscheint das parodistische Zauberbuch *Dr. Faust, der gewaltige Meergeist* und der ► *Wahrhaft feuerrote Drache*, eine Übers. eines frz. Zauberbuches mit dem Namen *Dragon rouge* (Roter Drache = Teufel). Neben diesen Z. gab es Gebetbücher mit mag. Gebetsformeln: *Enchiridion manuale Leonis papae* (► Enchiridion des Papstes Leo), *Das geistliche Schild*, und das ► *Romanusbüchlein.* Im 18. Jhdt. tauchen dann *Die ägyptischen Geheimnisse* des ► Albertus Magnus und das noch heute sehr bekannte ► *6. und 7. Buch Moses* auf. Eine Zusammenfassung von 40 kleineren Z., die in dieser Zeit im Umlauf waren, enthält ein Konvolut mit dem Titel ► *Das Buch Jezira.* Einzelne Elemente dieser Z. sind aus der Magie der Ägypter und Juden entlehnt, wurden in der Spätantike mit der griech. Magie bereichert und verschmolzen. Sie erlebten mit dem Aufblühen der Kabbala eine Neuentdeckung.

Viele Mißverständnisse und Verstümmelungen von Namen haben sich bei den Abschriften und Drucken eingeschlichen, so daß heute kaum noch der Originaltext rekonstruiert werden kann. Gerade in der Neuzeit haben Verleger keine Bedenken gehabt, solche Z. in verstümmelter Form herauszugeben oder mit anderen Z. zu verbinden.

ZAUBERPAPYRI

Eine Gattung von Papyrustexten, die im 4. und 5. Jhdt. in Ägypten meistens in Griech., aber auch gelegentlich in Demotisch, einer Spätform des Ägyptischen, abgefaßt wurden. Diese für die Geschichte der Magie wichtigen Texte werden aufgrund ihres Inhaltes und Umfangs eingeteilt in:

- Verfluchungen und Amulette.
- Zauberbücher, Sammlungen mag. Rezepte und Ritualanweisungen.

Obgleich diese Texte aus dem kaiserzeitlichen Ägypten stammen, sind sie noch stark von den altägyptischen Göttern geprägt. Die wichtigsten Götter sind Isis, Osiris, ► Hekate, die mit der Mondgöttin Selene gleichgesetzt wird, Asklepios und ► Hermes Trismegistos. Helfer dieser Götter sind die „angeli" (Engel), zu denen nicht nur die christl.-jüd. Engel und die Erzengel zählen, deren Namen eine besondere Macht zugeschrieben wird, sondern anonyme Helfer der Götter. Sie sind mit den Gestirnen verbunden und stehen dem Magier bei. Auffällig sind die dem äußeren Anschein nach sinnentleerten Lautreihen. Eine genaue Analyse ergibt aber, daß sie auch dem Persischen, Akkadischen, Hebräischen und Koptischen entstammen. Die meisten Z. scheinen von Männern für Männer abgefaßt worden zu sein.

ZAUBERPFLANZEN

Pflanzen bzw. Pilze (Fliegenpilze), die für rel. Kulthandlungen, magische Praktiken oder zum Wahrsagen verwendet werden, faßt man unter dem Begriff Z. zusammen, Eine Einteilung dieser Pflanzen hat der Botaniker Unger (*Botanische Streifzüge auf dem Gebiet der Kulturgeschichte*, 1858) vorgenommen:

- Berufskräuter, die Schutz vor Hexen und Zauberern gewähren sollen;
- Wetterkräuter, die vor Blitz, Hagel und Feuer schützen;
- Wunderschlüssel. Mit Hilfe solcher Pflanzen kann man Funde und Schätze entdecken;
- Glückspflanzen, die Reichtum, Liebesfreuden, Macht und Ansehen gewähren.

Die wichtigsten Z. in unserer Region sind die Solanazeen (Nachtschattengewächse): Alraune *(Mandragora)*, Tollkirsche *(Belladonna)*, Stechapfel und Bilsenkraut, die schon im Altertum zu magischen Zwecken benutzt wurden. Die Anwendung erfolgte:

- Als Rauchmittel (Kräuterpfeife). Hierfür benutzte man insbesondere die Stechapfelblätter. In der älteren medizinischen Literatur wird in diesem Zusammenhang eine Art „Stechapfelsucht" beschrieben.
- Als Räuchermittel. Eckartshausen berichtet in seinem Buch *Aufschlüsse zur Magie*, daß man in der Kohlen- oder Räucherpfanne Mischungen aus folgenden Kräutern verbrannte:

a) Schierling, Bilsenkraut, Safran, Aloe, Opium, Mandragora, schwarzem Mohnsamen, Nachtschatten, Saft von Sumpfeppig, Stinkasant *(Asa foetida)* und Sumpfporst.

b) Bilsenkraut, Koriander, Eppig und schwarzem Mohnsamen.

c) Leinsamen, Flohsamen, Veilchen und Eppigwurzel.

d) Koriander, Eppig, Bilsenkraut und Schierling.

In Irland soll der Fingerhut „verhexten Kindern" als Mittel gegen den „bösen Blick" gegeben worden sein.

- Als Rauschgetränke (► Hexengetränke). In Ägypten und Babylon wurde schon im 3. Jhdt. v. Chr. eine Art Bier gebraut, dem Alraunfrüchte zugesetzt waren. In Deutschland war der Zusatz zum Bier allgemein verbreitet (16–9 wurde dies durch die bayr. Polizei und Landverordnung verboten).

● Als Salben (► Hexensalbe). Es sind folgende Rezepte überliefert, die auch ausprobiert wurden:

a) ► Della Porta: Eppig, Tollkirsche, Balsampappel und

b) Ruß oder Wassermerk, Wasserschwertel, Fünffingerkraut, Nachtschatten.

c) ► Hartlieb: Mondraute, Eisenkraut, Bingelkraut, Fetthenne, Frauenhaar und Zichorie.

d) Der Leibarzt des Papstes Julius III., Andreas de Laguna (1499–1560): Schierling, Nachtschatten, Mandragora, Bilsenkraut.

e) Paracelsus: Kinderfett, Mohn, Nachtschatten, Zichorie und Schierling.

f) ► Wierus: Wassereppich, Wasserschwertel, Fünffingerkraut, Fledermausblut, Tollkirsche und Öl, oder: Taumellolch, Bilsenkraut, Schierling, Feld- und ► Gartenmohn, Giftlattich, Wolfsmilch und Tollkirsche.

g) ► Cardano: Kinderfett, Eppichsaft, Eisenhut, Fünffingerkraut und Ruß.

h) Valvassor in *Ehre des Herzogtums Krain* (Tom. 1. S. 359, Laibach 1689): Fünffingerkraut, Tollkirsche, Wassermerk, Eppich, Eisenhut und Ackerwurz.

Diese Stoffe werden zerrieben, mit Öl oder Schweinfett vermischt und zu einer Salbe verarbeitet. Diese wurde in die Herzgegend, Magengrube, Achselhöhle und Schläfe eingerieben. Statt diese Kräuter zu einer Salbe zu verarbeiten, hängte man sie auch in kleinen Beuteln unter die Achselhöhle.

ZAUBERPUPPE

Eine Form des ► Bildzaubers, bei der Puppe und Opfer gleichgesetzt werden. Diese meistens aus Ton oder Wachs hergestellten Puppen sind in großer Zahl im ganzen Mittelmeeraum, besonders in Attika und im antiken Griechenland gefunden worden. Körperteile dieser Puppen sind mit Nägeln oder Nadeln durchbohrt, womit man die Erkrankung eines bestimmten Körperteils bei dem Opfer hervorrufen wollte. In den ► Zauberpapyri finden sich oft auch noch die Anweisungen, die Figur mit einer mag. Salbe zu bestreichen und mit Zauberworten zu beschreiben.

Die Herstellung einer Z. und das damit verbundene Ritual beschreibt der röm. Dichter Horaz (65–8 v. Chr.) in einer seiner Satiren. Während der Hexenverfolgungen wurde oft der Vorwurf erhoben, daß eine angeklagte Frau eine Wachsfigur nach einem lebenden Menschen nachgebildet habe, in die sie Nadeln oder Dorne steckte. Auf diese Weise sollte der betreffende Mensch zu Tode kommen.

ZAUBERSPIEGEL

Auch als Spiegel Salomonis bezeichnet. Der Z. wird in der Zauberei verwendet. Mit ihm können Weltgeschehnisse beobachtet werden. Auch Geheimnisse, etwa der Ort verborgener Schätze, lassen sich mit dem Z. lüften.

ZAUBERSPRUCH

Bez. für Beschwörungs- und Zauberformeln, die zur Dämonenabwehr und Anrufung von hilfreichen Mächten dienten. Der Z. beruht auf dem Glauben, daß Worten eine mag. Bedeutung zukomme. Der äußeren Form nach werden ein- und zweigliedrige Z. unterschieden. Im letzten Fall kommt zu der Zauberformel noch ein erzählender Eingang, der einen ähnlichen Fall von guter Ernte, Heilung etc. beschreibt. Bekannt sind die ► Merseburger Zaubersprüche und die altindischen Z., die in der Riga Veda gesammelt sind.

ZEENA, GALATHEA

Jüngste Tochter von LaVey. ► Church of Satan

ZOMBI

Abgel. von der kongoles Bez. nzambi: Geist einer toten Person. Im Sing. Bez. für den höchsten Gott der ► Voodoo-Religion. In der plur. Bez. sind Z. seelenlose, umherirrende Wesen, die wieder zum Leben erweckt wurden. Dies geschieht durch Rituale und den Verzehr von ► Stechäpfeln. Zs. werden sofort an ihrem verwirrten Gesichtsausdruck erkannt. Z. sind für ihren Herrn gleichsam als willenlose Sklaven jederzeit verfügbar, besonders kann er sie für unheilvolle Handlungen benutzen. Ein solches Wesen kann seine Seele wiedererlangen, wenn es Salz ißt. Um überhaupt zu verhindern, daß ein Leichnam in einen Z. verwandelt wird, töten die Angehörigen einen Toten zum zweitenmal, indem sie ihn erdrosseln, Gift einspritzen oder einen Nagel in die Schläfe schlagen.

Literatur

NACHSCHLAGEWERKE UND GRUNDLAGENWERKE

Arrowsmith, Nancy: Die Welt der Naturgeister, Frankfurt a. M. 1986

Bächtold-Stäubli, H. (Hrsg.): Handwörterbuch des deutschen Aberglaubens, 10 Bde., Berlin 1927–1942, Neudruck München 1986

Bamberger, B. J.: Fallen Angels, Philadelphia 1952

Bandini, Ditte und Giovanni: Kleines Lexikon des Hexenwesens, München 1999

Barstow, Anne Llewellyn: Witchcraze: A New History of European Witch Hunts, San Francisco 1994

Baschwitz, K.: Hexen und Hexenprozesse. Die Geschichte eines Massenwahns und seiner Bekämpfung, München 1963

Baskin, Wade: Dictionary of Satanism, New York 1962

Beier de Haan; R., Voltmer, R., Irsigler, F.: Hexenwahn – Ängste der Neuzeit, Berlin 2002

Biedermann, Hans: Hexen. Auf den Spuren eines Phänomens, Graz 1974

Ders.: Dämonen, Geister, dunkle Götter. Graz–Stuttgart 1989

Ders.: Handlexikon der magischen Künste, München 1968

Braun, Hans-Jürg: Das Jenseits – Die Vorstellungen der Menschheit über das Leben nach dem Tod, Frankfurt a. M. 2000

Briggs, Katharine: An Encyclopedia of Fairies, New York 1976

Caroll, David: The Magic Makers, New York 1974

Carus, P.: History of the devil and idea of the Evil from the Earliest Times to the Present Day, London 1900

Cavendish, Richard: A History of Magic, New York 1977

Clifton, Chas: Encyclopedia of Heresies and Heretics, Santa Barbara 1992

Collin de Plancy, J.: Dictionnaire infernal, Paris 1818/1863

Conway, M. D.: Demonology an Devil-Lore, 2 Bde., New York 1879

Davidson, Gustav: A Dictionary of Angels. Including the fallen Angels, New York 1971

Davidson, H. R. Ellis: Myths and Symbols in Pagan Europe, New York 1988

Decker, Rainer: Die Hexen und ihre Henker. Ein Fallbericht, Freiburg i. Br. 1994

Dury, Neville: Dictionary of Mysticism and the Occult, New York 1985

Dvorak, Josef: Satanismus, Frankfurt a. M. 1989

Frick, K. R. H.: Das Reich Satans. Satan und die Satanisten, 3 Bde., Graz 1982–86

Galling, Kurt: Die Religion in Geschichte und Gegenwart, 7 Bde., Tübingen 1957–1965

Gettings, Fred: Dictionary of Demons, New York 1988

Guiley, Rosmary Ellen: The Encyclopedia of Angels, New York 1996

Dies.: The Encyclopedia of Ghost and Spirits, New York 1992

Dies.: The Encyclopedia of Witchcraft, New York 1989

Graf, A.: The Story of the Devil, London 1931

Hexen: Dokumente, Quellen, Analysen; CD, Bd. 93 der Digitalen Bibliothek

Holl, A.: Tod und Teufel, Stuttgart 1973

Houston, Z.: Voodoo Gods, London 1939

Jastrow, M.: The Religion of Babylonia and Assyria, Boston 1898

Kaupel, Heinrich: Die Dämonen des Alten Testaments, Augsburg 1930

King, J.: Babylonian Magic and Sorcery, London 1896

Kiekhefer, Richard: Magie im Mittelalter, München 1992

Kiesewetter, Karl: Faust in der Geschichte und Tradition, Berlin 1921

Ders.: Geschichte des Okkultismus, 2 Bde, 1891/1895

Kraus, Heinrich: Kleines Lexikon der Engel, München 2001

Lea, H. C.: Materials toward a History of Witchcraft, 3 Bde., Philadelphia 1939; Neudruck New York 1957.

Ders.: The Inquisition of the Middle Ages, New York 1961
Lenormant, F.: Die Geheimwissenschaften Asiens. Die Magie und Wahrsagekunst der Chaldäer, Jena 1878
Levack, B. P.: Hexenjagd. Geschichte der Hexenverfolgung in Europa, München 1995
Ders.: Hexenjagd, München 1999
Lewis, James R.: Satanism Today, Santa Barbara 2001
Ders.: The Encyclopedia of Cults, sects and New Religions, New York 2001
Lurker, M.: Lexikon der Götter und Dämonen, Stuttgart 1984
McCabe, J.: A History of Satanism, Kansas 1948
Messadie, Gerald: Teufel, Satan, Luzifer, München 1999
Migne, J. P.: Dictionnaire des Sciences occultes, Paris 1846–1848
Murray, M.: The Witch Cult in Western Europe, Oxford 1921
Nola, Alfonso di: Der Teufel, München 1990
Papini, Giovanni: Der Teufel, Stuttgart 1955
Petzoldt, I.: Kleines Lexikon der Dämonen und Elementargeister, München 1995
Pickering, David: Lexikon der Magie und Hexerei, Augsburg 1999
Redfield, B. G. (Hrsg.): An Dictionary of Deities of All Lands, New York 1951
Robbins, R. H.: The Encyclopaedia of Witchcraft and Demonology, London1959
Roskoff, O.: Geschichte des Teufels, Leipzig 1868, Neudruck 1987
Saint Andre, de Alix: Encyclopaedia der Engel, Frankfurt a. M. 2001
Scholz, Jens: Das Lexikon der Engel, 2001
Schwab, Moise: Vocabulaire de l'Angelologie, Paris 1897, Neudruck Mailand 1989
Scott, Miriam van: Encyclopedia of Hell, New York 1998
Soldan, W., Heppe, H., Bauer, M.: Geschichte der Hexenprozesse, München 1911, Neudruck 1972
Spence, L.: Encyclopedia of Occultism, New York 1959
Summers, M.: The Geography of Witchcraft New York 1958
Ders.: The History of Witchcraft and Demonology, New York 1956
Ders.: The Vampire, New York 1960
Ders.: The Werewolf, London 1933
Ders.: Witchcraft and Black Magic, New York 1946
Thorndike, Lynn: The History of Magic and experimental Science, 8 Bde., New York 1923–58
Tondriau, J., Villeneuve, R.: Dictionnaire du Diable et de la Démonologie, Verviers 1968
Toorn, Kareel de: Dictionary of Deities and Demons in the Bible, Leiden 1995
Turner, Alice K.: The History of Hell, New York 1993
Villeneuve, Roland: Dictionnaire du Diable, Paris 1989
Waite, A. E.: The Book of Black Magic and of Pacts, London 1898
Wedick, H.: Dictionary of Magic, New York 1956
Willoughby-Meade, G.: Chinese Ghouls and Goblins, London 1928
Wolf, H.-J.: Geschichte der Hexenprozesse, Hamburg 1998
Ders.: Hexenwahn, Bindlach 1994
Wolff, U. (Hrsg.): Das große Buche der Engel, Freiburg i. Br. 2002

WEITERFÜHRENDE LITERATUR (AUSWAHL)

Abrahams, Ray (Hrsg.): Witchcraft in contemporary Tanzania, Cambridge 1994
Ackermann, I.: Der Fall und Erlösung oder die Werke des Satans und die Macht der Kirche, Samt einer Beilage über die göttliche Magie, Luzern 1835
Agrippa von Nettesheim, H. C.: De occulta philosophia sive de magia libri tres, Antwerpen 1531 (Köln 1533); Nördlingen 1987
Ahrendt-Schulte, I.: Weise Frauen – Böse Weiber. Die Geschichte der Hexen in der Frühen Neuzeit, Freiburg i. Br. 1994
Albizzati, C.: Qualche nota sui d'etruschi. Atti Pont. Accademia Romana di Archeologia, Serie III, 1923, 223 ff.
Andree, R.: „Trudensteine". Zeitschrift für Volkskunde 13, 1903, 295–298
Anglo, Sydney (Hrsg.): The Damned Art. Essays in the Literature of Witchcraft, London 1977
Ankerloo, Bengt; Henningsen, Gustav (Hrsg.): Early Modern European Witchcraft. Centres and Peripheries, Oxford 1990

Ankerloo, Bengt; Clark, Stuart (Hrsg.): Witchcraft and Magic alter the Witch Trials. The Eighteenth and Nineteenth Centuries, London 1999

Appel, L. T.: Die Wechselbalgsage, Berlin 1937

Arbman, E.: Ecstasy or Religious Trance. In the Experience of the Ecstatics and from the Psychological Point of View, Stockholm 1963

Arnold, K.: Johannes Trithemius (1462–1516), Würzburg 1991

Arrighini, A.: Gli angeli buoni e cattivi, Turin 1937

Aubin, N.: Geschichte der Teufel von Loudun oder der Besessenheit der Ursulinen und von der Verdammung und Bestrafung von Urbain Grandier, Pfarrer derselben Stadt, Berlin 1981

Auhofer, H.: Aberglaube und Hexenwahn heute. Aus der Unterwelt unserer Zivilisation, Freiburg i. B. 1960

Balducci, C.: Gli indemoniati, Rom 1959

Ders.: Priester, Magier, Psychopaten. Grenze zwischen Wahn und Teufel, Aschaffenburg 1976

Bamberger, B. J.: Fallen Angels, Philadelphia 1952.

Bandini, Pietro: Die Rückkehr der Engel, München 1995

Barry, Jonathan; Hester Marianne; Roberts, Gareth (Hrsg.): Witchcraft in Early Modern Europe. Studies in Culture and Belief, Cambridge 1996

Barstow, Anne Llewellyn: Witchcraze. A New History of the European Witch Hunts, San Francisco 1994

Bartsch, K.: Sagen, Märchen und Gebräuche aus Mecklenburg, 2 Bde., Wien 1879–1888

Battisti, G. und E.: La civilta delle streghe. Testi van a cura, Mailand 1964

Bauer, D. R., W. Behringer (Hrsg.): Fliegen und Schweben. Annäherung an eine menschliche Sensation, München 1997

Bauernfeind, O.: Die Worte der Dämonen im Markusevangelium, Stuttgart 1927

Baumbach, G.: Das Verständnis des Bösen in den synoptischen Evangelien, Berlin 1963

Baumgarten, Achim R.: Hexenwahn und Hexenverfolgung im Naheraum. Ein Beitrag zur Sozial- und Kulturgeschichte, Frankfurt a. M. 1987

Bechtel, G.: Sorcellerie et Possession, Paris 1972

Bechtel, G.: La Sorcière et l'Occident. La destruction de la sorcellerie en Europe des origines aux grands bûchers, Paris 1997

Beck, P.: „Die Bibliothek eines Hexenmeisters“. Zeitschrift für Volkskunde 15, 1905, 412–424

Beckenstedt, E.: Wendische Sagen, Märchen und abergläubische Gebräuche, Graz 1880

Becker, A.: Pfälzer Volkskunde, Bonn und Leipzig 1925

Becker, G.: Das Pentagramm-Symbol in Marokko: Religion, Politik und Magie im maghrebinischen Königreich, Hamburg 1989

Beckmann, D. und B.: Das geheime Wissen der Kräuterhexen. Alltagswissen vergangener Zeiten, München 1998

Behringer, W. (Hrsg.): Hexen und Hexenprozesse in Deutschland, München 1988, 4. aktualisierte Auflg., München 2000.

Ders.: Hexen. Glaube, Verfolgung, Vermarktung. München 1998, 2. durchges. Auflg., München 2000

Ders.: Hexenverfolgung in Bayern. Volksmagie, Glaubenseifer und Staatsräson in der frühen Neuzeit, München 1987, 3. mit einem Nachwort erweiterte Auflage, München 1997

Beinhoff, J.: Der Hexenglaube in der Walpurgisnacht und die Blocksbergsage, Leipzig 1923

Ben-Yehuda, Nachman (Hrsg.): Deviance and Moral Boundaries. Witchcraft, the Occult, Science Fiction, Deviant Sciences and Scientists, Chicago 1985

Berewinkel, B.: Hexen. Geschichte einer dunklen Zeit in Bildern und Berichten, Augsburg 1998

Berge, R.: Exegetische Bemerkungen zur Dämonenauffassung des Minucius Felix, Freiburg i. Br. 1929

Berger, Peter L.: Auf den Spuren der Engel, Frankfurt a. M. 1981

Bernhardt, J.: Chaos und Dämonie. Von den göttlichen Schatten der Schöpfung, München 1950

Bethencourt, Francisco: História das Inquisicoes Portugal, Espanha e Italia, Portugal 1996

Ders.: Doctrina ascetica Origenis seu quid docuit de ratione animae humanae cum daemonibus, Studia Anselmiana 16, Rom 1945

Bianchi, E. und A.: Il bene e il male nelle religioni, Fossano 1970

Bianchi, U.: Il dualismo religioso. Saggio storico ed etnologico, Rom 1958

Biedermann, H.: Hexen, Graz 1974

Biesel, Elisabeth: Hexenjustiz, Volksmagie und soziale Konflikte im lothringischen Raum, Trier 1997

Billisich, F.: Das Problem der Theodizee im philosophischen Denken des Abendlandes, 3 Bde., Berlin 1936–1959

Birlinger, A.: Aus Schwaben. Sagen, Legenden, Aberglauben. 2 Bde., Wiesbaden 1874

Bishop, G.: Witness to Evil, Los Angeles 1971

Bläcourt, Willem de: Termen van Toverij. De veranderende beteke nis van toverij in Noord-oost-Nederland tussen de 16de en 20ste eeuw, Nijmwegen 1990

Blasche, B. H.: Das Böse im Einklang mit der Weltordnung, Leipzig 1827

Blau, L.: Das altjüdische Zauberwesen, Straßburg 1898

Blauert, Andreas (Hrsg.): Ketzer, Zauberer, Hexen. Die Anfänge der europäischen Hexenverfolgungen, Frankfurt a. M. 1990

Bniggs, Robin: Die Hexenmacher. Geschichte der Hexenverfolgung in Europa und der Neuen Welt, Berlin 1998

Böcher, O.: Dämonenfurcht und Dämonenabwehr. Ein Beitrag zur Vorgeschichte der christlichen Taufe, Stuttgart 1970

Böcher, O.: Der Johannische Dualismus im Zusammenhang des nachbiblischen Judentums, Gütersloh 1965

Böckl, M.: Agnes Bernauer. Hexe, Hur' und Herzogin, Waldkirchen 1993

Bogucka, Maria: The Centre and the Periphery of Witchcraze. In: Acta Poloniae Historica 75, 1997, 179–188

Bois, J.: Le Satanisme et la Magie, avec une étude de J.-K. Huysmans, Paris 1895

Böld, W.: Die antidämonischen Abwehrmächte in der Theologie des Spätjudentums, Bonn 1938

Bonomo, G.: Caccia alle streghe. La credenza neue streghe dal secolo XIII al XIX, con particolar riferimento all'Italia, Palermo 1959

Bortone, E.: Satana, ma esiste davvero?, Rom 1968

Bosco, Giovanna; Castelli, Patrizia (Hrsg.): Stregoneria e streghe nell'Europa moderna: convegno internazionale di studi, Pisa 1994

Bostridge, Ian: Witchcraft and its Transformations 1650–1750, Oxford 1997

Bourguignon, E.: Possession, San Francisco 1976

Bourre, J. B.: Les Sectes luciferiennes aujourd'hui, Paris 1978

Bousset, W.: Der Antichrist in der Überlieferung des Judentums, des Neuen Testaments und der alten Kirche. Ein Beitrag zur Auslegung der Apokalypse, Göttingen 1895

Bowker, I.: The Problems of Suffering in Religions of the World, London 1970

Boyke, G.: Der Johannistag im deutschen Volksglauben, Querfurt 1926

Brady, Thomas A.; Oberman, Heiko A.; Tracy, James D. (Hrsg.): Handbook of European History 1400–1600. Late Middle Ages, Renaissance and Reformation, 2 Bde., Leiden 1994

Brémond, L.: Le diable, Paris 1924

Brengola, P., Calvani, V.: I diavoli. Hobbies, curiosità, nevrosi e avventure dei diavoli della terra e di altre galassie, Mailand 1980

Bricaud, J.: Huysmans et le Satanisme, Paris 1913

Briggs, Robin: Witches and Neighbours. The Social and Cultural Context of European Witchcraft, London 1996.

Bruns, Alfred (Hrsg.): Hexen – Gerichtsbarkeit im Kurkölnischen Sauerland, Schmallenberg-Holthausen 1984

Budge, E. A. W.: Egyptian Magic, London 1899; 1972

Ders.: The Egyptian Heaven and Hell. Bd. 1–24: The Hieroglyphic Texts of the Book Imi-dirat and the Book of Gates, with Translations and Commentary; Bd. III: The Contents of the Books of the Other World described and compared, London 1906/1925

Bujada, J.: Angeles: demones, magos y teologia católica, Madrid 1955

Bunn, Ivan und Geis, Gilbert: A Trial of Witches. A Seventh-century Witchcraft Prosecution, London–New York 1997

Burnham, Sophie: Engel, Düsseldorf 1992

Bylina, Stanislaw: Magie, sorcellerie et culture populaire en Pologne am XVe es XVIe siècles. In: Acta ethnographica Hungarica 37, 1991–92, 173–190

Byloff, Fritz (Hrsg.): Volkskundliches aus Strafprozessen der österreichischen Alpenländer mit besonderer Berücksichtigung der Zauberei- und Hexenprozesse 1455 bis 1850, Berlin 1929

Ders.: Das Verbrechen der Zauberei, Graz 1902

Ders.: Hexenglaube und Hexenverfolgung in den österreichischen Alpenländern, Berlin–Leipzig 1934

Cabanés, D.: Moers intimes du pass. Le Sabat a-t-il existé?, Paris 1935

Caird, G.: Principalities and Powers, a Study in Pauline Theology, Oxford 1956

Caland, A.: Altindische Zauberei. Darstellung der altindischen Wunschopfer, Amsterdam 1908; Neudruck Wiesbaden 1968

Ders.: Altindisches Zauberritual. Probe einer Übersetzung der wichtigsten Theile des Kaušika Sûtra, Amsterdam 1900.

Canaan, T.: Dämonenglauben im Lande der Bibel, Leipzig 1929

Canzio, D.: Il Diavolo. Scritte di vari a cura, Mailand 1969

Carlson, Shawn et al.: Satanism in America, El Cerrito 1989

Caro Baroja, J.: Las Brujas y su mundo, Madrid 1961; in dtsch. Übersetzung hrsg. von Peukkert, W. E.: Die Hexen und ihre Welt, Stuttgart 1967

Carus, P.: History of the Devil and Idea of the Evil from the Earliest Times to the Present Day, London 1900

Caspar, M.: Johannes Kepler, Stuttgart 1958

Catelli, E.: Il demoniaco nell'arte, Mailand 1972

Cavendish, R.: The Black Arts, New York 1967

Ders.: The Powers of Evil in Western Religion, Magic and Folk Belief, New York 1975

Centini, Massimo: Streghe, roghi e diavoli. I Processi di stregoneria in Piemonte, Cuneo 1995

Cerutti, M. V.: Dualismo e ambiguità. Creatori e creazione nella dottrina mandea sul cosmo, Rom 1981

Chaquin, Nicole Jacques; Préaud, Maxime: Le sabbat des sorciers XVe–XVIIe siècles, Grenoble 1993

Chauvin, C.: Histoire de l'Antichrist d'après la Bible et les Saints Pères, Paris 1901

Choffat, Pierre-Han: La sorcellerie comme exutoire. Tensions et conflits locaux: Dommartin 1524–1528, Lausanne 1989

Christensen, A.: Essai sur la démonologie iranienne. Det kgl. danske Vidensk Selsk, Hist.-filolog. Medd., XXIX 4, 92, Kopenhagen 1943

Clark, Stuart: Thinking with Demons. The Idea of Witchcraft in Early Modern Europe, Oxford 1996

Cocchiara, G.: Il diavolo nella tradizione popolare italiana. Saggi e ricerche, Palermo 1945

Cohen, Daniel: Voodoo, Devils and the New Invisible World, New York 1972

Cohen, Jeremy (Hrsg.): From Witness to Witchcraft. Jews and Judaism in Medieval Christian Thought, Wiesbaden 1996

Cohn, N.: I fanatici dell'Apocalisse (ital. Übers.), Mailand 1976

Ders.: Europe's Inner Demons: An Enquiry inspired by the Great Witch-Hunt, London 1975

Colleye, H.: Histoire du diable, Brüssel 1946

Collin de Plancy, J.: Dictionnaire infernal, Paris 1818

Connolly, Stephanie: Modern Demonolatry, Denver 2000

Contenau, G.: La Magie chez les Assyriens et Babyloniens, Paris 1947

Conway, M. D.: Demonology and Devil Lore, 2 Bde., New York 1879–London 1882

Coppens, J.: La connaissance du Bien et du Mal et le péché du Paradis, Louvain 1948

Cornelis, Frater: Blutmessen und Satanismus, Bersenbrück 1987

Cornellan, C.: Why does evil exist? A Philosophical Study of the Contemporary Presentation of the Question, Hicksville 1974

Corté, N.: Unser Widersacher der Teufel, Aschaffenburg 1957

Ders.: Who is the devil?, New York 1958

Craemer-Ruegenberg, I.: Albertus Magnus, München 1980

Crispino, A. M. et al.: Il libro del diavolo. Le origini, la cultura, l'immagine, Bari 1986

Cristiani, L.: Présence de Satan dans le monde moderne, Paris 1959

Dam van, W. C.: Dämonen und Besessene, Aschaffenburg 1970

Darmesteter, J.: Ormazd et Ahriman. Leurs origines et leur histoire, Paris 1877; Neudruck 1970

Davidson, J. P.: The Witch in Northern European Art 1470–1750, Freren 1987

Davies, R. T.: Four Centuries of Witch Beliefs. With Special Reference to the Great Rebellion, London 1947

Davies, T. W.: Magic, Divination and Demonology among the Hebrews and their Neighbours, including an Examination of Biblical References and of Biblical Terms. London 1898; Neudruck 1969

Daxelmüller, Ch.: Aberglaube, Hexenzauber, Höllenängste. Eine Geschichte der Magie, München 1996

Decker, Rainer: Die Hexen und ihre Henker. Ein Fallbericht, Freiburg i. Br., 1994

Ders.: Die Päpste und die Hexen, Darmstadt 2003

Ders.: Hexen. Magie, Mythen und die Wahrheit, Darmstadt 2004

Degn, Christian; Lehmann, Hartmut; Unverhau, Dagmar (Hrsg.): Hexenprozesse, deutsche und skandinavische Beiträge, Neumünster 1983

Desnoyers, M.: Recherches sur la coutume d'exorciser et excommunier les insectes et autres animaux nuisibles à l'agricolture, Paris 1853

De Tonquédec, I.: Les Maladies nérveuses ou mentales et les manifestations diaboliques, Paris 1931

Diedlet, Jean Claude: Démons et sorcières en Lorraine. Le bien et le mal dans les communautés rurales de 1550 à 1660, Paris 1996

Diefenbach, J.: Der Hexenwahn vor und nach der Glaubensspaltung in Deutschland, Mainz 1886

Dienst, Heide: Magische Vorstellungen und Hexenverfolgungen in den österreichischen Alpenländern (15–18. Jh.); in: Zöllner, Erich (Hrsg.): Wellen der Verfolgung in der österreichische Geschichte, Wien 1986, 70–94

Dieterich, A.: Nekyia. Beiträge zur neuentdeckten Petrusapokalypse, Leipzig 1893

Dillinger, Johannes; Fritz, Thomas; Mährle, Wolfgang: Zum Feuer verdammt. Die Hexenverfolgungen in der Grafschaft Hohenberg, der Reichstadt Reutlingen und der Fürstpropstei Ellwangen; Stuttgart 1998

Dillinger, Johannes: Böse Leute. Hexenverfolgungen in Schwäbisch-Österreich und Kurtrier im Vergleich, Trier 1999

Dinzelbacher, P.: Heilige oder Hexen? Schicksale auffälliger Frauen in Mittelalter und Frühneuzeit, Düsseldorf 1995

DiSimplicio, Oscar: lnquisizione, stregoneria, medicina. Siena e ii suo stato (1580–1721), Monteriggioni (Siena) 2000

Disselhoff, A.: Über die Geschichte des Teufels, Berlin 1907

Döbler, H.: Hexenwahn. Die Geschichte einer Verfolgung, München 1977

Dölger, F.: Der Exorzismus im altchristlichen Taufritual: Eine religionsgeschichtliche Studie, Paderborn 1909

Dodds, E. R.: The Greeks and the Irrational, Berkeley–Los Angeles 1951

Douglas, Mary (Hrsg.): Witchcraft Confessions and Accusations, London 1970

Dies.: Natural Symbols. Explorations in Cosmology, London 1973

Dies.: Ritual, Tabu und Körpersymbolik, Frankfurt a. M. 1973

Drechsler, P.: Sitte, Brauch und Volksglaube in Schlesien, 2 Bde., Leipzig 1903–06

Droß, A.: Die erste Walpurgisnacht. Hexenverfolgung in Deutschland, Frankfurt a. M. 1978

Drower Stevens, E. : The Mandaeans of Iraq and Iran: Their Cults, Custom, Magic, Legends and Folklore, Oxford 1937; Neudruck Leiden 1962

Dubal, R.: La psychoanalyse du diable, Paris 1953

Duby, G. und A.: Die Prozesse der Jeanne d'Arc, Berlin 1985

Duby, G.: L'an mil, Paris 1967

Ducati, P.: Osservazioni di demonologia etrusca. Rendiconti. Reale Accademia Nazionale dei Lincei, Cl. Scienze Morali 1915, 5

Duerr, Hans Peter: Traumzeit, Frankfurt a. M. 1978

Dueso, Josâe: Brujeria en ei Pais Vasco, 2. überarb. Auflg., San Sebastián 1999

Duhm, H.: Die bösen Geister im Alten Testament, Tübingen 1904.

Dukes, E.: Magic and Witchcraft in the Writings of the Western Church Fathers, Diss. Kent State University 1972

Dupont-Bouchat, Marie-Sylvie ; Frijhoff, Willem (Hrsg.) : Muchembled, Robert: Prophètes et sorciers dans les Pays-Bas XVIe–XVIIe siècle, Paris 1978

Dupont-Bouchat, Marie-Sylvie (Hrsg.): La sorcellerie dans les Pays-Bas sous l'ancien regime. Aspects juri diques, institutionels et sociaux, Kortrijk-Heule 1987

Durston, Gregory: Witchcraft and Witch Trials: A History of English Witchcraft and its Legal Perspectives, 1542–1736, Chichester 2000

Eamonn, William: Books of secrets in medieval and early modern science Sudhoffs, Archiv 69, 1985, 26–49

Ebeling, E.: Lamashtu, Pazuzu und andere Dämonen. Mitteilungen der altorientalischen Gesellschaft XIV, 2. Aufl., Leipzig 1947

Ehrard, J. B.: Apologia del diavolo. Transiatione con una nota critca di Benedetto Croce, Bari 1943

Ehret, L.: „Schadenszauber der elsässischen Hexen an Menschen und Tieren", Annuaire de la Société Historique, Littéraire et Scientifique du Club Vosgien, Nr. III, 1935, 44–73

Eiden, Herbert; Voltmer, Rita (Hrsg.): Hexenprozesse und Gerichtspraxis, Trier 2002

Eichler, P. A.: Die Dschinn, Teufel und Engel im Koran, Leipzig 1928

Eickmann, Walther: Die Angelogie und Dämonologie des Korans im Vergleich zu der Engel- und Geisterlehre der Heiligen Schrift. New York–Leipzig 1908

Eitrem, S.: Some Notes on the Demonology in the New Testament, Oslo 1966

Eliade, M.: Schamanismus und archaische Ekstasetechnik, Frankfurt a. M. 1975

Endter, A.: Die Sage vom Wilden Jäger und von der Wilden Jagd, Frankfurt a. M. 1933

Ennemoser, J.: Geschichte der Hexerei, Leipzig 1893

Entrich, M.: Albertus Magnus. Sein Leben und seine Bedeutung, Graz 1982

Erich, O. A.: Die Darstellung des Teufels in der christlichen Kunst, Berlin 1931

Erikson, Kai T.: Wayward Puritans, New York 1966

Ders.: Die widerspenstigen Puritaner. Zur Soziologie abweichenden Verhaltens, Stuttgart 1978

Ernst, C.: Teufelsaustreibungen. Die Praxis der katholischen Kirche im 16. und 17. Jahrhundert, Bern 1972

Ernst, J.: Das eschatologische Gegenspiel in den Schriften des Neuen Testaments, Regensburg 1967

Evans, E. P.: The criminal Prosecution and Capital Punishment of Animals, London 1906

Evans-Pritchard, Edward E.: Witchcraft, Oracles and Magic among the Azande, Oxford 1937

Ders.: Hexerei, Orakel und Magie bei den Zande, Frankfurt a. M. 1978

Ewen l'Estrange, H. C. H.: Witchcraft and Demonianism. A Concise Account derived from Sworn Depositions and Confessions obtained in the Courts of England and Wales, London 1933

Falkenstein, A.: Die Haupttypen der sumerischen Beschwörung, Leipzig 1931

Fascher. E.: Jesus und der Satan. Eine Studie zur Auslegung der Versuchungsgeschichte, Halle 1949

Favret-Saada, Jeanne: Les mots, la mort, les sorts, 1977

Dies.: Die Wörter, der Zauber, der Tod. Der Hexenglauben im Hainland von Westfrankreich, Frankfurt a. M. 1981

Fehrle, Eugen: Der Johannistag, Buchen 1924

Ders.: Zauber und Segen, Jena 1926

Feldmann, Ch.: Friedrich Spee: Hexenanwalt und Prophet, Freiburg i. Br. 1993

Figge, G. H.: Geisterkult, Besessenheit und Magie in der Umbanda-Religion Brasiliens, Freiburg i. Br. 1973

Fischer, W.: Aberglaube aller Zeiten, Stuttgart 1906

Bd. 1: Die Geschichte des Teufels

Bd. 2: Die Geschichte der Buhlteufel und Dämonen

Bd. 3: Dämonische Mittelwesen

Fitch, W.: God and Evil. Studies in the Mystery of Suffering and Pain, Grand Rapids 1967

Flaherty, Gloria: Shamanism and the Eighteenth Century, Princeton 1992

Flint, Valerie I. J.: The Rise of Magic in Early Medieval Europe, Oxford 1991

Fögen, Marie Theres: Die Enteignung der Wahrsager. Studien zum kaiserlichen Wissensmonopol in der Spätantike, Frankfurt a. M. 1997

Fortune, Reo F.: Sorcerers of Dobu, London 1932

Fossey, C.: La magie assyrienne. Etude suivie de textes magiques, transcrits, traduits et comment, Paris 1902

Fran J.: L'Eglise et la Sorcellerie. Précis historique, Paris 1910

Franck, C.: Lamastu, Pazuzu, und andere Dämonen. Ein Beitrag zur babylonischen-assyrologischen Dämonologie, Leipzig 1941; Neudruck 1971

Franz, A.: Die kirchlichen Benediktionen im Mittelalter, 2 Bde., Freiburg i. Br. 1909; Neudruck Graz 1960.

Franz, Gunther (Hrsg.): Friedrich Spee – Dichter, Seelsorger, Bekämpfer des Hexenwahns zum 350. Todestag, 2. Auflg., Trier 1991

Franz, Gunther; Irsigler, Franz (Hrsg.): Hexenglaube und Hexenprozesse im Raum Rhein-Mosel Saar, Trier 1995

Franz, Gunther; Gehl, Günter; Irsigler, Franz (Hrsg.): Hexenprozesse und deren Gegner im trierisch-lothringischen Raum, Weimar 1997

Franzoni, G.: Il diavolo, mio fratello. Soveria Mannelli 1986

Frei, G.: Probleme der Parapsychologie. Die Welt der Parapsychologie, Besessenheit, Exorzismus und Ekstase. Gesammelte Aufsätze, München 1971

Freud, Sigmund: Charakter und Analerotik, 1908

Ders.: Das Unheimliche, Wien 1919

Ders.: Eine Teufelsneurose im 17. Jahrhundert, Leipzig 1924

Friedländer, M.: Der Antichrist in den vorchristlichen jüdischen Quellen, Göttingen 1901

Frischbier, H.: Hexenspruch und Zauberbann. Ein Beitrag zur Geschichte des Aberglaubens in der Provinz Preußen, Berlin 1873

Froehner, R.: Von Hexen und Viehverzauberung, Leipzig 1925

Fromm, Rainer: Satanismus in Deutschland, München 2003

Frossard, A.: Les 36 preuves de l'existence, Ed. Albin Michel, Paris 1978

Fuchs, Ralf-Peter: Hexerei und Zauberei vor dem Reichskammergericht. Nichtigkeiten und Injurien, Wetzlar 1994

Fuerbeth, F.: Johannes Hartlieb. Untersuchungen zu Leben und Werk, Tübingen 1992

Füssel, Ronald: Hexenverfolgung in Thüringen; in: Thüringen. Blätter zur Landeskunde, Hrsg. von Landeszentrale für politische Bildung 1998

Furlani, G.: I nomi delle classi dei demoni presso i Mandei. Rendiconti, Reale Accademia Nazionale dei Lincei 1954, 389–435

Gallini, C.: Il diavolo tra chiesa popolo; in: Tradizioni sarde e mitti d'oggi. Cagliari 1977, 61 ff.

Garcon, M.; Vinchon, J.: Le Diable, Paris 1926

Gardner, G. B.: Ursprung und Wirklichkeit der Hexen, Weilheim 1965

Ders.: Witchcraft Today, London 1968

Gaster, M.: Studies and Texts in Folklore, Magic, Medieval Romance, Hebrew Apocrypha and Samaritan Archaeology, 3 Bde., London 1925–1928

Gayral, J.: Les delires de possession diabolique, Paris 1944

Geach, P. T.: Providence and Evil, Cambridge–New York 1977

Gehm, Britta: Die Hexenverfolgungen im Hochstift Bamberg und das Eingreifen des Reichshofrates zu ihrer Beendigung, Hildesheim 2000

Gellner, E.: The Devil in Modern Philosophy, London 1974

Gersmann, Gudrun: Konflikte, Krisen, Provokationen im Fürstbistum Münster. Kriminalgerichtsbarkeit im Spannungsfeld zwischen adeliger und landesherrlicher Justiz. In: Blauert, Andreas; Schwerhoff, Gerd (Hrsg.): Kriminalitätsgeschichte. Beiträge zur sozial- und Kulturgeschichte der Vormoderne, Konstanz 2000, 423–446

Gesemann, G.: Regenzauber in Deutschland, Braunschweig 1913

Gibson, Marion: Reading Witchcraft: Stories of Early English Witches, London 1999

Giger, Hubert: Hexenwahn und Hexenprozesse im Bündner Oberland, Graubünden 2001

Gijswijt-Hofstra, Marijke; Frijhoff, Willem (Hrsg.): Witchcraft in the Netherlands from the Fourteenth to the Twentieth Century, Rotterdam 1991

Gilfond, H.: Voodoo: Its Origins and Practices, London 1976

Ginzburg, Carlo: Hexensabbat. Entzifferung einer nächtlichen Geschichte, Berlin 1989

Ders.: I Benandanti. Stregoneria e sui culti agrari tra Cinquecento Seicento. Turin 1966

Ders.: Storia notturna. Una decifrazione del Saba, Turin 1989. Dtsch.: Hexensabbat, Berlin 1990

Glöckler, Michaela: Vom Wirken der Engel im menschlichen Leben, Esslingen 1997

Gokey, F. X.: The Terminology for the Devil and Evil Spirits in the Apostolic Fathers, Washington 1961

Goodman, F.: Ekstase, Besessenheit, Dämonen: die geheimnisvolle Seite der Religion, Gütersloh 1991

Görres von, J.: Hinter der Welt ist Magie, München 1990

Gorresio, V.: Il papa e il diavolo, Mailand 1973

Graf, A.: Il diavolo, Mailand 1889; Neudruck hrsg. von C. Perone, Rom 1980

Graf, Fritz: Gottesnähe und Schadenszauber, München 1996

Grandt, Guido und Michael: Schwarzbuch Satanismus, Augsburg 1995
Griffin, D. R.: God, Power and Evil: a Process Theodicy, Philadelphia 1976
Grillet, C.: Le diable dans la littèrature au XIX si, Paris 1935
Grohmann, J. V.: Aberglauben und Gebräuche aus Böhmen und Mähren, Bd. 1., Leipzig 1864
Günther, B.: Weg von der Finsternis hin zum Licht. Bd. 1, Satan, der Widersacher Gottes; Aschaffenburg 1972
Haag, H.: Abschied vom Teufel. Theologische Meditationen, Einsiedeln 1973
Ders.: Teufelsglaube, Tübingen 1974
Habrich, Ch.: Hexenkraut und Heilpflanze: Der Stechapfel in Vergangenheit und Gegenwart, Ingolstadt 1988
Hagen, Rune: The Witch-hunt in Early Modern Finnmark. In: Acte Borealia 1, 1999, 43–62
Haining, P.: The Warlock's Book, London 1972
Haliczer, Stephen: Inquisition and Society in the Kingdom of Valencia, 1478–1834; Berkeley 1990
Hammes, M.: Hexenwahn und Hexenprozesse, Frankfurt a. M. 1977
Hampp, I.: Beschwörung, Segen, Gebet. Untersuchungen zum Zauberspruch aus dem Bereich der Volksheilkunde, Stuttgart 1961
Hancar, F.: Das Pferd in prähistorischer und früher historischer Zeit, Wien 1956
Hansen, C.: Witchcraft at Salem, New York 1969
Hansen, J.: Quellen und Untersuchungen zur Geschichte des Hexenwahns und der Hexenverfolgung im Mittelalter. Mit einer Untersuchung zur Geschichte des Wortes „Hexe" von Johann Franck, Bonn 1901, Neudruck Hildesheim 1963
Hansen, J.: Zauberwahn, Inquisition und Hexenprozeß im Mittelalter und die Entstehung der ersten großen Hexenverfolgung, Leipzig und München 1900
Hansmann, L.; Kriss-Rettenbeck, L.: Amulett und Talisman. Erscheinungsform und Geschichte, München 1977
Harmening, Dieter; Rudolph, Andrea (Hrsg.): Hexenverfolgung in Mecklenburg. Regionale und überregionale Aspekte, Dettelbach 1997
Harmening, D.: Superstitio, Berlin 1979
Ders.: Zauberei im Abendland. Vom Anteil der Gelehrten am Wahn der Leute. Skizzen zur Geschichte des Aberglaubens, Würzburg 1991
Hartlieb, J.: Das Buch der verbotenen Künste. Aberglaube und Zauberei des Mittelalters, München 1998
Hasenkamp, G.: Das Spiel vom Antichrist, Münster 1961, 5. Auflg.
Hauck, Rex (Hrsg.): Engel – unsichtbare Boten, München 1995
Hauschild, Th.: Der böse Blick: ideengeschichtliche und sozialpsychologische Untersuchungen, Berlin 1982.
Hauschild, Th.: Die alten und die neuen Hexen. Die Geschichte der Frauen auf der Grenze, München 1987
Hehn, V.: Salz: eine kulturgeschichtliche Studie, Darmstadt 1964
Aerts, Erik: Heksen in de Zuidelijke Nederlanden (16de–17de eeuw), Brüssel 1989
Henning, Ch.: Voodoo: geheime Macht in Afrika, Köln 1995
Henningsen, Gustav; Tedeschi, John (Hrsg.): The Inquisition in Early Modern Europe. Studies on Sources and Methods, Dekalb 1986
Henningsen, Gustav: The Witches' Advocate. Basque Witchcraft and the Spanish Inquisition (1609–1614), Reno/Nevada 1980.
Henningsen, Gustav: Witchcraft in Denmark. In: Folklore 93, 1982, 131–137
Ders.: Witches' Advocate. Basque Witchcraft and the Spanish Inquisition (1609–1614), Reno/Nevada 1980
Henry, V. : La Magie dans l'Inde antique, Paris 1909
Herget, W. (Hrsg.): Die Salemer Hexenverfolgungen, Trier 1994
Hertz, W.: Der Werwolf. Ein Beitrag zur Sagengeschichte, Walluf 1862
Heuser, Peter Arnold: Eine Auseinandersetzung über den Indizienwert der Kaltwasserprobe im Hexenprozess. Studien zur Rick-Delrio-Kontroverse 1597–1599 und zur Zurückdrängung der Kaltwasserprobe aus kurkölnischen Hexenprozessen im 17. Jahrhundert: In: Rheinisch-westfälische Zeitschrift für Volkskunde 45, 2000, 73–135
Ders.: Hexenverfolgung und Volkskatechese. Beobachtungen am Beispiel der gefürsteten Eifelgrafschaft Arenberg. In: Rheinisch-Westfälische Zeitschrift für Volkskunde 44, 1999, 95–142

Hick, J.: Evil and the God of Love, London–Melbourne 1966

Hinrichsen, Torkild: Alle Engel dieser Erde, Husum 2000

Hirschberg, W. (Hrsg.): Neues Wörterbuch der Völkerkunde, Berlin 1988

Ders.: Frosch und Kröte in Mythos und Brauch, Wien 1988

Hole, C.: A Mirror of Witchcraft, London 1957

Holl, A.: Tod und Teufel, Stuttgart 1973

Honegger, Claudia (Hrsg.): Die Hexen der Neuzeit. Studien zur Sozialgeschichte eines kulturellen Deutungsmusters, Frankfurt a. M. 1978

Hoppál, Mihály (Hrsg.): Shamanism in Eurasia, Göttingen 1984

Hornung, E.: Altägyptische Höllenvorstellungen, Berlin 1968

Hughes, R.: Heaven and Hell in Western Art, New York 1968

Hunfeld, Frauke; Dreger, Thomas: Jugendokkultismus, Weinheim 1993

Huxley, Aldous: Die Teufel von Loudun, München 1955

Introvigne, M. und Türk, E.: Satanismus, Freiburg 1995

Isenberg, Wolfgang (Hrsg.): Hexenverfolgung im Rheinland. Ergebnisse neuerer Lokal- und Regionalstudien. Dokumentation einer Studienkonferenz in Zusammenarbeit mit dem Landschaftsverband Rheinland/Kulturabteilung, Schriftenreihe der Thomas-Morus-Akademie Bensberg, Bergisch-Gladbach 1996

Jacobsen, J. P.: Les mânes, 3 Bde., Paris 1924
- Bd. 1: Les morts et la vie humaine
- Bd. 2: Le héros le genius et les mânes
- Bd. 3: Le sentiment religieux populaire en France

Jacques-Chaquin, Nicole; Préaud, Maxime: Les sorciers du carroi de Marlou: Un procès de sorcellerie en Berry (1582–1583), Grenoble 1996

Jahn, Ulrich: Hexenwesen und Zauberei in Pommern, Breslau 1886

Ders.: Volkssagen aus Pommern und Rügen. Stettin 1886

Jensen, Karsten Sejr: Troldom i Danemark 1500–1588, Kopenhagen 1988

Jensen, Soren S.: Dualism and Demonology: The Function of Demonology in Pythagorean and Platonic Thought, Kopenhagen 1966

Jerouschek, Günter: Die Hexen und ihr Prozeß. Die Hexenverfolgung in der Reichsstadt Esslingen, Esslingen 1992

Jirku, A.: Die Dämonen und ihre Abwehr im Alten Testament, Leipzig 1912

Jobbe, E.: Les Morts malfaisants larvare, lemures d'après le droit et les croyances populaires des Romains, Paris 1924

Johansen, Jens Christian V.: Superstition and Witchcraft in Reformation Scandinavia. In: Grell, O. P. (Hrsg.), The Scandinavian Reformation, Cambridge 1995, 179–211

Johansen, Jens Christian V.: Witchcraft, Sin, and Repentance. The Decline of Danish Witchcraft Trials. In: Acta Ethnographica Hungarica 37, 1991–92, 413–423

Jones, E.: Der Alptraum in seiner Beziehung zu gewissen Formen des mittelalterlichen Aberglaubens, Leipzig 1912

Jung, L.: Fallen Angels in Jewish, Christian and Mohammedan Literature, Philadelphia 1926

Kaiser, E: Volksbrauch und Aberglaube sowie anderes Absonderliches aus Jahrtausenden, Berlin 1935

Kallas, I.: Jesus and the Power of Satan, Philadelphia 1969

Ders.: The Satanward View. A Study in Pauline Theology, Philadelphia 1966

Kappler, C.: Monstres, démons et merveilles à la fin du Moyen Age, Paris 1980

Kapur, Sohaila: Witchcraft in Western India, Hyderabad 1983

Kauertz, Claudia: Wissenschaft und Hexenglaube. Die Diskussion des Zauber- und Hexenwesens an der Universität Helmstedt (1576–1626), Bielefeld 2001

Kees, H.: Totenglauben und Jenseitsvorstellungen der alten Ägypter. Grundlagen und Entwicklung bis zum Ende des mittleren Reiches. Leipzig 1926; 2. neubearbeitete Auflg. Berlin 1956

Kelly, B. J.: God, Man and Satan. Satan, the Adversary in Theology and Life. Westminster 1950

Kelly, H. A.: Towards the Death of Satan. The Growth and Decline of Christian Demonology, London 1968

Kieckhefer, Richard: European Witch-Trials. Their Foundation in Popular and Learned Culture, 1300–1500, London 1976

Kieckhefer, Richard: Magie im Mittelalter, München 1992

Kiev, Ari (Hrsg.): Magic, Faith and Healing. Studies in Primitive Psychiatry, London 1964, 2. Auflg. London, 1996

King, L. W.: Babylonian Magic und Sorcery. Being The Prayers of Lifting of the Hand. The Cuneiform Texts of a Group of Babylonian and Asyrian Incantations and Magic Formulae. Edited with Transliterations, Translations and Full Vocabulary from Tablets of the Kuyunjik Collections preserved in the British Museum, London 1896

Kivelson, Valerie: Through the Prism of Witchcraft: Gender and Social Change in Seventeenth-Century Muscovy. In: Clements, Barbara et al. (Hrsg.): Russia's Women: Accomodation, Resistance, Transformation, Berkeley, 1991

Klaniczay. Gabor; Pocs, Eva (Hrsg.): Witch-Beliefs and Witch-Hunting in Central and Eastern Europe, Acta Ethnographica, Academiae Scientiarum Hungaricae 37, 1991–92

Klaniczay, G.: „Der Hexensabbat im Spiegel von Zeugenaussagen in Hexenprozessen". In: Ders.: Hexerei, Nürnberg 1993

Ders.: Heilige, Hexen, Vampire. Vom Nutzen des Übernatürlichen, Berlin 1991

Ders.: The Decline of Witches and Rise of Vampires in the Eighteenth-Century Habsburg Monarchy. In: Ethnologie Europaea 17, 1987, 165–180

Ders: The Uses of Supernatural Power. The Transformation of Popular Religion in Medieval and Early Modern Europe, Princeton 1990

Kleefeld, Traudl; Gräser, Hans; Stepper, Gernot: Hexenverfolgung im Markgraftum Brandenburg-Ansbach und in der Herrschaft Sugenheim (mit Quellen aus der Amtsstadt Crailsheim), Ansbach 2001

Kluckhohn, Clyde: Navaho Witchcraft, Boston 1944

Knack, F.: Pommersche Spukgeschichten, Sagen und Märchen aus dem Kreise Saatzig, Wittenberge 1922

Knaut, Horst: Das Testament des Bösen, Stuttgart 1979

Knoop, O.: Volkssagen, Erzählungen, Aberglauben, Gebräuche und Märchen aus dem östlichen Hinterpommern, Posen 1885

Knortz, K.: Hexen, Teufel und Blocksbergspuk in Sage, Geschichte und Literatur, Annaberg 1914

Koch, O.: Engel und Dämonen in den Heiligen Schriften, Wuppertal-Barmen 1951

Kohut, Alexander: Über jüdische Angelologie und Dämonologie in ihrer Abhängigkeit vom Parsismus, DMGA, Bd. 4, Nr. 3, Leipzig 1886

Koppenhöfer, Johanna: Die mitleidlose Gesellschaft. Studien zu Verdachtsgenese, Ausgrenzungsverhalten und Prozeßproblematik im frühneuzeitlichen Hexenprozeß in der alten Grafschaft Nassau unter Johann VI. und der späteren Teilgrafschaft Nassau-Dillenburg (1559–1687), Frankfurt a. M. 1995

Kors, Alan C.; Peters, Edward: Witchcraft in Europe, 1100–1700. A Documentary History, Philadelphia 1972; 10. Auflg. 1992

Kottaridou, A.: Kirke und Medea: die Zauberinnen der Griechen und die Verwandlung des Mythos, Köln 1991

Kovács, Zoltán: Die Hexen in Rußland. In: Acta ethnographica Academiae Scientiarum Hungaricae 22, 1973, 51–87

Krahling, C. H.: The Mandaic Gotpzahil, Jaos 1933, 152–165

Krauss, F. : Sitte und Brauch der Südslawen, Wien 1885

Ders.: Südslawische Hexensagen, Wien 1884

Ders.: Volksglaube und religiöser Brauch der Südslawen, Münster 1890

Krauss, Heinrich: Die Engel, München 2000

Kriss, R.; Kriss-Heinrich, H.: Volksglaube im Bereich des Islam.

Bd. 1: Wallfahrtswesen und Heiligenverehrung, Wiesbaden 1960

Bd. 2: Amulette, Zauberformeln und Beschwörungen, Wiesbaden 1962

Kruse, J.: Hexen unter uns. Magie und Zauberglauben in unserer Zeit, Hamburg 1951

Kuhn, Philip A.: Soulstealers. The Chinese Sorcery Scare of 1768, Cambridge/Mass. 1990

Kuper, M.: Agrippa von Nettesheim: ein echter Faust, Berlin 1994

Kurze, G.: Der Engels- und Teufelsglaube des Apostels Paulus, Freiburg i. B. 1915

Labouvie, Eva: Verbotene Künste. Volksmagie und ländlicher Aberglaube in den Dorfgemeinden des Saarraumes (16.–19. Jahrhundert), St. Ingbert 1992

Dies.: Zauberei und Hexenwerk. Ländlicher Hexenglaube in der frühen Neuzeit, Frankfurt a. M. 1991

Lambrecht, Karen: Hexenverfolgung und Zaubereiprozesse in den schlesischen Territorien, Köln 1995

Dies.: Wiedergänger und Vampire in Ostmitteleuropa – Posthume Verbrennung statt Hexenverfolgung? In: Jahrbuch für ostdeutsche Volkskunde 37, 1994, 49–77

Dies.: Essentials of Demonology. A Study of Jewish and Christian Doctrine, London 1949

Langton, E.: Satan, a Portrait. A Study of the Character of Satan through all the Ages, London 1945

Lapoint, Elwyn: lrish lmmunity to Witch-Hunting, 1534–1711. In: Eire-Ireland. A Journal of lrish Studies 27, 1992, 76–92

Larner, Christina: Enemies of God. The Witch-Hunt in Scotland, London 1981

Lecanu, A.: Geschichte des Satans, Regensburg 1863

Legge, Francis: The Names of Demons in Magic Papyri in Proceedings of the Society of Biblical Archaeology, Bd. 22, 1900

Lehmann, A.: Aberglaube und Zauberei von den ältesten Zeiten bis in die Gegenwart, Stuttgart 1898

Lehmann, Hartmut; Ulbricht, Otto (Hrsg.): Vom Unfug des Hexen-Processes. Gegner der Hexenverfolgung von Johann Weyer bis Friedrich Spee, Wiesbaden 1992

Lehner, E. und J.: Devils, Death and Damnation, New York 1971

Leibrock-Plehn, L.: Hexenkräuter oder Arznei: die Abtreibungsmittel im 16. und 17. Jahrhundert, Stuttgart 1992

Lemke, E.: „Die Eibe in der Volkskunde". Zeitschrift für Leubuscher, R.: Über die Werwölfe und Tierverwandlung im Mittelalter: Ein Beitrag zur Geschichte der Psychologie. Berlin 1850, Volkskunde 12; 1902, 377–390

Levack, Brian P.: Possession, Witchcraft, and the Law in Jacobean England 1613–1640, In: Washington and Lee Law Review 52, 1996

Ders. (Hrsg.): Witch-hunting in Continental Europe. Local and Regional Studies, New York–London 1992

Ders.: The Witch-Hunt in Early Modern Europe, London–New York 1987. 2. Auflg. 1993. Dt.: Hexenjagd. Die Geschichte der Hexenverfolgung in Europa, München 1995, 2. Auflg. München 1999

Ders.: Witchcraft in Scotland, New York 1992

Lévi-Strauss, Claude: Anthropologie Structurale, Paris 1958. Dt.: Strukturale Anthropologie, Aus dem Frz. übertragen von Hans Naumann, Frankfurt a. M. 1971

Levron, I.: Le diable dans l'art. Paris 1935

Lewis, I. M.: Ecstatic Religion. An Anthropological Study of Spirit Possession and Shamanism, London 1971, 2. Auflg. London 1989

Lewis, James R. (Hrsg.): Magical Religion and Modern Witchcraft, New York 1996

Lexa, F.: La magie dans l'Egypte antique de l'ancien empire jusqu'à l'époque copte, 3 Bde., Paris 1925

Lhermitte, J.: Vrais et faux possédés, Paris 1956.

Libero de, G.: L'essere, l'azione, il dominio. Turin 1934, gek. Ausgabe von Mancini, A., Turin 1955.

Lindenbaum, Shirley; Zelienetz, Mary (Hrsg.): Sorcery and Social Change in Melanesia, Adelaide 1981

Lindsey, H.: Satan is alive and well on Planet Earth, Grand Rapids 1973

Ling, T.: The Significance of Satan. New Testament Demonology and its Contemporary Relevance, London 1961

Lorenz, Sönke (Hrsg.): Hexen und Hexenverfolgung im deutschen Südwesten. Katalog der Ausstellung, Ostfildern 1994

Lorenz, Sönke; Bauer, Dieter R. (Hrsg.): Das Ende der Hexenverfolgung, Stuttgart 1995.

Lorenz, Sönke; Bauer, Dieter R. (Hrsg.): Hexenverfolgung. Beiträge zur Forschung – unter besonderer Berücksichtigung des südwestdeutschen Raumes, Würzburg 1995

Lorenz, Sönke; Bauer, Dieter R.; Behringer, Wolfgang; Schmidt, Jürgen Michael (Hrsg.): Himmlers Hexenkartothek. Das Interesse des Nationalsozialismus an der Hexenverfolgung, Bielefeld 1999

Lorenz, Sönke: Aktenversendung und Hexenprozesse. Dargestellt am Beispiel der Juristenfakultäten Rostock und Greifswald (1570/82–1630), Frankfurt a. M. 1982
- Bd. 1: Die Quellen
- Bd. II, 1: Die Hexenprozesse in den Rostokker Spruchakten von 1570 bis 1630
- Bd. II, 2: Die Hexenprozesse in den Greifswalder Spruchakten von 1582 bis 1530, Frankfurt a. M. 1983

Lorey, Elmar M.: Henrich der Werwolf. Eine Geschichte aus der Zeit der Hexenprozesse

mit Dokumenten und Analysen, Frankfurt a. M. 1997
Louis-Chevrillon, H.: Satana nella Bibbia e nel mondo, Bari 1971
Luck, Georg: Magie und andere Geheimlehren der Antike. Mit 112 neu übersetzten und einzeln kommentierten Quellentexten, München 1990
Lüking, Rolf-Michael: Vom Unwesen der Magie. Annäherung an das Fremde über den so genannten Todeszauber im Südwestpazifik, Münster–Hamburg 1993
Lurker, M.: Lexikon der Götter und Dämonen, Funktionen, Symbole, Attribute; Stuttgart 1984
Lyons, A.: The Second Coming: Satanismo in America, New York 1970
MacCasland, V.: By the Finger of God. Demon Possession and Exorcism in Early Christianity in the Light of Modern Views of Mental Illness, New York 1950.
MacFarlane, Alan O. I.: Witchcraft in Tudor and Stuart England. A Regional and Comparative Study, 2. Auflg., London 1999
Mackensen, L.: Geister, Hexen und Zauber in Texten des 17. und 18. Jahrhunderts. Dresden 1938
Madsen, William und Claudia: A Guide to Mexican Witchcraft. With a Commentary by Gonzalo Aguire Beltrán, Mexico City, 10. Auflg. 1992
Maier, Eva: Trente ans avec le Diable. Une nouvelle chasse aux sorciers sur la Riviera lémanique (1477–1484), Lausanne 1996
Malinowski, Bronislaw (Hrsg.): Magie, Science and Religion, New York 1948; dtsch.: Magie, Wissenschaft und Religion, Frankfurt a. M. 1973
Malinowski, Bronislaw: Argonauts of the Western Pacific, New York 1922 ; dtsch : Argonauten des westlichen Pazifiks, Frankfurt a. M. 1979
Mandrou, Robert: Magistrats et sorciers en France au XVIIe siècle. Une analyse de psychologie historique, Paris 1968
Manselli, R.: L'eresia del male, Neapel 1963
Maple, E.: Hexensabbat: Schwarze Kunst und Zauberei im Spiegel der Jahrtausende, Eltville a. Rh. 1978
Maple, Erik: Dark World of Witches, London 1962
Ders.: The Domain of the Devils, London 1966
Maritain, I.: Dieu et la permission du mal, Paris 1964
Maritain, R.: The Prince of this World, Toronto 1933
Martikainen, J.: Das Böse und der Teufel in der Theologie Ephraems des Syrers: eine systematisch-theologische Untersuchung, Turku 1978
Martino, Ernesto de: Sud e Magia, Mailand 1959
Marwick, Max G. (Hrsg.): Witchcraft and Sorcery. Selected Readings, London–New York 1970, 2. Auflage 1982, Neudruck 1990
Ders.: Sorcery in its Social Setting. A Study of Northern Rhodesian Cewa, Manchester 1965
Marzell, H.: Zauberpflanzen, Hexentränke. Brauchtum und Aberglaube, Stuttgart 1963
Mayer, A.: Erdmutter und Hexe. Eine Untersuchung des Hexenglaubens und zur Vorgeschichte der Hexenprozesse, München 1936
Mayer, Philipp: Witches, Grahamstown 1954
Mead, G. R. S.: Fragments of a Faith Forgotten, London 1900; 3. Auflage 1931
Ders.: Pistis Sophia, London 1921
Meeks, Dimitri: Génies, anges, démons en Égypte. In: Génies, anges et démons. Égypte. Babylone. Israël. Islam. Peuples altaïques. Inde. Birmanie. Asie du Sud-Est. Tibet. Chine, Sources Orientales 8, Paris 1971, 17–84
Meier, Ernst: Deutsche Sagen, Sitten und Gebräuche aus Schwaben, 2 Bde., Stuttgart 1852
Meisen, K.: Die Sagen vom wütenden Heere und vom wilden Jäger, Münster 1935
Mensching, G.: Gut und Böse im Glauben der Völker, Leipzig 1941; Stuttgart 1950
Franz, Gunther; Irsigler, Franz (Hrsg.): Methoden und Konzepte der historischen Hexenforschung, Trier 1998
Metzger, A.: Dämonie und Transzendenz, Pfullingen 1964
Michel, W.: Das Teuflische und Groteske in der Kunst, München 1911
Michelet, J.: Die Hexe, Leipzig 1863
Micka, E. F.: The Problem of Divine Anger in Arnobius and Lactantius, Diss. Washington 1943
Middleton, John; Winter, E. H. (Hrsg.): Witchcraft and Sorcery in East Africa, London 1963
Midelfort, Erik: Witch-Hunting in South-Western Germany, 1582–1684. Social and Intellectual Foundations, Stanford 1972

Milner, M.: Le diable dans la littérature française, de Cazotte à Baudelaire (1772–1861), 2 Bde., Paris 1960

Modestin, Georg: Le diable chez l'évêque. Chasse aux sorciers dans le diocèse de Lausanne (vers 1460), Cahiers lausannois d'histoire médiévale 25, Lausanne 1999

Mol, M.: Culte, mythe et cosmologie dans l'Iran ancien. Le problème zoroastrien et la tradition mazdéenne, Paris 1963

Monballyu, Jos: Van hekserij beschuldigd. Heksenprocessen in Vlaanderen tijdens de 16de en 17de eeuw, Kortrijk-Heule 1996

Monfouga-Nicolas, J.: Ambivalence et culte de possession. Contribution à l'étude du Bouri hausa, Paris 1972

Montanus (Vincenz Jacob von Zuccalmaglio): Die deutschen Volksfeste, Volksbräuche und deutscher Volksglaube, Kierdorf 1983 (Facs. der Ausg. Trier 1854)

Monter, E. William: European Witchcraft, New York–London 1969

Ders.: Ritual, Myth and Magic in Early Modern Europe, Brighton 1983

Ders.: Witchcraft in France and Switzerland. The Borderlands during the Reformation, Ithaca–London 1976

Monter, E. W.: Frontiers of Heresy: The Spanish Inquisition from the Basque Lands to Sicily, Cambridge 1990

Morris, Katherine: Sorceress or Witch? The Image of Gender in Medieval lceland and Northern Europe, New York–London 1991

Morrison, C. D.: The Powers That Be: Earthly Rulers and Demonic Powers in Romans 13,1–7, London 1960.

Muchembled, Robert (Hrsg.): Magie et sorcellerie en Europe du Moyen Age à nos jours, Paris 1994

Muchembled, Robert: Le roi et la sorcière. L'Europe des bûchers XVe–XVIIIe siècle, Paris 1993

Muchembled, Robert: Les derniers bûchers. Un village de Flandre et sen sorcièrs sous Louis XIV., Paris 1981

Ders.: Sorcières, justice et société aux XVIe et XVIIe siécles, Paris 1987

Müller, F.: Beiträge zur Geschichte des Hexenglaubens und des Hexenprozesses in Siebenbürgen, Braunschweig 1854

Müller-Sternberg, R.: Die Dämonen. Wesen und Wirkung eines Urphänomens, Bremen 1964

Multhaupt, Tamara: Hexerei und Antihexerei in Afrika, München 1989

Muraro, Luisa: La Signora del gioco. Episodi della caccia alle streghe, Mailand 1976

Murray, Margaret Alice: The God of the Witches, London–Oxford–New York 1931

Dies.: The Witch-Cult in Western Europe, Oxford 1921; 1962

Nagel, P.: Die Bedeutung der „Disquisitionum magicarum libri sex" von Martin Delrio für das Verfahren in Hexenprozessen, Frankfurt a. M. 1995

Nebesky-Wojkovitz de, R.: Oracles and Demons of Tibet. The Cult and Iconography of Tibet Protective Deities, London 1956

Neckel, G.: Walhall. Studien über germanischen Jenseitsglauben, Dortmund 1931

Nenonen, Marko: „Envious are all the People, Witches Watch at Every Gate". Finnish Witches and Witch Trials in the l7th Century. In: Scandinavian Journal of History 18, 1993, 77–91

Nevins, J. L.: Demon Possession and Allied Themes. London 1897; Neudruck Grand Rapids 1968

Noack, B.: Satanas und Soteria. Untersuchungen zur neutestamentlichen Dämonologie, Kopenhagen 1948

Nola di, Alfonso M.: „Demonologia". In: Enciclopedia delle religioni, Bd. II, Florenz 1970

Ders.: Der Teufel. Wesen, Wirkung und Geschichte, München 1993

Ders.: Inchiesta sul diavolo, Bari 1978

Nöth, E.: Weltanfang und Weltende in der deutschen Volkssage, Frankfurt 1932

Obendiek, H.: Der Teufel bei Martin Luther. Eine theologische Untersuchung, Berlin 1931

Odeberg, Hugo (Hrsg.): 3 Enoch or The hebrew Book of Enoch, Cambridge 1928

Oesterley, W. O. E. (Hrsg.): Judaism and Christianity, Vol. 1, The Age of Transition, New York 1969

Oesterreich, T. K.: Possession: Demonical and Other among Primitive Races. In: Antiquity, the Middle Ages and Modern Times, New Hyde Park–New York 1966

Oestmann, Peter: Hexenprozesse am Reichskammergericht, Köln 1997

Olbrich, K.: Die Freimaurer im deutschen Volksglauben. Die im Volke umlaufenden Vorstellungen und Erzählungen von den Freimaurern, Breslau 1930

Olrik, A.: Ragnarök. Die Sage vom Weltuntergang, Berlin 1922

Opitz, Claudia (Hrsg.): Der Hexenstreit. Frauen in der frühneuzeitlichen Hexenverfolgung, Freiburg i. Br. 1995

Osten-Sacken von der, Peter: Gott und Belial. Traditionsgeschichtliche Untersuchungen zum Dualismus in den Texten aus Qumran, Berlin 1968

Ostorero, Martine; Baggiani, Agostino Paravicini; Tremp, Kathrin Utz; Chene, Catherine (Hrsg.): L'Imaginaire du Sabbat. Edition critique des textes les plus anciens, Lausanne 1999

Ostorero, Martine: Folâtrer avec les démons. Sabbat et chasse aux sorciers à Vevey 1448; Cahiers lausannois d'histoire médiévale, Lausanne 1995

Page, H. Y.: Power of Evil: A Biblical Study of Satan and demons, New York 1995

Palou, J.: La sorcellérie, Paris 1957; Neudruck 1960

Panzer, F.: Bayerische Sagen und Bräuche. Beitrag zur Deutschen Mythologie, 2 Bde., München 1848–55

Papini, G.: Der Teufel. Anmerkung für eine zukünftige Teufelslehre, Stuttgart 1955

Parin, P.; Morgenthaler, F.; Parin-Matthey, G.: Fürchte deinen Nächsten wie dich selbst. Psychoanalyse und Gesellschaft am Modell der Agni in Westafrika, Frankfurt 1971

Parrinder, Geoffrey: Witchcraft. European and African, London 1958

Pascal, C.: Dèi e diavoli. Saggi sul paganesimo morente, Florenz 1904

Pascal, C.: Le credenze d'oltretomba nelle opere letterarie dell'anichità classica, 2 Bde., Catania 1912; Turin 1923

Pasquali, G.: Acheruns-Acheruntis. Studi Etruschi, Florenz 1927

Paulus, N.: Hexenwahn und Hexenprozesse vornehmlich im 16. Jahrhundert, Freiburg 1910

Pearl, Jonathan, The Crime of Crimes. Demonology and Politics in France, 1560–1620; Waterloo/Ont. 1998

Pearson, A. C.: Demons and Spirits (Greeks). In: Hastings, James (Hrsg.): Encyclopedia of Religion and Ethics, 13 Bde., New York 1908–1926, Bd. 4, 590–594

Petersdorff, Egon von: Dämonen, Hexen, Spiritisten, Wiesbaden 1960

Ders.: Dämonologie, 2 Bde., München 1956–1957

Peterson, Erik: Das Buch von den Engeln, München 1955

Petrement, Simone: Le dualisme chez Platon, les gnostiques et les manichéens, Paris 1947

Dies.: Le dualisme, dans l'histoire de la philosophie et des religions. Introduction à l'étude du dualisme platonicien, du gnosticisme et du manichéisme, Paris 1946

Petrocchi, M.: Ecorcismi e magia nell'Italia des Cinquecento e Seicento, Neapel 1957

Peuckert, W.-E.: Deutscher Volksglaube des Spätmittelalters, Stuttgart 1942

Ders.: Geheimkulte, Heidelberg 1951

Ders.: Pansophie. Ein Versuch zur Geschichte der weißen und schwarzen Magie, Berlin 1956

Ders.: Quellen und Untersuchungen zur Geschichte des Hexenglaubens im 16. bis 18. Jahrhundert, Hildesheim 1968

Pfister, Christian: Klimageschichte der Schweiz, Bern 1988

Pfister, Laurence: Lenfer sur terre. Sorcellerie à Dommartin (1498), Lausanne 1997

Piaschewski, G.: Der Wechselbalg. Ein Beitrag zum Aberglauben der nordeuropäischen Völker, Breslau 1935

Pintschovius, Joska: Zur Hölle mit den Hexen. Abschied von den weisen Frauen, Berlin 1991

Pocs, Eva: Fairies and Witches at the Boundary of South-Eastern and Central Europe, Helsinki 1989

Pohl, Herbert: Hexenglaube und Hexenverfolgung im Kurfürstentum Mainz. Ein Beitrag zur Hexenfrage im 16. und beginnenden 17. Jahrhundert, 2. überarb. und erw. Auflg., Stuttgart 1998

Pohlenz, M.: Vom Zorne Gottes. Forschungen zur Religion und Literatur des Alten und Neuen Testaments, Heft 12, Göttingen 1909

Pratt, A. M.: The Attitude of the Catholic Church towards the Witchcraft and the Allied Practices of Sorcery and Magic, Washington 1915

Preisendanz, Karl (Hrsg.): Papyri graecae magicae. Die griechischen Zauberpapyri; 2., verb. Aufl., mit Ergänzungen von Karl Preisendanz, durchgesehen und hrsg. von Albert Henrichs (Sammlung wissenschaftlicher Kommentare, Bd. I), Bd. I., Stuttgart 1973 (1. Auflg. Leipzig– Berlin 1928)

Ders.: Papyri graecae magicae. Die griechischen Zauberpapyri, Bd. II. 2., verb. Aufl., mit Ergänzungen von Karl Preisendanz und Ernst Heitsch. Durchgesehen und hrsg. von Albert Henrichs (Sammlung wissenschaftlicher Kommentare, Bd. II), Tübingen 1974 (1. Auflg. Leipzig–Berlin 1931 [Bd. III: 1941])

Preuss, H.: Die Vorstellungen vom Antichrist im späteren Mittelalter, bei Luther und in der konfessionellen Polemik, Leipzig 1906

Prince, R.: Trance and Possession States, Montreal 1968; Princeton–New Jersey 1992

Proosdij van, A. A.: Babylonian Magic and Sorcery, Leiden 1952

Propp, Vladimir: Die historischen Wurzeln des Zaubermärchens, München–Wien 1987 (Leningrad 1946)

Purkiss, Diane: The Witch in History, London 1996

Radermacher, L.: Das Jenseits im Mythos der Hellenen. Untersuchungen über antiken Jenseitsglauben, Bonn 1903

Ratton, J. J.: Antichrist: A Historical Review, London 1917

Regamy, Pie-Raymond: What is an Angel?, New York 1960

Reichard, G. A.: Prayer: The Compulsive Word, New York 1944

Reicke, B.: The Disobedient Spirit and Christian Baptistm, Study of Pet. III and its Context, Kopenhagen 1946

Reinalter, H. (Hrsg.): Freimaurer und Geheimbünde im 18. Jahrhundert in Mitteleuropa, Frankfurt a. M. 1983

Reisner, E.: Der Dämon und sein Bild, Berlin 1947; Neudruck Frankfurt a. M. 1986

Rhodes, H. T. F.: The Satanic Mass. A Sociological and Criminological Study, London 1954

Ricœur, P.: La symbolique du mal, Paris 1960

Rigaux, B.: L'Antichrist et l'opposition au royaume Messianique dans l'Ancien et le Nouveau Testament, Grenoble–Paris 1932

Robbins, R. H.: The Encyclopaedia of Witchcraft and Demonology, London 1974

Rochelandet, Brigitte: Sorcières, diables et bûchers en Franche Comté aux XVIe et XVIIe siècles, Besancon 1997

Rodewyk, Pater Adolf: Dämonische Besessenheit heute. Tatsachen und Deutung, Aschaffenburg 1976

Ders..: Die dämonische Besessenheit in der Sicht des Rituale Romanum, Zürich 1963

Roeder, G.: Die ägyptische Religion in Texten und Bildern, Bd. 4: Ausklang der ägyptischen Religion mit Reformation, Zauberei und Jenseitsglauben, Zürich–Stuttgart 1961

Rohde, E.: Psyche. Seelenkult und Unsterblichkeitsglaube der Griechen, 2 Bde. Freiburg i. B. 1890–1894; 1925

Roper, Lyndal: Oedipus and the Devil. Witchcraft, Sexuality and Religion in Early Modern Europe, London–New York 1994

Roskoff, O.: Geschichte des Teufels. Eine kulturhistorische Satanologie von den Anfängen bis ins 18. Jahrhundert. Leipzig 1869; Neudruck Nördlingen 1987

Ross, Colin: Satanic Ritual Abuse, Toronto 1995

Rousseau, H.: Le dieu du mal, Paris 1963

Rowlands, Alison: Narratives of Witchcraft in Early Modern Germany. Fabrication, Feud and Fantasy, Manchester 2002

Rudolph, K.: Theogonie, Kosmogonie und Anthropologie in den mandäischen Schriften. Eine literaturkritische und traditionsgeschichtliche Untersuchung, Göttingen 1965

Rudwin, M. J.: Der Teufel in den deutschen geistlichen Spielen des Mittelalters und der Reformationszeit, 2. Bde., Göttingen 1915

Rummel, Walter: Bauern, Herren und Hexen, Studien zur Sozialgeschichte sponheimischer und kurtrierischer Hexenprozesse 1574–1664, Göttingen 1991

Runciman, Steven: Le manichéisme médiévale l'hérésie dualiste dans le Christianisme, Paris 1949 (Übers. aus dem Engl.)

Runeberg, A.: Witches, Demons and Fertility Magic. Analyses of their Significance and Mutual Relations in West-Europe Folk Religion. With an Appendix: Psychoanalytic Interpretation of European Bronze Age Religion, Helsinki 1947

Russel, J. B.: Satan. The Early Christian Tradition, Ithaka–New York–London 1981

Ders.: Lucifer. New York 1985

Russell, J. B.: The Devil. Perceptions of Evil from Antiquity to Primitive Christianity. Ithaca–New York–London 1977

Ruyt de, F.: Charun, demon étrusque de la mort. Études de philologie, d'archéologie et

d'histoire anciennes publiées par l'Institut historique belge de Rome, Rom 1934
Saatkamp, Manches; Schlüter, Dick (Hrsg.): Van Hexen und Düvelslüden. Über Hexen, Zauberei und Aberglauben im niederländisch-deutschen Grenzraum. Over heksen, toverij en bijgeloof in de Nederlands-Duitse grensstreek, Vreden 1995
Saatkamp, Marielies: „Bekandt daß sie ein Zaubersche were". Zur Geschichte der Hexenverfolgung im Westmünsterland, Vreden 1993
Sackville-West, V.: Jeanne d'Arc, die Jungfrau von Orléans, Frankfurt a. M. 1992
Saleh Khairat: Dei, profeti e geni della mitologia araba. Mailand 1985
Sanders, E.: The Family. The Story of the Charles Manson's Dune Buggy Attack Battalion, New York 1971
Sartori, P.: „Glockensagen und Glockenaberglaube", Zeitschrift für Volkskunde 7, 1897
Schade, H.: Dämonen und Monstren. Gestaltungen des Bösen in der Kunst des frühen Mittelalters, Regensburg 1962
Schade, Sigrid: Schadenzauber und die Magie des Körpers: Hexenbilder der frühen Neuzeit, Worms 1983
Schäfer, H.: Der Okkulttäter, Hamburg 1959
Schäfer, W.: Agnes Bernauer und ihre Zeit, München 1987
Schell, O.: „Das Salz im Volksglauben", Zeitschrift für Volkskunde 15, 1905, 137–149
Schellhammer, E.: Wahrsagen und Weissagen, München 1950
Schieder, Wolfgang (Hrsg.): Hexenverfolgung in der dörflichen Gesellschaft, Göttingen 1990
Schild, Wolfgang: „Die Maleficia der Hexenleut", Rothenburg o. d. T. 1997
Schiller, H.: Mächte und Gewalten im Neuen Testament, Fribourg 1958
Schmidt, Joachim: Satanismus. Mythos und Wirklichkeit, Marburg 2003
Schmidt, Jürgen Michael: Glaube und Skepsis. Die Kurpfalz und die abendländische Hexenverfolgung 1446–1685, Bielefeld 2000
Schmidt, Ph.: Hexenglaube einst und heute, Berlin 1960
Schmitt, Wolfram: Deutsche Fachprosa des Mittelalters. Ausgewählte Texte, Berlin 1972
Schneweis, E.: Angels and Demons According to Lactantius. Washington 1944
Schnurr, O.: Aberglaube. Faszination und Versuchung, München 1988
Schöck, Inge: Hexenglaube in der Gegenwart. Empirische Untersuchungen in Südwestdeutschland, Tübingen 1978
Schömann, G. F.: De diis manibus laribus et genus, Greifswald 1840
Schöne, A.: Götterzeichen, Liebeszauber, Satanskult. Neue Einblicke in alte Goethe-Texte, München 1993 (Neudruck von 1982)
Schönhuth, Michael: Das Einsetzen der Nacht in das Recht des Tages. Hexerei im symbolischen Kontext afrikanischer und europäischer Weltbilder, Münster–Hamburg 1992
Schönwerth, F.: Aus der Oberpfalz. Sitten und Sagen, 3 Bde., Augsburg 1857–59
Schöpf, H.: Zauberkräuter, Wiesbaden 1992
Schormann, Gerhard: Der Krieg gegen die Hexen. Das Ausrottungsprogramm des Kurfürsten von Köln, Göttingen 1991
Ders.: Hexenprozesse in Deutschland, 3. durchges. Auflg., Göttingen 1996
Ders.: Hexenprozesse in Nordwestdeutschland, Hildesheim 1977
Schott-Billmann, F.: Corps et possession. Le vécu corporel des possédédes face à la rationalité occidentale, Paris 1977
Schulte, Rolf: Hexenmeister. Die Verfolgung von Männern im Rahmen der Hexenverfolgung von 1530–1730 im Alten Reich, 2. Auflg., Frankfurt a. M. 2001
Ders.: Hexenverfolgungen in Schleswig-Holstein vom 16.–18. Jahrhundert, Heide 2001
Schwaeble, R.: Le Satanisme flagellé satanisme contemporains, incubat, succubat, sadisme et satanisme, Paris 1912
Scott, Sir Walter: Letters on Demonology and Witchcraft, New York 1830, Neudruck 1973
Sebald, Hans: Witch-Children, New York 1995. Dtsch.: Hexenkinder. Das Märchen von der kindlichen Aufrichtigkeit, Frankfurt a. M. 1996
Seemann, M.; Zaehrunger, D.: Die Welt der Engel und Dämonen als heilsgeschichtliche Mit- und Umwelt des Menschen. In: Mysterium Salutis, Bd. 2, 954–1017, Köln 1967
Segl, Peter (Hrsg.): Der Hexenhammer. Entstehung und Umfeld des Malleus maleficarum von 1487, Köln–Wien 1988
Seligmann, Siegfried: Der böse Blick und Verwandtes. Ein Beitrag zur Geschichte des Aberglaubens aller Zeiten und Völker, 2 Bde., Berlin 1910
Sertillanges, A.-D.: Le problème du mal.

Bd. 1: L'histoire, Paris 1949
Bd. 2: La solution, Paris 1951

Seyfarth, C.: Aberglaube und Zauberei in der Volksmedizin Sachsens, Leipzig 1913

Sharpe, James: Instruments of Darkness. Witchcraft in England 1550–1750, London 1997

Ders.: Witchcraft in Early Modern England, Harlow 2001

Sheed, F. J.: Soundings in Satanism, New York 1972

Shirokogoroff, Sergej Michailowitsch: Psychomental Complex of the Tungus, Schanghai–London 1935

Sierksma, Fokke: Tibet's Terrifying Deities. Sex and Aggression in Religious Acculturation. The Hague–London 1966

Silberer, E.: Phantasie und Mythos. In: Jahrbuch für Psychoanalytische und Psychopathologische Forschungen 2, 1910

Smit, I.: De daemoniacis in historia evangelica, Diss. Rom 1913

Smoljak, A. W.: Der Schamane: Persönlichkeit, Funktionen, Weltanschauung, Berlin 1998

Snell, O.: Hexenprozeß und Geistesstörung. Psychiatrische Untersuchungen, München 1891

Soman, Alfred: Sorcellerie et justice criminelle. Le parlement da Paris (16e–18e siècles), Hampshire 1992

Sonntag, F.: The God of Evil. An Argument from the Existence of the Devil. New York 1970

Sörlin, Per: „Wicked Arts". Witchcraft and Magic Trials in Southern Sweden, 1635–1734, Leiden 1999

Spee, Friedrich Graf: Cautio Criminalis oder Rechtliches Bedenken wegen der Hexenprozesse, München 1982

Sprenger, J.; Institoris, H.: Der Hexenhammer (Malleus Maleficarum), München 1982

Stamm, Ch.: Kräuter mit Vergangenheit: Geschichte, Botanik, Chemie, Toxikologie und Pharmakologie von Alraune, Tollkirsche und Bilsenkraut mit besonderer Berücksichtigung der Hexensalben, Thayngen 1992

Stemplinger, E.: Antiker Volksglaube, Stuttgart 1948

Stephen, M.: Sorcerer and Witch in Melanesia, Melbourne 1987

Stephensen, P. R.: The Legend of Aleister Crowley, London 1930

Sterly, Joachim Kumo: Hexer und Hexen in Neu-Guinea, München 1987

Stewart, C. T.: „Die Entstehung des Werwolfglaubens", Zeitschrift für Volkskunde 19, 1909, 30–51

Stober, O.: Der Drudenfuß: eine kulturhistorische Studie über das Pentagramm, Linz a. D. 1967

Sutter, B.: Der Hexenprozess gegen Katharina Kepler, Weil der Stadt 1984

Swain, J. T.: Witchcraft in Seventeenth Century England, Bristol 1994

Sylvius, J.: Messes noires. Satanistes et Lucifériens, Paris 1929

Symonds, J.: The Great Beast. The Life and Magic of Aleister Crowley. London 1971

Szabó, M.: Johanniskraut: Zauberkraut und Heilpflanze, München 1998

Taczak, T.: Dämonische Besessenheit, Münster i. W. 1903

Tambornino, J.: De antiquorum daemonismo. Religionsgeschichtliche Vorarbeiten und Studien. Hrsg. von Wunsch, R.; Deubner, L., Bd. VII, Gießen 1909

Taric Zumsteg, Fabienne: Les sorciers à l'assaut du village Gollion (1615–1631), Lausanne 2000

Tausiet, Maria: Ponzona en los ojos. Brujeria y supersticon en Aragon en ei siglo XVI, Zaragoza 2000

Tazbir, Janusz: Hexenprozesse in Polen. In: Archiv für Reformationsgeschichte 71, 1980, 280–307

Tegtmeier, Ralph: Aleister Crowley, München 1989

Teyssédre, B.: Naissance du diable: de Babylone avec grottes de la mer morte, Paris 1985

Thiesme, P.: Mitra und Aryaman, New Haven 1957

Thomas, Keith: Religion and the Decline of Magic. Studies in Popular Beliefs in Sixteenth and Seventeenth Century England, 2. Auflg., London 1997

Thomasius, Ch.: Vom Laster der Zauberei. Über die Hexenprozesse, München 1986

Thompson, R. C.: The Devils and Evil Spirits of Babylonia. Luzac's Semitic Text and Transiation, Series Bd. 14, 15; London 1903–1904

Ders.: The History of the Devil London, 1929

Thorndike, Lynn: History of Magic and Experimental Science, 8 Bde., New York 1923–1958

Tillich, Paul: Das Dämonische. Ein Beitrag zur Sinndeutung der Geschichte, Tübingen 1926
Tondriau, J.; Villeneuve, R.: Dictionnaire du diable et de la démonologie, Verviers 1968
Trachtenberg, J.: Jewish Magic and Superstition. A Study in Folk Religion, New York 1939; Neudruck Philadelphia 1961
Trachtenberg, J.: The Devil and the Jews. The Medieval Conception of the Jews and Relation to Modern Antisemitism, New Haven 1944
Tropper, J.: Nekromantie: Totenbefragung im Alten Orient und im Alten Testament, Kevelaer 1989
Tschacher, Werner: Der Formicarius des Johannes Nider von 1437/38. Studien zu den Anfängen der europäischen Hexenverfolgungen im Spätmittelalter, Aachen 2000
Tschaikner, Manfred: „Der Teufel und die Hexen müssen aus dem Land". Frühneuzeitliche Hexenverfolgungen in Lichtenstein. In: Jahrbuch des historischen Vereins für das Fürstentum Liechtenstein 96, 1998, 1–197
Ders.: Damit das Böse ausgerottet werde. Hexenverfolgungen in Vorarlberg im 16. und 17. Jahrhundert, Bregenz 1992
Ders.: Magie und Hexerei im südlichen Vorarlberg zu Beginn der Neuzeit, Konstanz 1997
Turmel, J.: Histoire du diable, Paris 1931
Unger, H. F.: Biblical Demonology. A Study of the Spiritual Forces behind the Present World, Wheaton 1952; Neudruck Vaduz 1973
Valentinitsch, Helfried (Hrsg.): Hexen und Zauberer. Die große Verfolgung – ein europäisches Phänomen in der Steiermark, Graz–Wien 1987
Ders. (Hrsg.): Hexen und Zauberer, Graz 1987
Van der Hart, R.: The Theology of Angels and Devils. Notre Dame, Indiana 1973
Van Dülmen, Richard: Hexenwelten, Frankfurt a. M. 1987
Vanysacker, Dries: Hekserij in Brugge. De magische leefwereld van een stadsbevolkering, l6de–l7de eeuw, Brügge 1988
Verneaux, R.: Problème et mystères du mal, Paris 1961
Vilette, Pierre: La Sorcellerie et sa répression dans le nord de la France, Paris 1976
Villeneuve, R.: Dictionnaire du Diable, Paris 1989
Ders.: Le diable dans l'art. Essai d'iconographie compar propos des rapports entre et le satanisme. Erotologie de Satan, Paris 1963
Voltmer, Rita: Zwischen Herrschaftskrise, Wirtschaftsdepression und Jesuitenpropaganda. Hexenverfolgungen in der Stadt Trier (15.–17. Jahrhundert). In: Jahrbuch für westdeutsche Landesgeschichte 27, 2001 (2002), 137–207
Dies.: „Gott ist tot und der Teufel ist jetzt Meister!" Hexenverfolgungen und dörfliche Krisen im Trierer Land des 16. und 17. Jahrhunderts. In: Kurtrierisches Jahrbuch 39, 1999 (2000), 175–223
Lehmann, Hartmut; Ulbricht, Vom Unfug der Hexenprozesse. Gegner der Hexenverfolgung von Johann Weyer bis Friedrich Spee, Wiesbaden 1992
Von Schulenburg, W.; Andree, R.: „Trudensteine", Zeitschrift für Volkskunde 15, 1905, 91–93
Vurmbran, R.: Mio caro diavolo. Ipotesi demonologiche su Marx e sul marxismo. Rom 1979
Waardt, Hans de: Toverij en Samenleving. Holland 1500–1800, Rotterdam–Den Haag 1991
Wächter, O.: Hexenprozesse. Vehmgerichte und Hexenprozesse in Deutschland, Leipzig 1995
Wadstein, E.: Weltende und Weltgericht in den Hauptmomenten ihrer christlich-mittelalterlichen Gesamtentwicklung, Leipzig 1896
Wagler, P. R.: Die Eiche in alter und neuer Zeit, Wurzen 1891
Waite, A. E.: Devil-Worship in France, or the Question of Lucifer. A Record of Things seen and heard in the Secret Societies according to the Evidence of Initiates, London 1896
Ders.: Book of Black Magic and Pacts, London 1898
Walker, Deward E. (Hrsg.): Witchcraft and Sorcery of the American Native Peoples, Moscow–Idaho 1989
Walker, Sheila S.: Ceremonial Spirit Possession in Africa and Afro-America. Forms, Meanings and Functional Significance for Individuals and Social Groups, Leiden 1972
Walz, Rainer: Hexenglaube und Magische Kommunikation im Dorf der frühen Neuzeit. Die Verfolgungen in der Grafschaft Lippe, Paderborn 1993
Waser, O.: Charon, Charun, Charos. Mythologisch-archäologische Monographie, Berlin 1898

Watson, C. W. ; Ellen, Roy (Hrsg.): Understanding Witchcraft and Sorcery in Southeast Asia, Honolulu 1993

Weber, O.: Dämonenbeschwörung bei den Babyloniern und Assyrern, Leipzig 1906

Weinhold, K.: „Über die Bedeutung des Haselstrauchs im altgermanischen Kultus und Zauberwesen", Zeitschrift für Volkskunde 11, 1901, 1–6

Wenisch, Bernhard: Satanismus, Mainz 1988

Wey, H.: Die Funktion der bösen Geister bei den griechischen Apologeten des 2. Jahrhunderts nach Christus. Diss. Winterthur 1957, Zürich 1957

Widengren, Geo: Iranische Geisteswelt. Von den Anfängen bis zum Islam, Baden-Baden 1961

Ders.: Ormazd et Ahriman, Paris 1953

Wieck, H.: Der Teufel auf der mittelalterlichen Mysterienbühne Frankreichs, Diss. Leipzig 1887

Wiesendanger, Harald: In Teufels Küche. Jugendokkultismus: Gründe, Folgen, Hilfe; Düsseldorf 1992, Frankfurt a. M. 1995

Wilbertz, Gisela; Schefflet, Jürgen (Hrsg.): Biographieforschung und Stadtgeschichte. Lemgo in der Spätphase der Hexenverfolgung, Bielefeld 2000

Wilbertz, Gisela; Schwerhoff, Gerd; Scheffler, Jürgen (Hrsg.): Hexenverfolgung und Regionalgeschichte, Bielefeld 1994

Wildhaber, R.: „Die Eierschalen in europäischem Glauben und Brauch". Acta Ethnographica, Academiae Scientiarum Hungaricae 19, 1970, 435–457

Wilker, D. P.: Unclean spirits. Possession and Exorcism in France and England in the late Sixteenth and early Seventeenth Centuries, London 1981

Wlislocki, Henrik: Aus dem Volksleben der Magyaren. München 1893

Ders.: Volksglaube und religiöser Brauch der Zigeuner, Münster i. W. 1891

Ders.: Volksglaube und Volksbrauch der Siebenbürger Sachsen, Berlin 1893

Wolf, H.-J.: Geschichte der Hexenprozesse. Hamburg 1998.

Ders.: Hexenwahn und Exorzismus, Ein Beitrag zur Kulturgeschichte, Kriftel 1980

Ders.: Hexenwahn. Hexen in Geschichte und Gegenwart, Bindlach 1994

Wuttke, A.: Der deutsche Volksaberglaube der Gegenwart, Leipzig 1925

Xella, P.: Archeologia dell'Inferno. L'Aldilà nel mondo antico vicino-orientale e classicia cura, Verona 1987

Young, J.: The Mystery, or Evil and God, London 1956

Yve-Plessis, A.: Essai d'une bibliographie francaise méthodique et raisonnée de la Sorcellerie et de la possession démonique pour servir de suite et de complément à la Bibliotheca Magia do Graesse aux Catalogus Sépher, Ouvarof, D'Ourches et Guldenstubbe, de Guaita et aux divers travaux partiels publiés sur cette matière, Paris 1900

Zacharias, O.: Satanskult und Schwarze Messe. Ein Beitrag zur Phänomenologie der Religion, Wiesbaden 1970

Ders.: Der dunkle Gott, Wiesbaden 1982

Zanelli, Giuliana: Streghe e società nell' Emilia e Romagna del cinque-seicento, Ravenna 1992

Zbinden, E.: Die Djin des Islams und der altorientalische Geisterglaube, Bern–Stuttgart 1953

Zeck, Mario R.: Im Rauch gehn Himmel geschüggt. Hexenverfolgung in der Reichsstadt Rottweil, Stuttgart 2000

Zguta, Russell: Witchcraft Trials in Seventeenth-Century Russia. In: American Historical Review 82, 1977, 187–207

Ziegler, M.: Engel und Dämonen im Lichte der Bibel mit Einschluß des außerkanonischen Schrifttums, Zürich 1957

Zöllner, Erich (Hrsg.): Wellen der Verfolgung in der österreichischen Geschichte, Wien 1986

Zutt, J.: Ergriffenheit und Besessenheit. Ein interdisziplinäres Gespräch über transkulturelle, anthropologische und psychiatrische Fragen. Symposion vom 2.–4. Mai 1968 in Bad Homburg, München–Bern 1972

Abkürzungen

abgel.	abgeleitet
Abk.	Abkürzung
Abl.	Ableitung
afrikan.	afrikanisch
ägypt.	ägyptisch
ahd.	althochdeutsch
akk.	akkadisch
alchem.	alchemistisch
altjüd.	altjüdisch
altröm.	altrömisch
altiran.	altiranisch
altnord.	altnordisch
altorient.	altorientalisch
altpers.	altpersisch
amerik.	amerikanisch
Apok.	Offenbarung des Johannes
Apg.	Apostelgeschichte
arab.	arabisch
aram.	aramäisch
assyr.	assyrisch
astrol.	astrologisch
AT	Altes Testament
babyl.	babylonisch
bayr.	bayrisch
Bde.	Bände
Begr.	Begriff
Bez.	Bezeichnung
buddh.	buddhistisch
byzant.	byzantinisch
chin.	chinesisch
christl.	christlich
Dan.	Daniel
Dtn.	Deuteronomium (5. Buch Moses)
dtsch.	deutsch
Einz.	Einzahl
engl.	englisch
Eph.	Epheserbrief
esot.	esoterisch
etrusk.	etruskisch
Ex.	Exodus (2. Buch Moses)
Ez.	Ezechiel
frz.	französisch
geb.	geboren
Gen.	Genesis (1. Buch Moses)
german.	germanisch
gest.	gestorben
gnost.	gnostisch
griech.	griechisch
hebr.	hebräisch
Hebr.	Hebräerbrief
hl.	heilige
holländ.	holländisch
ind.	indisch
islam.	islamisch
ital.	italienisch
Jes.	Jesaia
Jhd.	Jahrhundert
Jht.	Jahrtausend
Joh.	Das Evangelium nach Johannes
Jos.	Josua
jüd.	jüdisch
jurist.	juristisch
kabbal.	kabbalistisch
kath.	katholisch
kelt.	keltisch
klass.	klassisch
1. Kön.	1. Buch der Könige
2. Kön.	2. Buch der Könige
1. Kor.	1. Brief an die Korinther
2. Kor.	2. Brief an die Korinther
lat.	lateinisch
Lev.	Leviticus (3. Buch Moses)
Lk.	Das Evangelium nach Lukas
Mag.	magisch
Mark.	Das Evangelium nach Markus
Matth.	Das Evangelium nach Matthäus
mediz.	medizinisch
Mehrz.	Mehrzahl
mittelalt.	mittelalterlich
mittellat.	mittellateinisch

myst.	mystisch
Myth.	Mythologie
naturw.	naturwissenschaftlich
NT	Neues Testament
Num.	Numeri (4. Buch Moses)
okkult.	okkultistisch
orient.	orientalisch
pers.	persisch
philos.	philosophisch
phöniz.	phönizisch
poln.	polnisch
Pseud.	Pseudonym
röm.	römisch
Sanskr.	Sanskrit
sem.	semitisch
span.	spanisch
sum.	sumerisch
südamerik.	südamerikanisch
syr.	syrisch
theolog.	theologisch
tibet.	tibetisch
Übers.	Übersetzung
ursprgl.	ursprünglich
vorgr.	vorgriechisch
vorislam.	vorislamisch